Allegria

Der Autor

Der 1990 verstorbene Osho stammte aus Indien und war eine der bekanntesten spirituellen Persönlichkeiten des vergangenen Jahrhunderts. Er hinterließ eine radikale und unkonventionelle Vision des Menschseins, die heute mehr und mehr Interesse und Anerkennung findet. Das von ihm begründete Meditationszentrum in Poona zieht auch heute noch zehntausende von Besuchern aus aller Welt an. Aus seinen Vorträgen werden immer noch neue Bücher zusammengestellt, die weltweit inzwischen in 47 Sprachen übersetzt wurden.

Von Osho sind in unserem Hause erschienen:

Die Kraft des freien Denkens
Die Kraft der Selbstachtung
Die Kraft der Wahrheit
Der Vogel im Wind
Vom Leben und vom Sterben
Der Gott, den es nicht gibt
Jetzt oder nie
Autobiographie
Mitgefühl
Intelligenz
Mut
Freiheit
Intimität
Intuition
Bewusstsein
Kreativität
Freude
Reife
Das Buch der Frauen
Das Buch der Männer
Das Buch der Kinder
Das Buch der Heilung
Das Buch vom Ego

Mut – die Freude, gefährlich zu leben (CD)
Mut – Der Mut der Liebe (CD)

Osho

Kinder

Sei einfach Du selbst

Aus dem Englischen von
Ma Deva Pratito

Ullstein

Besuchen Sie uns im Internet:
www.ullstein-taschenbuch.de

Allegria im Ullstein Taschenbuch

Aus dem Englischen übersetzt und zusammengestellt
von Ma Deva Pratito (Inge Kieffer)
Fast alle verwendeten Vorträge sind in Büchern in Englisch, einige auch in Deutsch erschienen. Die Ziffern am Textende verweisen auf den Quellennachweis am Ende des Buches.
Sämtliche Texte von Osho stammen aus spontan gehaltenen Vorträgen, die überwiegend in Englisch, aber auch in Hindi gehalten, auf Tonband aufgezeichnet und in Schriftform übertragen wurden.

FSC
www.fsc.org
MIX
Papier aus verantwortungsvollen Quellen
FSC® C014496

Dieses Taschenbuch wurde auf FSC-zertifiziertem Papier gedruckt. FSC (Forest Stewardship Council) ist eine nichtstaatliche, gemeinnützige Organisation, die sich für eine ökologische und sozialverantwortliche Nutzung der Wälder unserer Erde einsetzt.

Ullstein Verlag
Ullstein ist ein Verlag der Ullstein Buchverlage GmbH.
Neuausgabe
1. Auflage August 2004
5. Auflage 2015

Umschlaggestaltung: FranklDesign, München
Titelabbildung: Art by Osho, Osho International Foundation
Lektorat: Renate Schilling
Papier: Pamo Super von Arctic Paper Mochenwangen GmbH
Druck und Bindearbeiten: GGP Media GmbH, Pößneck
Printed in Germany
ISBN 978-3-548-74109-3

Inhalt

1. KAPITEL

Qualitäten des Kindes

Die Erfahrung der Kindheit verfolgt intelligente Menschen ihr Leben lang. Sie möchten sie wiedergewinnen – die gleiche Unschuld, das gleiche Staunen, die gleiche Schönheit. Jetzt ist das alles nur noch ein entferntes Echo, so als hättest du es einmal im Traum gesehen.

Alle Religion wird aus dieser Erfahrung der Kindheit geboren, die uns verfolgt – aus dem Erlebnis des Staunens, der Wahrheit, der Schönheit, aus dem schönen Tanz des Lebens rings um dich herum. In den Liedern der Vögel, in den Farben des Regenbogens, im Duft der Blumen erinnert sich das Kind in seinem tiefsten Wesen immer wieder, daß es ein Paradies verloren hat.

Es ist kein Zufall, daß sich alle Religionen der Welt in Parabeln und Gleichnissen die Vorstellung bewahren, der Mensch habe einst im Paradies gelebt und sei aus irgendwelchen Gründen aus diesem Paradies vertrieben worden. Es sind unterschiedliche Geschichten, doch sie weisen alle auf eine einfache Wahrheit hin. Diese Geschichten sagen in poetischer Form, daß jeder Mensch im Paradies geboren wird und es danach verliert.

Wer zurückgeblieben ist, wer unintelligent ist, vergißt das völlig. Wer sich jedoch seine Intelligenz, seine Sensibilität und seine Kreativität bewahrt hat, den läßt dieses Paradies nicht los, das er einst gekannt hat und das jetzt nur noch als eine vage und kaum glaubhafte Erinnerung in ihm zurückgeblieben ist. Er beginnt, von neuem danach zu suchen.

Die Suche nach dem Paradies ist der Versuch, deine Kindheit wiederzuerlangen. Natürlich wird dein Körper nicht mehr der eines Kindes sein, doch dein Bewußtsein kann so rein sein wie das Bewußtsein des Kindes. Darin liegt das ganze

Geheimnis des spirituellen Weges – dich wieder zu einem Kind zu machen, unschuldig, von keinerlei Wissen verunreinigt, und dennoch in stetem Bewußtsein von allem, was dich umgibt, in tiefem Staunen und mit einem Sinn für das Mysterium, das man nicht erklären kann. *(1)*

Kannst du etwas über Verspieltheit sagen? In mir steckt ein schöner kleiner Junge, den ich lange Zeit vernachlässigt habe. Dieser kleine Junge ist verspielt, neugierig und ekstatisch; doch meistens gestatte ich ihm das nicht, aus Angst, die Kontrolle zu verlieren.

Verspieltheit ist eine der Eigenschaften des Menschen, die am stärksten unterdrückt wurden. Jede Gesellschaft, jede Zivilisation, jede Kultur ist gegen Verspieltheit gewesen, weil ein verspielter Mensch nicht ernsthaft ist. Und wer nicht ernsthaft ist, den kann man nicht dominieren, den kann man nicht ehrgeizig machen, den kann man nicht dazu bringen, nach Macht, Geld und Ansehen zu streben.

Das Kind in uns stirbt nie. Das Kind stirbt nicht einfach, wenn du heranwächst; das Kind bleibt. Alles, was du je gewesen bist, trägst du noch immer in dir und wirst du bis zum letzten Atemzug in dir tragen.

Aber die Gesellschaft hat stets Angst vor unernsten Menschen. Unernste Menschen werden keine Ambitionen nach Geld oder nach politischer Macht entwickeln – sie freuen sich viel lieber des Lebens. Lebensfreude jedoch kann dir kein Ansehen verschaffen, kann dich nicht mächtig machen, kann dein Ego nicht erfüllen. Und die ganze menschliche Welt kreist um die Vorstellung des Egos. Verspieltheit ist gegen dein Ego. Probiere es einmal aus: Spiele einfach mit Kindern, und du wirst sehen, wie dein Ego verschwindet, du wirst sehen, daß du wieder zum Kind wirst. Und das gilt nicht nur für dich, das gilt für alle Leute.

Weil das Kind in dir unterdrückt worden ist, wirst du deine Kinder unterdrücken. Niemand erlaubt seinen Kindern zu tanzen und zu singen und zu schreien und herumzutollen. Aus ganz belanglosen Gründen – es könnte etwas in die Brüche gehen, ihre Kleider könnten im Regen naß werden, wenn sie draußen herumrennen –, wegen solcher Nichtigkeiten wird eine wesentliche spirituelle Qualität, die Verspieltheit, völlig zerstört.

Ein gehorsames Kind wird von seinen Eltern, von seinen Lehrern, von jedermann gelobt; ein verspieltes Kind dagegen wird getadelt. Seine Verspieltheit mag völlig harmlos sein, doch sie wird getadelt, denn darin könnte der Keim der Rebellion stecken. Ein Kind, das beim Heranwachsen jede Freiheit hat, verspielt zu sein, wird rebellisch werden. Es wird sich nicht so leicht dominieren lassen. Es wird sich nicht so leicht in eine Armee stecken lassen, um Menschen zu vernichten oder selbst vernichtet zu werden.

Ein rebellisches Kind wird sich zu einem rebellischen Jugendlichen entwickeln, dem man keine Ehe aufzwingen kann; den man nicht zu einem bestimmten Beruf zwingen kann; den man nicht zwingen kann, die unerfüllten Wünsche und Sehnsüchte seiner Eltern zu befriedigen. Ein rebellischer Jugendlicher wird seinen eigenen Weg gehen. Er wird sein Leben nach seinen eigenen innersten Wünschen leben, nicht nach den Idealen anderer.

Aus all diesen Gründen wird Verspieltheit bereits im Keim erstickt und abgewürgt. Deine Natur darf nie zu Wort kommen. Nach und nach beginnst du ein totes Kind in dir herumzutragen. Dieses tote Kind in dir zerstört deinen Sinn für Humor. Du kannst nicht aus vollem Herzen lachen, du kannst nicht spielen, du kannst die kleinen Dinge des Alltags nicht genießen. Du wirst so ernst, daß deine Lebensenergie zu schrumpfen beginnt, anstatt sich auszuweiten.

Das Leben sollte jeden Augenblick etwas kostbar Kreatives sein. Was du erschaffst, spielt keine Rolle – vielleicht sind es bloß Sandburgen am Strand –, doch was immer du tust, sollte aus deiner Verspieltheit und Freude herrühren.

Du darfst dein inneres Kind niemals sterben lassen! Gib ihm Nahrung, und sei unbesorgt, daß es die Beherrschung verlieren könnte. Was kann dabei schon passieren? Selbst wenn es einmal über die Stränge schlägt – na und? Und was kannst du schon tun, wenn du die Kontrolle verlierst? Vielleicht tanzt und lachst du wie ein Verrückter, vielleicht hüpfst und springst du herum wie ein Verrückter. Die Leute mögen denken, du seist von Sinnen, aber das ist ihr Problem. Wenn du es genießt und es dein Leben bereichert, spielt es keine Rolle, selbst wenn es für die ganze übrige Welt zum Problem wird.

Als ich aufs College ging, machte ich immer sehr früh morgens, um drei oder vier Uhr, einen Spaziergang. Gleich neben meinem Haus lag ein Sträßchen mit kleinen Bambusgehölzen, ziemlich dunkel ... Das war der ideale Platz, denn man traf dort sehr selten jemanden an. Nur der Wächter vor dem Haus eines reichen Mannes sah mich zuweilen.

Doch eines Tages – vielleicht ist es das, was ihr »außer Kontrolle geraten« nennen würdet – joggte ich durch die Straße, und da kam mir die Idee, daß es auch mal gut wäre, rückwärts zu joggen. In Indien herrscht ein Aberglaube, daß Gespenster rückwärts gehen, doch das hatte ich völlig vergessen, und die Straße war sowieso menschenleer. Ich begann also rückwärts zu joggen. Es war ein herrlich kühler Morgen, und ich genoß es unsäglich.

Dann sah mich auf einmal der Milchmann. Die Leute bringen Milch aus den kleinen Dörfern in die Stadt, und er war etwas früher als üblich gekommen, deshalb hatte er mich noch nie angetroffen. Er trug gerade seine Milcheimer, als er mich plötzlich erblickte. Ich muß im Schatten des Bambus gewesen sein, und als er sich dem Schatten näherte, joggte ich unvermutet rückwärts heraus in eine vom Mondlicht erhellte Stelle. »Mein Gott!« schrie er, ließ beide Eimer fallen und rannte weg.

Ich merkte nicht, daß er sich vor mir fürchtete, ich dachte, irgend etwas anderes jage ihm Angst ein. Daher nahm ich seine beiden Eimer, obwohl die Milch verschüttet war – ich dachte, ich sollte ihm wenigstens seine Eimer wiedergeben –, und rannte hinterher. Als er mich kommen sah – ich habe noch nie jemanden so schnell rennen sehen! Er hätte in jedem Rennen Weltmeister werden können. Ich war sehr erstaunt. Ich rief: »Warten Sie doch!« Er schaute zurück, und ohne ein Wort ...

Der Türsteher des reichen Mannes beobachtete die ganze Szene. Er rief: »Du wirst ihn noch umbringen!«

»Ich will ihm nur seine Eimer zurückgeben«, sagte ich.

»Laß die Eimer bei mir stehen«, meinte er. »Bei Sonnenaufgang wird er zurückkommen. Aber tue so was nicht wieder. Manchmal jagst du nämlich auch mir Angst ein, aber weil ich weiß ... Seit Jahren beobachte ich schon, wie du in dieser Straße die seltsamsten Dinge treibst, doch manchmal kriege ich Angst. Wer weiß, ob wirklich du es bist oder ein Gespenst, das rückwärts auf mich zukommt? Manchmal verriegele ich das Tor und gehe ins Haus. Wegen dir ist meine Pistole immer geladen.«

»Eins mußt du verstehen«, sagte ich. »Wenn ich ein Gespenst bin, ist deine Pistole nutzlos. Ein Gespenst kannst du nicht mit einer Kugel töten. Benutze sie also niemals, denn bei einem Gespenst nützt sie sowieso nichts; aber wenn du einen Menschen aus Fleisch und Blut vor dir hast, kannst du als Mörder verhaftet werden.«

»Das ist wahr«, sagte er. »Es ist mir nie in den Sinn gekommen, daß Gespenster ...« Und vor meiner Nase nahm er alle Patronen heraus und meinte dabei: »Manchmal habe ich solche Angst ... womöglich schieße ich wirklich auf jemanden und töte ihn.« Ich sagte: »Schau mich gut an! Vergewissere dich zuerst, ob ich wirklich ein Mensch bin oder nicht doch ein Gespenst. Du nimmst deine Patronen heraus, aber vielleicht ist es bloß ein Gespenst, das dich dazu überredet.«

»Waaas?« sagte er und fing an, die Patronen wieder in die Pistole zu laden.

Ich sagte: »Bewahre die beiden Eimer auf.« Ich blieb noch fast sechs Monate in dieser Gegend, und jeden Tag fragte ich ihn: »Ist der Mann schon gekommen?«

»Nein, noch nicht«, sagte er. »Die beiden Eimer warten noch immer auf ihn. Ich glaube inzwischen, er wird nie zurückkommen. Entweder ist er endgültig weggezogen, oder er hat solche Angst vor diesem Ort, daß er die Straße meidet. Ich habe nach ihm ausgeschaut, und wenn meine Schicht wechselt und der andere Wächter kommt, sage ich ihm, daß jemand vorbeikommen wird. Wir haben die Eimer vors Tor gestellt, damit er sie sofort erkennt. Aber jetzt sind sechs Monate vergangen, und noch immer keine Spur von ihm.«

»Sehr merkwürdig«, sagte ich.

»Gar nichts ist merkwürdig«, meinte er. »So, wie du da plötzlich aus der Dunkelheit gekommen bist, hättest du jeden vor Schreck umbringen können. Wieso bist du rückwärts gelaufen? Ich kenne viele Leute, die joggen, aber rückwärts ...?«

Ich sagte: »Es wurde langweilig, immer vorwärts zu laufen, und zur Abwechslung versuchte ich es eben rückwärts. Ich konnte doch nicht wissen, daß ausgerechnet an diesem Tag so ein Dummkopf auftauchen würde. Niemand kommt je in dieses Sträßchen. Dieser Mann hat sicher ein Gerücht verbreitet.«

Gerüchte verbreiten sich in Windeseile. Sogar der Besitzer des Hauses, in dem ich wohnte, hatte gehört, daß es in dieser Straße spuken sollte.

Er sagte zu mir: »Geh nicht mehr so früh am Morgen spazieren. Geh erst, wenn die Sonne aufgegangen ist. Ein Mann hat ein Gespenst gesehen.«

»Wer hat Ihnen das erzählt?« fragte ich.

»Meine Frau hat es mir gesagt. Und die ganze Nachbarschaft weiß es schon. Nach acht Uhr abends ist die Straße wie ausgestorben.«

»Sie werden es nicht glauben, aber es war kein Gespenst«, sagte ich. »Ich bin ich es gewesen. Ich bin rückwärts gelaufen.«

Er sagte: »Versuche nicht, mich zum Narren zu halten!«

»Sie können ja mitkommen«, meinte ich. »Um drei Uhr früh ist niemand da.«

»Weshalb sollte ich so ein Risiko eingehen?« sagte er. »Aber eins ist sicher: Wenn du so weitermachst, mußt du mein Haus verlassen. So kannst du nicht hier wohnen.«

Ich sagte: »Merkwürdig! Selbst wenn die ganze Straße voller Gespenster wäre, warum sollte ich deshalb ausziehen? Sie können mich nicht dazu zwingen. Ich bezahle die Miete, Sie haben mir eine Quittung ausgestellt. Und vor Gericht können Sie doch nicht als Grund angeben, ich würde eine Straße benutzen, wo Gespenster joggen. Glauben Sie wirklich, daß irgendein Gericht so etwas akzeptieren würde?«

»Meinst du damit, daß du mich vor Gericht zerren wirst?« sagte er. »Wenn du so hartnäckig bist, dann bleibe eben hier wohnen. Ich werde das Haus verkaufen. Ich werde ausziehen.«

»Aber ich bin doch gar kein Gespenst«, sagte ich.

»Ich weiß. Aber wer verkehrt schon mit Gespenstern? Eines Tages wird dir so ein Gespenst noch ins Haus folgen. Und ich habe Frau und Kinder, ich will kein Risiko eingehen.«

Laß deiner Verspieltheit freien Lauf. Laß dich außer Kontrolle geraten. Und sobald dein Kind wirklich lebendig ist und mit dir tanzt, wird dein Leben einen ganz neuen Geschmack erhalten. Du wirst einen Sinn für Humor bekommen, ein wunderschönes Lachen, und deine Kopflastigkeit wird verschwinden, es wird dich zu einem Mann mit Herz machen.

Wer im Kopf lebt, lebt nicht wirklich. Nur wer in seinem Herzen lebt, wer Lieder singt, die für den Kopf unverständlich sind, wessen Tanz nichts mit irgendwelchen äußeren Dingen zu tun hat ... einfach aus eigenem Überschwang, aus eigener Fülle. Wenn du so viel Energie hast, daß du am liebsten tanzen und singen und schreien möchtest, dann tu es!

Es wird dich lebendiger machen und dir einen Geschmack davon geben, worum es im Leben wirklich geht. Ein ernster Mensch ist schon tot, bevor er stirbt – schon lange vor seinem Tod ist er ein lebendiger Leichnam. Das Leben ist eine so kostbare Gelegenheit, daß man es nicht mit Ernsthaftigkeit vergeuden sollte. Hebe dir deinen Ernst fürs Grab auf. Während du auf das Jüngste Gericht wartest, kannst du in aller

Ruhe ernst sein. Aber werde nicht schon vor dem Grab zu einem Leichnam.

Mir kommt Konfuzius in den Sinn. Einer seiner Schüler stellte ihm eine sehr typische Frage, die schon Tausende gestellt haben: »Kannst du mir etwas darüber sagen, was nach dem Tod passiert?«

Konfuzius erwiderte: »All diese Gedanken über den Tod kannst du in deinem Grab wälzen, wenn du gestorben bist. Jetzt lebe erst einmal!«

Es gibt eine Zeit zu leben, und es gibt eine Zeit zu sterben. Bringe sie nicht durcheinander, sonst verpaßt du beide. Lebe diesen Augenblick total und intensiv; und wenn du stirbst, dann stirb total. Stirb nicht teilweise – ein Auge stirbt, das andere schaut noch immer um sich; die eine Hand stirbt, und die andere sucht weiter nach der Wahrheit –, nein, wenn du stirbst, dann stirb total. Dann sinne darüber nach, was der Tod ist. Doch jetzt, in diesem Moment, solltest du keine Zeit damit verlieren, Dingen nachzusinnen, die weit weg sind. Lebe diesen Moment! Ein Kind weiß, wie man intensiv und total lebt, ohne jede Angst, außer Kontrolle zu geraten.

Sei du selbst, ohne alle Hemmungen! Beginne von Moment zu Moment zu leben, total und intensiv, freudig und verspielt. Und du wirst sehen, daß nichts außer Kontrolle gerät, daß deine Intelligenz schärfer wird, daß du jünger wirst, daß deine Liebe tiefer wird. Und wo du auch hingehst, verbreite so viel Leben, Verspieltheit und Freude wie nur möglich!

Wenn die ganze Welt anfängt zu lachen und zu genießen und zu spielen, wird eine große Revolution stattfinden. Kriege werden von ernsten Leuten angezettelt; Morde werden von ernsten Leuten verübt; Selbstmord wird von ernsten Leuten begangen; die Irrenhäuser sind voll von ernsten Leuten. Schau dir an, was diese Ernsthaftigkeit den Menschen angetan hat, und du wirst dich von deiner Ernsthaftigkeit befreien und dem Kind, das in dir wartet, zu spielen, zu singen und zu tanzen erlauben. *(2)*

Sind Kinder wirklich so intelligent, wie du immer sagst?

Intelligenz ist nichts Erworbenes; sie ist angeboren, sie ist Bestandteil des Lebens. Nicht nur Kinder sind intelligent, auch Tiere und Bäume sind auf ihre Weise intelligent. Natürlich besitzen sie alle verschiedene Arten von Intelligenz, weil sich ihre Bedürfnisse unterscheiden, doch inzwischen gilt als gesichert, daß alles, was lebt, intelligent ist. Das Leben kann nicht ohne Intelligenz bestehen; lebendig und intelligent zu sein sind synonym.

Der Mensch jedoch steckt in einem Dilemma, aus dem einfachen Grund, weil er nicht nur intelligent ist, sondern sich seiner Intelligenz auch gewahr ist. Das ist etwas Einzigartiges am Menschen, sein Vorrecht, sein Privileg, seine Zierde; doch es kann sehr leicht zu seiner Qual werden. Der Mensch ist sich bewußt, daß er intelligent ist, aber dieses Bewußtsein bringt seine eigenen Probleme mit sich – vor allem erzeugt es das Ego.

Das Ego existiert einzig und allein im Menschen, und das Ego entwickelt sich, während das Kind heranwächst. Eltern, Schule, Universität – sie alle helfen mit, das Ego zu stärken, und zwar deshalb, weil der Mensch jahrhundertelang ums Überleben kämpfen mußte und es zu seiner fixen Idee geworden ist, zu einer tiefen, unbewußten Konditionierung, daß nur starke Egos im Kampf ums Überleben bestehen können. Das Leben ist zu einem bloßen Kampf ums Überleben geworden. Und Wissenschaftler haben das mit der Theorie vom Überleben der Tüchtigsten nur noch überzeugender gemacht. Daher helfen wir jedem Kind, daß sein Ego stärker und stärker wird, und genau da entsteht das Problem.

Wenn das Ego wächst, umgibt es die Intelligenz nach und nach wie eine dicke Schicht von Dunkelheit. Intelligenz ist Licht, Ego ist Dunkelheit. Intelligenz ist sehr zart, das Ego ist sehr hart. Intelligenz ist wie eine Rosenblüte, das Ego ist wie ein Felsbrocken. Und wenn du überleben willst – so sagen die sogenannten Experten –, dann mußt du hart werden, dann mußt du stark und unverletzbar sein. Du mußt zu einer geschlossenen Zitadelle werden, damit man dich nicht von außen angreifen kann. Du mußt undurchdringlich werden.

Doch damit wirst du verschlossen. Damit beginnst du zu sterben, was deine Intelligenz angeht, denn Intelligenz braucht einen offenen Himmel, den Wind, die Luft, die Sonne, um zu wachsen, sich auszudehnen, zu fließen. Um lebendig zu bleiben, muß sie dauernd im Fluß bleiben; wenn sie stagniert, wird sie langsam, aber sicher zu etwas Totem.

Wir erlauben es den Kindern nicht, intelligent zu bleiben. Vor allem deshalb nicht, weil sie verletzbar sein werden, wenn sie intelligent sind, weil sie zart und offen sein werden. Wenn sie intelligent sind, werden sie viel Falschheit in der Gesellschaft, im Staat, in der Kirche, im Erziehungssystem sehen können. Sie werden rebellisch werden. Sie werden zu Individuen, die sich nicht so leicht einschüchtern lassen.

Intelligenz ist also einerseits etwas sehr Zartes, wie eine Rosenblüte, andererseits hat sie ihre eigene Kraft. Doch diese Kraft ist subtil, nicht grob. Diese Kraft ist die Kraft der Rebellion, einer kompromißlosen Haltung. Man ist nicht bereit, seine Seele zu verkaufen.

Schaue einmal kleinen Kindern zu, dann wirst du mich nicht mehr fragen, du wirst ihre Intelligenz sehen. Sicher, sie wissen nicht viel. Wenn du Wissen erwartest, wirst du sie nicht für intelligent halten. Wenn du ihnen Fragen stellst, die von Informationen abhängen, dann werden sie nicht intelligent aussehen. Aber stelle ihnen wirkliche Fragen, die nichts mit Information zu tun haben, sondern eine unmittelbare Antwort erfordern, und schaue hin – sie sind viel intelligenter als du. Vielleicht wird dir dein Ego nicht erlauben, das zu akzeptieren, doch wenn du es akzeptieren kannst, wird es dir enorm helfen, wird es dir selbst und auch deinen Kindern helfen, denn wenn du ihre Intelligenz siehst, kannst du viel von ihnen lernen.

Obwohl die Gesellschaft deiner Intelligenz Schaden zufügt, kann sie sie doch nicht vollkommen vernichten; sie bedeckt sie nur mit vielen Schichten von Information.

Und darin besteht die Aufgabe von Meditation: dich tiefer in dein Inneres zu führen. Sie ist eine Methode, in deinem eigenen Wesen nachzugraben, bis du auf die sprudelnden Wasser deiner eigenen Intelligenz stößt, bis du den Quell deiner eigenen Intelligenz entdeckst. Erst wenn du dein Kind wiederentdeckt hast, wirst du verstehen, was ich damit meine, wenn ich immer und immer wieder betone, daß Kinder wirklich intelligent sind.

Die Mutter putzt den kleinen Pedro für eine Party heraus. Nachdem sie sein Haar fertig gekämmt und ihm den Hemdkragen glattgestrichen hat, sagt sie: »Geh jetzt, mein Schatz. Viel Spaß. Und benimm dich!«

»Komm schon, Mama«, sagt Pedro, »bevor ich gehe, entscheide dich für eins von beiden.«

Seht ihr den Witz? Die Mutter sagt: »Viel Spaß. Und benimm dich!« Beides zugleich ist unmöglich. Und die Antwort des Kindes ist sehr bedeutungsvoll. Es sagt: »Bevor ich gehe, mußt du dich für eins von beiden entscheiden. Wenn ich Spaß haben soll, kann ich nicht artig sein; und wenn ich mich benehmen soll, kann ich nicht Spaß haben.« Das Kind kann den Widerspruch ganz klar sehen – der Mutter ist er vielleicht gar nicht aufgefallen.

Ein Passant fragt einen Jungen: »Kannst du mir bitte sagen, wieviel Uhr es ist?«

»Natürlich«, erwidert der Junge. »Aber was soll das nützen? Es ändert sich dauernd.«

Vor der Schule wird ein neues Verkehrsschild angebracht: »Fahre langsam. Töte keinen Schüler!«

Am nächsten Tag hängt ein zweites Schild darunter. Darauf steht in Kritzelschrift: »Warte auf den Lehrer!«

Der kleine Pierino kommt mit einem breiten Lächeln im Gesicht von der Schule heim.

»Na, mein Kleiner, du siehst aber sehr froh aus. Du magst die Schule wohl, stimmt's?«

»Sei nicht albern, Mama«, erwidert der Junge. »Hingehen ist längst nicht dasselbe wie zurückkommen.«

Während er langsam zur Schule schlendert, betet der kleine Junge: »Lieber Gott, laß mich nicht zu spät zur Schule kommen. Bitte, bitte, lieber Gott, laß mich rechtzeitig zur Schule kommen ...«

Unversehens rutscht er auf einer Bananenschale aus und schlittert ein paar Meter vorwärts. Nachdem er sich aufgerappelt hat, guckt er verärgert zum Himmel hoch und sagt: »Schon gut, Gott. Aber noch längst kein Grund zum Schubsen!«

Die junge Lehrerin schreibt an die Tafel: »Ich habe den ganzen Sommer keinen Spaß nicht gehabt.« Dann fragt sie die Kinder: »Was ist falsch an diesem Satz, und wie kann ich ihn korrigieren?«

Der kleine Ernie ruft von hinten: »Suchen Sie sich einen Freund!«

Ein kleiner Junge macht einen Test beim Psychologen. »Was willst du einmal werden, wenn du groß bist?« wird er gefragt.

»Ich will Arzt oder Maler oder Fensterputzer werden.«

Verblüfft meint der Psychologe: »Aber ... das ist ziemlich vage, oder nicht?«

»Gar nicht. Ist doch sonnenklar. Ich will nackte Frauen sehen.«

Der Vater erzählt seinen Söhnen nach dem Essen im Wohnzimmer Geschichten. »Mein Urgroßvater kämpfte im Krieg gegen Rosas, mein Onkel kämpfte im Krieg gegen den Kaiser, mein Großvater kämpfte im Spanischen Bürgerkrieg gegen die Republikaner, und mein Vater kämpfte im Zweiten Weltkrieg gegen die Deutschen.«

Worauf der jüngste Sohn meint: »Scheiße. Was läuft eigentlich falsch in dieser Familie? Keiner kann eine vernünftige Beziehung zu irgendwem haben.« *(3)*

Ich möchte kreativ sein. Was muß ich tun?

Werde wieder ein Kind, und du wirst kreativ sein. Alle Kinder sind kreativ. Kreativität erfordert Freisein – Freisein vom Verstand, Freisein von Wissen, von Vorurteilen.

Kreativ ist man, wenn man Neues ausprobieren kann. Ein kreativer Mensch ist kein Roboter. Roboter sind nie kreativ, sie sind repetitiv. Werde also wieder zum Kind.

Es wird dich überraschen, daß alle Kinder kreativ sind; alle Kinder, wo auch immer sie zur Welt kommen, sind kreativ. Doch wir gestehen ihnen ihre Kreativität nicht zu, wir stürzen uns auf sie und vernichten ihre Kreativität. Wir beginnen sie zu lehren, wie man die Dinge richtig macht.

Denke daran: Ein kreativer Mensch probiert andauernd falsche Wege aus. Wenn du die Dinge stets auf dem richtigen Weg erledigst, wirst du nie kreativ sein, denn der richtige Weg ist der Weg, der bereits von anderen herausgefunden wurde. Und der richtige Weg gibt dir natürlich auch die Möglichkeit, etwas zu erzeugen. Du wirst ein Produzent, ein Hersteller, du wirst ein Techniker sein, aber kein Schöpfer.

Was ist der Unterschied zwischen einem Hersteller und einem Schöpfer? Ein Hersteller kennt den richtigen Weg, um etwas zu tun, den ökonomischsten Weg. Mit minimalem Aufwand kann er mehr erbringen. Er ist ein Produzent. Ein schöpferischer Mensch macht zuerst Unsinn. Er weiß nicht, welches der richtige Weg ist, um etwas zu tun, daher sucht und forscht er immer wieder aufs neue in verschiedenen Richtungen. Viele Male schlägt er eine falsche Richtung ein, doch wo immer er hingeht, lernt er etwas. Er wird reicher und reicher. Er tut etwas, was zuvor noch niemand getan hat. Hätte er den richtigen Weg verfolgt, wäre ihm das nicht gelungen.

Hört euch diese kleine Geschichte an:

Eine Sonntagsschullehrerin bittet ihre Schüler, ein Bild der Heiligen Familie zu malen. Bei der Durchsicht stellt sie fest, daß die meisten konventionelle Situationen gemalt haben: die Heilige Familie an der Krippe, die Heilige Familie auf dem

Esel und ähnliches. Doch dann ruft sie einen kleinen Jungen auf, damit er ihr sein Bild erklärt – ein Flugzeug, aus dessen Fenster vier Köpfe herausschauen.

»Ich verstehe ja, warum du drei Köpfe gezeichnet hast, für Josef, Maria und Jesus«, sagt sie. »Aber wer ist der vierte?«

»Oh«, antwortet der Junge, »das ist Pontius Pilotus.«

Ist das nicht schön? Genau das ist Kreativität. Er hat etwas entdeckt.

Aber nur Kinder können das. Du wirst Angst haben, daß du albern aussiehst. Ein kreativer Mensch muß albern aussehen können. Ein kreativer Mensch muß seine sogenannte Respektabilität aufs Spiel setzen. Deshalb wirst du immer feststellen, daß Dichter, Maler, Tänzer und Musiker nicht sehr respektable Leute sind. Und wenn sie respektabel werden, wenn ihnen ein Nobelpreis verliehen wird, sind sie nicht länger kreativ. Von diesem Moment an verschwindet die Kreativität.

Was ist passiert? Habt ihr je einen Nobelpreisträger etwas Neues schreiben sehen, das wertvoll war? Habt ihr je einen respektablen Menschen etwas Kreatives tun sehen? Er hat Angst. Wenn er etwas falsch macht oder etwas schiefgeht, was wird dann aus seinem Prestige? Das kann er sich nicht leisten. Wenn ein Künstler also respektabel wird, ist er tot.

Nur wer bereit ist, sein Prestige, seinen Stolz, seine Respektabilität immer wieder aufs Spiel zu setzen, nur wer sich auf etwas einläßt, das niemandem sonst erfolgversprechend scheint ... Schöpferische Menschen werden stets als Verrückte angesehen. Man erkennt sie an, aber erst sehr spät. Man denkt sich ständig, etwas sei falsch mit ihnen. Schöpferische Menschen sind Exzentriker.

Alle Kinder, ohne Ausnahme, wollen kreativ sein, aber wir gestatten es ihnen nicht. Irgendwann im Alter zwischen sieben und vierzehn Jahren erfolgt dann eine große Veränderung im Kind. Die Psychologie hat dieses Phänomen zu erforschen versucht. Warum ist das so, und was geschieht da?

Euer Gehirn besteht aus zwei Hälften. Die linke Hemisphäre

ist unkreativ. Sie ist zwar technisch sehr fähig, doch was Kreativität betrifft, ist sie absolut impotent. Sie kann nur etwas tun, was sie vorher gelernt hat, und das sehr effizient und perfekt. Sie ist mechanisch. Diese linke Hemisphäre ist die Hemisphäre des Argumentierens, der Logik, der Mathematik. Sie ist die Hemisphäre von Kalkulation, von Schlauheit, von Ordnung und Disziplin.

Die rechte Gehirnhälfte ist genau das Gegenteil. Sie ist die Hemisphäre von Chaos, nicht von Ordnung; sie ist die Hemisphäre von Poesie, nicht von Prosa; sie ist die Hemisphäre von Liebe, nicht von Logik. Sie besitzt viel Gefühl für Schönheit, hat viel Einsicht in Originalität, aber sie ist nicht effizient, sie kann nicht effizient sein. Ein kreativer Mensch kann nicht effizient sein, er muß herumexperimentieren.

Ein kreativer Mensch kann sich nirgendwo niederlassen. Er ist ein Vagabund, er trägt sein Zelt auf den Schultern. Er mag die Nacht über bleiben, doch am Morgen ist er schon wieder fort – deshalb nenne ich ihn einen Vagabunden. Er ist nie ein Hausbesitzer. Er kann sich nicht niederlassen, das würde seinen Tod bedeuten. Er ist stets bereit, ein Wagnis einzugehen. Risiken sind Liebesgeschichten für ihn.

Doch das betrifft die rechte Hemisphäre. Wenn das Kind geboren wird, funktioniert die rechte Hemisphäre, die linke funktioniert noch nicht. Dann beginnen wir das Kind zu unterrichten – verständnislos, unwissenschaftlich. Seit Urzeiten haben wir den Trick gelernt, wie man die Energie von der rechten zur linken Hemisphäre verschiebt, wie man die rechte Hemisphäre blockiert und die linke ankurbelt. Nur darum geht es im gesamten Schulwesen. Vom Kindergarten bis zur Universität dreht sich unsere ganze Ausbildung und sogenannte Erziehung nur darum. Sie bemüht sich, die rechte Hemisphäre zu zerstören und die linke zu fördern. Irgendwann zwischen sieben und vierzehn Jahren ist uns das gelungen, und das Kind ist erledigt, das Kind ist zerstört.

Dann funktioniert die rechte Hemisphäre immer weniger, sie funktioniert nur noch im Traumzustand, wenn du tief schläfst, oder zuweilen dann, wenn du Drogen genommen hast.

Der große Anreiz von Drogen im Westen ist ausschließlich darin begründet, daß es dem Westen gelungen ist, mit der allgemeinen Schulpflicht die rechte Hemisphäre vollkommen zu zerstören. Im Westen haben die Menschen zuviel Erziehung bekommen; dort ist man bis zum Exzeß gegangen und völlig einseitig und extrem geworden. Jetzt scheint es keinen Ausweg mehr zu geben. Solange ihr in den Universitäten und Schulen keine Methoden einführt, die die rechte Hemisphäre wieder beleben, werden Drogen nicht verschwinden.

Die Poesie ist völlig aus dem Leben der Menschen verschwunden, die Schönheit ist daraus verschwunden, die Liebe ist daraus verschwunden. Geld, Macht und Einfluß sind die einzigen Götter geworden. Wie lange kann die Menschheit noch ohne Liebe und ohne Poesie, ohne Freude, ohne Feiern weiterleben? Nicht mehr lange.

Wenn man Kinder lehrt, daß ihr Geist aus beidem besteht und wie man beide Seiten benutzt – wann die eine und wann die andere ... Es gibt Situationen, in denen nur die linke Gehirnseite benötigt wird – wenn du rechnen mußt, auf dem Marktplatz, im täglichen Geschäftsleben. Und es gibt Zeiten, in denen du die rechte Hemisphäre brauchst.

Und vergiß nie, daß die rechte Hemisphäre das Ziel und die linke das Mittel dazu ist. Die linke Hemisphäre hat der rechten zu dienen, die rechte Hemisphäre ist der Meister. Du verdienst nur Geld, weil du dein Leben genießen und feiern willst. Du möchtest etwas auf der hohen Kante haben, damit du lieben kannst. Du arbeitest nur, damit du spielen kannst. Spielen bleibt das eigentliche Ziel. Du arbeitest nur, damit du dich entspannen kannst. Entspannung bleibt das eigentliche Ziel. Die Arbeit ist nicht das Ziel. Euer Arbeitsethos ist ein Überbleibsel aus der Vergangenheit. Es muß verschwinden.

Du fragst mich: *»Ich möchte kreativ sein. Was muß ich tun?«* Mache alles rückgängig, was dir die Gesellschaft angetan hat; mache alles rückgängig, was dir deine Eltern und deine Lehrer, die Priester und Politiker angetan haben – und du wirst wieder kreativ werden, du wirst aufs neue dieses prickelnde Gefühl verspüren, welches du ganz am Anfang hattest. Es wartet noch immer in der Tiefe, es kann sich wieder entfalten.

Und wenn diese kreative Energie in dir zur Entfaltung kommt, bist du religiös. Ein religiöser Mensch ist für mich ein Mensch, der kreativ ist. Und jeder kommt kreativ zur Welt, doch nur wenige Menschen bleiben es.

Es liegt an dir, dich aus dieser Falle zu befreien, du kannst es. Natürlich gehört eine große Portion Mut dazu, denn wenn du dich von allem löst, was die Gesellschaft aus dir gemacht hat, wirst du an Respekt verlieren. Du wirst kein angesehener Mensch mehr sein. Du wirst bizarr wirken. Die Leute werden denken: »Etwas ist schiefgegangen mit dem Ärmsten.« Und das erfordert am meisten Mut – ein neues Leben anzufangen, das dich für alle anderen zum Sonderling machen wird.

Es wird also Schwierigkeiten geben, aber natürlich mußt du es trotzdem wagen. Wenn du kreativ sein willst, mußt du alles riskieren. Das ist es wert. Ein bißchen Kreativität ist mehr wert als alle Königreiche dieser Welt. Diese Freude, etwas Neues zu erschaffen, was es auch sein mag – ein kleines Lied, ein kleines Bild, irgend etwas ... Wenn du etwas Neues erschaffst, nimmst du teil am Schöpfungsprozeß der Existenz, bist du im Einklang mit der Existenz. Wenn du etwas erschaffst, erschafft im Grunde die Existenz durch dich – deshalb bringt es soviel Freude mit sich.

Wenn du wiederholst, wiederholst du allein. Die Existenz ist nicht mit dir, du bist eine Einöde, du bist eine Maschine. Wenn du schöpferisch bist, strömt das Göttliche einfach in dein Herz. Du wirst ein hohler Bambus, eine Flöte, und die Existenz beginnt auf dir zu spielen. So kann ein großes Lied entstehen.

Jeder trägt dieses Lied in sich, und solange du dieses Lied nicht singst, wirst du nie erfüllt sein. *(4)*

Jedes Kind, das geboren wird, hat die Fähigkeit, zu lieben und Liebe zu empfangen. Jedes Kind wird voller Liebe geboren und weiß genau, was Liebe ist. Man braucht einem Kind nicht zu sagen, was Liebe bedeutet. Lediglich Vater und Mutter wissen nicht, was Liebe ist. Kein Kind bekommt je die Eltern, die es verdient. Solche Eltern gibt es nirgendwo. Und bis das Kind einmal selber Vater oder Mutter wird, hat es die Fähigkeit zu lieben verloren.

In Mexiko gibt es ein kleines Tal, wo alle Neugeborenen innerhalb von drei Monaten blind werden. Es ist ein kleiner, primitiver Volksstamm. Es gibt dort eine Fliege, die die Augen zerstört, deshalb ist der ganze Stamm blind. Jedes Kind wird mit Augen geboren, mit perfekt funktionierenden Augen, doch innerhalb von drei Monaten wird es von der Fliege gestochen, ihr Gift dringt in den Körper ein, und die Augen erblinden. Und irgendwann in seinem Leben wird das Kind fragen: »Was sind Augen? Was meinst du, wenn du ›Augen‹ sagst? Was ist Sehen? Was meinst du damit?« Diese Fragen sind relevant. Das Kind kam mit Augen zur Welt, doch irgendwo auf dem Weg des sogenannten Heranwachsens gingen sie verloren.

So ist es auch der Liebe ergangen. Jedes Kind wird mit so viel Liebe geboren, wie es nur fassen kann, mit mehr Liebe, als man fassen kann, mit Liebe, die überströmt. Ein Kind wird als Liebe geboren; ein Kind ist aus dem Stoff gemacht, den man Liebe nennt. Doch die Eltern können keine Liebe geben. Sie haben ihren eigenen Katzenjammer – ihre eigenen Eltern haben sie nie geliebt. Die Eltern können nur so tun als ob. Sie können über Liebe reden. Sie können sagen: »Wir lieben dich sehr«, doch sie handeln sehr lieblos. Viele Eltern wissen nicht, was Liebe ist. Die Mutter hat ihren Mann nicht geliebt, der Mann seine Frau ebensowenig. Liebe existiert da nicht. Statt dessen gibt es Herrschsucht, Besitzgier, Eifersucht und alle Arten von Giften, welche die Liebe zerstören. Genauso wie ein bestimmtes Gift dein Sehvermögen zerstören kann, kann das Gift der Besitzgier und Eifersucht die Liebe zerstören.

Liebe ist eine sehr zarte Blume. Sie muß behütet werden, sie muß gekräftigt und begossen werden; nur dann wird sie stark. Und die Liebe des Kindes ist sehr, sehr zart; das ist ganz natürlich, denn auch das Kind ist zart, sein Körper ist zart. Glaubt ihr, ein Kind, das man sich selbst überläßt, wäre fähig zu überleben? Haltet euch vor Augen, wie hilflos der Mensch ist. Wenn man ein Kind sich selbst überläßt, ist sein Überleben praktisch ausgeschlossen. Es wird sterben. Und genau das geschieht mit der Liebe.

Die Liebe wird sich selbst überlassen. Die Eltern können nicht lieben, sie wissen nicht, was Liebe ist, sie sind nie in Liebe erblüht. Ihr braucht euch bloß an eure eigenen Eltern zu erinnern. Liebe wächst nur in Liebe. Liebe benötigt ein Milieu von Liebe – das ist das Grundlegendste, was man sich vor Augen halten muß. Nur in einem Milieu der Liebe wächst Liebe. Sie benötigt denselben Pulsschlag um sich herum. Wenn die Mutter voller Liebe ist, wenn der Vater voller Liebe ist, und zwar nicht nur zu ihrem Kind, sondern auch zueinander, wenn daheim eine Atmosphäre der Liebe herrscht, wenn Liebe fließt, wird das Kind als ein Wesen der Liebe zu leben beginnen. Und es wird sich nie fragen, was Liebe ist. Es wird es von Anfang an wissen. Liebe wird zu seinem Fundament werden. *(5)*

Ist die Unschuld kleiner Kinder einfach nur Unwissenheit, oder hat sie auch irgendeinen Wert?

Kleine Kinder sind unschuldig, doch sie haben sich die Unschuld nicht verdient, sie ist ihnen gegeben. In Wirklichkeit sind sie unwissend. Aber ihre Unwissenheit ist besser als die sogenannte Gelehrsamkeit, denn ein gelehrter Mensch vertuscht seine Unwissenheit bloß mit Worten, Theorien, Ideologien, Philosophien, Dogmen und Glaubenssätzen. Er versucht seine Ignoranz zu vertuschen, aber du brauchst bloß ein bißchen an der Oberfläche zu kratzen und wirst im Inneren nichts als Dunkelheit, nichts als Unwissenheit finden.

Kinder sind viel besser dran als gelehrte Menschen, denn sie können die Dinge direkt sehen. Sie sind zwar unwissend, dafür aber spontan; sie sind zwar unwissend, dafür haben sie aber unschätzbar wertvolle Einsichten.

Ein kleiner Junge hat den Schluckauf. »Mama, schau mal«, ruft er, »ich huste rückwärts!«

Eine Mutter, eine ziemliche Plaudertasche, bringt ihren kleinen Jungen zur Begutachtung zum Psychiater. Dieser untersucht den Knirps und ist überrascht, daß er seinen Fragen kaum Beachtung schenkt.

»Kannst du nicht gut hören?« fragt er ihn.

»Hören schon. Aber zuhören nicht«, sagt der Kleine.

Seht ihr, wie einsichtig er antwortet? Hören und zuhören sind zwei ganz verschiedene Dinge. Er mag schon gar nicht mehr zuhören. Das ständige Geplapper der Mutter hat etwas Wertvolles im Kind zerstört: seine Aufmerksamkeit.

Die Lehrerin hat die Kinder zum Rechnen an die Wandtafel geschickt. Einer der Zweitkläßler ruft: »Ich hab' keine Kreide nicht.«

»So sagt man nicht«, meint die Lehrerin. »Man sagt: Ich habe keine Kreide, du hast keine Kreide, wir haben keine Kreide, sie haben keine Kreide. Hast du verstanden?«

»Nicht ganz«, sagt der Kleine. »Was ist mit all der Kreide passiert?«

Es hat soeben drei geschlagen, als die Tochter des Pfarrers, ein hübscher Teenager, von einer Party nach Hause kommt. Der Pfarrer und seine Frau haben die ganze Zeit auf sie gewartet, und als sie zur Tür hereintritt, sagt er abschätzig zu ihr: »Guten Morgen, du Kind des Teufels.«

In süßestem Ton, wie es einem Kind ansteht, sagt sie: »Guten Morgen, Vater.«

Die Lehrerin führt die Subtraktion ein. »Also, Johnny, wenn dein Vater jede Woche 180 Dollar verdient und davon 6 Dollar für Versicherungen, 11 Dollar für Sozialabgaben und 24 Dollar für Steuern abgezogen werden, und wenn er dann deiner Mutter die Hälfte vom Rest abgibt, was kriegt sie dann?«

»Einen Herzanfall«, meint der Junge.

Das Abendessen ist zu Ende. Der Vater und sein neunjähriger Sohn sitzen in der Stube vor dem Fernseher, Mutter und Tochter sind in der Küche beim Geschirrspülen. Plötzlich hört man ein gräßlich lautes Klirren aus der Küche, dann ist es eine Weile totenstill.

»Das war Mama, die etwas kaputtgeschlagen hat«, meint der Junge.

»Woher willst du das wissen?« fragt der Vater.

»Weil sie nichts sagt.«

Aus der Küche tönt das Scheppern von zerbrochenem Glas oder Porzellan.

»Willi«, ruft die Mutter aus dem Eßzimmer, »was zum Kuckuck machst du in der Küche?«

»Nichts«, sagt Willy. »Es ist schon erledigt.«

Ein Vertreter soll von München nach Bremen versetzt werden. Seit Wochen wird im Haus von nichts anderem mehr gesprochen. Am Abend vor dem Umzug sagt seine fünfjährige Tochter ihr Nachtgebet auf: »Und jetzt, lieber Gott, muß ich dir für immer Lebewohl sagen, denn morgen ziehen wir nach Bremen um.« *(6)*

Worin besteht der Unterschied zwischen einem Kind und einem Buddha?

Da gibt es große Ähnlichkeiten und große Unterschiede.

Das Kind ist genauso unschuldig wie ein Buddha. Kinder sind voller Staunen ... Buddhas sind genauso voller Staunen wie Kinder. Das Kind funktioniert ebenso aus einem Zustand des Nichtwissens heraus wie ein Buddha. Aber es gibt auch Unterschiede, und zwar große Unterschiede.

Die Unschuld des Kindes ist lediglich Unerfahrenheit, sie ist nichts Verdientes. Sie ist so etwas wie die ersten Zähne: sie werden ausfallen, die Milchzähne müssen ausfallen. Das Kind wird vom Weg abkommen, es muß seine Unschuld verlieren. Das ist die Bedeutung der biblischen Geschichte von Adams Sündenfall. Adam steht für jedes Kind. Es ist keine Geschichte aus der Vergangenheit, sie ereignet sich jeden Tag. Immer wenn ein Kind geboren wird, ereignet sie sich aufs neue. Es ist eine der bedeutsamsten Parabeln, die der Mensch je erfunden hat. Sie ist unvergleichlich.

Jedes Kind wird im Garten Eden geboren, es ist unschuldig, nackt, weiß nichts und ist voller Staunen, es lebt von einem Augenblick zum anderen. Wenn ein Kind wütend ist, dann ist es einfach wütend – es ist Wut. Und wenn ein Kind liebevoll ist, dann ist es Liebe, es ist einfach Liebe. Und es geht mühelos, ohne zu zögern, von einem Zustand in den anderen. Einen Augenblick zuvor war es sehr liebevoll, und jetzt ist es wütend und sagt zu dir: »Ich werde nie mehr wiederkommen!« Und im nächsten Augenblick sitzt es auf deinem Schoß und möchte eine Geschichte oder ein Lied hören. Das Kind lebt von einem Augenblick zum anderen, es trägt keine Vergangenheit mit sich. Aber der Sündenfall ist unausweichlich. Und er ist auch wichtig, denn nur wenn das Kind diese Unschuld verliert, wird es jene Unschuld erlangen, die man Buddhaschaft nennt. Das Kind muß auf Abwege geraten, es muß jede Spur verlieren und durch Not, Verzweiflung und Angst hindurchgehen. Erst durch diese Lebenserfahrung wird es zurückkommen. Es wird wieder nach den Tagen der Unschuld suchen; die Erinnerung, die Sehnsucht danach wird es verfolgen.

Wenn du einem Buddha begegnest, dann erwachen Erinnerungen in dir, und du spürst: »Ja, so etwas habe ich irgendwo schon einmal gekannt.« Der Geschmack ist fast vergessen, aber du spürst noch etwas davon auf der Zunge. Es ist noch nicht völlig in Vergessenheit geraten. Du erinnerst dich, daß du es vergessen hast – so viel Erinnerung ist noch vorhanden. Sie kann nicht ausgelöscht werden. Du hast in diesem Zustand des Staunens gelebt, den wir Kindheit nennen, und wenn du einem Buddha begegnest, dann tauchen diese Kindheitserinnerungen wieder auf. Du fühlst dich wieder als Kind, noch einmal geboren.

Ein Buddha ist aufs neue ein Kind, aber diese Kindheit kann nun nicht mehr verlorengehen. Sie ist verdient worden; sie ist durch Erfahrungen entstanden, süße, bittere, alle.

Ein Buddha ist dem Kind ähnlich und doch unähnlich.

Ein kleiner Junge stupste an den Busen seiner Mutter und sagte: »Mami, was ist das?« Die Mutter, zu schüchtern, die Wahrheit zu sagen, antwortete: »Das sind Ballons, und wenn du stirbst, werden sie größer und tragen dich zum Himmel.«

Der Junge ging weg, kam aber kurz darauf wieder angerannt und rief: »Mami, Mami, das Dienstmädchen stirbt!«

Die Mutter war bestürzt und fragte, wieso er darauf käme, daß das Dienstmädchen stirbt. »Na ja«, antwortete der Junge, »ihre beiden Ballons sind draußen, Papa bläst sie auf, und sie ruft immer: ›O Gott, ich komme!‹«

Ein Kind ist Unschuld. Es weiß nicht, was was ist. Es vertraut. Es hat noch keine Zweifel, es hat noch nicht vom Baum der Erkenntnis gegessen.

Die Lehrerin erklärt ihrer Klasse: »Jede gute Geschichte muß vier Elemente enthalten – Sex, Religion, Königtum und Geheimnis. In der nächsten halben Stunde sollt ihr eine kurze Geschichte schreiben, die aus diesen vier Themen besteht.«

Nach zehn Minuten meldet sich ein Junge: »Meine Geschichte ist fertig.«

»So schnell!« ruft die erstaunte Lehrerin. »Dann steh auf und lies sie vor.«

»»Heiliger Moses‹, sagte die Prinzessin, ›ich glaube, ich bin wieder schwanger. Möchte wissen, wer's diesmal war.‹«

Dieses Nichtwissen, dieser Zustand der Unwissenheit, diese wunderschöne Unwissenheit macht das Kind offen für das Geheimnisvolle. Das ganze Leben sieht wie eine geheimnisvolle Welt aus, wie ein Märchenland. Alles erscheint so wunderbar, so psychedelisch, so farbig. Selbst einfache Muscheln am Strand – in seinen Augen sehen sie kostbar aus. Einfache bunte Steine, und sie sind Diamanten. Das Kind lebt in einer völlig anderen Welt, es lebt in der Welt der Poesie.

Ein Buddha betritt diese Welt von neuem, und die Poesie ist durch seine Erfahrungen viel intensiver und tiefer geworden. Er hatte alle Verbindung mit der Unschuld verloren. Jetzt ist die Unschuld wiedergewonnen.

Jedes Kind muß vom Weg abkommen. Deshalb passiert es immer wieder, daß ein Kind, das zu sehr beschützt wird und dem nie erlaubt wird, etwas falsch zu machen, oberflächlich bleibt; es hat keine Tiefe. Sein Gutsein ist oberflächlich, dünn wie eine Haut. Wenn du ein wenig daran kratzt, wird es umkippen.

Deshalb wirken eure sogenannten religiösen Leute so flach. Du kannst den Funken der Intelligenz nicht in ihren Augen sehen, du siehst keine Schärfe in ihrem Wesen. Sie wirken langweilig und abgestanden, keine Schärfe, keine Intelligenz. Sie haben einfach versucht, nicht vom »Baum der Erkenntnis« zu essen. Sie haben versucht, ihre Milchzähne zu bewahren. Sie versuchen einfach nur, ihre Kindheit nicht zu verlieren.

Die Kindheit muß verlorengehen. Und dann, vor lauter Unglück über das Weggehen, wenn das Unglück seinen Sättigungsgrad erreicht hat, dann spürst du auf einmal das Verlangen, zurückzukehren. Genug ist genug! Das ist der Augenblick, wenn man ein Sannyasin wird. Das ist der Augenblick, wenn man anfängt, nach dem verlorenen Land zu suchen. Und wenn du angekommen bist, dann ist es der gleiche Ort, aber du bist nicht der gleiche.

Das Kind und der Buddha leben also in dem gleichen Zustand, und dennoch ist es nicht der gleiche, denn das Kind ist ein Kind, und ein Buddha ist ein Buddha. Ein Buddha ist ein Kind, das weit weg gegangen war und jetzt wiedergekommen ist.

Man muß die Kindheit verlieren, nur dann kann man zum Buddha werden. *(7)*

Wie hast du es als Kind geschafft, deine Klarheit zu behalten und dich nicht von den Erwachsenen um dich herum einschüchtern zu lassen? Was gab dir den Mut dazu?

Unschuld ist beides: Mut und Klarheit. Wenn man unschuldig ist, braucht man keinen Mut. Auch Klarheit ist nicht nötig, weil nichts klarer ist als Unschuld – kristallklar. Es geht also einzig darum, wie man seine Unschuld bewahrt. Unschuld kann man sich nicht erarbeiten, man kann sie nicht erlernen. Sie ist nicht etwas, wofür man Talent hat, wie Malen, Musik, Poesie oder Bildhauerei. Sie ist nichts dergleichen. Unschuld ist mehr wie Atmen – man wird damit geboren.

Unschuld ist unsere Natur. Kein Mensch wird anders geboren als unschuldig. Wie könnte man auch anders als unschuldig geboren werden? Geburt bedeutet, die Welt als *tabula rasa* zu betreten – als ein unbeschriebenes Blatt. Du hast nur eine Zukunft, keine Vergangenheit. Das ist die Bedeutung von Unschuld. Versuche also zuerst, alle Bedeutungen von Unschuld zu verstehen.

Als Wichtigstes: keine Vergangenheit, nur Zukunft. Du kommst als unschuldiger Beobachter auf die Welt. Jeder kommt auf dieselbe Weise an, mit derselben Bewußtseinsqualität.

Deine Frage lautet, wie ich es geschafft habe, meine Unschuld, meine Klarheit von niemandem verderben zu lassen.

Was mir den Mut dazu gegeben hat. Wie es mir gelungen ist, mich nicht durch die Erwachsenen und ihre Welt erniedrigen zu lassen.

Ich habe nichts dazugetan, es ist also keine Frage des »Wie?«. Es ist einfach so geschehen, es war nicht mein Verdienst.

Vielleicht würde es allen Kindern so ergehen, aber ihr fangt an, euch bald für andere Dinge zu interessieren. Ihr laßt euch auf einen Kuhhandel mit der Welt der Erwachsenen ein. Sie haben vieles, was sie euch geben können; ihr aber habt nur eines zu geben, und zwar eure Integrität, eure Selbstachtung. Ihr habt nicht viel, nur eines – nennt es, wie ihr wollt: Unschuld, Intelligenz, Authentizität. Ihr habt nur dieses Eine.

Und ein Kind ist natürlich sehr interessiert an allem, was es um sich herum wahrnimmt. Andauernd möchte es dieses oder jenes haben. Das gehört zur menschlichen Natur. Wenn man ein kleines Kind betrachtet, selbst ein Neugeborenes, kann man sehen, wie es anfängt, die Arme nach etwas auszustrecken. Seine Hände versuchen etwas zu begreifen. Die Reise hat begonnen.

Auf dieser Reise wird es sich selbst verlieren, weil man nichts auf dieser Welt bekommt, ohne dafür zu bezahlen. Und das arme Kind kann nicht verstehen, wie kostbar seine Gabe ist. Selbst wenn auf der einen Waagschale die ganze Welt und auf der anderen seine Integrität läge – seine Integrität hätte mehr Gewicht, wäre wertvoller. Das Kind hat noch keine Ahnung davon. Da liegt das Problem, denn was es hat, das hat es einfach und sieht es als gegeben an.

Du fragst mich, wie es mir gelungen ist, meine Unschuld und Klarheit nicht zu verlieren. Ich habe nichts dazu beigetragen. Ich war einfach von klein auf ein einsames Kind, weil ich von meinen Großeltern mütterlicherseits großgezogen wurde und nicht bei meinen Eltern lebte. Diese beiden alten Leute waren allein und wünschten sich ein Kind, das die Freude ihrer letzten Tage sein sollte. Also willigten meine Eltern ein. Ich war ihr ältestes Kind, der Erstgeborene. Sie brachten mich zu ihnen.

Ich kann mich in den ersten Jahren meiner Kindheit an

keine Beziehung zur Familie meines Vaters erinnern. Mit diesen beiden alten Männern, meinem Großvater und seinem alten Diener, einem wirklich wunderbaren Menschen, und mit meiner alten Großmutter, mit diesen drei Leuten ... Und der Altersunterschied war enorm. Ich war völlig allein. Sie waren keine Spielgefährten, sie konnten es auch gar nicht sein. Sie gaben sich die größte Mühe, meine Freunde zu sein, doch es ging einfach nicht.

Ich war mir selbst überlassen. Über vieles konnte ich mit ihnen nicht reden. Ich hatte sonst niemanden, denn wir waren in diesem kleinen Dorf die wohlhabendste Familie. Es war ein winziges Dorf, alles in allem nicht mehr als zweihundert Menschen, und die meisten so arm, daß meine Großeltern mir nicht erlaubten, mich unter die Dorfkinder zu mischen. Sie waren schmutzig und lebten fast wie Bettler, und so hatte ich keine Möglichkeit, Freundschaften zu schließen. Das hatte tiefe Auswirkungen. Mein ganzes Leben lang bin ich mit niemandem befreundet gewesen, habe ich nie jemanden zum Freund gehabt. Bekanntschaften, ja, die hatte ich.

In diesen ersten frühen Jahren war ich so einsam, daß ich anfing, es zu genießen. Und es ist wirklich ein Genuß. So war es für mich kein Fluch, sondern erwies sich als ein Segen. Ich fing an, es zu genießen. Ich begann zu spüren, daß ich mir selbst genug war. Ich war von niemandem abhängig.

Ich habe mich nie für Spiele interessiert, einfach deshalb, weil es in meiner frühen Kindheit keine Möglichkeit zum Spielen gab und keine Spielkameraden da waren. Ich sehe mich immer noch, wie ich in jenen ersten Jahren einfach nur dasaß.

Unser Haus stand an einem wunderschönen Platz, direkt am Ufer eines Sees. Meilenweit nichts als der See ... es war so schön, so still. Hin und wieder sah man einen Zug weißer Kraniche fliegen, oder man hörte ihre Lockrufe, die die Stille unterbrachen. Es war ein geradezu idealer Platz zum Meditieren. Und wenn die Stille gestört wurde durch den Lockruf eines Vogels, dann vertiefte sich nach seinem Schrei der Friede um so mehr, wurde er noch tiefer.

Der See war übersät mit Lotosblüten. Ich saß oft stundenlang da, so zufrieden mit mir selbst, als ob die Welt keine Rolle spielte. Die Lotosblumen, die weißen Kraniche, die Stille ...

Und meine Großeltern verstanden, daß ich mein Alleinsein genoß. Sie hatten immer wieder erlebt, daß ich keine Lust verspürte, ins Dorf zu gehen, um jemanden zu treffen oder mit jemandem zu sprechen. Selbst wenn sie mit mir reden wollten, antwortete ich nur mit Ja oder Nein. Reden interessierte mich nicht. So wurde ihnen bald klar, daß ich mein Alleinsein genoß und es ihre heilige Pflicht war, mich nicht zu behelligen.

Vielen Kindern sagt man: »Sei still, dein Vater muß nachdenken, dein Großvater will sich ausruhen. Sei ruhig. Sitz still!« In meiner Kindheit war es genau umgekehrt. Ich kann heute nicht mehr sagen, wie es im einzelnen dazu kam, es war einfach so. Darum meine Antwort: Es ist einfach geschehen, es war nicht mein Verdienst.

Diese drei alten Menschen gaben sich ständig Zeichen: »Stört ihn nicht! Er genießt es so.« Und sie fingen an, meine Stille zu lieben.

Stille hat eine Ausstrahlung, sie ist ansteckend – besonders die Stille eines Kindes, die nicht erzwungen ist, die nicht daher rührt, daß man sagt: »Du kriegst Schläge, wenn du störst oder laut bist.« Das ist nicht Stille. Davon geht nicht jene freudige Ausstrahlung aus, von der ich hier spreche – wenn ein Kind von sich aus still ist und ohne Grund genießt, wenn sein Glück keine Ursache hat. Das schlägt ringsum Wellen.

In einer besseren Welt wird jede Familie von ihren Kindern lernen. Ihr habt es so eilig, ihnen etwas beizubringen. Niemand scheint von ihnen zu lernen, und dabei könnten sie euch so vieles beibringen. Ihr dagegen könnt ihnen rein gar nichts beibringen.

Nur weil ihr älter und in der stärkeren Position seid, fangt ihr an, sie euch anzupassen, ohne jemals darüber nachzudenken, wer ihr eigentlich seid, was aus euch geworden ist, wo ihr steht in eurer inneren Welt. Ihr seid Habenichtse. Und genau dasselbe wollt ihr auch für eure Kinder?

Keiner denkt darüber nach, sonst würden die Menschen von den kleinen Kindern lernen. Kinder bringen so viel aus der anderen Welt mit, weil sie ganz frisch angekommen sind. Sie tragen noch die Stille des Mutterleibs in sich, die Stille der Existenz selbst.

Es war also bloß Zufall, daß ich sieben Jahre lang ungestört blieb. Niemand, der an mir herumnörgelte, der mich auf die Welt der Geschäfte, der Politik und der Diplomatie vorbereitete. Meinen Großeltern lag mehr daran, mich so natürlich wie möglich sein zu lassen – vor allem meiner Großmutter. Ihr ist es mit zu verdanken, daß ich eine solche Achtung für das Frau-Sein empfinde. Solche scheinbaren Kleinigkeiten können ein ganzes Leben beeinflussen.

Sie war eine einfache Frau, ungebildet, aber ungeheuer einfühlsam. Sie machte meinem Großvater und dem Diener klar: »Wir haben unser Leben auf eine Art gelebt, die zu nichts geführt hat. Wir sind so leer wie je zuvor, und nun rückt der Tod näher.« Sie bestand darauf: »Laßt dieses Kind unbeeinflußt von uns. Was können wir ihm schon geben? Wir können ihn höchstens zu dem machen, was wir selber sind, und wir sind rein gar nichts. Gebt ihm die Chance, er selbst zu sein.«

Ich bin dieser alten Frau über alle Maßen dankbar. Mein Großvater machte sich immer wieder Sorgen, daß man ihn früher oder später verantwortlich machen und ihm vorwerfen würde: »Wir haben euch unser Kind überlassen, und ihr habt ihm nichts beigebracht.«

Meine Großmutter ließ nicht einmal zu ... Es gab nämlich einen Mann im Dorf, der mir wenigstens die Grundbegriffe von Sprache, Mathematik und etwas Geographie hätte beibringen können. Er hatte vier Schuljahre absolviert, die ersten vier Klassen der indischen Grundschule, damit war er der gebildetste Mann im Dorf.

Mein Großvater versuchte es hartnäckig: »Er soll kommen und ihn unterrichten. Wenigstens lernt er dann das Alphabet und ein wenig Rechnen, und wenn er wieder zu seinen Eltern zurückgeht, werden sie nicht sagen können, wir hätten die sieben Jahre völlig vergeudet.«

Aber meine Großmutter meinte: »Laß sie doch sagen, was sie wollen, wenn die sieben Jahre vorbei sind. Aber sieben Jahre lang soll er einfach ganz er selbst sein dürfen, ohne daß wir eingreifen.« Ihr Hauptargument war stets: »Du kennst das Alphabet, na und? Du kannst rechnen, na und? Du hast ein bißchen Geld verdient. Willst du, daß er auch ein bißchen Geld verdient und genauso lebt wie du?«

Das genügte, um den alten Mann zum Schweigen zu bringen. Was hätte er tun sollen? Er war in die Enge getrieben, denn er hatte keine Gegenargumente, obwohl er wußte, daß man ihn und nicht sie verantwortlich machen würde. Mein Vater würde ihn fragen: »Was hast du da getan?« Und so wäre es tatsächlich auch gekommen, aber zum Glück starb er, bevor mein Vater ihm diese Frage stellen konnte.

Später sagte mein Vater immer wieder: »Dieser alte Mann ist an allem schuld; er hat den Jungen verdorben.« Doch inzwischen war ich stark genug, um ihm klarzumachen: »Kein einziges Wort gegen Großvater in meiner Gegenwart! Er hat mich davor bewahrt, von dir verdorben zu werden. Das ist es, was dich in Wirklichkeit ärgert. Aber du hast ja noch andere Kinder – verdirb doch die! Am Ende wirst du sehen, wer da verdorben ist.«

Er hatte noch andere Kinder, und es wurden immer mehr. Ich machte mich oft über ihn lustig: »Bitte mach noch ein Kind, mach das Dutzend voll! Elf Kinder? Die Leute wundern sich schon. Elf sieht nach nichts aus; ein Dutzend ist viel eindrucksvoller.« Und später sagte ich oft zu ihm: »Verdirb nur weiter alle deine Kinder. Ich bin wild und werde wild bleiben.«

Was ihr als Unschuld anseht, ist nichts als Wildheit. Was euch als Klarheit erscheint, ist nichts als Wildheit. Irgendwie bin ich dem Zugriff der Zivilisation entschlüpft. Und als ich erst einmal stark genug war ... Genau deshalb besteht man darauf, ein Kind so schnell wie möglich in Beschlag zu nehmen und ja keine Zeit zu verlieren, denn je früher man ein Kind an die Kandare nimmt, desto leichter fällt es. Ist das Kind erst einmal stark genug, dann wird es sehr schwierig, es nach euren Wünschen zurechtzubiegen.

Das Leben verläuft in Siebenjahreszyklen. Mit sieben Jahren ist ein Kind stark genug; dann ist nichts mehr zu machen. Jetzt weiß es, wohin es gehen will, was es tun will. Es ist in der Lage, seinen Standpunkt zu vertreten. Es kann sehen, was richtig und was falsch ist. Und mit sieben Jahren wird seine Klarheit auf dem Höhepunkt sein. Wenn man seine frühen Jahre nicht stört, dann ist es mit sieben in allem so kristallklar, daß es sein Leben lang nichts bereuen wird.

Ich habe ohne jede Reue gelebt. Ich habe mich oft gefragt, ob ich je etwas falsch gemacht habe. Nicht, daß die Leute alles, was ich getan habe, für richtig gehalten hätten – darum geht es nicht. Ich selbst habe nie gefunden, daß irgend etwas, was ich getan habe, falsch gewesen wäre. Die ganze Welt mag es für falsch halten, aber ich bin mir absolut sicher, daß es richtig war, daß es genau das Richtige war. *(8)*

2. KAPITEL

Konditionierung

Hat ein Kind nicht das gleiche Recht auf Privatsphäre und auf Freiheit von elterlicher Konditionierung, wie es die Eltern für sich selbst beanspruchen?

Das ist eines der grundlegendsten Probleme, vor denen die Menschheit heute steht. Von seiner Lösung hängt unsere Zukunft ab. Wir haben uns mit dieser Frage bisher noch nie richtig auseinandergesetzt. Zum ersten Mal wird der Mensch mündig, erstmals hat er eine gewisse Reife erlangt, und wenn man reif wird, stellen sich neue Probleme.

Mit fortschreitender Entwicklung hat der Mensch allmählich viele Arten von Sklaverei erkannt. Erst vor kurzem ist man sich im Westen bewußt geworden, daß die schlimmste Art der Versklavung die des Kindes ist. Daran hatte man noch nie gedacht, in keiner Schrift der Welt ist die Rede davon. Das Kind, ein Sklave – wer hätte je daran gedacht? Sklave seiner eigenen Eltern, die es lieben, die sich für ihr Kind aufopfern? Es wäre lächerlich erschienen, völlig unsinnig. Aber heutzutage, da die Psychologie tiefere Einsichten in die menschliche Psyche und ihre Funktionsweise gewonnen hat, steht mit Sicherheit fest, daß das Kind von allen Menschen am meisten ausgebeutet wird. Niemand ist jemals mehr ausgebeutet worden als das Kind. Und natürlich findet diese Ausbeutung hinter einer Fassade von Liebe statt.

Ich behaupte nicht, den Eltern sei es bewußt, daß sie das Kind ausbeuten, daß sie das Kind versklaven, daß sie das Kind zerstören, es dumm und unintelligent machen, daß ihr ganzes Bemühen, ihr Kind zu einem Hindu, einem Mohammedaner, einem Christen, einem Jaina oder Buddhisten zu konditionieren, unmenschlich ist. Sie sind sich dessen nicht bewußt, aber das ändert nichts an den Tatsachen.

Das Kind wird von den Eltern auf häßliche Art und Weise konditioniert, und natürlich ist ein Kind hilflos. Es ist von den Eltern abhängig. Es kann nicht rebellieren, es kann nicht entkommen, es kann sich nicht schützen. Ein Kind ist ganz und gar verletzlich, deshalb ist es so leicht auszubeuten.

Die Konditionierung der Kinder durch die Eltern ist die größte Sklaverei der Welt. Sie muß radikal beseitigt werden, nur dann kann der Mensch zum erstenmal wirklich frei, wahrhaft frei, authentisch frei sein. Denn das Kind ist der Vater des Menschen. Wenn das Kind falsch erzogen wird, geht die ganze Menschheit in die Irre. Das Kind ist das Saatkorn. Wenn schon die Saat von wohlmeinenden Leuten, von Leuten mit bester Absicht vergiftet und verdorben wird, dann besteht keine Hoffnung mehr auf ein freies menschliches Individuum. Dann wird dieser Traum niemals Wirklichkeit.

Ihr denkt, ihr habt Individualität, aber in Wirklichkeit ist es nur Persönlichkeit. Sie wird in euch, in eurem Wesen, herangezüchtet – von euren Eltern, von der Gesellschaft, den Priestern, den Politikern, den Pädagogen. Vom Kindergarten bis zur Universität vertritt jeder Pädagoge die Interessen der etablierten Macht, steht er im Dienst des Establishments. Sein ganzes Bestreben ist, jedes Kind so zu zerstören, jedes Kind so zu verkrüppeln, daß es sich schließlich der bestehenden Gesellschaft anpaßt.

Und all das geschieht aus Angst, aus der Angst, daß ein Kind, wenn es von Anfang an unkonditioniert bleibt, so intelligent, aufmerksam und bewußt ist, daß sein ganzer Lebensstil rebellisch wird. Rebellen sind nun einmal nicht erwünscht. Erwünscht sind nur die Gehorsamen.

Eltern lieben gehorsame Kinder. Und nicht zu vergessen: Die gehorsamen Kinder sind fast immer die dümmsten Kinder. Ein rebellisches Kind ist intelligent, aber es wird nicht respektiert oder geliebt. Die Lehrer lieben es nicht, die Gesellschaft zollt ihm keinen Respekt. Es wird verurteilt. Also muß es entweder einen Kompromiß mit der Gesellschaft schließen, oder es muß mit Schuldgefühlen leben. Denn das Kind spürt natürlich, daß es nicht gut zu seinen Eltern ist, daß es sie nicht glücklich macht.

Alle Kinder werden mit großen Fähigkeiten, mit einem großen Potential geboren. Wenn wir ihnen helfen und ihnen erlauben, ihre Individualität ungehindert zu entfalten, werden wir in einer herrlichen Welt mit allen möglichen Genies leben – mit vielen Menschen wie Buddha, Sokrates und Jesus. Genies sind nicht deshalb so rar, weil so selten ein Genie geboren wird. Nein, geniale Menschen sind so rar, weil man dem Konditionierungsprozeß der Gesellschaft nur sehr schwer entrinnen kann. Nur hin und wieder gelingt es einem Kind, ihren Klauen irgendwie zu entrinnen.

Jedes Kind wird eingewickelt – von den Eltern, von der Gesellschaft, von Lehrern, von Priestern, von allen Interessengruppen der Gesellschaft. Es wird eingewickelt in viele Schichten von Konditionierung. Man stülpt ihm eine bestimmte religiöse Ideologie auf, man zwingt es, Jude oder Christ, Hindu oder Mohammedaner zu werden. Es ist nicht seine eigene Wahl. Und wer gezwungen wird und keine freie Wahl hat, der wird zum Krüppel gemacht, dessen Intelligenz wird zerstört. Ihr gebt ihm keine Chance, selbst zu entscheiden, ihr erlaubt ihm nicht, seine Intelligenz zu gebrauchen. Ihr richtet es so ein, daß er sich rein mechanisch verhält. Er wird ein Christ, aber nicht aus eigener Entscheidung. Und was heißt das schon, Christ zu sein, wenn es nicht deine eigene Wahl ist?

Die wenigen Menschen, die Jesus gefolgt sind, die mit ihm gingen, waren mutige Menschen. Sie waren die einzigen Christen. Sie setzten ihr Leben aufs Spiel, sie schwammen gegen den Strom. Sie lebten gefährlich. Sie waren bereit zu sterben, aber sie waren nicht bereit, Kompromisse einzugehen.

Die wenigen Menschen, die Gautama Buddha folgten, waren wirkliche Buddhisten. Inzwischen gibt es Millionen von Christen und Buddhisten auf der Welt, und alle sind Heuchler, alle sind unecht. Sie müssen zwangsläufig unecht sein, es wird ihnen aufgezwungen. Erst wickelt man sie in eine religiöse Ideologie ein, dann wickelt man sie in eine politische Ideologie ein, redet ihnen ein, sie seien Inder, sie seien Chinesen, sie seien Deutsche, stülpt ihnen eine bestimmte Nationalität über. Dabei ist die Menschheit eins, ist die Erde eins. Aber die Politiker wollen gar nicht, daß sie eins ist. Denn wenn die Erde eins ist, müssen alle Politiker mitsamt ihrer Politik verschwinden. Und wohin mit all diesen Präsidenten und Premierministern? Es gibt sie nur, solange die Welt geteilt bleibt.

Religion ist eins. Doch was würde aus dem Polackenpapst, aus all den dummen Shankaracharyas, aus Ayatollah Khomeini? Was soll aus all diesen Leuten werden? Es kann sie nur geben, solange es viele Religionen, viele Kirchen, viele Kulte, viele Glaubensrichtungen gibt.

Es gibt dreihundert Religionen auf der Welt und mindestens dreitausend Sekten dieser Religionen. Das schafft natürlich Existenzmöglichkeiten für viele Priester, Bischöfe, Erzbischöfe, Hohepriester und Shankaracharyas. Diese Möglichkeiten würden alle verschwinden.

Es gibt nur eine Religiosität. Sie hat nichts mit der Bibel, den Veden oder der Bhagavadgita zu tun. Sie hat etwas mit einem liebevollen Herzen zu tun, mit einem intelligenten Wesen. Sie hat etwas mit Bewußtheit und meditativer Lebensweise zu tun. Doch das würde auf Kosten aller etablierten Machtgruppen gehen.

Eltern, die einem bestimmten Establishment angehören, einer bestimmten Nationalität, einer bestimmten Kirche oder Konfession, zwingen ihren Kindern zwangsläufig ihre Ansichten auf. Und merkwürdigerweise sind die Kinder immer intelligenter als ihre Eltern, denn die Eltern gehören der Vergangenheit an, die Kinder jedoch der Zukunft. Die Eltern sind bereits konditioniert, eingewickelt, zugeschüttet. Ihr Spiegel ist mit so viel Staub bedeckt, daß sie nichts mehr widerspiegeln können. Sie sind blind.

Nur ein Blinder kann ein Hindu, ein Mohammedaner, ein Jaina oder ein Christ sein. Ein Mensch, der Augen hat, ist einfach religiös. Er geht nicht in die Kirche, in den Tempel oder in die Moschee; er betet nicht lauter dumme Bilder an, all diese Götter, all diese Götzen! Eltern schleppen das alles mit sich herum. Ein neugeborenes Kind ist ein unbeschriebenes Blatt, nichts steht darauf geschrieben. Das ist seine Schönheit – der Spiegel ist ohne jeden Staub. Es kann viel klarer sehen.

Mutter: »Jimmy, bist du etwa mit den neuen Hosen hingefallen?«

Jimmy: »Ja, Mami, es ging so schnell, ich konnte sie nicht mehr ausziehen.«

Die Lehrerin im ersten Schuljahr erzählt ihrer Klasse von der Natur, von der Welt, in der wir leben. Sie fragt die kleine Helene aus der ersten Reihe: »So, Helene, jetzt sag mal den anderen in der Klasse, was du bist: Tierreich, Pflanzenreich oder Mineralreich?«

»Keins davon, ich bin ein richtiges lebendiges Mädchen.«

Ein kleiner Junge angelt auf einem Landungssteg. Als er einen Fisch an Land ziehen will, fällt er kopfüber in den See. Ein paar Männer, die in der Nähe angeln, eilen herbei und fischen ihn aus dem Wasser.

»Wie bist du dazu gekommen, ins Wasser zu fallen?« fragt einer der Männer.

»Ich bin nicht dazu gekommen, ins Wasser zu fallen«, sagt der Kleine, »ich bin zum Angeln gekommen!«

Eine große Familie kann endlich ein geräumigeres Haus beziehen. Nach einiger Zeit fragt ein Onkel seinen Neffen: »Wie gefällt dir denn euer neues Heim?«

»Prima«, antwortet der Junge. »Mein Bruder und ich haben ein eigenes Zimmer und unsere Schwestern auch, bloß Mutti, die Ärmste, steckt immer noch im selben Zimmer wie Papi.«

Jedes Kind kommt intelligent, klar und rein zur Welt. Aber dann beginnen wir es mit Müll zu überhäufen.

Es hat eigentlich viel mehr Rechte als die Eltern, weil es sein Leben gerade erst beginnt. Die Eltern sind schon niedergebeugt, sie sind schon verkrüppelt, sie sind schon auf Krükken angewiesen. Das Kind hat mehr Recht darauf, es selbst zu sein. Es braucht Ungestörtheit, aber die Eltern erlauben ihm nicht, für sich zu sein. Sie haben große Angst vor der Privatsphäre des Kindes. Sie stecken dauernd ihre Nase in seine Angelegenheiten. Sie wollen in allem das Sagen haben.

Ein Kind braucht Ungestörtheit, denn alles Schöne gedeiht nur im Alleinsein. Denkt daran – das ist eines der Grundgesetze des Lebens. Die Wurzeln wachsen unter der Erde. Wenn man sie aus der Erde herauszieht, sterben sie ab. Sie brauchen Abgeschiedenheit, völlige Abgeschiedenheit. Im Mutterleib wächst das Kind im Dunkeln heran, in Abgeschiedenheit. Würde man das Kind ans Licht bringen, in die Außenwelt, dann würde es sterben. Es braucht neun Monate lang völlige Abgeschiedenheit. Alles, was wachsen will, braucht diese Ungestörtheit. Ein erwachsener Mensch braucht nicht so viel Abgeschiedenheit, weil er eben schon erwachsen ist. Ein Kind dagegen braucht sehr viel mehr, aber man läßt es einfach nicht allein.

Die Eltern sind sehr beunruhigt, wenn sie merken, daß das Kind weg ist oder allein ist. Sie machen sich sofort Gedanken. Sie befürchten, das Kind werde seine eigene Individualität entwickeln, wenn es sich selbst überlassen bleibt. Es muß dauernd im Zaum gehalten werden, damit die Eltern es jederzeit beobachten können. Allein schon ihr ständiges Überwachen hindert seine Individualität an der Entwicklung. Ihr Aufpassen wickelt es ein, hüllt es in eine Persönlichkeit.

Persönlichkeit ist nichts als eine Hülle. Das Wort hat einen schönen Ursprung: »Persona«. »Persona« bedeutet Maske. Im griechischen Drama trugen die Schauspieler Masken. »Sona« heißt Klang, »per« heißt durch. Sie sprachen durch Masken, man konnte ihre wirklichen Gesichter nicht sehen, nur ihre Stimmen hören. Die Maske wurde daher »Persona« genannt, weil die Stimme durch sie hindurchklang. Und von »Persona« stammt das Wort Persönlichkeit.

Das Kind muß ständig auf der Hut sein, weil es überwacht wird. Du kennst das: Wenn du ein Bad nimmst, bist du ein völlig anderer Mensch. Im Badezimmer kannst du deine Maske ablegen. Sogar sehr ernsthafte Erwachsene fangen an zu singen und zu summen. Sogar Erwachsene schneiden Grimassen im Spiegel. Du bist für dich, du weißt genau, die Tür ist abgeschlossen. Doch wenn du plötzlich merkst, daß dich jemand durchs Schlüsselloch beobachtet, wirst du sofort anders. Du wirst wieder ernst, das Singen vergeht dir, du schneidest keine Grimassen mehr. Du benimmst dich wieder so, wie es sich gehört. Das ist die Persönlichkeit – du schlüpfst wieder in deine Hülle.

Das Kind braucht ungeheuer viel Privatsphäre, so viel wie nur möglich, ein Höchstmaß, damit es seine Individualität ungestört entfalten kann. Wir jedoch dringen dauernd in die Intimsphäre des Kindes ein, übertreten ständig die Grenzen. Die Eltern fragen immerzu: »Was machst du? Was denkst du?« Sogar in deinen Kopf müssen sie hineinschauen.

Im Fernen Osten gibt es einige Volksstämme, wo das Kind jeden Morgen den Eltern seine Träume erzählen muß. Selbst mit seinen Träumen darf man es nicht allein lassen. Womöglich träumt es die falschen Träume, womöglich denkt es Dinge, die es nicht denken soll. Es muß den Eltern über alles Bescheid sagen. Am frühen Morgen, noch vor dem Frühstück, muß es seine Träume erzählen, alles, was es in der Nacht gesehen hat – so will es der Brauch.

Im Westen hat sich die Psychoanalyse sehr spät entwickelt, doch im Osten, in diesen fernöstlichen Stämmen, wird schon seit Jahrtausenden von den Eltern Psychoanalyse betrieben. Und natürlich kennt das arme Kind die symbolischen Bedeutungen nicht und erzählt den Traum einfach so, wie er war. Es weiß nicht, was er bedeutet; das wissen nur die Eltern. So etwas geht eindeutig zu weit! Das ist ein Übergriff, das ist unmenschlich, das ist ein Eingriff in die Sphäre eines andern.

Glaubt ihr, nur weil das Kind in bezug auf Nahrung,

Kleidung und ein Obdach von euch abhängig ist, hättet ihr das Recht dazu? Wenn ein Kind erzählt, es sei im Traum geflogen, wissen die Eltern sofort, daß das ein sexueller Traum war. Jetzt werden sie es mehr an die Kandare nehmen, sie werden es noch mehr disziplinieren. Am frühen Morgen muß es eine kalte Dusche nehmen. Sie werden ihm Vorträge über Enthaltsamkeit halten und sagen: »Wenn du nicht enthaltsam bist, wird etwas Schlimmes mit dir passieren. Wenn du an Sexualität denkst, wirst du dumm und blind werden«, und dergleichen Unsinn.

Ein Kind braucht ungeheuer viel Privatsphäre. Die Eltern sollten nur da sein, um ihm zu helfen, und sich nicht einmischen. Es sollte selbst entscheiden, was es tun und lassen will. Die Eltern sollten nur darauf achten, daß es sich selbst oder anderen keinen Schaden zufügt, das reicht. Alles, was darüber hinausgeht, ist häßlich.

Ein Tourist kommt in eine Kleinstadt und spricht einen Jungen an, der auf einer Bank vor dem Postamt sitzt.

»Wie lange lebst du schon hier?« fragt der Tourist.

»Ungefähr zwölf Jahre«, antwortet der Junge.

»Ist ja ganz schön abgelegen hier.«

»Das kann man wohl sagen.«

»Hier ist wirklich nichts los«, sagt der Tourist. »Gibt wohl nicht viel zu tun für dich.«

»Gerade darum gefällt's mir hier so«, sagt der Junge.

Kinder mögen es sehr, wenn man sie in Ruhe läßt. Ihr Wachstum braucht Raum. Gewiß, die Eltern müssen wachsam und umsichtig sein, damit ihrem Kind nichts passiert. Doch das ist eine passive Art von Vorsicht, sie dürfen nicht aktiv eingreifen. Sie sollen dem Kind ein großes Verlangen mitgeben, nach der Wahrheit zu suchen, aber sie dürfen ihm keine Ideologie vermitteln, die ihm sagt, was Wahrheit ist. Sie dürfen es nicht über die Wahrheit belehren, sondern sollten ihm beibringen, wie es die Wahrheit suchen kann. Kinder sollten zum Forschen, zur Suche, zum Abenteuer erzogen werden.

Man muß den Kindern helfen, die richtigen Fragen zu stellen. Die Eltern sollten ihnen diese Fragen nur dann beantworten, wenn sie wirklich Bescheid wissen. Und selbst dann sollten sie so antworten, wie Gautama Buddha seinen Schülern zu antworten pflegte: »Glaubt nicht an das, was ich sage. Es ist zwar meine Erfahrung, aber sobald ich zu euch darüber spreche, wird sie unwahr, denn für euch ist es keine eigene Erfahrung. Hört mir zu, aber nehmt es nicht einfach für bare Münze. Experimentiert, stellt Nachforschungen an, sucht. Solange euer Wissen nicht aus eigener Erfahrung stammt, ist es nutzlos, ist es gefährlich. Geborgtes Wissen ist ein Hindernis.«

Doch genau das tun die Eltern pausenlos: Sie konditionieren das Kind auf Schritt und Tritt.

Kinder brauchen keine Konditionierung. Man braucht ihnen keine Richtung zu weisen. Man muß ihnen helfen, sie selbst zu sein, man muß sie unterstützen, nähren und stärken. Ein wirklicher Vater, eine wirkliche Mutter, wirkliche Eltern sind ein Segen für ihr Kind. Das Kind wird fühlen, daß sie ihm helfen, mehr in seiner Natur verwurzelt zu sein, mehr in sich zu ruhen, sein eigenes Zentrum zu finden, damit es sich selbst lieben kann, sich selbst achten kann, anstatt sich schuldig zu fühlen.

Denkt stets daran: Wer sich selbst nicht liebt, kann auch niemand anderes lieben. Wenn ein Kind sich selbst nicht achtet, wird es auch niemand anderes achten. Deshalb ist all eure Liebe bloß Firlefanz und all eure Achtung nur vorgespielt. Du achtest dich selber nicht, wie kannst du da andere achten? Solange die Liebe zu dir selbst noch nicht in deinem Innern geboren ist, kann sie auch nicht auf andere überstrahlen. Zuerst mußt du dir selbst zu einem Licht werden, danach wird dein Licht sich ausbreiten, wird es andere erreichen.

Es ist Prüfungstag in der Schule. Der schlechtgelaunte Lehrer quetscht einen kleinen Jungen über Pflanzen und Blumen aus. Der Junge kann keine einzige Frage richtig beantworten. Frustriert wendet sich der Lehrer zu seinem Referendar und sagt: »Geh, bring mir eine Handvoll Heu!«

Als der Referendar an der Tür ist, ruft der kleine Junge: »Und für mich bitte eine Cola!«

Ein Pole fährt eine Landstraße entlang, als sein Auto plötzlich eine Panne hat. Während er es repariert, kommt ein kleiner Junge daher und fragt: »Was ist das?«

»Ein Wagenheber«, sagt der Pole.

»Mein Vater hat zwei davon«, sagt der Junge. Eine Minute später fragt er wieder: »Und was ist das?«

»Eine Taschenlampe.«

»Oh, davon hat mein Vater auch zwei. Und das da drüben? Ist das ein Schraubenschlüssel?«

»Ja«, antwortet der Mann gereizt.

»Mein Vater hat zwei von denen.«

So geht es noch eine Zeitlang weiter. Schließlich ist die Panne behoben, der Pole steht auf und geht an den Straßenrand pinkeln. Dabei zeigt er auf sein Fortpflanzungsorgan und fragt: »Hat dein Vater davon auch zwei?«

»Natürlich nicht«, sagt der Junge. »Aber seiner ist zweimal so lang.«

Kinder sind ungemein intelligent, man muß ihnen nur die Gelegenheit dazu geben. Sie brauchen Gelegenheiten, um zu wachsen, sie brauchen das geeignete Klima. Jedes Kind wird mit dem Potential zur Erleuchtung, zum Erwachen geboren, doch wir zerstören es.

Das ist die größte Katastrophe in der ganzen Menschheitsgeschichte. Keine andere Versklavung hat so verheerende Folgen gehabt wie die Versklavung der Kinder. Und keine andere Sklaverei hat der Menschheit so viel Lebenssaft geraubt. Die schwierigste Aufgabe für die Menschheit besteht darin, diese Versklavung abzuschaffen.

Nur wenn wir die ganze Gesellschaft völlig neu ordnen, nur wenn eine radikale Veränderung stattfindet und die Familie verschwindet und der Kommune Platz macht, wird uns dies gelingen.

Sobald einmal das alte Familienmuster verschwindet und

einer multidimensionalen Struktur Platz macht, kann die Menschheit neu geboren werden. Wir brauchen einen neuen Menschen. Und dieser neue Mensch wird uns das Paradies bringen, das wir uns bisher stets von einem zukünftigen Leben erhofften. Das Paradies kann hier und jetzt sein, doch zuerst müssen wir ein neues Kind zuwege bringen. *(9)*

Weshalb unterdrücken wir uns freiwillig selbst und eignen uns Abwehrmechanismen an, die uns verkrüppeln?

Um zu überleben.

Ein Kind ist so hilflos, daß es nicht selbständig existieren kann. Das kann man ausnützen. Du kannst ein Kind dazu zwingen, alles zu lernen, was du willst – genau das tut B. F. Skinner in seinem Laboratorium. Er lehrt Tauben Tischtennis spielen. Der Trick ist derselbe: Belohnung und Bestrafung. Wenn sie spielen, werden sie belohnt; wenn sie nicht spielen, wenn sie zögern, werden sie bestraft. Wenn sie die richtigen Bewegungen machen, werden sie belohnt, erhalten sie Futter; machen sie eine falsche Bewegung, verpaßt man ihnen einen elektrischen Schock. Sogar Tauben können auf diese Weise Tischtennis spielen lernen.

So wird das seit jeher im Zirkus gemacht. Du kannst hingehen und zuschauen. Löwen, herrliche Löwen werden in Käfigen gehalten, Elefanten bewegen sich zur Peitsche des Dompteurs. Erst läßt man sie hungern, und nachher werden sie belohnt – bestraft und belohnt –, das ist der ganze Trick.

Und was ihr im Zirkus mit den Tieren macht, macht ihr auch immer wieder mit den Kindern. Ihr tut es jedoch völlig unbewußt, weil es euch ebenso ergangen ist. Es ist der einzig bekannte Weg für euch, um Kinder abzurichten und aufzuziehen. Ihr nennt es »aufziehen«, doch in Wirklichkeit ist es ein Hinunterziehen – ihr zwingt sie in eine niedrigere Existenzform hinein, statt sie auf eine höhere zu heben. Dies sind alles Skinnersche Tricks und Techniken. Deswegen beginnen wir uns selbst zu unterdrücken und Abwehrmechanismen aufzubauen, die uns verkrüppeln.

Ein Kind weiß nicht, was richtig und was falsch ist. Wir bringen es ihm bei. Wir unterrichten es gemäß unseren Wertvorstellungen. Ein und dieselbe Sache mag in Tibet als richtig, in Indien dagegen als falsch gelten; sie mag in deinem Haus als richtig, im Haus deines Nachbarn als falsch gelten. Doch du zwingst sie dem Kind auf: »So ist es richtig, so macht man das!« Das Kind erhält Anerkennung, wenn es das tut, was du sagst, und Mißbilligung, wenn es nicht spurt. Wenn es dir gehorcht, bist du glücklich und tätschelst es; wenn es dir nicht gehorcht, wirst du wütend und strafst es und entziehst ihm deine Liebe.

Natürlich begreift ein Kind sehr schnell, daß sein Überleben auf dem Spiel steht. Wenn es auf Vater und Mutter hört, ist alles gut; wenn nicht, wird es ihm schlechtgehen. Und was kann ein Kind schon tun? Wie kann es sich gegen diese Riesen behaupten? Sie sind sehr groß und sehr mächtig und können tun, was ihnen beliebt.

Wenn ein Kind endlich stark wird, ist es bereits konditioniert. Dann reicht die Konditionierung so tief, daß der Vater oder die Mutter nicht mehr hinter ihm her zu sein brauchen. Die innere Konditionierung, das, was man »Gewissen« nennt, wird ihm ständig folgen.

Wenn ein Kind beispielsweise anfängt, mit seinen Genitalien zu spielen, ist ihm das eine Freude, eine natürliche Freude, denn der kindliche Körper ist sehr sensibel. Es ist überhaupt nicht sexuell in dem Sinn, wie wir diesen Begriff verwenden. Ein Kind ist wirklich sehr, sehr lebendig, und wenn ein Kind lebendig ist, sind natürlich seine Genitalien lebendiger als andere Körperteile. Dort akkumuliert sich die Lebensenergie – es ist der empfindlichste Teil. Beim Berühren und Spielen mit seinen Genitalien fühlt sich ein Kind ungeheuer glücklich, du jedoch hast Angst. Das ist dein Problem. Du hast Angst, daß es masturbiert oder so etwas Ähnliches. Es tut nichts dergleichen. Es empfindet reinste Freude beim Spiel mit seinem eigenen Körper. Es ist nicht Masturbation, es ist Liebe zu seinem Körper.

Aber da ist dein eigenes Schuldgefühl, deine Angst. Jemand könnte sehen, daß dein Sohn so etwas Schlimmes tut. Was wird man über deine Erziehungsmethoden denken? Halte deine Kinder im Zaum, bringe ihnen Manieren bei! Also greifst du ein und schreist dein Kind an. Du sagst: »Halt!« Immer und immer wieder. Und nach und nach bildet sich das Gewissen. Halt! Halt! Halt! ... Es dringt tiefer und tiefer und wird zu einem Teil seines Unbewußten.

Jetzt braucht es dich nicht mehr. Wenn das Kind mit seinen Genitalien spielen will, wird etwas von innen heraus »Halt!« sagen. Und es wird Angst bekommen und sich schuldig fühlen – vielleicht schaut der Vater zu, oder die Mutter schaut zu. Und zu alledem lehren wir es, daß da ein Gottvater ist, der alles sieht, der ständig überall zuschaut, sogar im Badezimmer.

Dieses Konzept von Gott verkrüppelt. Nirgendwo bist du frei, nicht einmal in deinem Badezimmer. Dieser allmächtige Gott folgt dir wie ein Detektiv, wo du auch bist. Wenn du mit einer Frau schläfst, steht er da. Er läßt dich nicht in Ruhe. Er ist ein Supercop, zusätzlich zum Gewissen, das die Eltern erzeugt haben.

Deshalb sagt Buddha, daß du erst ein freier Mensch wirst, wenn du deine Eltern tötest. »Die Eltern töten« bedeutet, die Stimme der Eltern in dir zu töten, das Gewissen in dir zu töten, diesem Unsinn ein Ende zu setzen und ein eigenes Leben gemäß deinem eigenen Bewußtsein zu beginnen. Das Bewußtsein muß zunehmen und das Gewissen abnehmen. Nach und nach muß das Gewissen völlig verschwinden, und du mußt aus reinem Bewußtsein heraus leben.

Bewußtsein ist die Richtschnur – lasse Bewußtsein zu deinem einzigen Gesetz werden. Was immer du dann empfindest ... es ist dein Leben. Du mußt selbst entscheiden. Kein anderer hat irgendein Recht, für dich zu entscheiden.

Ich sage damit nicht, daß du stets das Richtige tun wirst – hin und wieder wirst du falsch entscheiden. Aber auch das ist ein Teil deiner Freiheit, ein Teil deines Wachstums. Viele Male wirst du in die Irre gehen, und das ist völlig richtig so

– vom Weg abzukommen erlaubt dir, wieder heimzufinden. Ein Mensch, der nie vom Weg abkommt, findet auch nie heim, er ist schon tot. Ein Mensch, der nie etwas falsch macht, freut sich nie, etwas richtig zu machen. Er ist bloß ein Sklave, jemand, der geistig versklavt ist.

Ein Menschenkind ist lange Zeit von seinen Eltern abhängig, mindestens zwanzig bis fünfundzwanzig Jahre. Das ist eine lange Zeit, ein Drittel seines Lebens. Ein Drittel seines ganzen Lebens wird es konditioniert. Kaum zu glauben – fünfundzwanzig Jahre Konditionierung. Alles mögliche kann ihm aufgezwungen werden.

Und sobald du diese Tricks einmal gelernt hast, ist es schwierig, sie wieder loszuwerden. Deshalb ist es auch so schwierig, den Sprung zu wagen und dein eigenes Leben zu leben. Anfänglich wird das eine ziemlich wackelige Sache sein. Du wirst oftmals zittern, denn du stellst dich ja gegen deine Eltern, gegen die Gesellschaft. Die Gesellschaft ist nichts als deine Eltern in Großbuchstaben. Deine Eltern sind nichts als Agenten dieser Gesellschaft. Alle haben sich verschworen: die Eltern, die Lehrer, der Polizist, der Richter, der Präsident. Sie stecken alle unter einer Decke – die reinste Verschwörung. Und die Zukunft der Kinder liegt in ihren Händen.

Was du einmal gelernt hast, ist sehr schwer zu verlernen, denn nach fünfundzwanzig Jahren ständigen Wiederholens bist du vollkommen hypnotisiert. Dehypnose ist nötig. Du mußt alle diese Konditionierungen loslassen.

Ja, es geht nur ums Überleben, um die Notwendigkeit zu überleben. Das Kind will leben, deshalb beginnt es Kompromisse zu machen. Es feilscht. Jeder wird feilschen, wenn es um Leben und Tod geht. Wenn du in einer Wüste am Verdursten bist, und jemand hat Wasser, und du weißt, daß du sonst sterben wirst, dann kann er jeden Preis verlangen. Er kann mit dir tun, was er will, er kann dir alles mögliche aufzwingen. Genau das haben wir bis heute mit den Kindern getan.

Du fragst: *Weshalb unterdrücken wir uns freiwillig selbst und eignen uns Abwehrmechanismen an, die uns verkrüppeln?*

Es geschieht nicht freiwillig. Es sieht nur so aus, denn bevor du dir dessen gewahr wirst, ist es dir bereits in Fleisch und Blut übergegangen. Aber es geschieht nicht freiwillig. Kein Kind lernt so etwas je freiwillig – es ist erzwungen.

Du kannst jedes Kind beobachten. Alle Kinder leisten Widerstand, alle Kinder kämpfen bis zum bitteren Ende, sie machen es ihren Eltern schwer, sie versuchen hartnäckig auf die eine oder andere Weise, diesen verkrüppelnden Mechanismen zu entrinnen. Doch letztendlich kriegen die Eltern ihre Kinder in den Griff, denn sie haben mehr Macht. Es ist nur eine Frage von Macht und Ohnmacht.

Deshalb ist es auch nichts Unnatürliches, daß Kinder sich an ihren Eltern rächen, sobald sie erwachsen sind. Diese Reaktion ist verständlich. Es ist sehr schwierig, deinen Eltern zu verzeihen – daher predigen alle Gesellschaften, die Eltern zu achten. Wenn du ihnen schon nicht vergeben kannst, so achte sie wenigstens; wenn du sie schon nicht lieben kannst, so achte sie wenigstens. Doch diese Achtung ist nur eine Formsache. Tief innen bleibst du wütend.

Wenn man auf mich hört, wenn das, was ich sage, eines Tages in der Welt maßgeblich wird, dann werden Kinder ihre Eltern wirklich lieben, dann werden Kinder wirklich in Einklang mit ihren Eltern sein, weil die Eltern nicht ihre Feinde, sondern ihre Freunde sind. *(10)*

Welche Rolle spielt Gehorsam in der Erziehung?

Das Menschenkind ist das schwächste Kind von allen Lebewesen; doch seine Schwäche ist gleichzeitig ein verkappter Segen.

Aber man kann sie ausnutzen, und so geschieht es seit eh und je. Die Eltern haben es nie zugelassen, daß die Schwäche und Hilflosigkeit des Kindes sich in Unabhängigkeit, Stärke, Integrität und Individualität verwandelt. Sie achten darauf, daß das Kind gehorsam bleibt. Ein gehorsames Kind macht keine Schwierigkeiten. Ein ungehorsames Kind schafft ständig Probleme, doch dafür ist es ein wahres menschliches Wesen.

Ein gehorsames Kind ist bloß Kuhmist. Ein Kind, das nicht nein sagen kann, hat keine Integrität. Und wenn ein Kind nicht nein sagen kann, ist auch sein Ja bedeutungslos. Sein Ja hat nur Wert, wenn es auch nein sagen kann. Dann bleibt es seiner Intelligenz überlassen, sich zu entscheiden.

Doch es ist leichter für die Eltern, wenn ein Kind stets ja sagt. Es wird für seinen Gehorsam belohnt und für seinen Ungehorsam bestraft. In den Schulen ist es genauso: Die Lehrer möchten, daß du folgsam bist, dann können sie dich leichter kontrollieren und dich beherrschen.

Alle meine Lehrer haben sich bei meinem Vater beschwert. Und mein Vater hat ihnen erklärt: »Wieso sagen Sie mir das? Glauben Sie vielleicht, ich hätte Einfluß auf ihn? Glauben Sie, er hört auf mich? Tun Sie mit ihm, was Sie wollen. Bestrafen Sie ihn meinetwegen, weisen Sie ihn von der Schule, ich bin mit allem einverstanden. Aber lassen Sie mich aus dem Spiel, denn von morgens bis abends ... Als ob ich nichts Besseres zu tun hätte, als mir ständig anzuhören, was er diesem und jenem Lehrer oder diesem und jenem Nachbarn angetan hat.«

Und zu mir sagte er: »Du kannst tun und lassen, was du willst, aber ruiniere mir nicht mein Geschäft. Alle kommen zu mir, und ich denke, sie sind Kunden, aber dann zeigt sich, daß es deine Kunden sind.«

Ich schlug meinem Vater vor: »Warum hängst du nicht in einer Ecke des Ladens ein kleines Schild auf: *›Reklamationen hier!‹* Dann bist du fein raus, und ich werde mich schon um diese Leute kümmern. Die sollen nur kommen.«

Er sagte: »Dein Vorschlag klingt gut, aber hast du schon jemals in einem Laden eine Beschwerdeecke gesehen? Die Leute werden denken, diese Reklamationen würden mich und das Geschäft betreffen; niemand wird auf die Idee kommen, daß es um dich geht. Und du wirst mit diesen Leuten, die hereinkommen, um sich zu beschweren, noch mehr Unfug treiben.«

Ich sagte: »War ja bloß ein Vorschlag, um dir zu helfen.«

Es fällt den Eltern, den Lehrern und Priestern schwer, es fällt jedermann schwer, Ungehorsam in irgendeiner Form zuzulassen. Selbst Gott – allmächtig, omnipotent, der größte Despot, der größte Diktator – brachte es nicht über sich, selbst Gott konnte das bißchen Ungehorsam von Adam und Eva nicht tolerieren. Sie wurden aus dem Paradies vertrieben, dabei hatten sie doch gar nicht gesündigt. Als ich gehört habe, daß es ein Apfelbaum war, habe ich angefangen, so viele Äpfel wie nur möglich zu essen. Ich sehe keine Sünde darin, die Frucht eines Apfelbaumes zu essen. Aber es ging ja gar nicht um den Apfelbaum, es ging um Gehorsam.

Als erstes muß also Gehorsam erzwungen werden. Dazu muß man Angst erzeugen – in der religiösen Terminologie die Hölle. Und für Gehorsam muß es eine Belohnung geben – in der religiösen Terminologie das Paradies oder der Himmel. Und um über das alles die Kontrolle zu bewahren, ist eine Vaterfigur nötig – und so wird Gott zum Vater.

Ich weiß, warum sie Gott nicht zur Mutter gemacht haben, ich weiß es aus eigener Erfahrung. Ich weiß noch, wie meine Mutter mich im Haus versteckt hat, wenn mein Vater mich suchte, weil ich etwas angestellt hatte und er wütend auf mich war. Wenn mein Vater sich weigerte, mir Geld zu geben, weil ich etwas Verbotenes getan hatte, steckte mir meine Mutter stets etwas zu. Ich weiß, daß eine Mutter nicht so streng sein kann wie ein Vater.

Und eine Mutter kann sehr leicht überzeugt werden, denn sie ist reinste Liebe, sie ist nichts als Herz. Der Vater ist Kopf, Logik, Verstand, Disziplin. Der Vater ist Mann, und diese Gesellschaft wird von Männern gemacht. Meine Mutter genoß es regelrecht, wenn ich zu ihr kam und sagte: »Du mußt mir helfen, ich habe etwas angestellt.« Dann sagte sie jedesmal: »Erzähle mir zuerst, was du getan hast. Ich werde dir schon aus der Patsche helfen und tun, was ich kann, aber erzähle mir erst mal die ganze Geschichte. Du bringst immer so interessante Geschichten heim, daß es mich wundert, weshalb dein Vater so wütend wird, statt sich darüber zu freuen.«

Die Priester, der Vater im Himmel, die Eltern hier auf Erden, die Lehrer, die politischen Führer, sie alle fordern absoluten Gehorsam von jedem, damit ja keiner an Rebellion denkt, damit keine Veränderung stattfindet, damit ihre Machtinteressen nicht angetastet werden. Wir sind alle Opfer ihrer Machtinteressen geworden. Es ist Zeit, daß sich das ändert.

Ein folgsames Kind ist stets mittelmäßig. Um ungehorsam zu sein, ist ein wenig Intelligenz vonnöten. Ein folgsames Kind wird ein guter Bürger und geht jeden Sonntag zur Kirche, ein unfolgsames Kind ist unberechenbar. Was wird es im Leben einmal tun? Vielleicht wird es Maler, vielleicht wird es Musiker oder Tänzer, was alles keine lukrativen Betätigungen sind, oder es wird womöglich sogar ein Niemand, ein Vagabund, und genießt seine Freiheit.

Ich möchte, daß ihr aus diesem Teufelskreis herausspringt. Laßt alle Angst fahren, es gibt nichts zu befürchten. Ihr braucht euch vor keiner Hölle zu fürchten und nach keinem Paradies zu trachten.

Das Paradies ist hier. Und wenn wir aufhören, uns ein Paradies nach dem Tod vorzustellen, können wir dieses Paradies hier noch tausendmal schöner gestalten. *(11)*

In mir steckt noch immer ein ungehorsames Kind. Ich hasse es, wenn man mir sagt, was ich tun soll, ich reagiere darauf mit Wut, Groll und mit dem Bedürfnis, mich zu rechtfertigen. Wie kann ich als Erwachsener diese Reaktionen in spontanes und verantwortliches Handeln verwandeln?

Zunächst muß man sehr genau verstehen, was ich mit Ungehorsam meine. Es ist nicht der Ungehorsam, den ihr in den Wörterbüchern erklärt findet. Unter Ungehorsam verstehe ich nicht, daß man es haßt, wenn einem gesagt wird, was man tun soll, oder als Reaktion darauf genau das Gegenteil tut. Gehorsam erfordert keine Intelligenz. Alle Maschinen sind gehorsam. Außerdem ist Gehorsam einfach, er nimmt dir die Last jeglicher Verantwortung ab. Du brauchst nicht von dir aus zu handeln, du mußt einfach nur tun, was man dir sagt. Die Verantwortung ruht bei der Instanz, die dir den Befehl erteilt. In gewisser Weise bist du dadurch sehr frei; du kannst für deine Handlungen nicht verurteilt werden. Gehorsam hat etwas Simples. Ungehorsam erfordert einen höheren Grad an Intelligenz. Jeder Depp kann gehorsam sein – ja, nur Deppen können gehorsam sein. Wer intelligent ist, wird fragen: »Wieso? Warum soll ich das tun? Und bevor ich nicht die Gründe und die Folgen kenne, werde ich mich nicht darauf einlassen.« Dann ist man selbst verantwortlich.

Verantwortlichkeit ist kein Spiel. Verantwortlichkeit ist mit die authentischste Lebensweise – und auch gefährlich. Doch es bedeutet nicht Ungehorsam um des Ungehorsams willen. Das wäre ebenso idiotisch.

Bloß gegen Gehorsam zu sein, steigert nicht deine Intelligenz. Du bleibst auf demselben Niveau stehen, ob gehorsam oder ungehorsam, nichts verändert sich an deiner Intelligenz.

Unter Ungehorsam verstehe ich eine große Revolution. Sie besteht nicht darin, in jeder Situation kategorisch »Nein!« zu sagen. Sie besteht einfach nur darin, sich immer wieder zu entscheiden, ob man etwas tut oder nicht tut, ob es sich positiv auswirkt oder nicht. Es bedeutet, selbst die Verantwortung zu übernehmen. Es geht nicht darum, den anderen zu hassen oder zu hassen, daß einem etwas befohlen wird, denn aus diesem Haß heraus kannst du weder gehorsam noch ungehorsam handeln. Du handelst nämlich unbewußt, du kannst gar nicht intelligent handeln.

Wenn man etwas von dir verlangt, erhältst du damit eine Gelegenheit, darauf einzugehen. Vielleicht ist es richtig, was man dir aufträgt – dann tu's und sei dem anderen dankbar, der dich im richtigen Moment dazu aufgefordert hat. Vielleicht ist es aber auch nicht richtig – dann mache es ihm klar. Nenne deine Gründe, warum es nicht richtig ist, und hilf dem anderen einzusehen, daß seine Vorstellung in die falsche Richtung geht. Aber für Haß ist kein Platz.

Wenn es richtig ist, tu es liebevoll. Wenn es nicht richtig ist, dann ist sogar noch mehr Liebe nötig, denn du mußt dem anderen erklären, daß es falsch ist.

Der Weg des Ungehorsams ist nichts Starres, so als müßte man nur den Befehl verweigern und Wut und Haß und

Rachegefühle für den anderen empfinden. Der Weg des Ungehorsams erfordert sehr viel Intelligenz.

Es geht also letztlich gar nicht um Gehorsam oder Ungehorsam. Auf den Kern gebracht, ist es eine Frage der Intelligenz. Verhalte dich intelligent! Manchmal wirst du gehorchen müssen; manchmal mußt du sagen: »Tut mir leid, das kann ich nicht tun.« Aber es geht absolut nicht um Haß, es geht in keiner Weise um Rache oder Wut. Wenn Haß, Wut oder Rachegefühle aufkommen, so heißt das bloß, daß du im Grunde weißt, daß das, was dir aufgetragen wird, richtig ist. Aber es widerstrebt deinem Ego, dem zu gehorchen. Es verletzt dein Ego. Dieses Gefühl von Verletztheit taucht als Haß, als Wut auf.

Aber es geht nicht um dein Ego, es geht um das, was zu tun ist. Und du mußt deine ganze Intelligenz aufwenden, um zu entscheiden. Wenn es richtig ist, dann sei gehorsam; wenn es verkehrt ist, dann sei ungehorsam. Aber da ist kein Konflikt, kein Raum für verletzte Gefühle.

Ein Mensch sollte intelligent leben, das ist alles. Dann geht alles, was er tut, auf seine eigene Verantwortung. Es kommt vor, daß sogar Geistesgrößen nicht intelligent leben. Martin Heidegger, einer der größten Intellektuellen seiner Zeit, war ein Anhänger von Adolf Hitler. Und nach Hitlers Niederlage, nach der Aufdeckung seiner primitiven Brutalität, Mordlust und Gewalt kniff sogar Martin Heidegger und meinte: »Ich folgte bloß dem Führer der Nation.«

Aber es ist nicht die Aufgabe eines Philosophen, dem Führer der Nation zu folgen. Die grundsätzliche Pflicht eines Philosophen besteht darin, den Führer der Nation anzuleiten und nicht von ihm geleitet zu werden, denn er steht über dem Alltagsgeschehen und kann Dinge sehen, die jene, die im Handeln verstrickt sind, nicht sehen können.

Aber es ist so leicht, die Verantwortung abzuwälzen ...

Wenn Adolf Hitler gesiegt hätte, ich bin sicher, Martin Heidegger hätte gesagt: »Er hat gesiegt, weil er meiner Philosophie gefolgt ist.« Im Vergleich zu Hitler war er zweifellos ein großer Intellektueller – Adolf Hitler war geistig zurückgeblieben –, doch die Macht ...

Wir sind dazu erzogen worden, denen zu folgen, die die Macht haben. Man hat uns beigebracht: Wer die Macht hat, hat recht. Macht ist Recht, und du schuldest ihr Gehorsam. Das ist einfach, weil es keine Intelligenz dafür braucht. Es ist einfach, weil man dir nie vorhalten kann, du seist für alles, was passiert ist, verantwortlich gewesen.

In jeder Armee der Welt wird in jahrelangen Drills nur eins trainiert: Gehorsam. In Deutschland, im Zweiten Weltkrieg, gab es durchaus gute Menschen, aber sie waren Leiter von Konzentrationslagern. Sie waren gute Väter, gute Ehemänner, gute Freunde. Wenn man sie so sah in ihren Familien, mit ihren Freunden, im Vereinslokal, hätte sich keiner vorstellen können, daß diese guten Menschen jeden Tag Tausende von Juden verbrannten.

Und sie fühlten sich kein bißchen schuldig, denn es war ja ein Befehl von oben, und sie waren auf nichts anderes gedrillt, als einem Befehl Gehorsam zu leisten. Es war ihnen in Fleisch und Blut übergegangen. Wenn etwas befohlen wird, gibt es nichts daran zu rütteln.

So hat der Mensch bis heute gelebt, und darum sage ich auch, Gehorsam ist eines der größten Verbrechen. Denn alle anderen Verbrechen sind aus ihm hervorgegangen. Gehorsam nimmt dir deine Intelligenz, nimmt dir deine Entschlußkraft, nimmt dir deine Verantwortung. Er zerstört dich als Individuum, er verwandelt dich in einen Roboter.

Daher bin ich absolut für Ungehorsam. Ungehorsam ist jedoch nicht einfach das Gegenteil von Gehorsam. Ungehorsam steht über dem Gehorsam und über dem sogenannten Ungehorsam, wie er in den Wörterbüchern definiert wird. Ungehorsam bedeutet, auf deiner Intelligenz zu bestehen: »Ich übernehme die Verantwortung. Ich werde alles tun, was sich für mein Herz, für mein Inneres richtig anfühlt. Und ich werde nichts tun, was meiner Intelligenz zuwiderläuft.«

Mein ganzes Leben lang, von der Kindheit bis zur Universität, wurde ich ständig wegen Ungehorsam verurteilt. Und ich sagte immer wieder: »Ich bin nicht ungehorsam. Ich versuche einfach mit meiner eigenen Intelligenz herauszufinden, was richtig ist, was getan werden müßte. Und ich nehme die Verantwortung dafür auf mich. Wenn etwas schiefgeht, war es mein Fehler. Ich will nicht jemand anders beschuldigen, weil er es war, der mich dazu aufgefordert hat.«

Für meine Eltern, meine Lehrer und Professoren war das schwierig. In meiner Schule war es beispielsweise obligatorisch, eine Kappe zu tragen, ich aber ging ohne Kappe hin. Sogleich sagte der Lehrer: »Weißt du denn nicht, daß Kappen obligatorisch sind?«

Ich sagte: »So ein Ding kann nicht obligatorisch sein. Wie könnte es obligatorisch sein, sich etwas auf den Kopf zu setzen? Der Kopf ist obligatorisch, aber nicht die Kappe. Und ich bin mit meinem Kopf gekommen. Vielleicht sind Sie nur mit Ihrer Kappe gekommen.«

Er sagte: »Du scheinst mir ein seltsamer Vogel zu sein. Es steht nun einmal in der Schulordnung, daß kein Schüler die Schule ohne Kappe betreten darf.«

Ich antwortete: »Dann muß die Schulordnung geändert werden. Sie ist von Menschen verfaßt worden, nicht von Göttern, und Menschen machen Fehler.«

Der Lehrer traute seinen Ohren nicht. Er sagte: »Was ist los mit dir? Wieso kannst du nicht einfach wie alle anderen eine Kappe tragen?«

Ich sagte: »Es geht mir nicht um die Kappe. Ich möchte einfach nur wissen, warum sie obligatorisch ist – den Grund, die Folgen! Wenn Sie darauf keine Antwort wissen, dann bringen Sie mich bitte zum Direktor, und wir können dort weiterdiskutieren.« Und er mußte mich zum Direktor bringen.

In Indien sind die Bengalen die intelligentesten Menschen, und sie tragen keine Kopfbedeckung. Und die Punjabis sind die unintelligentesten, einfachsten Leute, und sie tragen Turbane. Ich sagte zum Direktor: »So wie es aussieht, tragen die Bengalen keine Kappen, und sie sind die intelligentesten Leute im ganzen Land; und die Punjabis tragen nicht nur eine Kappe, sondern einen sehr fest gewickelten Turban und sind das unintelligenteste Volk. Es muß etwas mit der Intelligenz zu tun haben. Ich möchte das Risiko lieber nicht eingehen.«

Der Direktor hörte mich an und sagte: »Der Junge ist ein Dickkopf, doch was er sagt, macht Sinn. So habe ich es noch nie gesehen – es ist wahr. Und wir können diese Vorschrift fakultativ machen: Wer eine Kappe tragen will, kann eine tragen, aber wenn jemand keine tragen will, muß er nicht, denn es hat nichts mit dem Unterricht zu tun.«

Der Lehrer war fassungslos. Auf dem Rückweg fragte er mich: »Wie hast du das gemacht?«

»Ich habe gar nichts gemacht«, sagte ich, »ich habe ihm nur die Situation erklärt. Ich bin nicht wütend. Ich bin durchaus bereit, eine Kappe zu tragen, wenn Sie meinen, daß dies die Intelligenz fördert. Warum dann nur eine? Ich kann zwei oder drei Kappen tragen, eine über der anderen, wenn es der Intelligenz dient. Doch zuerst müssen Sie es mir beweisen.«

Der Lehrer sagte zu mir – ich kann mich noch gut an seine Worte erinnern: »Du wirst dein ganzes Leben lang Schwierigkeiten haben. Du wirst nirgendwo reinpassen.«

Ich sagte: »Das ist völlig in Ordnung, aber ich will kein Idiot sein, der überall reinpaßt. Es ist gut, nirgends reinzupassen, aber intelligent zu sein. Ich bin zur Schule gekommen, um meine Intelligenz zu schärfen, damit ich auf intelligente Weise unpassend sein kann. Bitte versuchen Sie nie wieder, mich von einem Individuum zu einem Rädchen im Getriebe zu machen.«

Und vom nächsten Tag an verschwanden die Kappen. Nur er war mit einer Kappe gekommen. Und als er sich in seiner Klasse und in der ganzen Schule umschaute ... denn die neue Regel, daß Kappen nicht mehr Pflicht sind, war sofort in Kraft getreten, und alle anderen Lehrer waren ohne Kappe gekommen, sogar der Direktor. Er sah richtig idiotisch aus mit seiner Kappe. Ich sagte zu ihm: »Noch ist Zeit. Sie können sie ausziehen und einfach in die Tasche stecken.« Und das tat er auch. Er sagte: »Du hast recht. Wenn alle gegen die Kappen sind ... ich hatte nur die Vorschrift befolgt.«

Ich sagte: »Vorschriften werden von Menschen gemacht. Wir können sie ändern. Können wir denn nicht über alles intelligent diskutieren, ohne uns groß aufzuregen?«

Denk also daran: Wenn ich Ungehorsam sage, meine ich damit nicht, Gehorsam durch Ungehorsam zu ersetzen. Das macht es nicht besser. Ich verwende das Wort Ungehorsam nur, um dir klarzumachen, daß es an dir liegt, daß du selbst der entscheidende Faktor bei allen deinen Handlungen sein mußt. Und das gibt dir ungeheure Kraft, denn dann geschieht alles, was du tust, auf einer gewissen rationalen Grundlage.

Wenn etwas von dir verlangt wird, dann entscheide, ob es richtig oder falsch ist. So kannst du Schuldgefühle vermeiden. Andernfalls fühlst du dich schuldig. Wenn du es tust, hast du das Gefühl, unterwürfig zu sein, dich nicht behaupten zu können, nicht du selbst zu sein; und wenn du es nicht tust, hast du auch wieder Schuldgefühle: Vielleicht wäre es doch das Richtige gewesen, und du sperrst dich nur dagegen.

All dieses Hin und Her ist völlig überflüssig. Sei unkompliziert. Wenn du etwas gesagt bekommst, antworte mit Intelligenz, ohne jede Wut, denn Wut zeigt nur, daß du schwach bist, daß du in Wirklichkeit keine intelligente Antwort hast. Wut ist immer ein Zeichen von Schwäche. Erkläre die ganze Sache ohne Umschweife – vielleicht findet der andere, daß du recht hast, und ist dir sogar dankbar dafür. Oder vielleicht hat er bessere Gründe als du – dann bist du ihm dankbar, weil er dein Bewußtsein geschärft hat.

Benutze jede Gelegenheit im Leben, um deine Intelligenz und dein Bewußtsein zu erweitern.

Gewöhnlich benutzen wir jede Gelegenheit, um uns das Leben zur Hölle zu machen. Darunter leiden wir dann, und wenn du leidest, läßt du andere leiden. Und wenn so viele Menschen zusammenleben und sich alle gegenseitig das Leben schwermachen, multipliziert sich das Leiden. Auf diese Art wird die ganze Welt zur Hölle.

Das kann schlagartig anders werden. Nur etwas Grundsätzliches muß verstanden werden: Ohne Intelligenz gibt es keinen Himmel! *(12)*

Ich habe ein negatives Gefühl zu mir selbst. Wie siehst du mich?

Das ist nicht nur dein Problem, es ist das Problem von fast jedem. Alle Kulturen und alle Religionen haben euch dazu konditioniert, ein negatives Gefühl von euch selbst zu haben. Niemand wird um seiner selbst willen geliebt, niemand wird geschätzt, weil er so ist, wie er ist. Du mußt gefälligst beweisen, daß du etwas wert bist: »Habe Erfolg, Geld, Macht, Ansehen, Prestige! Beweise dich!« Man hat dir beigebracht, daß du keinen eigenen inneren Wert hast. Dein Wert muß erst bewiesen werden.

Daraus entsteht ein tiefer Antagonismus zu sich selbst, dieses Grundgefühl, wertlos zu sein, so wie man ist – außer man beweist das Gegenteil.

Jeder leidet und fühlt sich minderwertig. Wirklich eine merkwürdige Situation! Denn niemand ist minderwertig, und niemand ist überlegen. Jedes Individuum ist einzigartig, ein Vergleich ist gar nicht möglich. Du bist du, du bist einfach du selbst, du kannst gar kein anderer sein und brauchst es auch nicht. Und du brauchst nicht berühmt zu werden, du brauchst in den Augen der Welt nicht Erfolg zu haben. Das sind alles törichte Vorstellungen.

Alles, was du brauchst, ist kreativ zu sein, liebevoll, bewußt, meditativ ... Wenn du ein Gedicht in dir aufsteigen fühlst, schreibe es auf – für dich selbst, für deine Frau, für deine Kinder, für deine Freunde – und vergiß alles andere. Singe dein Lied, und wenn keiner zuhört, dann singe es für dich allein und genieße es. Geh zu den Bäumen, und sie werden dir Beifall spenden und es zu schätzen wissen. Oder sprich zu den Vögeln und den anderen Tieren, und sie werden viel besser verstehen als die dummen Menschenwesen, die seit Jahrhunderten mit falschen Lebenskonzepten vergiftet worden sind.

Ehrgeizige Menschen sind pathologisch.

Du sagst: *Ich habe ein negatives Gefühl zu mir selbst.*

Jeder hat eine negative Einstellung zu sich selbst, denn man hat ihn dazu gebracht, so zu fühlen. Deine Eltern haben es dir eingeimpft – dies ist dein Erbe, ein schweres Erbe. Deine

Lehrer, Priester und Politiker haben es dir eingeimpft. So viele Leute haben es dir eingeimpft, daß sich dir natürlich die Vorstellung eingeprägt hat, nichts wert zu sein, keine eigene Bedeutung, keine Wichtigkeit zu haben.

Alle Eltern sagen zu ihren Kindern: »Beweise, daß du etwas wert bist.« Einfach nur hier zu sein reicht nicht; du mußt etwas tun.

In meiner Sicht ist das Sein als solches etwas Wertvolles. Daß es dich gibt, ist an sich schon ein solches Geschenk der Existenz – was könntest du dir mehr erbitten? Nur schon zu atmen in diesem wunderschönen Dasein ist Beweis genug, daß die Existenz dich liebt, daß sie dich braucht. Andernfalls wärst du nicht hier. Du bist! Die Existenz hat dich geboren. Es muß ein ungeheures Bedürfnis bestanden haben – du hast eine Lücke gefüllt. Ohne dich wäre die Existenz ärmer. Und wenn ich das sage, sage ich es nicht nur zu dir: Ich sage es zu den Bäumen, zu den Vögeln, zu den Tieren, zu den Kieseln am Strand. Ein einziger Kiesel weniger am weiten Meeresstrand, und der Strand wäre nicht mehr derselbe. Eine einzige Blume weniger, und das Universum würde sie vermissen.

Ihr müßt lernen, daß ihr, so wie ihr seid, wertvoll seid. Und ich lehre euch damit keinerlei Ego – ganz im Gegenteil. Im Gefühl, daß ihr wertvoll seid, werdet ihr auch empfinden, daß alle anderen Menschen wertvoll sind, so wie sie sind. Nehmt die Menschen an, wie sie sind; hört auf mit »sollte« oder »müßte« – dies sind eure Feinde.

Und ihr tragt so viele »sollte« mit euch herum, so viele »Tue dies!« und »Tue jenes nicht!«, daß ihr nicht mehr tanzen könnt, die Last ist zu schwer. Man hat euch so viele Ideale und Ziele mitgegeben – Ideale, perfekt zu werden –, daß ihr stets das Gefühl habt, nicht zu genügen. Diese Ideale sind unmöglich zu erfüllen; und weil ihr sie nicht erfüllen könnt, werdet ihr nie genügen.

Perfektionist zu sein macht dich reif für die Couch des Psychiaters. Perfektionist zu sein heißt neurotisch zu sein. Und euch allen wurde aufgetragen, perfekt zu sein.

Das Leben ist schön mit all seinen Unvollkommenheiten. Denkt nicht in Begriffen, wie ihr zu sein hättet. Hier liegt die Wurzel alles Pathologischen – hört auf damit! Heute bist du so, wie du bist. Morgen bist du vielleicht ganz anders, doch das läßt sich nicht voraussagen, man braucht es auch gar nicht planen.

Lebe diesen Tag in all seiner Schönheit, in all seiner Freude, in all seinem Schmerz, seinem Leid, seiner Ekstase. Lebe ihn in seiner Totalität – in seiner Dunkelheit, in seinem Licht. Lebe den Haß und lebe die Liebe. Lebe die Wut und lebe das Mitgefühl. Lebe, was immer dieser Augenblick bringt. Mein Ansatz zielt nicht auf Vollkommenheit, sondern auf Totalität.

Lebe den Augenblick, der dir zur Verfügung steht, total, und der nächste Augenblick wird daraus geboren. Wenn dieser Augenblick total gelebt wurde, wird der nächste einen höheren Gipfel der Totalität erreichen. Und dein Gefühl von Negativität dir selbst gegenüber wird verschwinden.

Denke daran, daß du auch andere Menschen automatisch negativ siehst, wenn du zu dir selbst ein negatives Gefühl hast. Das ist eine logische Folge. Wenn jemand sich selbst gegenüber negativ ist, kann er auch zu niemand anderem positiv sein, weil er seine eigenen Fehler auch bei anderen finden wird, und zwar in noch viel größerem Ausmaß, um sich damit zu rächen. Eure Eltern haben euch eine negative Einstellung zu euch selbst gegeben, und ihr werdet euch an euren Kindern rächen und ihnen eine noch negativere Einstellung geben.

So nimmt die Negativität mit jeder Generation zu. Jede Generation wird mehr und mehr pathologisch. Daß der moderne Mensch seelisch derart leidet, hat nichts mit ihm selber zu tun, es beweist nur, daß die ganze Vergangenheit falsch gelaufen ist. Die gesamte Vergangenheit akkumuliert sich in ihm. Der heutige Mensch leidet an der Vergangenheit, nicht an seinen eigenen Sünden, wie es die sogenannten Religionsprediger euch immer wieder weismachen wollen. Ihr leidet an den Sünden von Jahrhunderten.

Doch jetzt hat sich die Situation dermaßen zugespitzt, daß

die Menschen zerbrechen. Bisher ist es uns irgendwie gelungen, uns aufrechtzuhalten, doch jetzt haben wir den Punkt erreicht, da der Mensch entweder sich und seine Vision vom Leben total verändern oder aber Selbstmord begehen muß.

Wenn ihr weiterhin der Vergangenheit folgt, seid ihr am Rande eines globalen Selbstmordes. Genau das streben eure politischen Führer an – sie bereiten Atombomben vor, Wasserstoffbomben, Super-Wasserstoffbomben, sie häufen Bomben über Bomben an. Sie haben schon viel zu viele. Sie können diese Erde siebenhundert Mal zerstören – jeder einzelne Mensch kann siebenhundert Mal getötet werden. Und der Wettlauf geht weiter. Selbst arme Länder beteiligen sich am Wettrüsten oder möchten gerne mitmachen. Sie sind am Verhungern, aber sie wollen Atombomben; sie sind am Verhungern, aber sie möchten mehr Macht, um zu töten und zu zerstören.

Aus der Vogelperspektive könnt ihr leicht sehen, daß die Erde auf einen globalen Selbstmord zusteuert, auf eine völlige Zerstörung, auf einen totalen Krieg. Und nochmals: Denkt daran, daß dies nichts mit dem heutigen Menschen als solchem zu tun hat. Der heutige Mensch ist nur ein Opfer der ganzen Vergangenheit. Die Priester behaupten immer wieder, daß an den heutigen Menschen etwas verkehrt sei, und sie glorifizieren die Vergangenheit.

Der heutige Mensch ist ein Produkt der gesamten Vergangenheit. Christen, Mohammedaner, Hindus, Buddhisten – alle Kulturen haben zu dieser Situation beigetragen. Sie sind verantwortlich dafür. Wenn sie nicht völlig verschwinden, wenn wir diese pathologische Vergangenheit nicht loslassen und ganz neu anfangen, ganz in der Gegenwart leben, ohne Vorstellungen von Perfektion, ohne irgendwelche Ideale, ohne »sollte«, ohne Gebote, ist die Menschheit dem Untergang geweiht.

Jeder sieht sich negativ, ob er es zugibt oder nicht. Und wenn man sich selbst gegenüber negativ empfindet, sieht man auch alles andere negativ. Die ganze Einstellung wird negativ, wird zu einem Nein. Wenn man einen negativen Menschen zu einem Rosenstock führt, wird er die Dornen zählen und kein Auge für die Rosen haben. Er kann es nicht, er ist dazu nicht in der Lage. Er wird die Rosen einfach ignorieren und die Dornen zählen.

Ein neuer Mensch ist nötig, der das Leben bejaht, der das Leben liebt, der die Liebe liebt, der diese Schöpfung so liebt, wie sie ist, der nicht fordert, sie müsse zuerst perfekt sein, der das Leben mit all seinen Begrenzungen zu feiern weiß.

Und ihr werdet überrascht sein: Wenn ihr euer Leben liebt, beginnt das Leben euch seine Türen zu öffnen. Wenn ihr liebt, werden euch Mysterien enthüllt, werden euch Geheimnisse offenbart. Wenn ihr euren Körper liebt, werdet ihr früher oder später der Seele gewahr werden, die in ihm wohnt. Wenn ihr die Bäume und die Berge und die Flüsse liebt, werdet ihr früher oder später die unsichtbare Hand Gottes hinter allem erkennen. Ihr braucht bloß Augen, um zu sehen – und nur positive Augen können sehen; negative Augen können nicht sehen. Negative Augen sind blind. Negative Augen sehen nur das Verkehrte.

Nimm dich so an, wie du bist, sonst wirst du ein Heuchler werden. Unterdrücke nichts – nichts in dir ist negativ! Die Existenz ist absolut positiv. Drücke dich aus, manifestiere deinen innersten Kern. Singe dein Lied und sorge dich nicht, wie es klingt. Erwarte nicht, daß irgend jemand dir Beifall zollt, das ist unnötig. Das Singen selber sollte die Belohnung sein.

Für mich ist jedes Individuum unvergleichlich und einmalig. Ich vergleiche niemanden. Vergleichen ist nicht meine Art, denn Vergleichen ist immer häßlich und gewaltsam. Ich werde nie sagen, daß du anderen überlegen bist, ich werde auch nie sagen, daß du anderen unterlegen bist. Du bist einfach du selbst, und du wirst gebraucht, so wie du bist. Du bist unvergleichlich – wie alle andern auch. *(13)*

Keiner will dich so sein lassen, wie du bist, selbst wenn es um etwas völlig Belangloses geht ... Als Kind hatte ich lange Haare. Und ich ging immer durch den Laden meines Vaters, denn der Laden und die Wohnräume waren miteinander verbunden. Unsere Wohnung lag hinten, und der einzige Zugang führte durch den Laden. Die Kunden fragten meinen Vater immer: »Zu wem gehört denn dieses Mädchen?«, weil meine Haare so lang waren und sie sich nicht vorstellen konnten, warum ein Junge langes Haar haben sollte. Mein Vater wurde immer sehr verlegen und schämte sich, wenn er sagte: »Er ist ein Junge«, denn dann fragten sie: »Und was sollen die langen Haare?«

Eines Tages wurde er, ganz gegen seine Gewohnheit, so verlegen und wütend, daß er mir eigenhändig die Haare abschnitt. Er kam mit der Schere, mit der er im Laden Stoff zuschnitt, und schnitt mir die Haare ab. Ich sagte kein Wort. Er war überrascht. Er fragte: »Hast du nichts zu sagen?«

Ich entgegnete: »Ich werde es auf meine eigene Weise sagen.«

»Was meinst du damit?« wollte er wissen.

»Du wirst schon sehen.« Und ich ging zu dem opiumsüchtigen Barbier, der gleich vor unserem Haus seinen Laden hatte. Er war der einzige Mensch, vor dem ich Respekt hatte. Es gab da eine ganze Reihe von Barbierläden, doch ich liebte diesen alten Mann. Er war ein sehr seltenes Exemplar, und er liebte mich genauso. Ich ging also zu ihm und bat ihn: »Bitte rasiere meinen Kopf völlig kahl.« In Indien wird der Kopf nur kahlgeschoren, wenn der Vater stirbt.

Er sagte: »Was ist geschehen? Ist dein Vater gestorben?«

»Kümmere dich nicht darum«, sagte ich. »Tue, was ich dir sage. Es geht dich nichts an. Du mußt mir alles Haar abschneiden, alles wegrasieren.«

Er meinte: »Du hast recht, das geht mich nichts an. Wenn er tot ist, ist er tot.«

Er rasierte mir den Kopf kahl, und ich ging nach Hause. Ich ging durch den Laden. Mein Vater starrte mich an, alle

Kunden starrten mich an. Sie sagten: »Was ist geschehen? Wem gehört dieser Junge? Sein Vater ist gestorben.«

Mein Vater sagte: »Er ist mein Junge, und ich lebe noch. Ich habe gewußt, daß er etwas aushecken würde. Er hat mir die passende Antwort gegeben.«

Überall, wo ich hinging, fragten die Leute: »Was ist passiert? Dein Vater war doch völlig gesund.«

Ich sagte: »Die Menschen sterben in jedem Alter. Ihr sorgt euch um ihn, aber mein Haar scheint euch gleichgültig zu sein.«

Das war das letzte Mal, daß mein Vater mir so etwas angetan hat, denn er wußte, daß meine Antwort noch unangenehmer ausfallen konnte. Im Gegenteil, er brachte ein spezielles Öl mit, das für den Haarwuchs verwendet wird, ein sehr kostbares Öl aus Bengalen. Es stammt von einer Blume namens Javakusum. Es ist sehr kostbar und selten und wird nur von den Reichsten verwendet – nicht von Männern, nur von Frauen, damit das Haar so lang wird wie möglich. In Bengalen bin ich Frauen begegnet, deren Haar bis zum Boden reichte – fünf oder sechs Fuß lang. Dieses Öl macht das Haar sehr stark.

Ich sagte: »Hast du jetzt verstanden?«

»Ich habe verstanden«, antwortete er. »Reibe dir rasch den Kopf mit diesem Öl ein, und in wenigen Monaten sind deine Haare wieder lang.«

Ich sagte: »Du bist schuld an dem ganzen Schlamassel. Wieso warst du denn so verlegen? Du hättest doch sagen können, daß ich deine Tochter bin, ich hätte nichts dagegen gehabt. Aber du hättest mir so etwas nicht antun dürfen. Das war gewaltsam und barbarisch. Statt mit mir zu reden, hast du mir einfach die Haare abgeschnitten.«

Keiner erlaubt dem anderen, einfach er selbst zu sein. Alle diese übernommenen Vorstellungen sind so tief in euch verwurzelt, daß ihr das Gefühl habt, es seien eure eigenen.

Entspannt euch einfach! Vergeßt alle diese Konditionierungen, laßt sie fallen wie tote Blätter von einem Baum. *(14)*

Ich habe oft das Gefühl, daß ich nicht tue, was ich tun sollte, oder daß ich etwas tue, was ich unterlassen sollte.

So sind wir alle erzogen worden. Unsere ganze Erziehung – in der Familie, in der Gesellschaft, in der Schule, an der Universität – erzeugt einen Zwiespalt in uns. Und der eigentliche Zwiespalt in dir ist der, daß du nicht tust, was du tun solltest.

Dieser Zwiespalt hält sich hartnäckig dein ganzes Leben lang; er sucht dich heim, er verfolgt dich wie ein Alptraum. Er läßt dich nie in Frieden, er erlaubt dir nie, dich zu entspannen. Wenn du dich entspannst, sagt eine Stimme in dir: »Was tust du da? Jetzt ist keine Zeit, dich zu entspannen. Du solltest etwas tun.« Wenn du etwas tust, sagt sie: »Was tust du da? Du brauchst dringend Ruhe, sonst wirst du noch wahnsinnig – du bist schon nahe dran.«

Wenn du etwas Gutes tust, sagt sie: »Du bist ein Narr. Gutes tun zahlt sich nicht aus. Man wird dich übers Ohr hauen.« Wenn du etwas Schlechtes tust, sagt sie: »Was tust du da? Du pflasterst dir den Weg zur Hölle. Dafür wirst du noch einmal büßen müssen.« Sie läßt dich nie in Frieden. Was du auch tust – sie ist da und verdammt dich dafür.

Im Grunde wird eine Spaltung in dir erzeugt, so daß der eine Teil stets den anderen verdammt. Wenn du der einen Seite folgst, beginnt dich die andere sofort zu verurteilen. In dir wütet ein Krieg, ein Bruderzwist.

Dieser Bruderzwist muß ein Ende finden, sonst verpaßt du die ganze Schönheit, den ganzen Segen des Lebens. Du wirst nie aus vollem Herzen lachen können, du wirst nie lieben können, du wirst in nichts total sein können. Und nur aus Totalität heraus erblüht man, nur so wird es Frühling, nur so beginnt dein Leben Farbe, Musik und Poesie zu haben.

Ein geteilter Mensch ist ein schwacher Mensch. Ein ungeteilter Mensch, ein Individuum, ist stark – stark genug, jedes Abenteuer und jede Herausforderung zu akzeptieren.

Folge deiner Natur, tue das, wonach es dein innerstes Wesen verlangt. Höre nicht auf die Schriften, höre auf dein eigenes Herz – das ist die einzige Heilige Schrift, die ich verschreibe. Höre sehr aufmerksam und sehr bewußt hin, und du wirst nie etwas Falsches tun. Und wenn du auf dein eigenes Herz hörst, wirst du nie im Zwiespalt sein. Wenn du auf dein eigenes Herz hörst, wirst du anfangen, dich in die richtige Richtung zu bewegen, ohne je darüber nachzugrübeln, was richtig und was falsch ist.

Für den neuen Menschen besteht die ganze Kunst, besteht das ganze Geheimnis also darin, bewußt, aufmerksam und wachen Geistes auf sein Herz zu hören und ihm durch dick und dünn zu folgen, wohin es ihn auch führen mag. Gewiß, zuweilen wird es dich in Gefahr bringen, doch vergiß nicht, daß solche Gefahren nötig sind, um dich reifen zu lassen. Manchmal wird es dich in die Irre führen, aber solche Irrwege sind ein Teil des Wachstums. Manches Mal wirst du hinfallen, dann stehe wieder auf – zu straucheln und wieder aufzustehen gibt dir Kraft. Auf diese Weise vervollständigst du dich.

Folge keinen von außen auferlegten Regeln. Vergiß alles, was man dir je gesagt hat, was richtig sei und was falsch. Das Leben ist nicht so starr. Was heute richtig sein mag, ist morgen vielleicht falsch, und was jetzt gerade falsch ist, mag im nächsten Moment richtig sein. Das Leben kann nicht in Schubladen gesteckt werden. Du kannst es nicht so leicht mit Etiketten versehen: »Das ist richtig!«, »Das ist falsch!« Das Leben ist keine Apotheke, wo jede Flasche sauber beschriftet ist und wo du weißt, was sie enthält. Das Leben ist ein Mysterium. Im einen Augenblick paßt etwas, ist etwas richtig; und kurz darauf ist bereits so viel Wasser den Ganges hinuntergeflossen, daß es nicht mehr paßt und falsch ist.

Wie definiere ich »richtig«? Richtig ist, was mit der Existenz harmoniert; was nicht mit der Existenz harmoniert, ist falsch. Ihr werdet jeden Augenblick sehr aufmerksam sein müssen, denn es muß jeden Augenblick neu entschieden werden.

Hier eine alte Zen-Geschichte:

Es gab einmal zwei rivalisierende Tempel. Beide Meister – in Wirklichkeit müssen es Priester gewesen sein, keine Zen-

Meister – waren sich so spinnefeind, daß sie ihren Anhängern untersagten, auch nur einen Blick auf den anderen Tempel zu werfen. Jeder der Priester hatte einen Jungen, der ihm diente, ihm holte, was er brauchte, und für ihn Besorgungen erledigte. Der Priester des ersten Tempels befahl seinem jungen Diener: »Sprich kein Wort zu dem anderen Jungen. Diese Leute sind unberechenbar!«

Doch Jungen sind Jungen. Eines Tages trafen sie sich auf dem Weg, und der Junge des ersten Tempels fragte den anderen: »Wohin gehst du?«

»Wohin der Wind mich führt«, war die Antwort. Er mußte im Tempel Zen-Worte aufgeschnappt haben. »Wohin der Wind mich führt« ist eine großartige Feststellung, reinstes Tao.

Der erste Junge war sehr verlegen und gekränkt, denn er hatte keine Antwort parat. Er war frustriert und wütend und fühlte sich schuldig, denn sein Meister hatte ihm ja befohlen, nicht mit diesen Leuten zu sprechen, sie seien unberechenbar. Und überhaupt, was sollte diese Antwort? Die reinste Demütigung!

Er ging zu seinem Meister und erzählte, was geschehen war. »Es tut mir leid, daß ich mit ihm gesprochen habe. Du hattest recht, das sind merkwürdige Leute. Was soll diese Antwort? Ich habe ihn nur gefragt: ›Wohin gehst du?‹ – eine ganz einfache Frage, ich wußte ja, daß er genau wie ich zum Markt ging. Aber er antwortete: ›Wohin der Wind mich führt.‹«

Der Meister sagte: »Ich habe dich gewarnt, aber du hast nicht auf mich gehört. Jetzt paß auf: Morgen stehst du wieder an derselben Stelle. Wenn er kommt, frage ihn nochmals: ›Wohin gehst du?‹, und er wird sagen: ›Wohin der Wind mich führt.‹ Dann sei auch du ein bißchen philosophisch. Frage ihn: ›Und was, wenn du keine Beine hast? Denn die Seele ist körperlos, und der Wind kann die Seele nirgendwohin führen.‹ Na, was sagst du jetzt?«

Der Junge war ganz begeistert und wiederholte seinen Spruch die ganze Nacht ein ums andere Mal. Am nächsten Morgen ging er schon sehr frühzeitig zu der besagten Stelle, und pünktlich kam auch der andere Junge vorbei. Voller

Vorfreude, daß er es ihm diesmal zeigen würde, fragte er: »Wohin gehst du?« Und dann wartete er gespannt.

Doch der Junge antwortete: »Ich gehe auf den Markt, Gemüse einkaufen.«

Was half ihm jetzt seine Philosophie, die er so eifrig gelernt hatte? So ist das Leben nun einmal. Du kannst dich nicht darauf vorbereiten, du kannst dich nicht dagegen wappnen. Darin liegt seine Schönheit, das ist sein Wunder. Es überrumpelt dich immer wieder, es kommt immer als eine Überraschung. Wenn du Augen hast, wirst du sehen, daß jeder Augenblick eine Überraschung birgt und keine vorgefaßte Antwort je darauf anwendbar ist.

Ich lehre euch ein dem Leben innewohnendes Prinzip. Seid eurem eigenen Selbst treu, dann fällt jeder Zwiespalt weg; was du auch tust, ist das, was gerade getan werden soll, und was du sein läßt, soll nicht getan werden.

Und vergeßt eines nicht: Schaut nicht immer wieder zurück, denn das Leben verändert sich ständig. Morgen denkst du vielleicht, was du gestern getan hast, sei falsch gewesen. Gestern war es nicht falsch, doch morgen kann es falsch aussehen. Es besteht keine Notwendigkeit zurückzuschauen, das Leben geht vorwärts. Aber es gibt viele Autofahrer, die ständig in den Rückspiegel blicken. Sie fahren vorwärts und schauen nach rückwärts; ihr Leben ist die reinste Katastrophe.

Schaue vorwärts. Das Stück Weg, das du gegangen bist, liegt hinter dir, es ist vorüber. Trage es nicht länger mit dir herum. Sei nicht unnötigerweise von der Vergangenheit belastet. Schließe die Kapitel, die du gelesen hast, ab, es besteht keine Notwendigkeit, immer wieder zurückzublättern. Und beurteile Vergangenes nie aus einer neuen Perspektive, denn das Neue ist stets neu, unvergleichlich neu. Das Alte war richtig in seinem eigenen Kontext, das Neue ist richtig in seinem eigenen Kontext; sie sind nicht vergleichbar.

Höre auf, dich schuldig zu fühlen! Sich schuldig zu fühlen ist die Hölle. Wenn du frei von Schuldgefühlen bist, wirst du die Frische eines Tautropfens in der ersten Morgensonne haben, die Frische von Lotosblüten im See, die Frische der Sterne in der Nacht. Sobald die Schuldgefühle verschwinden, wirst du ein völlig anderes Leben führen, ein leuchtendes und strahlendes Leben. Deine Füße werden tanzen, und dein Herz wird tausend Lieder singen. *(15)*

3. KAPITEL

Eltern für das Neue Kind

Eure Kinder sind nicht eure Kinder

Und eine Frau, die einen Säugling an der Brust hielt, sagte: Sprich uns von den Kindern.

Und er sagte:

Eure Kinder sind nicht eure Kinder.

Sie sind die Söhne und Töchter der Sehnsucht des Lebens nach sich selber.

Sie kommen durch euch, aber nicht von euch,

Und obwohl sie mit euch sind, gehören sie euch doch nicht.

Ihr dürft ihnen eure Liebe geben, aber nicht eure Gedanken,

denn sie haben ihre eigenen Gedanken.

Ihr dürft ihren Körpern ein Haus geben, aber nicht ihren Seelen,

Denn ihre Seelen wohnen im Haus von morgen, das ihr nicht besuchen könnt, nicht einmal in euren Träumen.

Ihr dürft euch bemühen, wie sie zu sein, aber versucht nicht, sie euch ähnlich zu machen.

Denn das Leben läuft nicht rückwärts, noch verweilt es im Gestern.

Ihr seid die Bogen, von denen eure Kinder als lebende Pfeile ausgeschickt werden.

Der Schütze sieht das Ziel auf dem Pfad der Unendlichkeit, und Er spannt euch mit Seiner Macht, damit Seine Pfeile schnell und weit fliegen.

Laßt euren Bogen von der Hand des Schützen auf Freude gerichtet sein,

Denn so wie Er den Pfeil liebt, der fliegt, so liebt Er auch den Bogen, der fest ist.

Hört sehr aufmerksam zu, denn es gibt in der ganzen Weltliteratur nur sehr wenige Aussagen von solcher Schönheit, von solcher Wahrheit, solcher Aufrichtigkeit.

In seinem Buch »Der Prophet« läßt Khalil Gibran Almustafa sagen:

Eure Kinder sind nicht eure Kinder.

Ein Kind ist keine Sache. Ein Kind kann man nicht besitzen. Zu sagen: »Das ist mein Kind«, beweist eure Ignoranz.

Das Leben läßt sich niemals besitzen. Ihr könnt es mit offenen Händen halten, doch in dem Augenblick, in dem eure Hände sich zu Fäusten schließen, ist euch das Leben schon entschlüpft. Fast alle Eltern auf dieser Welt machen ihre Kinder kaputt, weil sie Besitzansprüche stellen. Ein Kind besitzen? Ihr könnt das Leben nicht erzeugen, wie könntet ihr es besitzen? Es ist ein Geschenk, das aus der Fülle der Existenz kommt. Seid dankbar, daß sie euch dazu auserwählt hat, ein Werkzeug zu sein.

Das Kind ist durch euch gekommen, aber das bedeutet nicht, daß es euch gehört. Ihr wart nur eine Passage. Wenn die Eltern sich diese kleine, einfache Wahrheit merken würden, könnte die Welt ganz anders aussehen.

Sie sind die Söhne und Töchter der Sehnsucht des Lebens nach sich selber.

Das ist das ewige Leben, wie es durch die Berge, die Wälder und die Ebenen fließt. Das Kind, das durch euch zur Welt gekommen ist, kam davor schon durch viele andere Menschen. Es hat hinter sich die Ewigkeit und vor sich die Ewigkeit. Es ist in vielen Häusern gewesen, in vielen Städten, an vielen fremden Plätzen. Unter diesen Millionen von Passagen seid auch ihr nur eine. Seid bescheiden und erweist dem Kind euren Respekt. Keine Gesellschaft der Welt hat den Kindern bisher Respekt erwiesen. Der ganze Respekt wird den Älteren erwiesen, den Alten, die schon fast tot sind; den ganzen Respekt erweist man den Friedhöfen, aber nicht den Wiegen.

Und das Kind ist das reinste Leben, noch unbefleckt. Almustafa hat recht, wenn er sagt:

Sie sind die Söhne und Töchter der Sehnsucht des Lebens nach sich selber.

Sie kommen durch euch, aber nicht von euch ...

Sie kommen direkt vom Ursprung.

Und obwohl sie mit euch sind, gehören sie euch doch nicht.
Diese kurzen Sätze haben eine ungeheure Bedeutung. Wenn man versteht, daß das Kind die *Sehnsucht des Lebens nach sich selber* ist, dann ist das Kind dem Ursprung des Lebens näher als der alte Mensch. Der alte Mensch ist dem Tod näher ... doch seltsam: Der Tod wurde immer verehrt, respektiert, und das Leben wurde zerstört und auf jede erdenkliche Weise kaputtgemacht.

Wenn euch bewußt ist, daß sie durch euch kommen, aber euch nicht gehören, dann werden Eltern niemals einem unschuldigen Kind ihre Religion, ihre Politik, ihre Vorstellungen aufzwingen. Das Kind kommt als *tabula rasa* – nichts ist darauf geschrieben. Aber die Eltern sind in solcher Eile, aus ihm einen Christen, einen Buddhisten zu machen.

Ich erinnere mich an meine eigene Kindheit.

Meine Eltern wollten natürlich, daß ich mitkam, wenn sie in den Tempel gingen, zu der Religion, der sie angehörten, aber ich war immer schon ein bißchen verrückt. Ich sagte ihnen: »Es ist eure Religion, es ist euer Tempel. Ihr müßt ein bißchen Geduld haben. Gebt mir Zeit. Ich will meine Religion und meinen Tempel selbst finden.«

Sie sagten: »Was redest du für einen Unsinn? Jedes Kind gehört zu der Religion, in die es hineingeboren wird.«

Ich sagte: »Jedes andere Kind mag vielleicht dazugehören oder auch nicht, das ist seine Sache. Was mich angeht, gehöre ich zu keiner Religion. Ich habe noch nicht einmal danach gesucht! Laßt mich und helft mir, auf meinen eigenen Füßen zu stehen. Verkrüppelt mich nicht! Wenn es eine Wahrheit gibt, werde ich sie finden. Aber man kann sie nicht borgen. Ihr könnt sie mir nicht geben.«

Sie waren darüber nicht sehr glücklich, natürlich nicht. Ich habe nie mit meinem Namen unterschrieben, dem Namen meiner Religion. Es war gut, daß ich etwas später als andere Kinder in die Schule kam. Der Vater meiner Mutter hatte nämlich nur eine Tochter, meine Mutter. Und er lebte in einem abgelegenen Dorf, wo noch nie jemand eine Eisenbahn gesehen hatte oder ein Auto oder einen Autobus, denn es gab keine Straße.

Aber er fragte meinen Vater: »Ich fühle mich sehr einsam, seit du meine Tochter zur Frau genommen hast. Laßt euer erstes Kind bei uns leben! Wir fühlen uns so leer. Alle Freude ist aus unserem Leben verschwunden.« Und meine Mutter war erst sieben Jahre alt, als man sie verheiratete. Das war früher so üblich in Indien – und so ist es in den Dörfern bis heute.

Sie sagten: »Unsere Tochter war unsere ganze Freude, sie war unser Lied. Sie war unser Leben ... und sie ist noch so jung! Sie kann sich vielleicht gar nicht genug um das Kind kümmern. Laß den Jungen bei uns aufwachsen, und natürlich kannst du ihn später wiederhaben. Ihr werdet ja noch viel mehr Kinder bekommen!«

Das erwies sich als großer Segen für mich. Die Mutter meines Vaters war gestorben, als er heiratete, er war erst zehn Jahre alt. Als ich geboren wurde, muß er zwanzig gewesen sein, und meine Mutter siebzehn. Und die beiden wußten nicht, wie man ein Kind aufzieht. So war es eine gute Möglichkeit. Ich wurde von meinem Großvater und meiner Großmutter mütterlicherseits aufgezogen. Doch es gab keine Schule – ich habe solches Glück gehabt, mit allem –, es gab keinen Tempel, es gab keinen Priester. Ich wuchs praktisch wie ein wildes Kind auf – und ein wildes Kind bin ich bis heute geblieben. Mein Großvater mütterlicherseits starb, als ich sieben Jahre alt war – das ist alt genug, um seine eigenen Vorstellungen zu haben. Als ich zu meinen Eltern zurückkam, waren wir uns fremd. Meine Mutter hatte ich nie als Mutter gekannt. Ich hatte nur meine Großmutter.

Die ersten sieben Jahre sind die wichtigsten im Leben, sie

sind die Grundlage. Als mein Vater mich zur Schule brachte und das Formular ausfüllen mußte, in dem einzutragen war, zu welcher Religion ich gehörte, hinderte ich ihn daran.

Ich sagte: »Schreib hin: Bisher gehört er keiner Religion an. Er wird sie suchen und selbst finden.«

Ich habe Religiosität gefunden, aber Religion habe ich keine gefunden. Und ich bin ungeheuer froh darüber, daß niemand mir seine Ideen, seinen Gott, seine Vorstellung von der Existenz aufgezwungen hat.

Jedes Kind hat das Geburtsrecht, von seinen Eltern nicht gequält und nicht konditioniert zu werden. Denn das grundlegendste Recht eines jeden Menschen ist das Suchen, das Forschen, die Pilgerreise.

Und obwohl sie mit euch sind, gehören sie euch doch nicht.
Ihr dürft ihnen eure Liebe geben, aber nicht eure Gedanken …

Aber genau das Gegenteil geschieht. Erinnert euch an eure Eltern. Waren sie interessiert, euch ihre Liebe zu geben, bedingungslos? Oder waren sie interessiert, ihre Liebe dafür zu benutzen, euren Geist mit ihrer Religion, ihrer politischen Ideologie, ihrer Nationalität zu verunreinigen? Wie kommt es sonst, daß die Menschheit so geteilt ist? Welcher Kriminelle steckt dahinter? Warum muß es so viele Nationen geben? Warum muß es so viele Religionen geben?

Es gibt nur eine Menschheit. Es gibt nur eine Wahrheit. Aber man hat den Menschen nicht erlaubt, nach ihrem eigenen ursprünglichen Gesicht zu suchen. Man hat ihnen Masken verpaßt. Und die Menschen leben ihr ganzes Leben lang in dem Glauben, es sei ihr ursprüngliches Gesicht.

Ihr dürft ihnen eure Liebe geben, aber nicht eure Gedanken …
Denn sie haben ihre eigenen Gedanken.

Ihre Gedanken sind noch nicht ausgereift, sie sind noch in Saatform. Sie sind bloße Möglichkeiten, doch wenn man ihnen Freiheit und Liebe gibt, können sie zu Realitäten werden. Und wenn euer eigener Gedanke zu einer Wirklichkeit wird, beschert es eurem Sein eine solche Freude, eine solche

Erfüllung, eine solche Seligkeit, wie ihr es euch im Traum nicht vorstellen könnt. Ihr könnt euch keine Vorstellung davon machen, es übersteigt die Fähigkeit eures Verstandes, es sich vorzustellen – denn es reift in eurem Herzen, es erblüht in eurem Herzen.

Ihr dürft ihren Körpern ein Haus geben, aber nicht ihren Seelen ...
Mit den allerbesten Absichten werden alle Eltern zu Mördern ihrer eigenen Kinder. Man sieht auf der ganzen Erde nur tote Leute herumlaufen, die ihre Seele schon verloren haben, noch bevor sie eine Idee davon hatten, was die Seele eigentlich ist.

Denn ihre Seelen wohnen im Haus von morgen, das ihr nicht besuchen könnt, nicht einmal in euren Träumen.
Ihr gehört der Vergangenheit an, eure Tage sind gezählt. Eltern haben keine Ahnung von der Zukunft. Und die Kinder werden nicht in der Vergangenheit leben, also belastet sie nicht mit euren toten Schriften. Sie werden ihre eigenen Schriften haben, sie werden ihre eigenen Heiligen haben, sie werden ihre eigenen Buddhas haben, sie werden ihren eigenen Christus haben. Warum sollte man sie mit der Vergangenheit belasten? Ihre Zukunft ist offen.

Und wenn ihr eure Kinder liebt, dann laßt die Finger von ihnen.

Helft ihnen, stark zu sein, helft ihnen, fähig zu sein, sich auf die Suche nach dem Unbekannten zu begeben, aber gebt ihnen nicht eure Gedanken, denn für eure Kinder sind diese völlig nutzlos. Wegen dieser Gedanken würden sie ihre eigene Bestimmung verfehlen. Ihr würdet sie davon ablenken. Beobachtet einmal kleine Kinder und seht, was für einen klaren Blick sie haben.

Ich habe gehört ...

In der Schule erzählt der Pastor den Kindern, wie Gott alle Dinge erschaffen hat. Das ganze Universum erschuf er in sechs Tagen, und am siebten Tag ruhte er.

Da meldet sich ein kleiner Junge und fragt: »Die Flugzeuge auch?«

Der Priester weiß nicht, was er sagen soll. Natürlich steht im Alten und Neuen Testament kein Wort darüber, ob Gott die Flugzeuge erschaffen hat.

Ein anderer Junge fängt an, ungestüm mit der Hand zu winken. Der Lehrer sagt: »Hast du auch eine Frage?«

Er sagt: »Nein, ich weiß die Antwort.«

Der Priester ist ungläubig, denn er selbst weiß keine Antwort, und dieser kleine Junge ... Er sagt: »Na gut, versuchen wir's. Wie lautet deine Antwort? Dieser Junge hat gefragt, ob Gott auch die Flugzeuge erschaffen hat.«

Da sagt der zweite Junge: »Es steht geschrieben, daß Gott alles erschaffen hat, was fliegt – also hat er auch die Flugzeuge erschaffen!«

Kleine Kinder blicken durch! Sie haben einen klaren Verstand. Je älter ihr werdet, desto mehr Staub sammelt ihr an. Und alle geben euch fortwährend Ratschläge – Ratschläge sind das einzige auf der Welt, was alle geben, aber keiner annimmt –, aber das trübt den Verstand der Kinder, weil sie von den Eltern abhängig sind.

Almustafa hat recht: *Ihr dürft ihren Körpern ein Haus geben, aber nicht ihren Seelen. Denn ihre Seelen wohnen im Haus von morgen.*

Ihr gehört zum Gestern, sie gehören zum Morgen. Die Vergangenheit ist das größte Hindernis für euer Leben.

Die Eltern sollten ihren Kindern nicht ihre Gedanken geben, denn ihre Gedanken sind bereits überholt. Die Kinder werden ihre eigenen Gedanken haben.

Selbst die Bäume wissen es besser. In jedem Herbst fallen die alten Blätter ab und verschwinden in der Erde, um Platz zu machen für frische Blätter, die grüner, jünger und saftiger sein werden. Wenn sie weiter an ihren alten Blättern festhielten, würde es keinen Platz und keine Möglichkeit geben, daß neue Blätter wachsen.

Habt ihr euch je gefragt, warum in der heutigen Welt keine Menschen wie Buddha, Laotse, Tschuang-Tsu, Basho, Kabir, Jesus, Zarathustra geboren werden? Was ist passiert? Hat die Menschheit ihre Kräfte verausgabt? Nein, die Menschheit ist kraftvoller denn je, sie hat mehr Energie als je zuvor. Aber die Vergangenheit wird ständig mehr und mehr. Natürlich, denn jeden Tag fügt sich ein Tag mehr an die gestrigen Tage. Und so lastet die Vergangenheit beinahe wie ein Himalaja auf der Brust des Menschen.

Das ist der Grund, warum keine solch wunderbaren Wesen mehr unter uns sind. Und wenn hier und da ein solcher Mensch auftaucht, erscheint er als ein solcher Fremdling, als ein solcher Außenseiter, daß ihr ihn nicht dulden könnt. Ihr habt vergessen, wie die Welt sich anfühlte, als es überall viele Erleuchtete gab. Niemand war deswegen irritiert. Die Menschen waren voller Dankbarkeit.

Aber heute ist die Situation völlig anders. Diese ganze Bürde, die auf eurem Geist lastet, hindert euch daran, das Neue zu sehen. Und zwangsläufig wird das Neue dem Alten, der toten Vergangenheit sagen, es soll sich zum Teufel scheren.

Vererbt euren Kindern nicht eure miserable Vergangenheit. Sie haben ihre eigene Zukunft. Laßt sie nach ihrem eigenen Potential wachsen.

Ihr dürft euch bemühen, wie sie zu sein ...

Mit dieser Stelle übertrifft Khalil Gibran an Einsicht alles bisher Dagewesene:

Ihr dürft euch bemühen, wie sie zu sein, aber versucht nicht,
sie euch ähnlich zu machen.

Und was sagt die Bibel? »Gott schuf den Menschen nach seinem eigenen Bilde.« Seither versucht jeder Vater, sein Kind nach seinem eigenen Bilde zu schaffen. Almustafa sagt genau das Gegenteil:

Ihr dürft euch bemühen, wie sie zu sein, denn sie sind die Zukunft, und sie sind unschuldig. Sie sind der Existenz näher als ihr. Für euch wird sich außer dem Tod nichts mehr ereignen, aber für sie werden sich noch tausend Dinge ereignen: Liebe wird sich ereignen, Meditation wird sich ereignen, Dankbarkeit wird sich ereignen.

Widersteht bitte der Versuchung, aus eurem Kind eine Kopie von euch zu machen. Es ist möglich, aus dem Kind eine Kopie zu machen, aber dafür werdet ihr es töten müssen. Deshalb sage ich, daß alle Eltern ihre Kinder töten, nur um Kopien aus ihnen zu machen. Dabei steckt in jedem Kind das Potential, mit seinem eigenen ursprünglichen Gesicht zu leben. Das ursprüngliche Gesicht hat eine Schönheit, das ursprüngliche Gesicht hat etwas vom Göttlichen. Das ursprüngliche Gesicht hat ein Charisma. Eine Kopie hat gar nichts.

Denn das Leben läuft nicht rückwärts, noch verweilt es im Gestern.
Ihr seid die Bögen, von denen eure Kinder als lebende Pfeile ausgeschickt werden.
... zum Unbekannten, zum Unerkennbaren hin. Verwehrt es ihnen nicht. Gebt ihnen Stärke, gebt ihnen Liebe, damit sie den entferntesten Stern erreichen können.

Ihr seid die Bögen, von denen eure Kinder als lebende Pfeile ausgeschickt werden.
Der Schütze sieht das Ziel auf dem Pfad der Unendlichkeit,
und Er spannt euch mit Seiner Macht, damit Seine Pfeile schnell und weit fliegen.
Die Existenz will, daß ihr euch als Bogen vor euren Kindern biegt, denn sie müssen weit fliegen, und ihr müßt ihnen Stärke geben.

Laßt euren Bogen von der Hand des Schützen auf Freude gerichtet sein.
Freut euch, wenn euer Kind anfängt, sich von euch zu entfernen, wenn es anfängt, ein eigenständiges Individuum zu werden. Fühlt euch gesegnet, wenn es kein gehorsamer Idiot ist. Außer Idioten ist niemand gehorsam.

Intelligenz bedeutet Rebellion. Fühlt euch gesegnet und segnet euer Kind, denn ihr habt einem rebellischen Geist das Leben geschenkt. Darauf solltet ihr stolz sein, aber davor haben die Leute Angst.

Laßt euren Bogen von der Hand des Schützen auf Freude gerichtet sein.
Denn so wie Er den Pfeil liebt, der fliegt, so liebt Er auch den Bogen, der fest ist.
Die Existenz liebt euch beide. Auch ihr seid Kinder dieser Existenz. Nur eure Zeit ist vorüber. Macht Platz für die frischen Pfeile und segnet sie. *(16)*

Wie können wir dafür sorgen, daß unsere Kinder ihr ursprüngliches Gesicht bewahren?

Wenn du dir die Gesichter von neugeborenen Kindern anschaust, frisch aus der tiefsten Quelle des Lebens, wirst du eine gewisse Präsenz erkennen, die nicht faßbar ist, nicht zu benennen, undefinierbar.

Das Kind ist lebendig. Du kannst seine Lebendigkeit nicht definieren, aber sie ist da, du kannst sie fühlen. Sie ist so sehr gegenwärtig, daß du sie nicht übersehen kannst, wie blind du auch sein magst. Sie ist taufrisch. Du kannst die Frische riechen, die ein Kind umgibt. Dieser Duft verschwindet nach und nach. Und wenn das Kind das Pech hat, erfolgreich zu werden – eine bekannte Persönlichkeit, ein Präsident, ein Premierminister, ein Papst, dann beginnt dieses Kind zu stinken.

Es kam mit einem außergewöhnlichen Duft, unermeßlich, unbeschreiblich, unbenennbar. Schau in die Augen eines Kindes – du kannst nichts Tieferes finden. Die Augen eines Kindes sind wie ein Abgrund, bodenlos.

Unglücklicherweise werden diese Augen durch den zerstörerischen Einfluß der Gesellschaft bald oberflächlich. Diese Tiefe, diese unermeßliche Tiefe, wird schon bald unter vielen

Schichten von Konditionierung verschwinden. Und das war sein ursprüngliches Gesicht.

Das Kind hat noch keine Gedanken. Worüber kann es nachdenken? Zum Denken braucht man Vergangenheit, braucht man Probleme. Es hat keine Vergangenheit, es hat nur Zukunft. Es hat noch keine Probleme – es ist problemlos. Es hat keine Voraussetzungen zum Denken. Was könnte es denken? Das Kind ist bewußt, aber ohne Gedanken.

Das ist das ursprüngliche Gesicht des Kindes.

Das war einmal auch dein Gesicht, auch wenn du es vergessen hast. Es ist noch immer in deinem Innern und wartet darauf, eines Tages wiederentdeckt zu werden. Ich sage wiederentdeckt, weil du es schon viele Male in deinen vorherigen Leben entdeckt hast, und immer wieder vergißt du es.

Vielleicht hat es auch in diesem Leben schon Augenblicke gegeben, in denen du sehr nahe daran warst, es zu erkennen, zu fühlen, es zu sein. Aber wir sind zu sehr im Bann der Welt. Ihre Anziehungskraft ist stark. Sie zieht dich in tausenderlei Richtungen. Sie zieht dich in so viele Richtungen, daß du auseinanderfällst. Es ist wirklich ein Wunder, wie die Leute es schaffen, sich zusammenzuhalten.

Selbst wenn dir durch Zufall dein ursprüngliches Gesicht begegnen sollte, würdest du es nicht erkennen, so fremd käme es dir vor. Vielleicht triffst du es hin und wieder, rein zufällig – doch dann sagst du nicht einmal hallo. Es ist ein Fremder, und vielleicht steckt tief in dir eine gewisse Angst davor, wie vor jedem Fremden.

Du fragst mich, wie wir das ursprüngliche Gesicht unserer Kinder bewahren können. Du brauchst eigentlich nichts zu tun. Jeder direkte Eingriff wäre eine Störung. Du mußt die Kunst des Nicht-Tuns erlernen.

Das ist eine schwierige Kunst. Es gibt nichts, was du tun mußt, um das ursprüngliche Gesicht des Kindes zu schützen, zu bewahren. Was immer du tust, wird das ursprüngliche Gesicht verzerren. Du mußt das Nicht-Tun lernen; du mußt lernen, dich dem Kind nicht in den Weg zu stellen. Das erfordert sehr viel Mut, denn es ist ein Risiko, ein Kind sich selbst zu überlassen.

Seit Tausenden von Jahren hat man uns beigebracht, daß ein Kind, das man sich selbst überläßt, zu einem Wilden wird. Das ist purer Unsinn. Ich sitze hier vor euch – haltet ihr mich für einen Wilden? Und ich bin ohne die Einmischung meiner Eltern aufgewachsen. Ja, es hat sie viel Mühe gekostet, und es wird auch euch viel Mühe machen, aber es lohnt sich.

Das ursprüngliche Gesicht eines Kindes ist so kostbar, daß es jede Mühe wert ist. Es ist so unbezahlbar, daß jeder Preis, den man dafür zahlen muß, gering ist. Und welche Freude, wenn ihr das ursprüngliche Gesicht des Kindes unberührt findet – dieselbe Schönheit, die es in die Welt mitbrachte, dieselbe Unschuld, dieselbe Klarheit, dieselbe Freudigkeit, Munterkeit, dieselbe Lebendigkeit. Was kann man sich mehr wünschen?

Du kannst dem Kind nichts geben, du kannst ihm nur etwas nehmen. Wenn du dem Kind wirklich ein Geschenk machen willst, dann nur dies: Misch dich nicht ein! Geh das Risiko ein und laß das Kind ins Unbekannte, ins Unerforschte gehen. Das ist schwierig. Die Eltern bekommen große Angst – wer weiß, was dem Kind alles zustoßen kann?

Aus dieser Angst heraus fangen die Eltern an, das Leben des Kindes in bestimmte Strukturen zu pressen. Aus Angst drängen sie es auf einen bestimmten Weg, zu einem bestimmten Ziel, aber sie wissen nicht, daß sie das Kind mit ihrer Angst abtöten. Es wird nun niemals tiefes Glück empfinden. Und es wird euch niemals dankbar sein; es wird immer einen Groll gegen euch hegen.

Sigmund Freud hatte hier eine große Erkenntnis. Er sagte: »Jede Kultur respektiert den Vater. Es gibt und gab keine Kultur auf der Erde, die nicht von der Vorstellung beherrscht war, daß der Vater zu respektieren sei.« Er meint: »Dieser Respekt für den Vater geht auf vorgeschichtliche Zeiten zurück, in denen die Kinder ihre Väter umbrachten, um sich davor zu schützen, verkrüppelt zu werden.«

Eine etwas seltsame Hypothese, aber sehr bedeutungsvoll.

Freud will damit sagen, daß man dem Vater nur aus Schuldgefühl Respekt zollt und daß wir dieses Schuldgefühl seit Jahrtausenden mit uns herumtragen. Wahrscheinlich handelt es sich hier nicht um eine historische Tatsache, sondern nur um einen bedeutungsvollen Mythos: Junge Menschen brachten ihre Väter um und bereuten es dann – schließlich war es ja ihr Vater. Aber er zwang sie zu einem Leben, das sie nicht glücklich machte.

Sie brachten ihn um, aber dann bereuten sie es. Sie fingen an, die Geister ihrer Vorfahren, ihrer Väter und Vorväter anzubeten – aus Furcht, daß diese Geister sich rächen könnten. Und daraus entstand allmählich der Brauch, die Alten zu respektieren. Aber warum?

Ich möchte, daß ihr eure Kinder respektiert. Kinder verdienen allen Respekt, den ihr aufbringen könnt, weil sie so frisch, so unschuldig, so nahe dem Göttlichen sind. Es ist an der Zeit, ihnen Respekt entgegenzubringen, anstatt sie zu zwingen, alle möglichen korrupten, gerissenen, verdrehten und verkorksten Leute zu respektieren, nur weil sie alt sind!

Ich möchte die ganze Sache umkehren: Respekt vor den Kindern, weil sie der Quelle näher sind; ihr andern seid schon weit von ihr entfernt. Sie sind noch Originale, ihr seid bereits eine Kopie. Und wißt ihr eigentlich, was Respekt für die Kinder bewirken kann? Durch Liebe und Respekt könnt ihr sie davor bewahren, eine falsche Richtung einzuschlagen – nicht durch Angst, sondern durch eure Liebe und eure Achtung.

Mein Großvater ... ich konnte ihn nie belügen, weil er mich so sehr achtete. Wenn die ganze Familie gegen mich war, konnte ich mich wenigstens auf diesen alten Mann verlassen. Er störte sich nicht an all den Dingen, die gegen mich sprachen. Er sagte immer: »Es ist mir egal, was er getan hat. Wenn er es getan hat, muß es richtig gewesen sein. Ich kenne ihn, er kann nichts Falsches tun.«

Und wenn er auf meiner Seite war, mußte meine ganze Familie natürlich zurückstecken. Ich erzählte ihm immer die ganze Geschichte, und er sagte: »Mach dir keine Sorgen. Tu, was dir richtig erscheint, und denke immer daran, du hast meine volle Unterstützung, denn ich liebe dich nicht nur, sondern ich respektiere dich auch.« Sein Respekt für mich war der größte Schatz, den man mir geben konnte.

Als er starb, war ich achtzig Meilen entfernt. Er ließ mir ausrichten, daß ich sofort kommen solle, es sei nicht viel Zeit. Ich kam sofort, innerhalb von zwei Stunden war ich da.

Es war wirklich, als hätte er auf mich gewartet. Er öffnete die Augen und sagte: »Ich habe nur weitergeatmet, damit du mich noch antriffst. Ich will dir noch eins sagen: Ich werde nun nicht mehr da sein, um dich zu unterstützen, und du wirst Unterstützung brauchen. Aber denke daran, meine Liebe und mein Respekt werden mit dir sein, wo immer ich auch bin. Fürchte niemanden, habe keine Angst vor der Welt.«

Das waren seine letzten Worte: »Habe keine Angst vor der Welt.«

Respektiert die Kinder, macht sie furchtlos.

Wenn du deine Kinder achtest, werden sie besser auf dich hören. Wenn du sie achtest, werden sie versuchen, dich und deine Denkweise besser zu verstehen. Sie werden gar nicht anders können. Und du zwingst ihnen in keiner Weise etwas auf. Wenn sie also durch Einsicht dahin kommen, dir recht zu geben und dir zu folgen, verlieren sie nicht ihr ursprüngliches Gesicht.

Das ursprüngliche Gesicht geht nicht dadurch verloren, daß man einen bestimmten Weg geht. Es geht verloren, wenn man Kinder zwingt, wenn man sie gegen ihren Willen zwingt.

Liebe und Respekt können ihnen auf sanfte Weise helfen, die Welt besser zu verstehen und aufmerksamer, bewußter, sorgsamer zu werden – denn das Leben ist kostbar, ein Geschenk der Existenz. Wir sollten es nicht vergeuden.

In unserer Todesstunde sollten wir sagen können, daß wir die Welt ein wenig besser, schöner und anmutiger zurücklassen.

Aber das ist nur möglich, wenn wir diese Welt mit unserem ursprünglichen Gesicht verlassen – mit demselben Gesicht, mit dem wir in die Welt gekommen sind. *(17)*

Wie können wir gute Eltern sein?

Es gibt nur eins, was ihr meiner Meinung nach für eure Kinder tun könnt, und das ist: Laßt sie an eurer eigenen Lebenserfahrung teilhaben. Erzählt ihnen, daß ihr von euren Eltern konditioniert worden seid, daß ihr innerhalb bestimmter Grenzen und nach bestimmten Idealen gelebt habt und daß ihr wegen dieser Grenzen und Ideale das Leben völlig verfehlt habt und nun nicht das Leben eurer Kinder auf dieselbe Weise zerstören wollt. Ihr wollt, daß sie völlig frei sind – frei von euch, denn für sie repräsentiert ihr die gesamte Vergangenheit.

Ein Vater und eine Mutter brauchen schon viel Mut und ungeheure Liebe, um ihren Kindern zu erklären: »Ihr müßt euch von uns freimachen. Gehorcht uns nicht, verlaßt euch auf eure eigene Intelligenz. Selbst wenn ihr in die Irre geht, ist das viel besser, als ein Sklave zu bleiben und immer richtig zu handeln. Es ist besser, auf sich selbst gestellt Fehler zu machen und aus ihnen zu lernen, als jemand anderem zu folgen und keine Fehler zu machen. Sonst werdet ihr niemals etwas anderes lernen als zu folgen – und das ist Gift, reines Gift.«

Wenn ihr liebt, ist das sehr einfach. Frag nicht »wie«, denn »wie« heißt, daß du eine Methode, eine Technik willst – und Liebe ist keine Technik.

Liebt eure Kinder und freut euch an ihrer Freiheit. Laßt sie Fehler machen. Helft ihnen zu erkennen, wo sie Fehler gemacht haben. Sagt ihnen: »Es ist nicht verkehrt, Fehler zu machen. Macht so viele Fehler wie möglich, denn auf diese Weise lernt man dazu. Aber begeht nicht immer wieder dieselben Fehler, denn das macht dumm.«

Ihr bekommt von mir also keine einfache Antwort. Ihr müßt es im Zusammenleben mit euren Kindern von Moment zu Moment selbst herausfinden, indem ihr ihnen auch in kleinen Dingen jede mögliche Freiheit einräumt.

In meiner Kindheit zum Beispiel – und das ist seit Jahrhunderten so gewesen – bekamen die Kinder zu hören: »Gehe früh zu Bett und stehe früh auf, dann wirst du klug und weise.« Ich erklärte meinem Vater: »Ich finde das merkwürdig. Du zwingst mich, früh am Abend ins Bett zu gehen, auch wenn ich noch gar nicht müde bin.« Und im Haus von *Jainas* heißt »früh am Abend« wirklich früh, denn sie essen um fünf oder spätestens sechs Uhr zu Abend, und dann gibt es nichts mehr zu tun – die Kinder gehören ins Bett. Ich sagte ihm: »Wenn meine Energie nicht bereit ist einzuschlafen, zwingst du mich, ins Bett zu gehen. Und wenn ich mich morgens müde fühle, zerrst du mich aus dem Bett. Das scheint mir eine komische Art, mich weise zu machen. Und ich sehe den Zusammenhang nicht. Wie soll ich dadurch weise werden? Stundenlang liege ich im Bett, im Dunkeln – statt in dieser Zeit etwas Kreatives zu tun. Und Schlaf kann nicht erzwungen werden, es liegt nicht in deiner Hand. Du kannst nicht einfach die Augen schließen und einschlafen. Der Schlaf kommt, wenn er kommt, er hört weder auf meinen noch auf deinen Befehl. Und so vergeude ich stundenlang meine Zeit. Und wenn ich mich dann morgens wirklich müde fühle, zwingst du mich aufzuwachen, um fünf Uhr früh. Und du zerrst mich raus zu einem Spaziergang im Wald. Ich sehe beim besten Willen nicht, wie mich das alles weise machen soll! Kannst du es mir bitte erklären?

Und wie viele Leute sind dadurch schon weise geworden? Zeige mir mal ein paar von diesen weisen Leuten, ich sehe nämlich keine. Und ich habe mit Großvater geredet, er sagt, das sei alles Unsinn. Er ist der einzige aufrichtige Mensch in der ganzen Familie. Er kümmert sich nicht darum, was andere Leute sagen. Das sei alles Unsinn, hat er mir gesagt. ›Weisheit kommt nicht davon, daß man früh ins Bett geht. Ich bin mein Leben lang früh ins Bett gegangen, siebzig Jahre lang, und bisher hat sich noch keine Weisheit eingestellt, und ich glaube auch nicht, daß sie noch kommt. Jetzt ist die Zeit zum Sterben gekommen, nicht die Weisheit. Lasse dich von solchen Sprüchen nicht zum Narren halten!‹«

Ich sagte meinem Vater: »Denk noch mal darüber nach, und bitte sei aufrichtig. Laß mir soviel Freiheit – daß ich schlafen gehen kann, wenn ich müde bin, und daß ich aufstehen kann, wenn ich spüre, daß ich ausgeschlafen bin.«

Er dachte einen Tag lang nach, und dann sagte er: »Gut. Vielleicht hast du recht. Mache es so, wie du es für richtig hältst. Höre lieber auf deinen Körper als auf mich.«

Dies sollte das Prinzip sein – man sollte den Kindern helfen, auf ihren Körper zu hören, auf ihre eigenen Bedürfnisse zu hören.

Das Wichtigste für die Eltern ist, die Kinder davor zu schützen, sich unnötig zu verletzen. Die Funktion ihrer Disziplin ist passiv. Beachtet das Wort »passiv«: kein aktives Programmieren, sondern nur ein passives Beschützen; denn Kinder sind Kinder, und sie können in Situationen geraten, wo sie sich selbst schaden oder verletzen. Doch selbst dann verbietet es ihnen nicht einfach, sondern erklärt es ihnen. Macht es nicht zu einer Frage von Gehorsam. Laßt ihnen immer noch die Wahl. Erklärt lediglich die ganze Situation.

Kinder sind sehr aufnahmebereit. Und wenn ihr sie respektvoll behandelt, sind sie bereit zuzuhören, bereit zu verstehen. Danach überlaßt sie ihrem eigenen Verständnis. Es ist nur eine Frage von ein paar Jahren. Bald schon werden sie in ihrer eigenen Intelligenz verankert sein, und euer Schutz ist überhaupt nicht mehr nötig. Bald werden sie in der Lage sein, selbständig ihren Weg zu gehen.

Ich kann die Angst der Eltern verstehen, die Kinder könnten eine Richtung einschlagen, die den Eltern nicht gefällt – aber das ist euer Problem. Eure Kinder werden nicht für eure Vorlieben und Abneigungen geboren. Sie haben ihr eigenes Leben zu führen – gleichgültig, wie es aussieht.

Die Aufgabe der Eltern ist also sehr delikat, und sie ist wertvoll, weil das ganze Leben des Kindes davon abhängt. Gebt ihm kein fertiges Programm, sondern helft ihm auf jede erdenkliche Weise zu dem, was es sein will.

Zum Beispiel kletterte ich immer gern auf Bäume. Nun, es gibt einige Bäume, die man sicher erklettern kann, sie haben einen starken Stamm und starke Äste. Man kann sogar bis zur Spitze hinaufklettern und braucht nicht zu befürchten, daß ein Ast bricht. Aber es gibt auch Bäume, die morsch sind. Weil ich auf Bäume kletterte, um Mangos und Jamunfrüchte zu pflücken, war meine Familie immer sehr besorgt, und sie schickten immer jemanden, um mich zu hindern.

Ich sagte meinem Vater: »Statt mich abzuhalten, erkläre mir lieber, welche Bäume gefährlich sind, damit ich sie meiden kann, und welche Bäume ungefährlich sind, damit ich raufklettern kann. Aber wenn du mich hinderst zu klettern, wird es gefährlich: Ich könnte auf einen falschen Baum klettern, und du wirst schuld daran sein. Mit dem Klettern werde ich nicht aufhören, dafür liebe ich es zu sehr.« Es ist wirklich eines der schönsten Erlebnisse, hoch oben im Baum zu sitzen, in der Sonne, wenn der Wind so richtig bläst und der ganze Baum tanzt – wirklich eine beglückende Erfahrung!

»Ich werde nicht damit aufhören«, sagte ich. »Und es ist deine Aufgabe, mir genau zu erklären, welche Bäume gefährlich sind, weil ich hinunterfallen und den Körper verletzen könnte. Aber sag nicht einfach: ›Hör auf zu klettern!‹ Das werde ich nicht tun.« Und er mußte mich begleiten und mir zeigen, welche Bäume in der Stadt gefährlich waren. Und dann fragte ich ihn noch: »Kennst du jemand, der gut klettern kann und der mir zeigen kann, wie ich auf die gefährlichen Bäume hochkomme?«

Er sagte: »Das geht zu weit! Was du mir vorher gesagt hast, konnte ich ja noch verstehen …« Ich sagte: »Ich werde mich daran halten, weil ich es selber vorgeschlagen habe. Aber die gefährlichen Bäume, die du mir gezeigt hast, sind unwiderstehlich, weil die Jamunfrüchte darauf wachsen. Sie schmekken köstlich, und wenn sie reif sind, kann ich der Versuchung vielleicht nicht widerstehen. Du bist mein Vater, es ist deine Pflicht … du wirst sicher jemanden kennen, der mir helfen kann.«

Er meinte: »Wenn ich gewußt hätte, daß das Vatersein so schwierig ist, wäre ich nie einer geworden – zumindest nicht deiner! Ja, ich kenne jemand.« Und er machte mich mit einem alten Mann bekannt, dem besten Kletterer weit und breit. Er war ein Holzfäller, so alt, daß niemand ihm diese Arbeit noch zugetraut hätte. Er übernahm nur noch schwierige Aufträge, zu denen niemand sonst bereit war, große Bäume, die ganze Häuser überschatteten. Er war ein Experte darin, die Äste zu kappen, ohne das Haus oder den übrigen Baum dabei zu beschädigen.

Er war uralt, aber immer, wenn in einer prekären Situation kein anderer Holzfäller bereit war, war er bereit. Also bat ihn mein Vater: »Bring ihm etwas bei über Bäume, die gefährlich sind und brechen können.« Äste können brechen ... und ich war schon zwei-, dreimal abgestürzt. Noch heute habe ich die Narben davon an den Beinen.

Der alte Mann sah mich an und sagte: »Damit ist noch niemand zu mir gekommen, vor allem kein Vater mit seinem Sohn! Es ist nicht ungefährlich, aber wenn er es liebt, will ich ihn gerne unterrichten.« Und er lehrte mich, wie man auf Bäume klettern kann, die gefährlich sind. Er zeigte mir alle möglichen Tricks, wie man sich schützen kann. Und das half mir tatsächlich. Seitdem bin ich nie mehr runtergefallen.

Vater und Mutter haben eine große Aufgabe, weil sie einen neuen Gast in die Welt bringen, der zwar nichts weiß, aber ein Potential in sich hat. Und solange sein Potential sich nicht entfaltet, wird er unglücklich bleiben.

Eltern mögen nicht, daß ihre Kinder unglücklich bleiben; sie wollen sie glücklich sehen – nur haben sie die falschen Vorstellungen. Sie meinen, daß ihre Kinder nur dann glücklich werden, wenn sie Ärzte, Professoren, Ingenieure oder Wissenschaftler sind.

Sie haben keine Ahnung! Die Kinder können nur glücklich sein, wenn sie das werden, wozu sie bestimmt sind. Sie können nur die Saat entfalten, die sie in sich tragen. Helft ihnen also auf jede erdenkliche Weise, und gebt ihnen Freiheit und Entfaltungsmöglichkeiten.

Normalerweise sagt eine Mutter zu allem, worum ein Kind bittet, einfach nein, ohne überhaupt hinzuhören, was es möchte. »Nein« ist ein autoritäres Wort, »ja« dagegen nicht. Deshalb sagt kein Vater, keine Mutter oder sonst eine Autoritätsperson gern »ja«, auch wenn es um etwas ganz Banales geht. Das Kind möchte draußen spielen: »Nein!« Das Kind möchte raus in den Regen, möchte im Regen tanzen: »Nein. Du wirst dir eine Erkältung holen.« Eine Erkältung ist kein Krebs. Aber ein Kind, das man gehindert hat, im Regen zu tanzen, und das nie wieder im Regen tanzen konnte, hat etwas Großes verpaßt, etwas wirklich Schönes. Es wäre eine Erkältung wert gewesen – und wer weiß, ob es sich überhaupt erkältet hätte. Im Gegenteil, je mehr man das Kind behütet, um so anfälliger wird es, je mehr man ihm erlaubt, desto widerstandsfähiger wird es.

Eltern müssen lernen, ja zu sagen. In neunundneunzig Prozent der Fälle, in denen sie normalerweise nein sagen, tun sie das nur, um ihre Autorität zu demonstrieren. Nicht jeder kann Präsident eines Landes werden, Autorität über Millionen von Menschen haben. Aber jeder kann Ehemann werden und Autorität über seine Frau ausüben; jede Ehefrau kann Mutter werden und Autorität über ihr Kind haben. Und jedes Kind kann einen Teddybären haben und Autorität über den Teddybären ausüben, ihn von einer Ecke in die andere schmeißen, ihn verhauen – so verhauen, wie es in Wirklichkeit Vater und Mutter verhauen möchte. Und der arme Teddybär hat niemanden unter sich.

Wir leben in einer autoritären Gesellschaft.

Was ich damit sagen will, ist: Wenn wir Kinder heranziehen, die Freiheit erhalten, die oft »ja« und nur selten »nein« gehört haben, dann wird die autoritäre Gesellschaft verschwinden. Wir werden eine menschlichere Gesellschaft bekommen.

Es geht also nicht nur um die Kinder. Diese Kinder werden die Gesellschaft von morgen sein. Das Kind ist der Vater des Menschen. *(18)*

Wie können wir vermeiden, destruktiv zu unseren Kindern zu sein?

Sei bewußt. Suche nach wirklichem Glück. Finde heraus, wie man glücklich wird. Meditiere, bete, liebe. Lebe leidenschaftlich und intensiv! Wenn du wahres Glück erfahren hast, wirst du zu niemandem destruktiv sein können – unmöglich! Wenn du wirklich vom Leben gekostet hast, fügst du niemandem Schaden zu, erst recht nicht deinen eigenen Kindern. Du kannst niemandem Schaden zufügen.

Wenn du einmal bewußt geworden bist, ist das genug. Ich kann dir keinen Tip geben, wie du es vermeiden kannst, ich kann dir nur eine Einsicht vermitteln. Und diese Einsicht ist: Deine Eltern waren unglücklich – sei du glücklich! Deine Eltern waren unbewußt – sei du bewußt! Und diese beiden Dinge – Bewußtsein und Glücklichsein – sind nicht zwei verschiedene Dinge, sondern zwei Seiten der gleichen Medaille.

Werde zuerst bewußt, und du wirst glücklich sein! Und ein glücklicher Mensch ist ein gewaltloser Mensch.

Und vergiß nie, daß Kinder keine Erwachsenen sind. Du darfst nichts Erwachsenes von ihnen erwarten. Sie sind Kinder, sie haben völlig andere Vorstellungen, eine ganz andere Perspektive. Du darfst ihnen nicht die Einstellungen der Erwachsenen aufzwingen. Erlaube ihnen, Kinder zu sein, denn das werden sie niemals wieder sein. Und wenn die Kindheit einmal vorbei ist, sehnt sich jeder danach zurück. Jeder hat das Gefühl, das waren paradiesische Tage. Störe sie nicht.

Es fällt dir manchmal schwer, die Ansichten von Kindern zu verstehen, weil du selbst sie schon verloren hast!

Das Kind möchte hinaus in den Regen und möchte im Regen herumspringen. Aber du hast Angst, es könnte sich erkälten oder eine Lungenentzündung oder sonst etwas holen. Und deine Angst ist berechtigt! Also tue etwas, um es widerstandsfähiger gegen Erkältungen zu machen. Geh mit ihm zum Arzt, frage den Arzt, welche Vitamine du ihm geben kannst, damit es im Regen herumlaufen und sich freuen und tanzen kann und du keine Angst mehr zu haben brauchst, daß es sich erkältet oder sich eine Lungenentzündung holt. Aber bremse das Kind nicht. Im Regen auf den Straßen zu tanzen macht solchen Spaß!

Wenn du das Glücklichsein kennst und wenn du bewußt bist, wirst du seine Gefühle nachempfinden können.

Ein Kind springt herum, tanzt und schreit – und du liest gerade die Zeitung, deine stupide Zeitung! Dabei weißt du genau, was drin steht – immer das gleiche. Aber du fühlst dich gestört. Es steht zwar nichts Wichtiges drin in der Zeitung, aber du fühlst dich gestört. Du stoppst das Kind: »Schrei nicht so. Stör Vati nicht.« Vati tut etwas Großartiges – Zeitung lesen! Und dafür erstickst du diesen Energiestrom, dieses Fließen; du erstickst diese Glut. Du erstickst Leben. Du bist gewalttätig.

Ich sage nicht, daß ein Kind immer das Recht hat, dich zu stören. Aber von hundertmal fühlst du dich neunzigmal unnötig gestört. Wenn du das Kind diese neunzig Mal in Ruhe läßt, wird es dich verstehen. Wenn du das Kind verstehst, versteht das Kind dich auch. Kinder sind sehr, sehr einfühlsam. Wenn ein Kind merkt, daß es nicht gestört wird, dann kannst du ruhig auch einmal sagen: »Bitte, hör auf, ich bin mit etwas Wichtigem beschäftigt.« Das Kind wird wissen, daß das nicht von einer Mutter, einem Vater kommt, die ständig nörgeln müssen. Es kommt von Eltern, die ihm alles erlauben.

Kinder haben eine andere Sichtweise.

»Jetzt seid mal ganz still«, sagt der Lehrer, »so still, daß man eine Stecknadel fallen hören kann.«

Eine tiefe Stille senkt sich über das Klassenzimmer. Nach etwa zwei Minuten ruft eine verzweifelte Stimme von hinten: »Mein Gott, wann fällt sie denn endlich?«

Ein kleiner Junge kommt zum erstenmal zur Schule, und kaum ist seine Mutter gegangen, da bricht er in Tränen aus. Sosehr sich auch die Lehrerin bemüht, er will nicht aufhören zu weinen. Bis schließlich die Lehrerin kurz vor dem Mittagessen ganz verzweifelt sagt: »Um Himmels willen, Kind, sei endlich still! Jetzt ist Mittagspause, und in zwei Stunden kannst du nach Hause gehen und deine Mutti wiedersehen.«

Augenblicklich hört der kleine Junge auf zu weinen. »Wirklich?« strahlt er. »Ich dachte, ich müßte hierbleiben, bis ich sechzehn bin.«

Kinder sehen und verstehen die Dinge auf ihre Art. Versucht sie zu verstehen. Ein einfühlsamer Mensch wird immer feststellen, daß eine tiefe Harmonie zwischen ihm und dem Kind entsteht. Es sind nur die dummen, die unbewußten, die verständnislosen Leute, die sich in ihren Vorstellungen verkapseln und die Sichtweise der anderen nicht wahrnehmen.

Kinder bringen Frische in die Welt.

Kinder sind Neuauflagen des Bewußtseins.

Kinder sind ein erfrischender Zufluß von Göttlichkeit ins Leben. Seid voller Respekt, seid verständnisvoll.

Und wenn du glücklich bist und wach, brauchst du dir keine Sorgen zu machen, daß du destruktiv wirst. Aber dazu mußt du ein ganz anderer Mensch sein als deine Eltern.

Bewußtheit wird diesen Unterschied bewirken. *(19)*

Der Siebenjahreszyklus des Lebens

Ihr müßt ein paar wichtige Muster verstehen, nach denen das menschliche Wachstum verläuft. Das Leben bewegt sich in Siebenjahreszyklen. Es verläuft in Siebenjahreskreisen, genauso wie sich die Erde in vierundzwanzig Stunden einmal um ihre Achse dreht. Niemand weiß, warum es nicht fünfundzwanzig oder dreiundzwanzig Stunden sind. Darauf gibt es keine Antwort; es ist einfach eine Tatsache.

Also fragt mich nicht, warum das Leben in Siebenjahreszyklen verläuft. Ich weiß es nicht. Doch wenn ihr diese Siebenjahreszyklen versteht, werdet ihr auch eine Menge vom menschlichen Wachstum verstehen.

Die ersten sieben Jahre sind die wichtigsten, weil hier das Fundament für das ganze Leben gelegt wird. Das ist der Grund, warum alle Religionen sich so beeilen, die Kinder in ihren Griff zu bekommen.

Die Juden beschneiden ihre Kinder – was für ein Unsinn! Aber damit stempeln sie das Kind zum Juden; es ist eine sehr primitive Art des Etikettierens. Man macht das immer noch mit dem Vieh hier in der Gegend; ich habe die Stempel gesehen. Jeder Besitzer brandmarkt sein Vieh, damit es nicht verwechselt werden kann. Ein grausamer Brauch! Das Fell des Viehs wird mit einem glühenden Eisen markiert, die Haut wird versengt. Aber damit gehört es dir; es kann nicht verlorengehen, es kann nicht gestohlen werden.

Was ist Beschneidung anderes als das Brandmarken von Vieh? Nur daß hier die Juden das Vieh sind.

Die Hindus haben ihre eigenen Methoden. Jede Religion hat ihre eigenen Methoden. Es soll deutlich gemacht werden, wessen Vieh ihr seid, wer euer Hirte ist: Jesus? Moses? Mohammed? Ihr seid nicht euer eigener Herr.

Die ersten sieben Jahre sind die Jahre, in denen ihr konditioniert werdet, vollgestopft mit allen möglichen Vorstellungen, die euch euer Leben lang verfolgen, euch von eurem Potential ablenken und euch niemals erlauben, klar zu sehen. Sie werden sich immer wie Wolken vor eure Augen schieben, sie werden alles vernebeln.

Die Dinge sind klar, sehr klar. Das Dasein ist absolut klar, aber auf euren Augen liegen Schichten über Schichten von Staub. All dieser Staub ist in den ersten sieben Jahren eures Lebens zusammengekommen, als ihr so unschuldig, so vertrauensvoll wart, daß ihr alles, was man euch erzählte, für wahr gehalten habt. Und alles, was so in euer Fundament eingegangen ist, könnt ihr später sehr schwer wiedererkennen. Es ist euch sozusagen in Fleisch und Blut übergegangen. Tausend andere Fragen werdet ihr stellen, nur die Frage nach dem Ursprung eurer Überzeugungen werdet ihr niemals stellen.

Die Liebe zu einem Kind drückt sich zuallererst darin aus, daß man es in seinen ersten sieben Jahren absolut unschuldig und unkonditioniert beläßt, es sieben Jahre lang vollkommen wild und heidnisch sein läßt.

Wenn man ein Kind bis zum siebten Lebensjahr unschuldig und unverdorben von den Vorstellungen anderer aufwachsen läßt, dann ist es unmöglich, es von der Entwicklung seiner Anlagen abzubringen. In den ersten sieben Jahren ist das Kind am verletzlichsten, und in dieser Zeit ist es den Eltern, Lehrern und Priestern hilflos ausgeliefert.

Wenn du ein Kind hast, schütze es vor dir selbst. Schütze es vor anderen, die Einfluß nehmen können. Schütze es – zumindest bis zu seinem siebten Lebensjahr.

Ein Kind ist wie eine kleine Pflanze, schwach und zart; ein starker Wind kann sie zerstören, jedes Tier kann sie auffressen. Man zieht einen schützenden Draht drum herum, aber damit sperrt man sie nicht ein, sondern beschützt sie nur. Wenn die Pflanze größer geworden ist, wird der Draht entfernt.

Bewahrt das Kind vor jeder Einflußnahme, so daß es sich selbst treu bleiben kann. Und es handelt sich nur um sieben Jahre, denn dann ist der erste Zyklus vollendet. Mit sieben Jahren ist das Kind dann geerdet, zentriert und stark genug.

Ihr habt keine Ahnung, wie stark ein siebenjähriges Kind sein kann, weil ihr keine unverdorbenen Kinder kennt. Ihr kennt nur korrumpierte Kinder. Sie sind mit den Ängsten und der Feigheit ihrer Väter, ihrer Mütter und Familien belastet. Sie sind nicht sie selbst.

Wenn ein Kind sieben Jahre lang unverdorben bleibt ... Ihr würdet staunen, wenn ihr einem solchen Kind begegnet. Es wird so scharf sein wie ein Schwert. Seine Augen werden klar sein, seine Einsicht wird klar sein. Und ihr werdet eine ungeheure Kraft in ihm wahrnehmen, die ihr nicht einmal in einem siebzigjährigen Erwachsenen findet, denn er steht auf wackligen Fundamenten, und je höher das Gebäude wird, desto wackliger wird es.

Diesen Mut braucht ihr als Eltern – euch nicht einzumischen! Öffnet dem Kind die Türen in unbekannte Gefilde, so daß es selbst Entdeckungen machen kann. Es weiß nicht, was in ihm steckt. Keiner weiß das.

Es muß sich im Dunkeln vorantasten. Macht ihm keine Angst vor der Dunkelheit, macht ihm keine Angst vor Niederlagen, macht ihm keine Angst vor dem Unbekannten. Unterstützt es! Wenn es auf eine Reise ins Unbekannte geht, gebt ihm all eure Unterstützung, all eure Liebe, all euren Segen mit.

Beeinflußt es nicht mit euren Ängsten!

Ihr mögt Ängste haben, aber behaltet sie für euch. Ladet diese Ängste nicht auf das Kind ab, denn das wäre Einmischung.

Nach den ersten sieben Jahren fügt der nächste Siebenjahreszyklus dem Leben etwas Neues hinzu: die ersten Regungen der sexuellen Energien des Kindes. Aber das ist nur eine Art Theaterprobe.

Wenn das Kind anfängt, seine Sexualität zu erproben, ist das die Zeit, wo die Einmischung der Eltern am größten ist, denn mit ihnen selbst ist man genauso verfahren. Sie kennen nur das, was man ihnen selbst angetan hat. Deshalb tun sie genau dasselbe mit ihren Kindern.

Keine Gesellschaft erlaubt das Experimentieren auf sexuellem Gebiet, jedenfalls nicht bis zu diesem Jahrhundert – erst seit den letzten zwei, drei Jahrzehnten, und auch das nur in sehr fortschrittlichen Ländern. Jetzt gibt es Koedukation für Schulkinder. Aber in einem Land wie Indien beginnt die Koedukation selbst heute erst an der Universität.

Ein siebenjähriger Junge, ein siebenjähriges Mädchen dürfen nicht in dieselbe Schule gehen. Dabei ist das gerade die Zeit, in der man ihnen jede spielerische Freiheit lassen sollte, ohne Risiko, ohne daß das Mädchen schwanger wird, ohne Probleme für die Familien.

Gewiß, die Spiele werden sexuell gefärbt sein, aber es sind nur Proben, nicht die wirkliche Aufführung. Aber wenn ihr ihnen die Proben nicht gestattet und dann eines Tages plötzlich der Vorhang aufgeht und das wirkliche Drama beginnt, dann wissen die Beteiligten nicht, was gespielt wird. Noch nicht einmal ein Souffleur ist da, der ihnen sagt, was sie zu tun haben. Ihr habt ihr Leben völlig verpfuscht.

Diese sieben Jahre, der zweite Lebenszyklus, sind eine wichtige Ausprobierphase. Die Kinder sollten sich treffen, beisammen sein, miteinander spielen, sich kennenlernen. Das wird helfen, fast neunzig Prozent aller Perversionen loszuwerden. Wenn es den Kindern von sieben bis vierzehn erlaubt ist, zusammenzusein, gemeinsam schwimmen zu gehen, voreinander nackt zu sein, werden neunzig Prozent aller Perversionen und aller Pornographie einfach verschwinden. Wer will sich damit noch abgeben?

Wenn ein Junge so viele Mädchen nackt gesehen hat, was kann ihn dann an einem Magazin wie Playboy noch interessieren? Wenn ein Mädchen so viele nackte Jungen gesehen hat, wie soll es da noch neugierig auf das andere Geschlecht sein? Das wird verschwinden.

Die Jugendlichen werden auf natürliche Weise zusammen aufwachsen, nicht wie zwei verschiedene Tierarten.

Aber so wachsen sie heutzutage auf: wie zwei verschiedene Tierarten. Sie gehören nicht zu ein und derselben Menschheit. Sie werden getrennt gehalten. Tausend Schranken werden zwischen ihnen errichtet, so daß sie ihr zukünftiges Sexualleben nicht vorher proben können.

Die Art, wie man Kinder großzieht, kommt fast einem Abtöten ihres ganzen Lebens gleich.

Diese sieben Jahre sexueller Erprobung sind absolut wesentlich. Mädchen und Jungen sollten in Schulen, Internaten, Schwimmbädern und Betten zusammensein und für das Leben, das auf sie zukommt, proben können. Sie müssen sich darauf vorbereiten. Und es besteht gar keine Gefahr, gar kein Problem, wenn man einem Kind völlige Freiheit läßt, seine wachsende sexuelle Energie zu entwickeln, wenn man es nicht verurteilt und nicht unterdrückt, so wie es heute oft noch geschieht.

Es ist eine seltsame Welt, in der ihr lebt: Ihr werdet aus Sex geboren, ihr lebt für Sex, eure Kinder werden aus Sex hervorgehen – aber nichts wird so verdammt wie Sex. Er ist Sünde. Und die Religionen hören nicht auf, euch diesen Quatsch einzutrichtern.

Die Menschen auf der ganzen Welt sind vollgestopft mit allem erdenklichen Schrott, und das nur deshalb, weil man ihnen nicht erlaubt hat, auf eine natürliche Weise aufzuwachsen. Man hat ihnen nicht erlaubt, sich selbst zu akzeptieren.

Sie sind alle zu Gespenstern geworden. Sie sind keine authentischen, wirklichen Menschen. Sie sind nur Schatten dessen, was sie hätten werden können.

Der zweite Siebenjahreszyklus ist ungeheuer wichtig, weil er euch auf die folgenden sieben Jahre vorbereitet. Wenn ihr eure Hausaufgaben richtig gemacht habt, wenn ihr mit eurer sexuellen Energie gespielt habt, mit einer Einstellung von Fairneß – und in diesen Jahren ist das die einzig mögliche Einstellung –, dann werdet ihr nicht pervers und nicht homosexuell.

Alle möglichen abwegigen Gedanken werden euch überhaupt nicht in den Sinn kommen, weil ihr mit dem anderen Geschlecht auf natürliche Weise umgeht. Nichts steht euch im Weg, und ihr fügt niemandem Schaden zu. Ihr habt ein reines Gewissen, denn niemand hat euch Vorstellungen von richtig und falsch gegeben. Ihr seid einfach nur das, was ihr seid.

Im Alter zwischen vierzehn und einundzwanzig kommt ihr dann zur sexuellen Reife.

Wenn die Probezeit gut verlaufen ist, geschieht in den sieben Jahren, in denen eure Sexualität heranreift, etwas sehr Merkwürdiges. Vielleicht habt ihr noch nie darüber nachgedacht, weil ihr nicht die Gelegenheit dazu bekommen habt. Ich habe gesagt, daß die zweite Siebenjahresphase von sieben bis vierzehn euch einen Eindruck vom Vorspiel gibt.

In der dritten Siebenjahresphase bekommt ihr einen Eindruck vom Nachspiel ... Ihr seid immer noch mit Mädchen oder Jungen zusammen, aber jetzt beginnt eine neue Phase eures Daseins: Ihr fangt an, euch zu verlieben.

Es ist noch immer kein biologisches Interesse. Ihr seid nicht daran interessiert, Kinder zu zeugen, ihr seid nicht daran interessiert, Ehemann und Ehefrau zu werden, nein. Dies sind die Jahre romantischer Verspieltheit. Ihr interessiert euch mehr für Schönheit, für Liebe, für Poesie, für Skulpturen – alles verschiedene romantische Phasen. Und wenn jemand keine romantische Ader hat, wird er nie wissen, was ein Nachspiel ist.

Sex liegt genau in der Mitte.

Je länger das Vorspiel, desto besser ist die Möglichkeit, den Höhepunkt zu erreichen, und desto mehr öffnet man sich fürs

Nachspiel. Und erst wenn ein Paar das Nachspiel kennt, erfährt es Sex in seiner Vollendung.

Heute gibt es Sexologen, die uns das Vorspiel lehren. Ein gelerntes Vorspiel ist nicht das Wahre, aber sie lehren es – zumindest hat man erkannt, daß Sex ohne Vorspiel keinen Höhepunkt erreichen kann. Aber es fällt schwer, das Nachspiel zu lehren, denn wenn jemand den Höhepunkt erreicht hat, ist er nicht mehr daran interessiert – man ist erschöpft, die Sache ist erledigt. Für ein Nachspiel braucht es einen romantischen Geist, einen poetischen Geist, einen Geist, der es versteht, dankbar zu sein.

Der Mann oder die Frau, die dich zu einem solchen Höhepunkt gebracht haben, verdienen ein bißchen Dankbarkeit – das Nachspiel ist deine Dankbarkeit. Wenn es fehlt, bedeutet das, daß dein Sex unvollständig ist. Und unvollständiger Sex ist die Wurzel vieler Übel, unter denen die Menschen leiden.

Sex kann nur orgiastisch werden, wenn sich Vorspiel und Nachspiel die Waage halten. In ihrer Ausgewogenheit verwandelt sich der Höhepunkt in einen Orgasmus.

Und der Begriff »Orgasmus« muß genau verstanden werden: Er bedeutet, daß dein ganzes Wesen – Körper, Geist, Seele, alles – darin einbezogen sind, organisch einbezogen sind.

Dann wird Sex zu einem Augenblick der Meditation.

Wenn euer Sex nicht letztlich zu einem Augenblick der Meditation wird, wißt ihr nicht, was Sex ist. Ihr habt bloß davon gehört, bloß darüber gelesen. Und die Leute, die darüber geschrieben haben, wissen nichts davon. Ich habe Hunderte von Büchern über Sex gelesen, von Leuten, die als Experten gelten; sie sind auch Experten, aber sie haben keine Ahnung von dem innersten Schrein, wo Meditation erblüht.

Genauso wie Kinder aus gewöhnlichem Sex geboren werden, so wird Meditation aus außergewöhnlichem Sex geboren.

Auch Tiere können Nachwuchs produzieren, daran ist nichts Besonderes. Doch nur der Mensch kann als Mittelpunkt seines orgiastischen Empfindens die Erfahrung von Meditation machen. Dies ist nur möglich, wenn jungen Menschen von vierzehn bis einundzwanzig romantische Freiheit gewährt wird.

Von einundzwanzig bis achtundzwanzig ist die Zeit, wo sie beständig werden. Sie wählen einen Partner, und jetzt sind sie auch fähig dazu. Mit all ihren Erfahrungen aus den letzten zwei Zyklen können sie nun den richtigen Partner wählen. Niemand kann ihnen diese Wahl abnehmen. Es ist eher so etwas wie eine Ahnung – da hilft keine Arithmetik, keine Astrologie, kein Handlesen, kein I Ging, nichts hilft dabei.

Es ist eine Ahnung, eine innere Gewißheit. Du kommst in Kontakt mit vielen, vielen Leuten, und plötzlich klickt etwas in dir, wie es noch nie zuvor geklickt hat – so gewiß, so absolut, daß alle Zweifel verflogen sind. Selbst wenn du daran zweifeln möchtest, geht das nicht; die Gewißheit ist übermächtig. Mit diesem Klicken wirst du seßhaft.

Wenn alles gut verläuft, wie ich es beschrieben habe, und sich niemand anderes einmischt, gehst du irgendwann zwischen einundzwanzig und achtundzwanzig eine verbindliche Beziehung ein. Und dann folgt zwischen achtundzwanzig und fünfunddreißig die angenehmste Periode deines Lebens, die freudigste, die friedlichste und harmonischste, denn zwei Menschen beginnen sich zu vereinigen und miteinander zu verschmelzen.

Zwischen fünfunddreißig und zweiundvierzig beginnt ein neuer Abschnitt, eine neue Tür öffnet sich. Wenn du bis fünfunddreißig eine tiefe Harmonie, ein orgastisches Gefühl empfunden und auf diese Weise Meditation entdeckt hast, dann werdet ihr von fünfunddreißig bis zweiundvierzig einander helfen, mehr und mehr ohne Sex in jene Meditation zu gehen, denn ab diesem Punkt der Entwicklung beginnt Sex, kindisch und unreif zu wirken.

Zweiundvierzig ist der Zeitpunkt, wann ein Mensch genau wissen sollte, wer er ist. Von zweiundvierzig bis neunundvierzig geht er dann immer tiefer in Meditation, immer tiefer in sich selbst hinein und hilft auch seinem Partner dabei. Sie werden Freunde. Sie sind nicht mehr der Ehemann und die Ehefrau, diese Zeit ist vorüber. Sie hat deinem Leben Reichtum gegeben, aber jetzt gibt es etwas Höheres, etwas Höheres als Liebe, und das ist Freundschaft – eine mitfühlende Beziehung, die dem anderen hilft, tiefer nach innen zu gehen, unabhängiger zu werden, mehr für sich allein zu sein – wie zwei mächtige Bäume, die einzeln stehen und doch nahe beieinander, oder wie zwei Säulen eines Tempels, die dasselbe Dach tragen, so nahe beieinander und doch so für sich, so eigenständig und allein.

Von neunundvierzig bis sechsundfünfzig wird dieses Alleinsein zum Mittelpunkt deines Wesens. Alles andere in der Welt verliert an Bedeutung. Das einzige, was dir noch wichtig ist, ist dieses Alleinsein.

Von sechsundfünfzig bis dreiundsechzig wirst du endlich genau das, wozu du werden solltest. Dein Potential erblüht.

Von dreiundsechzig bis siebzig bereitest du dich darauf vor, den Körper zu verlassen. Du hast erfahren, daß du weder der Körper noch der Verstand bist. Irgendwann mit fünfunddreißig hast du erkannt, daß dein Körper von dir getrennt ist, und daß dein Denken von dir getrennt ist, hast du etwa mit neunundvierzig erfahren. Alles verschwindet jetzt, nur das Zeuge-Sein bleibt. Das reine Bewußtsein, die Flamme des Bewußtseins bleibt als einziges in dir. Und das ist die Vorbereitung auf den Tod.

Siebzig Jahre sind die natürliche Lebensspanne des Menschen. Und wenn alles diesen natürlichen Verlauf nimmt, dann stirbt er mit ungeheurer Freude, in größter Ekstase. Er fühlt sich gesegnet, daß sein Leben nicht ohne Sinn geblieben ist, daß er letztendlich nach Hause gefunden hat. Und dank dieses Reichtums und Erfülltseins kann er die gesamte Existenz segnen.

Einem solchen Menschen nahe zu sein, wenn er stirbt, ist eine große Chance. Wenn er seinen Körper verläßt, wirst du spüren, wie unsichtbare Blumen auf dich herabregnen. Und auch wenn du sie nicht sehen kannst – du fühlst sie.

Es war stets ein außerordentlich wichtiger Augenblick im Leben der Schüler, wenn ihr Meister seinen Körper verlassen hat. Und ein Meister weiß, wann er seinen Körper verlassen wird. Er kann alle um sich versammeln, die mit ihm zusammen denselben Weg gereist sind. Jetzt, da er geht, möchte er ihnen sein letztes Geschenk geben.

Wenn der Meister seine Flügel zur anderen Welt hin ausbreitet, wirst du eine unvergleichliche Brise spüren. Nichts im Leben läßt sich damit vergleichen. Es ist reinste Freude, so rein, daß selbst ein kleiner Geschmack davon genügt, um dein ganzes Leben zu verwandeln. *(20)*

Bald werde ich ein paar Tage mit meinen beiden Teenager-Töchtern verbringen. Sie wollen eine Vollzeitmutter und sind wütend auf mich, daß ich es vorgezogen habe, bei dir zu sein statt bei ihnen. Ich fühle mich hin- und hergerissen, denn obwohl mir gesagt wurde, daß mein größtes Geschenk an sie sei, selber frei zu werden, ist das vorläufig nur abstrakt. Andererseits ist mein Wunsch, als gute Mutter zu gelten, sehr stark, und ich fühle mich schuldig, daß ich bei dir bin. Kannst du bitte darüber sprechen, wie man sich von den gesellschaftlichen Erwartungen an die Mutterschaft freimachen kann?

Alles hängt von einer ganz einfachen Einsicht ab. Die ganze Vorstellung, daß Kinder euer Besitz sind, ist falsch. Sie werden durch euch geboren, aber sie gehören euch nicht. Ihr habt eine Vergangenheit, sie haben nur Zukunft. Sie werden nicht nach euren Vorstellungen leben. Nach euren Vorstellungen zu leben wäre fast gleichbedeutend mit gar nicht leben. Sie müssen nach ihren eigenen Vorstellungen leben – in der Freiheit, in der Selbstverantwortlichkeit, in der Gefährdung, in der Herausforderung. Nur so wird man stark.

Eltern haben seit grauen Vorzeiten die Vorstellung gehabt, daß Kinder ihnen gehören und nichts anderes zu sein haben als ihr Abklatsch. Ein Abklatsch ist nichts Schönes. Und die Existenz hält nichts von Kopien, sondern feiert das Individuelle.

Sobald du verstehst, daß deine Kinder nicht dir gehören … Sie gehören der Existenz, und du bist nur ein Tor für sie gewesen und mußt der Existenz dafür danken, daß sie dich dazu ausersehen hat, das Tor zu sein für ein paar schöne Kinder. Du darfst dich aber nicht einmischen in ihr Wachstum, in ihr Potential, darfst dich ihnen nicht aufzwingen. Sie werden nicht in denselben Zeiten leben, sie werden nicht denselben Problemen begegnen, sie werden einer anderen Welt angehören. Bereite sie nicht auf die jetzige Welt vor, nicht auf diese Gesellschaft, nicht auf diese Zeit, denn sonst wirst du ihnen Steine in den Weg legen, sonst werden sie das Gefühl haben, daß sie unfähig und unqualifiziert sind.

Du mußt ihnen helfen, dich hinter sich zu lassen. Du mußt ihnen helfen, dir nicht nachzueifern. Und das ist die eigentliche Pflicht der Eltern: den Kindern zu helfen, nicht in Nachahmung zu verfallen. Kinder sind Nachahmer. Und wen werden sie wohl nachahmen? Die Eltern sind die nächststehenden Menschen! Und bis heute haben Eltern es immer sehr genossen, wenn ihre Kinder genauso sind wie sie. Der Vater ist stolz, weil sein Sohn ganz wie er ist. Er sollte sich schämen, daß sein Sohn ganz wie er ist! So ist wieder ein Leben vertan, denn wozu ist sein Sohn da? Der Vater genügt! Aufgrund dieses falschen Stolzes, daß die Kinder euch nachahmen, haben wir eine Gesellschaft von Nachahmern geschaffen.

Ich erinnere mich: Ich muß etwa sieben gewesen sein, und ein Freund meines Vaters, der mich noch nie gesehen hatte, der sieben Jahre lang nicht zu uns gekommen war ... Er hatte eine lange Pilgerreise gemacht, den Ganges hinauf und hinunter, wie es Sitte der Hindus ist – sie wandern um den ganzen Ganges herum, auf beiden Seiten, Tausende von Meilen, tief in den Himalaja hinein, gefährliche Täler, Berge ... Nun also war er nach sieben Jahren heimgekehrt und wollte mich sehen. Und er sagte zu meinem Vater: »Seine Augen sehen aus wie deine« und zu meinem Großvater: »Seine Nase sieht aus wie deine« und zu meinem Onkel: »Sein Gesicht sieht aus wie deins.«

Ich sagte: »Langsam. Sieht irgend etwas wie ich aus? Bin ich da oder nicht? Du behandelst mich völlig respektlos.« Er war schockiert. Er konnte nicht fassen, wieso das Respektlosigkeit sein sollte; denn es ist allgemein üblich – jeden Tag, in jedem Hause heißt es: »Die Augen des Kindes ähneln denen der Mutter, sein Gesicht ähnelt dem des Vaters.« Und sie sind stolz, und niemand denkt an das Kind – ob irgend etwas ihm ähnlich ist oder nicht!

Aber ich machte ihm klar: »Nimm einfach deine Worte zurück, denn ich kann dir sagen, daß meine Augen nicht aussehen wie die meines Vaters. Schau noch einmal hin. Und mein Gesicht sieht nicht aus wie das meines Onkels – wie sollte es? Ich habe meine eigenen Augen und mein eigenes Gesicht, und ich gehe in die Welt mit meinem Gesicht und mit meinen Augen.«

Er bat um Verzeihung! Später sagte er zu meinem Vater: »Dein Sohn scheint gefährlich zu sein. Ich habe noch nie jemanden erlebt, der so selbstbewußt ist – und in dem Alter!«

Mein Vater sagte: »Anfangs waren uns die Dinge, die er tat oder sagte, immer peinlich, aber jetzt werden wir allmählich stolz auf ihn, denn er scheint recht zu haben. Du bist nicht der erste, der meine Augen mit seinen verglichen hat, viele haben das schon getan. Und er hat mich vor den Spiegel geführt und mir gesagt: ›Sieh doch hin, es sind nicht dieselben.‹ Und ich muß dir sagen, daß sie nicht dieselben sind. Er hat recht.«

Die ganze Menschheit hat auf diese Weise verkehrt gelebt, und schon so lange, daß wir völlig vergessen haben, daß es einen anderen Weg geben kann, daß es eine Alternative geben kann.

Du bist jetzt hier bei mir. Und du solltest deinen Töchtern verständlich machen, daß dies für dich eine große Chance ist, du selbst zu sein. Sag ihnen: »Wenn ich mit euch zusammen wäre, würde ich euch höchstwahrscheinlich gewohnheitsmäßig behandeln, einfach die alten Sachen machen. Ich würde mich genauso verhalten, wie meine Eltern sich bei mir verhalten haben, und das wäre häßlich.«

Und sag ihnen, mir nicht böse zu sein. Bring sie lieber manchmal zu mir. Ab und zu, wenn sie Ferien haben, laß sie zu mir kommen. Sie werden mich klarer verstehen als du, denn sie sind frischer, jünger, näher an der Natur, noch unverdorben.

Sie werden mir nicht böse sein. Sobald sie mich zu verstehen anfangen, werden sie stolz auf dich sein und nicht das Gefühl haben, daß sie von dir im Stich gelassen wurden, sondern das Gefühl, daß ihnen Freiheit geschenkt wurde – die das größte Geschenk ist, das auf Erden möglich ist. Und wenn deine Kinder anfangen, stolz auf dich zu sein ... eine Mutter, wie es kaum eine zweite gibt, die es fertigbringt, ihnen Freiheit zu lassen und sie zu einem Mann zu bringen, der ihnen beibringen kann, frei zu sein und wie man verantwortlich wird, wie man man selber wird, wie man in dieser Welt von Nachahmern ursprünglich und authentisch wird.

Denn nur die wenigen einzelnen, die authentisch sie selber sind, fühlen sich erfüllt. Die anderen leben einfach unglücklich und hoffen, daß morgen alles besser wird. Aber dieses »morgen« kommt nie.

Sobald sie ein bißchen von dem verstehen, was ich hier mache und warum du hier bist, werden sie stolz auf dich sein. Und ihr Stolz wird sofort das Schuldgefühl in dir löschen.

Du fühlst dich schuldig, daß du die Kinder allein läßt – vielleicht ist das nicht recht? Der alten Einstellung nach ist das nicht recht. Der alten Einstellung nach muß man ihnen alles erst beibringen, dürfen sie nicht sie selber sein, müssen sie nach einer bestimmten Vorstellung geformt werden.

Und genau dieser Formungsprozeß wird sie töten; und so ist die Welt von lauter Leichen bevölkert – sie laufen herum und tun dies und jenes. Aber ich sage, daß sie Leichen sind, weil sie nicht sie selber sind. Wenn sie die Freiheit bekommen hätten, wenn sie die Chance bekommen hätten, zu wachsen, zu ihrem natürlichen Selbst zu werden, wären sie nicht zu diesen Menschen geworden, die sie sind. Und nur dann wären sie fähig gewesen, eine gewisse Zufriedenheit und Erfüllung zu finden.

Du brauchst dich nicht schuldig zu fühlen. Diejenigen, die ihre Kinder zerstören, die sollten sich schuldig fühlen. Und ab und zu fährst du hin, ab und zu wirst du mit deinen

Kindern zusammensein – und es wird ein reines Geschenk sein, ab und zu bei ihnen zu sein; denn dann kannst du liebevoll sein, du hast ja so viel Liebe angesammelt. Viele, viele Tage bist du weit weg gewesen, und da war so viel Sehnsucht! Du wirst deine ganze Liebe über sie ergießen. Sie werden nur dein liebendes Wesen kennenlernen.

Wenn du vierundzwanzig Stunden lang bei ihnen bist, tagein, tagaus, jahrein, jahraus, kannst du nicht liebevoll bleiben. Du mußt zwangsläufig wütend sein, du mußt zwangsläufig eifersüchtig sein, du mußt zwangsläufig alles sein, was du nicht sein solltest vor deinen Kindern – denn sie werden genau diese Dinge von dir lernen.

Meine ganze Vorstellung ist die, daß Eltern ihre Kinder nur gelegentlich sehen sollten, damit sie ihr ganzes Herz ausschütten können und die Kinder ihre Mütter und ihre Väter nur als reine Liebe kennenlernen. Sie brauchen nicht zu wissen, daß diese beiden Personen sich ständig bekämpfen, daß sie aneinander herumnörgeln und sich mit Sachen bewerfen.

Du brauchst dich nicht schuldig zu fühlen. Jene anderen Eltern, die nie ihre Kinder allein lassen, die sollten sich schuldig fühlen. Geh ab und zu hin, sei mit ihnen zusammen, und dann kannst du mit ihnen so total zusammensein wie nur möglich. Und ab und zu bringst du sie her.

Du kannst mich mit deinen Kindern teilen! Wenn du mich liebst, möchtest du auch, daß deine Kinder mich lieben. Laß sie nicht wütend auf mich sein. Das ist nicht recht.

Und ihre Liebe zu mir wird dir enorm helfen, dich nicht schuldig zu fühlen. Und sie wird auch den Kindern helfen zu spüren, wie gut es ist, daß du hier bist, und daß sie auch gern hier sein würden, eines Tages, wenn ihre Ausbildung fertig ist, wenn sie erwachsen und bereit sind, ins Leben zu gehen, und gern mehr lernen möchten über die Komplexitäten der Existenz, die feinen Verwobenheiten des Lebens, seine Freuden und die Kunst, an sie heranzukommen. *(21)*

Das Erstaunlichste an deiner Kindheit ist für mich, daß du ein unmittelbares Verständnis für die unterschiedliche Weise zu haben schienst, wie deine Eltern und du die Wirklichkeit interpretiert haben. Könntest du bitte mehr darüber sagen?

Jedes Kind versteht, daß es die Welt anders sieht als seine Eltern. Was die Sichtweise betrifft, ist es sich da absolut sicher. Seine Werte sind anders. Vielleicht sammelt es Muscheln am Strand, die es wunderschön findet, und seine Eltern sagen: »Ach, wirf das doch weg! Warum vergeudest du deine Zeit damit?« Es kann den Unterschied klar erkennen, es sieht, daß sie andere Werte haben. Die Erwachsenen rennen dem Geld nach, das Kind möchte Schmetterlinge sammeln. Es versteht nicht, warum ihr so sehr an Geld interessiert seid – was tut ihr damit? Und die Eltern können nicht verstehen, was es mit diesen Schmetterlingen oder den Blumen anfangen will.

Jedes Kind lernt, daß da Unterschiede bestehen. Das Problem ist nur, daß es Angst hat, darauf zu bestehen, daß es im Recht ist. Was das Kind betrifft, so möchte es in Ruhe gelassen werden. Es braucht ein wenig Mut, dazu zu stehen, und den haben Kinder; doch so wie die Gesellschaft funktioniert, verurteilt sie selbst eine so schöne Eigenschaft wie Mut bei Kindern.

Ich war beispielsweise nicht gewillt, mich im Tempel vor einer steinernen Statue zu verneigen. Ich sagte: »Ihr könnt mich zwingen, wenn ihr wollt, ihr seid stärker als ich. Weil ich klein bin, könnt ihr mich zwingen. Aber das wäre etwas sehr Häßliches. Ich würde mich nicht aus Andacht verneigen, und auch eure Andacht wird zerstört, wenn ihr ein kleines Kind zwingt, das sich körperlich nicht wehren kann.«

Eines Tages, während sie im Tempel beteten, kletterte ich aufs Dach. Das war gefährlich. Nur einmal im Jahr stieg ein Maler hoch, aber ich hatte ihm zugeschaut und beobachtet, wie er das machte. Er hatte an der Rückseite des Tempels Nägel als Stufen eingeschlagen. An diesen Nägeln war ich hochgeklettert und saß nun oben auf dem Tempel. Als sie herauskamen und mich da sitzen sahen, riefen sie: »Was tust du da oben? Willst du dir das Genick brechen?«

»Nein«, rief ich zurück. »Ich möchte euch nur zu verstehen geben, daß ich alles mögliche tun kann, wenn ihr mich zu etwas zwingt. Denkt daran, ihr könnt mich zu nichts zwingen.«

Sie baten: »Sei still! Wir werden jemand holen, der dir herunterhilft.«

Ich sagte: »Nur keine Angst. Wenn ich da hochkomme, komme ich auch wieder runter.« Sie hatten ja keine Ahnung von den Nägeln. Dieser Maler war wirklich großartig – jeder wunderte sich –, er strich alle Tempel an, und ich hatte ihm genau zugeschaut.

Als ich wieder unten war, sagten sie: »Wir werden dich zu nichts zwingen, aber tu so etwas nie wieder! Du hättest dir den Hals brechen können.«

Ich sagte: »Dafür wärt ihr verantwortlich gewesen.«

Es geht nicht darum, daß Kinder nicht die nötige Intelligenz hätten, sondern daß sie nicht selbstsicher genug sind und davon keinen Gebrauch machen, denn das wird von allen verdammt. Jedermann in der Stadt verurteilte meine Familie, weil ich mich über ihren Tempel, über ihren Gott erhoben hatte. Das war eine Beleidigung für ihren Gott.

Es gab eine Familienzusammenkunft, wo sie beschlossen: Laßt ihn in Ruhe. Er ist wirklich gefährlich. Das war das letzte Mal ... Von da an sagten sie nichts mehr und forderten mich nie wieder auf, zum Tempel mitzukommen, und ich ging auch nie wieder hin. Allmählich erkannten sie, daß ich nicht gefährlich war, sie durften mich nur nicht in die Enge treiben.

Jedes Kind muß lernen, sich zu behaupten, nur darum geht es. Und was hat es schon zu verlieren? Aber Kinder sind derart abhängig, obwohl ich nicht einsehe, warum das so sein muß.

Man hat mir oft gesagt: »Du kriegst nichts mehr zu essen!«, worauf ich erwiderte: »Nur zu! Ich kann ja betteln gehen – und zwar hier, in dieser Stadt. Ich muß überleben, ich muß etwas tun. Ihr könnt mir das Essen verweigern, aber ihr könnt mich nicht vom Betteln abhalten. Jeder hat ein Recht zu betteln.«

Es gibt keinen Unterschied, was Intelligenz betrifft, aber ich sehe Unterschiede im Selbstbewußtsein. Denn Kinder, die gehorchen, werden dafür honoriert.

Wenn meine Familie Gäste hatte, wurden stets meine Brüder und meine Onkel gerufen und ihre Verdienste gehörig herausgestrichen: »Der ist Klassenbester geworden. Der ist dies, der ist jenes geworden.« Ich pflegte mich jeweils selbst vorzustellen: »Ich bin nichts Besonderes geworden, und diese Leute hier wissen nicht so recht, was sie mit mir anfangen sollen. Sie wollten mich Ihnen nicht vorstellen, darum stelle ich mich am besten selber vor.«

Einmal kam ein Parlamentsmitglied zu Besuch, ein Freund meines Vaters. Alle wurden vorgestellt, nur mich rief man nicht, man übersah mich einfach. Als ich hereinkam und mich vorstellte, meinte er: »Merkwürdig! Warum hat dich niemand gerufen?«

Ich sagte: »Gar nicht merkwürdig! Die andern sind alle gehorsame Menschen. Ich bin ungehorsam – und Sie werden bald eine Kostprobe davon bekommen.«

Mein Vater sagte: »Laß ihn in Frieden. Wieso sollte er eine Kostprobe bekommen?«

Ich sagte: »Er wird in meiner Schule sprechen.« Ich war damals in der neunten Klasse. »Er wird in der High School sprechen, und ich werde ihn auf die Probe stellen. Ich warne ihn im voraus, daß ich ihm ein paar Fragen stellen werde und daß er nicht etwa glauben soll, ich sei groß beeindruckt, weil er ein guter Redner und ein Parlamentarier ist. Mich beeindruckt nichts so leicht.«

Mein Vater warnte ihn: »Hüten Sie sich vor ihm! Er wird Sie etwas fragen, was Sie nicht beantworten können. Er schikaniert uns dauernd. Er fragt nie etwas, was man beantworten kann, und er ist sehr spitzfindig – wie er das schafft, weiß niemand. Er stellt Fragen, die sich nicht beantworten lassen. Und auf einer öffentlichen Versammlung, wo Sie zu Hunderten von Leuten sprechen, kann er Sie leicht zum Narren halten.«

Der Mann kriegte es mit der Angst zu tun. Er bat mich: »Wie wäre es, wenn du mit mir im Wagen mitfährst?«, nur um mich zu bewegen, ihm keine Schwierigkeiten zu machen.

Ich erwiderte: »Das hilft Ihnen auch nichts. Ich kann in Ihrem Wagen mitfahren, das wäre ein echter Schock für meinen Rektor, meine Lehrer und für die ganze Schule, aber ich lasse mich nicht bestechen.«

Er sagte: »Du wirkst wirklich stark – und das in deinem Alter?«

Ich sagte: »Ich bin nicht stark. Ich stelle bloß einfache Fragen und möchte eine Antwort darauf. Wenn Sie an meiner Schule sprechen, steht mir das Recht zu, Sie ein paar Dinge zu fragen. Sie fragen ja auch ständig im Parlament, ich sehe Ihren Namen jeden Tag in der Zeitung – Fragen an den Premierminister, an diesen oder jenen Minister ... Sie sollten nicht so viel Angst vor einem Kind haben. Was kann ich schon fragen?«

Doch er meinte: »Dein Vater hat aber Angst vor dir, und wir sind Studienkollegen gewesen, ich vertraue seinem Urteil. Und du siehst wirklich gefährlich aus.«

Wir gingen zur Schule. Als er seine Rede begann, erhob ich mich und sagte: »Seien Sie ehrlich und erzählen Sie allen Anwesenden hier, weshalb Sie mich in Ihrem Wagen mitgenommen haben. Und seien Sie bitte aufrichtig.«

Er sagte: »Dein Vater hat recht gehabt. Du stellst Fragen, die man nicht beantworten kann.«

Ich sagte: »Das ist eine ganz einfache Frage. Und wenn Sie sie nicht beantworten können, so kann ich es. Sie kennen die Antwort, ich kenne die Antwort, und ich möchte, daß jeder hier die Antwort erfährt.«

Der Direktor versuchte mich zu beschwichtigen und sagte: »Setz dich! Er ist unser Gast, und von ihm hängt viel ab, ob wir Stipendien kriegen und ...«

Ich sagte: »Das geht mich nichts an. Ich bin nicht der Direktor dieser Schule, ich bin nur ein Student. Und ich stelle keine komplizierten Fragen, nichts, was für die Sicherheit dieses Landes gefährlich wäre. Ich frage ihn bloß, warum er mich in seinem Wagen hierhergebracht hat. Wenn er aufrichtig antwortet, werde ich keine weiteren Fragen stellen.«

Er sagte: »Es tut mir leid, aber es stimmt. Was er sagt, ist richtig. Es war ein Bestechungsversuch. Ich glaubte, er würde sich geschmeichelt fühlen und mich nicht belästigen, wenn er in meinem Wagen sitzt.« Und dabei sah er sehr verlegen aus.

Als ich nach Hause kam, fragte mein Vater: »Hast du wieder Unfrieden gestiftet?«

Ich sagte: »Ich habe nichts dergleichen getan. Er hat angefangen. Er bat mich, in seinem Wagen zu sitzen. Ich wollte zu Fuß hingehen. Er hat mich provoziert.«

Wenn seine Eltern es dazu ermutigen, besitzt jedes Kind genug Intelligenz, um zu verstehen, daß seine Werte anders sind, daß seine Wahrnehmung anders ist. Aber niemand hilft ihm dabei, alle versuchen es daran zu hindern, es zu unterdrücken. Du kannst nur eins tun ... Für mich war alles, was mich unterdrücken sollte, eine Herausforderung. Ich fühlte mich herausgefordert, etwas zu unternehmen – schließlich mußten sie ihre Lektion lernen.

Das nächste Mal war ich also der erste, der einem Besucher vorgestellt wurde, denn man wußte, daß ich von mir aus kommen würde und das nicht so einfach wäre. Es war besser, mich vorzustellen, nur gab es nicht viel zu sagen über mich – was hätte man schon sagen können?

»Sagt doch einfach die Wahrheit«, meinte ich. »Er ist ungehorsam, er ist ein Problem, er macht dauernd Schwierigkeiten, daheim in der Familie, in der Nachbarschaft, bei Lehrern und Studenten, in der ganzen Stadt. Und wir haben es satt, uns den ganzen Tag Beschwerden anzuhören. Stellt mich doch einfach so vor, wie ich bin. Wieso habt ihr solche Angst davor und ich nicht? Das alles ist doch wahr.«

So kam es dazu, daß meine ganze Familie Angst vor mir hatte statt ich vor ihnen. Und jedes Kind kann das, es braucht nur ein bißchen Mut.

Eines Tages sagte mein Vater: »Du mußt vor neun Uhr abends zu Hause sein.«

Ich fragte: »Und wenn ich nicht komme, was dann?«

Er sagte: »Dann sind die Türen zu.«

»Dann schließ doch deine Türen ab!« erwiderte ich. »Ich werde nicht einmal anklopfen. Und ich komme nicht vor neun Uhr heim. Ich werde auf der Straße sitzen und es jedem erzählen. Jeder, der vorbeigeht, wird fragen: ›Weshalb sitzt du da im Dunkeln in der kalten Nacht?‹ Und ich werde ihnen erzählen, warum.«

Er sagte: »Du willst mich also in Schwierigkeiten bringen? Vergiß das mit der äußersten Grenze. Komm nach Hause, wann du willst.«

Und ich sagte: »Ich werde nicht klopfen. Die Türen müssen offen bleiben. Weshalb solltest du sie abschließen? Bloß um mich zu schikanieren? Es gibt keinen Grund, die Türen abzuschließen.« In meinem Teil von Indien ist die ganze Stadt bis Mitternacht auf den Beinen, weil es derart heiß ist, daß es erst nach zwölf Uhr anfängt abzukühlen. Die Leute bleiben wach, und die Arbeit geht weiter. Tagsüber ist es so heiß, daß viele sich ausruhen und erst nachts arbeiten. Ich sagte: »Es gibt keinen Grund, die Türen abzuschließen, wenn du drinnen sitzt und arbeitest. Laß die Türen offen. Weshalb sollte ich klopfen?«

Er sagte: »Gut. Die Türen bleiben offen. Es war mein Fehler, dir zu sagen: ›Sei vor neun Uhr zu Hause, weil jeder vor neun Uhr zu Hause ist.‹«

Ich sagte: »Ich bin nicht jeder. Wenn es jemand paßt, vor neun Uhr zu kommen, kann er das tun. Wenn es mir paßt, werde ich auch kommen. Aber beschneide nicht meine Freiheit, zerstöre mir meine Individualität nicht! Laß mich so sein, wie ich bin.«

Es geht allein darum, dich gegen jene zu behaupten, die Macht haben. Denn auch du hast subtile Machtmittel, die du gegen sie gebrauchen kannst. Wenn ich beispielsweise sage: »Ich werde draußen auf der Straße sitzen«, gebrauche ich ebenfalls Macht. Wenn ich oben auf dem Tempel sitze, gebrauche ich ebenfalls Macht. Wenn sie mir drohen, kann ich ihnen auch drohen. Doch Kinder geben einfach klein bei, nur um Anerkennung zu erhalten, nur um gehorsam zu sein, nur um auf dem rechten Weg zu bleiben. Und der rechte Weg ist immer das, was ihnen ihre Eltern vormachen.

Du hast recht, ich war ein bißchen anders. Aber ich glaube nicht, daß ich etwas Besseres war, nur ein kleiner Unterschied ... Und als ich diese Kunst einmal gelernt hatte, begann ich sie zu verfeinern. Sobald ich wußte, wie man mit Leuten umgeht, die Macht haben, während man selber keine hat, verfeinerte ich meine Technik und kam dabei stets gut weg. Ich fand immer einen Ausweg. Und sie waren überrascht, denn sie dachten sich: »Dagegen kann er nun wirklich nichts ausrichten«, weil sie immer logisch dachten.

Ich bin kein Anhänger von Logik. Mein innerstes Interesse gilt der Freiheit.

Mit welchen Mitteln Freiheit errungen wird, spielt keine Rolle. Jedes Mittel ist gut, wenn es dir Freiheit bringt, wenn es dir Individualität bringt und du nicht zum Sklaven wirst. Aber Kinder kommen einfach nicht auf die Idee, weil sie glauben, daß ihre Eltern nur das Beste für sie tun.

Ich machte meinen Eltern immer klar: »Ich zweifle nicht an euren Absichten, und ich hoffe, auch ihr zweifelt nicht an meinen Absichten. Aber es gibt Dinge, bei denen wir unterschiedlicher Meinung sind. Wollt ihr, daß ich immer eurer Meinung bin, ob ihr recht habt oder nicht? Seid ihr absolut sicher, daß ihr recht habt? Wenn ihr nicht hundertprozentig sicher seid, dann laßt mir die Freiheit, für mich selbst zu entscheiden. Zumindest habe ich dann das Vergnügen, aus eigenem Entschluß etwas falsch zu machen.«

Eins mußt du dir merken: Deine Eltern können längst nicht alles tun, was sie dir androhen. Sie können dir nicht schaden, sie können dich nicht umbringen, sie können dir bloß drohen. Wenn du einmal weißt, daß sie dir bloß drohen können, spielen ihre Drohungen keine Rolle mehr – du kannst ihnen ebenfalls drohen. Und du kannst ihnen derart drohen, daß sie dein Recht, selbst zu entscheiden, was du tun willst, akzeptieren müssen.

Es gibt also Unterschiede, aber nichts, was besonders oder außergewöhnlich wäre. Und man kann es Kindern beibringen; sie können es genauso machen. Ich habe es selbst von klein an ausprobiert.

Meine Mitschüler waren verblüfft. Ich nahm die Lehrer und sogar den Direktor unter Beschuß, und sie konnten mir nichts anhaben. Aber wenn die anderen etwas anstellten, bekamen sie gleich Schwierigkeiten. Sie begannen mich zu fragen: »Was ist dein Geheimnis?«

Ich sagte: »Es gibt kein Geheimnis. Ihr müßt euch nur völlig klar sein, daß ihr im Recht seid und dafür einstehen könnt. Jeder, der gegen euch ist, merkt das sofort, ob Lehrer oder Rektor, spielt keine Rolle.«

Einer meiner Lehrer rannte einmal wutentbrannt ins Büro des Rektors und belegte mich mit zehn Rupien Buße für schlechtes Betragen. Ich folgte ihm, und während er mich ins Buch eintrug, stand ich neben ihm. Als er zur Seite ging, trug ich mit derselben Feder zwanzig Rupien Buße für sein eigenes schlechtes Betragen ein.

Er sagte: »Was tust du da? Dieses Register ist für die Lehrer da, um Schüler zu bestrafen.«

Ich fragte: »Wo steht das geschrieben? In diesem Register steht nirgendwo, daß nur Lehrer Schüler bestrafen können. Meiner Meinung nach ist dieses Buch da, um jedermann für schlechtes Betragen zu bestrafen. Und wenn irgendwo etwas anderes steht, möchte ich das gerne sehen.«

Inzwischen war der Rektor hereingekommen. Er fragte: »Was geht hier vor?«

Der Lehrer sagte: »Er hat das Register in den Schmutz gezogen. Er hat mich mit einem Bußgeld von zwanzig Rupien für schlechtes Betragen belegt.«

Der Rektor sagte: »Das ist nicht recht.«

Ich fragte: »Haben Sie irgendein schriftliches Dokument, das besagt, kein Schüler könne einen Lehrer bestrafen, selbst wenn der Lehrer sich schlecht beträgt?«

Der Rektor sagte: »Das ist ein schwieriger Fall. Wir haben nichts Schriftliches, aber es ist eine Konvention, daß nur Lehrer bestrafen.«

Ich sagte: »Das muß geändert werden. Strafe ist völlig richtig, aber sie sollte nicht einseitig sein. Ich werde diese zehn Rupien nur bezahlen, wenn dieser Mann zwanzig Rupien bezahlt.« Da der Rektor ihn jedoch nicht gut um zwanzig Rupien bitten konnte, konnte er auch von mir die zehn Rupien nicht verlangen, und die Buße ist bis heute nicht gelöscht. Als ich nach ein paar Jahren die Schule besuchte, zeigte er sie mir: »Deine Buße steht noch immer da.«

Ich sagte: »Lassen Sie sie stehen als Beispiel für andere Studenten.«

Man muß sich nur etwas einfallen lassen!

Es gibt also schon Unterschiede, doch das hat nichts mit Überlegenheit zu tun. Es geht einfach darum, deinen Mut und deine Intelligenz einzusetzen und etwas zu riskieren. Was ist daran gefährlich? Wie hätten diese Leute mir schaden können? Sie hätten mich höchstens in ihrer Klasse durchfallen lassen können, aber davor hatten sie Angst, denn das hätte bedeutet, daß ich im folgenden Jahr wiederum in ihrer Klasse gewesen wäre. Es stand also wirklich gut für mich, denn sie wollten mich so schnell wie möglich loswerden. Einen Studenten durchfallen zu lassen war das einzige Machtmittel in der Hand eines Lehrers.

Ich hatte das jedem Lehrer klargemacht: »Sie können mich durchfallen lassen, das ist mir egal. Ob ich eine Klasse in zwei oder in drei Jahren durchlaufe, spielt keine Rolle. Dieses ganze Leben ist so unnütz – irgendwo muß ich es ja verbringen. Ich kann mein ganzes Leben hier in dieser Schule verbringen und Ihnen Schwierigkeiten machen, denn wenn die Angst vor dem Versagen einmal verschwunden ist, hält mich nichts mehr zurück.« Darum gaben mir sogar Lehrer, die gegen mich waren, bessere Bewertungen als nötig, nur um mir den Übergang in die nächste Klasse zu erleichtern, damit ich ihnen nicht länger zur Last fiel.

Wenn Eltern Kinder wirklich lieben, werden sie ihnen helfen, mutig zu sein – sogar gegen sie selber. Sie werden ihnen helfen, den Lehrern, der Gesellschaft, jedem gegenüber mutig zu sein, der ihre Individualität zerstören will.

Und darum geht es mir hier. Das neue Denken wird diese andersartigen Qualitäten aufweisen. Die Kinder, die unter diesem neuen Denken und von neuen Menschen geboren werden, werden nicht so behandelt werden, wie sie seit Jahrhunderten behandelt wurden. Man wird sie ermutigen, sie selbst zu sein, sich zu behaupten, sich selbst zu achten. Und das wird die ganze Lebensqualität verändern. Das Leben wird leuchtender, lebendiger und interessanter werden. *(22)*

4. KAPITEL

Familie und Kommune

Die Familie ist seit Jahrtausenden die Grundeinheit der Gesellschaft, du jedoch bezweifelst ihren Wert für deine neue Welt. Wodurch kann sie deiner Meinung nach ersetzt werden?

Der Mensch ist über die Familie hinausgewachsen. Mit der Nützlichkeit der Familie ist es vorbei; sie hat sich überlebt. Aber sie ist eine der ältesten Institutionen, deshalb können nur sehr hellsichtige Menschen erkennen, daß sie längst tot ist. Die meisten brauchen etwas länger, bis sie die Tatsache erkennen, daß die Familie tot ist.

Sie hat ihre Aufgabe erfüllt. In der heutigen Situation ist sie bedeutungslos geworden – bedeutungslos für die neue Menschheit, deren Geburt wir gerade erleben.

Die Familie hatte ihr Gutes und ihr Schlechtes. Sie war eine große Hilfe; der Mensch hat durch sie überlebt. Aber sie hat auch Schaden angerichtet, weil sie den Menschen geistig und seelisch verkrüppelt hat. Doch in der Vergangenheit gab es keine Alternative, es gab keine andere Wahl. Sie war ein notwendiges Übel. Aber in der Zukunft braucht das nicht so zu sein. In Zukunft können andere Lebensweisen entstehen.

Meiner Vorstellung nach wird es in Zukunft nicht nur ein einziges, starres Muster geben, sondern viele alternative Lebensformen. Wenn einige wenige Leute immer noch die Familie vorziehen, soll ihnen das freistehen. Es wird nur ein sehr geringer Prozentsatz sein.

Es gibt Familien auf der Welt – wenn auch sehr selten, höchstens eine von hundert –, die wirklich schön und wohltuend sind, die Wachstum möglich machen, in denen es kein Autoritätsdenken gibt, keine Machtspiele, keine Besitzansprüche, wo Kinder nicht kaputtgemacht werden, wo die Frau nicht versucht, ihren Mann kleinzukriegen, und der Mann nicht seine Frau; Familien, in denen Liebe und Freiheit herrschen, in denen Menschen aus Freude zusammen sind und aus keinem anderen Grund – in denen es keine Politik gibt. Ja, es hat solche Familien auf der Welt gegeben, und es gibt sie immer noch. Für solche Menschen braucht sich nichts zu ändern. Sie werden auch in Zukunft weiter in Familien leben.

Aber für die überwiegende Mehrheit ist die Familie eine häßliche Angelegenheit. Fragt die Psychoanalytiker, und sie werden euch bestätigen, daß alle möglichen seelischen Krankheiten durch die Familie entstehen, alle möglichen Psychosen und Neurosen durch die Familie bedingt sind. Die Familie erzeugt völlig kranke Menschen.

Das braucht nicht so zu sein. Es sollten Alternativen offenstehen. Für mich ist die Kommune eine solche alternative Lebensform – und zwar die beste.

Kommune bedeutet: Menschen leben in einer losen Großfamilie. Die Kinder gehören zur Kommune, sie gehören zu allen. Es gibt kein persönliches Eigentum, kein persönliches Ego. Mann und Frau leben zusammen, weil sie gerne zusammen sind, weil sie sich lieben und ihr Zusammensein genießen. Sobald sie spüren, daß keine Liebe mehr da ist, halten sie nicht länger aneinander fest, sondern gehen in aller Freundschaft und Dankbarkeit auseinander und finden andere Partner. In der Vergangenheit war das einzige Problem: Was wird aus den Kindern?

In einer Kommune gehören die Kinder der Gemeinschaft an, und das ist viel besser so. Im Zusammenleben mit so vielen verschiedenen Menschen haben sie mehr Möglichkeiten, sich zu entwickeln. Normalerweise wächst ein Kind immer bei der Mutter auf. Jahrelang sind Mutter und Vater die einzigen Menschen, an denen sich das Kind orientiert. So fängt es natürlich an, sie nachzuahmen. Die Kinder ahmen ihre Eltern nach und setzen damit ihre Krankheiten weiter fort. Sie werden zu bloßen Imitationen, ihre Eigenart wird zerstört. Und den Kindern bleibt nichts anderes übrig – sie haben keine anderen Informationsquellen.

Wenn hundert Leute in einer Kommune zusammenleben, dann gibt es viele weibliche und viele männliche Beispiele; das Kind wird also nicht auf ein einziges Verhaltensmuster festgelegt. Es kann vom Vater, von einem Onkel, von allen Männern in der Kommune lernen. Seine Seele wird weiter.

Die Familie erdrückt den Menschen und engt seine Seele ein. In der Kommune wird die Seele des Kindes weiter. Es hat mehr Entfaltungsmöglichkeiten, und sein Wesen wird um vieles bereichert. Es erlebt viele Frauen, und so bekommt es nicht nur eine einzige Vorstellung von der Frau. Nur eine einzige Vorstellung von der Frau zu haben ist sehr schädlich, denn dann suchst du dein ganzes Leben lang nur die eigene Mutter. Immer wenn du dich in eine Frau verliebst, gib acht! Höchstwahrscheinlich hast du jemanden gefunden, der deiner Mutter ähnlich ist, und genau das solltest du vermeiden. Denn jedes Kind ist wütend auf seine Mutter. Die Mutter muß vieles verbieten, die Mutter muß nein sagen, das ist unvermeidlich. Selbst eine gute Mutter muß manchmal nein sagen, sie muß einschränken und verweigern. Das Kind empfindet Ärger und Wut. Es haßt die Mutter, und es liebt sie gleichzeitig, denn sie erhält es am Leben, sie ist seine Lebens- und Energiequelle. Also haßt es die Mutter und liebt sie zugleich. Und das wird später sein Verhaltensmuster. Du liebst und haßt dieselbe Frau – du kannst gar nicht anders. Als Mann wirst du immer unbewußt nach deiner Mutter suchen. Und das passiert den Frauen genauso: Sie suchen immer den Vater. Ihr ganzes Leben lang suchen sie ihren Vater in einem Ehemann.

Nun ist aber dein Vater nicht der einzige Mensch auf der Welt; die Welt hat viel mehr zu bieten. Und selbst wenn du deinen Vater tatsächlich findest, bist du auch nicht glücklich. Glücklich werden kannst du nur mit einem Geliebten, einem Partner, aber nicht mit deinem Vater. Und wenn der Mann seine Mutter findet, ist er mit ihr auch nicht glücklich. Man kennt sie bereits, es gibt nichts Neues mehr zu entdecken. Man kennt sie nur zu gut, und alles Bekannte führt zu Verdruß. Du solltest dir lieber etwas Neues suchen, aber du kannst dir leider kein Bild davon machen.

In einer Kommune haben Kinder eine reichere Seele. Sie kennen viele Frauen und viele Männer; sie sind nicht auf ein oder zwei Personen fixiert. Die Familie erzeugt eine Zwangsvorstellung, und das ist unmenschlich.

Wenn dein Vater mit jemandem streitet, mußt du dich auf seine Seite stellen und zu ihm halten – ob er im Recht ist oder nicht, spielt keine Rolle. Das Motto: »Das Vaterland hat immer recht!« gilt auch hier: »Mein Vater hat immer recht. Er ist schließlich mein Vater, und meine Mutter ist meine Mutter, also muß ich zu ihr halten, sonst ist es Verrat.«

Die Familie lehrt dich, ungerecht zu sein. Du siehst, wie deine Mutter mit der Nachbarin streitet, und dir ist klar, daß deine Mutter unrecht hat und die Nachbarin hat recht – aber du mußt zu deiner Mutter halten. So lernt man Ungerechtigkeit.

In einer Kommune ist man nicht so sehr an eine Familie gebunden. Es gibt gar keine Familie, an die du gebunden sein könntest. Du bist freier und weniger fixiert. Du kannst gerechter sein. Du wirst von vielen Seiten geliebt, und du erfährst das Leben als liebevoll. Die Familie lehrt dich eine Art Konflikt mit der Gesellschaft und mit anderen Familien. Die Familie beansprucht das Monopol. Sie verlangt von dir, daß du für sie und gegen alle andern bist. Du mußt dich in den Dienst der Familie stellen. Du mußt ständig für den guten Namen und die Ehre der Familie kämpfen. Die Familie lehrt dich Ehrgeiz, Konflikt und Aggression. In einer Kommune wird es nicht so viel Aggression geben, man fühlt sich wohler mit der Welt, weil man mit so vielen Menschen vertraut ist.

Und genau das möchte ich hier schaffen – eine Kommune, in der alle befreundet sind. Selbst Eheleute sind nichts anderes als Freunde. Ihre Ehe ist nur eine gegenseitige Übereinkunft, zusammenzusein, weil sie zusammen glücklich sind. Sobald auch nur einer von beiden sich nicht mehr glücklich fühlt, sollten sie sich trennen. Eine Scheidung ist überflüssig. Wo es keine Heirat gibt, gibt es auch keine Scheidung. Jeder lebt spontan.

Wenn du jedoch unglücklich lebst, gewöhnst du dich mit

der Zeit an dein Unglück. Aber man sollte niemals Unglück in Kauf nehmen, keinen einzigen Augenblick lang. Früher mag es schön gewesen sein, mit einem bestimmten Mann zusammenzuleben, und es mag Freude gebracht haben, aber wenn es jetzt keine Freude mehr macht, dann sollte man auseinandergehen. Und es ist nicht nötig, wütend oder destruktiv zu werden oder nachtragend zu sein – an der Liebe ist nichts zu drehen und zu wenden.

Liebe ist wie ein Windhauch. Sie kommt unverhofft. Wenn sie da ist, ist sie da, und auf einmal ist sie wieder fort. Und wenn sie fort ist, ist sie fort. Liebe ist ein Geheimnis; man kann sie nicht beeinflussen. Liebe darf nicht manipuliert und zu einer Sache des Gesetzes gemacht werden. Liebe darf man nicht erzwingen – unter gar keinen Umständen.

In einer Kommune leben die Menschen zusammen aus reiner Freude am Zusammensein, aus keinem anderen Grund. Und wenn die Freude verschwunden ist, gehen sie auseinander. Das mag traurig sein, aber sie müssen sich trennen. Vielleicht hängen sie noch an ihren Erinnerungen, aber sie sollten sich trotzdem trennen. Sie sind es einander schuldig, nicht im Unglück zu leben, sonst wird das Unglück zur Gewohnheit. Sie trennen sich schweren Herzens, aber ohne Groll. Und sie werden sich neue Partner suchen.

In Zukunft wird es keine Ehe mehr geben so wie früher und auch keine Scheidung. Das Leben wird fließender ablaufen, vertrauender. Wir werden mehr auf die Geheimnisse des Lebens als auf die Genauigkeit der Gesetze vertrauen, werden mehr auf das Leben selbst hören als auf alles andere – das Gericht, die Polizei, den Priester, die Kirche.

Und die Kinder gehören zu allen, sie sollten nicht die Stempel ihrer Familie tragen. Sie gehören zur Kommune, und die Kommune kümmert sich um sie.

Das wird der revolutionärste Schritt in der Geschichte der Menschheit sein: wenn die Menschen anfangen, in Kommunen zu leben, und wenn sie anfangen, wahrhaftiger, ehrlicher und vertrauensvoller miteinander umzugehen und immer mehr auf Gesetze zu verzichten.

In der Familie verschwindet früher oder später die Liebe. Möglicherweise hat sie von Anfang an gefehlt. Vielleicht war es eine Vernunftehe – aus Motiven wie Geld, Einfluß oder Prestige. Dann werden aus einer solchen Ehe, die selbst schon eine Totgeburt ist, Kinder geboren – Kinder aus Lieblosigkeit in die Welt gesetzt. Sie veröden von Anfang an. Dieses Zuhause ohne Liebe macht sie ebenfalls abgestumpft und lieblos. Ihre erste Lebenslektion lernen sie von den Eltern, und die Eltern sind lieblos, ständig eifersüchtig, sie streiten und ärgern sich, und die Kinder sehen immer wieder die häßlichen Seiten ihrer Eltern. Ihre Hoffnung wird im Keim erstickt. Sie können nicht glauben, daß es in ihrem Leben Liebe geben wird, denn auch im Leben ihrer Eltern hat es keine Liebe gegeben. Und sie sehen auch andere Eltern, andere Familien. Kinder sind sehr scharfsinnig; sie schauen sich ständig um und beobachten alles. Wenn sie sehen, daß keine Liebe möglich ist, beginnen sie zu glauben, daß Liebe nur in Gedichten vorkommt, daß sie etwas für Dichter und Schwärmer ist, daß sie im wirklichen Leben keinen Platz hat. Und wenn du erst einmal die Vorstellung hast, daß Liebe nur erdichtet ist, dann wirst du sie nie erleben, weil du dich ihr verschlossen hast. Nur dadurch, daß man Liebe miterlebt, kann man sich später selbst der Liebe öffnen. Wenn du deine Eltern in tiefer Liebe siehst, voller Liebe zueinander, wenn du gesehen hast, wie sie voll Mitgefühl und Respekt füreinander sorgen, dann hast du Liebe miterlebt. So entsteht eine Hoffnung. Ein Samenkorn fällt in dein Herz und beginnt dort zu wachsen. Und du weißt, es wird auch mit dir geschehen.

Wenn du keine Liebe erfahren hast, wie kannst du dann glauben, daß dieses Glück auch dir geschehen wird? Wenn deine Eltern keine Liebe gelebt haben, wie kannst du sie dann erleben? Im Gegenteil, du wirst alles daransetzen, um zu verhindern, daß dir Liebe begegnet – es wäre ein Verrat an deinen Eltern.

Ich beobachte es an den Leuten: Frauen sagen sich tief in ihrem Unterbewußten: »Siehst du, Mami, ich leide genau so, wie du gelitten hast.«

Und die Männer sagen sich im späteren Leben: »Keine Sorge, Papa. Mein Leben ist genauso unglücklich wie deins. Ich bin nicht über dich hinausgewachsen. Ich habe dich nicht verraten. Ich setze die Tradition fort. Schau, ich mache das gleiche, was du mit Mutti gemacht hast; ich mache genau dasselbe mit der Mutter meiner Kinder. Und so wie du zu mir warst, so bin ich zu meinen Kindern. Ich erziehe sie genau so, wie du mich erzogen hast.«

Jede Generation gibt ihre Neurosen an die Nachfahren weiter. Und so bleibt die Gesellschaft mit all ihrem Irrsinn und all ihrem Leiden bestehen.

Nein, jetzt brauchen wir etwas ganz anderes. Der Mensch ist mündig geworden, und die Familie gehört der Vergangenheit an. Sie hat wirklich keine Zukunft mehr. Die Kommune kann den Platz der Familie einnehmen, und sie wird sehr viel wohltuender sein.

Aber in einer Kommune können nur Menschen zusammensein, die meditativ sind. Nur wenn du weißt, wie man das Leben feiert, kannst du mit anderen zusammenleben. Nur wenn du den Zustand kennst, den ich Meditation nenne, kannst du mit andern liebevoll zusammenleben. Du mußt den alten Unfug aufgeben, Liebe zum Besitzanspruch zu machen, erst dann kannst du in einer Kommune leben. Wenn du weiterhin an deiner alten Monopolvorstellung festhältst – daß deine Frau die Hand keines anderen halten darf, daß dein Mann mit keiner anderen lachen darf –, wenn du solch unsinnige Ideen im Kopf hast, kannst du nicht in einer Kommune leben.

Es ist gut, wenn dein Mann mit einer anderen lacht! Dein Mann lacht, und Lachen ist immer gut, egal mit wem. Lachen ist schön, Lachen ist wertvoll. Wenn deine Frau jemand anderen an der Hand hält – wunderbar! Da strömt Wärme, und es ist schön, wenn Wärme fließt, es ist wertvoll. Mit wem es passiert, spielt keine Rolle. Und wenn es deiner Frau mit vielen Menschen so geht, dann geht es auch zwischen euch beiden. Wenn es mit anderen nicht mehr passiert, hört es auch zwischen euch beiden auf.

Diese ganze alte Vorstellung ist so dumm! Es ist so, als würdest du deinem Mann, wenn er weggeht, sagen: »Du darfst nirgendwo anders atmen. Wenn du heimkommst, kannst du atmen, soviel du willst, aber atmen darfst du nur, wenn du mit mir zusammen bist. Draußen mußt du die Luft anhalten; du mußt ein Yogi werden. Ich will nicht, daß du anderswo atmest.« Ist das nicht lächerlich? Aber warum sollte es mit der Liebe anders sein als mit dem Atmen? Liebe ist Atmen.

Der Atem ist das Leben des Körpers, und die Liebe ist das Leben der Seele. Sie ist viel wichtiger als Atmen. Doch wenn dein Mann aus dem Haus geht, soll er mit niemandem lachen, jedenfalls nicht mit einer anderen Frau. Er soll zu niemand anderem liebevoll sein. Er ist also dreiundzwanzig Stunden lang lieblos, und die eine Stunde, die er mit dir ins Bett geht, täuscht er Liebe vor. Du hast seine Liebe abgewürgt. Sie fließt nicht mehr. Meinst du, wenn er dreiundzwanzig Stunden am Tag den Yogi spielen und seine Liebe ängstlich unterdrücken muß, dann könnte er sich für eine Stunde entspannen? Das ist unmöglich. Erst zerstörst du den Mann, zerstörst du die Frau, und dann hast du genug von ihm und langweilst dich. Dann spürst du allmählich, daß er dich nicht mehr liebt. Und dabei hast du dir das selber eingebrockt. Und dann bekommt er das Gefühl, daß du ihn nicht mehr liebst, und plötzlich seid ihr nicht mehr so glücklich wie früher.

Wenn sich zwei Leute am Strand oder in einem Park treffen, wenn sie ein Rendezvous haben, dann ist nichts festgelegt, alles ist noch offen; beide sind sie sehr glücklich. Warum? Weil sie frei sind. Ein Vogel im Flug ist etwas ganz anderes als der Vogel im Käfig. Die beiden sind glücklich, weil sie frei sind.

Der Mensch kann ohne Freiheit nicht glücklich sein, doch eure alte Familienstruktur hat alle Freiheit zerstört. Und mit der Freiheit hat sie auch das Glück und die Liebe zerstört. Sie war eine Art Überlebensmaßnahme. Ja, sie hat gewissermaßen den Körper geschützt, aber dafür hat sie die Seele zerstört. Heute brauchen wir sie nicht mehr. Wir müssen auch die Seele schützen, und das ist viel wesentlicher, viel wichtiger.

Die Familie hat keine Zukunft mehr, jedenfalls nicht in dem Sinne, wie sie bisher verstanden wurde. Eine Zukunft gibt es nur für die Liebe und für Liebesbeziehungen. »Ehemann« und »Ehefrau« werden bald Schimpfwörter sein.

Und jeder, der den Mann oder die Frau für sich alleine beansprucht, macht es automatisch genauso mit seinen Kindern. Ich stimme völlig mit Thomas Gordon überein, wenn er sagt: »Ich glaube, im Grunde mißhandeln alle Eltern ihre Kinder, weil die ganze Kindererziehung auf Macht und Autorität beruht. Ich halte es für destruktiv, daß viele Eltern der Auffassung sind: Das ist mein Kind und ich kann mit ihm machen, was ich will.« Ein Kind ist kein Ding, es ist kein Stuhl, kein Auto. Du kannst nicht mit ihm machen, was du willst. Es kommt zwar durch dich auf die Welt, aber es gehört dir nicht. Es gehört Gott, es gehört dem Leben. Du bist bestenfalls sein Beschützer. Aber nimm es nicht in Besitz.

Aber das ganze Familienkonzept beruht auf Besitz. Man besitzt Grund und Boden, besitzt eine Frau, besitzt einen Mann, besitzt Kinder. Und dieser Besitzwunsch ist Gift. Aus diesem Grund bin ich gegen die Familie. Aber ich sage nicht, daß diejenigen, die in ihrer Familie wirklich glücklich sind – offen, lebendig, liebevoll –, daß sie ihre Familien auflösen sollen. Nein, dazu besteht keine Notwendigkeit. Ihre Familie ist schon eine Kommune, eine Kommune im Kleinen.

Und natürlich ist eine größere Kommune noch besser; sie bietet mehr Möglichkeiten, mehr unterschiedliche Leute. Andere Leute singen andere Lieder. Andere Leute bringen andere Lebensweisen, andere Leute bringen einen anderen Hauch, eine frische Brise, andere Leute bringen ein anderes Licht. Und die Kinder sollten mit so vielen verschiedenen Lebensweisen wie möglich in Berührung kommen, damit sie wählen können, damit sie die freie Wahl haben.

Es wird sie bereichern, wenn sie viele verschiedene Frauen kennenlernen, und sie werden nicht auf das Gesicht und die

Art ihrer Mutter fixiert sein. Das macht sie fähig, viele Frauen und viele Männer zu lieben. Ihr Leben wird dadurch zu einem größeren Abenteuer.

Das Leben kann hier und jetzt zum Paradies werden. Die Hindernisse müssen beiseite geräumt werden, und eines der größten Hindernisse ist die Familie. *(23)*

In unserer Kommune in Amerika lebten die Kinder für sich. Die Eltern fühlten sich von einer ungeheuren Last befreit, und auch die Kinder fühlten sich richtig frei und glücklich. In vier Jahren hat unser Experiment uns wichtige Einsichten vermittelt: Kinder werden ohne die ständige Anwesenheit ihrer Eltern viel reifer. Sie bekamen auch keine Wutanfälle mehr, denn da war niemand, der auf Wutanfälle reagierte.

Es gab eine Art Stufenleiter: Die kleinen Kinder standen unter der Obhut von größeren, und für diese wiederum sorgten die noch älteren Kinder. Es war die reinste Freude zuzuschauen, wie die Kinder mit so viel Liebe und Verständnis, wie es Eltern nie aufbringen können, für die anderen Kinder sorgten. Und es gab keine Konflikte, keinen Streit, keinen Kampf um Spielsachen, denn die Kinder gehörten alle zusammen. Sie bildeten ihre eigene Familie, und alle behüteten die Kleinen, alle fühlten sich mitverantwortlich.

Sie wuchsen viel gesünder heran und waren sehr viel intelligenter und viel früher reif. In unserem Erziehungssystem in der Kommune war der halbe Tag für den üblichen Lernstoff reserviert, die andere Hälfte des Tages, um etwas zu lernen, was Geschicklichkeit erforderte: irgendein Handwerk, Bildhauerei oder etwas Ähnliches, was sich die Kinder selbst auswählten. Sie eigneten sich Fertigkeiten an, die man bei so kleinen Kindern nie erwartet hätte – Schreinern zum Beispiel oder irgendein anderes Handwerk. Und sie genossen es viel mehr als den ersten Teil ihres Lehrplans, denn ihre kreative Intelligenz kam dabei viel mehr zum Zug.

Wir können einen separaten Teil in der Kommune einrichten. Dort haben die Kinder ihren Garten und bestellen die Beete, dort sind auch ihre Wohnräume, wo sie ihren Interessen nachgehen können. Dort werden die Lehrer speziell darin ausgebildet, kein Kind auf irgendeine Weise zu konditionieren. Dort steht den Kindern jegliche Art von Literatur zur Verfügung. Wenn sie etwas verstehen lernen möchten, sind Lehrer da, um ihnen zu helfen, doch sie zwingen ihnen keine Vorstellungen auf.

All das läßt sich in einer Kommune sehr leicht verwirklichen. *(24)*

Eine Kommune ist keine Gemeinde, eine Kommune ist keine Welt, eine Kommune ist keine Gesellschaft. Eine Kommune ist eine sehr freundschaftliche Zusammenkunft von Menschen, die hier in dieser Welt leben und ihr doch nicht verhaftet sind.

Eine Kommune ist keine Organisation, sie ist einfach eine Gemeinschaft von Individuen. Sie nimmt niemandem seine Individualität. Sie zerstört weder deine Würde oder deinen Stolz noch deine Selbstachtung, im Gegenteil. Sie gibt dir Würde, Achtung und Liebe; sie nimmt dich so an, wie du bist. Sie verlangt nicht von dir, jemand anders zu sein, bevor sie dich wertschätzt. Sie verlangt nicht von dir, ein Heiliger zu sein. Sie liebt dich so, wie du bist.

Die Kommune gibt dir völlige Freiheit, du selbst zu sein. Es geht nicht darum, dazuzugehören – jeder einzelne existiert als Individuum, nicht als ein Teil der Kommune.

Eine Kommune ist keine alternative Gesellschaft. Eine Kommune ist eine Bruderschaft rebellischer Seelen – eine Bruderschaft ohne eine Organisation, ohne eine Hierarchie. Keiner ist dein religiöser Führer, keiner ist dein politischer Führer. Jeder darf ganz natürlich er selbst sein, ohne auf irgendeine Weise beurteilt oder eingestuft zu werden. *(25)*

Du hast davon gesprochen, die Familie aufzulösen. Hast du je eine Familie gehabt?

Jeder wird in eine Familie hineingeboren, auch ich. Und in Indien gibt es Großfamilien, richtige Familienverbände. In meiner Familie müssen es an die fünfzig oder sechzig Leute gewesen sein – Vettern und Kusinen, Onkel und Tanten lebten alle zusammen. Ich habe den ganzen Schlamassel miterlebt. Diese sechzig Leute haben mir tatsächlich geholfen, keine eigene Familie zu gründen – diese Erfahrung hat mir gereicht!

Wenn du intelligent genug bist, lernst du sogar aus den Fehlern anderer Leute; bist du unintelligent, dann lernst du nicht einmal aus deinen eigenen Fehlern. Ich lernte also aus den Fehlern meines Vaters, den Fehlern meiner Mutter, meiner Onkel und Tanten. Es war eine große Familie, und ich bekam den ganzen Zirkus mit, all das Elend, die ständigen Konflikte, den Streit um Nebensächlichkeiten, um Bagatellen. Schon von Kind an wurde mir eins klar: daß ich keine eigene Familie gründen wollte.

Ich war überrascht. Jeder wird in eine Familie hineingeboren, warum macht er genauso weiter und gründet ebenfalls eine Familie? Er hat das ganze Drama mitbekommen und wiederholt es trotzdem.

Als ich mein Studium abgeschlossen hatte und von der Universität zurückkam, war mein Vater besorgt. Er wußte genau, daß nicht daran zu rütteln war, wenn ich einmal nein gesagt hatte, daher fragte er mich nicht direkt, sondern bat meine Mutter: »Geh, frage ihn, ob er bereit ist zu heiraten. Er kann heiraten, wen er will. Wir stellen keine Bedingungen bezüglich Kaste oder Religion oder sonst etwas, aber er sollte heiraten.«

Als ich eines Abends zu Bett ging, sagte meine Mutter zu mir: »Du kannst jedes Mädchen heiraten, das du möchtest. Wir haben keinerlei Einwände.«

Ich sagte: »Ich habe auch keine Einwände. Ich möchte nur, daß ihr zwei Wochen lang darüber nachdenkt, ob ihr wirklich glücklich seid miteinander. Habt ihr euch nicht oftmals überlegt, daß es besser gewesen wäre, wenn ihr nicht in diesen Schlamassel geraten wärt zu heiraten, elf Kinder zu erzeugen und in diesem Tohuwabohu von sechzig Leuten zu leben, wo alles drunter und drüber geht und jeder den anderen piesackt? Wenn ihr glaubt, dies sei eine großartige Erfahrung gewesen, werde ich heiraten, aber die Verantwortung liegt dann bei euch. Ich setze mein ganzes Leben aufs Spiel. Ich mache es von eurer Entscheidung abhängig.«

Schon nach drei Tagen kam meine Mutter zu mir und sagte: »Zwei Wochen sind zuviel. Ich kann nicht mehr schlafen, ich weiß nicht mehr aus noch ein. Bitte nimm diese Verantwortung zurück!«

Ich fragte: »Was ist denn passiert?«

»Ich möchte nicht über deine Heirat entscheiden.«

»Aber das ist bereits eine Entscheidung«, sagte ich.

»Also gut«, meinte sie schließlich. »Ich werde dich nicht auffordern, zu heiraten.«

Ich bat sie: »Sag meinem Vater, daß er keine Umwege machen und sich direkt an mich wenden soll.« Er hatte Angst, weil er genau wußte, daß ich ihm unter die Nase reiben würde, wie sehr er sein ganzes Leben lang gelitten hatte, und daß er mich trotzdem in dieselbe Lage bringen wollte. Er fragte mich nicht. Doch bevor er starb, sagte er mir mit Tränen in den Augen: »Ich bin froh, daß wir dich nicht zwingen konnten, zu heiraten und ein normales Leben zu führen. Wir haben uns nur Sorgen um dich gemacht. Wer würde sich um dich kümmern? Aber du hast bewiesen, daß das Leben für einen sorgt, wenn man ihm nur vertraut, und daß das Leben sehr mitfühlend ist.«

Ich habe also keine eigene Familie. Aber dafür habe ich eine sehr große Familie meiner Sannyasins rund um die Welt. Ich habe eine völlig neuartige Familie erschaffen. Ich bin kein religiöser Führer, ich bin auch kein Politiker. Ich mache euch keine Versprechungen, ich mache euch keine Hoffnungen. Ich sage euch nur, daß ihr ihr selbst sein sollt – eine ganz simple Lehre, die allereinfachste, die es gibt, ohne jeden Fachjargon. Und trotzdem habe ich die größte Familie geschaffen, die es je auf der Welt gegeben hat. *(26)*

5. KAPITEL

Versöhnung

Ich bin zum ersten Mal richtig wütend auf meine Eltern. Meine Wut ist so stark in Konflikt mit meiner Liebe, daß es weh tut. Kannst du mir helfen?

Jedes Kind wäre wütend, wenn es verstünde, was seine armen Eltern in ihrer Unwissenheit und Unbewußtheit mit ihm gemacht haben. Sie wollten nur das Beste für das Kind, ihre Absichten waren gut, aber ihr Bewußtsein war gleich Null. Und in den Händen unbewußter Menschen sind gute Absichten gefährlich, denn sie führen nicht zu dem Ergebnis, das man sich wünscht; womöglich bewirken sie sogar genau das Gegenteil.

Alle Eltern möchten ein schönes Kind in diese Welt bringen, aber wenn man sich die Welt anschaut, wirkt sie eher wie ein Waisenhaus, wo es nie wirklich Eltern gegeben hat. Es wäre tatsächlich besser, wenn die Welt ein Waisenhaus wäre, wenigstens hättest du dann du selbst sein können – keine Eltern, die dir dazwischenpfuschten.

Deine Wut ist also natürlich, aber sie ist sinnlos. Wütend zu sein hilft deinen Eltern nicht, und es schadet dir. Gautama Buddha soll einmal etwas sehr Merkwürdiges gesagt haben. Er soll gesagt haben: »Mit deiner Wut bestrafst du dich für den Fehler eines anderen.« Auf den ersten Blick wirkt es befremdlich, wenn du hörst, daß du dich mit deiner Wut für den Fehler eines anderen bestrafst.

Deine Eltern haben vor zwanzig, dreißig Jahren etwas mit dir gemacht, und jetzt bist du wütend darüber. Diese Wut hilft niemandem; sie wird nur noch mehr Wunden in dir erzeugen. Ich habe versucht, dir diesen ganzen Mechanismus zu erklären, wie Kinder erzogen werden. Du solltest genug Einsicht haben, um zu verstehen, daß alles, was geschehen ist, genau so geschehen mußte.

Deine Eltern sind von ihren Eltern konditioniert worden. Wer zu Anfang für das alles verantwortlich war, weiß man nicht. Es ist von Generation zu Generation weitergereicht worden. Deine Eltern tun genau das gleiche, was man mit ihnen gemacht hat; sie waren Opfer. Du solltest Mitleid mit ihnen haben und froh sein, daß du in deinem Leben nicht das gleiche Muster wiederholen mußt. Wenn du dich entscheidest, Kinder zu haben, wirst du froh sein, diesen Teufelskreis durchbrechen zu können, wirst du froh sein, daß du das letzte Glied in dieser langen Kette bist. Du wirst weder deinen Kindern noch anderer Leute Kinder Gleiches antun.

Du solltest dich glücklich schätzen, daß du bei einem Meister bist, der dir erklärt, was zwischen Eltern und Kindern vor sich geht – den komplexen Vorgang der Erziehung, die guten Absichten, die schlechten Folgen –, diese Situation, wo jeder sein Bestes versucht und die Welt schlimmer und schlimmer wird.

Deine Eltern waren nicht in der glücklichen Lage, einen Meister zu haben – und du bist auf sie wütend? Du solltest freundlich, mitfühlend und liebevoll zu ihnen sein. Sie haben unbewußt gehandelt, sie konnten sich nicht anders verhalten. Sie haben alles versucht, was sie konnten. Sie waren selbst unglücklich und haben ein weiteres unglückliches Menschenwesen in die Welt gesetzt.

Sie haben nicht verstanden, warum sie unglücklich waren. Du hingegen verstehst, warum ein Mensch unglücklich wird. Und wenn man erkennt, wie Unglück entsteht, kann man vermeiden, es an andere weiterzugeben.

Habe Mitgefühl mit deinen Eltern! Sie haben hart gearbeitet; sie haben alles getan, was sie konnten, aber sie hatten keine Ahnung von Psychologie. Anstatt sie zu lehren, wie man Mutter wird, wie man Vater wird, hat man ihnen beigebracht, wie man Christ wird, wie man Marxist wird, wie man Schneider wird, wie man Klempner wird, wie man Philosoph wird – alles Dinge, die gut und nützlich sind, aber das Grundsätzliche fehlt. Wenn sie Kinder in die Welt setzen, sollten sie vor allem lernen, wie man Mutter wird, wie man Vater wird.

Es galt immer als selbstverständlich, daß jemand, der ein Kind zur Welt bringt, auch weiß, wie man Mutter oder Vater wird. Ja, was die Geburt selbst angeht ... das ist ein biologischer Vorgang, wozu man kein psychologisches Training braucht. Die Tiere können das, die Vögel können das, die Bäume können das. Doch der biologische Vorgang der Geburt ist das eine, Eltern zu sein etwas ganz anderes. Es erfordert gründliches Lernen, denn du erschaffst ein menschliches Wesen.

Tiere erschaffen niemanden, sie erzeugen lediglich Kopien. Und jetzt hat die Wissenschaft entdeckt, daß man tatsächlich Kopien produzieren kann. Das ist eine sehr gefährliche Idee. Wenn wir Samenbanken einrichten – und früher oder später wird es sie geben, denn wenn eine Idee einmal existiert, dann wird sie zur Realität. Und es ist wissenschaftlich erwiesen, daß es absolut möglich ist ... es ist überhaupt kein Problem.

Wir können in den Krankenhäusern Samenbanken einrichten, in denen sowohl Sperma als auch weibliche Eizellen bereitgehalten werden. Und wir können zwei absolut identische Eizellen produzieren, aus denen zwei identische Kinder geboren werden. Das eine Kind wird in die Welt entlassen, das andere wächst in einem Kühlraum heran, ohne Bewußtsein, aber alle seine Körperteile werden genau die gleichen sein wie beim anderen Menschen. Und wenn dieser Mensch einen Unfall hat und ein Bein verliert oder eine Niere oder operiert werden muß, so ist das kein Problem: sein Klon wartet im Krankenhaus. Diesem Klon kann man eine Niere entnehmen – er wächst genau parallel, ist nur unbewußt –, und die Niere ist genau die gleiche wie die verletzte Niere. Man kann sie ersetzen.

Diese Idee, identische Klone heranzuziehen, erscheint als ein großer Fortschritt auf medizinischem Gebiet, aber sie ist gefährlich, insofern, als der Mensch dadurch zu einer Maschine mit auswechselbaren Teilen wird, wie jede andere Maschine auch. Wenn etwas schiefläuft, wird das entsprechende Teil ersetzt. Auf diese Weise wird sich der Mensch immer weiter von seinem spirituellen Wachstum entfernen, weil er sich selbst nur als Maschine betrachtet. So denkt bereits die halbe Menschheit, die kommunistische Welt – daß der Mensch eine Maschine sei.

Du bist in der glücklichen Lage, daß du verstehen kannst, in welcher Situation sich deine Eltern befanden. Sie haben nicht speziell dir etwas angetan, sie hätten das gleiche mit jedem Kind gemacht, das sie zur Welt gebracht hätten. Es entspricht ihrer Programmierung. Sie waren hilflos. Und auf hilflose Menschen wütend zu sein ist nicht richtig. Es ist ungerecht, unfair, und darüber hinaus schadest du dir selbst.

Du kannst deinen Eltern helfen, indem du wirklich der Mensch wirst, von dem ich spreche: bewußter, wacher, liebevoller. Dich zu sehen wird sie verändern. Die tiefgreifende Veränderung in dir zu bemerken wird sie nachdenklich stimmen – vielleicht haben sie falsch gehandelt. Anders geht es nicht. Du kannst sie nicht intellektuell überzeugen. Auf intellektueller Ebene können sie argumentieren, aber durch Argumentieren verändert sich niemand. Das einzige, was die Leute verändert, ist das Charisma, der Magnetismus, die Anziehungskraft, der Zauber deiner Individualität. Dadurch wird alles, was du anfaßt, zu Gold.

Anstatt also deine Zeit und Energie mit Wut und Kampf gegen eine Vergangenheit zu verschwenden, die es nicht mehr gibt, gebrauche sie dazu, den Zauber deiner Individualität zu verwirklichen. Wenn deine Eltern dich dann sehen, werden sie nicht unberührt bleiben können von deinen neuen Qualitäten, von Qualitäten, die für sich selbst sprechen: von deiner Frische, deinem Verständnis, deiner uneingeschränkten Liebe, deiner Freundlichkeit selbst in Situationen, wo Wut angebracht wäre.

Nur das können wirkliche Argumente sein. Du brauchst kein Wort zu sagen; deine Augen, dein Gesicht, deine Handlungen, dein Verhalten, die Art, wie du auf deine Eltern reagierst, wird eine Veränderung in ihnen bewirken. Sie werden dich fragen, was mit dir geschehen ist und wie es geschehen ist, denn jeder Mensch möchte diese Qualitäten besitzen. Das sind die wirklichen Reichtümer. Niemand ist so reich, daß er sich leisten könnte, auf diese Qualitäten zu verzichten, von denen ich zu euch spreche.

Verwende also deine ganze Energie darauf, dich selbst zu transformieren. Das wird dir helfen, und das wird deinen Eltern helfen. Und vielleicht entsteht daraus eine Kettenreaktion. Deine Eltern haben vielleicht noch mehr Kinder, und diese haben wiederum Freunde, und so geht es immer weiter.

Es ist genau so, wie wenn du am Ufer eines stillen Sees sitzt und einen kleinen Kieselstein hineinwirfst. Weil der Kiesel so klein ist, macht er zuerst nur einen kleinen Kreis, aber einen Kreis nach dem anderen ... und sie breiten sich bis ans andere Ufer des Sees aus, soweit der See sie tragen kann. Dabei war es nur ein kleiner Kieselstein.

Wir leben in einer Art neuer Sphäre, in einem neuen psychologischen See, in dem alles, was du tust, bestimmte Schwingungen um dich herum erzeugt. Sie berühren andere Menschen, sie erreichen unbekannte Ufer. Selbst wenn du nur eine kleine Welle der wahren Individualität erzeugst, wird sie viele Menschen erreichen – und sicherlich jene, die dir am nächsten stehen.

Freue dich also, denn du hast die Möglichkeit, dich vollständig zu transformieren. Und hilf deinen Eltern, denn sie hatten diese Chance nicht. Habe Mitgefühl mit ihnen. *(27)*

Meine Eltern sind sehr enttäuscht von mir und machen sich ständig Sorgen um mich. Was bin ich meinen Eltern schuldig?

Das Problem mit der Familie ist, daß Kinder zwar über ihre Kindheit hinauswachsen, Eltern aber niemals über ihr Elternsein. Die Menschen haben noch nicht begriffen, daß Elternsein nichts ist, an dem man sich ewig festhalten kann. Wenn ein Kind erwachsen ist, ist eure Zeit als Eltern vorbei. Das Kind brauchte euch – es war hilflos. Es brauchte die Mutter, den Vater, ihren Schutz. Doch sobald ein Kind auf eigenen Füßen stehen kann, müssen die Eltern lernen, sich aus dem Leben eines Kindes zurückzuziehen. Weil sich Eltern aber niemals aus dem Leben des Kindes zurückziehen, machen sie dem Kind und sich selbst ständig das Leben schwer. Sie wirken zerstörerisch, sie erzeugen Schuldgefühle, sie sind über eine bestimmte Grenze hinaus nicht mehr hilfreich.

Eltern zu sein ist eine große Kunst, und nur sehr wenige Menschen sind wirklich dazu fähig.

Mache dir keine Sorgen – alle Eltern sind enttäuscht von ihren Kindern! Alle, ohne Ausnahme! Selbst die Eltern von Gautama Buddha waren enttäuscht von ihm, selbst die Eltern von Jesus waren gewiß sehr enttäuscht von ihm. Sie führten ein bestimmtes Leben – sie waren orthodoxe Juden, und ihr Sohn, dieser Jesus, wandte sich gegen viele traditionelle Vorstellungen und Konventionen. Josef, der Vater von Jesus, muß gehofft haben, daß sein Sohn ihm jetzt, da er alt wurde, in der Schreinerei helfen würde, bei der Arbeit, in seinem Geschäft – und der dumme Bengel fing an, vom Königreich Gottes zu predigen! Meint ihr, daß der alte Josef darüber sehr glücklich war?

Auch der Vater von Gautama Buddha war schon alt und hatte nur diesen einen Sohn, der überdies erst sehr spät zur Welt gekommen war. Er hatte sein ganzes Leben lang gewartet und gebetet und alle möglichen religiösen Rituale vollzogen, um einen Sohn zu bekommen, denn wer sollte sonst das große Königreich übernehmen? Und dann war der Sohn eines Tages aus dem Palast verschwunden. Meint ihr, der Vater sei sehr glücklich gewesen? Er war wütend, rasend vor Wut, er hätte Gautama Buddha getötet, wenn er ihn gefunden hätte! Seine Polizei, seine Detektive suchten das ganze Königreich ab. »Wo hat er sich versteckt? Bringt ihn her!«

Buddha wußte, daß ihn die Agenten seines Vaters gefangennehmen würden, deshalb floh er als erstes über die Grenzen des Königreiches. Er flüchtete in ein anderes Land, und man hörte zwölf Jahre lang nichts von ihm.

Als er erleuchtet wurde, kehrte Buddha zurück, um seine Freude zu teilen und seinem Vater zu erklären: »Ich bin zu

Hause angekommen. Ich habe Erkenntnis gewonnen. Ich habe die Wahrheit erfahren – das ist der Weg.« Doch sein Vater war wütend, er bebte und zitterte, er war alt, sehr alt. Er schrie Buddha an: »Du bringst Schande über mich!« Er sah Buddha im Gewand des Bettlers mit der Bettelschale dastehen und rief: »Wie kannst du es wagen, als Bettler vor mir zu stehen? Du bist der Sohn eines Königs. In unserer Familie hat es nie einen Bettler gegeben! Mein Vater war ein König und sein Vater auch, seit Jahrhunderten sind wir Könige gewesen. Du hast Schande über uns gebracht!«

Buddha hörte eine halbe Stunde lang zu und sagte kein einziges Wort. Als dem Vater die Luft ausging, als er ein bißchen abkühlte, als ihm die Tränen kamen, Tränen der Wut, der Frustration, da sagte Buddha: »Ich bitte dich nur um einen Gefallen: Wische dir bitte die Tränen ab und schaue mich an. Ich bin nicht mehr derselbe Mensch, der damals fortgegangen ist, ich bin vollständig verwandelt. Doch deine Augen sind so voller Tränen, daß du nichts sehen kannst. Du sprichst zu jemandem, den es nicht mehr gibt. Er ist gestorben.«

Seine Worte lösten aufs neue Wut aus: »Willst du mich belehren? Glaubst du, ich sei ein Dummkopf, ich könne meinen eigenen Sohn nicht erkennen? In deinen Adern fließt mein Blut – und ich soll dich nicht wiedererkennen können?«

Buddha antwortete: »Bitte mißverstehe mich nicht. Mein Körper gehört sicherlich zu dir, nicht aber mein Bewußtsein. Und mein Bewußtsein ist meine Wirklichkeit, nicht mein Körper. Du hast recht, dein Vater war ein König und sein Vater auch; doch ich selbst war in meinem letzten Leben ein Bettler, und auch in dem Leben davor, denn ich habe nach der Wahrheit gesucht. Mein Körper ist zwar durch dich entstanden, aber du warst nur wie ein Durchgangsort. Du hast mich nicht erschaffen, du warst nur ein Mittler; mein Bewußtsein hat mit deinem Bewußtsein nichts zu tun. Verstehe mich recht. Ich bin mit einem neuen Bewußtsein nach Hause gekommen, ich bin wiedergeboren worden. Sieh mich doch an, sieh meine Freude!«

Und der Vater schaute den Sohn mißtrauisch an; er glaubte

ihm nicht. Doch eins war nicht zu übersehen: daß er selbst außer sich war vor Wut, sein Sohn jedoch nicht im geringsten darauf reagiert hatte. Das war völlig neu. Er kannte seinen Sohn. Wäre er noch der alte gewesen, wäre er ebenso wütend geworden wie sein Vater, oder sogar noch wütender, denn er war jünger und heißblütiger. Aber er war überhaupt nicht wütend, sein Gesicht strahlte vollkommenen Frieden aus, eine große Stille. Die Wut des Vaters hatte ihn nicht beunruhigt, nicht irritiert. Der Vater hatte ihn beleidigt, doch es schien ihn in keiner Weise berührt zu haben.

Er wischte sich die Tränen aus den alten Augen, schaute ihn noch einmal an und sah diese neue Anmut ...

Deine Eltern sind sicher enttäuscht von dir, weil sie versucht haben, bestimmte Erwartungen durch dich zu erfüllen. Aber fühle dich deswegen nicht schuldig, sonst zerstören sie deine Freude, deine Stille, dein Wachstum. Bleibe unberührt davon, mache dir keine Sorgen, habe keine Schuldgefühle. Dein Leben gehört dir, und du mußt nach deinem eigenen Licht leben.

Wenn du beim Ursprung der Freude, bei deiner inneren Seligkeit angelangt bist, dann gehe zu ihnen, um sie mit ihnen zu teilen. Sie werden wütend sein. Warte, denn Wut ist nicht von Dauer; sie kommt wie eine Wolke und geht vorbei. Warte. Gehe zu ihnen, weile bei ihnen, aber gehe erst, wenn du sicher bist, daß du kühl und gelassen bleiben kannst; erst wenn du weißt, daß du dich durch nichts zu einer Reaktion hinreißen läßt, erst wenn du selbst dann liebevoll auf sie eingehen kannst, wenn sie wütend sind. Das ist der einzige Weg, wie du ihnen helfen kannst.

Du sagst: *Sie machen sich ständig Sorgen um mich.* Das ist ihre Sache! Und glaube nicht, sie würden sich keine Sorgen machen, wenn du ihren Vorstellungen gefolgt wärst. Sie hätten sich auch dann Sorgen gemacht; das ist ihre Konditionierung. Du hast sie enttäuscht, weil du dir keine Sorgen mehr machst. Du bist vom Weg abgekommen! Sie selbst sind unglücklich, ihre Eltern sind unglücklich gewesen und so weiter und so fort, bis zu Adam und Eva! Du weichst vom Weg ab, deshalb die große Sorge.

Doch wenn du dir jetzt ebenfalls Sorgen machst, verpaßt du eine Chance. Sie haben dich dann wieder in den alten Sumpf zurückgezogen, sie werden sich gut fühlen und sich freuen, daß du auf den traditionellen, konventionellen Weg zurückgefunden hast. Doch das wird weder dir noch ihnen helfen.

Nur wenn du unabhängig bleibst, wenn du den Duft der Freiheit erlangst, wenn du meditativer wirst – und deshalb bist du schließlich hier: um meditativer und stiller zu werden, liebevoller und glücklicher –, dann kannst du eines Tages dein Glück teilen. Ehe du es jedoch teilen kannst, mußt du es selber haben. Du kannst nur das teilen, was du bereits hast.

Du könntest dir jetzt ebenfalls Sorgen machen, aber wenn zwei Menschen sich Sorgen machen, vermehren sie ihre Sorgen nur, sie helfen einander nicht.

Ein Rabbi war bei einer Familie eingeladen. Der Hausherr, der sich sehr geehrt fühlte, ermahnte seine Kinder, ernsthaft zu sein, wenn der hohe Besuch da war. Doch beim Essen mußten sie über etwas lachen, und er schickte sie vom Tisch.

Daraufhin erhob sich der Rabbi und machte Anstalten zu gehen.

»Stimmt etwas nicht?« fragte der besorgte Vater.

»Nun«, sagte der Rabbi, »ich habe auch gelacht.«

Sei bloß nicht beunruhigt, weil deine Eltern ernst sind und sich Sorgen machen. Sie versuchen unbewußt, Schuldgefühle in dir zu erzeugen. Laß sie keinen Erfolg damit haben, denn wenn es ihnen gelingt, werden sie dich zerstören – und damit gleichzeitig eine Chance für sich selbst, die durch dich gegeben ist.

Du fragst: *Was schulde ich meinen Eltern?* Du schuldest ihnen, daß du du selbst bist. Du schuldest ihnen, daß du glücklich bist, daß du ekstatisch bist, daß du dich selbst feierst, daß du lachen und dich freuen lernst. Deine Eltern haben dir körperlich geholfen, jetzt hilf du ihnen spirituell. Das ist der einzige Weg, wie du ihnen etwas zurückgeben kannst. *(28)*

Ich fühle mich meiner Mutter gegenüber schuldig. Ich kann ihr keine Liebe und Aufmerksamkeit geben, und seit sie im gleichen Haus wohnt, ist es noch schlimmer geworden. Ich weiß nicht, was ich mit ihr machen soll.

Dazu ist einiges zu sagen. Erstens: Mütter und Väter verlangen zuviel, mehr als Kinder geben können. Denn die Natur hat es so eingerichtet, daß sie dich lieben, weil du ihr Kind bist; du kannst sie jedoch nicht genauso lieben, weil sie nicht deine Kinder sind. Du wirst deine Kinder lieben, und dann wird sich das gleiche wiederholen. Sie werden dich nicht genauso lieben, denn der Fluß fließt vorwärts und nicht rückwärts. Er kann nicht rückwärts fließen. Aber der Wunsch erscheint natürlich. Weil die Mutter dich geliebt hat, erwartet sie das gleiche von dir. Doch je mehr sie von dir verlangt, um so weniger wirst du ihre Liebe erwidern können und um so mehr Schuldgefühle wird sie in dir erzeugen. Laß also diese Vorstellung fallen, laß sie ganz und gar fallen. Natürlich kannst du sie nicht so lieben, wie sie dich geliebt hat! Und daran ist nichts falsch, überhaupt nichts. Das ergeht jedem Kind so, so hat es die Natur eingerichtet.

Wenn Kinder ihre Eltern zu sehr lieben, werden sie ihren eigenen Kindern nicht genug Liebe geben können. Das wäre gefährlich, denn dadurch wäre das Überleben der Spezies gefährdet. Deine Mutter hat ihre Mutter auch nicht so geliebt. Du kannst höchstens freundlich zu ihr sein, aber Liebe fließt nicht rückwärts. Man kann respektvoll sein, das stimmt – man sollte respektvoll sein, doch die gleiche Liebe ist nicht möglich. Sobald du das verstanden hast, werden deine Schuldgefühle verschwinden.

Es gibt Menschen, die sind zu eng mit ihren Eltern verbunden, zwanghaft verbunden. Sie sind psychisch krank. Wenn eine Frau ihre Mutter zu sehr liebt, wird sie keinen Mann lieben können, weil sie immer das Gefühl hat, daß ihre Mutter leidet und daraus gewisse Konflikte entstehen. Wenn sie einen Mann liebt, wird ihre Liebe diesem Mann zufließen, und sie wird sich schuldig fühlen. Solche Menschen können niemals richtig das Leben genießen und hegen einen inneren Groll gegen ihre Eltern. Im Innersten hoffen sie, eines Tages, wenn die Mutter oder der Vater stirbt, frei zu sein, auch wenn sie das niemandem eingestehen würden, nicht einmal sich selbst. Dieser Gedanke lauert im Unbewußten; es scheint die einzige Möglichkeit zu sein, um frei zu werden. Es ist nicht gut, seinen Eltern den Tod zu wünschen, aber so kommt es, wenn man zu sehr an ihnen hängt.

Es ist völlig unnötig. Sei einfach respektvoll, das reicht. Kümmere dich um sie, soweit es geht, aber habe keine Schuldgefühle.

Und wenn deine Eltern einsichtig sind, werden sie dich verstehen. Bei den Tieren ist es genauso, für sie ist es eine Selbstverständlichkeit: Sobald ein Kind auf eigenen Füßen stehen kann, verläßt es die Eltern. Und die Eltern laufen dem Kind nicht hinterher und sagen: »Warte, wo gehst du hin? Wir haben so viel für dich getan.« So verhält sich die Natur nicht.

Nicht daß die Eltern nicht viel für ihr Kind getan hätten – sie haben viel getan, besonders die Mutter, doch es machte ihr Freude. Dich im Mutterleib zu tragen machte ihr Freude, dich zu nähren und großzuziehen machte ihr Freude. Sie ist reichlich belohnt worden. Sie braucht nichts mehr dazuzubekommen; darum geht es gar nicht. Sie hat diese Augenblicke genossen. Als sie schwanger war, als ihr Kind zur Welt kam, war sie überglücklich, denn sie wurde Mutter. Sie war erfüllt. Dann hat sie dich großgezogen und freute sich: Ein Kind großzuziehen ... eine natürliche Freude! Sie ist bereits belohnt worden. Die Natur belohnt immer sofort, sie läßt keine Akten verstauben.

Fühle dich nicht schuldig. In diesem Punkt mußt du deine Vorstellung ändern. Laß die Schuldgefühle fallen, und du wirst sehen, wie du dich dabei veränderst. Du wirst Mitgefühl mit der armen Frau haben.

Und es ist nicht nötig, sie zu besuchen, wenn du dich nicht gut dabei fühlst. Gehe nur zu ihr, wenn du dich gut fühlst! Gehe nie aus Pflichtgefühl, weil du mußt, sondern nur, wenn du wirklich glücklich bist und ein paar Augenblicke bei deiner

Mutter sein möchtest. Es ist besser, nur ein paar Augenblicke zu verweilen, aber glücklich zu sein, statt stundenlang zu bleiben und dich schrecklich zu fühlen und sie und dich unglücklich zu machen. Sei also ein wenig bewußter. *(29)*

Alte Leute, die nicht wirklich erwachsen geworden sind, können für die Kinder, die jungen Leute und die ganze Familie zu einer Qual werden, denn sie verfolgen alles, was ihr tut, nur mit verurteilenden Blicken. Mit alten Leuten zu leben, die nicht wirklich erwachsen sind, ist eine ungeheure Anstrengung. Über alles, was du tust, fällen sie ein Urteil, so als stündest du ständig vor Gericht. Du kannst ihnen auch nicht widersprechen, denn das empfinden sie als Beleidigung gegenüber dem Alter. Selbst in Gegenwart alter Leute zu reden war in vielen Gesellschaften verpönt.

In den Parabeln von Äsop gibt es eine wunderschöne kleine Geschichte.

Ein junges Lamm kam an einen Bergbach und trank von dem kristallklaren Wasser. Ein Löwe sah das Lamm und war sehr erfreut über diese gute Gelegenheit für ein kräftiges Frühstück. Also kam er näher und sagte zu dem Lamm: »Mir scheint, du bist sehr arrogant und dickköpfig.« Das Lamm sagte: »Ich habe nicht einmal den Mund aufgemacht – ich habe doch überhaupt nichts getan.«

Der Löwe erwiderte: »Du willst nichts getan haben? Dabei hast du das Wasser verdorben. Du hast den Schlamm aufgewühlt und das ganze Wasser trüb gemacht – und davon soll ich jetzt trinken! Du hast überhaupt keinen Respekt vor dem König der Tiere.«

Das Lamm antwortete: »Onkel, du scheinst eins zu vergessen, der Fluß fließt nicht in deine Richtung, sondern abwärts. Selbst wenn das Wasser trüb geworden ist, fließt es nicht zu dir. Was *du* tust mit dem Wasser, kommt zu *mir*.«

Der Löwe wurde sehr wütend, denn das Lamm erschien ihm zu logisch ... und wer möchte schon ein Frühstück, das so logisch ist! Er sagte: »Du bist nicht nur eigensinnig, sondern du versuchst auch noch, mir intellektuell zu kommen.«

Das Lamm sagte: »Ich bin nur ein armes Schaf, wie könnte ich intellektuell sein? Du bist der König.«

Der Löwe sagte: »Vergiß das mit dem König... wie war doch diese Sache mit deinem Vater, der mich gestern beleidigt hat?«

Das Lamm antwortete: »Das muß wohl jemand anders gewesen sein, denn mein Vater ist schon vor etwa drei Wochen gestorben. Um die Wahrheit zu sagen: Du hast meinen Vater vor drei Wochen getötet, wie kann er dich da gestern beleidigt haben?«

Das ging nun wirklich zu weit! Der Löwe brüllte: »Du weißt nicht, was Tradition ist, du weißt nicht, was Höflichkeit ist, und daß man die Älteren zu respektieren hat. Du solltest den Mund halten!« Und er griff sich das Lamm.

Das Lamm sagte: »Du hast unnötig deine Zeit verschwendet. Ich wußte von Anfang an, daß dies deine Frühstückszeit ist. Du brauchst es gar nicht zu rationalisieren – fange einfach mit deinem Frühstück an. Meine Mutter hast du gefressen, meinen Vater hast du gefressen. Ich bin ein armes Waisenkind; es ist besser, wenn du mich auch frißt. Dann kann ich wenigstens in deinem Bauch Vater und Mutter wiedersehen – was für ein Familientreffen das wird!«

Kinder und junge Leute werden seit Jahrhunderten von der ganzen Menschheit unterdrückt. Aber bei einem alten Menschen soll man das Alter respektieren, selbst wenn er ein Idiot ist. *(30)*

Wenn ich in den Spiegel schaue, sehe ich manchmal das Gesicht meines Vaters. Ich mag das nicht. Ich habe meinen Vater geliebt, doch seit vielen Jahren gibt es keine Verbindung mehr zwischen uns.

Du wirst dich mit ihm aussöhnen müssen. Mit dem eigenen Vater in Konflikt zu leben ist sehr gefährlich, denn die Hälfte deines Wesens stammt von ihm. Und solange du nicht mit deinem Vater versöhnt bist, wirst du niemals mit dir selbst versöhnt sein – das ist das Problem. Die Versöhnung mit deinem Vater ist also ein Muß für dein eigenes Wachstum.

Dein Gesicht spiegelt zwangsläufig das Gesicht deines Vaters wider; es stammt von ihm. Das ist natürlich, genauso sollte es sein. Und je älter du wirst, desto mehr werden eure Gesichter einander ähnlich.

Es hat nichts mit Mögen oder Nichtmögen zu tun; es muß zu einer Aussöhnung kommen. Du magst das nicht, dadurch entsteht das Problem. Es bedeutet, daß du dich selbst nicht mögen wirst.

Tue folgendes – es wird am Anfang etwas schwierig sein, aber du mußt die Schmerzen durchstehen: Nimm dir vor, jeden Abend zwanzig Minuten vor dem Spiegel über das Gesicht deines Vaters zu meditieren. Laß sein Gesicht vor dir auftauchen und beobachte alle Ähnlichkeiten mit deinem Gesicht. Erschaffe dir ein richtiges Phantasiegebilde im Spiegel. Wie sehr du dich auch davon abwenden möchtest, nicht hinschauen möchtest, die Augen schließen möchtest – tue nichts dergleichen, laß dich darauf ein. Meditiere jeden Abend zwanzig Minuten darüber und weiche nicht aus.

Wenn dir das gelingt, wird innerhalb von drei Monaten sehr viel geschehen. Zuerst wird dein Gesicht dem deines Vaters gleichen. Dann wirst du eines Tages plötzlich merken, daß es verschwunden ist und ein anderes Gesicht auftaucht, vielleicht das deines Großvaters. Denn auch dieses ist da – ein Gesicht hinter dem anderen. Du trägst die Geschichte einer ganzen Folge, einer ganzen Erbschaft mit dir, in deinen Augen, in deiner Hautfarbe, in deinem Gesicht, in deinem Haar, in allem. Du bist nicht allein hier; es ist unmöglich, allein hier zu sein. Der einzige Weg ist der, ein Glied in dieser Kette zu sein.

Jede Zelle deines Körpers entstammt einem Erbe, einer langen Tradition. Beobachte also einfach. Es wird dir gelingen, immer tiefer in diese Gesichter hineinzugehen, und eines Tages wirst du sehen, daß alle Gesichter verschwunden sind. Der Spiegel ist leer, und du schaust hinein.

Das kann zwischen drei Wochen und drei Monaten dauern, aber es geschieht mit Sicherheit. Wenn du weitermachst, wird es geschehen. An dem Tag, an dem alle Gesichter verschwunden sind, ist dein Problem gelöst. Dann kannst du damit aufhören. Wenn alle Gesichter verschwinden, bist du bei deinem eigenen Sein angelangt, und das hat kein Gesicht – du magst es dein Gesicht nennen, aber es ist kein Gesicht. Die Zen-Leute nennen es das ursprüngliche Gesicht.

Hinter all diesen Gesichtern verbirgt sich dein Sein. Höre nicht auf zu schälen. Kaum hast du eine Schicht abgeschält, erscheint die nächste, dann schälst du diese ab, und eine weitere taucht auf. Ein Augenblick kommt, da alle Schichten verschwunden sind und nur Leere in deinen Händen zurückbleibt. Diese Leere wird alles auflösen. Dann wirst du sehr viel Liebe und Mitgefühl für deinen Vater, deinen Großvater und all diese unbekannten Menschen empfinden, die dein Dasein ermöglicht haben. Gehe dann zu deinem Vater, und zum ersten Mal wirst du wirklich eine Beziehung zu ihm haben.

Ich verstehe deine Abneigung. Jede unerfüllte Liebe endet in Haß. Du wolltest deinen Vater lieben. Du hast ihn geliebt, aber deine Liebe ist nie erwidert worden. Sie kam nie zu dir zurück; deine Liebe war frustriert. Und wenn Liebe nicht erwidert wird, wird sie sauer. Sie wird bitter, sie wird zu Haß. Doch deine Abneigung zeigt, daß du den Mann noch liebst, sonst wäre sie nicht da. Dein Haß ist ein Zeichen dafür, daß du noch immer wartest – eines Tages wird er kommen und dich so lieben, wie du immer geliebt werden wolltest.

Versetze dich doch einmal in seine Lage. Er hat vielleicht nicht begriffen, was du gebraucht hättest – alle Menschen haben ihre eigenen Probleme. Er ist vielleicht mit seinem eigenen Vater noch nicht versöhnt. Dann wird es problematisch.

Man muß zu einer Aussöhnung kommen, ein Verständnis gewinnen. Das wird dir ungeheuer helfen. Fange also mit der Spiegelmeditation an.

Und merke dir: Wenn du etwas nicht magst, stelle dich ihm.

Wenn du etwas vermeiden möchtest, weiche ihm nicht aus. Wenn du vor etwas Angst hast, gehe hinein – das ist der einzige Weg, damit fertig zu werden, sonst wird es dir wie ein Schatten folgen.

Durch die Versöhnung mit deinem Vater wirst du das Leben mit anderen Augen sehen. Du wirst dich entspannter fühlen, ausgeglichener, mehr zu Hause, und deine Lebensweise wird sich ändern. *(31)*

Bei der Vorstellung, meine Eltern zu sehen, verknotet sich etwas in meinem Magen. Entweder verhalte ich mich sehr distanziert und mechanisch, oder ich argumentiere und werde defensiv. Ich kann nichts für sie empfinden. Soll ich eine Therapie machen?

Energetisch ist mit dir alles in Ordnung. Der Knoten sitzt nicht in deiner Energie, sondern in deiner Erinnerung. Das sind zwei verschiedene Dinge. Wenn der Knoten in der Energie sitzt, wird es eine schwierige Angelegenheit; wenn er jedoch nur in der Erinnerung sitzt, ist es sehr einfach, und du kannst ihn leicht loswerden. Ich schlage dir folgendes vor: Ehe du in irgendwelche therapeutischen Prozesse hineingehst, führe zwei, drei Monate lang ein glückliches Leben. Freue dich einfach an einem Leben ohne Begrenzungen, ohne Schuldgefühle und Hemmungen. Wenn du dich ohne Schuldgefühle und Hemmungen am Leben freuen kannst, wirst du großes Mitgefühl für deine Eltern empfinden.

Tatsächlich kann ein Kind seinen Eltern nur dann vergeben, wenn es keine Schuldgefühle mehr hat, denn Eltern bedeuten Schuld. Sie haben die ersten Schuldgefühle erzeugt: »Tue dies und nicht jenes; sei so und nicht anders.« Sie waren das erste kreative, aber auch das erste destruktive Element. Sie ermöglichten es dem Kind zu wachsen, sie liebten ihr Kind, doch sie hatten ihren eigenen Kopf und ihre eigene Konditionierung und versuchten, diese dem Kind überzustülpen. Deshalb haßt jedes Kind seine Eltern.

Du hast eine Abneigung gegen deine Eltern, du hast Angst

vor ihnen, weil sie dir nicht erlaubten, du selbst zu sein. In ihrer Gegenwart verkrampfst du dich und fühlst einen Knoten im Magen; du wirst wieder zum Kind. Die Vergangenheit wird wieder wach, und du bist wieder hilflos. Aber weil du jetzt kein Kind mehr bist, fängst du an zu streiten und schlägst zurück; du wirst wütend oder gerätst in die Defensive oder gehst ihnen aus dem Weg. Doch all das schafft eine Distanz. Und eigentlich hast du ein tiefes Bedürfnis, deine Eltern zu lieben – jeder hat das. Jeder Mensch liebt seinen Ursprung, aber dieser Ursprung hat etwas getan, was Nähe und Verständigung verhindert. Deshalb entsteht jedesmal, wenn du dich näherst, ein Problem. Und wenn du distanziert bleibst, entsteht ein tiefes Verlangen, zu kommunizieren, zu verzeihen und neue Brücken zu schlagen.

Lebe drei Monate lang genau so, wie du möchtest, das wird diesen Teil deiner Erinnerung reinigen. Lebe einfach so, wie du leben willst. Deine Eltern hindern dich nicht mehr. Sie werden zwar oft aus dem Innern zu dir sprechen. Du tust etwas, und eine elterliche Stimme sagt: »Tue das nicht.« Dann lache über die Stimme und sei dir bewußt, daß du jetzt frei bist und deine Eltern dich reif genug gemacht haben, um dein eigenes Leben zu leben und die Verantwortung selbst zu übernehmen. Diese Stimme brauchst du jetzt nicht mehr – du hast jetzt dein eigenes Bewußtsein, du brauchst keinen Ersatz dafür. Jetzt brauchen die Eltern nicht mehr für dich zu sprechen, du kannst für dich selbst sprechen.

Probiere das also aus, und innerhalb von drei Monaten wird der Knoten verschwinden. Er kann sehr leicht weggespült werden, ausgelöscht werden. Wenn du das selber machen kannst, brauchst du keine Therapie. Doch wenn du es nicht schaffst und es zu schwierig ist, kann Therapie dir helfen. Sie wird das gleiche tun: Sie versucht, die Erinnerung zu löschen. Wenn man solche Dinge nicht alleine schafft, ist es immer gut, die Unterstützung von Therapeuten zu suchen, die sich damit auskennen. Aber versuche es erst einmal selber.

Manchmal passiert es nämlich, daß der Therapeut dir hilft, deine Eltern loszuwerden, aber dann gerät er in die Elternrolle. Der Verstand ist so schwerfällig und verwirrt, daß er sich sofort irgendwoher einen Ersatz besorgt, wenn er etwas nicht mehr im Griff hat. Daher werden viele Leute, die in Therapie gehen, zwar nach und nach manche Probleme los, aber dafür wird ihnen der Therapeut zum Problem. Sie können nicht mehr auf ihn verzichten, sie können nicht mit der Therapie aufhören. Sie können nur den Therapeuten oder die Therapieform wechseln. Sie laufen von einer Therapie zur anderen und werden therapiesüchtig.

Es ist manchmal sehr gut, mit deinen Problemen allein fertig zu werden; das gibt dir Selbstvertrauen.

Und das ist der Weg: Mache alles, was du machen möchtest – sei es gut oder schlecht, darum geht es nicht. Was immer du in diesen drei Monaten machen möchtest, ist gut, und was du nicht machen möchtest, ist schlecht, tue es nicht. Fühle dich vollständig frei und ungezwungen und genieße das Leben, so als wärst du neu geboren. Und genau das geschieht durch Sannyas: Du bist ein neues Kind, es ist eine neue Geburt. Du kannst auf neue Art wachsen, und diese elterlichen Stimmen und die elterliche Konditionierung werden dich nicht mehr behindern. Es ist ein neues Wachstum. *(32)*

Mein fünfzigjähriger Vater stirbt an Krebs.

Nicht sehr alt ... aber der Tod macht keinen Unterschied zwischen alt und jung. Er kommt, wann immer er kommen muß. Wir sind dem Tod gegenüber hilflos, und diese Hilflosigkeit ist der eigentliche Ursprung aller Religionen. Wenn der Tod besiegt werden kann, dann werden alle Religionen von der Welt verschwinden. Der Tod ist eine Mahnung der Existenz, das Leben nicht sehr ernst zu nehmen: Es ist flüchtig und muß vergehen. Lebe deshalb spielerisch, nimm es nicht zu ernst, denn der Tod kommt und macht alles zunichte, was du aus dem Leben gemacht hast. Nur Meditation kann nicht vom Tod zerstört werden. Das ist die einzige Sache auf der Welt, die nicht von dieser Welt ist, sondern jenseits davon.

Weine also nicht oder habe Mitleid mit deinem Vater, denn ob man mit fünfzig stirbt oder mit neunzig, macht keinen Unterschied. Der Traum des einen ist ein wenig kürzer, der des anderen ein wenig länger, aber ein Traum bleibt ein Traum! Wie lange du träumst, darauf kommt es letzten Endes nicht an. Man kann fünfzig oder neunzig oder hundert Jahre leben, doch sobald der Tod kommt, wird alles ausgelöscht. Es ist so, wie wenn du morgens aufwachst, und die ganze Nacht, die ganze Traumwelt ist sinnlos geworden – sie verliert jede Bedeutung.

Nimm es als eine Mahnung an dich selbst ... denn wenn der Vater oder die Mutter stirbt, dann stirbt auch etwas in dir. Du bist nicht mehr der gleiche – es wird eine Lücke entstehen. Einen Vater, eine Mutter kann man nicht ersetzen, sie sind unersetzlich.

Anstatt also zu weinen oder Mitleid zu empfinden ... denn das sind die Tricks des Verstandes, um die Begegnung mit dem Tod zu vermeiden. Auf diese Weise erzeugst du einen Nebel um dich herum, eine Wolke, und so kannst du die Tatsache des Todes nicht sehen. Man muß dem Tod direkt ins Auge sehen, ohne daß sich Emotionen einmischen. Dann wird der Tod zu einer Meditation.

Dein Vater stirbt, das ist eine Tatsache. Ob du weinst oder nicht, macht keinen Unterschied, was soll es also? Der Tod geschieht, du kannst ihn nicht ungeschehen machen. Anstatt also Zeit zu verschwenden, schaue hinein. Schaue tief hinein, und du wirst im Tod deines Vaters deinen eigenen Tod und den Tod deiner Kinder und deiner Enkelkinder kommen sehen. Im Tod deines Vaters kannst du den Tod aller deiner Vorfahren sehen.

Der Tod ist eine universelle Tatsache. Niemand stellt eine Ausnahme dar, jeder ist mit einbegriffen. Der Tod ist sehr universell. Sieh der Tatsache des Todes ins Auge, und du wirst sehen, daß die ganze Existenz stirbt. Das wird dir eine tiefe Einsicht gewähren – nicht nur in den Tod, sondern auch ins Leben, denn es ist das Leben, das den Tod bringt.

Der Tod ist im Leben enthalten, er ist darin angelegt; er

entwickelt sich daraus. Ein Kind wird geboren, und vom ersten Atemzug an beginnt es zu sterben. Vom Augenblick der Geburt an beginnt etwas zu sterben. Es dauert siebzig oder fünfzig oder neunzig Jahre, bis der Tod sich ganz entfaltet hat, aber das Leben scheint den Samen des Todes bereits in sich zu tragen.

Schaue dir diesen Tod gut an, meditiere darüber, ohne daß sich Gefühle einmischen. Dann wird dein Leben nicht mehr das gleiche sein. Denn was soll das alles? Eines Tages kommt der Tod und wird alles zerstören. Also tue etwas, was der Tod nicht zerstören kann.

Und ich sage dir, es gibt nur eins, was der Tod nicht zerstören kann, und das ist Meditation. Alles ist durch den Tod verwundbar, nur Meditation nicht. Je tiefer du nach innen gehst, desto weiter entfernst du dich vom Tod. Je mehr du nach außen gehst, desto mehr gehst du in den Tod hinein. An der äußersten Peripherie gibt es nur Tod, sonst nichts. Schaue nach außen, und du siehst den Tod. Schaue nach innen, und du siehst das Unsterbliche. Und um diese Unsterblichkeit geht es bei Meditation.

Normalerweise denkt man nicht an den Tod, aber wenn ein Unglück wie dieses geschieht – der Vater ist nicht mehr, die Mutter ist nicht mehr, oder das Kind ist gestorben –, diese seltenen Augenblicke muß man nutzen. Sie sollten nicht vergeudet werden.

Mach dich frei von diesen Emotionen, sie sind sinnlos. Komm raus aus der Charlie-Brown-Ecke und schaue dir den Tod an. Du bist noch ganz nahe daran, die Erfahrung ist noch frisch, die Wunde ist noch nicht geheilt. Ehe sie geheilt ist, nutze sie. So kann diese Wunde zu einer Botschaft des Jenseitigen werden. Meditiere darüber. Und liebe mehr. Liebe und Tod sind sich sehr ähnlich. *(33)*

Mein Vater ist plötzlich gestorben. Ich habe das Gefühl, es wäre gut, eine Zeitlang bei meiner Mutter zu sein, um dort etwas abzuschließen. Irgend etwas ist emotional ungelöst, und ich glaube, jetzt ist die richtige Zeit dafür.

So ist das immer mit Eltern. Diese Beziehung verlangt große Bewußtheit, nur dann kann man sie zum Abschluß bringen. Aber wahrscheinlich verhindert schon die Vorstellung, die Beziehung abschließen zu wollen, daß sie wirklich abgeschlossen wird. Löse dich von dieser Vorstellung. Sei einfach da, sei einfach natürlich und liebevoll.

Tue, was du kannst, denn die Eltern haben viel für dich getan, und im Westen dankt man ihnen nicht einmal dafür. Niemand empfindet Dankbarkeit. Im Osten war diese Situation immer ganz anders, dort war sie niemals unfertig, sie war stets abgeschlossen. Die Eltern haben viel gegeben, und die Kinder haben ihrerseits immer soviel Achtung wie möglich, soviel Respekt wie möglich zurückgegeben. Das ist im Osten zu etwas ganz Natürlichem geworden, und zwar aus einem tiefen Grund: Wenn du mit deinen Eltern nicht in Harmonie bist, kannst du auch mit dir selbst nicht in Frieden leben, denn Eltern sind kein zufälliges Phänomen, sie sind tief in dir verwurzelt; du bist aus ihnen entstanden. Beide setzen sich in dir fort. All ihre Konflikte und Ängste gehen in deinem Innern weiter. Es ist zu deinem eigenen Wohl, ein harmonisches Verhältnis mit ihnen zu haben. Und der einfachste Weg ist, dich nicht darum zu bemühen.

Mühe kann da nicht helfen, sie ist etwas sehr Künstliches. Gib diese Idee auf. Gehe einfach hin und sei da. Und deine Mutter wird dich brauchen. Nach dem Tod deines Vaters wird sie in großer Sorge sein. Sie wird dich brauchen. Gib dir also nicht absichtlich Mühe. Sei einfach bei ihr, liebkose sie, kümmere dich um sie, meditiere manchmal bei ihr, und wenn sie kann, hilf ihr, auch zu meditieren. Andernfalls sage ihr, daß du in ihrem Zimmer meditieren möchtest. Sie kann sich auf ihrem Bett ausruhen, und du meditierst. Und diese Schwingungen werden ihr helfen.

Sei glücklich! Auch wenn es in dieser Situation schwierig ist, sei dennoch glücklich. Bringe ihr Fröhlichkeit, erleichtere ihre Last. Hilf ihr, die Situation zu akzeptieren. Und kümmere dich nicht um deine Beziehung zu ihr. Denke ganz einfach nicht daran, und auf einmal wirst du merken, daß die Beziehung geheilt ist. Es geschieht indirekt, du kannst nicht auf direktem Weg daran arbeiten. Und wenn du zwei, drei Wochen lang sehr liebevoll und hilfreich sein kannst, dann wird sie froh sein, daß du gekommen bist. Das ist genug. Du wirst spüren, wie eine harmonische Beziehung entsteht.

Wenn wir liebevoll sein können, dann bleibt keine Beziehung unfertig, dann erfährt jeder Augenblick seine Vollendung. *(34)*

Ich bin meinem Vater gegenüber mißtrauisch. Ich glaube, er ist nicht mein richtiger Vater. Kannst du mich von diesem Zweifel befreien?

Das ist wirklich eine schwierige Frage! Zunächst einmal spielt es gar keine Rolle. Es ist irrelevant, ob A oder B dein Vater ist. Was macht das schon? Du bist du; du bist das, was du bist. Woher deine erste Zelle kam, welchen Ursprung sie hat, ist jetzt unwichtig.

Was beunruhigt dich so an der Frage? Doch manchmal werden solche Dinge zu einer fixen Idee. Selbst wenn du es wüßtest, selbst wenn ich dir sage: Dieser Mann da ist dein Vater, Paul ist dein Vater – was dann? Wirst du mir glauben? Du wirst mir mißtrauen. Es ist also besser, du mißtraust deinem Vater. Oder du wirst noch dem armen Paul mißtrauen, der mit der ganzen Sache gar nichts zu tun hat!

Diese Frage kann nur deine Mutter beantworten. Selbst dein Vater kann sie nicht beantworten, selbst er kann unrecht haben. Frage also deine Mutter.

Ein Junge kommt zu seinem Vater und sagt: »Vati, ich möchte Susi heiraten.« »Heirate sie nicht, mein Junge«, sagt der alte Mann. »Als ich jung war, da hab' ich mir die Hörner abgestoßen und ... na ja, du weißt schon.«

Eine Woche später kommt der Junge wieder zu seinem Vater und sagt: »Vati, ich habe mich in Mildred verliebt und möchte sie heiraten.«

Der alte Playboy antwortet: »Sie ist deine Halbschwester, mein Sohn. Du kannst sie nicht heiraten.«

»Und was ist mit Mabel?« fragt der Junge ein paar Wochen später.

»Auch sie ist deine Halbschwester«, antwortet der Vater.

Der Junge will unbedingt eine Frau. Er geht zu seiner Mutter und beklagt sich: »Paps sagt, ich dürfe Susi, Mildred und Mabel nicht heiraten, weil sie meine Halbschwestern seien. Was soll ich bloß machen?«

Die Mutter nimmt ihn beim Arm und tröstet ihn: »Du kannst heiraten, wen du willst. Er ist gar nicht dein Vater!«

Es ist nicht so einfach, außer deine Mutter sagt die Wahrheit. Niemand kann dir eine Garantie geben.

Aber ich habe von einer IBM-Maschine gehört. Ich weiß nicht, ob die Geschichte wahr ist, doch du kannst dich erkundigen.

Eine Frau, die von dieser phantastischen IBM-Maschine gehört hat, kommt in ein Geschäft und schaut sich um.

»Sie können diese Maschine alles fragen, was Sie möchten, und sie wird Ihnen die richtige Antwort geben«, erklärt der Verkäufer.

Die Frau tippt: »Wo ist mein Vater?« in die Maschine ein. Die Antwort lautet: »Dein Vater fischt vor der Westküste von Florida.«

»Quatsch!« ruft die Frau, »mein Vater ist seit zwanzig Jahren tot.«

»Die Maschine irrt sich nie«, behauptet der Verkäufer. »Das muß ein Mißverständnis sein. Formulieren Sie Ihre Frage noch einmal anders.«

Die Frau schreibt in die Maschine: »Wo ist der Mann meiner Mutter?«

Die Antwort lautet: »Er ist seit zwanzig Jahren tot, aber dein Vater fischt vor der Westküste Floridas.«

Bitte stelle mir nicht solche Fragen. Ich bin weder eine IBM-Maschine, noch bin ich deine Mutter. *(35)*

6. KAPITEL

Schwangerschaft, Geburt und erste Schritte

Wenn Erleuchtete keine Kinder haben und du uns neurotische Menschen für ungeeignet dazu erklärst, wann ist dann der richtige Zeitpunkt, um Eltern zu werden?

Erleuchtete Menschen haben keine Kinder und neurotische Menschen sollten keine haben. Genau dazwischen gibt es einen Zustand geistiger Gesundheit, wo du weder neurotisch noch erleuchtet bist, sondern einfach gesund. Genau in der Mitte – das ist die richtige Zeit, um Eltern zu werden, um Mutter, um Vater zu werden.

Aber unglücklicherweise tendieren gerade neurotische Menschen dazu, viele Kinder in die Welt zu setzen. In ihrer Neurose neigen sie dazu, sich mit großer Geschäftigkeit zu umgeben. Das sollten sie bleiben lassen, denn es ist eine Vermeidungstaktik. Sie sollten sich mit ihrer Neurose auseinandersetzen und darüber hinauswachsen.

Ein Erleuchteter braucht keine Kinder zu haben. Er hat sich selbst die höchste Geburt geschenkt, jetzt braucht er nichts mehr zu gebären. Er ist sich selbst Vater und Mutter geworden. Er ist sich selbst zum Mutterleib geworden, er ist wiedergeboren worden.

Zwischen diesen beiden Zuständen, wenn du frei von Neurosen bist und meditierst, wenn du ein wenig bewußt und aufmerksam geworden bist und dein Leben nicht mehr nur ein einziges Dunkel ist – du bist noch nicht von soviel Klarheit und Licht umgeben wie ein Buddha, aber einen Kerzenschimmer gibt es doch –, das ist die richtige Zeit, um Kinder zu haben, denn dann kannst du ihnen etwas von deiner Bewußtheit mitgeben. Was für ein Geschenk willst du ihnen sonst mitgeben? Du wirst ihnen deine Neurose mitgeben.

Ich habe gehört: Ein Mann besucht mit seinen achtzehn Kindern eine Landwirtschaftsausstellung. Zur Schau gehört auch ein Preisbulle, der 20000 Mark kostet, doch um ihn zu sehen, muß man zwei Mark extra zahlen. Der Mann findet diesen Betrag unverschämt hoch, aber seine Kinder lassen nicht locker und drängen zum Eingang des Stalles. Der Wärter fragt: »Sind das alles Ihre Kinder, mein Herr?«

»Ja, sind sie«, antwortet der Mann. »Warum?«

»Dann warten Sie mal 'ne Minute. Ich hole den Bullen raus, damit er Sie sehen kann!«

Achtzehn Kinder! Da wird selbst ein Bulle neidisch.

In eurer Unbewußtheit produziert ihr lediglich eure eigenen Abbilder. Überlege dir zuerst, ob du der Welt ein Geschenk machen würdest, wenn du in deiner jetzigen Situation ein Kind bekämst. Wäre es ein Segen für die Welt oder eine Last? Und dann überlege weiter: Bist du bereit, dem Kind Mutter oder Vater zu sein? Bist du bereit, es bedingungslos zu lieben? Denn Kinder kommen zwar durch dich, aber sie gehören nicht dir. Du kannst ihnen deine Liebe geben, aber du solltest ihnen nicht deine Vorstellungen aufbürden. Du solltest deinen neurotischen Lebensstil nicht an sie weitergeben. Wirst du zulassen, daß sie sich auf ihre eigene Weise entfalten? Wirst du ihnen die Freiheit geben, sie selbst zu sein? Wenn du dazu bereit bist, dann ist es okay. Ansonsten warte und bereite dich vor.

Mit dem Menschen hat die bewußte Evolution auf der Welt begonnen. Verhalte dich nicht wie die Tiere, die sich unbewußt vermehren, sondern bereite dich vor. Werde meditativer, werde ruhiger und friedlicher. Werde diese ganzen neurotischen Verhaltensweisen los, die du in dir trägst. Warte ab, bis du vollkommen gereinigt bist, erst dann empfange ein Kind. Dann gib dem Kind dein Leben und deine Liebe, und du wirst dazu beitragen, eine bessere Welt zu schaffen. *(36)*

Ich bin schwanger und habe mich zu einer Abtreibung entschlossen. Ich dachte, ich sei mit dieser Entscheidung glücklich, merke aber, daß ich jedesmal traurig werde, wenn ich daran denke.

Das ist nur eine vorübergehende Traurigkeit. Mit der Entscheidung, Mutter zu werden, würdest du dich in weit tiefere Schwierigkeiten begeben, die sich nicht so einfach lösen lassen, wenn das Kind erst einmal da ist.

Eine Mutter muß auf ihr eigenes Wachstum verzichten; sie kann nicht arbeiten gehen, sondern muß sich um die Kinder kümmern, und das führt zu Komplikationen.

Wenn die Arbeit an deinem eigenen Wachstum abgeschlossen ist, dann ist es vollkommen in Ordnung. Dann kannst du dir das Muttersein als Belohnung gönnen. Ein Kind zu haben sollte eine Sache der Muße sein, es sollte der letzte Luxus sein. Ansonsten wird es zu Komplikationen führen. Doch die Entscheidung liegt bei dir. Niemand zwingt dich. Es ist deine Entscheidung. Wenn du Mutter werden willst, werde Mutter. Aber dann trage auch die Konsequenzen.

Die Leute sind sich nicht bewußt, was sie tun, wenn sie ein Kind in die Welt setzen. Sonst würde ihnen eher das Kind leid tun, als daß ihnen die Abtreibung leid tut. Halte dir diese beiden Möglichkeiten vor Augen. Was willst du dem Kind geben? Was hast du ihm zu geben?

Du wirst deine Spannungen auf sein Wesen übertragen, und das Kind wird die gleiche Art von Leben leben wie du. Es wird zum Psychoanalytiker gehen, es wird zum Psychiater gehen, und sein ganzes Leben wird ein Problem – genau wie das anderer Leute auch. Welches Recht hast du, einen Menschen auf die Welt zu bringen, wenn du ihm kein heiles und gesundes Wesen geben kannst? Es ist ein Verbrechen! Aber die Leute denken umgekehrt: Sie denken, Abtreibung sei ein Verbrechen. Nein, das Kind wird eine andere Mutter finden, denn nichts stirbt. Und es gibt viele, viele Frauen, die glücklich über ein Kind sind; doch du wirst nicht dafür verantwortlich sein.

Ich sage nicht, du sollst nicht Mutter werden. Ich sage, sei dir bewußt, daß Muttersein eine große Kunst ist, eine große Leistung. Erschaffe zuerst diese Qualität in dir, diese Kreativität, diese Freude, diese Festlichkeit, und dann lade das Kind ein. Dann hast du dem Kind etwas zu geben – dein Feiern, dein Lied, deinen Tanz –, und du wirst kein pathologisches Wesen erschaffen. Auf dieser Welt wimmelt es schon von kranken Menschen. Laß einen anderen Planeten leiden. Warum diese Erde? Die Welt ist am Verhungern, die Menschen sterben, weil es nicht genug Nahrung gibt, die ganze Ökologie ist gestört, und das Leben wird immer häßlicher und höllischer; das ist nicht die richtige Zeit.

Aber selbst wenn du meinst, die Welt werde schon für sich selber sorgen, man werde schon einen Weg finden, dann mußt du immer noch an das Kind denken. Bist du fähig, Mutter zu sein? Darum geht es! Wenn ja, dann wirst du glücklich sein, ein Kind zu haben, und das Kind wird glücklich sein, eine Mutter wie dich zu haben. Andernfalls kannst du zu jedem Psychiater gehen und ihn fragen, welche Probleme die Leute haben; sie lassen sich alle auf einen Nenner bringen: die Mutter. Die Mutter war nicht fähig, dem Kind einen psychologischen Mutterschoß zu geben, ihm einen spirituellen Mutterschoß zu geben. Psychologisch gesehen war sie neurotisch, und spirituell gesehen war sie leer, es gab keine seelische Nahrung für das Kind. Das Kind ist nur mit einem Körper auf die Welt gekommen, ohne eine Seele, ohne ein Zentrum. Wie kann das Kind ein Zentrum haben, wenn die Mutter kein Zentrum hat? Das Kind ist lediglich die Fortsetzung des Wesens der Mutter.

Wenn sie alle Konsequenzen in Betracht ziehen würden, würden sich weniger Menschen dazu entscheiden, Mutter und Vater zu werden. Und wenn weniger Menschen Eltern würden, würden wir in einer besseren Welt leben. Die Welt wäre weniger übervölkert, weniger neurotisch, weniger pathologisch, weniger verrückt. *(37)*

Wir haben noch keine Kinder, möchten aber jetzt gerne ein Kind. Ich bin zweiunddreißig und fühle mich der Aufgabe gewachsen. Was rätst du mir?

Mein Rat ist: Meditiert, bevor ihr euch liebt. Nehmt euch vor, regelmäßig zu meditieren, und liebt euch nur, wenn eure Energie sehr meditativ ist, denn wenn ihr beide in einem tief meditativen Zustand seid und die Energie fließt, empfängst du eine Seele von höherer Qualität. Es hängt von deinem energetischen Niveau ab, welche Art Seele in dich eintritt.

Meistens ist es so, daß die Leute Liebe machen, wenn sie sexuell erregt sind. Aber Sexualität ist ein niedriges Energiezentrum. Es kommt auch vor, daß Leute Liebe machen, wenn sie sich streiten und wütend sind. Auch das ist eine sehr niedrige Energie. Damit öffnest du einer sehr viel niedrigeren Seele deine Tür. Bei manchen gehört Liebe zur Routine, ist eine Gewohnheit, etwas, was man täglich oder zweimal die Woche macht, etwas, was zur körperlichen Hygiene gehört. Aber dadurch wird Liebe zu etwas Mechanischem. Und weil dein Herz nicht daran beteiligt ist, gestattest du sehr niedrigen Seelen, in dich einzutreten.

Liebe sollte fast so etwas wie Gebet sein. Liebe ist heilig, das Heiligste, was es beim Menschen gibt. Ehe man Liebe macht, sollte man sich darauf vorbereiten. Sei andächtig, meditiere, und wenn du von einer anderen Art von Energie erfüllt bist, die nichts mit dem Körperlichen zu tun hat, die eigentlich gar nichts mit Sex zu tun hat, dann bist du offen für eine höhere Seele. Es hängt also viel von der Mutter ab. Wenn du nicht wachsam bist, verstrickst du dich mit einer sehr durchschnittlichen Seele.

Die Leute sind sich kaum bewußt, was sie tun. Sogar wenn du ein Auto kaufst, machst du dir vorher Gedanken. Wenn du Möbel für dein Zimmer kaufst, hast du eine Menge Möglichkeiten und überlegst dir, ob dieses oder jenes Stück paßt.

Aber was Kinder angeht, denkst du nie darüber nach, welche Art von Kind du möchtest, welche Art von Seele du anziehst, zu dir einlädst.

Und es gibt Millionen von Alternativen, von Judas bis Jesus, von der dunkelsten Seele bis zur heiligsten. Millionen von Alternativen sind möglich, und deine Energie entscheidet darüber. Denke also daran: Deine Einstellung entscheidet darüber, für welche Art Seele du empfänglich bist. *(38)*

Laßt euch erst so tief wie möglich auf die Liebe ein. Bis dahin vermeidet es, Kinder zu haben, denn Kinder sollten nur aus einer tiefen Liebesbeziehung entstehen. Ansonsten kannst du nur gewöhnliche Kinder zur Welt bringen, die einfach ein Nebenerzeugnis der physiologischen und biologischen Begegnung von Mann und Frau sind, doch sie haben keine Persönlichkeit.

Wenn zwei Menschen sich in ihrer Liebe höher und höher hinaufbewegen bis zu einem Punkt, an dem ihre Persönlichkeiten nicht mehr voneinander getrennt sind und ihre Grenzen sich auflösen, dann schenken sie Kindern das Leben. Diese Kinder kommen von einer höheren Ebene. Ihr Wesen besteht aus Liebe – es ist nicht bloß ein Produkt von Sex. Das Kind trägt eine tiefe Harmonie in sich, und wenn du bewußter wirst, kannst du sehen, ob ein Kind das Erzeugnis einer sexuellen Begegnung oder einer Liebesbeziehung ist. Eine andere Aura umgibt das Kind, eine andere Schwingung, denn es trägt jene ursprüngliche Qualität des Einsseins in sich.

Wenn ein Kind aus Liebe heraus geboren wird, gibst du der Welt etwas. Geht es lediglich aus einer sexuellen Begegnung hervor, dann trägst du nur zur Überbevölkerung bei, dann gibst du gar nichts. Und denke daran: Wenn du aus tiefer Liebe, aus Hingabe und Meditation einem Kind das Leben schenkst, wird zur gleichen Zeit auch etwas in dir geboren. Du wirst eine Mutter.

Nicht jede Frau, die ein Kind zur Welt bringt, ist damit auch schon eine Mutter. Es genügt nicht, nur ein Kind zu gebären. Um Mutter zu werden, muß dein eigenes Herz aufgeblüht sein. Es gibt viele Frauen, die Kinder zur Welt gebracht haben, doch es gibt nur wenige Mütter. Eine Mutter zu sein ist eine seltene Harmonie und eine einzigartige Erfahrung. Meine Beobachtung ist: Wenn eine Frau wirklich mütterlich werden kann – sie mag ein Kind geboren haben oder nicht, darauf kommt es nicht an –, wenn sie mütterlich werden kann, ist das ihre Erleuchtung. Das ist ihre Buddhaschaft.

Liebe also zuerst und mache dir keine Gedanken über Kinder. Zunächst liebt einander und gebt euch unbegrenzte Freiheit. Laßt euch nicht besitzen und besitzt den anderen nicht. Gebt dem anderen allen Raum, damit er aufblühen kann.

Teile mit anderen, soviel du kannst, und das Teilen selbst wird zu einem sehr subtilen Besitz, der keine Spur von Besitzanspruch an sich hat; du bist dir deines Partners so sicher, du kannst ihm vertrauen. Meditiere, liebe, und wenn du eines Tages das Gefühl hast überzufließen, dann schenke einem Kind das Leben, vorher nicht. Man sollte warten, bis man vollkommen erwachsen ist. Die Welt wäre so schön, wenn die Leute auf den richtigen Augenblick warten könnten. *(39)*

Ich bin schwanger. Gibt es eine Meditation, oder kann ich sonst etwas tun, was einen günstigen Einfluß auf das Baby und auf uns hat?

Sei einfach so glücklich und liebevoll wie möglich. Vermeide alles Negative, denn das hat einen destruktiven Einfluß auf den Geist des Kindes. Denn während sich das Kind in dir entwickelt, wird es nicht nur durch deinen Körper, sondern auch durch deinen Geist beeinflußt. Beide geben die Impulse für seine Entwicklung. Wenn du also negativ bist, beeinflußt diese Negativität von Anfang an sein Wachstum. Und es ist ein langer, mühevoller Weg, sie wieder loszuwerden. Wenn Mütter ein wenig bewußter wären, bräuchte es keine Urschrei-Therapie zu geben. Wenn Mütter ein wenig umsichtiger wären, würde der Beruf des Psychoanalytikers aussterben.

Die Mütter haben die Psychoanalyse zu einem glänzenden Geschäft werden lassen. Und die Mutter ist tatsächlich von großer Bedeutung für das Kind, denn es lebt neun Monate lang im Klima ihres Denkens und Fühlens und nimmt sie vollständig in sich auf.

Sei also nicht negativ; sei mehr und mehr lebensbejahend und guter Laune – selbst wenn es manchmal schwerfällt. Dieses Opfer muß man dem Kind bringen. Wenn du wirklich ein Kind haben möchtest, das einen Wert hat, eine Integrität, eine Individualität, und wenn dein Kind glücklich werden soll, dann mußt du dieses Opfer bringen. Das gehört zum Muttersein dazu. Vermeide also alle Negativität. Vermeide Wut, vermeide Eifersucht, Besitzgier, Nörgeln und Streiten, vermeide all diese Stimmungen. Die kannst du dir jetzt nicht leisten – schließlich erschaffst du ein neues Menschenwesen in dir! Diese Arbeit ist so bedeutungsvoll, daß man damit nicht leichtfertig und unintelligent umgehen darf.

Laß deine Freude wachsen, bete, tanze, singe und höre gute Musik – nicht Popmusik, höre klassische Musik, die wohltuend wirkt und sehr tief ins Unterbewußte eindringt, denn von dort kann das Kind sie hören.

So oft du kannst, sitze still da. Freue dich an der Natur, sei mit den Bäumen, sei mit den Vögeln und Tieren. Sie sind sehr unschuldig, sie gehören noch zum Garten Eden. Nur Adam und Eva sind daraus vertrieben worden. Verbringe mehr Zeit in der Natur und entspanne dich, damit das Kind in einem entspannten Mutterleib wachsen kann, sonst wird es schon gleich von Anfang an neurotisch.

(Zum Vater) Und hilf deiner Frau in diesen Tagen, positiver zu werden. Provoziere sie nicht zur Negativität. Laß ihr mehr und mehr Zeit, um einfach still dazusitzen. Vermeide jegliche Situation, von der du weißt, daß sie Negativität in ihr auslöst. Sei liebevoller.

Und erfreut euch beide mehr an eurer Stille, weil ihr beide etwas Göttliches zur Welt bringt. Jedes Kind ist göttlich, und wenn ein großes Ereignis bevorsteht, wenn ein hoher Gast kommt, dann streitet ihr nicht. Und vielleicht ist dies der höchste Gast, der je zu euch kommen wird. Deshalb sei während dieser neun Monate fürsorglich, vorsichtig und aufmerksam.

Sei mehr liebevoll und weniger sexuell. Sex sollte nicht um seiner selbst willen, sondern aus Liebe geschehen, dann ist es etwas Schönes. Dadurch entsteht im Kind von Anfang an eine Sexualität, die Tiefe hat. In Verbindung mit Liebe ist Sexualität etwas Wunderschönes – so wie ihr euch aus Liebe an den Händen haltet und euch umarmt, so habt ihr dann auch Sex aus Liebe. Dann geschieht es nicht aus bloßer Sexualität, sondern aus einem Gefühl tiefer Verbundenheit.

Wenn du in diesen neun Monaten Sex als reinen Sex vermeiden kannst, wird das ein großes Geschenk für das Kind sein. Dann wird es in seinem Leben nicht so von Sex bestimmt sein wie so viele Menschen. *(40)*

Was kann die Mutter tun, um dem Kind den Vorgang der Geburt zu erleichtern?

Die Mutter kann sicher viel dazu tun – aber nur durch Nichttun. Entspanne dich und achte darauf, daß du den Geburtsvorgang nicht behinderst. Wenn die Schmerzen beginnen, dann gehe mit dem Schmerz mit. Wenn du die Wehen im Bauch spürst, wenn der Körper sich auf den Geburtsvorgang einstellt und im Innern ein rhythmisches Pulsieren einsetzt ... dieses Pulsieren halten die Leute für schmerzhaft, dabei ist es nicht schmerzhaft – nur durch unsere falsche Interpretation empfinden wir es als Schmerz.

Wenn die Wehen einsetzen, dann akzeptiere sie, fließe mit. Es ist genau wie Ein- und Ausatmen; Bauch und Geburtskanal dehnen und verengen sich, und dadurch wird der Durchgang für das Kind geschaffen. Wenn du das als Schmerz empfindest, wenn du entscheidest, daß das schmerzhaft ist, dann wirst du dagegen ankämpfen, denn es ist sehr schwer, nicht gegen Schmerz anzukämpfen. Doch damit störst du den natürlichen Rhythmus und schadest damit dem Kind. Wenn die Mutter das Kind einfach unterstützt und bei allem, was geschieht, mit dem Körper mitgeht, sich mit dem Körper dehnt, sich mit dem Körper verengt, das Pulsieren zuläßt und es genießt ... und es ist wirklich eine große Wonne. Doch es hängt von deiner Einstellung ab.

Im Westen zum Beispiel haben die Menschen jetzt eine fortschrittlichere Einstellung zum Sex. Früher war die erste sexuelle Erfahrung für die Frau immer sehr schmerzhaft. Man hatte ihr von Kindheit an beigebracht, daß Sex etwas Häßliches und Animalisches sei, daher zitterte sie vor Angst, wenn die Flitterwochen näher rückten. Sie mußte durch diese Tortur hindurch – sie sah es als Tortur an –, und natürlich war es dann schmerzhaft. Aber zumindest im Westen sind diese Schmerzen der Frauen jetzt verschwunden. Es ist eine wunderbare Erfahrung – es ist orgiastisch.

Genauso verhält es sich mit der Geburt. Sie ist ein noch größerer Orgasmus als der sexuelle Orgasmus, wo der Körper sich rhythmisch dehnt und verengt, dehnt und verengt ... aber im Vergleich zur Geburt ist das gar nichts. Ein Kind zu gebären ist ein tausendfach größerer Orgasmus. Wenn du die Geburt als Orgasmus erleben kannst – glücklich, voller Freude –, dann genügt das, dann erleichterst du dem Kind den Weg durch den Geburtskanal. Andernfalls, wenn die Mutter kämpft ... das Kind will heraus, aber die Mutter verspannt sich und läßt die notwendigen Bewegungen nicht zu –, dann kann es sein, daß das Kind stecken bleibt, sein Kopf bleibt stecken, und es wird sein Leben lang unter den Folgen zu leiden haben. Es wird weniger intelligent sein. Der Schädel ist noch sehr weich, und das Gehirn entwickelt sich noch; ein kleiner Schock genügt, die Durchblutung im Gehirn wird gestört, und schon ist das Kind nicht mehr so gesund, wie es hätte sein können.

Unterstütze also diesen Vorgang und freue dich daran. Fühle dich, als gingst du in einen großen Orgasmus hinein – sonst nichts. Dich nicht einzumischen ist die größte Hilfe, die du deinem Kind geben kannst. Dann kommt es leicht, entspannt, gelöst zur Welt und wird keine Primärtherapie brauchen. Ansonsten braucht fast jeder Primärtherapie, weil alle ein Geburtstrauma erlitten haben. Und das Kind mußte solche Schmerzen ertragen! Es ist seine allererste Erfahrung im Leben, und die ist so häßlich, so erstickend – sie bringt das Kind fast um. Diese enge Passage, die Mutter ist verspannt, und das Kind kann nicht hindurch. So sieht seine erste Erfahrung aus. Sie ist die Hölle und beeinflußt sein ganzes weiteres Leben. Laß die erste Erfahrung die eines wunderbaren Fließens sein, und du legst damit das Fundament für seine weitere Entwicklung. *(41)*

Wie kann man die Geburt eines Kindes so sanft wie möglich gestalten?

Wenn das Kind aus dem Mutterleib herauskommt, erlebt es den größten Schock seines Lebens. Selbst der Tod wird nicht so ein Schock sein, denn er kommt ohne Vorwarnung. Wenn der Tod kommt, ist man höchstwahrscheinlich bewußtlos. Aber während das Kind aus dem Mutterleib herauskommt, ist es bei Bewußtsein. Sein neun Monate währender Schlaf, sein friedlicher Schlaf wird unterbrochen. Und dann wird sofort die Schnur durchtrennt, die es mit der Mutter verbindet. In dem Moment, da man die Nabelschnur durchschneidet, die es mit der Mutter verbindet, hat man ein ängstliches Wesen geschaffen.

Das ist nicht die richtige Methode, aber so wurde es bisher immer gemacht. Ein Kind sollte viel behutsamer und langsamer von der Mutter getrennt werden. Es darf nicht einen solchen Schock erleben. Und das läßt sich einrichten; man kann es ganz wissenschaftlich vorbereiten.

Es sollte keine grellen Lichter im Raum geben, denn das Kind hat neun Monate in absoluter Dunkelheit gelebt, seine Augen haben noch nie Licht gesehen und sind sehr empfindlich. Doch in allen Kliniken wird das Kind plötzlich grellen Lampen, Neonröhren ausgesetzt. Das ist der Grund, warum so viele Menschen unter schlechten Augen leiden und später eine Brille brauchen. Kein Tier braucht je eine Brille. Oder hast du schon mal ein Tier mit Brille Zeitung lesen sehen? Sie haben ihr Leben lang, bis zum Tod, völlig gesunde Augen. Nur der Mensch nicht. Und das beginnt bei der Geburt. Nein, ein Kind sollte im Dunkeln oder bei ganz sanftem Licht, vielleicht bei Kerzenschein zur Welt kommen. Dunkelheit wäre am besten, aber wenn man ein bißchen Licht braucht, dann sind Kerzen am besten.

Und wie haben sich die Ärzte bisher verhalten? Sie lassen dem Kind nicht einmal etwas Zeit, um sich an die neue Wirklichkeit zu gewöhnen. Die Art, wie sie das Kind willkommen heißen, ist so häßlich: Sie fassen es bei den Füßen, lassen es herunterhängen und geben ihm einen Klaps auf den Po. Dieses dumme Ritual beruht auf der Vorstellung, das Kind müsse auf diese Weise zum Atmen gebracht werden, denn im Mutterleib hat es nicht selbst geatmet. Die Mutter hat alles für das Kind erledigt – geatmet, gegessen, alles.

Mit dem Kopf nach unten und mit einem Klaps auf den Hintern in dieser Welt begrüßt zu werden ist kein sehr guter Anfang!

Aber der Arzt hat es eilig. Das Kind würde sonst von alleine anfangen zu atmen; man muß es der Mutter nur auf den Bauch legen. Und man sollte das Kind eine Weile auf dem Bauch der Mutter liegen lassen, bevor man die Nabelschnur durchtrennt. Vorher war es drinnen im Bauch, nun liegt es obendrauf. Das ist keine große Veränderung. Die Mutter ist nahe; das Kind kann sie berühren, kann sie fühlen. Es ist mit ihrer Schwingung vertraut. Es weiß ganz genau, daß dies sein Zuhause ist. Es ist zwar nach draußen gekommen, aber dies ist immer noch sein Zuhause. Laßt das Kind eine Weile bei der Mutter, damit es sich von außen an sie gewöhnen kann; von innen ist sie ihm vertraut. Und die Nabelschnur sollte man erst durchtrennen, wenn das Kind von selbst zu atmen angefangen hat.

Doch wie wird es statt dessen gemacht? Man durchtrennt die Nabelschnur und gibt dem Kind einen Klaps, damit es zu atmen anfängt. Es passiert unter Zwang, es ist gewaltsam und außerdem völlig unwissenschaftlich und unnatürlich!

Wartet, bis das Kind von selbst atmet. Es kann ein paar Minuten dauern. Habt es nicht so eilig! Hier geht es schließlich um ein ganzes Menschenleben. Ihr könnt eure Zigarette auch zwei oder drei Minuten später rauchen, könnt auch ein paar Minuten später mit eurer Freundin flirten. Das schadet niemandem. Warum diese Eile? Könnt ihr dem Kind nicht drei Minuten Zeit lassen? Denn länger braucht es nicht. Wenn man es sich selbst überläßt, fängt das Kind innerhalb von drei Minuten an zu atmen. Und wenn es von alleine zu atmen anfängt, gewinnt es Vertrauen in seine Fähigkeit, selbständig zu überleben. Dann könnt ihr die Nabelschnur durchschneiden; sie ist unnötig geworden. Und jetzt wird es für das Kind auch kein Schock mehr sein.

Danach ist das wichtigste, das Kind nicht in Decken einzuwickeln und in ein Bett zu legen. Schließlich hat es neun Monate nackt, ohne Decken und Kissen gelebt, ohne Bett und ohne Laken. Überstürzt diese Veränderung nicht. Das Kind braucht eine kleine Wanne mit Wasser in der gleichen Zusammensetzung wie im Mutterleib, eine meerwasserähnliche Lösung: die gleiche Menge Salz, die gleiche chemische Zusammensetzung, genau wie im Meer.

Das ist ein zusätzlicher Beweis dafür, daß das Leben zuerst im Meer entstanden ist. Es entsteht noch immer im Meerwasser. Das ist auch der Grund, warum schwangere Frauen gerne Salziges essen – ihre Gebärmutter nimmt das Salz auf. Das Kind braucht das gleiche Salzwasser wie im Meer. Genau solches Wasser sollte man in einer kleinen Wanne vorbereiten und das Kind hineinlegen. Dann wird es sich wirklich willkommen fühlen. Es ist eine vertraute Situation.

Ein japanischer Zen-Mönch hat ein hochinteressantes Experiment durchgeführt: Er brachte dreimonatigen Kindern das Schwimmen bei. Er hat sich dieser Altersstufe schrittweise genähert: Zuerst probierte er es mit neun Monate alten Babys, dann mit sechs und schließlich mit drei Monate alten Babys. Und ich möchte ihm sagen, daß er noch weit entfernt ist. Sogar ein Neugeborenes kann schwimmen, weil es schon im Mutterleib geschwommen ist.

Schafft also für das Kind eine ähnliche Situation wie im Mutterleib. Dann wird es mehr Selbstvertrauen haben. *(42)*

Das Kind hat in der Geborgenheit des Mutterleibs gelebt, sich selbst genug, ohne Sorgen, ohne Verantwortung, in vollkommener Seligkeit. Jetzt wird es plötzlich hinausgeworfen. Es kannte nur diesen kleinen Raum; das war seine Welt, und es war vollkommen glücklich damit. Nun wird es hinausgeworfen in eine unbekannte und unvertraute Umgebung. Es fühlt sich beinahe, als müßte es sterben. Mit dieser Erfahrung beginnt seine Angst vor dem Unbekannten. Und das ist begründet, denn das Kind wird nie wieder in einer so heilen Welt leben wie im Mutterleib. Es wird in einer unglücklichen Welt leben. Es hatte keine Ahnung, was Unglück ist, und hat nie Spannungen gekannt; alles war genau so, wie es sein sollte. Aber jetzt ist alles so, wie es nicht sein sollte. Und es wird sich sein ganzes Leben lang anstrengen, dieses Wohlgefühl wiederherzustellen, das es verloren hat.

Das Verlangen nach Geborgenheit, nach Luxus, nach einem schönen Zuhause, nach einer liebevollen Atmosphäre ist nichts anderes als der Versuch, wieder einen Mutterleib um sich herum zu schaffen, den Mutterleib, den man verloren hat. Du tust alles, um ihn wiederzugewinnen, doch jeder Versuch mißlingt, nichts kann ihn dir wiedergeben. Dadurch kommt dein Verstand zu der festen Überzeugung, daß du nichts Unbekanntes zulassen darfst und niemals die Grenzen des Vertrauten überschreiten solltest – es ist gefährlich. Hast du sie nämlich einmal überschritten, dann kannst du nicht mehr zurückkommen, genauso wie du nicht zurück in den Mutterleib konntest. Doch das sind keine bewußten Gedanken, sondern ein Gefühl in deinem Unterbewußtsein.

In Zukunft werden wir die Kinder lehren, daß das noch kein Leben war. Du warst zwar geborgen, aber es gab kein

Abenteuer, es gab keine Herausforderung. Die richtige Erziehung muß jede Spur von Angst vor dem Unbekannten aus dem Unterbewußtsein tilgen. Dann wird man dem Leben ganz anders begegnen. Immer wenn du dich dem Unbekannten näherst, wirst du eine unglaubliche Freude und Aufregung empfinden, die Herausforderung des Entdeckens. Du wirst dich an nichts festklammern.

Und es ist ganz einfach. Das Geburtstrauma ist eines der prägendsten Ereignisse im Leben, weil es den Anfang darstellt, den Keim von allem, was sich später ereignen wird. Wir müssen diese traumatisierende Situation verändern, sonst bleibt die Menschheit dieselbe – ständig in Angst vor dem Unbekannten, ohne Mut, nicht auf der Suche nach Abenteuer und nicht in der Lage, das Neue zu entdecken. *(43)*

Das Kind lieben und nähren.

Wenn eine Mutter ihr Kind stillt, gibt sie ihm nicht nur Milch, wie man immer dachte. Die Biologen sind jetzt auf einen tieferen Zusammenhang gestoßen. Sie sagen, die Mutter nähre das Kind mit Energie, die Milch sei lediglich der sichtbare Teil. Und man hat viele Experimente durchgeführt: Ein Kind wird entsprechend den wissenschaftlichen Erkenntnissen aufgezogen und so perfekt wie möglich ernährt. Es bekommt alles, was es braucht, aber es wird nicht geliebt, niemand nimmt es in den Arm, die Mutter faßt es nicht an. Die Milch wird ihm mit Hilfe von mechanischen Geräten zugeführt, es bekommt Spritzen, Vitamine – alles ganz perfekt. Trotzdem hört das Kind auf zu wachsen und schrumpft, so als ob das Leben sich aus ihm zurückzöge. Was geht da vor sich? Es hat ja alles bekommen, was auch eine Mutter ihm gibt.

Während des Krieges lagen in einem Krankenhaus in Deutschland viele elternlose Babys, von denen innerhalb von wenigen Wochen viele starben. Fast die Hälfte starb, obwohl man für alles gesorgt hatte. Vom wissenschaftlichen Standpunkt aus konnte man den Pflegern nichts vorwerfen, sie hatten alles Notwendige getan. Warum starben diese Kinder dann? Schließlich entdeckte ein Psychologe, daß ihnen Körperwärme fehlte, jemand, der sie im Arm hielt, jemand, der ihnen ein Gefühl von Bedeutung gab. Das Essen allein war nicht Nahrung genug, eine innere, eine unsichtbare Nahrung war nötig. Daraufhin machte der Psychologe es zur Regel, daß jeder, der mit den Kindern zu tun hatte, sei es eine Schwester, ein Arzt oder ein Helfer, sie wenigstens fünf Minuten lang im Arm halten, sie knuddeln und mit ihnen spielen mußte. Von da an starben sie nicht mehr, sondern gediehen. Seitdem hat man viele derartige Experimente durchgeführt.

Wenn eine Mutter ihr Kind im Arm hält, fließt Energie. Diese Energie ist unsichtbar, wir haben sie Liebe, Wärme genannt. Etwas springt von der Mutter auf das Kind über, und nicht nur von der Mutter zum Kind, sondern auch umgekehrt vom Kind auf die Mutter. Das ist der Grund, warum eine Frau nie wieder so schön ist, wie wenn sie Mutter wird. Vorher fehlt ihr etwas, sie ist noch unvollständig, der Kreis ist noch nicht rund. Wenn eine Frau Mutter wird, dann schließt sich der Kreis. Sie scheint aus unsichtbarer Quelle Anmut zu gewinnen. Es ist nicht so, daß die Mutter nur das Kind nährt, das Kind nährt auch die Mutter. Sie haben große Freude aneinander.

Und keine andere Beziehung ist so eng. Selbst Liebende sind sich nicht so nahe, denn das Kind ist aus der Mutter entstanden, aus ihrem eigenen Fleisch und Blut. Das Kind ist eine Fortsetzung ihres Wesens. So etwas gibt es nicht wieder, denn niemand anderes ist ihr so nahe. Ein Geliebter kann deinem Herzen nahe sein, aber das Kind hat in deinem Herzen gelebt. Neun Monate lang war es Teil der Mutter, eine organische Einheit. Das Leben der Mutter war sein Leben, der Tod der Mutter wäre sein Tod gewesen. Und auch später noch, wenn das Kind heranwächst, besteht diese Übertragung, diese Kommunikation von Energie. *(44)*

Vom ersten Tag an assoziiert das Kind Liebe mit Nahrung. Sie werden beinahe zu zwei Seiten derselben Münze. Sein Liebesobjekt und sein Nahrungsobjekt sind identisch: die Mutter, vor allem ihre Brust. Die Brust der Mutter versorgt das Kind mit Nahrung, Wärme und dem Gefühl von Liebe.

Doch da gibt es Unterschiede: Wenn die Mutter das Kind liebt, fühlt sich die Brust anders an, sie hat eine andere Ausstrahlung. Die Mutter freut sich, daß sie dem Kind die Brust geben kann, es stimuliert ihre Sexualität. Wenn die Mutter das Kind wirklich liebt, erlebt sie beim Stillen eine fast orgiastische Freude. Die Brüste sind sehr sensibel, sie sind eine der erogensten Zonen des Körpers. Sie strahlen vor Energie, und das Kind spürt das, es kann diese Freude der Mutter wahrnehmen. Sie gibt ihm nicht bloß Nahrung, sondern sie genießt es auch.

Doch wenn eine Mutter ihre Brust aus reiner Notwendigkeit gibt, dann ist die Brust kalt, sie hat keine Wärme in sich. Die Mutter ist unwillig, sie hat es eilig. Sie will die Brust so schnell wie möglich wegziehen. Und das Kind fühlt das. Es merkt genau, daß die Mutter kalt und lieblos ist und keine Wärme ausstrahlt. Sie ist ihm nicht wirklich eine Mutter. Das Kind scheint nicht erwünscht zu sein, es fühlt sich unerwünscht. Nur wenn die Mutter es genießt, das Kind an ihrer Brust zu nähren, wenn es fast zu einer Liebesbeziehung wird, einer orgiastischen Beziehung, nur dann fühlt sich das Kind erwünscht, geliebt und von der Mutter gebraucht. Und von der Mutter gebraucht zu werden heißt, von der Existenz gebraucht zu werden, denn die Mutter bedeutet die ganze Existenz; das Kind begegnet der Existenz durch die Mutter. Was immer sein Bild von der Mutter war, wird sein Bild von der Welt werden.

Ein Kind, das nicht von der Mutter geliebt wurde, wird sich in der Welt fremd fühlen, es wird sich wie ein Außenseiter vorkommen. Es kann dem Leben nicht vertrauen. Es konnte ja nicht einmal seiner eigenen Mutter vertrauen, wie kann es dann jemand anderem vertrauen? Vertrauen wird unmöglich. Es zweifelt und ist mißtrauisch; es ist ängstlich und ständig auf der Hut; überall entdeckt es Feinde und Konkurrenten. Es hat Angst, jeden Moment zerschmettert und zerstört zu werden. Die Welt erscheint ihm ganz und gar nicht wie ein Zuhause.

Aber wenn die Mutter glücklich ist und es genießt, das Kind zu stillen, dann ist auch das Kind glücklich. Es trinkt niemals zuviel, denn es vertraut und weiß, daß die Mutter da ist und sein Bedürfnis erfüllt, sobald es hungrig ist. Es wird sich nicht überessen. Ein Kind, das geliebt wird, bleibt gesund. Es ist weder zu dünn noch zu dick; es hält die Balance. *(45)*

Schau dir einen Säugling an. Wenn er sich unbehaglich fühlt, steckt er sein Händchen in den Mund und fängt an, daran zu nuckeln. Warum schmeckt der eigene Daumen so gut? Warum beruhigt sich das Kind und schläft ein? Fast alle Kinder machen das so. Wenn sie nicht einschlafen können, stecken sie den Daumen in den Mund, fühlen sich wohl und schlafen ein. Warum? Der Daumen ist ein Ersatz für die Mutterbrust. Essen entspannt. Es ist schwierig, mit hungrigem Magen einzuschlafen. Wenn der Magen voll ist, wird man müde, dann braucht der Körper Ruhe. Der Daumen ist ein Ersatz für die Brust; er gibt zwar keine Milch, er ist nicht das Wahre, aber er löst ein ähnliches Gefühl aus.

Wenn das Kind heranwächst und weiter am Daumen lutscht, hält man es für zurückgeblieben. Also greift es zur Zigarette. Mit einer Zigarette macht es sich nicht lächerlich, sie wird akzeptiert. Im Grunde ist es der Daumen, und schädlicher als der Daumen. Es wäre besser, du würdest deinen Daumen rauchen, bis ans Lebensende, es ist harmlos.

In Ländern, wo Kinder nicht mehr die Brust bekommen, nimmt das Rauchen ständig zu. Deshalb wird im Westen mehr geraucht als zum Beispiel in Asien – weil die Mütter sich dort weigern, ihren Kindern die Brust zu geben, damit sie nicht die Form verliert. Deshalb nimmt im Westen das Rauchen ständig zu; selbst kleine Kinder rauchen schon.

Ich habe gehört, wie eine Mutter zu ihrem Kind gesagt hat: »Ich will nicht von den Nachbarn erfahren, daß du angefangen hast zu rauchen. Sei ehrlich und sage mir, wenn du damit anfängst.« Das Kind sagte: »Laß nur, Mami, ich hab's schon wieder aufgegeben. Vor genau einem Jahr hab' ich's aufgegeben. Es ist jetzt ein Jahr her, also reg dich nicht auf.« Schon kleine Kinder rauchen, und die Mutter weiß nicht, daß es von der entzogenen Brust herrührt.

In allen primitiven Gesellschaften bekommen auch siebenjährige, achtjährige oder sogar noch ältere Kinder noch die Brust. Diese Kinder sind zufrieden und werden nicht so leicht rauchen. Darum sind die Männer in primitiven Gesellschaften auch bei weitem nicht so an den Brüsten der Frauen interessiert; niemand wird sie anfassen, niemand schaut auch nur hin.

Wenn du zehn Jahre lang ständig die Brust bekommen hättest, wärst du es satt und würdest sagen: »Jetzt reicht's.« Aber jedem Kind wird vorzeitig die Brust entzogen, und das hinterläßt eine Wunde. Deshalb sind alle zivilisierten Gesellschaften von Brüsten besessen. Das scheint verrückt zu sein, aber die Wurzel des Übels ist die: Kinder, die nicht ausreichend die Brust bekommen, entwickeln eine Sucht danach. Ihr ganzes Leben wird zur Sucht nach der Brust. *(46)*

Wissenschaftler haben Experimente mit kleinen Kindern durchgeführt, um zu sehen, wie sie reagieren, wenn man sie mit dem Essen alleine läßt. Man würde vermuten, daß sie sich überessen, aber das stimmt nicht, sie überessen sich nicht. Die Mutter und der Vater sind es, die das Kind überfüttern, indem sie auf es einreden: »Iß noch etwas! Iß, damit du kräftig wirst, damit du rote Backen bekommst. Iß noch ein bißchen, das kannst du gebrauchen.« Das Kleinkind schreit und würgt das Essen hinunter. Man sieht Kinder oft beim Essen schreien, ihr ganzer Körper sagt nein. Der Körper sagt: »Lauf nach draußen, hüpfe und springe, klettere auf die

Bäume!« Aber statt dessen fütterst du es, weil der Arzt sagt, man solle ihm alle drei Stunden Nahrung geben. Das Kind will nicht essen und wendet sein Gesicht ab, doch die Mutter füttert es weiter, denn die drei Stunden sind um.

Man darf sich nicht nach einer Durchschnittszeit richten, das funktioniert nicht. Ein Kind, das Hunger hat, meldet sich von selbst, es schreit. Man braucht nicht auf die Uhr zu schauen, denn das Kind hat seine eigene innere Uhr im Körper. Aber ihr zerstört seine innere Uhr. Und jedes Kind wird in anderen Zeitabständen hungrig. Das eine wird nach vier Stunden hungrig, das andere nach drei Stunden, wieder ein anderes schon nach zwei Stunden. Doch seit es diese Regel gibt, die Regel von der Durchschnittszeit, ist das zum Problem geworden.

Nimm dich in acht vor Durchschnittsregeln. Der Körper hat seine eigene innere Uhr. *(47)*

Höre auf deinen Körper, folge deinem Körper. Versuche niemals, den Körper auf irgendeine Art zu dominieren. Der Körper ist dein Fundament. Wenn du den Körper erst einmal verstehst, dann werden neunundneunzig Prozent deiner Leiden von selbst verschwinden. Aber du hörst nicht auf ihn.

Wir sind von frühester Kindheit an vom Körper abgelenkt worden, unser Körper ist uns entfremdet worden. Das Kind schreit, es ist hungrig, doch die Mutter schaut auf die Uhr. Sie schaut nicht auf das Kind. Das Kind ist die richtige Uhr, aber sie schaut auf die Küchenuhr. Sie hört auf den Arzt, obwohl das Kind schreit und nach Nahrung verlangt. Wenn es jetzt keine Nahrung erhält, entfremdest du es seinem Körper. Aber statt der Nahrung gibst du dem Kind einen Schnuller, du täuschst und betrügst es. Du gibst ihm etwas Künstliches, einen Plastikgegenstand, versuchst es abzulenken und zerstörst so die Sensibilität seines Körpers. Die Weisheit seines Körpers hat nicht mehr das Sagen, der Verstand schaltet sich ein.

Das Kind beruhigt sich mit dem Schnuller und schläft ein. Jetzt sind die drei Stunden herum, und du mußt ihm Milch geben. Aber das Kind schläft fest, sein Körper schläft. Jetzt weckst du es auf und zerstörst schon wieder seinen Rhythmus. Nach und nach zerstörst du sein ganzes Wesen. Der Moment kommt, wo das Kind allen Kontakt mit seinem Körper verloren hat. Es weiß nicht mehr, wonach sein Körper verlangt – ob der Körper essen will oder nicht. Später einmal weiß dieser Mensch nicht mehr, ob sein Körper Liebe machen will oder nicht. Alles wird von außen manipuliert. *(48)*

Einschlafen

Mütter wissen es seit Jahrhunderten. Wann immer ein Kind unruhig ist und nicht schlafen will, kommt die Mutter und singt ihm ein Wiegenlied. Das ist zwar langweilig für das Kind, aber es kann nicht weglaufen. Wo soll es hin? Die Mutter hält es fest. Die einzige Fluchtmöglichkeit ist der Schlaf. Also schläft es ein, unterwirft es sich einfach. Es sagt: »Es ist albern, jetzt wach zu bleiben, wenn sie so etwas Langweiliges macht – eine einzige Zeile, und sie wiederholt sie ständig.«

Es gibt Geschichten, die die Mütter und Großmütter den Kindern erzählen, wenn sie nicht einschlafen wollen. Wenn man sich diese Geschichten anschaut, findet man ein bestimmtes Muster, das sich immer wiederholt.

Neulich habe ich so eine Geschichte gelesen, die eine Großmutter einem kleinen Kind erzählte, das nicht zu Bett gehen wollte, weil es einfach noch nicht müde war. Seine Intelligenz sagt ihm, daß es ganz wach ist, aber die Großmutter versucht es zu zwingen, weil sie noch etwas anderes zu tun hat – das Kind ist nicht so wichtig.

Die Kinder sind völlig verwirrt: Alles erscheint so absurd. Morgens, wenn sie schlafen wollen, sollen sie aufstehen. Abends, wenn sie nicht müde sind, zwingt sie jeder zu schlafen. Sie werden ganz verwirrt. Was ist los mit diesen Leuten? Wenn der Schlaf kommt, gut. Wenn er nicht kommt, ist es völlig in Ordnung, wach zu bleiben. Aber diese alte Großmutter erzählt eine Geschichte. Zuerst ist das Kind interessiert, aber nach und nach ... Jedes intelligente Kind fängt an, sich zu langweilen. *(49)*

Sobald ein Kind unruhig wird, summt die Mutter ein Wiegenlied. Wiegenlieder sind Mantras: ein, zwei oder drei Wörter, selbst bedeutungslose, auf die Bedeutung kommt es überhaupt nicht an. Die Mutter sitzt neben dem Kind oder legt das Kind an ihr Herz – auch das, das Schlagen des Herzens, ist eine monotone Musik; wenn also das Kind ruhelos ist, legt die Mutter es ans Herz, und der Herzschlag wird zum Mantra. Und das Kind läßt sich einlullen, es fällt in Schlaf. Wenn das Kind etwas älter geworden ist und sich nicht mehr so leicht einlullen läßt, dann singt sie ihm ein Wiegenlied. Dabei wiederholt sie einfach nur zwei oder drei Wörter, einfache monotone Wörter. Monotonie hilft dem Kind zum Einschlafen; das ist soweit gut. Es ist ein besseres Beruhigungsmittel als jede chemische Tablette; aber es ist ein Beruhigungsmittel – eine subtile Klangdroge, die auf die Körperchemie einwirkt. *(50)*

Schreien zulassen

Das Kind will vom ersten Tag an schreien und lachen. Schreien ist für das Kind eine absolute Notwendigkeit. Das Schreien ermöglicht es ihm, jeden Tag durch eine Katharsis zu gehen.

Ein Kind erlebt viele Frustrationen, das ist unvermeidlich. Es möchte etwas haben, kann aber nicht sagen, was, weil es sich noch nicht verständlich machen kann. Das Kind möchte etwas, und die Eltern können sein Bedürfnis zu diesem Zeitpunkt nicht erfüllen, die Mutter ist vielleicht gerade mit einer anderen Arbeit beschäftigt und kann sich nicht um das Kind kümmern. Deshalb fängt es an zu schreien. Jetzt versucht die Mutter, es zu beschwichtigen und zu trösten, weil das Geschrei sie stört; es stört den Vater, es stört die ganze Familie. Niemand will, daß das Kind schreit. Schreien stört. Jeder versucht, das Kind abzulenken, damit es zu schreien aufhört. Und man kann es bestechen. Die Mutter kann ihm ein Spielzeug geben, oder Milch, alles mögliche, was ablenkt oder tröstet – wenn es nur nicht schreit.

Doch Schreien ist eine tiefe Notwendigkeit. Wenn das Kind schreien kann, wenn man ihm erlaubt zu schreien, wird es wieder frisch. Mit dem Schreien wirft es die Frustration aus sich heraus. Andernfalls, wenn das Schreien blockiert wird, kann es sich nicht Luft machen. Die Frustration staut sich auf, und am Ende bist du ein einziger aufgestauter Schrei. Dann sagen die Psychologen, daß du »einen Urschrei« brauchst. Im Westen hat sich sogar eine Therapieform entwickelt, nur um dir zu helfen, so total zu schreien, daß jede Zelle deines Körpers vibriert. Wenn du so total schreien kannst, daß dein ganzer Körper mitschreit, kannst du viel Schmerz, viel aufgestautes Leiden loswerden. *(51)*

Erziehung zur Sauberkeit

Mit der Erziehung zur Sauberkeit wird großer Schaden angerichtet. Kleine Kinder werden gezwungen, zu einer bestimmten Zeit auf den Topf zu gehen. Aber Kleinkinder können ihren Stuhlgang noch nicht kontrollieren; das braucht seine Zeit. Es dauert Jahre, bis sie die Kontrolle darüber haben. Was machen sie also? Sie zwingen ihre Gesäßmuskulatur, sich zu verschließen, und daraus entsteht eine anale Fixierung.

Darum ist Verstopfung ein so weit verbreitetes Übel. Nur der Mensch leidet unter Verstopfung, kein freilebendes Tier leidet darunter. Verstopfung hat hauptsächlich psychologische Ursachen; sie ist eine Störung des Sexzentrums. Und Verstopfung hat noch eine Menge anderer Auswirkungen auf das menschliche Verhalten.

Der Mensch wird zum Hamsterer – er hamstert Wissen,

Geld, Verdienste –, er wird zum geizigen Hamsterer. Er kann nichts loslassen! Was er einmal in den Fingern hat, das läßt er nicht mehr los. Mit dieser Betonung des Analen wird dem Sexzentrum großer Schaden zugefügt und die genitale Reife des Mannes oder der Frau verhindert. Die anale Fixierung wird so dominant, daß die Genitalien unwichtig werden. Das ist einer der Gründe für Homosexualität. Die Homosexualität kann erst dann von dieser Welt verschwinden, wenn die Ausrichtung auf den Analbereich verschwindet. Insofern ist das Sauberkeitstraining sehr gefährlich. *(52)*

Wenn ein Kind krank ist

Etwas läuft von frühester Kindheit an fast immer schief, und zwar folgendes: Immer wenn das Kind krank ist, schenken wir ihm mehr Aufmerksamkeit. Dadurch entsteht eine falsche Assoziation in ihm. Es denkt: »Wenn ich krank bin, liebt die Mutter mich mehr, dann kümmert sich der Vater mehr um mich, dann werde ich zum Mittelpunkt der ganzen Familie, zur wichtigsten Person.« Normalerweise nimmt niemand groß Notiz von ihm – wenn es gesund und alles in Ordnung ist, dann scheint es das Kind gar nicht zu geben. Aber sobald es krank ist, wird es zum Diktator, es diktiert die Bedingungen. Wenn du diesen Trick einmal gelernt hast, daß Krankheit dich zu jemand Besonderem macht – jeder muß dir Aufmerksamkeit schenken, denn wenn er das nicht tut, kannst du ihm Schuldgefühle machen, und keiner kann etwas gegen dich sagen, denn niemand kann dich für deine Krankheit verantwortlich machen.

Normalerweise kannst du das Kind zur Verantwortung ziehen, wenn es etwas falsch macht. Aber wenn es krank ist, kannst du nichts sagen – es kann ja nichts dafür. Was kann es dagegen tun? Doch du vergißt dabei eins: Neunzig Prozent aller Krankheiten sind hausgemacht; du hast sie selbst erzeugt, um Aufmerksamkeit zu bekommen, um wichtig zu sein. Ein Kind lernt diesen Trick sehr schnell, denn sein

Hauptproblem ist seine Hilflosigkeit. Sein Hauptproblem ist, daß es ohnmächtig ist, während alle anderen mächtig sind. Wenn es jedoch krank ist, wird es mächtig, und die anderen werden hilflos. Diesen Mechanismus begreift es schnell.

Ein Kind hat ein sehr sensibles Auffassungsvermögen. Es merkt: »Niemand kann mit mir mithalten, wenn ich krank bin, selbst der Vater nicht, selbst die Mutter nicht.« Dann wird Krankheit zu etwas sehr Bedeutungsvollem, zu einer Investition. Immer wenn es sich im Leben vernachlässigt fühlt und das Gefühl hat, hilflos zu sein, wird es den Ausweg in die Krankheit suchen, wird es sich eine Krankheit zulegen. Und das ist ein ernsthaftes Problem, denn was soll man dagegen tun? Wenn das Kind krank ist, muß ihm jeder Aufmerksamkeit schenken.

Psychologen raten jetzt, ein krankes Kind zwar gut zu versorgen, ihm jedoch nicht zu viel Aufmerksamkeit zu geben. Es sollte medizinisch mit allem versorgt werden, aber nicht psychologisch. Erzeuge nicht den Eindruck in ihm, daß Kranksein sich bezahlt macht, sonst wird das Kind sein Leben lang Zuflucht zur Krankheit nehmen, wann immer es das Gefühl hat, daß etwas nicht stimmt. Dann kann seine Frau ihm später keine Vorwürfe machen, dann kann niemand es tadeln, denn es ist ja krank. Und jeder muß es bemitleiden und ihm seine Zuneigung zeigen. *(53)*

Wie das Ego entsteht

Ein Kind kommt ohne Wissen, ohne Bewußtsein seines eigenen Selbst auf die Welt. Und das neugeborene Kind nimmt nicht als erstes sich selbst wahr; es nimmt zuerst die anderen wahr. Das ist natürlich, denn seine Augen öffnen sich zur Welt draußen; seine Hände berühren die anderen, seine Ohren hören die anderen, seine Zunge schmeckt das Essen, und seine Nase nimmt Gerüche wahr. Alle seine Sinne öffnen sich zur Außenwelt.

So wächst ein Kind heran. Zuerst kommt ihm das »Du« zu

Bewußtsein, die anderen, und dann nimmt es, im Gegensatz dazu, allmählich sich selbst wahr.

Doch dieses Gewahrsein ist ein gespiegeltes Gewahrsein. Das Kind ist sich nicht bewußt, wer es ist. Es ist sich nur der Mutter bewußt und was sie von ihm denkt. Wenn sie lächelt, wenn sie das Kind anerkennt, wenn sie ihm sagt: »Du bist lieb« und es umarmt und küßt, dann fühlt sich das Kind gut mit sich selbst.

Und so wird das Ego geboren. Durch die Anerkennung, Liebe und Fürsorge der anderen fühlt sich das Kind wohl, fühlt es sich wertvoll, fühlt es, daß es Bedeutung hat. Ein Zentrum entsteht. Doch dieses Zentrum ist ein gespiegeltes Zentrum, es ist nicht das wirkliche Sein des Kindes. Das Kind weiß nicht, wer es ist; es weiß nur, was andere von ihm halten. Und das ist das Ego: die Widerspiegelung dessen, was andere denken. Ein Kind, das von allen als Taugenichts betrachtet wird, das von niemandem anerkannt wird, das keiner anlächelt, wird auch ein Ego haben – ein krankes Ego: traurig, verstoßen, verwundet, ein Ego, das sich minderwertig und wertlos fühlt. Auch das ist ein Ego; auch das ist nur eine Widerspiegelung.

Anfangs also die Mutter – und am Anfang bedeutet die Mutter die ganze Welt. Danach kommen noch andere dazu, und die Welt wird größer. Und je größer die Welt wird, um so komplexer wird das Ego, weil um so mehr Meinungen gespiegelt werden.

Das Ego ist ein akkumulatives Phänomen, eine Begleiterscheinung des Zusammenlebens mit anderen. Würde ein Kind völlig allein aufwachsen, würde es nie ein Ego entwickeln. Aber damit wäre ihm nicht geholfen. Es würde auf dem Stand eines Tieres bleiben, und das hieße ebensowenig, daß es sein wirkliches Selbst kennenlernen würde. Nein, man kann das Wirkliche nur mit Hilfe des Falschen erkennen, deshalb ist das Ego eine Notwendigkeit. Man muß durch das Ego hindurchgehen; es ist eine Wachstumsdisziplin. Das Wirkliche kann man nur durch das Illusorische erkennen. Die Wahrheit kann man nicht auf direktem Weg erkennen, zuerst mußt du wissen, was unwahr ist.

Das Ego ist eine Notwendigkeit, eine soziale Notwendigkeit, es ist ein Nebenprodukt der Gesellschaft. Gesellschaft bedeutet: deine Umwelt – nicht du, sondern alles, was dich umgibt. Und jeder Mensch spiegelt dich. Du gehst zur Schule, und der Lehrer spiegelt zurück, wer du bist. Du befreundest dich mit anderen Kindern, und sie spiegeln zurück, wer du bist. Nach und nach fügt jeder etwas zu deinem Ego hinzu.

Das Kind ist sich überhaupt nicht bewußt, daß es ein eigenes Zentrum hat. Die Gesellschaft gibt ihm ein Zentrum, und mit der Zeit ist das Kind davon überzeugt, daß dies sein Zentrum ist – das Ego, das ihm die Gesellschaft anerzieht.

Ein Kind kommt nach Hause – wenn es in der Schule Klassenbester geworden ist, dann ist die ganze Familie glücklich. Es wird umarmt und geküßt, es wird auf die Schultern gesetzt, und man vollführt einen Freudentanz und sagt ihm: »Was für ein tolles Kind du bist! Du bist unser Stolz.« Ihr gebt ihm ein Ego, ein subtiles Ego. Und wenn das Kind niedergeschlagen nach Hause kommt, erfolglos, wenn es versagt hat, wenn es sitzengeblieben oder der Klassenletzte ist, dann wird sich ihm keiner zuwenden, und das Kind fühlt sich abgelehnt.

Die Vorstellung, wer du bist, bekommst du also von den anderen. Es ist keine direkte Erfahrung. Die anderen sind es, die deinem Zentrum Gestalt geben. Dieses Zentrum ist falsch, denn dein wahres Zentrum trägst du in dir. Niemand anders hat damit etwas zu tun. Niemand bildet es. Du kommst damit zur Welt, du wirst damit geboren.

Du hast also zwei Zentren. Das eine bringst du mit, es kommt von der Existenz selbst. Und das andere, das von der Gesellschaft geformte Zentrum, ist das Ego. Es ist etwas Künstliches. Das wahre Zentrum ist die Seele, das Selbst, das Göttliche in dir, die Wahrheit – wie immer du es nennen willst. *(54)*

Wenn ein Kind geboren wird, ist sein Bewußtsein eine Einheit. Es gibt weder einen bewußten noch einen unbewußten Verstand; solche Einteilungen existieren nicht. Doch bald beginnt der Prozeß der Kategorisierung, denn wir lehren das Kind, was richtig und was falsch ist, wir predigen ihm, was gut und was böse ist, was es tun und was es lassen soll. Und was soll das Kind machen, wenn wir ihm sagen: »Das darfst du nicht tun, das ist schlecht«? Nichts verschwindet, nur weil wir es als schlecht abstempeln. Wir erklären dem Kind, daß Wut etwas Schlechtes sei. Das Kind hört und versteht das zwar, aber davon verschwindet seine Wut nicht, denn Wut ist ein natürlicher Instinkt. Das Kind hat das Gefühl der Wut nicht erlernt, es ist ihm angeboren. Die Wut ist genauso Teil seines Körpers wie seine Augen und seine Hände.

Die Natur bedient sich der Wut. Wut ist Energie. Ohne Wut kann das Kind nicht überleben. Sie wird ihm Kraft geben, im Leben zu kämpfen, sie wird ihm Antrieb geben, sich in Konflikten zu behaupten; sie gibt ihm Schwung. Wut ist ein unvermeidliches Charakteristikum seiner Reise durchs Leben.

Auch Sex wird oft als schlecht abgestempelt. Aber Sex ist nichts, was man aus Büchern oder Filmen lernt – auch damit wird das Kind geboren. Und die Leute, die Sex verurteilen, haben dieses Kind durch ihren eigenen Sex geschaffen. Jedes Kind ist ein lebendiges Symbol von Sex. Jede einzelne Zelle seines Körpers besteht aus Partikeln von Sex. Sein ganzer Körper ist eine kristallisierte Form von Sex. Und wir sagen, Sex sei schlecht!

Für ein Baby gibt es weder gut noch schlecht, diese Gedanken kommen ihm gar nicht, wir pflanzen sie ihm ein. Was soll das Kind tun?

Wenn das »Falsche« sich einfach abstellen ließe, indem man es als falsch bezeichnet, würde das Kind seine falschen Impulse abstellen. Aber nein, das funktioniert nicht, und darum beginnt es, sie zu unterdrücken. So entsteht Repression. Alles, was von Eltern und Gesellschaft als falsch bezeichnet wird, verbannt das Kind in den Keller seines Verstandes. Und aus all diesem versteckten Zeug setzt sich sein Unbewußtes zusammen. So entsteht das Unbewußte.

Alles, was da im Keller steckt, möchte das Kind nicht sehen, denn sonst würde es sehr unruhig und bedrückt. Deshalb entwickelt das Kind eine innere Blindheit, um das »Schlechte« in sich selbst nicht sehen zu müssen. Du hast sicher bemerkt, daß Kinder beim ersten Zeichen von Angst die Augen schließen. Vielleicht meinen sie, daß die Gefahr verschwindet, wenn sie nichts sehen. Das ist die Vogel-Strauß-Logik. Sobald der Strauß einen Feind erblickt, vergräbt er seinen Kopf im Sand. So kann er den Feind nicht mehr sehen und denkt, es gebe ihn gar nicht. Was man nicht sieht, existiert nicht! Nur was man sieht, existiert. Was soll ein Kind sonst tun?

Wir haben keine Ahnung vom Dilemma des Kindes. Jene Dinge, die man als schlecht bezeichnet hat, sind jetzt in ihm verborgen; es schaut sie nicht mehr an, es wendet sich von ihnen ab. Aus diesem Sichabwenden entsteht das Unbewußte.

Du wirst überrascht sein zu erfahren, daß du in deiner Erinnerung nicht weiter als bis zum vierten Lebensjahr zurückgehen kannst. Versuche es, und du wirst feststellen, daß deine Erinnerung an einem bestimmten Punkt aufhört, über den du nicht hinausgehen kannst – bis fünf Jahre, vier Jahre, bei denjenigen, die am weitesten zurückgehen können, bis drei Jahre – mehr nicht. Dann hört die Erinnerung auf. Die ersten drei oder vier Lebensjahre scheinen vollständig ausgelöscht. Wenn man dich jedoch unter Hypnose befragt, dann tauchen diese Erinnerungen auf. Die Erinnerung war nicht wirklich ausgelöscht, du hast ihr nur den Rücken zugekehrt.

Warum kannst du dich nicht mehr an die ersten vier Jahre deines Lebens erinnern? Die Psychologen wollten unbedingt eine Antwort darauf finden. Schließlich warst du bei Bewußtsein. Auch ein Kind, das jünger als vier ist, erlebt die Dinge bewußt; es hat glückliche und unglückliche Erlebnisse. Warum ist die Erinnerung daran verlorengegangen? Die wissenschaftliche Erkenntnis sagt, daß wir Dingen, die uns unglücklich machen, den Rücken zukehren – das ist unsere Art,

Unglück loszuwerden. Man sagt zwar immer, die Kindheitstage seien so glücklich gewesen, doch wenn sie wirklich so glücklich gewesen wären, dann hätten wir noch Zugang zu ihnen. Die Erinnerung an Glück bewahren wir nämlich, nur Unglück vergessen wir gerne. Wäre die Kindheit glücklich gewesen, dann hätte sie sich unserer Erinnerung eingeprägt; wir hätten sie nicht aus den Augen verloren. Doch diese vier Jahre, die wir vergessen haben, sind zu unserem Unbewußten geworden.

Aus diesem Grund haben es Freud und seine Schüler, die sich am intensivsten mit dem menschlichen Verstand befaßt haben, als ihre wichtigste Aufgabe angesehen, die verlorenen Kindheitserinnerungen ihrer Patienten wiederherzustellen. Psychoanalyse ist ein Prozeß, in die Erinnerungen der Kindheit zurückzugehen. Sie geht davon aus, daß jede Krankheit, unter der du jetzt leidest, ihre Wurzeln tief in deiner Kindheit hat, und nicht eher verschwinden kann, als bis diese Ursache ausgelöscht ist.

Alles, was wir während unserer Kindheit unterdrückt haben, wird uns im Leben wie ein Schatten folgen, indem es unsere Persönlichkeit beeinflußt und alle unsere Handlungen färbt. Du magst mit sechzig Jahren wahnsinnig werden, aber der Keim deines Wahnsinns ist in den ersten fünf Jahren zu suchen. Im Laufe der Jahre ist aus diesem Keim ein Baum geworden, doch seine Wurzeln liegen in der Kindheit. *(55)*

Die drei Stufen der Sexualität

Die Sexualität des Menschen entwickelt sich in drei Stufen.

Die erste Phase ist autosexuell. Ein neugeborenes Kind ist narzißtisch. Es liebt seinen eigenen Körper sehr, und das ist wunderbar. Das Kind kennt nur seinen eigenen Körper. Es lutscht am Daumen und ist überglücklich. Beobachte ein Kind, wie es voller Entzücken am Daumen lutscht. Es liegt da und spielt mit seinem Körper, es versucht seinen Zeh in den Mund zu stecken und schließt auf diese Weise einen Energiekreis.

Wenn das Kind seinen Zeh in den Mund steckt, entsteht ein Kreislauf, die Energie fließt im Kreis, und das Kind freut sich, denn wenn Energie zirkuliert, ist das ein herrliches Gefühl.

Das Kind spielt mit seinen eigenen Geschlechtsorganen, ohne zu wissen, daß es Geschlechtsorgane sind. Es ist noch nicht konditioniert worden. Es kennt seinen Körper nur als ein Ganzes. Und natürlich sind die Geschlechtsorgane der empfindsamste Teil seines Körpers; es macht ihm großen Spaß, sie zu berühren und damit zu spielen.

Hier greift jedoch die Gesellschaft in die Psyche des Kindes ein: »Nicht anfassen!« »Nicht« ist das erste schmutzige Wort, das erste Schimpfwort. Und auf dieses Schimpfwort folgen noch viele andere: »darfst«, »sollst« – alles Schimpfworte. Und sobald das Kind einmal dieses »Nicht!« gehört hat, mitsamt dem ärgerlichen Gesicht von Mutter oder Vater und diesem Blick ... Sein Händchen wird von den Genitalien, mit denen es so gerne spielt, weggenommen, obwohl nichts Sexuelles dabei ist, es macht ihm einfach Freude.

Aber unser konditionierter Verstand! Er sieht rot, wenn das Kind seine Geschlechtsorgane berührt, wir nehmen seine Hand weg. Damit werden im Kind Schuldgefühle erzeugt.

Jetzt beginnen wir, seine natürliche Sexualität zu zerstören. Wir vergiften die ursprüngliche Quelle seiner Freude und erzeugen Scheinheiligkeit in ihm. Das Kind wird zum Diplomat. In der Gegenwart der Eltern kann es nicht mit seinen Geschlechtsorganen spielen. Damit ist die erste Lüge entstanden. Es kann nicht ehrlich sein. Es weiß jetzt: Wenn es ehrlich mit sich selbst ist, wenn es sich selbst respektiert, seine eigene Freude, seinen eigenen Instinkt respektiert, dann sind die Eltern wütend. Und es ist letztlich hilflos, es ist von ihnen abhängig.

Kinder sind die am meisten ausgebeuteten Wesen der Welt. Niemand anders ist so ausgebeutet worden wie die Kinder. Und Kinder können nichts dagegen tun: Sie können keine Gewerkschaften bilden, um gegen die Eltern zu kämpfen, sie können nicht vor Gericht gehen oder sich an die Regierung wenden. Sie haben keine Möglichkeit, sich gegen die Angriffe der Eltern zu schützen.

So ist das erste Trauma entstanden. Jetzt wird das Kind nie mehr in der Lage sein, seine Sexualität natürlich und voller Freude zu akzeptieren. Ein Teil seines Körpers ist nicht akzeptabel, ein Teil seines Körpers ist häßlich, ist unwürdig, Teil des Körpers zu sein; es lehnt diesen Teil ab. Innen in seiner Psyche hat es sich kastriert, und die Energie zieht sich zurück. Sie fließt nicht mehr so natürlich wie vorher, ehe dieses »Nicht anfassen!« geschah.

Das also ist das autosexuelle Stadium. Viele Menschen bleiben hier stehen; deshalb ist Masturbation so verbreitet. Es ist ein natürliches Stadium und wäre wie jede andere Wachstumsphase von selbst vergangen, aber die Eltern haben die Energie in dieser Wachstumsphase gestört.

Wenn das Kind erst einmal angefangen hat zu masturbieren, dann kann daraus eine Angewohnheit werden, eine mechanische Gewohnheit, die verhindern kann, daß es zur zweiten Phase gelangt. Es kann in dieser sehr kindlichen Phase steckenbleiben und erreicht nie die ausgereifte Sexualität des Erwachsenen. Es wird niemals die Erfüllung erfahren, die nur ein reifes sexuelles Wesen erfahren kann. Und die Ironie dabei ist, daß genau diese Leute die Masturbation verdammen und viel Aufhebens darum machen. Sie reden den Menschen ein, daß man von Masturbation blind wird, daß man ein Zombie wird, daß Masturbation der Intelligenz schadet, daß sie dumm macht. Sämtliche wissenschaftlichen Erkenntnisse jedoch stimmen darin überein, daß Masturbation niemandem schadet. Es sind diese Drohungen, die schaden.

Wenn das Kind die natürliche Phase der Autosexualität ausleben kann, dann gelangt es von selbst zur zweiten Phase, zur Homosexualität – doch nur wenige Menschen gelangen zur zweiten Phase. Die Mehrheit bleibt auf der ersten Entwicklungsstufe stehen. Selbst wenn du später mit einem Partner zusammen bist, ist es womöglich bloß gegenseitige Masturbation.

Die zweite Phase ist homosexuell. Auch das ist ein natürliches Stadium. Das Kind liebt seinen Körper – ist es ein Junge, liebt er einen Jungenkörper. Der Sprung zum Frauenkörper, zum Mädchenkörper wäre zu groß. Also verliebt er sich zuerst in andere Jungen. Ist es ein Mädchen, dann ist sein erster Instinkt, andere Mädchen zu lieben, weil sie die gleiche Art von Körper haben, die gleiche Wesensart. Ein Mädchen kann Mädchen besser verstehen als Jungen; Jungen sind eine andere Welt.

Das homosexuelle Stadium ist ebenfalls eine natürliche Phase. Aber auch hier »hilft« die Gesellschaft erneut, darin steckenzubleiben, weil sie Schranken zwischen Mädchen und Jungen errichtet. Wo es diese Schranken nicht gibt, ist die homosexuelle Phase bald verschwunden; das Interesse für Heterosexualität, für das andere Geschlecht erwacht. Doch dazu gibt die Gesellschaft wenig Gelegenheit. In Internaten leben die Kinder in getrennten Häusern; ihr Treffen und ihr Zusammensein sind unerwünscht.

Homosexualität wird von der Gesellschaft perpetuiert und gleichzeitig von ihr verurteilt. Man muß sich diese Strategie vor Augen halten! Es ist dieselbe Gesellschaft, die später Homosexuelle verurteilt, sie als pervers und kriminell bezeichnet. Es gibt immer noch Länder, in denen Homosexualität bestraft wird, man kann dafür jahrelang im Gefängnis sitzen. Und dieselbe Gesellschaft hat sie verursacht!

Die dritte Phase ist heterosexuell. Wenn ein Mann wirklich durch die autosexuelle und die homosexuelle Phase hindurchgegangen ist, dann ist er fähig und reif, sich in eine Frau zu verlieben – in eine ganz andere Welt, eine andere Chemie, eine andere Psychologie, eine andere Spiritualität. Dann ist er fähig, dieser anderen Welt, diesem anderen Organismus zu begegnen. *(56)*

7. KAPITEL

Elternfragen

Du sagst, daß jedes Kind vollkommen geboren wird, aber meine beiden Kinder waren von Geburt an sehr verschieden. Das eine ist sehr heiter und wie ein kleiner Engel, das andere schien bereits gestört zu sein, ehe es durch unsere Erziehung beeinflußt wurde. Wie sollen wir mit dem schwierigen Kind umgehen?

Hier wird eine sehr grundlegende Frage gestellt. Die gesamte Existenz ist vollkommen, ist göttlich, aber woher kommt dann das Böse? Woher kommt das Schlechte, das Unmoralische, das Unannehmbare?

Das Gute ist in Ordnung, wir haben es gleichbedeutend mit Gott gemacht; Gott bedeutet gut. Aber woher kommt das Böse? Darüber denkt die Menschheit seit Jahrtausenden nach. Soweit man zurückblicken kann, spukt dieses Problem schon immer in den Köpfen der Menschen herum.

Die logische Erklärung, die Lösung, auf die der Verstand verfällt, ist, eine Dualität zu schaffen, die Existenz zweizuteilen und zu sagen, daß es auf der einen Seite Gott gibt, der gut ist, und auf der anderen Seite das Böse, den Teufel, das Schlechte.

Der Verstand meint nun, damit sei das Problem gelöst, alles Böse komme vom Teufel, alles Gute komme von Gott. Aber damit ist das Problem nicht gelöst, sondern nur etwas weiter zurückgeschoben. Das Problem bleibt das gleiche, ihr habt es einen Schritt zurückgedrängt, aber nichts ist geklärt, denn woher kommt nun der Teufel? Wenn Gott der Schöpfer ist, muß er von Anfang an auch den Teufel geschaffen haben, sonst kann Gott kein allmächtiger Schöpfer sein.

Den Teufel hat es schon immer gegeben – als den Feind, als die entgegengesetzte Kraft, und so muß es beide, Gott und den Teufel, seit aller Ewigkeit gegeben haben. Wenn aber der Teufel nicht erschaffen wurde, kann er auch nicht vernichtet werden, und so geht der Konflikt bis in alle Ewigkeit weiter. Dann kann Gott nicht gewinnen, und der Teufel wird immer ein Störenfried bleiben.

Das ist eine Schwierigkeit der christlichen, mohammedanischen und zarathustrischen Theologie, denn diese Theologien folgen der simplen Lösung des Verstandes. Aber mit dem Verstand kann man das Problem nicht lösen.

Es gibt noch eine andere Sichtweise, die nicht aus dem Verstand kommt und die dieser nur schwer begreifen kann. Diese Sichtweise entstand im Osten, speziell in Indien, und sie lautet: Es gibt keinen Teufel, keine ursprüngliche Dualität, es gibt nur das Göttliche und keine andere Macht.

Die Hindus sagen: Das Böse existiert an sich nicht, es ist nur eine Frage der Interpretation. Man nennt es böse, weil man es nicht versteht oder weil man irritiert ist und es als störend empfindet. Unsere Einstellung macht es zu etwas Schlechtem oder läßt es schlecht erscheinen. Das Böse als solches gibt es nicht. Das Böse kann nicht existieren. Es gibt nur das Göttliche.

Auf diesem Hintergrund werde ich jetzt dein Problem betrachten. Zwei Kinder werden geboren, eines ist gut, das andere ist schlecht. Warum nennst du das eine gut und das andere schlecht? Ist es eine Realität, handelt es sich um eine Tatsache oder nur um deine Auslegung?

Welches Kind ist gut und warum? Wenn das Kind gehorsam ist, dann ist es gut. Wenn es ungezogen ist, ist es schlecht. Jemand, der euch folgt, ist gut, jemand, der sich gegen euch auflehnt, ist schlecht. Das eine Kind befolgt alles, was du sagst. Wenn du sagst: »Setz dich«, dann setzt es sich hin. Aber das andere versucht zu rebellieren, und darum ist es schlecht. Das ist deine Interpretation. Du sagst damit nichts über die Kinder, du sagst etwas über dein Bewußtsein.

Warum ist das gehorsame Kind gut? Tatsache ist, daß die Gehorsamen nie die brillanten Geister sind, nie die strahlenden Sterne, sie sind immer ein wenig stumpf.

Kein gehorsames Kind ist jemals ein großer Staatsmann, ein großer Mystiker oder ein großer Dichter geworden. Nur aus den Ungehorsamen wurden große Erfinder und Schöpfer neuer Dinge. Nur der rebellische Geist transzendiert das Alte und reicht hinauf zu den Sphären des Neuen und Unbekannten.

Aber die Eltern mögen das gehorsame Kind, denn es schmeichelt ihrem Ego. Ihr fühlt euch gut, wenn ein Kind alles macht, was ihr sagt, und habt schlechte Laune, wenn ein Kind sich sträubt und euch ablehnt.

Ein wirklich lebendiges Kind ist ein kleiner Rebell. Warum sollte es euch folgen? Wer seid ihr denn? Und warum soll es gehorsam sein, bloß weil du sein Vater bist?

Was hast du dafür getan, um Vater zu werden? Du warst nur eine Brücke, und das auch nur sehr unbewußt. Euer Sex ist keine bewußte Handlung, ihr werdet von unbewußten Kräften dazu getrieben. Das Kind ist nur ein Produkt des Zufalls, ihr habt es weder erwartet, noch wart ihr euch bewußt, wen ihr da zu euch eingeladen habt. Das Kind war auf einmal da, so wie ein fremder Gast kommt. Du hast es gezeugt, aber du bist nicht der Vater. Wenn ich sage, du hast es gezeugt, meine ich damit einen biologischen Vorgang. Man hätte dich nicht dazu benötigt, eine Spritze hätte es auch getan. Du bist kein wirklicher Vater, denn du bist nicht bewußt. Du hast das Kind nicht eingeladen, du hast keine bestimmte Seele eingeladen, in den Schoß deiner Frau, deiner Geliebten, einzukehren. Du hast dich nicht darum bemüht.

Und was hast du getan, nachdem das Kind auf die Welt kam? Du meinst, daß das Kind dir folgen sollte, aber bist du überhaupt sicher, daß du den richtigen Weg weißt? Bist du überzeugt, daß du etwas erfahren hast, was es wert ist, vom Kind befolgt zu werden? Du kannst dich dem Kind aufzwingen, denn das Kind ist schwach, und du bist stark, das ist der einzige Unterschied zwischen dir und ihm. Ansonsten bist du genauso kindisch und unwissend. Du bist nicht gewachsen, du bist nicht reif geworden. Du bist genauso wütend wie ein Kind und spielst genauso mit Spielzeug wie ein Kind. Dein

Spielzeug ist vielleicht ein bißchen größer, aber das ist auch alles.

Was ist dein Leben? Was hast du erreicht? Welche Weisheit hast du erlangt, daß das Kind dir gehorchen und zu allem ja und amen sagen sollte, was du verlangst?

Ein wahrer Vater ist bewußt und zwingt das Kind zu nichts. Im Gegenteil, er wird dem Kind helfen, es selbst zu sein. Er gibt ihm Freiheit, denn wenn er überhaupt irgend etwas verstanden hat, muß er wissen, daß das innere Wesen nur in Freiheit erblüht. Wenn er irgend etwas in seinem Leben bewußt erfahren hat, weiß er sehr genau, daß man frei sein muß, um Erfahrungen zu sammeln – je mehr Freiheit, desto größer der Erfahrungsschatz. Wenn einem keine Freiheit gelassen wird, kennt man nur Erlebnisse aus zweiter Hand, Imitationen, Schattenbilder, nie das Echte und Authentische.

Ein wahrer Vater zu sein heißt, dem Kind mehr und mehr Freiheit zu lassen, es immer unabhängiger zu machen, ihm zu erlauben, ins Unbekannte zu reisen, dahin, wo du selbst nie gewesen bist. Das Kind soll über dich hinauswachsen und dich überholen und alle Grenzen, die sich dir stellen, überschreiten.

Du mußt dem Kind helfen, statt es zu zwingen. Wenn du ihm etwas aufzwingst, fängst du an, es zu zerstören. Der Geist braucht Freiheit, er wächst in Freiheit und nur in Freiheit! Wenn du ein wahrer Vater bist, freust du dich, wenn das Kind ein Rebell ist, denn kein Vater möchte den freien Geist des Kindes zerstören.

Aber ihr seid keine Väter. Ihr seid voll von euren eigenen Krankheiten. Wenn ihr ein Kind zum Gehorsam zwingt, drückt ihr damit nur aus, daß ihr gerne über jemanden herrschen wollt. Draußen in der Welt gelingt es euch nicht, aber wenigstens dieses kleine Kind könnt ihr beherrschen.

Einem Kind gegenüber benehmt ihr euch wie die Politiker. Ihr wollt eure unerfüllten Wünsche durch das Kind befriedigen, ein Diktator sein. Bei einem Kind ist das leicht, es ist so schwach, so zart und hilflos. Es ist so sehr von euch abhängig, daß ihr es zu allem zwingen könnt.

Aber durch Zwang bringt ihr es um. Statt ihm das Leben zu schenken, zerstört ihr es. Ein folgsames Kind macht einen guten Eindruck, denn es ist tot. Ein rebellisches Kind erscheint böse, denn es ist lebendig.

Wir sind gegen Lebendigkeit, weil wir selbst das Leben verpaßt haben. Weil wir selbst schon vor dem Tode gestorben sind, wollen wir auch andere abtöten. Die Methoden sind subtil, wir töten im Namen der Liebe, im Namen der Nächstenliebe, im Namen des Dienstes an Gott. Wir erfinden schöne Namen, aber tief drinnen sitzt der Mörder.

Sieh das ein, und du wirst nicht mehr in Begriffen wie »dieses Kind ist gut« und »jenes ist schlecht« denken. Interpretiere nicht. Jeder Mensch ist einzigartig, jeder Mensch ist anders als alle anderen. Die göttliche Kreativität wiederholt sich nie.

Sage nur soviel, daß dieses Kind anders ist als das andere. Sage nicht, das eine sei gut und das andere schlecht. Du weißt nicht, was gut und was böse ist. Dieses Kind ist gehorsam, und jenes ist ungehorsam. Aber niemand weiß, was gut ist.

Übe keinen Zwang aus. Wenn das eine Kind aus seiner Spontaneität heraus gehorcht, dann ist es gut, dann entspricht es seiner Natur. Hilf ihm zu wachsen. Und wenn das andere Kind rebellisch und ungehorsam ist, dann entspricht das seiner Natur; hilf auch ihm zu wachsen.

Laß den einen zu einem authentischen Jasager heranwachsen und den anderen zu einem überzeugten Neinsager. Doch bringe deine Interpretation nicht ins Spiel, denn jede Interpretation zerstört etwas im Kind. Es ist des einen Natur, ja zu sagen, und des anderen Natur, nein zu sagen. Und beides wird gebraucht. Das Leben wäre flach und stumpfsinnig, wenn keiner nein sagen würde.

Wenn alle immer ja sagen würden, wäre das Leben total langweilig und stupide. Der Neinsager wird gebraucht, denn er ist der entgegengesetzte Pol. Gehorsam wird bedeutungslos, wenn niemand sich auflehnt. Wähle nicht zwischen den beiden, fühle einfach, wie unterschiedlich deine Kinder sind, und unterstütze sie.

Aber alle Väter und Mütter üben Zwang aus, und im Namen der Liebe können sie es mit ruhigem Gewissen tun. Niemand wird sie dafür tadeln, denn sie begründen es damit, daß sie nur sein Bestes wollen, deshalb müssen sie es schlagen. Sie lieben es so sehr, deshalb müssen sie es auf den rechten Weg bringen – es war auf Abwege geraten. Sie sagen, daß sie es aus lauter Liebe zurechtweisen.

Seid ihr sicher, daß ihr wißt, was falsch und was richtig ist? Keiner weiß es genau, und es kann auch keiner genau wissen, denn was in diesem Moment gut ist, kann schon im nächsten Moment falsch sein. Und die Richtung, die am Anfang verkehrt erschien, entpuppt sich am Ende als die richtige. Das Leben ist ein Strom, der sich jeden Moment verändert. Ein wahrer Vater und eine wahre Mutter geben ihren Kindern nur Bewußtheit und Wachheit mit auf den Weg, keine Moral, denn Moral ist etwas Totes. Das Leben ändert sich ständig, und ihr haltet weiter an euren fixierten Moralvorstellungen fest.

Deshalb sehen fromme Leute so stumpfsinnig aus und gehen mit leeren Augen durch die Welt, oberflächlich, ohne jede Tiefe. Nur wenn man mit dem Strom des Lebens fließt, hat man Tiefe.

Welches Geschenk sollen die Eltern den Kindern nun mit auf den Weg geben? Nur Wachheit! Helft euren Kindern, daß sie bewußter werden.

Eltern sollten ihnen alle Freiheit lassen und sagen: Bewegt euch in völliger Freiheit, aber mit wachen Sinnen. Habt keine Angst, auch wenn ihr Fehler macht, denn im Leben lernt man erst durch seine Irrtümer, und der Mensch wird erst durch Irrtümer bewußt. Habt also keine Angst davor. Irren ist menschlich. Wenn du mit vollem Bewußtsein einen Fehler machst, kann nur eines passieren: Du machst den gleichen Fehler nicht wieder. Denn mit jedem Fehler machst du eine Erfahrung und gewinnst dadurch eine Einsicht, die verhindert, daß du diesen Fehler wiederholst. Du bist bereichert und ziehst ohne Furcht deines Weges.

Vergiß nur eines nicht: Sei bei allem, was geschieht, bewußt.

Wenn du ja sagst, sage es mit vollem Bewußtsein, und wenn du nein sagst, sage es mit vollem Bewußtsein.

Und seid nicht gekränkt, wenn ein Kind nein sagt.

Ich habe gehört, daß jemand zu Junned, einem Sufi-Mystiker, sagte: »Einer deiner Zuhörer ist ein böser Mensch, ein ganz niederträchtiger Kerl. Du läßt ihn viel zu nahe an dich heran und bist viel zu vertraut mit ihm! Wirf ihn hinaus, er ist ein böser Mensch!«

Junned sagte: »Wenn Gott ihn nicht aus dem Weltall hinauswirft, dann steht es mir auch nicht zu, ihn hinauszuwerfen. Gott hat ihn angenommen, und ich bin nicht weiser als Gott. Gott hat ihm das Leben gegeben, Gott hilft ihm zu existieren, er ist noch jung und stark und wird noch lange leben, länger als du. Wer bin ich, daß ich über Gut und Böse entscheiden könnte?«

Die Existenz beschenkt die Guten genauso wie die Bösen. Ein böser Mensch atmet die gleiche Luft wie ein guter Mensch. Das Universum akzeptiert den Sünder genauso wie den Heiligen. Die Existenz macht keine Unterschiede. Aber aufgrund des dualistischen Denkens der Christen, Mohammedaner und Zarathustra-Anhänger machen wir einen Konflikt daraus.

Mir fällt eine Geschichte ein: Im alten Israel gab es eine Stadt namens Sodom, in der die Leute sehr pervertiert waren. Es gab alle möglichen sexuellen Perversionen, und man sagt, daß Gott diese Stadt vollkommen vernichtete. Ein großes Feuer fuhr vom Himmel herab, in dem alle umkamen. Jahrhunderte später fragte jemand einen chassidischen Mystiker, einen Heiligen: »Es muß doch bestimmt auch einige gute Menschen in Sodom gegeben haben, als Gott die Stadt vernichtete, und dennoch kamen alle um ... Wir begreifen ja, daß die Bösen sterben mußten, weil sie schlecht waren, aber warum wurden denn auch die Guten vernichtet?«

Jetzt seht, wie listig der Verstand ist: Der chassidische Heilige dachte einen Moment nach und sagte: »Er hat die guten Leute auch vernichtet, damit sie bezeugen können, daß die Bösen so schlecht waren.«

Das war eine sehr berechnende Antwort – nur um sein Gesicht nicht zu verlieren. Die Wahrheit ist, daß es für Gott weder Gut noch Böse gibt. Wenn er erschafft, erschafft er beides, und wenn er zerstört, zerstört er beides, bedingungslos.

Diese Auffassung von Gut und Böse ist wirklich kindisch. Jemand, der Zigaretten raucht, wäre dann schlecht, jemand, der gerne Alkohol trinkt, wäre schlecht, ein Mann, der die Frau eines anderen liebt, wäre schlecht.

Wir bilden uns ein, daß Gott dasitzt und sich ausrechnet: Dieser Mensch raucht, dieser Mensch ist ein Alkoholiker, dieser ist ein Ehebrecher, laß sie nur zu mir kommen, dann können sie was erleben! Das ist idiotisch, daß Gott über solche trivialen Dinge richten sollte! Doch so funktioniert unser kleinkarierter Verstand.

Die Existenz kennt keine Interpretation und keine Trennungen. Gut und Böse sind menschliche Vorstellungen, keine göttlichen Konzepte. Und jede Gesellschaft hat ihre eigenen Auffassungen von Gut und Böse, die sich mit jedem Zeitalter ändern. Gut und Böse sind nichts Absolutes, sie sind relativ – abhängig von der Gesellschaft, von der Kultur, abhängig von uns. Das Göttliche ist absolut, es kennt keine Unterschiede.

Wenn du dich in tiefer Meditation befindest und alle Gedanken verschwunden sind, machst du die gleiche Erfahrung. Es gibt keine Unterschiede mehr, denn Gut und Böse sind nur Gedanken. Wenn man innerlich vollkommen still ist, was ist dann gut und was ist schlecht? Sobald der Gedanke aufkommt, das eine sei gut und das andere schlecht, ist die Stille verschwunden. In tiefer Meditation gibt es nichts – gar nichts, weder Gutes noch Böses. Laotse soll gesagt haben: Nur ein Unterschied von Haaresbreite, und Himmel und Hölle sind geteilt.

Wenn auch nur die kleinste Unterscheidung im Kopf eines Meditierenden auftaucht, ist die ganze Welt geteilt. Meditation bedeutet, keine Unterscheidungen zu treffen, ungeteiltes Sein. Du schaust einfach und siehst die Welt als ein Ganzes. Du sagst weder, dies ist häßlich, das ist schön, noch dies ist gut und das ist schlecht. Du sagst überhaupt nichts. Du *bist* einfach – ohne Worte, ohne Trennungen, ohne Dualität.

In der Meditation wird man göttlich. Die Leute denken, daß sie in der Meditation Gott sehen werden. Das ist falsch, es gibt niemanden zu sehen. Gott ist kein Objekt. In der Meditation wird man Gott, weil alle Unterscheidungen verschwinden.

In der Meditation wird man eins mit dem Ganzen, weil man sich nicht mehr vom Ganzen unterscheidet. Alle Trennungen sind aufgehoben, und man ist so vollkommen still, daß es keine Grenzen mehr gibt. Man ist so still, daß es kein Ich und kein Du mehr gibt, alle Grenzen sind verwischt und verschwunden. Nur Einheit existiert, nur das Eine.

Es ist nur der Verstand, der trennt und unterscheidet und sagt: Dies ist das, und das ist etwas anderes. In der Meditation ist reines Sein, ungeteilt. Wenn ihr in Meditation seid, seid ihr göttlich, und nur in Meditation erfahrt ihr, was bedingungslose Liebe ist.

Dann sind, wenn du ein Vater bist, deine Kinder einfach nur Kinder, Wesen, die aus einer unbekannten Welt kommen und in ein unbekanntes Land gehen, um zu wachsen und reif zu werden. Und du gibst ihnen deine Liebe, teilst dein Leben und deine Erfahrungen mit ihnen, aber du zwingst ihnen nie etwas auf. Und wenn man sie zu nichts zwingt, wer ist dann gehorsam und wer ungehorsam? Und damit komme ich zum letzten Punkt. Wenn man ihnen nichts aufdrängt, wer ist dann gut, und wer ist böse? Das ganze Phänomen der Unterscheidung verschwindet einfach. Dann akzeptiert man den anderen, das Kind, die Frau, den Freund, so wie er ist – als eine Gegebenheit. Wenn wir einander als Gegebenheit annehmen können, ohne jedes Sollen und Müssen, ohne jedes Gut und Böse, wenn wir das fertigbringen, wird das Leben augenblicklich zum Paradies.

Aber wir müssen immer etwas ablehnen. Selbst wenn wir jemanden akzeptieren, akzeptieren wir ihn nur teilweise. Wir sagen: Deine Augen gefallen mir, aber der Rest ist scheußlich. Ist das etwa Akzeptieren? Wir sagen: Was du da getan hast, war gut, aber alles andere ist dumm und unakzeptabel. Ich liebe nur den Teil von dir, der gut ist. Das bedeutet, daß wir nur das annehmen, was mit uns selbst übereinstimmt.

Ihr wißt vielleicht selbst nicht einmal, wie sehr ihr euch gegenseitig kaputtmacht. Wenn Eltern ihrem Kind sagen: Wir mögen nur diese Eigenschaften an dir und keine anderen, wenn eine Frau zu ihrem Mann sagt: Ich kann nur dies an dir leiden, nicht das andere – was machen sie da? Sie erzeugen eine Trennung, die sich auch auf das Bewußtsein des anderen auswirkt.

Wenn ein Vater sagt: Tu das nicht, ich verurteile das, es macht mich wütend, und das Kind anschließend bestraft, weil er meint, daß es etwas falsch gemacht hat, was tut er da? Wenn er das Kind lobt, ihm Spielzeug, Blumen und Süßigkeiten mitbringt und sagt: Du warst artig, was du getan hast, ist gut und gefällt mir, was tut er da? Er spaltet das Bewußtsein des Kindes.

Mit der Zeit beginnt das Kind, selbst den Teil in sich abzulehnen, den die Eltern abgelehnt haben, und wird gespalten. Es wird zu zwei Ichs. Wenn man kleine Kinder beobachtet, kann man feststellen, daß sie sich sogar selbst bestrafen. Sie sagen zu sich selbst: Bobby, du bist ungezogen, du bist böse gewesen. Auch sie beginnen den Teil in sich abzulehnen, den ihre Eltern ablehnen, und damit ist die Spaltung vollzogen.

Der abgelehnte Teil wird verdrängt, daraus entsteht das Unbewußte, und der akzeptierte Teil wird das Bewußte, das Gewissen. Ihr ganzes Leben wird zur Hölle, weil der abgelehnte Teil mit dem akzeptierten kämpft. Es ist ein ständiger Kampf.

Das Abgelehnte kann nicht vernichtet werden, es ist da, es ist ein Teil von euch, der ständig in eurem Innern rumort, ihr habt ihn nur in die Dunkelheit verbannt, das ist alles.

Aber wenn du eine Seite von dir ins Dunkle verdrängst, wird sie immer stärker, weil sie im Dunkeln weiter agiert und du sie nicht wahrnimmst und dir ihrer nicht bewußt bist. Das Verdrängte wird Rache nehmen. In einem schwachen Moment, wenn die bewußte Seite nicht dominiert, kommt es hervor. Vielleicht seid ihr dreiundzwanzig Stunden am Tag brave Bürger, aber wenn das Bewußte müde ist, dann bricht in der einen Stunde das Unbewußte hervor.

Selbst die Heiligen haben ihre sündigen Momente, auch sie müssen sich von ihrer Frömmigkeit erholen. Manchmal sind sie auf Urlaub, und wenn ihr sie gerade beim Urlaub erwischt, dann seid nicht überrascht – auch Heilige brauchen manchmal Ferien.

Alle Menschen werden müde, es sei denn, man ist eins mit sich selbst. Dann gibt es keine Müdigkeit mehr, denn es gibt keinen verdrängten Teil in dir, der ständig kämpft, dir in die Quere kommt und unvermutet hervorbricht, um sich zu rächen.

Und so geschieht es in allen Bereichen des Lebens. Alles wird elend und trübselig, weil die Eltern überall diese Trennung in Gut und Böse errichtet haben. Deshalb seid ihr so unglücklich. Macht es mit euren Kindern nicht genauso!

Eltern müssen ihren Kindern natürlich viele Dinge sagen, weil Kinder ja vollkommen unwissend sind. Man muß ihnen sagen, daß sie nicht ins Feuer fassen sollen. Aber dann sagt: Es ist schädlich. Wenn du dich verbrennst, wirst du Schmerzen haben. Das ist meine Erfahrung: Als ich mich verbrannt habe, hat es weh getan. Aber du mußt es selbst wissen. Ich kann dir nur sagen, wie es mir ergangen ist. Wenn du es trotzdem tun willst, ist es in Ordnung, aber es tut weh.

Sagt ihnen, was schädlich und was förderlich ist, aber redet nicht von Gut und Böse. Wenn man bewußt ist, läßt man diese beiden Worte einfach aus seinem Vokabular verschwinden, denn damit legt man eine Wertung in die Dinge hinein, die nicht vorhanden ist.

Kinder müssen durch alles hindurchgehen, sich verletzen und sich fürchten, nur so wächst der Mensch. Wenn ein Kind zu sehr behütet wird, kann es nicht reif werden.

Viele Menschen bleiben kindisch, ihr geistiges Alter wächst nie über das eines Kindes hinaus. Sie können ein Alter von siebzig Jahren erreicht haben, aber ihr geistiges Alter bleibt das eines etwa siebenjährigen Kindes, denn sie sind zu sehr behütet worden.

Seht euch die reichen Familien an: Ihre Kinder leben zu beschützt, man gibt ihnen keine Freiheit, sich zu irren, Freiheit zu erleben und vom Wege abzukommen. Die Diener, die Hauslehrer, die Gouvernante folgen ihnen überallhin und lassen sie fast nie allein. Und seht, was aus ihnen wird: Meistens werden die Kinder solcher Familien mittelmäßig, dümmlich, unfähig ... Große Köpfe sind selten aus reichen Familien hervorgegangen – Erfinder, Abenteurer und Genies kommen nicht aus diesem Milieu. Die Kinder reicher Familien werden derartig behütet, daß sie nicht wachsen können.

Inneres Wachstum braucht ein gewisses Ungeschütztsein und gleichzeitig auch Schutz – beides. Beobachtet einen Gärtner mit seinen Blumen, er hilft ihnen, er beschützt sie, und trotzdem läßt er ihnen die Freiheit, im Sonnenschein, im Regen und im Sturm heranzuwachsen.

Er bringt die Bäume nicht ins Haus, um sie vor den Stürmen, der Sonne und den Gefahren draußen in der Natur zu schützen. Wenn man einen Baum hereinnimmt, stirbt er. Eine Treibhauspflanze ist unnatürlich, aber mit Hilfe der überbesorgten Eltern werden wir alle zu Treibhauspflanzen.

Schützt eure Kinder nicht zu sehr, aber laßt sie auch nicht ungeschützt. Folgt ihnen nur wie ein unaufdringlicher Schatten. Sorgt für sie, seid umsichtig, aber stellt ein Gleichgewicht her, damit ihr sie beschützen könnt, wenn Gefahr für ihr Leben besteht, und erlaubt ihnen alles, wenn ihr das Gefühl habt, daß es nicht so gefährlich ist. Und werdet immer freizügiger, je älter sie werden.

Wenn die Kinder geschlechtsreif geworden sind, müßt ihr ihnen die totale Freiheit einräumen, denn die Natur hat jetzt Männer und Frauen aus ihnen gemacht, also gibt es keinen Grund, übermäßig besorgt zu sein. Selbst wenn es einmal zu Unfällen kommt, ist es das wert.

Gebt euren Kindern eine Ganzheit. Steckt sie mit eurer Wachheit an, liebt sie, erzählt ihnen von euren Erfahrungen, aber zwingt sie nicht, euren Erfahrungen zu folgen. Wenn ein

Kind von sich aus gehorcht, ist es in Ordnung. Wenn es nicht folgt – wartet, man muß nichts übereilen.

Es ist schwer, ein Vater oder eine Mutter zu sein, es ist das Schwerste auf der Welt. Und die Leute meinen, es sei das Einfachste ...

Ich habe einmal eine Geschichte gehört: Eine Frau fährt im Taxi vom Einkaufen nach Hause. Der Taxifahrer rast wie ein Verrückter im Zickzack die Straße entlang. Die Frau rutscht nervös auf ihrem Sitz herum und sagt immer: »Passen Sie doch auf! Nicht so schnell!« Aber der Taxifahrer hört nicht auf sie. Schließlich schreit sie: »Was soll aus meinen zwölf Kindern werden, die zu Hause auf mich warten?!« Der Taxifahrer dreht sich um und sagt: »Und Sie wollen mir erzählen, daß ich aufpassen soll?«

Es ist leicht, zwölf Kinder zu bekommen, kein Problem, sogar Tiere bringen es fertig. Aber eine Mutter zu sein ist schwer. Ein Vater zu sein ist sogar noch schwieriger, weil es nicht so natürlich ist. Die Vaterrolle ist ein soziales Phänomen, wir haben sie geschaffen, aber in der Natur gibt es sie in dieser Form nicht. Ein Vater zu sein ist noch schwerer, weil der natürliche Instinkt dafür fehlt.

Macht keinen Unterschied zwischen Gut und Böse. Akzeptiert beides und helft beiden Menschentypen heranzuwachsen, dann kann die Hilfe, die ihr euren Kindern gebt, zu eurer eigenen tiefen Meditation werden, und ihr wachst mit ihnen.

Und wenn sich ein Kind zu einem Jasager oder einem Neinsager entwickelt ... Es gibt wunderschöne Neinsager. Denkt an Nietzsche, er ist ein Neinsager, aber wunderschön! Seine Begabung, nein zu sagen, hat die Welt auf so wundervolle Weise bereichert.

Die Erde wäre um vieles ärmer, wenn es keine Menschen wie Nietzsche gäbe. Er kann nicht ja sagen, das widerstrebt seiner Natur. Sein ganzes Wesen sagt nein.

Buddha ist auch ein Neinsager. Er sagt: Es gibt keinen Gott, es gibt keine Seele und keine Welt. Man kann keinen größeren

Neinsager finden als Buddha, er läßt nichts aus. Er sagt: Nichts ist. Er verneint grundsätzlich alles, es ist unmöglich, ein Ja aus ihm herauszubringen. Aber was für ein wundervolles Wesen ist aus diesem Nein entstanden! Sein Nein muß vollkommen und total gewesen sein.

Und dann gibt es die Jasager, die Gläubigen, die Liebenden: Meera, Chaitanya, Jesus und Mohammed sind Jasager.

Beides wird gebraucht, und damit meine ich, beide existieren immer im gleichen Verhältnis, genauso wie Männer und Frauen. Ihre Anzahl ist fast immer annähernd gleich. Es gibt zur Hälfte Männer und zur Hälfte Frauen auf der Welt, und es ist ein Wunder, wie die Natur dieses Gleichgewicht hält. Dieses Gleichgewicht der Proportionen wird in allen Dimensionen beibehalten. Immer ist die eine Hälfte der Menschheit auf dem Weg der Liebe und die andere Hälfte auf dem Weg der Erkenntnis. Liebe bedeutet ja sagen. Verstehen bedeutet nein sagen.

Wenn du also zwei Kinder hast und das eine ein Neinsager und das andere ein Jasager ist – dann ist das genau die richtige Mischung!

Du hast beides unter einem Dach, jetzt kannst du eine Harmonie, einen Einklang herstellen. Fördere nicht nur den Jasager, und versuche nicht, das Wesen des Neinsagers zu zerstören, sondern laß eine Harmonie zwischen beiden entstehen.

Diese beiden Kinder repräsentieren die ganze Welt, die gegensätzlichen Pole: Yin und Yang. Laß eine Harmonie aus dieser Gegensätzlichkeit erwachsen, und deine Familie wird zu einer harmonischen Einheit, zu einer echten Familie.

Interpretiere und verurteile nicht, sei kein Moralprediger. Liebe und akzeptiere deine Kinder und hilf ihnen, ihrem Wesen treu zu bleiben.

Die Grundlage aller Liebe ist, dem anderen zu helfen, er selbst zu bleiben. *(57)*

Ich mache mir Sorgen um meine sechsjährige Tochter. Sie sagt, sie sei glücklich, aber ich fürchte, sie ist es nicht. Ich habe das Gefühl, ich kann sie einfach nicht glücklich machen.

Du scheinst zu besorgt zu sein – zu viel Besorgnis kann gefährlich werden. Der Wunsch, jemand anderen glücklich zu machen, hat nie Erfolg. Es ist gegen die Naturgesetze. Wenn du jemanden glücklich machen willst, machst du ihn unglücklich, denn Glück ist nichts, was einem jemand anderes geben kann. Man kann höchstens eine bestimmte Situation herstellen, und vielleicht gedeiht das Glück, vielleicht auch nicht; mehr kann man nicht tun.

Du gibst dir zu viel Mühe, deine Tochter glücklich zu machen. Weil es dir mißlingt, bist du unglücklich, und dadurch wird wiederum sie unglücklich. Es ist sehr einfach, jemanden unglücklich zu machen. Unglücklichsein ist sehr ansteckend, es ist wie eine Krankheit. Wenn du unglücklich bist, machst du diejenigen, die dir nahestehen, die eine Beziehung zu dir haben, ebenfalls unglücklich, insbesondere Kinder. Kinder sind sehr sensibel und verletzlich.

Du äußerst vielleicht nicht, daß du unglücklich bist, aber darauf kommt es nicht an. Kinder sind sehr intuitiv. Sie haben ihre Intuition noch nicht verloren; sie haben noch etwas, das tiefer geht als der Intellekt, das die Dinge unmittelbar spürt.

Der Intellekt braucht Zeit, und er schwankt hin und her; er kann niemals sicher sein. Wenn jemand über dich nachdenkt, kann er nicht mit Sicherheit sagen, ob du wirklich unglücklich bist oder nur so tust. Vielleicht ist es nur deine Angewohnheit oder ein bestimmter Gesichtsausdruck von dir. Der Intellekt kann nie zu einem sicheren Schluß kommen.

Aber die Intuition ist unabhängig, sie ist sich sicher. Sie sagt einfach, was ist. Kinder sind sehr intuitiv und auf subtile, telepathische Weise mit anderen Menschen verbunden. Sie fragen nicht, wie es dir geht, sie fühlen es sofort. Manchmal kommt es vor, daß das Kind bereits etwas spürt, was die Mutter erst viel später bemerkt. Vielleicht ist die Mutter unglücklich, ohne sich dessen bewußt zu sein. Noch ist das

Gefühl nicht von ihrem Unterbewußtsein ins Bewußtsein vorgedrungen, aber von ihrem Unterbewußtsein zum Kind besteht eine unmittelbare Verbindung.

Um dein Bewußtsein zu erreichen, muß ein Gefühl viele Schichten von Konditionierungen, von Erfahrungen, von Intellekt, von diesem und jenem durchlaufen. Es muß viele Zensoren passieren. Diese Zensoren werden die Botschaft verfälschen, uminterpretieren, färben, und bis sie dein Bewußtsein erreicht hat, kann sie zu etwas völlig anderem geworden sein, als sie ursprünglich war. Doch Kinder haben einen unmittelbaren Zugang; sie bleiben bis zu einem gewissen Alter sehr tief mit dir verbunden und wissen genau, was vor sich geht.

Entspanne dich einfach. Laß deine Tochter mit anderen Kindern zusammen sein, laß sie spielen und sprich nicht von Glück oder Unglück.

Sei lieber selbst glücklich. Wenn sie sieht, daß du glücklich bist, wird sie es auch sein. Glück ist nichts, was man direkt anstreben kann, es ist eine Folge. Kinder sind sehr verwirrt, wenn man sie fragt: »Bist du glücklich?« Sie wissen nicht, was sie antworten sollen – und ich glaube, sie haben recht. Wenn du ein Kind fragst, ob es glücklich ist, zuckt es einfach mit den Schultern. Wie meinst du das?

Ein Kind ist nur glücklich, wenn es sich dessen nicht bewußt ist. Glück ist etwas sehr Subtiles, es entsteht nur, wenn du dich vollständig in einer Sache verlierst. Das Kind spielt und ist glücklich, weil es sich in diesen Augenblicken vergißt – es ist völlig versunken.

Glück ist nur möglich, wenn du dich in etwas verlierst. Sobald du zurückkommst, verschwindet das Glück.

Ein Tänzer ist glücklich, wenn es nur noch den Tanz gibt und der Tänzer sich darin aufgelöst hat. Ein Maler ist glücklich, wenn er malt. Ein Kind ist glücklich, wenn es spielt – ein sinnloses Spiel vielleicht, einfach Muscheln sammeln am Strand, unbedeutend, doch das Kind geht ganz darin auf.

Hast du einmal Kindern zugeschaut, die Muscheln oder Steine sammeln? Beobachte ihre Selbstvergessenheit, wie vertieft sie sind, wie völlig versunken. Das ist die Qualität der Ekstase, des Staunens, die Qualität aller religiösen Erfahrung. Alle Kinder sind religiös. Und alle Kinder sind glücklich, es sei denn, die Eltern machen sie unglücklich.

Man kann Glück nicht auf direktem Weg suchen. Tue etwas anderes, und Glück wird wie ein Schatten folgen. Es ist eine Folge, kein Ziel. *(58)*

Obwohl ich sehe, was meine Eltern mit mir gemacht haben, mache ich mit meiner Tochter genau das gleiche. So oft stehen meine eigenen Bedürfnisse den ihren im Weg. Ich scheine ihr keine Hilfe zu sein.

Normalerweise prägt sich dir das, was deine Eltern mit dir gemacht haben, wie ein Muster ein. Daraus lernst du, wie du mit deinem eigenen Kind umzugehen hast. Es ist natürlich. Kein Grund zur Beunruhigung. Aber es ist gut, daß du dir dessen bewußt geworden bist.

Versuche jetzt nicht überzukompensieren – ich glaube, das tust du. Du denkst, daß du nicht genügst, nicht genug Liebe gibst, nicht genug Pflege. Doch du kannst nur so viel geben, wie du hast, mehr nicht. Tue dein Bestes, und wenn du nicht mehr tun kannst, sei nicht deprimiert, sonst schadet deine Depression dem Kind.

Werde jetzt bewußt, das ist alles. Und wenn du in ein altes Muster verfällst, entspanne dich – und höre damit auf. Vermutlich hast du ein Idealbild in dir. Deine Mutter wurde diesem Ideal nicht gerecht, jetzt mußt du es bei deinem Kind versuchen. Aber Idealismus ist gefährlich.

Sei also realistisch, schaffe keine Fiktion. Vermutlich lebst du mit einem Ideal. Lebe niemals mit einem Anspruch; lebe mit dem, was *ist* – mehr gibt es nicht. Was immer ist, das ist. Sei einfach du selbst. Akzeptiere dich. Mit solchen Ansprüchen verurteilst du dich selbst.

Die Leute bewegen sich von einem Extrem zum anderen. Die ältere Generation meinte immer, daß sie große Opfer für ihre Kinder bringe. Die Mütter haben stets herausgestrichen, was sie alles für ihre Kinder tun. Das hat geschadet, denn Liebe sollte keine Pflicht sein, nichts, worüber man spricht. Du liebst, weil du glücklich bist; du tust es nicht dem Kind zuliebe, sondern weil du es gerne tust. Das Kind ist dir nichts schuldig, es muß dir nichts zurückzahlen. Du genießt es, Mutter zu sein, und solltest dem Kind dankbar sein.

Aber die ältere Generation war dem Kind nicht dankbar; sie hoffte immer, das Kind werde ihnen später dankbar sein, und war ganz frustriert, als sie sah, daß es nicht dankbar war.

Jetzt bist du ins andere Extrem gefallen. Sei einfach natürlich! Solche extremen Haltungen sind nicht gut. Früher hatten die Kinder Angst vor den Eltern, jetzt haben die Eltern Angst vor den Kindern. Die Angst ist geblieben! Das Rad hat sich gedreht, doch die Angst ist die gleiche. Und eine Beziehung kann nur existieren, wo es keine Angst gibt. Liebe ist nur möglich ohne Angst.

Und noch etwas, für dich und für alle anderen: Die Beziehung zwischen Mutter und Kind kann niemals perfekt sein, das ist unmöglich. Irgendein Problem wird es immer geben. Sobald du eins löst, taucht ein anderes auf. Das ist die Natur einer jeden Beziehung.

Liebe das Kind einfach, und überlasse alles andere der Existenz. Du bist ein menschliches Wesen mit all seinen Schwächen und Begrenzungen, das ist nun einmal so. Dein Kind hat dich zur Mutter gewählt, du bist nicht allein verantwortlich. Da waren so viele Frauen, die bereit waren zu empfangen, und es hat ausgerechnet dich gewählt. Du bist also nicht allein verantwortlich, das Kind ist es auch.

Sei einfach natürlich und glücklich! Tanze mit dem Kind, liebe das Kind, umarme das Kind. Wenn du bewußt bist, kann die ganze Vergangenheit in einem Augenblick intensiver Bewußtheit ausgelöscht werden.

Verfolge kein Ideal. Höre nicht auf die Experten, das sind die größten Spitzbuben der Welt. Höre auf dein Herz. Wenn du dein Kind umarmen möchtest, umarme es. Manchmal könntest du es verhauen, dann verhaue es. Sorge dich nicht, weil irgendein großer Psychologe gesagt hat, man solle Kinder nicht schlagen. Wer ist er, daß er über dich bestimmen kann? Woher nimmt er die Autorität?

Manchmal ist es gut, wütend zu sein. Das Kind muß lernen, daß du auch nur ein Mensch bist und auch wütend sein kannst. Dann kann es sich ebenfalls erlauben, wütend zu sein. Wenn du niemals wütend bist, fühlt es sich schuldig. Wie kann es auf eine Mutter wütend sein, die immer lieb und süß ist? Mütter bemühen sich so sehr, lieb und nett zu sein, daß sie ihre ganze Würze verloren haben. Sie werden zu Sacharin, sie erzeugen künstlichen Diabetes. Sei nicht nur süß, sondern manchmal auch bitter, wie dir gerade zumute ist, und gib dem Kind zu verstehen, daß die Mutter ihre eigenen Stimmungen und Gefühle hat. Sie ist genauso ein Mensch wie das Kind auch. *(59)*

Seit meine Tochter geboren ist, bin ich oft sehr wütend auf meinen neunjährigen Sohn. Ich liebe ihn nicht so sehr.

Tue eins: Immer wenn du wütend auf ihn bist, gehe in ein Zimmer und lasse die Wut an einem Kissen aus, statt auf ihn wütend zu sein. Schlage auf das Kissen ein, beiß in das Kissen! Mache das ein paarmal, und du wirst überrascht sein: Deine Beziehung zu deinem Sohn verändert sich.

Es geht nicht darum, ob du ihn liebst oder nicht liebst. Wenn du ihn nicht liebst, ist es um so wichtiger, nicht wütend zu sein. Wenn du ihn liebst, kann er deine Wut tolerieren, weil sie durch Liebe kompensiert wird – wenn die Wut vorbei ist, wirst du ihn mehr lieben, und er versteht das. Aber wenn du ihn nicht liebst, dann ist die Wut unverzeihlich.

Alles, was du brauchst, ist, deiner Wut Ausdruck zu geben. Sie sammelt sich in dir an, und dein Sohn ist lediglich eine Ausrede, du findest sonst niemanden, an dem du die Wut auslassen kannst. Kinder werden oft zu Sündenböcken, weil sie hilflos sind. Du warst vielleicht auf deinen Mann wütend, doch der war nicht so hilflos. Der ganze Ärger hat sich aufgestaut und richtet sich jetzt auf dieses hilflose Kind.

Mache einen Monat lang folgendes: Jedesmal wenn du auf ihn wütend bist, laß ihn in Ruhe, gehe in ein Zimmer und lasse deine Wut an einem Kissen aus. Innerhalb von fünf Minuten wirst du merken, daß die Wut verschwunden ist und viel Mitgefühl für dein Kind aufkommt. Probiere das einen Monat lang; danach wird es dir leichtfallen. Der erste Monat ist etwas mühsam, denn deine Gewohnheit sagt: »Sei wütend auf das Kind«, und dein Verstand meint: »Es ist Blödsinn, auf ein Kissen wütend zu sein.« Aber wenn du erst das Schöne an dieser Methode erkennst – niemand wird verletzt, die Wut ist freigesetzt worden, und du empfindest sogar Mitgefühl und Liebe …

Und wenn du sagst, daß du deinen Sohn nicht liebst, hast du etwas nicht richtig verstanden, denn wenn du ihn nicht liebtest, wärst du auch nicht wütend auf ihn. Beides gehört zusammen.

Wut ist nichts anderes als Liebe, die auf dem Kopf steht, sauer gewordene Liebe. Man muß Wut nur aufrichten, und sie wird zu Liebe. Wut und Haß sind also nicht wirklich das Gegenteil von Liebe. Das wirkliche Gegenteil ist Apathie, Gleichgültigkeit. Wenn du das Kind nicht liebst, ist es dir gleichgültig – wen kümmert's?

Mein Eindruck ist, daß es nichts mit deinem Kind zu tun hat, sondern mit deinem Mann, mit deinem Vater oder deiner Mutter.

Versetze dich einmal in diesen Jungen: Er muß grundlos unter deiner Wut leiden. Er kann es sich nicht leisten, mit Wut zu reagieren, weil er dir unterlegen ist, sonst muß er noch mehr leiden. Er unterdrückt diese Wut, bis er sie eines Tages an jemand auslassen kann. Wenn er eine Frau findet, wird er sie damit quälen. Doch wenn die Frau stark ist, wie Frauen nun mal sind, dann wird er statt ihrer seinen Sohn quälen. Unter irgendeinem Vorwand wird er seine Wut abreagieren. Und wenn er sie nicht am Sohn oder an der Frau abreagieren kann, dann eben am Dienstboten oder im Büro. Wenn er der Boß ist, quält er jemanden, der ihm untergeben ist. Und das ist ungerecht, denn eigentlich wollte er dich quälen, konnte es aber nicht.

So läuft das. So werden Haß, Wut und Eifersucht von Generation zu Generation weitergegeben. Alle möglichen Gifte sammeln sich an, und eine Generation gibt sie als Erbschaft an die nächste weiter. Deshalb wird die Menschheit von Tag zu Tag mehr damit belastet.

Tue das deinem Kind nicht an; damit verdirbst du sein ganzes Leben. Es hat ja nichts falsch gemacht. Probiere diese Methode einen Monat aus, und du wirst überrascht sein: In diesem Monat wird sich das ganze Muster ändern. *(60)*

Mein Mann und ich sind uns uneinig über die Erziehung unseres Sohnes. Er möchte strenger sein, und ich möchte liebevoller sein.

Dann laß ihn sein Ding machen, und mach du deins. Das ist kein Problem. Ein Kind braucht beides, denn so ist das Leben. Wenn ein Kind nur Liebe bekommt, wird es leiden; spürt es nur Härte, wird es auch leiden. Es braucht beides.

Darin besteht die Funktion der Mutter und des Vaters. Die Mutter muß ihm Liebe geben, damit das Kind erfährt, was Liebe ist, und der Vater bleibt hart, damit es merkt, daß das Leben kein Spiel ist. Es gibt Dornen, und es gibt Rosen, und das Kind muß auf beides vorbereitet werden. Die Welt wird ihm keine Mutter sein, sondern fordert harte Auseinandersetzung. Wenn du ihm also nur Liebe gibst, dann hat es kein Rückgrat. Sobald es mit dem wirklichen Leben konfrontiert ist, wird es kollabieren, weil es auf die Mutter wartet, und die kommt nicht. Das Leben wird keine Rücksicht auf deinen Sohn nehmen. Dann wird er seinem Vater dankbar sein, denn das Leben wird ihn auch hin und wieder vor die Tür setzen und ihn anschreien. Dann weiß er, daß er auch damit fertig wird, er ist auch darauf vorbereitet. Dein Sohn muß auf beides vorbereitet sein, auf Weichheit und Härte, auf Yin und Yang, dann kann er mit jeder Situation umgehen. Ist das Leben hart, kann er hart sein; ist das Leben liebevoll, kann er liebevoll sein. Er ist nicht fixiert, er ist fließend. Wenn die Umstände es erfordern, kann er stahlhart sein, und unter anderen Umständen kann er sanft sein wie eine Rose, kann er weich und verletzlich sein.

Diese ganze Bandbreite sollte dem Bewußtsein des Kindes zur Verfügung stehen, damit es beweglich bleibt. Nicht nötig, sich deswegen zu streiten. Mache du einfach dein Ding, und laß ihn seins machen. Und wenn es manchmal zu Uneinigkeiten kommt – auch gut! *(61)*

Was sind meine Aufgaben als Vater? Ich trenne mich von meiner Frau, und wir sind übereingekommen, daß die drei Jungen bei mir leben, während das Mädchen bei der Mutter bleibt.

Es muß einiges geschehen, denn wenn die Mutter nicht da ist, wird deine Verantwortung umfassender. Du wirst beides sein müssen, sowohl Vater als auch Mutter. Doch das kann eine große Herausforderung und ein Wachstumsprozeß für dich werden.

Wenn du nur Vater bist, bleibst du an der Peripherie, du bist nicht bis ins Innerste beteiligt. Vater zu sein ist eine äußerliche, institutionelle Angelegenheit, es ist nichts Natürliches, sondern ein Produkt der Gesellschaft. Es ist nicht instinktgesteuert, sondern nur eine Konditionierung.

Wenn eine Frau Mutter wird, geschieht etwas sehr Bedeutungsvolles mit ihr, doch mit einem Mann, der Vater wird, geschieht nicht viel. Für die Frau ist es fast wie eine Neugeburt. Nicht nur das Kind, auch die Mutter wird geboren. Die Mutter schenkt dem Kind das Leben, und das Kind schenkt der Mutter das Leben. Bis dahin war die Frau nur eine Frau. Nun ist sie eine Mutter. Das ist für einen Mann nur sehr schwer nachzuvollziehen, es sei denn, er ist selbst schöpferisch.

Wenn er schon einmal ein Bild oder ein Gedicht zur Welt gebracht hat, kann er ahnen, was es bedeutet, Mutter zu sein. Wenn ein Dichter ein Gedicht geschaffen hat, ist er ungemein glücklich. Niemand sonst kann verstehen, was in ihm vor sich gegangen ist. Es ist nicht bloß ein Gedicht. Ein großer innerer Aufruhr hat stattgefunden, und durch das

Gedicht hat sich vieles beruhigt. Das Gedicht ist nur der äußere Ausdruck einer tiefen Harmonie, es ist nur ein Anzeichen dafür, daß etwas in seinem Sein in Einklang gekommen ist. Das Gedicht verkündet der Welt, daß ein Mensch zum Dichter geworden ist. Es ist eine kleine Kostprobe von dem Duft, der im Dichter geboren wurde. Er ist nicht mehr der gleiche. Er ist kein gewöhnlicher Sterblicher mehr, er ist in Konkurrenz zu den Göttern getreten. Er hat etwas geboren, etwas erschaffen.

Doch das ist gar nichts im Vergleich zu einer Frau, die Mutter wird. Ein Gedicht ist ein Gedicht. Im Moment, wo es geboren wird, ist es bereits tot. Im Innern des Dichters war es lebendig, aber in dem Moment, in dem es zum Ausdruck kommt, ist es ein totes Möbelstück. Man kann es an die Wand hängen oder auf den Müll werfen oder was immer; es ist nicht mehr lebendig.

Eine Frau jedoch, die ein Kind zur Welt bringt, gebiert etwas Lebendiges. Wenn sie in die Augen des Kindes schaut, schaut sie in ihr eigenes Wesen. Wenn das Kind zu wachsen anfängt, wächst sie mit.

Bis jetzt warst du also nur Vater. Es war eine Pflicht, viel mehr war damit nicht verbunden. Von jetzt an wirst du beides sein müssen – auch eine Mutter. Und wenn du deinen Kindern eine Mutter sein kannst, dann denke nicht an deine Pflichten – sie werden erfüllt werden. Denke wie eine Mutter, werde femininer, rezeptiver. Sei immer weniger wie ein Vater und immer mehr wie eine Mutter. Das wird zu einer großen Herausforderung und einer Transformation für dich werden.

Wenn du diese Gelegenheit nutzen kannst, kannst du dadurch vielleicht sogar ein Satori erlangen, denn in deinem Inneren kommt es zu einer Versöhnung: Der Mann und die Frau in dir, Yin und Yang, begegnen und kristallisieren sich. Und allmählich wirst du das Gefühl dafür verlieren, wer du bist – ob Mann oder Frau –, denn du bist mütterlich und doch ein Vater. Das kann zu einer sehr alchimistischen Situation werden.

Ich bemühe mich immer, eine Einsicht in die jeweilige

Situation zu vermitteln, damit sie zum Ausgangspunkt für Wachstum werden kann. Versuche also deine Kinder mit den Augen einer Mutter zu sehen – wenn nicht vierundzwanzig Stunden lang, so doch wenigstens einige Stunden am Tag. Und dann sei wieder ganz der Mann. Als Vater willst du die Kinder dominieren und sie zu deinem Ebenbild machen. Als Mutter willst du ihnen Freiheit geben, sie selbst zu sein.

Du kannst dir einen Plan machen. Teile dir die Zeit so ein, daß du von Sonnenuntergang bis Sonnenaufgang Mutter bist. Tagsüber kannst du Vater sein, nachts bist du Mutter. Die Frau ist mehr wie die Nacht. Sie umgibt dich, sie hüllt dich ein, ohne dich zu bedrängen, ohne dich nur zu berühren. Du kannst die Dunkelheit, die dich umgibt, nicht berühren. Sie ist da, aber beinahe so, als wäre sie nicht da. Ihre Gegenwart besteht in ihrer Abwesenheit.

Wenn du also die Mutter bist, dann sei so abwesend wie möglich. Versuche nicht, dir irgend etwas zu beweisen. Sei einfach eine Hilfe. Denke nicht im Sinne von Aufgaben, sondern im Sinne von innerem Wachstum. Wenn du an Aufgaben und Pflichten denkst, bist du gleich beunruhigt und versäumst eine große Gelegenheit. Das ist ein falscher Schritt. Verantwortung – das fühlt sich an wie eine Last. Pflicht – das klingt nach Zwang. Pflicht ist ein schmutziges Wort, ein Schimpfwort. Liebe ist keine Pflicht. Du liebst, weil du dich freust.

Freue dich an dieser neuen Situation. Eines Tages bist du vielleicht deiner Frau dankbar, daß sie gegangen ist und dir ermöglicht hat, auch eine Mutter zu werden; das wäre sonst nicht geschehen.

Und nutze nicht nur diese, sondern jede Situation im Leben als eine Gelegenheit zu wachsen und mehr du selbst zu werden. Und meditiere viel – das wird dir Kraft geben, der Situation zu begegnen und an ihr zu wachsen. *(62)*

Mein Mann und ich wollen uns trennen, aber wir machen uns Sorgen um unsere Tochter.

Sie wird es verstehen, denn der Vater ist ja weiterhin für sie da; daran wird sich nichts ändern. So vielen Kindern ergeht das so ... und Kinder sind sehr verständig. Deine Tochter wird sehr leiden, wenn du leidest. Doch wenn sie sieht, daß die Mutter glücklich ist, merkt sie in ein paar Tagen, daß die ganze Sache völlig in Ordnung geht; nichts ist falsch daran.

Du meinst, du seist wegen ihr unglücklich, und dabei ist sie wegen dir unglücklich. Wenn sie sieht, daß du glücklich bist, wird sie das alles vergessen. Es ist nicht ihre Liebesgeschichte, und du hast kein anderes Kind gewählt, kein anderes Kind adoptiert.

Das ist also nicht das Problem – das eigentliche Problem liegt bei dir. Innerlich würdest du sie gerne unglücklich sehen, damit du mehr Unglück für deinen Mann schaffen kannst: »Sieh nur, was du dem Kind angetan hast! Dem Kind und mir tust du so etwas an, und du bist froh und glücklich. Wir werden dir deine Freude vergällen.«

Vergifte nie die Freude eines anderen Menschen, denn damit vergiftest du dein eigenes Wohlergehen. Was du andern antust, das tust du auch dir selbst an.

Probiere mein Rezept: Laß das ganze Problem fahren und sei guter Laune und sage zu deiner Tochter: »Es ist gut so. Er ist frei, und ich bin frei, und das ist wunderschön.«

Wie ich Kinder sehe, sind sie sehr einsichtig. Sie werden unnötigerweise in die Streitigkeiten der Eltern verwickelt, sie werden hineingezerrt. Die Mutter zerrt an ihnen, der Vater zerrt an ihnen, und das Kind wird unglücklich. Es wird allmählich zum Politiker. Es redet mit dem Vater so und mit der Mutter wieder anders. Wenn es bei der Mutter ist, steht es auf ihrer Seite, wenn es beim Vater ist, steht es auf seiner Seite. Es muß sich diplomatisch verhalten, weil es zwischen beiden steht. Laß es nicht dazu kommen. Deine Tochter wird verstehen; Kinder vergessen sehr schnell. *(63)*

Ich habe Schwierigkeiten mit meinem zweijährigen Sohn. Er klammert sich zu sehr an mich.

Stoße ihn jetzt nicht zurück, sonst wird er sein ganzes Leben lang negativ. Stoße nie ein Kind zurück.

Liebe ihn, so sehr du kannst. Ein Augenblick wird kommen, wenn er sich von selbst von dir löst. Dann klammere dich nicht an ihn. Das sind ganz natürliche Vorgänge ... so wie eine Frucht von selbst vom Baum fällt, wenn sie reif ist. Wenn die Schwangerschaft neun Monate gedauert hat, kommt das Kind von selbst aus dem Mutterleib. Und das gleiche geschieht, wenn es aufwächst. Dann wird dein Sohn mit anderen Kindern zusammensein wollen. Und eines Tages wird er eine Frau finden und dich völlig vergessen.

Mache dir also keine Sorgen! Liebe ihn einfach. Laß ihn jetzt anhänglich sein; er braucht deine Wärme, deine Liebe. Stoße ihn nicht weg, sonst hört er auf zu wachsen.

Wenn die Mutter das Kind wegstößt, fühlt es sich abgelehnt. Weise ihn niemals ab. Es ist ganz natürlich. Er ist hilflos, deshalb hängt er an dir. Das hat nichts mit Anklammern zu tun.

Wenn er reif und stark genug ist, wird er sich von selbst lösen, dann halte ihn nicht. Erlaube es ihm. *(64)*

Meine Tochter stellt Fragen über den Tod. Sie will wissen, wo alles hingeht, wenn es stirbt.

Das ist sehr gut. Alle Kinder wollen etwas über den Tod wissen, es ist eine natürliche Neugier. Aber anstatt ihnen eine Antwort zu geben – denn alle Antworten sind falsch ...

Gib nie eine Antwort. Sage einfach, du weißt es nicht, und wenn wir sterben, werden wir sehen. Und laß das deine stillschweigende Einstellung zu allem sein, worauf wir keine Antwort wissen.

Wenn ein Kind etwas fragt, was du nicht weißt, dann gib deine Unwissenheit zu. Eltern meinen immer, es würde schaden, wenn sie ihre Unwissenheit eingestehen, ihre Kinder bekämen ein schlechtes Bild von ihnen. Aber tatsächlich ist es genau umgekehrt. Früher oder später entdeckt das Kind, daß du die Antwort nicht wußtest und trotzdem so getan hast, als wüßtest du sie. Dann wird es allen Respekt vor dir verlieren, weil es sich betrogen fühlt. Früher oder später merkt das Kind, daß seine Eltern genauso unwissend und machtlos sind wie jeder andere auch, genauso im dunkeln tappen wie jeder andere auch, aber sie tun so als ob – und dieses So-tun-Als-ob wirkt sehr zerstörerisch. Wenn du also etwas nicht weißt, dann sage immer: »Ich weiß es nicht, aber ich suche nach einer Antwort.«

Und der Tod ist eines jener Phänomene, über die man nichts sagen kann, außer daß wir nach Hause zurückkehren, an den gleichen Ort, von wo wir gekommen sind. Wir wissen es selber nicht. Wir kommen von einer unbekannten Quelle und kehren zu dieser unbekannten Quelle zurück. Der Tod ist die Vervollständigung eines Kreises, aber beide Enden, der Anfang und das Ende, sind ein Mysterium.

Es ist so, wie wenn ein Vogel durch ein Fenster in einen Raum hineinfliegt, dort ein paar Augenblicke herumflattert und durch ein anderes Fenster wieder nach draußen verschwindet. Wir sehen den Vogel nur, wenn er sich im Raum befindet. Wir wissen nicht, woher er kommt, wir wissen nicht, wohin er geht. Alles, was wir kennen, ist diese kurze Zeitspanne, da sich der Vogel im Raum befand.

Und das ist die Situation unseres ganzen Lebens. Wir sehen, daß ein Kind geboren wird – der Vogel ist hereingeflogen, keiner weiß woher. Und eines Tages ist der Mensch tot, der Vogel ist weggeflogen. Das Leben besteht nur aus dieser kurzen Spanne zwischen Geburt und Tod.

Mache dem Kind dieses Mysterium bewußt. Anstatt ihm eine Antwort zu geben, bringe ihm lieber das Geheimnisvolle zu Bewußtsein, das uns von allen Seiten umgibt, damit es mehr Ehrfurcht und Staunen empfindet. Es ist besser, ein Suchen zu bewirken, statt eine oberflächliche Antwort zu geben. Hilf dem Kind, neugieriger zu sein, hilf ihm zu forschen. Anstatt Antworten zu geben, hilf ihm, mehr Fragen zu stellen. Wenn im Herzen des Kindes eine Suche beginnt, ist das genug; das ist alles, was Eltern für ihr Kind tun können. Dann kann es seine eigenen Antworten finden.

Wir vergessen leicht, daß das Leben etwas Unbekanntes ist, ein »X«. Wir leben darin, und dennoch bleibt es unbekannt. Der Mensch hat in bezug auf Wissen große Fortschritte gemacht: Täglich wird Neues entdeckt, täglich wird das menschliche Wissen um Tausende von Forschungsergebnissen reicher, Tausende von Büchern erscheinen. Aber die Grundwahrheit bleibt gleich. Vor dieser Grundwahrheit sind wir klein und hilflos.

Hilf deiner Tochter also, mehr und mehr das Geheimnisvolle zu empfinden. *(65)*

Ich mache mir Sorgen um meinen sechsjährigen Sohn. Er tut Dinge, die mir mißfallen, wie streiten, betteln und lügen.

Mache dir keine Sorgen, er wird später einmal keine Encountergruppen brauchen! Es ist völlig in Ordnung. Das ist genau das Alter, in dem Jungen streiten und schreien sollen und Dinge sagen, die nicht stimmen; daraus wird sich ihre Authentizität entwickeln. Wenn man diese Dinge nicht unterdrückt, verschwinden sie; sie bleiben nur bestehen, weil sie unterdrückt werden, ansonsten verschwinden sie, sobald ihre Zeit vorbei ist.

Die Leute wirken kindisch, weil ihnen keine Kindheit erlaubt wurde. Selbst ein fünfzig- oder siebzigjähriger Mann bekommt noch einen Wutanfall. Er kann sich über eine Kleinigkeit ärgern und total kindisch reagieren. Nur ein kleiner Schreck oder etwas Trauriges, und er ist unfähig, damit fertig zu werden. Man hat ihm nicht erlaubt, seine Kindheit auszuleben; diese ungelebte Kindheit dauert an.

Denke an die Grundregel: Mit dem, was wir gelebt haben, sind wir fertig; das, was ungelebt ist, dauert an, es will noch gelebt werden. Gewisse Dinge sind gut in der Kindheit, aber gefährlich, wenn die Kindheit vorüber ist. Wenn zum Beispiel dein Sohn schreit und brüllt, ist das verständlich, wenn aber ein Vierzig- oder Fünfzigjähriger schreit und brüllt, ist das ziemlich unverständlich; es ist ihm selbst peinlich.

Deshalb nehmen die Therapiegruppen überall so zu. Sie sind eine Notwendigkeit, insbesondere wegen des Christentums. Das Christentum predigt seit jeher Unterdrückung – zweitausend Jahre lang Unterdrückung und rigide Vorstellungen von christlicher Würde. Niemand darf etwas tun ... Diese ungelebten Dinge stecken in einem drin und warten; sobald sich eine Gelegenheit bietet, explodieren sie, und wenn sich keine bietet, dann sucht man sich eine. Vielleicht betrinkt sich der Mann und fällt aus der Rolle. Dann verzeiht man ihm und sagt, er sei betrunken gewesen. Und er selbst sagt auch: »Tut mir leid, ich war betrunken.« Die Leute ziehen in den Krieg, die Leute sehen sich Filme mit Mord und Totschlag an. Was reizt die Leute an einem solchen Film oder an einem Kriminalroman? Es ist eine Ersatzfreude: Was du selbst nicht tun kannst, tust du indirekt durch andere. Du wirst gepackt und identifizierst dich mit dem Mörder oder dem Ermordeten. Warum sehen sich die Leute Stierkämpfe an? Warum kämpfen sie mit Tieren und gehen auf die Jagd? Solch eine unnötige Grausamkeit! Aber da ist ein Bedürfnis, da verlangt etwas nach Ausdruck, wofür man ein Ventil finden muß.

Hast du beobachtet, wie bei einem Fußballspiel ein Streit ausbricht? Beide Parteien und ihre Fans geraten in Streit, und ein Chaos bricht aus. Dabei ist es nur ein Fußballspiel! Es ist völlig absurd, aber es passiert immer wieder. Das ist die ungelebte Kindheit.

Gib also deinem Sohn die Erlaubnis und habe keine Angst. Denn du hast Angst wegen deiner eigenen Repressionen, nicht wegen ihm. Du bist unterdrückt worden. Dir hat man diese Dinge nie erlaubt, er hingegen darf sie. Innerlich bist du sicher eifersüchtig und hast Angst, weil man dir beigebracht hat, daß das ungehörig ist. Erlaube es ihm ruhig. Auf diese Art wird er wachsen und über die Kindheit hinauswachsen.

Wenn er dann erwachsen wird, ist er wirklich erwachsen. Er wird niemals so etwas wie Encounter, Gestalttherapie oder Psychodrama brauchen. Er hat das alles selbst gelebt. Und was man wirklich lebt, geht sehr tief. Eine Gruppe ist eine künstlich geschaffene Situation, sie ist nur ein Ersatz, ein schwacher Ersatz. *(66)*

Mein Kind hat einige Eigenschaften, die ich nicht mag.

Wenn du manchmal an deinem Kind Eigenschaften entdeckst, die du nicht magst, dann schaue bei dir selbst nach, und du wirst sie dort finden. Diese Eigenschaften werden im Kind reflektiert. Das Kind stellt nur einen sehr sensiblen Spiegel dar. Es nimmt dich in sich auf, wiederholt dich, imitiert dich.

Anstatt also etwas am Kind zu verändern, ändere dich selbst, und du wirst staunen: Das Kind hört automatisch damit auf. Ein Kind ist nicht nur in bezug auf körperliche Ernährung von der Mutter abhängig, sondern auch bezüglich spiritueller Nahrung. Wenn du also still wirst, wird das Kind dir folgen; es lernt, ohne es zu merken. Wenn du meditativ wirst, wird es auch meditativ.

Immer wenn Eltern sich bei mir über ihre Kinder beklagen, sind sie sich nicht bewußt, was sie tun. Denn ich habe beobachtet, daß die Ursache meistens bei den Eltern liegt, wenn mit dem Kind etwas daneben ist. Zu neunundneunzig Prozent liegt es an den Eltern; je kleiner das Kind, desto höher der Prozentsatz.

Werde also selbst so, wie du dein Kind haben möchtest. Sei still, sei mitfühlend, sei liebevoll, sei fröhlich, und du wirst überrascht sein, daß das Kind, einfach weil du so bist, diese Qualitäten in sich aufnimmt.

Und das Allerbeste wird sein, wenn es Stille in sich aufnehmen kann. *(67)*

Mein kleiner Sohn ist ein schönes und reiches Kind, aber er fordert zuviel Energie und Aufmerksamkeit von mir. Ich bin im Widerstreit, mich schuldig zu fühlen und mich zu opfern. Gibt es da ein Gleichgewicht?

Ja, das gibt es. Man muß nur eins verstehen: Kinder können sehr diktatorisch werden, wenn man es zuläßt; sie können dich regelrecht ausnutzen. Das schadet dir und tut auch ihnen nicht gut, denn wenn du dich ausnutzten läßt und über deine Grenzen hinaus Liebe und Aufmerksamkeit gibst, dann wirst du dich irgendwie rächen. Und später wächst dein Sohn in einer Welt auf, die sich nicht viel um ihn kümmert, doch er erwartet von den anderen dieselbe Aufmerksamkeit. Seine Erwartungen sind viel zu hoch, und daraus entstehen Frustrationen. Dann wird dein Sohn dich verurteilen und mit Recht sagen: »Mein Vater hat mich verdorben.«

Schenke Liebe, aber laß dich nicht dominieren. Der Unterschied ist subtil, aber wichtig: Gib Liebe, wenn dir danach zumute ist. Wenn dir nicht danach zumute ist, sei unbesorgt, du bist nicht nur hier, um die Wünsche deines Sohnes zu erfüllen. Und du gibst ihm ein falsches Beispiel, er wird einmal das gleiche mit seinen Kindern tun.

Denke daran: Es ist nicht gut, sich zu opfern, das wirst du deinem Sohn niemals verzeihen können.

Aber ihn kannst du nicht dafür verantwortlich machen. Er ist nicht bewußt. Du bist viel bewußter, deine Verantwortung ist größer. Gib ihm deine Liebe, aber laß dich nicht dominieren. Und Kinder sind sehr verständig.

Ich wohnte einmal bei Freunden. Als sie eines Abends ausgingen, sagten sie, ihr kleiner Sohn bliebe hier, und ich solle bitte auf ihn aufpassen. Ich sagte: »Laßt ihn spielen.« Er fiel von der Treppe und tat sich weh. Er schaute zu mir hinüber, ich saß da wie ein Buddha. Er schaute mich aufmerksam und beobachtend an und muß sich gedacht haben: ›Es hat keinen Sinn zu weinen und zu schreien, dieser Mann da scheint eine Statue zu sein.‹ Und er spielte weiter.

Als die Eltern eine halbe Stunde später zurückkehrten, fing

er an zu weinen. Ich sagte zu ihm: »Das ist unlogisch, jetzt hast du keinen Grund mehr dazu. Wenn dir etwas weh tut, hättest du vor einer halben Stunde weinen sollen.« Er sagte: »Das hätte ja doch nichts genützt. Ich habe genau gesehen, daß du dich nicht stören lassen würdest. Ich mußte warten!« Kinder sind sehr praktisch.

Von jetzt an gehe also etwas bewußter damit um. Erlaube deinem Sohn zehn Tage lang nicht, dir etwas aufzuzwingen. Dann wird er es verstanden haben. *(68)*

Kinder können sehr manipulativ sein. Sie lernen die falschen Strategien und wiederholen diese ihr ganzes Leben lang, bei der Ehefrau, beim Ehemann, bei den eigenen Kindern. Wenn du einmal zuläßt, daß sie dich manipulieren, tun sie es beim nächsten Mal noch mehr. Sie wissen, daß du in ihrer Macht bist. Und jeder Mensch hat gerne Macht, jeder möchte der Boß sein.

Sie können weinen, sie können schreien. Laß sie schreien. Sie müssen damit alleine gelassen werden. Und sie werden daraus etwas lernen: den Respekt vor der Freiheit des anderen.

Eine Mutter ist schließlich auch eine Frau, ein Individuum. Mutter zu sein ist nicht alles, es ist nur ein Teil von ihr. Deshalb haben viele Frauen Angst davor, Mutter zu sein, denn sie verlieren ihre Freiheit. Sobald sie Mutter werden, ist es vorbei damit. Sie sind derart in die Probleme der Kinder verwickelt, daß sie keinen eigenen Raum mehr haben. Und Kinder möchten besitzen; das Besitzenwollen ist ihnen angeboren. Dieses Übel bringen wir von Geburt an mit: besitzen, grabschen, festhalten, anklammern.

Viele Frauen haben Angst, Mutter zu werden. Aber so kann man das Problem nicht lösen. Der bessere Weg ist, zu erkennen, daß Muttersein nur ein Teil von dir ist. Du bist nicht identisch damit, du bleibst ein Individuum – genauso wie Ehefrau zu sein auch nur ein Teil von dir ist. Du bleibst ein

Individuum, und diese Individualität sollte um keinen Preis geopfert werden – fürs Muttersein, Ehefrausein, Ehemann- oder Vatersein –, denn das hat große Auswirkungen.

Mutter zu sein ist kein 24-Stunden-Job. Sag den Kindern: »Wenn ich euch bemuttere, bemuttere ich euch, und wenn ich etwas anderes tue, tue ich etwas anderes. Und ich will nicht, daß sich das vermischt.« Damit hilfst du ihnen, stark zu werden und zu verstehen, worum es geht. Sie werden dir in ihrem späteren Leben dankbar sein, und du wirst nicht auf sie wütend sein.

Fange an, in dieser Richtung zu arbeiten. Kinder sind zart, aber auch sehr stark. Sie werden beharrlich sein, sie werden nicht einfach nachgeben, denn sie kennen dich – du hast dich ihnen untergeordnet. Doch innerhalb von zwei, drei Wochen werden sie verstanden haben, daß diese Frau sich geändert hat, daß sie nicht mehr die gleiche ist. *(69)*

Ich mache mir Sorgen, weil mein Sohn so wenig ißt, was womöglich seine Bronchitis verursacht.

Ich glaube, das Problem liegt mehr bei dir als bei ihm.

Du scheinst dir zuviel Sorgen um ihn zu machen. Manchmal kann allein so etwas Spannungen verursachen. Sorge gut für ihn, doch Fürsorge bedeutet nicht, sich Sorgen zu machen. Sorgen sind sehr destruktiv, destruktiv für dich und für ihn, weil er sich schuldig fühlen wird, wenn du dir Sorgen machst. Das kann zu Bronchitis und Asthma führen, das kann dazu führen, daß er weniger ißt, um sich selbst zu bestrafen. Du bist überängstlich. Deine übermäßige Fürsorge kann ihm das Gefühl geben, zu ersticken – das ist die Bedeutung von Bronchitis und Asthma. Asthma tritt auf, wenn jemand das Gefühl hat, erstickt zu werden ... und das bewirkst du.

Du meinst es gut, aber du verhältst dich falsch. Überlasse ihn mehr sich selbst. Liebe ihn, aber lasse ihn in Frieden. Er hat sein eigenes Leben. Gib ihm mehr Freiheit, und sein Asthma wird verschwinden. Gewähre ihm seine eigene Lebensweise, versuche nicht, ihn zu stark zu führen. Alles, was wir tun können, ist Liebe und Freiheit zu geben. Und Liebe gibt Freiheit, nur dann ist sie Liebe.

Laß deine Bedenken und Sorgen fallen. Vielleicht ist das nur ein Mittel, um vor dir selbst auszuweichen. Dann beschäftigst du dich mit ihm, um deinen eigenen Problemen aus dem Weg zu gehen. Die Sorgen werden zu einer guten Ausrede, zu einer Rationalisierung. So kannst du vor deinem eigenen inneren Chaos flüchten und dich mit ihm beschäftigen. Millionen von Menschen machen das so. Die Kinder werden zu Sündenböcken; man kann alle eigenen Probleme auf sie abwälzen.

Wenn du allein bist, wenn niemand da ist, der dir Sorgen macht, dann mußt du dich diesen Problemen stellen. Stelle dich ihnen; sie müssen bewältigt werden.

Sobald du unterschwellig in seine Krankheit, in seine Schwierigkeiten investiert hast ... Und das ist tatsächlich eine Investition, denn wenn er völlig gesund wäre, was würdest du dann tun? Du wärst auf dich selbst zurückgeworfen. Irgendwo tief im Unbewußten möchtest du deshalb, daß er so bleibt, wie er ist. Und er fühlt das; Kinder sind sehr intuitiv. Er spürt es und erfüllt deinen unbewußten Wunsch und hält dich beschäftigt. Doch dadurch wird sein Leben verdorben, und du verpaßt eine Gelegenheit, dir selbst zu begegnen. Meinem Gefühl nach hast du ein tiefes Problem zu lösen, und zwar mit deiner Liebe. Finde einen Geliebten, einen Freund, anstatt deine Liebe nur auf das Kind zu konzentrieren.

Es passiert oft, daß eine Mutter sich an ihr Kind hängt und sagt: »Was kann ich schon machen? Ich habe keine Zeit für eine Beziehung, ich kann es mir nicht leisten.« Nein, du mußt dein eigenes Leben leben, damit du deinen Sohn ein wenig allein lassen kannst. Sobald er merkt, daß du ihm Freiheit gibst, wirst du sehen, wie er aufblüht. Respektiere ihn wie einen Erwachsenen. Kinder müssen als gleichwertig respektiert werden.

Als erstes gib ihm also Freiheit, ersticke ihn nicht. Das ist die Botschaft, die das Asthma dir gibt. Und zwinge ihm kein

Essen auf, sonst verweigert er es. Ein Kind weiß genau, wann es hungrig ist. Wenn es Hunger hat, dann ißt es, und wenn es keinen Hunger hat, dann braucht es nichts zu essen. Das ist ein so natürlicher Mechanismus, daß kein Kind Hunger leidet. Wenn er einmal eine Mahlzeit ausläßt, ist das völlig in Ordnung. Ab und zu ein Tag Ferien ist gut. Wenn sich dann der richtige Hunger meldet, wird er angerannt kommen! Viele Mütter zwingen ihr Kind zum Essen und zerstören damit vieles. Wenn sie den natürlichen Appetit des Kindes zerstört haben, merkt das Kind gar nicht mehr, wann es Hunger hat und wann nicht. Kein Tier verhungert. Wenn es hungrig ist, ißt es. Wenn es nicht hungrig ist, ißt es nicht, und keine Mutter gibt ihm Anleitungen. Kinder sind da reine Tiere.

Überlasse ihn sich selbst. Innerhalb eines Monats wird er auf seine eigene Art essen. Laß ihn essen, was er möchte. Behalte deine Vorsätze und dein Wissen, wie man ein Kind großzieht, für dich, und falls du irgendwelche Lehrbücher hast, dann verbrenne sie! Im Westen geht man nach Lehrbüchern und versucht zu befolgen, was kluge Experten empfehlen. Das ist nicht nötig – die Natur schafft das von allein. Gib ihm Spielraum, die Dinge auf seine Weise zu tun. In drei Monaten werden die Schwierigkeiten verschwunden sein. Aber dann mußt du dir deine eigenen Probleme anschauen!

Wenn eine Mutter zu besorgt um ihr Kind ist, bedeutet das, daß sie in ihm zugleich einen Partner finden will. Das ist gefährlich. Suche dir einen Freund, das wird dich von deinem Sohn ablenken und ihn bewahren. *(70)*

Meine sechsjährige Tochter ist sehr verschlossen. Was kann ich da tun?

Sie ist ein geborener Meditierer! Gib ihr ihren Raum. Wenn sie Freude daran hat, nach innen zu gehen, laß es zu. Zwinge sie nicht, aus sich herauszukommen, das wäre destruktiv. Wir akzeptieren Kinder nie so, wie sie sind. Wir finden immer das eine oder andere zu verbessern und zu verändern. Wir können sie nicht so respektieren, wie sie sind. Wer sind wir denn, daß wir entscheiden könnten, was für sie richtig ist? Wir können ihnen nur helfen, sie selbst zu sein. Wenn deine Tochter glücklich ist, laß es so sein. Versuche nicht, sie in eine andere Richtung zu drängen.

Ich verstehe dein Problem: Du machst dir sicher Gedanken um ihre Zukunft. Wenn sie sich nicht öffnet und auf andere Menschen zugeht, was wird dann im Leben aus ihr? Wie wird sie lieben, sich entwickeln und jemals unabhängig sein können? Mache dir keine Sorgen – akzeptiere sie so, wie sie ist. Sie wird ihren eigenen Weg finden und ihr eigenes Leben leben. Das Problem existiert in deinem Kopf, nicht in ihrem Wesen.

Laß das Problem fallen, dadurch wird es ihr vielleicht möglich, aus sich herauszukommen. Denn wenn du jemand aus sich herausholen willst, dann ist die natürliche Reaktion, sich nur noch tiefer in sich selbst zurückzuziehen. Kinder sind stark, sie können sich verteidigen, Widerstand leisten und sich wehren. Wenn du ihr erlaubst, sie selbst zu sein, dann hat sie keinen Grund, sich zu wehren. Vielleicht öffnet sie sich dann von selbst. Und wenn nicht – es ist ihr Leben, das sie so leben muß.

Meinst du vielleicht, normale Kinder hätten ein schönes Leben? Diese ganze Welt ist voll von normalen Kindern, die zu Erwachsenen geworden sind. Adolf Hitler war ein normales Kind, ebenso wie Josef Stalin, Benito Mussolini und all die Generäle und Verrückten auf dieser Welt.

Wer weiß, was mit ihr geschehen wird. Vielleicht ist es das Richtige für sie, vielleicht will die Existenz sie genau so haben. Respektiere ihre Art; das ist alles, was du tun kannst. Liebe sie, respektiere sie, aber mische dich nicht ein. *(71)*

Mein kleiner Sohn ist sehr stark. Ich fühle mich gar nicht stark und weiß in manchen Situationen nicht, was ich machen soll.

Laß ihn stark sein! Warum solltest du dir über seine Stärke Gedanken machen? Sie ist gut. Er muß stark sein, und die

Mutter muß weich sein; nur dann kann er ein Individuum werden. Wenn er schwach und die Mutter stark ist, wird er erdrückt. So ergeht es vielen Kindern: Die Mutter ist zu stark, und sie sind zart, oder die Mutter läßt nicht zu, daß sie stark werden. Dann hängen sie ihr ganzes Leben um die Mutter herum. Selbst wenn sie alt sind und die Mutter schon tot ist, halten sie sich immer noch am Schürzenzipfel fest, sind sie noch immer seelisch von ihr abhängig. Das wird pathologisch. Dann sieht der Mann in seiner Frau womöglich die Mutter, weil er ohne die Mutter nicht leben kann. Er braucht jemanden, der ihn bemuttert.

Wegen dieser Tendenz haben Brüste eine solche Bedeutung bekommen. Die Maler malen Brüste, die Bildhauer formen Brüste, die Dichter schreiben über Brüste; es scheint eine allgemeine Besessenheit zu sein. Aber im Grunde ist das nur ein Zeichen, daß man sich immer noch nach der Mutter sehnt; die Brüste repräsentieren die Mutter. Wenn die Kinder sich von ihren Müttern gelöst haben, werden die vielen Brüste aus Dichtung, Filmen und Gemälden verschwinden. Sie werden wieder den richtigen Stellenwert bekommen und ein natürlicher Teil des Körpers werden. Gegenwärtig scheint nicht die Frau die Brüste zu haben, sondern die Brüste haben die Frau – die Frau ist Nebensache. Das ist ein sehr pathologischer Zustand.

Kinder müssen sehr stark sein. Hilf deinem Sohn also dabei. Es wird nicht einfach sein für dich, denn je stärker er ist, desto mehr Schwierigkeiten wird er dir bereiten. Ein schwaches Kind macht keine Schwierigkeiten. Aber im Leben muß man stark sein. Das Leben bringt Schwierigkeiten mit sich, das Leben ist gefährlich, es ist eine Herausforderung. Wenn dein Sohn teilnahmslos, schal und einfach leblos ist, dann wird er abseits in einer Ecke sitzen und dir keine Unannehmlichkeiten bereiten, aber dann ist er nicht lebendig. Wenn er lebendig ist, wird er eine Menge Probleme machen. Doch denen mußt du dich stellen. Darin besteht das Muttersein: daß man sich diesen Problemen stellt. Und indem du ihm Freiheit und Stärke gibst, wirst auch du wachsen. Mutter und Kind wachsen gemeinsam. *(72)*

Meine Tochter macht mich manchmal so nervös, daß ich sie anschreie. Das beunruhigt mich.

Nein, sei nicht beunruhigt, wenn du sie hin und wieder mal anschreist. Es ist natürlich. Nur an eins mußt du denken: Gleiche es durch Liebe aus.

Es gibt Augenblicke, da möchte man schreien. Und Kinder verstehen das, weil sie selbst schreien. Das ist eigentlich ihre Sprache. Wenn du innerlich kochst, aber nicht schreist, ist das Kind ganz verwirrt, weil es nicht begreift, was vor sich geht. Es spürt: Deine ganze Ausstrahlung schreit, nur du nicht, im Gegenteil, du lächelst und behältst die Kontrolle. Das ist sehr verwirrend für das Kind, denn es fühlt, daß die Mutter es täuscht – und Kinder können nicht verzeihen, wenn man sie täuscht.

Sie sind stets bereit, die Wahrheit zu akzeptieren. Kinder sind sehr empirisch, auf dem Boden der Tatsachen. Schreie ruhig, wenn du dich danach fühlst, nur denke daran, es durch Liebe auszugleichen. Dann liebe deine Tochter auch genauso ungehemmt. Umarme sie, tanze mit ihr. So versteht sie, daß ihre Mutter wild ist, und weiß, daß die Mutter sie liebt und deshalb auch das Recht hat, sie anzuschreien.

Wenn ein Kind etwas Falsches gemacht hat, ist es bereit, einen Klaps zu bekommen. Wenn du ihm keinen Klaps gibst, sind seine Erwartungen nicht erfüllt worden, und es ist frustriert. Manchmal ist es in Ordnung, das Kind zu schlagen, aber der Schlag muß warm sein, nicht kalt – und das ist ein großer Unterschied. Ein Klaps oder eine Ohrfeige sind nur dann kalt, wenn du dein Gefühl unterdrückt hast.

Zum Beispiel: Das Kind hat etwas angestellt, aber du hast deine Wut unterdrückt. Das war der warme Augenblick. Hättest du es in diesem Augenblick geschlagen oder angeschrien, wäre alles noch warm und lebendig gewesen, aber du hast deine Wut unterdrückt. Später, wenn das Kind längst etwas anderes tut ... sechs Stunden sind vergangen, und es hat die Sache völlig vergessen, nur du kannst sie nicht vergessen, weil du sie unterdrückt hast. Jetzt ist alles kalt. Jetzt findest du eine rationale Ausrede. Schreien wäre sehr irrational, aber natürlich gewesen, doch jetzt findest du eine unnatürliche, aber rationale Ausrede: daß sie ihre Hausarbeiten nicht gemacht hat, daß ihre Kleidung schmutzig ist oder daß sie heute nicht geduscht hat. Jetzt bist du wütend, doch deine Wut ist kalt. So wirst du die Wut zwar los, aber auf eine häßliche Weise. Es ist, wie wenn man kaltes Essen ißt – es braucht lange, bis es verdaut ist, und liegt schwer im Magen.

Ein Kind kann das nicht verstehen. Sei also warm. Höre nicht auf die Psychologen; die Hälfte von dem, was sie sagen, ist Unsinn. Sie haben viel Schönes auf der Welt zerstört. Sei einfach natürlich. Wenn du natürlich bist, wird von selbst ein Ausgleich entstehen. Manchmal singst du und tanzt, weil du ein so schönes Kind hast. Manchmal umarmst du sie und drückst sie an dich. Laß sie deinen Körper fühlen und fühle ihren Körper. Sie ist ein Teil von dir. Sie braucht deine Wärme. Nimm sie manchmal bei der Hand und laufe ums Haus herum. Geht schwimmen. Duscht manchmal nackt zusammen. Dann versteht sie genau, daß ihre Mutter natürlich ist; was immer sie dann macht, ist richtig. *(73)*

Meine Kinder sind nicht zu bändigen. Sie sind sehr widerspenstig geworden. Was soll ich machen?

Laß sie. Entspanne dich einfach. Und sobald sie merken, daß du völlig entspannt bist und dir nicht die geringsten Gedanken darüber machst, was sie tun, dann werden sie von selbst sehr ruhig und verständig werden. Das ist der beste Weg, Kinder unter Kontrolle zu bekommen ... Wenn du ein bißchen chaotisch wirst, werden sie ihrerseits kontrolliert. Springe herum und singe, und sie werden denken: »Was ist bloß mit unserer Mutter los? Ist sie verrückt geworden?« Und sie werden denken: »Wenn das die Nachbarn erfahren!« und versuchen, dich unter Kontrolle zu bekommen, dich zu beschwichtigen! Sogar kleine Kinder – so ist das immer. Wenn sie merken, daß sich niemand um sie kümmert und sie sich sogar noch um die Mutter kümmern müssen, dann werden sie sehr diszipliniert. Sie fangen an, die Rolle der Eltern zu spielen. Dann laß sie zu mir kommen und mich fragen: »Es ist schwierig geworden. Wie können wir unsere Mutter unter Kontrolle bringen?«

Mache dir keine Sorgen. Sie sind bloß Hippies, sonst nichts. *(74)*

Was können wir tun, damit unsere kleine Tochter nicht ernst wird?

Laß sie immer mehr lachen und lustig sein. Wenn du mit ihr spielst, umgib sie mit einer heiteren Atmosphäre. Wenn du Ernst vermeiden kannst, dann hast du deine Aufgabe erfüllt. Kinder werden von Ernst erdrückt. Ursprünglich sind sie dem Lachen viel näher als ältere Leute, aber mit der Zeit imitieren sie die Erwachsenen; sie bekommen das Gefühl, daß Lachen und Fröhlichkeit etwas Falsches seien. Die Älteren vermitteln den Eindruck, ernst zu sein, sich ruhig zu verhalten und still zu sein seien positive Eigenschaften. Das ist grundfalsch, denn wenn das Kind erst einmal den Kontakt mit dem Lachen verloren hat, ist es sehr schwierig, ihn zurückzugewinnen. Dann ist viel Therapie nötig, und selbst die kann die Kindheit nur schwer zurückbringen. Dann sind so viele Religionen nötig.

Im Grunde brauchen wir aber überhaupt keine Religion. Wenn Kinder natürlich sein und lachen dürfen, wenn ihnen Spaß und Spontaneität erlaubt wird, dann sind Religion und Kirche nicht mehr nötig; die Menschen sind ohne Religion und ohne Kirche religiös. Ihr ganzes Leben wird zur Andacht, denn Lachen ist Gebet.

Sobald das Kind die Freude verliert, zieht der Tod ein. Mit ungefähr drei Jahren beginnt das Kind zu sterben. Deshalb erinnern sich die Leute noch im Alter daran, daß die Kindheit ein Paradies war – die Kindheit war der Himmel. Dieses Gefühl, daß etwas verlorengegangen ist, bleibt bestehen – der

Garten Eden ist verlorengegangen, Adam ist daraus vertrieben worden.

Wenn du ein Kind hast, hast du einen Garten Eden um dich herum.

Erlaube deiner Tochter, fröhlich zu sein, und verliere deine Ernsthaftigkeit, wenn du mit ihr zusammen bist. Lache und werde wieder zum Kind. Wenn du ihr dabei helfen kannst, wird sie zu einem wunderschönen Menschen heranwachsen. *(75)*

Soll man Kindern unabhängig von ihrem Alter die Tatsachen des Lebens erklären?

Das war zu allen Zeiten ein Problem: Was soll man den Kindern sagen und was nicht? In der Vergangenheit bestand die Strategie darin, es so weit wie möglich zu vermeiden, ihnen etwas über die Tatsachen des Lebens zu erzählen, weil man vor diesen Tatsachen große Angst hatte.

Schon die Formulierung »Tatsachen des Lebens« ist eine Umschreibung, hinter der sich eine einfache Sache verbirgt. Diese Metapher entstand, um nur ja nichts über Sex zu sagen, um selbst das Wort »Sex« zu vermeiden. Was denn für »Tatsachen des Lebens«?

Mit dieser Augenwischerei hat man in der Vergangenheit gelebt, aber die Kinder kommen früher oder später dahinter, und zwar eher früher als später und auf eine sehr unschöne Weise. Weil die richtigen Leute nicht bereit sind, sie aufzuklären, müssen sie sich alles selbst zusammenreimen. Sie werden zu Voyeuren, und verantwortlich dafür bist du. Sie sammeln ihr Wissen von falschen Quellen, von häßlichen Leuten, sie werden ihr Leben lang diese falschen Vorstellungen mit sich herumtragen, und schuld daran bist du. Diese falschen Informationen können ihr ganzes Leben beeinträchtigen.

Selbst im zwanzigsten Jahrhundert leben die Menschen noch immer in einer unglaublichen Unwissenheit über Sex. Selbst dein Arzt weiß nicht wirklich, was Sex ist, kennt seine

Komplexität nicht. Er sollte sie kennen, aber selbst Ärzte leben im Aberglauben und erfahren die Dinge von der Straße. In keiner medizinischen Fachschule ist Sex ein eigenes Unterrichtsthema – ein so großes, wichtiges Thema, und nichts wird darüber gelehrt! Gewiß, die Physiologie der Sexualität ist bekannt, aber das ist längst nicht alles. Es gibt tiefere Schichten, es gibt eine Psychologie des Sex und eine Spiritualität des Sex. Die Physiologie ist nur die Oberfläche. Auf diesem Gebiet ist viel Forschungsarbeit geleistet worden, und wir wissen in diesem Jahrhundert mehr als je zuvor, doch auch dieses Wissen ist noch längst nicht überall verbreitet.

Ihr müßt mit euren Kindern über alles sprechen, das seid ihr ihnen schuldig. Und ihr müßt aufrichtig zu ihnen sein.

»Mutti, kommt unser Essen von Gott?«

»Ja, Susi.«

»Und bringt das Christkind an Weihnachten unsere Geschenke?«

»Richtig.«

»Und beschenkt mich an meinem Geburtstag die gute Fee?«

»Mhmm ...«

»Und hat der Storch meinen kleinen Bruder gebracht?«

»Stimmt.«

»Wozu um alles in der Welt hängt dann eigentlich Papa hier rum?«

Es ist besser, die Wahrheit zu sagen. Aber ich sage damit nicht, ihr sollt die Kinder mit der Wahrheit überfallen, gleichgültig, ob sie bereit dafür sind oder nicht. So geschieht es jetzt insbesondere im Westen, es ist das andere Extrem. Die Leute erklären den Kindern alles, ob sie danach fragen oder nicht. Das ist ebenso falsch. Wartet ab! Wenn das Kind fragt, gebt ihm eine ehrliche Antwort; wenn es nicht fragt, ist es unnötig, denn es interessiert sich noch nicht dafür.

Der Vater wäre beinahe am Essen erstickt, als sein kleiner achtjähriger Sohn fragt: »Vati, wo komme ich her?«

Mit hochrotem Kopf antwortet er: »Nun, ich glaube, es ist Zeit, daß wir beide uns einmal von Mann zu Mann unterhalten. Nach dem Essen werde ich dir die Sache mit den Vögeln und den Bienen erklären.«

Der Junge erwidert: »Was für Vögel und Bienen? Der Fritz von nebenan hat gesagt, er kommt aus Hamburg. Ich will bloß wissen, wo ich herkomme.«

Warte ein bißchen. Sei nicht so in Eile. Sie werden von selbst fragen. Und versuche nicht, sie zu täuschen. Das kann unangenehm werden. *(76)*

Es ist Zeit für ein paar Witze:

Der kleine Albert kommt in den Dorfladen gerannt und stürmt auf die Ladentheke zu. »He, Sie!« ruft er dem alten Jockel, dem Besitzer, zu. »Mein Vater repariert gerade das Dach, und die Leiter ist unter ihm weggerutscht! Jetzt hängt er oben und klammert sich mit den Fingerspitzen an einer Fensterbank fest!«

»Mein Junge«, sagt der alte Jockel, »du bist hier falsch. Du mußt zur Polizeiwache gegenüber – aber schnell!«

»Ach was«, sagt Albert, »kapieren Sie doch – ich brauch 'nen neuen Film für meinen Fotoapparat.«

Der kleine Albert kreuzt im Schlafanzug durchs Haus, auf der Suche nach Abwechslung. Er beschließt, seine sechsjährige Schwester zu besuchen, und klopft an ihre Zimmertür.

»He, Susie!« ruft Albert. »Was gibt's Neues?«

»Du darfst nicht reinkommen«, ruft Susie, »ich bin im Nachthemd, und Mami sagt, es gehört sich nicht, daß Jungen Mädchen im Nachthemd sehen.« – »Na gut«, antwortet Albert im Gehen, »wie du willst.«

Ein paar Sekunden später ruft Susi ihm nach: »Jetzt kannst du reinkommen. Ich hab' es ausgezogen.«

Fräulein Dornpopo, die sexy Grundschullehrerin, kommt in die Klasse gewackelt. »Kinderchen«, kündigt sie an, »heute fangen wir mit einem ganz neuen und spannenden Thema an. Es heißt Sexualkunde!«

Man hört lautes Hurra von den Jungens und aufgeregtes Kreischen von den Mädchen, als Fräulein Dornpopo in die Hände klatscht, um die Ordnung wiederherzustellen.

»Beruhigt euch, Kinder!« ruft Fräulein Dornpopo. »Bald werdet ihr kleinen Jungs anfangen, euch für kleine Mädchen zu interessieren, und einige von euch kleinen Mädchen werden ihre kleinen Äuglein auf kleine Jungs richten.« Plötzlich unterbricht sie Klein-Albrecht. »He, Fräulein Dornpopo!« ruft er. »Dürfen wir kleinen Jungs, die schon bumsen, solange rausgehen und Fußball spielen?«

Der kleine Ernie spielt am Strand, als eine hübsche Blondine aus dem Wasser steigt und bemerkt, daß sie in der Brandung ihr Bikinioberteil verloren hat. Verlegen kreuzt sie die Arme vor der Brust und hastet über den Sand. Kurz bevor sie zu der Stelle kommt, wo ihr Badetuch liegt, fragt Ernie: »Fräulein, wenn sie die beiden Hündchen weggeben wollen, kann ich dann das mit der rosa Nase haben?« *(77)*

8. KAPITEL

Teenager

Eine Krisenzeit

Zum ersten Mal in der Geschichte stehen Millionen junger Leute, Männer wie Frauen, nicht mehr unter der Fuchtel ihrer Eltern. Und nicht mehr unter der Fuchtel der Eltern zu stehen bedeutet, daß euch die Geschichte nicht mehr fest im Griff hat. Es bedeutet, dem Zugriff der Vergangenheit entronnen zu sein.

Das ist ein echter Durchbruch, ein Sonnenaufgang. Jetzt öffnen sich neue Horizonte; der Mensch wird nie mehr der alte sein. Alles hängt jetzt von dieser neuen Generation ab, denn sie wird das Fundament legen, auf dem sich ein neues Menschenwesen entwickelt. Denn so, wie die Dinge bisher gelaufen sind, war alles nur eine ständige Wiederholung, das Rad hat sich immer gleichmäßig weitergedreht. Es ist ein sehr subtiles Rad – die eine Generation konditioniert die nächste gemäß ihrer eigenen Konditionierung. Die Menschen wechseln, doch das Grundmuster bleibt gleich.

Diese Zeit, die ihr gerade durchlebt, ist etwas Außergewöhnliches. Sie ist notwendigerweise voller Krisen, voller Aufruhr und Chaos. Und diese junge Generation muß sehr viel Schmerzliches erfahren – schmerzlich, weil ihr nicht mehr der Welt eurer Eltern angehört. Ihr seid ihr entfremdet, ihr seid heimatlos. Es tut weh, kein Zuhause mehr zu haben. Ein Zuhause bedeutet, Eltern zu haben. Ihr könnt nicht zurückblicken, ihr könnt euch nicht fallen lassen, ihr könnt nicht zu jener Sicherheit zurückkehren, die Eltern seit jeher gegeben haben. Ihr müßt vorwärts, ins Unbekannte, ohne zu wissen, was auf euch zukommt. Die Vergangenheit ist euch verschlossen, nur die Zukunft steht euch offen. Sie ist riskant, sie ist abenteuerlich, sie ist schmerzhaft, aber sie ist auch ekstatisch. Etwas wird geschehen, etwas, was noch nie zuvor geschehen ist.

Die junge Generation rund um die Welt ist voll gespannter Erwartung. Meine ganze Arbeit gilt der neuen Generation. Auch wenn alte Leute zu mir kommen, so sind sie doch auf sehr subtile Weise jung geblieben – deshalb kommen sie zu mir. Körperlich mögen sie alt sein, aber psychologisch sind sie jung und frisch.

Meine ganze Arbeit gilt der Jugend. Ich bin dabei, etwas ins Leben zu rufen, was euch noch gar nicht bewußt ist. Am Ende dieses Jahrhunderts wird eine klare Trennung entstehen, eine Kluft zwischen Vergangenheit und Zukunft. Der Mensch wird nie mehr der alte sein.

Ihr müßt durch diesen Schmerz hindurch. Nehmt ihn nicht persönlich, er ist es nicht. Diejenigen jungen Menschen, die ihn erleiden, können sich glücklich schätzen, denn nur sie sind wirklich jung. Diejenigen, die nicht durch ihn hindurchgehen, gehören nicht zu dieser Generation, sie gehören der Vergangenheit an, sie haben keine Zukunft. Sie werden glücklich sein, sich häuslich niederlassen, heiraten, einen guten Job suchen. Sie werden Geld verdienen, ein Bankkonto und ähnliche Annehmlichkeiten haben, und dann werden sie sterben. Aber sie werden nicht mithelfen, die Zukunft des neuen Menschen zu gestalten, sie werden den Reiz des Schöpferischen nicht erleben. *(78)*

Weshalb ist die neue Generation ein solches Problem für die Eltern?

Weil die neue Generation intelligenter ist. Intelligenz schafft Probleme. Und es ist ganz natürlich, daß die neue Generation intelligenter ist. So geschieht Evolution. Jede neue Generation wird intelligenter sein als die vorhergehende. Deine Kinder werden intelligenter sein als du, und die Kinder deiner Kinder werden intelligenter sein als deine Kinder.

Es ist ein Prozeß, der zunehmend an Schwung gewinnt. Ihr steht auf den Schultern der Buddhas – all das ist Teil von euch. Buddha beispielsweise ist ein Teil meines Wesens, Jesus ist ein Teil, Abraham, Krischna und Mohammed sind ein Teil meines Wesens. Insofern war Buddha ärmer als ich, war Jesus ärmer als ich. Und die zukünftigen Erleuchteten werden reicher sein als ich, denn ich werde ein Teil ihres Wesens sein, doch sie können nicht Teil meines Wesens sein. Die Evolution gewinnt ständig an Schwung.

Jedes Kind sollte intelligenter als seine Eltern sein, doch das schafft Probleme, denn dadurch fühlen sich die Eltern gekränkt. Eltern möchten gern den Eindruck erwecken, als seien sie allwissend. In der Vergangenheit fiel dieses Täuschungsmanöver leicht, denn es gab keinen anderen Weg, den Kindern Wissen zu vermitteln, als über die mündliche Kommunikation mit den Eltern.

Der Sohn eines Tischlers zum Beispiel lernte alles, was er je lernen würde, von seinem Vater. Sein Vater war nicht nur Vater, sondern zugleich auch Lehrer. Und der Sohn brachte ihm immer Ehrfurcht und Achtung entgegen, denn sein Vater wußte ja so vieles – er kannte sich ganz genau mit den verschiedensten Bäumen aus, mit dem Holz, mit diesem und jenem, während der Sohn davon keine Ahnung hatte. Er hatte großen Respekt.

Das Alter stand in Ehren. Und je älter ein Mann früher war, desto weiser war er natürlich aufgrund seiner Erfahrung. Doch inzwischen haben wir effektivere Kommunikationsmittel entwickelt. Der Vater ist nicht mehr der Lehrer; der Lehrerberuf ist heute etwas Eigenständiges. Das Kind geht zur Schule. Sein Vater ist dreißig oder vierzig Jahre zuvor zur Schule gegangen. In diesen dreißig, vierzig Jahren hat eine Wissensexplosion stattgefunden. Das Kind lernt Dinge, von denen sein Vater keine Ahnung hat, und wenn es nach Hause kommt, wie kann es da Ehrfurcht verspüren? Es weiß ja mehr als der Vater, es ist auf dem neuesten Stand. Der Vater erscheint dagegen altmodisch.

Da liegt das Problem, und es wird sich immer mehr zuspitzen, denn wir haben dieselben alten Erwartungen und möchten, daß Kinder ihre Eltern weiterhin auf dieselbe Weise achten wie früher. Doch heute ist alles anders. Heute muß man etwas ganz Neues lernen: die Kinder zu respektieren. Heute muß das Neue mehr respektiert werden als das Alte. Beginnt also von euren Kindern zu lernen, denn sie sind besser informiert als ihr. Wenn dein Sohn von der Universität kommt, weiß er sicher mehr als du.

Das habe ich an der Universität selbst erlebt. Einer meiner Philosophieprofessoren redete solchen Unsinn – aus dem einfachen Grund, weil seine Universitätszeit mehr als dreißig Jahre zurücklag. Zu der Zeit, als er noch Student war, galten Hegel und Bradley als die wichtigsten Figuren in der Welt der Philosophie. Heute kümmert sich niemand mehr groß um Hegel oder Bradley. Wittgenstein und G. E. Moore haben ihren Platz eingenommen.

Dieser Professor hatte keine Ahnung von Wittgenstein, keine Ahnung von G. E. Moore. Er war hoffnungslos veraltet, so daß ich ihm sagen mußte: »Sie sind völlig altmodisch und nutzlos. Entweder beginnen Sie nachzulesen, was in der heutigen Philosophie geschieht, oder Sie hören auf zu unterrichten!«

Natürlich wurde er wütend. Ich wurde von der Universität verwiesen. Er hatte einen Brief an den Rektor geschrieben und gesagt: »Entweder bleibe ich an unserer Universität und unterrichte weiter, oder dieser Student bleibt. Aber für uns beide ist kein Platz, er ist ein Störenfried.«

Er war nicht gewillt, Wittgenstein zu lesen. Im Grunde kann ich sein Dilemma verstehen. Denn selbst wenn er ihn gelesen hätte, hätte er nichts davon begriffen, denn Wittgensteins Welt ist eine ganz andere Welt als die von Hegel. Er las über Hume und Berkeley – Namen, die längst jede Bedeutung verloren haben, die Geschichte geworden sind, nur noch gut für Fußnoten.

Das Problem liegt darin, daß Alter allein heute kein Grund für Respekt mehr sein kann. Intelligenz und Bewußtsein sollten geachtet werden. Und wenn ihr eure Kinder achtet, werden sie euch auch achten. Sie werden euch nur respektieren, wenn ihr sie ebenfalls respektiert. Bisher war es die Regel, daß die Kinder gedemütigt und auf alle möglichen Arten herabgesetzt wurden, und sie mußten dich respektieren. Das kann nicht länger so bleiben.

»Ich habe nie mit einem anderen Mann geschlafen, bevor ich deinen Vater traf«, sagt die gestrenge Mutter zu ihrer wilden Tochter. »Wirst du deiner Tochter einmal dasselbe sagen können?«

»Ja«, erwidert das Mädchen, »aber nicht so überzeugend wie du.«

»Schau doch mich an!« sagt der alte Rubenstein. »Ich rauche nicht, ich trinke nicht und laufe auch nicht den Frauen nach, und morgen werde ich meinen achtzigsten Geburtstag feiern.«

»Wirklich? Wie denn?« fragt sein Sohn neugierig. »Du rauchst nicht, trinkst nicht und läufst keiner Frau nach – wie willst du dann feiern?« *(79)*

Worin besteht eigentlich diese Kluft zwischen den Generationen, von der so viel die Rede ist?

Zwei achtzigjährige Männer sitzen im Vereinslokal. Sagt der eine: »Glaubst du, daß es heute immer noch so viel Liebe und so viel Spaß wie früher gibt?«

»Na klar«, sagt der andere, »aber heute ist eine ganz andere Mannschaft am Ball.«

Das ist die Kluft zwischen den Generationen.

Eine große Menschenmenge wartet schweigend am Fuß des Berges. Moses ist seit Stunden fort. Plötzlich sieht man sein weißes Gewand im Wind flattern, und schon steht der Gesetzesgeber vor seinen Schäfchen.

»Volk Israel, ich habe sieben Stunden bei Gott geweilt. Und nun habe ich eine gute und eine schlechte Nachricht für euch.«

»Sprich, o Moses!« ruft die Menge.

»Die gute Nachricht zuerst«, sagt Moses. »Ich habe es geschafft, die Anzahl der Gebote auf zehn herunterzuhandeln.«

Die Menge jubelt. Dann hört man rufen: »Was ist denn die schlechte Nachricht, Moses?«

Moses antwortet traurig: »Ehebruch ist immer noch dabei.«

Für die neue Generation ist Ehebruch nicht mehr dabei – das ist die Kluft zwischen den Generationen. Ehebruch hat heute eine völlig neue Bedeutung bekommen.

In der Vergangenheit hat es nie eine Kluft zwischen den Generationen gegeben. Deshalb muß man sehr genau hinschauen, denn zum ersten Mal in der Menschheitsgeschichte wird der Ausdruck »Generationskonflikt« benutzt. Und die Kluft wird von Tag zu Tag größer. Die Gegensätze scheinen unüberbrückbar.

Das hat wichtige psychologische Gründe. In der Vergangenheit gab es keine eigentliche Jugendzeit. Ihr werdet überrascht sein zu hören, daß Kinder erwachsen wurden, ohne eine Jugend zu durchlaufen. Mit sechs oder sieben Jahren fing ein Kind an, bei seinem Vater mitzuarbeiten. Schon mit sechs oder sieben Jahren nahm ein Kind am Leben der Erwachsenen teil. Mit zwanzig war es bereits verheiratet und hatte selber Kinder.

Früher gab es keine junge Generation, deshalb ergab sich auch kein Konflikt. Kontinuierlich folgte eine Generation auf die andere, ohne jede Kluft. Wenn der Vater starb, hatte sein Sohn ihn bereits in allen Bereichen des Lebens ersetzt. Da war keine Zeit zum Spielen, da war keine Zeit für Bildung. Es gab keine Schulen, Gymnasien oder Universitäten.

Die heutige Generation hat ein völlig neues Stadium erreicht.

Kein Kind tritt noch in die Fußstapfen seines Vaters. Es geht zur Schule, und sein Vater geht in seinen Laden, ins Büro oder arbeitet auf dem Hof. Wenn das Kind mit der Universität fertig ist, ist es fünfundzwanzig Jahre alt. Fünfundzwanzig Jahre hat es keine Verbindung zur älteren Generation. Seine einzige Verbindung ist finanzieller Natur, die Eltern geben ihm finanzielle Unterstützung. In diesen fünfundzwanzig Jahren ist vieles geschehen. Zum einen weiß das Kind jetzt mehr als seine Eltern, weil die Schulzeit seiner Eltern mindestens fünfundzwanzig Jahre zurückliegt. In diesen fünfundzwanzig Jahren hat das Wissen einen regelrechten Quantensprung getan, es hat sich dermaßen weiterentwickelt ...

Durch Lernen und Studieren kann man sich so viel Wissen aneignen, wie man will. Man braucht sich nur in die Bibliothek zu setzen und lernt die ganze Welt kennen, in all ihren Bereichen, alles, was passiert. Man braucht dazu die Bibliothek nicht einmal zu verlassen.

Und ihr werdet bald eine noch größere Kluft erleben, eine Kluft, auf die die Menschheit noch gar nicht aufmerksam geworden ist. Ich bin der erste, der etwas darüber sagt.

Die bisherige Kluft ist durch Bildung erzeugt worden. Doch wenn Meditation erst einmal zu einer weltweiten Bewegung wird, entsteht eine neue Kluft von unabsehbarem Ausmaß. Dann werden die Alten und die Jungen so weit voneinander entfernt sein wie die beiden Erdpole. Eine Verständigung ist jetzt schon schwierig; dann wird sie unmöglich sein.

Wenn man anfängt, in die Welt jenseits des Verstandes vorzudringen, dann kommen einem die alten Leute, die viel Verstandeswissen angehäuft haben, unterentwickelt, zurückgeblieben und sehr oberflächlich vor. Es gibt keinen Grund, sie zu respektieren; im Gegenteil, sie werden euch respektieren müssen. Ihr habt den Verstand hinter euch gelassen.

Und die Welt interessiert sich immer mehr für Meditation. Bald wird der Tag kommen, wo Meditation eure Erziehung zur höchsten Wahrheit sein wird. Bei der herkömmlichen Erziehung geht es um äußere Dinge; Meditation wird der Teil eurer Erziehung sein, bei der es ums Innere, um euer inneres Wesen geht.

Der Generationskonflikt ist verhängnisvoll. Ich habe nichts dafür übrig. Und ich habe meine eigene Strategie, wie man ihn vermeiden kann.

Meiner Meinung nach sollte die Erziehung in zwei Stufen stattfinden. Und ich bin mir ganz sicher, daß genau dies in Zukunft auch geschehen wird, vorausgesetzt, die Menschheit überlebt. Die eine Stufe ist dazu da, die Jugendlichen auf das Leben vorzubereiten, die andere dient der Vorbereitung von Leuten, die ihr Leben gelebt haben und jetzt mehr über Dinge erfahren wollen, die über das Leben hinausgehen.

Dann wird die Kluft zwischen den Generationen verschwinden. Dann werden die älteren Leute ruhiger, stiller, friedvoller und weiser sein, und ihre Ratschläge sind es wert, beachtet zu werden.

Der zweite Abschnitt der Erziehung sollte eine meditative Haltung, Bewußtheit, Selbstbeobachtung, Mitgefühl, Liebe und Kreativität fördern. Mit Sicherheit wird es dann keinen Generationskonflikt mehr geben. Die jungen Leute werden die alten nicht nur aus Höflichkeit respektieren, sondern weil die alten Leute tatsächlich ihre Achtung verdienen. Sie wissen etwas, was über den Verstand hinausgeht, während die jungen Leute innerhalb der Verstandesgrenzen bleiben.

Die Jungen müssen sich noch mit allerlei Kleinkram in dieser Welt herumschlagen; die Alten haben die Wolken bereits hinter sich gelassen, haben schon fast die Sterne erreicht. Sie zu respektieren ist keine Frage von Höflichkeit, die du von anderen gelernt hast, sondern ein inneres Bedürfnis, das direkt aus dem eigenen Herzen kommt.

Alte Leute sollten sich wie erleuchtete Menschen benehmen – nicht nur so benehmen, sondern auch erleuchtet sein. Sie sollten zum Licht werden für jene, die noch jung sind und den biologisch bedingten Neigungen, den natürlichen Zwängen unterworfen sind. Sie haben das alles hinter sich und können zu Leitsternen werden.

Dann wird sich die Kluft schließen. Sie wird sich auf eine wunderbare Weise auflösen. *(80)*

Wie können Teenager eine Brücke zu ihren Eltern schlagen?

Als erstes: Teenager sollten ehrlich und aufrichtig sein, ohne Rücksicht auf die Folgen. Sie sollten ihren Eltern immer sagen, was sie fühlen – nicht arrogant, sondern bescheiden. Sie sollten nichts vor ihren Eltern verbergen, denn genau das läßt eine Kluft entstehen. Eltern verbergen so vieles vor den Kindern, Kinder verbergen so vieles vor den Eltern, und die Kluft wird größer und größer.

Eines Tages ging ich zu meinem Vater und erklärte ihm: »Ich möchte anfangen zu rauchen.«

»Wie bitte?« fragte er.

»Du mußt mir Geld für Zigaretten geben, denn ich möchte nicht stehlen müssen«, sagte ich. »Wenn du mir keins gibst, werde ich es stehlen, aber dann bist du dafür verantwortlich. Wenn du mir nicht erlaubst zu rauchen, werde ich trotzdem rauchen, aber heimlich. Und du machst mich zum Dieb. Wegen dir muß ich Dinge verheimlichen und kann nicht ehrlich und offen sein. Ich sehe so viele Leute Zigaretten rauchen. Ich will es ausprobieren, und ich will die besten Zigaretten, die es gibt, und die erste werde ich hier vor deinen Augen rauchen.«

Er meinte: »Es ist merkwürdig, aber was du sagst, leuchtet mir ein. Wenn ich nein sage, stiehlst du. Wenn ich nein sage, rauchst du trotzdem. Mein Nein wird dazu führen, daß du noch mehr verbotene Dinge tust. Aber es tut mir weh. Ich möchte nicht, daß du anfängst zu rauchen.«

Ich sagte: »Darum geht es nicht. Als ich andere rauchen sah, habe ich Lust auf Zigaretten gekriegt. Ich möchte herausfinden, ob es sich lohnt zu rauchen. Wenn es sich lohnt, wirst du mir ständig Zigaretten besorgen müssen. Wenn es sich nicht lohnt, ist die Sache für mich erledigt. Aber ich möchte erst abwarten, ob du dich weigerst. Dann liegt die ganze Verantwortung bei dir, und ich muß mich nicht schuldig fühlen.«

Widerwillig mußte er die besten Zigaretten kaufen, die es in der Stadt gab. Meine Onkel und mein Großvater sagten:

»Was machst du da? Das tut man nicht!« Sie ließen nicht locker, aber er sagte nur: »Ich weiß, daß man das nicht tut. Aber ihr kennt ihn nicht so gut wie ich. Er wird genau das tun, was er sagt. Und ich respektiere seine Wahrheitsliebe, seine Ehrlichkeit. Er hat mir seine Absichten ganz klar gemacht. Und jetzt hört auf, mir in den Ohren zu liegen, und versucht nicht, mich davon abzuhalten, denn sonst fühle ich mich schuldig.«

Ich rauchte die Zigarette. Ich hustete, meine Augen tränten. Nicht einmal eine einzige Zigarette konnte ich zu Ende rauchen, und so ließ ich es bleiben. Ich sagte zu meinem Vater: »Für mich ist die Sache erledigt. Du brauchst dir jetzt keine Sorgen mehr zu machen. Aber du mußt verstehen, daß ich über alles mit dir reden werde, was mich bewegt, damit ich dir nichts verheimlichen muß. Wenn ich sogar meinem Vater etwas verheimlichen muß, wem soll ich mich dann anvertrauen? Ich möchte nicht, daß irgend etwas zwischen uns steht.«

Und als er sah, daß Zigaretten für mich erledigt waren, traten Tränen in seine Augen. Er sagte: »Alle waren dagegen, aber deine Aufrichtigkeit hat mich gezwungen, dir Zigaretten zu besorgen.« Wahrscheinlich hat kein Vater in ganz Indien je seinem Sohn Zigaretten angeboten. Väter rauchen nicht vor den Augen ihrer Söhne, damit sie gar nicht erst auf den Geschmack kommen.

Teenager sind in einer sehr schwierigen Lage. Sie verändern sich. Sie lassen die Kindheit hinter sich, sie werden zu Jugendlichen. Jeden Tag öffnen sich ihnen neue Dimensionen im Leben. Sie sind im Wandel.

Teenager brauchen enorm viel Hilfe von ihren Eltern. Doch heutzutage leben die Eltern und die Kinder meist aneinander vorbei. Sie leben unter demselben Dach, doch sie sprechen nicht miteinander, weil keiner die Sprache des andern versteht, weil keiner die Ansichten des andern versteht. Sie treffen sich nur noch, wenn der Junge oder das Mädchen Geld brauchen, ansonsten gibt es keine wirkliche Begegnung mehr. Die Kluft wird immer größer. Sie entfremden sich immer mehr. Das ist geradezu katastrophal.

Man sollte den Teenagern Mut machen, ihren Eltern ohne Angst alles zu sagen. Dies wird nicht nur den Kindern helfen, es wird auch den Eltern helfen.

Wahrheit hat ihre eigene Schönheit, Ehrlichkeit hat ihre eigene Schönheit. Und wenn Teenager aufrichtig, ehrlich und wahrhaftig zu ihren Eltern sind und ihnen einfach ihre Herzen öffnen, löst das auch in den Eltern etwas aus, und auch ihre Herzen öffnen sich, denn auch sie sind mit vielem belastet, was sie gerne sagen würden, aber nicht sagen können, weil die Gesellschaft, die Religion und die Tradition es verbieten. Doch wenn sie Teenager sehen, die ganz offen und klar sind, wird ihnen das helfen, selber offen und klar zu werden. Und der vieldiskutierte sogenannte Generationskonflikt verschwindet, er löst sich von selbst auf.

Den meisten Ärger gibt es um den Sex. Kinder müßten alles sagen können, was ihnen durch den Kopf geht. Es besteht kein Grund, etwas zu verbergen, denn was ihnen durch den Kopf geht, ist etwas ganz Natürliches. Sie sollten ihre Eltern um Rat fragen: »Was soll ich tun?« Sie sind in einer schwierigen Phase und brauchen Hilfe. Und zu wem können sie sonst gehen außer zu ihren Eltern?

Wenn ich irgendein Problem hatte, sprach ich einfach mit meinen Eltern darüber. Genau das ist mein Vorschlag: Jugendliche sollten nichts vor ihren Eltern und Lehrern verbergen. Sie sollten vollkommen aufrichtig sein, dann wird sich der Generationskonflikt in nichts auflösen.

Und dieser Konflikt muß sich auflösen, denn seht euch an, in welcher Art von Gesellschaft wir leben! Es herrscht eine Kluft zwischen Eltern und Kindern, es herrscht eine Kluft zwischen Ehemann und Ehefrau, zwischen Lehrern und Schülern. Wo man hinsieht, herrscht Kontaktlosigkeit. Jeder ist von tiefen Gräben umgeben, als wäre jede Verständigung zusammengebrochen. Das ist keine Gesellschaft, keine Gemeinschaft mehr, es fehlt an Verständigung. Niemand findet das richtige Wort, alle sind unoffen. Jeder verdrängt seine Wünsche, jeder ist wütend, jeder fühlt sich einsam und frustriert. Wir haben eine wütende Generation hervorgebracht. Wir haben Philosophien der Sinnlosigkeit geschaffen.

Und der Grund für all das Elend ist, daß die Kinder den Kontakt mit den Eltern verloren haben. Kinder können enorm viel bewirken, und sie haben auch den Mut dazu. Eltern sind vielleicht nicht mehr dazu imstande, sie sind zu sehr festgelegt. Teenager sind jung und frisch. Bringt ihnen einfach bei, ehrlich zu ihren Eltern zu sein.

Ich habe mit meinem Vater einen Vertrag gemacht. Ich sagte eines Tages zu ihm: »Ich möchte einen Vertrag mit dir schließen.«

Er fragte: »Worüber denn?«

Ich sagte: »Der Vertrag legt fest, daß du mich belohnen mußt, wenn ich die Wahrheit sage, statt mich zu bestrafen. Denn wenn du mich bestrafst, werde ich das nächste Mal nicht die Wahrheit sagen.«

So geht es überall auf der Welt: Wer die Wahrheit sagt, wird bestraft, also hört man am besten damit auf, die Wahrheit zu sagen. Man fängt an zu lügen, denn Lügen wird belohnt.

Ich sagte also zu ihm: »Du hast die Wahl. Wenn du willst, daß ich lüge, kann ich lügen – wenn es das ist, was du belohnen willst. Aber wenn du bereit bist, die Wahrheit zu belohnen, werde ich die Wahrheit sagen. Doch dann darfst du mich nicht dafür bestrafen.«

Er sagte: »Ich nehme den Vertrag an.«

Es ist eine einfache Methode. Wenn ihr euch jedoch nicht einmal euren eigenen Eltern gegenüber offen zeigen könnt ... Jeder andere in dieser Welt ist euch fremder als sie. Dein Vater und deine Mutter sind ebenfalls Fremde, aber sie sind euch die nächsten, die vertrautesten Fremden.

Zeigt euch ihnen so, wie ihr seid, dann gibt es keine Kluft. Das wird ihnen helfen, ehrlich zu euch zu sein. Haltet euch immer vor Augen, daß Aufrichtigkeit, Ehrlichkeit und Wahrheit im anderen Menschen dasselbe auslösen.

In jungen Jahren ist man oft sehr schüchtern, unsicher und unentschlossen. Die Eltern sind meist keine große Hilfe. Wie kann man da eine innere Stärke entwickeln?

Alle Schüchternheit hat im Grunde mit Sex zu tun. Sobald Kinder in sexuellen Dingen völlige Freiheit erhalten, wird sich einiges von Grund auf ändern. Plötzlich sind sie gar nicht mehr schüchtern. Auf einmal legen sie Entschlossenheit an den Tag, und zwar ohne jegliches Training, denn eine große seelische Last ist von ihnen gewichen, eine große psychologische Spannung hat sich gelöst.

Ich glaube nicht, daß man Kinder zu Entschlossenheit erziehen muß. Sie brauchen nur eines: Freiheit in Liebesdingen. Und heute, wo es die Pille gibt, braucht kein Mädchen Angst vor einer Schwangerschaft zu haben. Es ist etwas ganz Einfaches, einfach ein Spiel, eine Spielerei. Das wird in Jungen und Mädchen eine Stärke zum Vorschein bringen, die man nie und nimmer mit ihrer Sexualität in Zusammenhang gebracht hätte.

Die Menschen sind wegen Sex nervös. Wenn sie sexuell unterdrückt sind, werden sie in allem unsicher. Sie wissen nicht, was richtig und was falsch ist, was sie tun und was sie lassen sollen, denn in einer ganz grundlegenden Angelegenheit dürfen sie keine Entscheidung treffen – grundlegend deshalb, weil sie das Leben selbst betrifft.

Sobald Kinder in sexuellen Dingen frei sind und Sex als etwas völlig Normales akzeptiert wird – was er ja auch ist –, zeigen sie meiner Ansicht nach auch in anderen Bereichen enorm viel Entschlossenheit, denn jetzt sind sie zum ersten Mal nicht mehr unterdrückt. Unterdrückung führt zu allen möglichen Verklemmungen, zu Schüchternheit und Unentschlossenheit, weil Kinder tief drin gegen ihre eigene Natur ankämpfen.

Wenn es keinen inneren Kampf und keinen inneren Zwiespalt gibt, ist ihre Individualität wie aus einem Guß. Dann werdet ihr ein ganz neues Kind vor euch haben, ein Kind mit einer enormen Stärke und Entschlossenheit, ein Kind ohne Scheu.

Teenager sind verrückt nach Mode und ändern ihr Erscheinungsbild alle paar Monate. Was drücken sie damit aus?

Daran ist nichts falsch. Man sollte es ihnen erlauben, denn sie verändern sich, alles in ihnen verändert sich. Die Mode zu wechseln ist einfach nur ein Ausdruck ihres inneren Wandels. Es ist völlig gesund und richtig. Man sollte es ihnen erlauben und ihnen dabei helfen, sich zu verändern, so oft sie wollen. Sie werden bald beständiger werden. Sobald sich ihre inneren Veränderungen stabilisiert haben, mit einundzwanzig Jahren, wird alles beständiger.

Wenn ihr ihnen bis dahin nicht erlaubt, ihr äußeres Erscheinungsbild zu ändern, werden ihre inneren Veränderungen in ihnen Spannungen und Ängste erzeugen. Laßt ihnen diese Veränderungen, sie sind etwas Natürliches. In dieser Zeit, bevor sie reif und erwachsen werden, geschieht so vieles in ihnen, dem sie irgendwie Ausdruck geben müssen. Wir können ihnen nur helfen, indem wir ihnen bessere Ausdrucksmöglichkeiten geben, doch die Veränderungen können wir nicht verhindern. Wir können ihnen nur bessere Alternativen aufzeigen.

Wir können ihnen beispielsweise bessere und schönere Kleidung geben, ihnen jedes Jahr modische Kleidungsstücke schenken, die nicht häßlich sind. Andernfalls gehen sie ihre eigenen Wege, werden Hippies und stellen allen möglichen Unfug an. Sie duschen sich nicht mehr, sie putzen sich die Zähne nicht; sie machen Dummheiten, weil sie schließlich noch Kinder und neu auf dieser Welt sind.

Wir sollten sie zu Veränderungen ermutigen. Es ist besser, ihnen alle halbe Jahre bessere Markenprodukte zu geben – bessere Shampoos, bessere Seifen, bessere Zahnpasta.

Jede Veränderung hilft. Zwingt sie nicht, ihr Haar so zu schneiden, wie ihr es gerne sehen würdet. Zeigt ihnen Alternativen auf. Nehmt sie mit zum Friseur und zeigt ihnen alle möglichen hübschen Frisuren. Laßt sie auswählen und kritisiert sie nicht.

Wenn ihr sie kritisiert, werden sie zu Punks. Sie schneiden

sich die eine Hälfte des Kopfes kahl und färben die andere Hälfte in verschiedenen Farbtönen. Was bleibt den Ärmsten anderes übrig? Zeigt ihnen bessere Alternativen. Zeigt ihnen bessere Musiker, bessere Tänzer, sonst werden sie noch Fans von den Beatles.

All diese Moden und was es sonst noch gibt, helfen ihnen längst nicht soviel wie die Anteilnahme und Hilfe ihrer Eltern. Sie könnten ihnen wertvolle klassische Musik vermitteln, sie zum Malen inspirieren, zum Musizieren, zum Tanzen. Das ist eigentlich ihre Aufgabe. Sonst kann jeder Schwachkopf daherkommen ...

Ihr habt mich einmal nach der Popsängerin Madonna gefragt. Sie ist eine schöne Frau, aber schaut euch einmal ihre Kleider an und all den Schrott, mit dem sie sich behängt. Ich würde sie gerne eines Tages hier sehen. Sie ist schön. Sie hat vielleicht Talent für erstklassige Musik, für erstklassigen Tanz. Aber sie wird wieder von der Bildfläche verschwinden, so wie die Beatles und andere gekommen und gegangen sind. Teenager nehmen alles als Mode. Man kann sich nicht auf sie verlassen, sie meinen es nicht ernst, sie experimentieren einfach herum.

Ein ganzes Leben steht ihnen zur Verfügung, und sie experimentieren damit. Es ist die Pflicht der Eltern und Lehrer und der Bildungsinstitutionen, ihnen wertvolle Alternativen zu vermitteln, Veränderungen zu fördern, die sie wachsen und reifen lassen.

Ihr wißt selber, daß sich heute nur noch schwer ein richtiger Hippie finden läßt. Habt ihr je einen vierzigjährigen Hippie gesehen? Glaubt ihr, alle sterben um die dreißig? Nein. Diese armen Tröpfe erkennen mit dreißig, daß sie ihre Zeit vergeudet haben. Sie erhielten keine Bildung, sie stiegen aus den Schulen aus, weil das damals so Mode war. Sie lebten in Schmutz und Häßlichkeit, mit Drogen, und sobald sie erkannten, wie dumm sie gewesen waren, kehrten sie ins Leben zurück.

Doch diese zehn Jahre sind für immer verloren. Und zurück im Leben werden sie nicht dieselben guten Berufe haben, nicht dieselben schöpferischen Möglichkeiten, denn sie sind nicht geschult, sie sind nicht ausgebildet. Sie haben sich keine Fertigkeiten angeeignet und bisher noch nichts erreicht im Leben, und sie werden bis zu ihrem Tod darunter leiden.

Wer ist dafür verantwortlich? Ich glaube nicht, daß sie selbst es sind, denn sie waren zu jung, man kann ihnen die Verantwortung dafür nicht aufbürden. Wir sind verantwortlich. Wir hätten ihnen bessere Chancen geben können. In diesen zehn Jahren hätten sie vielleicht meditieren können, statt als Hippies von Kabul nach Kathmandu und von Kathmandu nach Goa zu streunen. Und in Goa ist die Reise zu Ende und führt nirgendwo mehr hin.

Man hätte ihnen die Möglichkeit geben können, verschiedene Meditationsschulen zu verstehen – Sufismus, Chassidismus, Zen, Yoga. Sie brauchten einfach etwas Neues und Aufregendes. Ihr hättet sie in den Osten schicken können, um Zen-Malerei zu lernen oder japanisches, arabisches oder indisches Flötenspiel – es gibt ja so viele verschiedene Musikinstrumente auf der Welt. Sie hätten bald herausgefunden, daß es an der Zeit ist, in die Welt zurückzukehren und ihren Weg zu gehen; doch sie wären geachtet zurückgekehrt, mit Fertigkeiten und voller Kreativität.

Teenager haben ein starkes Bedürfnis, einer Gruppe anzugehören. Was spiegelt dieses Bedürfnis wider?

Das ist nur deshalb so, weil sie nicht mehr zur Familie gehören und noch zu jung und zu ängstlich sind, um allein in der Welt zu stehen.

Wenn diese Kluft zwischen ihnen und ihren Eltern nicht wäre, brauchte es derartige Gruppen gar nicht zu geben. Das zeigt sich im Osten, wo es nichts Derartiges gibt – keine Hippies, keine Punks, keine Skinheads. Man sieht nichts dergleichen, aus dem einfachen Grund, weil Kinder zur Familie gehören. Sie sind in der Familie verwurzelt, sie sind nicht allein. Es gibt keine solche Kluft wie im Westen.

Das ganze Problem im Westen rührt von dieser Kluft her. Kinder wollen irgendeiner Gruppe angehören, denn sie haben Angst, allein zu sein. Sie sind zu jung, zu verletzbar, daher schließen sie sich irgendeiner Gruppe an, die es in ihrem Umkreis gibt. Und jeder kann sie ausnutzen. Man kann sie zwingen, Verbrechen zu begehen – und das tun manche Kinder tatsächlich –, man kann sie zum Drogenkonsum verleiten oder zum Dealen, und auch das tun sie. Irgendwelche skrupellosen Typen können diese Gruppen manipulieren und die jungen Menschen ausnutzen, nur weil sie das Bedürfnis haben, irgendwo dazuzugehören. Vor allem aus diesem Grund muß diese Kluft verschwinden.

Außerdem solltet ihr neue Gruppen ins Leben rufen. In der Geschichte finden sich dafür viele Beispiele. Da waren beispielsweise die Menschen, die zur Schule von Sokrates gehörten; es waren junge Leute, die nach der Wahrheit suchten. Jeder in Athen, der einigermaßen intelligent war, hielt sich im Kreis von Sokrates auf. Und er war nicht der einzige: Überall im Osten gab es Sophisten, deren einziges Ziel es war, Leuten beizubringen, wie man argumentiert. Tausende von jungen Menschen gehörten diesen Sophistenschulen an, nur um argumentieren zu lernen, die hohe Kunst des Argumentierens.

In Indien gab es viele Philosophen, die ihre eigenen Schulen hatten und unterschiedliche Lehren propagierten. Und die jungen Leute fanden Interesse daran. Die Alten hatten sich bereits etabliert, aber die Jungen zogen herum. Niemand hielt sie davon ab. Sie konnten zu jedem beliebigen Lehrer gehen, sie konnten den Lehrer wechseln und dabei ungemein viel lernen, und zwar von originellen Denkern, nicht wie heute, wo sich in den langweiligen und toten Universitäten nur noch Professoren finden, die alles nachplappern und nichts Originelles bieten.

Jeder originelle Denker war eine Universität für sich. Tausende von Schülern in seinem Umkreis lernten, alles im Leben aus einem bestimmten Blickwinkel zu sehen. Und sie lernten es nicht nur, sondern lebten es auch und machten ihre

Erfahrungen damit, bevor sie sich im Leben etablierten. Statt Skinheads zu werden, weilten sie bei Nagarjuna oder bei Basho oder Tschuang Tsu oder bei Pythagoras oder bei Heraklit oder Epikur. Und das war etwas sehr Schönes.

Junge Menschen sind auch zu mir gekommen, und rund um die Welt ist eine große Familie entstanden. Es herrscht eine gewisse Zusammengehörigkeit, aber nur sehr lose, damit niemand in Abhängigkeit gerät. Jeder ist frei, und doch fühlt jeder eine gewisse Synchronizität mit Tausenden von anderen Leuten.

Ich kann alle diese Terroristen, alle diese Skinheads ohne weiteres verändern. Ich habe viele Hippies verändert – heute sind sie nicht wiederzuerkennen! Vielleicht haben sie selbst schon vergessen, wie sie damals waren, als sie zum erstenmal zu mir kamen.

Wir brauchen mehr freie Philosophen auf der Welt, freie Lehrer, damit junge Menschen sich ihnen anschließen und etwas lernen und es leben können.

Teenager haben oft Phantasien und Träume über ihre Zukunft. Wie können sie realistischer werden?

Das brauchen sie gar nicht. Es gibt eine Zeit für Träume und Phantasien, und es ist gut, daß Teenager Träume und Phantasien haben, anstatt daß man von ihnen verlangt, Realisten zu sein. Man würde sonst ihre Jugendlichkeit zerstören und sie vorzeitig zu Erwachsenen machen.

Diese Träume und Phantasien sind ein Teil ihres Wachstums. Sie werden von selbst verschwinden. Das Leben selbst wird die Kinder mit der Wirklichkeit konfrontieren. Laßt sie ihre Träume genießen, bevor sie ins Leben hinaustreten – denn im Leben begegnen sie nur Alpträumen, nur Elend und Leiden. Sie werden von selber sehr realistisch werden, aber sie werden sich stets an jene Tage voller Träume und Phantasien zurückerinnern und sie als ihre schönste Zeit ansehen. Was kann eure Wirklichkeit als Ersatz für ihre Träume und Phantasien schon bieten?

Erst wenn ihr bereit seid, Teenager mit Meditation vertraut zu machen ... Aber dann werden sie nicht zu Realisten. Das macht sie zu Utopisten. Und das macht es noch viel schwieriger, sie in diese verrottete Gesellschaft einzupassen, als ihre Träume und Phantasien.

Diese Träume und Phantasien können keinen Schaden anrichten. Sie gehören zum Leben dazu. Die Jugend hat seit jeher geträumt und phantasiert.

Laßt sie träumen, laßt sie phantasieren, sie schaden euch nicht damit. Bald werden sie mit Pflichten, Jobs, Kindern und Ehefrauen beladen sein. Davor bleibt ihnen etwas Zeit. Laßt ihnen Zeit zum Phantasieren, das schadet nichts.

Ich bin der Meinung, daß die Erfahrung dieser Zeit des Träumens ihnen hilft, sich daran zu erinnern, daß das Leben anders aussehen könnte. Es muß nicht unglücklich sein, es muß nicht leidvoll sein. Die Welt ist nicht unbedingt ein Jammertal.

Ihre phantastischen Höhenflüge waren bloß ein Traum. Es besteht die Möglichkeit zu einer bewußten Transformation, durch die weit schönere Erfahrungen möglich sind, als sie ein Traum geben kann. Doch der Duft der Träume ist gut; er wird dir ins Bewußtsein rufen, daß Unglück nicht alles ist. Es ist noch etwas anderes möglich.

Die Jugend ist die Zeit für Träume und Hoffnungen. Und wenn ihr euch später in der sogenannten Realität verloren habt, werden euch diese Augenblicke daran erinnern: »Gibt es denn nicht einen Weg, um einen Zustand wirklichen Seins zu finden, einen Zustand des Friedens, der Heiterkeit, der Stille und der Freude?«

Ich glaube also nicht, daß man daran etwas ändern müßte.

Teenager wachsen mit einem vorgegebenen Wertkonzept auf und werden unsicher, wenn sie es entwirren müssen – was ist richtig, und was ist falsch? Was ist echt, und was ist fiktiv? Kannst du ihnen ein paar Richtlinien mitgeben, an denen sie sich orientieren können?

Ich bin sicher, daß kein Teenager sich diese Frage stellt. Diese Frage ist fiktiv. Wo soll da ein Problem sein?

Teenager sind notgedrungen unentschlossen. Wieso seid ihr so sehr darauf aus, sie älter zu machen, als sie sind? Wieso möchtet ihr ihnen ihre Jugendzeit beschneiden? Jede Gesellschaft versucht auf irgendeine Art, ihrer Jugend die Flügel zu stutzen und sie vorzeitig erwachsen zu machen.

Ich bin nicht daran interessiert, jemanden älter zu machen, als er ist. Teenager haben diese Probleme nun einmal, weil sie eben Teenager sind und das Leben noch nicht gelebt haben. Sie treten zum ersten Mal ins Leben hinaus und müssen darüber nachdenken, was richtig und was falsch ist. Und es ist besser, ihnen keine Richtlinien zu geben, denn eure Richtlinien werden ihre Entwicklung nur hemmen.

Wenn ihr ihnen jedesmal sagt: »So ist es richtig. So wird es gemacht!« und sie nie Fehler begehen, werden sie nie etwas lernen. Laßt sie Fehler machen und aus ihren Fehlern lernen. Das einzig echte Lernen geschieht durch Fehler; Entschiedenheit stellt sich erst später ein, wenn du viele Male versagt hast, viele Male hingefallen bist, dich viele Male wieder aufgerappelt hast. Langsam, langsam wirst du eine gewisse Reife entwickeln.

Es ist wie bei einem jungen Baum: Er wiegt sich im Wind, und du fragst mich, was zu tun sei, damit er sich nicht im Wind wiegt – am besten gleich mit ein paar Richtlinien. Nein, ein junger Baum muß sich im Wind wiegen, denn das gibt ihm die Freude zu tanzen, und es gibt ihm auch die Gewißheit, daß selbst heftige Winde ihm nichts anhaben und ihn nicht entwurzeln können. Jedesmal, wenn er dem Wind die Stirn bietet, werden seine Wurzeln kräftiger; jede Begegnung macht ihn stärker. Langsam, langsam wird er größer, und dann kann ihm kein Wind mehr etwas anhaben. Dann kannst du dich unter den Baum setzen und erleuchtet werden.

Kannst du etwas zum Sport sagen, der sich ja heute sehr stark auf das Leben junger Menschen auswirkt?

Sport ist völlig okay. Nur sollten wir die Teenager dazu anhalten, nicht bloß Zuschauer zu sein, sondern sich selbst daran zu beteiligen. Tausende schauen bloß zu, und nur ein paar Profis spielen mit. Das ist nicht gut so. Teenager sollten teilnehmen, denn Sport erhält gesund, Sport gibt dir eine gewisse Wendigkeit, eine gewisse Intelligenz, und Sport ist an sich etwas sehr Jugendliches.

Nur Zuschauer zu sein und vor dem Fernseher zu sitzen bringt nichts. Fünf oder sechs Stunden vor der Glotze im Sessel zu kleben und zuzuschauen, wie andere Leute Fußball oder sonst etwas spielen, bringt nichts. Es bringt dich nicht weiter, im Gegenteil: Es macht dich zum Außenseiter, und dabei ist es so wichtig, teilzunehmen, sich zu engagieren, sich einzusetzen.

Es ist gut, hin und wieder zuzuschauen, wie Profis spielen, um von ihnen zu lernen – aber nur, um etwas zu lernen. Sonst sollten alle auf den Spielfeldern sein. Ich sehe nicht, wo das Problem liegt. Junge Menschen sollten spielen, und sogar ältere sollten spielen, wenn sie Zeit dazu finden, und sogar Rentner, wenn sie lebendig bleiben wollen. Wir sollten für jede Altersgruppe Spiele finden, so daß alle Menschen ihr Leben lang Spieler bleiben. Das Leben sollte ein Sport sein.

Sport hat etwas sehr Schönes: Er lehrt dich, daß es nicht darauf ankommt, ob du besiegt wirst oder ob du siegst. Es kommt darauf an, daß du gut spielst, daß du total spielst, daß du intensiv mitspielst, daß du alles gibst und nichts zurückhältst. Das ist wahrer Sportsgeist. Die anderen mögen gewinnen, das ist kein Grund, neidisch zu sein. Du kannst ihnen gratulieren und ihren Sieg mitfeiern. Voraussetzung ist also einzig, daß du nichts zurückhältst, daß du alle deine Energie einsetzt.

Dein ganzes Leben sollte spielerisch sein!

Es ist also nichts verkehrt, wenn Teenager an Sport interessiert sind. Dem Fragesteller wäre es wohl lieber, wenn sie in der Schule sitzen und Geographie, Geschichte und all den anderen Unsinn büffeln würden, der ihnen im Leben nichts nützt. Sport ist viel sinnvoller, viel gesünder, viel lebendiger. *(81)*

In Europa steigt die Selbstmordrate unter Teenagern. Du sagtest einmal, die Jugend sei unsere Hoffnung für die Zukunft, doch sie selbst scheint keine Hoffnung zu haben. Was meinst du dazu?

Ich sage noch immer, daß die Jugend die Hoffnung für unsere Zukunft ist. Die vergangenen Generationen haben jedoch dem Phänomen des Jungseins den Garaus gemacht, sie haben die Jugend zerstört. Sie haben die Liebe und das Vertrauen der Jugend verloren, weil sie sie so oft hintergangen haben, daß es für die Jungen unmöglich geworden ist, der älteren Generation noch zu glauben. Das tun die älteren Generationen schon seit Jahrhunderten so, und jetzt hat diese Entwicklung ihren Höhepunkt erreicht.

Die Jugend hat nun einmal die klarsten Augen. Sie kann sehen, wie verlogen die Politiker sind. Sie kann sehen, daß ihre religiösen Führer nicht einmal die Grundbegriffe der Religiosität kennen. Und seit dem Zweiten Weltkrieg ist sie völlig frustriert, denn auf den Zweiten muß der Dritte folgen.

Albert Einstein wurde einmal gefragt: »Können Sie etwas über den Dritten Weltkrieg sagen?«

Er sagte: »Nein, über den Dritten kann ich nichts sagen, aber dafür etwas über den Vierten.«

Der Fragesteller war überrascht. »Merkwürdig«, sagte er, »über den Dritten wissen Sie nichts, aber über den Vierten wollen Sie mit Gewißheit etwas sagen können?«

»Ja«, meinte Einstein, »über den Vierten läßt sich mit absoluter Sicherheit sagen, daß er nicht stattfinden wird, denn der Dritte wird der letzte sein. Er wird alles Leben auf der Erde auslöschen.«

Wessen Leben wird da ausgelöscht? Die älteren Generationen stehen bereits mit einem Fuß im Grab. Sie sind Roboter.

Sie haben nie in Freiheit und in Liebe gelebt; sie haben die Suche nach Wahrheit nie gekannt.

Wenn der Dritte Weltkrieg stattfindet, bedeutet er den Tod der Jugendlichen, die sich noch keine Lebensquellen erschlossen haben, die noch nichts von dieser schönen Erde wissen. Es ist ganz natürlich, daß sie von allem vollkommen frustriert sind.

Jugendliche, die aus dieser Frustration heraus Selbstmord begehen, verpassen euch damit eine Ohrfeige. Sie sagen euch damit: »Bevor ihr den kollektiven Selbstmord auslöst, wollen wir wenigstens einmal Individuen sein. Wegen euch konnten wir keine Individuen sein – wegen eurer Religion, eurer Politik, euren eigennützigen Interessen. Aber laßt uns wenigstens die Freiheit, Selbstmord zu begehen und so zumindest einen Moment der Individualität zu leben. Wir werden nicht den Politikern die Entscheidung überlassen, wann wir sterben.«

Ihr Selbstmord hat eine besondere Bedeutung. Er fällt nicht unter die üblichen Selbstmorde, wie sie von Menschen seit jeher verübt werden. Er ist ein Fragezeichen an eure Gesellschaft, eure Familienstruktur, eure Religion, an die Art und Weise, wie ihr die Welt regiert.

Ich möchte den Jugendlichen sagen: Seid nicht so pessimistisch! Selbstmord zu begehen ist sehr leicht, es ist kein schwieriges Unterfangen. Und mit eurem Selbstmord könnt ihr den kommenden globalen Selbstmord nicht verhindern. Wenn ihr schon bereit seid, Selbstmord zu begehen, wenn ihr bereit seid, euer Leben zu riskieren, weshalb setzt ihr es dann nicht für eine Rebellion gegen all die alten und verkrusteten Werte ein: die Kirche, die Nationen, die Rassendiskriminierung, die Ungleichheit zwischen den Geschlechtern, die Armut auf dieser Welt? Ihr habt nichts zu verlieren.

Ihr wollt euch das Leben nehmen, aber warum erledigt ihr nicht zuvor wenigstens ein paar nützliche Dinge? Vielleicht vermag die Transformation, die ihr dadurch bewirkt, zu verhindern, daß diese Erde zerstört wird, und ihr braucht womöglich gar nicht Selbstmord zu begehen. Vielleicht lebt ihr weiter und liebt und feiert das große Geschenk des Lebens, das die Existenz euch gegeben hat? Werft es nicht weg, nur weil andere sich idiotisch benehmen. Straft euch nicht selber für ihre Fehler. Tut nichts Voreiliges. Das Leben ist so kostbar – werft es nicht auf diese Art weg! Das ist nicht nötig.

Entweder wählt die Menschheit den globalen Selbstmord, oder sie bringt einen neuen Menschen hervor, der keine Politiker und keine Priester mehr benötigt, der keine Führer braucht, der sich selbst genug ist. *(82)*

Weshalb haben wir so sehr Angst davor, Verantwortung für uns selbst zu übernehmen, und ärgern uns manchmal sogar darüber?

Das rührt daher, daß euch von frühester Kindheit an eingeprägt wurde, nicht für euch selbst Verantwortung zu übernehmen. Man hat euch beigebracht, abhängig zu sein. Man hat euch beigebracht, eurem Vater gegenüber verantwortlich zu sein, eurer Mutter, eurer Familie, eurem Vaterland und dergleichen Unsinn. Aber niemand hat euch gesagt, daß ihr für euch selbst verantwortlich sein müßt und daß niemand euch diese Verantwortung abnehmen kann.

Eure Eltern haben euch diese Selbstverantwortung genommen, eure Familie hat sie euch genommen, der Priester hat euch die Verantwortung für euer spirituelles Wachstum abgenommen. Ihr sollt auf alle diese Leute hören und tun, was sie euch sagen. Wenn ihr dann den Kinderschuhen entwachsen seid, steigt eine große Angst in euch hoch, denn nun müßt ihr Verantwortung übernehmen, und darin seid ihr nicht geschult worden.

Ihr geht dem Priester eure Sünden beichten – was soll der Quatsch? Euch erstens einzubilden, ihr hättet eine Sünde begangen; zweitens euch deswegen schuldig zu fühlen; und drittens zu glauben, dem Priester beichten zu müssen, damit er Gott bitten kann, euch zu vergeben. Eine ganz einfache Angelegenheit ist so kompliziert, so unnötig langwierig und umständlich geworden.

Was immer ihr auch getan habt, ihr wolltet es tun, deswegen habt ihr es ja auch getan. Wer darf sich schon eine Entscheidung anmaßen, was Sünde sei und was nicht? Es gibt nirgendwo ein Kriterium dafür, es gibt keine Waagschale für Sünde – ein Kilo Sünde, zwei Kilo, drei Kilo. Wie lang war sie denn, die begangene Sünde? Einen Meter, zwei Meter oder drei Meter lang? Worin bestand eigentlich diese Sünde? Und wer ist dieser Priester, bei dem ihr beichtet?

Ich lehre euch, niemand anderem verantwortlich zu sein, weder dem Vater, der Mutter, eurem Land, der Religion noch der Parteilinie. Seid niemand anderem verantwortlich. Ihr seid es nicht! Seid nur euch selbst verantwortlich. Tut, was ihr gerne möchtet. Wenn es falsch ist, folgt die Strafe auf dem Fuß; wenn es richtig ist, folgt die Belohnung ebenso unmittelbar. Anders geht es nicht.

Auf diese Weise findet ihr selbst heraus, was falsch und was richtig ist. Ihr werdet eine neue Sensibilität, eine neue Sichtweise entwickeln. Ihr werdet unmittelbar wissen, ob etwas falsch ist, denn in der Vergangenheit habt ihr dasselbe schon so oft getan und danach stets darunter gelitten. Ihr werdet wissen, was richtig ist, denn dann überschüttet euch die Existenz jedesmal mit großem Segen. Ursache und Wirkung gehen Hand in Hand, sie sind nicht durch Jahre oder durch ganze Leben voneinander getrennt.

Dann seid ihr selbstverantwortlich. Wenn ihr euch etwas Bestimmtes wünscht und es genießt, obwohl es euch Leiden bringt, dann tut es. Es scheint richtig zu sein, denn ihr genießt es; das Leiden ist nicht stark genug, um euch vom Genuß abzuhalten. Die Entscheidung liegt also bei euch, einzig und allein bei euch. Wenn das Leiden zu stark ist und deine Handlung nichts einbringt und dir keine Freude macht, sondern zwangsläufig sehr viel Schmerz mit sich bringt, dann liegt es an dir, ob du ein völliger Idiot sein willst. Was kann man dagegen schon machen?

Das ist damit gemeint, wenn ich euch auffordere, für euch selbst verantwortlich zu sein. Da ist niemand, auf den ihr die Verantwortung abwälzen könnt, doch ihr versucht sie ständig an jemanden abzugeben, selbst an einen so bedauernswerten Mann wie mich, obwohl ich euch doch ständig sage, daß ich für nichts und niemand verantwortlich bin. Trotzdem nährt ihr tief in euch die Illusion, daß ich bloß Witze mache.

Ich mache keine Witze. Ihr denkt wohl: »Er ist doch unser Meister, wie kann er da sagen, er sei nicht verantwortlich?« Aber ihr hört mir nicht zu. Wenn ihr eure Verantwortung auf mich abschiebt, bleibt ihr kindisch, seid ihr geistig zurückgeblieben. Ihr werdet nie wachsen. Der einzige Weg, um zu wachsen, besteht darin, alles Gute und alles Schlechte anzunehmen, alles, was Freude, und alles, was Leiden bereitet. Für alles, was euch widerfährt, seid ihr verantwortlich. Das gibt euch viel Freiheit.

Freut euch an dieser Freiheit. Freut euch an dieser wichtigen Einsicht, daß ihr für alles in eurem Leben selbst verantwortlich seid. Das wird euch zu dem machen, was ich ein Individuum nenne. *(83)*

9. KAPITEL

Fernsehen und Drogen

Das Alptraum-»Geschenk« des Fernsehens

Ein bekannter Psychoanalytiker aus München, Franz Strunz, untersuchte das Verhalten von Kindern beim Träumen und kam zu dem Ergebnis, daß Sigmund Freuds ursprüngliche Idee nicht stimmt.

Freud glaubte, daß insbesondere in der zivilisierten Welt jedes Kind unter einer repressiven Moral, einer repressiven Kirche und repressiven Eltern aufwächst und nicht versteht, warum sein natürliches und spontanes Verhalten unakzeptabel ist. Das Kind wird als ein natürliches Wesen geboren, sein Denken funktioniert noch nicht wie das der Erwachsenen, es muß sich erst entwickeln. Deshalb fällt es ihm schwer zu verstehen, warum sein natürliches Verhalten verurteilt wird. Aber weil es – hilflos wie es ist – auf die Eltern angewiesen ist, muß es den Gott und alle Gebote akzeptieren, an die seine Eltern glauben.

Freuds ursprüngliche These lautete, daß unter diesen Umständen ein Kind nur in seinen Träumen Freiheit genießen kann. Hier gibt es keine Eltern, keine Priester, keinen Gott, keine Moral und keine Verbote. In seinen Träumen lebt es ein sehr natürliches und lustvolles Leben. Sie werden für das Kind zu einem Ersatz. Und darin stimme ich absolut mit Sigmund Freud überein.

Ein Kind weiß noch nicht, was Traum und was Wirklichkeit ist, das dauert eine Weile. Der Verstand ist ein Produkt der Gesellschaft. Es dauert mindestens vier Jahre, bis das Kind darauf programmiert ist, alles anzunehmen, was man ihm sagt, weil es weiß, daß es sonst bestraft wird – nicht nur hier, sondern auch in der Hölle.

Doch in seinen Träumen genießt es bis zum vierten Lebensjahr absolute Freiheit. Daher sagt Freud, daß Kinderträume sehr schön und lustvoll seien. Tatsächlich ist das Kind der Realität nur mit Hilfe dieser Träume gewachsen. Sie wirken als Kompensation. Träume sind etwas sehr Privates, niemand kann in dich hineinschauen und wissen, was du träumst. Das Kind genießt völlige Freiheit, die es im Wachzustand nicht hat, und dadurch kompensiert es. Es kann diese Gesellschaft mit ihren unnatürlichen Anforderungen nur tolerieren, weil es wenigstens im Schlaf frei ist.

Aber dieser Münchner Psychologe bestreitet das. Seine Untersuchungen, die er an Hunderten von Kindern und ihren Träumen angestellt hat, zeigen, daß »*die nächtlichen Phantasien der Kinder meistens von erstickenden Gefühlen des Unwohlseins und der Verwirrung begleitet sind und daß alle möglichen bedrohlichen Tiere, Diebe, Räuber, Mörder, Katastrophen, Tod und furchterregende Fremde ihre Träume zutiefst stören. Die meisten Kinder sind durch die Gefahren, von denen sie träumen, vor Angst gelähmt.*«

Ich stimme mit diesem Psychologen ganz und gar nicht überein. In seiner Eile, Sigmund Freud zu widerlegen, hat er vergessen, daß dieser die Träume einer ganz anderen Generation von Kindern untersucht hat. In der Zwischenzeit hat sich etwas ereignet, was er außer acht gelassen hat, und das ist das Fernsehen.

Es ist das Fernsehen, das die Träume der Kinder verändert hat – etwas, was weder Gott noch den Eltern oder den Priestern gelungen ist. Sie haben es mit Sprache und Logik versucht, die das Kind noch nicht verstehen kann. Aber Bilder kann es verstehen, denn ein Kind funktioniert noch sehr einfach, seine Sprache ist bildhaft. Seine Träume sind sehr lebhaft, sehr farbig und lebendig.

Das Fernsehen hat einen starken Einfluß auf Kinder, es beeinflußt ihr Verhalten und ihre Träume, weil Fernsehen und Träume ähnlich aussehen. Ein kleines Kind kann keinen Unterschied zwischen Fernsehen und Träumen machen. Und im Fernsehen sieht es genau die Dinge, die dieser Münchner Psychologe als Argumente gegen Freuds Hypothese anführt:

erstickende Gefühle des Unwohlseins und der Verwirrung sowie alle möglichen bedrohlichen Tiere, Diebe, Räuber, Mörder, Katastrophen, Tod und furchterregende Fremde, die seine Träume zutiefst stören.

Das alles ist ein Geschenk des Fernsehens! Es hat nichts mit Sigmund Freuds These zu tun, die ist noch immer gültig. Aber es zeigt, wie unbewußt selbst weltbekannte Psychologen sind. Franz Strunz hat völlig vergessen, daß zwischen ihm und Freud etwas Neues eingetreten ist: das Fernsehen.

Es hat nicht nur die Träume der Kinder, sondern auch ihr Verhalten verändert.

Das Kind sieht im Fernsehen alle möglichen Raubüberfälle, Vergewaltigungen, Mord, Diebstahl ... gefährliche Typen – und das in Bildern. Bilder kann es verstehen. Das Fernsehen bringt Kinder auf die gefährlichsten und sensationellsten Ideen, und so ändert sich auch ihr Verhalten.

In Amerika fangen schon kleine Kinder damit an ... Erst vor ein paar Tagen lief ein Junge mit dem Gewehr seines Vaters aufs Geratewohl in eine Schule und erschoß vier Kinder. Und die waren nicht etwa seine Feinde, nein, er hat einfach blindlings abgedrückt, weil er ständig Mord und Totschlag im Fernsehen sieht und einen großen Reiz verspürte. Und das ist kein Ausnahmefall.

Man hat Kinder erwischt, die kleine Mädchen vergewaltigen wollten. Die Idee haben sie aus dem Fernsehen. Sieben- und Achtjährige nehmen schon Drogen. Sie haben die Hippies weit hinter sich gelassen, als Hippie mußte man mindestens achtzehn, neunzehn oder zwanzig sein.

Aber die heutigen Kinder nehmen Drogen, weil sie alle möglichen Drogenszenen im Fernsehen entdecken, und natürlich interessiert sie das. Kinder sind sehr darauf erpicht, alles auszuprobieren, was sie im Fernsehen finden. Siebenjährige Kinder nehmen Drogen, harte Drogen! In Amerika ist es bereits zu einer weit verbreiteten Gefahr geworden. In ihren Träumen wimmelt es von Mord, Selbstmord und Gefahren – schließlich schauen sie durchschnittlich siebeneinhalb Stunden am Tag fern!

Du kannst nicht erwarten ... Wenn du fast ein Drittel

deines Lebens mit Fernsehen vergeudest, muß das tiefgehende Auswirkungen auf dein Leben haben. Kinder verstehen die Bildersprache, und das Fernsehen ist voll von diesen farbigen, sensationellen Geschichten. Ihre Träume haben sich verändert, ihr Verhalten hat sich verändert.

Ich schlage vor, daß dieser Münchner Psychologe seine Untersuchung an einem Ort durchführt, an dem es noch kein Fernsehen gibt. Ich bin ganz sicher, daß sich dort Sigmund Freuds These bestätigen wird. Und wenn er wirklich intensiv forschen will, dann sollte er zu den Eingeborenen gehen, in Gebiete, wohin das Fernsehen noch nicht vorgedrungen ist, wohin noch kein Priester gekommen ist und selbst Gott noch ein Unbekannter ist. Diese Menschen leben noch natürlich. Zuerst sollte er also Gebiete studieren, wo es noch kein Fernsehen gibt, denn dort entsprechen die Kinder denen, die Freud untersucht hat.

Ich kenne Kinder in Indien ... in rund siebzig Prozent des Landes kennt man weder Fernsehen noch Kino. Ich habe Menschen in kleinen Dörfern getroffen, die noch nie einen Zug gesehen haben. Selbst Elektrizität gibt es vielerorts noch nicht. Das Fernsehen ist gerade erst in die Großstädte eingezogen – Bombay, Neu-Delhi, Kalkutta, Madras –, aber nicht im größten Teil des Landes ... Diese Kinder sollte man untersuchen!

Ich habe mich aus meinen eigenen Gründen mit Kindern beschäftigt und kann euch versichern, daß dort, wo Fernsehen und Film noch nicht Einzug gehalten haben, Sigmund Freuds These absolut korrekt ist.

Und wenn dieser Psychologe wirkliches Interesse hat, dann sollte er jene Ureinwohner studieren, die noch völlig natürlich leben, ohne Gott, ohne Priester, einfach wie Tiere, wie Vögel, wie Bäume, als Teil dieses riesigen Universums, in fließender Harmonie. Diese Menschen haben keine Träume. Vielleicht träumt mal jemand ab und zu, aber nur ganz selten. Dann versammeln sich die Ältesten der Gemeinschaft und beschließen, was geschehen soll.

Zuerst mußt du herausfinden, von wem du geträumt hast.

Du schilderst alle Einzelheiten des Traumes und gehst dann mit ein paar Geschenken, mit Süßigkeiten, Früchten oder Blumen zu dieser Person hin, um dich zu entschuldigen. Du reichst ihr deine Geschenke dar und bittest sie um Verzeihung. Im Traum warst du böse, wütend, gewalttätig, wollüstig. Jetzt ist es deine Pflicht, diese Person um Verzeihung zu bitten. Du bleibst so lange vor ihrem Haus sitzen, bis sie dir vergeben hat.

Das ist eine authentische Psychoanalyse – du liegst nicht bloß auf der Couch des Psychiaters und redest über deine Träume!

Jede Regierung weiß genau, daß das Fernsehen den Menschen großen Schaden zufügt und ihre körperliche und geistige Gesundheit ruiniert. Doch weil alle Fernsehsender den großen Gesellschaften gehören, die die Politiker bei den Wahlen unterstützen ... Und auch die Kirchen haben ihre eigenen Radio- und Fernsehstationen, ihre eigenen Zeitschriften und Zeitungen, unter allen möglichen Decknamen, so daß du es gar nicht erfährst.

Man hat mir berichtet, daß in Deutschland fast alle großen Tageszeitungen der Kirche gehören, aber das erfährt man normalerweise nicht. Fernsehsender gehören der Kirche, Radiosender gehören der Kirche, Satelliten gehören der Kirche, und dabei handelt es sich um große Gesellschaften.

Es bilden sich gegenwärtig zehn Mammutunternehmen heraus. Eine Untersuchung hat ergeben, daß es in den nächsten zehn Jahren nur noch zehn Unternehmen auf der ganzen Welt geben wird, weil alle kleinen Gesellschaften aufgekauft werden. Sie sind nicht mehr konkurrenzfähig. Alle Güter der Welt werden eines Tages diesen zehn Unternehmen gehören – natürlich unter verschiedenen Namen, so daß du keine Ahnung hast, daß es sich hier um eine neue Art von Imperialismus handelt, eine sehr subtile Art, damit man nicht darauf kommt, wer dahinter steckt.

Fast alle Fernsehsender gehören diesen Gesellschaften. Und ihr Interesse gilt nicht etwa der Psyche der Menschen und ob sie Schaden nimmt. Ihr einziges Interesse besteht darin, daß fünfzig Prozent der Sendezeit für Reklame zur Verfügung stehen, denn daran verdienen sie. Aber dieses Geld kommt nur herein, wenn sich Millionen von Menschen ihre Programme ansehen, sonst wird niemand darin annoncieren.

Um Millionen von Menschen für ihre Programme zu interessieren, müssen diese so sensationell wie möglich aufgemacht werden, am besten mit Dreiecksgeschichten: zwei Frauen und ein Mann, oder zwei Männer und eine Frau, und dann Mord, Selbstmord, Wahnsinn und Perversion. Jeden Tag müssen alle möglichen Sensationen aufgetischt werden – immer nach demselben Muster.

Und du siehst die Story nicht in einem Stück. Man zeigt dir einen Teil, und dann kommt die Reklame. Wenn du so richtig angeheizt und aufgeregt bist, kommt plötzlich die Reklame. In diesem erregten Zustand schluckst du sie am besten – egal, ob sie gesund ist oder nicht, ob du sie brauchst oder nicht. Sie bleibt in deinem Kopf einfach haften. Und dann kommt die Fortsetzung der Geschichte, so daß du nicht einmal Zeit hast, darüber nachzudenken, was da in deinen Kopf gelangt ist. Man gibt dir keine Gelegenheit, darüber nachzudenken. Die Story geht weiter, und du vergißt die Reklame völlig. Nach einer Weile wird dann die gleiche Reklame wiederholt.

Das geht so von morgens sechs bis nachts um zwölf. Die Leute bekommen allen möglichen Schwachsinn eingeprägt. Das Fernsehen ist zu einer der größten Gefahren für die Menschheit geworden, dabei hätte es ein großer Segen sein können, hätte es von ungeheurem Nutzen für die Bildung sein können.

Mein Vorschlag ist, daß alle Fernsehstationen den Universitäten, den Hochschulen und Schulen gehören sollten. Und sie sollten Programme senden, die die Leute bilden. Keine Reklame! Das ist keine Bildung, das ist Mißbildung, das ist Ausbeutung. Sie sollten die Zuschauer Geschichte und Geographie lehren. Kleine Kinder, die noch kein sprachliches Verständnis haben, werden leicht angeregt, Geschichte, Geographie und andere Fächer zu lernen. Auf diese Weise kann man Kindern verschiedener Altersstufen Wissenschaft, Literatur, Prosa und Poesie, Malen und alle möglichen Künste nahebringen.

Es sollte Fernsehstationen für Kinder und auch für Studenten geben. Und es sollte darüber hinaus ein Fernsehen für die höchsten Bildungsstufen eingerichtet werden, für Doktoranden, Forscher und Professoren, denn Professoren müssen ständig über neue Entdeckungen informiert werden, sonst hinken sie hinter der Entwicklung her. Was sie vor zwanzig Jahren in ihrer Ausbildung gelernt haben, ist inzwischen veraltet. Mit Hilfe des Fernsehens kann man Professoren sehr leicht auf dem laufenden halten.

Die verschiedensten Gebiete lassen sich höchst interessant gestalten. Was immer die Schüler interessiert – wenn sie sich für Musik interessieren, kann man sie Musik lehren, Musikinstrumente; wenn sie sich für Malerei interessieren, kann man sie Malen und Bildhauerei lehren. Sobald das Fernsehen den Ausbeutern und Kirchen aus der Hand genommen worden ist, stehen so viele Möglichkeiten offen. Und dann werden später einmal diese Kinder Freuds These bestätigen. *(84)*

Die junge Generation bedient sich aller möglichen Glückspillen, um das Leben lebenswert zu machen. Kannst du über unsere natürliche Fähigkeit zur Ekstase sprechen?

Ekstase ist eine Sprache, die der Mensch völlig vergessen hat. Man hat ihn gezwungen, sie zu vergessen, man hat ihn genötigt, sie zu vergessen. Die Gesellschaft ist dagegen, die Zivilisation ist dagegen. Die Gesellschaft hat ungeheuer viel ins Unglück investiert. Sie ist darauf angewiesen, denn Unglück nährt sie – sie lebt vom Unglück. Die Gesellschaft ist nicht für die Menschen da, sondern benutzt die Menschen als Mittel für ihre eigenen Zwecke. Die Gesellschaft ist wichtiger geworden als die Menschen. Die Kultur, die Zivilisation, die Kirche, sie alle sind wichtiger geworden. Ursprünglich waren sie dazu gedacht, für den Menschen dazusein, aber jetzt sind sie nicht mehr für den Menschen da. Sie haben den ganzen Prozeß beinahe umgekehrt. Jetzt existiert der Mensch für sie.

Jedes Kind wird ekstatisch geboren. Ekstase ist natürlich. Sie ist nicht etwas, das nur großen Weisen widerfährt. Sie ist etwas, das jeder mit auf die Welt bringt. Jeder hat sie im Gepäck. Sie ist der innerste Kern des Lebens, Bestandteil des Lebendigseins. Leben ist Ekstase. Jedes Kind bringt sie mit auf die Welt, aber dann stürzt sich die Gesellschaft auf das Kind und fängt an, seine Anlage zur Ekstase zu zerstören, das Kind unglücklich zu machen und es in vorgefertigte Muster zu pressen.

Die Gesellschaft ist neurotisch und kann sich keine ekstatischen Menschen leisten. Sie sind ihr gefährlich. Versucht den Mechanismus zu verstehen, dann wird es einfacher.

Einen ekstatischen Menschen kann man nicht kontrollieren, das ist unmöglich. Nur einen unglücklichen Menschen kann man kontrollieren. Ekstase ist Freiheit. Ein ekstatischer Mensch kann nur frei sein. Er kann nicht zum Sklaven gemacht werden. Man kann ihn nicht so leicht zerstören. Man kann ihn nicht dazu überreden, in einem Gefängnis zu leben. Er möchte unter den Sternen tanzen, er möchte mit dem Wind ziehen und mit Sonne und Mond Zwiesprache halten. Er braucht die Weite, das Unendliche, das Unermeßliche, das, was alle Normen überschreitet. Er kann nicht verlockt werden, in einer dunklen Zelle zu leben. Er wird sein eigenes Leben leben und seinen eigenen Weg gehen. Und das ist für die Gesellschaft sehr problematisch. Wenn es viele ekstatische Menschen gibt, fürchtet die Gesellschaft auseinanderzubrechen. Ihre Struktur wird nicht bestehen bleiben.

Ekstatische Menschen werden Rebellen sein. Ich nenne einen ekstatischen Menschen nicht revolutionär. Ich nenne ihn einen Rebellen.

Ein Revolutionär ist jemand, der die Gesellschaft verändern und sie durch eine andere Gesellschaft ersetzen will. Ein Rebell jedoch will diese Gesellschaft nicht durch eine andere ersetzen, denn alle Gesellschaften haben sich als gleich erwiesen. Die kapitalistische und die kommunistische, die faschistische und die sozialistische – sie sind alle untereinander verwandt und verschwägert. Da gibt es keinen großen Unterschied, Gesellschaft ist Gesellschaft.

Wenn sich ein System einmal etabliert hat, wird es nicht mehr zulassen, daß jemand ekstatisch ist, denn Ekstase ist gegen Struktur. Hört gut zu und meditiert darüber: Ekstase ist gegen Struktur. Ekstase ist rebellisch, sie ist nicht revolutionär.

Von Anfang an wird dem Kind also nicht erlaubt, Freiheit zu kosten, denn wenn es einmal weiß, was Freiheit ist, wird es nicht nachgeben, wird es keine Kompromisse machen. Wenn ein Kind den Geschmack der Freiheit erst einmal kennengelernt hat, wird es niemals einer Gesellschaft, einer Kirche, einem Verein oder einer politischen Partei angehören. Es wird ein Individuum sein, es wird frei sein und den Pulsschlag der Freiheit um sich verbreiten. Sein bloßes Dasein wird ein Tor zur Freiheit werden.

Was ist Ekstase? Etwas, das man erreichen muß? Nein. Etwas, das man sich verdienen muß? Nein. Ekstase ist Sein. Werden ist Unglück. Wenn du etwas werden willst, wirst du unglücklich sein. Das Werden selbst ist die Wurzel des Unglücks. Wenn du ekstatisch sein willst, dann bitte jetzt, hier und jetzt, in diesem Moment.

Seht mich an. Jetzt, in diesem Moment, könnt ihr glücklich sein. Niemand steht euch im Weg. Glücklichsein ist so naheliegend und so leicht. Es ist eure Natur, ihr tragt es bereits in euch. Gebt ihm nur eine Chance, sich zu entfalten, zu erblühen. Ekstase ist keine Sache des Kopfes; Ekstase ist eine Sache des Herzens. Ekstase ist keine Sache des Denkens, sie ist Gefühlssache.

Werde mehr Herz und weniger Kopf. Der Kopf ist nur ein Teil; das Herz ist deine Totalität. Immer wenn du total bist, kommst du vom Gefühl her. Immer wenn du nur halb bei der Sache bist, kommst du vom Kopf her.

Ekstase kommt aus dem Herzen, aus Totalität. *(85)*

Ich möchte gern wahr werden, aber was ist das, und wie geht das? Ich fühle mich wie in einem Teufelskreis, wie in einem Gefängnis. Ich möchte raus, aber wie?

Als erstes: Du bist in keinem Gefängnis – niemand ist es, niemand war es je. Das Gefängnis ist Einbildung. Du bist zwar unbewußt, aber nicht im Gefängnis. Das Gefängnis ist ein Traum, ein Alptraum, der dir im Schlaf erscheint. Die eigentliche Frage lautet also nicht, wie du aus dem Gefängnis herauskommst, sondern: Wie kommst du aus dem Schlaf heraus? Und es macht einen großen Unterschied, wie du deine Frage artikulierst. Wenn du denkst: »Wie komm' ich nur aus diesem Gefängnis raus?«, dann fängst du an, dich mit einem Gefängnis herumzuschlagen, das es gar nicht gibt, und du kommst immer mehr vom Weg ab.

So haben es viele Menschen seit Jahrhunderten gemacht. Sie glauben, im Gefängnis zu sitzen, und fangen an, gegen das Gefängnis anzukämpfen, gegen die Wärter, gegen den Gefängnisdirektor, gegen das ganze Strafsystem. Sie kämpfen gegen die Wände! Sie feilen die Eisengitter durch, um davonzulaufen. Sie versuchen, das Schloß zu knacken aber es geht nicht, denn das Gefängnis ist gar nicht da. Wächter und Direktor und Gitter und Schloß, alles ist nur Einbildung. Ihr liegt im Tiefschlaf und habt einen Alptraum. Die eigentliche Frage ist: Wie wacht ihr aus eurem Schlaf auf?

Kann man sich ein schlimmeres Delirium vorstellen als das jenes armen Trinkers, der um einen Park herumging, an den Eisenstangen des Parkgitters rüttelte und rief: »Laßt mich raus! Bitte laßt mich raus!«

Genau das ist auch deine Situation. Du bist nicht hinter Gittern, du bist nur betrunken. Du glaubst nur, im Gefängnis zu sein. Und ich weiß, wieso dir diese Idee kommt: Du fühlst dich auf allen Seiten eingeengt. Und aus dem Gefühl der Enge entsteht die Vorstellung vom Gefängnis. Wohin du dich auch wendest, du stößt auf Grenzen; du kommst bis zu einem gewissen Punkt, und dann geht's nicht weiter. Also muß da eine Mauer sein, die dir im Weg steht. Und du folgerst, daß diese Mauer dich von allen Seiten einschließt; vielleicht unsichtbar, vielleicht aus Glas, aus sehr durchsichtigem Glas, so daß du alles sehen kannst, aber sobald du in irgendeine Richtung vorstößt, stolperst du jedesmal und kommst über einen bestimmten Punkt nicht hinaus.

Daher deine Vorstellung von einem Gefängnis, in dem du festsitzt. Aber diese Begrenztheit liegt auch daran, daß du schläfst. In deinem Schlafzustand identifizierst du dich mit dem Körper, und so werden die Grenzen deines Körpers zu *deinen* Grenzen. In deinem Schlaf identifizierst du dich mit deinem Denken, und so werden die Grenzen deines Denkens zu *deinen* Grenzen.

Du aber bist unbegrenzt. Du bist unendlich. So wie du wirklich bist, in deinem wahren Sein, gibt es keine Grenzen – du bist göttlich. Aber um dieses Göttlichsein zu erfahren, mußt du anfangen, bewußter zu werden. Du mußt anfangen, aufmerksamer, wacher zu werden. Das ist alles, was du tun kannst. Indem du wacher wirst, merkst du, wie die Wände sich zurückziehen. Sie lassen dir immer mehr Raum. Dein Gefängnis wird immer geräumiger. Je mehr sich dein Bewußtsein ausdehnt, desto deutlicher siehst du, daß dein Gefängnis gar nicht so klein ist, daß es immer größer wird. Je ausgedehnter dein Bewußtsein ist, desto mehr Raum hast du zur Verfügung, um dich zu bewegen, um zu sein, um zu leben und zu lieben. Und dann erkennst du den Grundmechanismus: Je unbewußter, desto enger die Wände; bist du ganz unbewußt, rücken sie dir direkt auf den Leib, dann lebst du in einer winzigen Zelle, und selbst die leiseste Bewegung wird unmöglich.

Merke dir das Wort Bewußtseinserweiterung. Mit dieser Erweiterung weitest *du* dich aus. Eines Tages, wenn dein Bewußtsein absolut geworden ist und nicht einmal der Schatten eines dunklen Flecks in dir ist, wenn das Licht hell brennt und die innere Bewußtheit aus dir strahlt, dann siehst du, daß dich nicht einmal der Himmel begrenzt, daß du überhaupt keine Grenzen hast. Das ist die Erfahrung der Mystiker aller Zeiten.

Aus diesem Grund sind Drogen so verführerisch. Sie zwingen nämlich das Bewußtsein auf chemischem Wege, sich weiter auszudehnen, als es normalerweise ist. LSD, Marihuana oder Meskalin führen zu einer plötzlichen Bewußtseinserweiterung, die aber erzwungen und gewaltsam ist und die man besser bleiben läßt. Und sie ist rein chemisch – hat also mit Spiritualität nichts zu tun. Durch Drogen wächst du nicht im geringsten!

Spirituelles Wachstum kommt nur durch bewußte Mühe zustande. Seelisches Wachstum ist nicht billig zu haben, nicht so billig, daß schon eine ganz kleine Dosis LSD genügt, um anzukommen.

Aldous Huxley hat sich sehr geirrt, als er glaubte, durch LSD zur gleichen Erfahrung gelangt zu sein wie Kabir oder Meister Eckhart oder Basho. Nein, es war nicht das gleiche, doch es gibt eine Ähnlichkeit, und die Ähnlichkeit liegt in der Bewußtseinserweiterung. Aber es gibt auch entscheidende Unterschiede. LSD ist gewaltsam, es übt Zwang auf dein biochemisches System aus. Und du veränderst dich nicht. Du wächst dadurch nicht. Sobald der Drogeneinfluß abnimmt, bist du wieder derselbe Mensch, derselbe kleine Mensch.

Ein Kabir wird nie wieder der alte sein, denn seine Bewußtseinserweiterung wurde nicht erzwungen; er ist in sie hineingewachsen. Jetzt gibt es kein Zurück mehr, sie ist in ihn verwoben. Sie ist jetzt sein Seinszustand. Er konnte sie absorbieren.

Aber die Verführung der Drogen ist verständlich. Die hat es seit eh und je gegeben. Sie hat nichts mit der jetzigen Generation zu tun. Die Menschen haben sich schon immer ungeheuer von Drogen angezogen gefühlt. Aber Drogen sind Falschgeld. Sie geben euch zwar einen kleinen Einblick in die Wirklichkeit, jedoch auf sehr unnatürliche Weise.

Aber der Mensch sucht immer nach Ausdehnung. Der Mensch möchte groß sein. Manchmal versucht er es mit Geld – ja, auch Geld gibt euch ein Gefühl der Ausdehnung, ist ebenfalls eine Droge. Wenn du viel Geld hast, fühlst du deine Grenzen nicht so dicht auf der Haut – sie sind weit weg. Du kannst dir so viele Autos leisten, wie du willst, du bist nicht eingeschränkt. Wenn du kein Geld hast und ein tolles Auto vorbeifahren siehst, steigt ein Wunsch in dir auf ... und du fühlst deine Grenze. Deine Taschen sind leer. Dein Konto ist in den roten Zahlen. Du stößt gegen die Wand und fühlst den Schmerz; hier geht es nicht weiter. Da steht der Wagen, er steht vor deiner Nase, du könntest ihn jetzt gleich haben – aber zwischen dir und dem Wagen ist eine Wand: die Wand der Mittellosigkeit.

Geld gibt dir ein Gefühl der Ausdehnung, ein Gefühl von Freiheit. Aber auch das ist eine falsche Freiheit. Du kannst noch so viele Dinge leisten, aber das verhilft dir nicht zu innerem Wachstum, du wächst nicht; du hast zwar mehr, aber dein Sein bleibt unverändert.

Und genauso ist es mit der Macht. Als Präsident oder Premierminister eines Landes fühlst du dich mächtig. Dir stehen die Polizei, die Armee, die Justiz und das ganze Brimborium des Staates zu Gebote. Die Landesgrenzen sind deine Grenzen, du fühlst dich enorm mächtig. Auch das ist eine Droge.

Laßt euch gesagt sein: Politik und Geld sind genauso starke Drogen wie LSD und Marihuana – und weitaus gefährlicher. Hätte man zwischen LSD und Geld zu wählen, wäre LSD weit besser. Hätte man zwischen Politik und LSD zu wählen, wäre LSD weit besser. Warum sage ich das? Mit LSD zerstört man nur seinen eigenen chemischen Haushalt, seine Biochemie, aber mit Machtpolitik werden Millionen von Menschen zerstört.

Stellt euch nur vor, Adolf Hitler wäre drogensüchtig gewesen. Der Welt wäre es besser bekommen. Wäre er zu Hause geblieben und hätte LSD geschluckt oder Heroin gespritzt, wäre das ein großer Segen gewesen. Der Welt wäre es ohne ihn besser ergangen.

Wohlgemerkt, ich empfehle euch damit nicht, lieber Drogen zu nehmen! Ich nenne alle Drogen schlecht – ob Geld, ob Macht, ob LSD oder Heroin. Ihr greift nach ihnen, weil ihr euch die falsche Hoffnung macht, daß sie das Bewußtsein erweitern. Das Bewußtsein läßt sich sehr einfach, sehr leicht erweitern. Es ist nämlich schon erweitert. Ihr lebt nur in falschen Vorstellungen, und diese falschen Vorstellungen sind die Mauer, das ist euer Gefängnis.

Du fragst: »*Ich möchte gern wahr werden …*« Das kannst du nicht wollen. Es ist keine Frage der Wahl. Die Wahrheit *ist*. Dein Wollen oder Nichtwollen macht keinen Unterschied. Die Wahrheit ist einfach da. Du kannst die Wahrheit nicht wählen, sie hat nichts mit deiner Entscheidung zu tun, deinem Mögen oder Nichtmögen.

Sobald du deine Vorlieben aufgibst, zeigt sich die Wahrheit. Es liegt an deinen Vorlieben, daß du sie nicht sehen kannst. Deine Vorlieben sind wie Scheuklappen vor deinen Augen. Weil du etwas möchtest, kannst du nicht sehen, was ist.

Du sagst: »*Ich möchte gern wahr werden …*« Genau deswegen bleibst du unwahr. Du bist wahr! Wie kannst du unwahr sein? Sein ist wahr. Dazusein ist wahr. Du bist da – du lebst, du atmest. Wie kannst du unwahr sein?

Komm bitte nicht vom Wünschen her, denn das ist der Weg in die Unwahrheit. Gib diesen Wunsch auf; *sei* einfach, versuche nicht zu werden. Werden heißt unwahr werden. Sein ist Wahrheit. Erkenne den Unterschied.

Werden – das geht in die Zukunft, das hat ein Ziel. Sein ist hier und jetzt, ist kein Ziel – alles ist schon so, wie es ist. Sei also, was immer du bist, und versuche nicht, ein anderer zu werden. Man hat dir Ideale, Ziele vorgesetzt – »Werde!« Man hat dich immer nur gedrängt, etwas zu werden.

Das ist meine ganze Lehre: Was immer, wer immer du auch bist, es ist gut so. Es ist mehr als genug. Sei einfach nur das. Hör auf zu werden und *sei!* *(86)*

Ein paar Idioten im Westen haben eine Droge erfunden, die sie »Ecstasy« nennen. Aber Ekstase ist nichts, was von außen kommt, sie ist in deiner eigenen Lebensenergie enthalten. Du brauchst dich nicht einmal von der Stelle zu bewegen:

Wo immer du auch bist, bist du umgeben von der Fähigkeit, glücklich zu sein. Und diese Fähigkeit ist nicht zeitlich beschränkt; es ist nicht so, daß du am nächsten Morgen einen Kater hast. Im Gegenteil, je mehr du davon trinkst, um so nüchterner, um so gesünder, um so wacher und bewußter wirst du.

Solange du nicht eine Droge in deinem eigenen Sein findest, wirst du sie zwangsläufig woanders suchen.

Es ist eine erstaunliche Tatsache, daß seit jeher alle Regierungen und alle Religionen und Moralprediger der Welt gegen Drogen sind und Drogen trotzdem heute weiter verbreitet sind als je zuvor. Je mehr man sie verdammt, verboten und für illegal erklärt hat, desto attraktiver wurden sie. Bisher wurden Alkohol und Drogen erst ab einem bestimmten Alter eingenommen, aber nach den neuesten Informationen aus Kalifornien nehmen jetzt sogar kleine Kinder Drogen. Kleine Jungen und Mädchen müssen in Gefängnissen leiden, weil sie beim Drogenkonsum erwischt wurden.

Es ist eine seltsame Geschichte – trotz aller Verbote wächst der Einfluß der Drogen. Anscheinend hat das noch eine tiefere Ursache, die bisher niemand gesehen hat.

Mein Verständnis ist: Solange der Mensch in sich selbst nicht das gefunden hat, was ich Ekstase nenne, wird er immer draußen nach irgendeiner Ersatzdroge suchen. Nur Meditation kann einen Menschen davon abhalten, Drogen zu nehmen. Kein Gesetz kann es verhindern, alle Gesetze haben versagt. Sie erzeugen bloß Heuchelei.

Ich bin nicht gegen Ekstase, aber wenn ich »ecstasy« sage, meine ich nicht die Droge, die es auf dem Markt gibt. Ich meine die Ekstase, mit der du geboren wirst, die noch in dir schlummert und mit der du noch nicht in Berührung gekommen bist. Nur ein kleiner Geschmack davon, und alles Äußere wird augenblicklich bedeutungslos. Du trägst eine Quelle unendlicher Ekstase in dir.

Ich habe mich immer wieder gefragt, warum der Mensch sich so für Gifte interessiert. Der Grund ist leicht zu sehen, es braucht nur ein wenig Klarheit. Der Mensch ist so unglücklich und unzufrieden, daß er diesen Zustand nicht bewußt ertragen kann. Er braucht ein paar Pausen, etwas Abstand von seinem Leid, seinen Ängsten, von allem, was ihm das Leben schwermacht. Und Drogen sind da immer sehr hilfreich gewesen. Aber nicht nur chemische Drogen – Karl Marx hat recht, wenn er sagt, daß Religion nichts anderes als Opium fürs Volk ist. Auch Religionen haben dieselbe Trostfunktion. Sie haben dir Hoffnung gegeben, dich auf die Zukunft vertröstet und damit dein Bewußtsein von dem Elend der Gegenwart abgelenkt. Und das ist die Funktion einer jeden Droge.

Meine Arbeit besteht darin, euch dazu zu bringen, alle Zukunft, alle Hoffnungen, alle Illusionen fallenzulassen und euch einfach im Augenblick zu entspannen – im Wissen, daß dies der einzige Augenblick ist, den es gibt. Alles andere sind entweder Erinnerungen oder Zukunftsträume.

Ein Mensch, der sich in der Gegenwart befindet, taucht augenblicklich in seine eigene Quelle ein, in etwas, das nicht giftig, aber gewiß ekstatisch ist. Und wenn du erst einmal deine eigene Quelle kennst, brauchst du nirgends mehr hingehen, weder in die Kneipe noch in die Kirche noch in den Tempel.

Bauer Franzl macht sich Sorgen um die Vitalität seines Preisbullen; er scheint kein Interesse mehr an den Kühen zu haben. Also geht der Bauer zum Tierarzt und läßt sich eine Packung Tabletten für seinen Bullen verschreiben. Einige Wochen später schaut ein Freund vorbei und fragt den Franzl, wie es um den Bullen steht. »Phantastisch!« sagt Franzl. »Der Tierarzt hat mir diese Pillen für ihn gegeben, und vom ersten Tag an ist der alte Bursche nicht mehr zu bremsen! Offen gesagt, ich mache ein Vermögen; die Bauern hier können ihre Kühe gar nicht schnell genug herbringen!«

»Toll«, sagt sein Freund. »Und was sind das für Pillen?«

»Nun«, sagt Bauer Franzl, »es sind große grüne – und sie schmecken nach Pfefferminz.« *(87)*

Es geht mir darum, euch etwas Besseres zu geben, als Drogen euch geben können – das ist der entscheidende Faktor. Wenn ihr durch Meditation, durch Sannyas, durch Therapiegruppen eine tiefere, bedeutsamere Erfahrung machen könnt, und zwar ohne euch zu schaden ... Ihr bezahlt dafür nicht mit eurer Gesundheit, ihr zerstört nicht euren Körper und seine innere Chemie. Es geschieht, ohne daß ihr etwas dafür zu opfern braucht! Ihr bleibt Herr der Situation, ihr werdet dadurch von nichts abhängig. Und es ist immer erreichbar. Sobald ihr den Schlüssel kennt, könnt ihr jederzeit die Tür öffnen. Es muß euch einfach nur etwas Besseres, etwas Größeres zur Verfügung stehen.

Darin bestand bisher immer das Problem: Die Menschen haben versucht, anderen aus ihren Drogentrips herauszuhelfen, und das ist fast immer mißlungen, weil man nichts anderes bieten konnte. Die Leute möchten selbst von den Drogen loskommen – jeder möchte davon loskommen, weil sie eine Fessel bedeuten und jeder weiß, daß diese Fessel stärker und stärker wird und ihn eines Tages wie eine Mauer, wie die Chinesische Mauer umgibt, aus der man nur noch schwer herauskommt. Man hat eigenhändig eine so große Mauer aufgebaut, und nun kann man sie nicht mehr abreißen und ist darin gefangen. Das ganze Leben wird zu einer Art Krankheit.

Es ist teuflisch. Solange du unter dem Einfluß der Droge stehst, scheint alles gut zu sein. Wenn die Wirkung vorbei ist, kommt dir die Welt so langweilig, so sinnlos vor, daß die Droge immer wieder der einzige Ausweg zu sein scheint. Dann muß man die Dosis erhöhen, und nach und nach geht man vor die Hunde.

Die starke Wirkung der Drogen zerstört die Chemie deines Gehirns, denn das Gehirn ist ein sehr feiner Mechanismus, der solch gewaltsame Einflüsse nicht aushalten kann. Die ganz feinen Nerven erleiden Schaden. Das hat zur Folge, daß man seine Wachsamkeit und Intelligenz einbüßt, man wird stumpfsinnig und unsensibel. Und schließlich wird die Droge zum einzigen Ausweg, zum einzig Bedeutungsvollen, das man bekommen kann.

Aber diese Dinge einfach nur zu sagen nützt nichts. Nur zu predigen, nur das Übel anzuprangern, hilft gar nichts. Im Gegenteil, es vergrößert das Problem nur noch. Der Drogenabhängige leidet sowieso schon, und jetzt schaffst du noch ein zusätzliches Problem – die Schuldgefühle. Jetzt zerstört ihn auch noch das Gift der Schuld. Du gibst ihm das Gefühl, unmoralisch und kriminell zu sein. Das sind alles falsche Einstellungen.

Dieser Mensch braucht Hilfe, er braucht Sympathie, er braucht Liebe. Vielleicht ist er an Drogen geraten, weil er Liebe vermißt hat. Vielleicht haben die Gesellschaft und die Eltern ihm nicht gegeben, was nötig war. Darum ist er auf Irrwege geraten. Er braucht alle Aufmerksamkeit, Liebe und Fürsorglichkeit. Aber selbst das kann letztlich nicht helfen – es sei denn, diesem Menschen begegnet etwas, was größer und wertvoller ist als das, was Drogen ihm geben können. *(88)*

Warum nehmen Menschen Drogen?

Drogen sind so alt wie die Menschheit, und sie befriedigen sicher ein sehr tiefes Bedürfnis. Ich bin gegen Drogen. Aber der Grund, warum ich gegen Drogen bin, ist derselbe, aus dem die Menschen seit Tausenden von Jahren von Drogen abhängig sind.

Das klingt vielleicht etwas seltsam. Drogen können dir eine halluzinatorische Erfahrung vermitteln, die über die normale Welt hinausgeht. Es ist dieselbe Erfahrung, die auch durch Meditation gesucht wird. Meditation bringt dir die echte Erfahrung, Drogen dagegen geben dir nur eine Halluzination, eine traumähnliche Erfahrung, die der echten sehr ähnlich ist. Meditieren ist schwierig, die Droge ist billig. Aber die Sehnsucht nach Drogen ist spirituell.

Der Mensch ist mit seinem gewöhnlichen Leben nicht zufrieden. Er möchte noch etwas anderes kennenlernen. Er möchte noch etwas anderes sein. Das gewöhnliche Leben erscheint so flach, so bedeutungslos – wenn das alles ist, dann scheint Selbstmord der einzige Ausweg zu sein. Es bringt keine Ekstase, keine Freude. Im Gegenteil, es bürdet dir nur immer mehr Unglück auf, Angst, Krankheiten, das Alter und schließlich den Tod.

Aus diesem Grund fühlten sich die Menschen von Anfang an zu Drogen hingezogen. Sie haben ihnen wenigstens vorübergehend Erleichterung verschafft. Nur wenige Menschen haben es mit der Meditation versucht.

Unter der richtigen Anleitung – medizinisch, meditativ – können Drogen ungeheuer hilfreich sein. Ich sagte, ich bin gegen Drogen, denn wenn sie süchtig machen, sind sie absolut zerstörerisch auf eurem Weg zu euch selbst. Dann verliert ihr euch in Halluzinationen. Und weil es einfach ist, braucht man sich nicht zu bemühen, sondern muß nur immer größere Dosen nehmen.

Seit Jahrtausenden haben die Menschen Drogen genommen. Moralisten, religiöse Menschen und Regierungen haben absolut erfolglos versucht, sie zu verbieten. Und ich sehe nicht, daß sie damit je Erfolg haben werden.

Der einzig erfolgreiche Weg ist folgender: Anstatt Drogensüchtigen die Drogen zu verbieten, sollten die Wissenschaftler bessere Drogen entwickeln, die tiefere, psychedelischere, farbigere und ekstatischere Erfahrungen vermitteln, ohne Nebenwirkungen zu haben und süchtig zu machen. Und diese sollten in den Universitäten, in den Hochschulen, in den Krankenhäusern erhältlich sein – überall, wo eine gewisse Anleitung möglich ist. Niemand sollte daran gehindert werden, jeder sollte freie Auswahl haben. Dann können wir die Erfahrungen eines Menschen dazu nutzen, ihm zu einem authentischen Wachstum zu verhelfen, bei dem er etwas weit Größeres erfahren kann, als eine Droge ihm je vermitteln könnte.

Erst dann hat er einen Vergleich: »Die Drogenerfahrung war nur ein Traum, dies hier ist Realität. Die Drogen haben nur eine Selbsttäuschung mit Hilfe von Chemie bewirkt. Sie haben mir bei meinem spirituellen Wachstum nicht geholfen. In Wirklichkeit haben sie mein Wachstum sogar behindert, indem sie mich süchtig und geistig unterentwickelt gemacht haben.«

Jetzt jedoch wächst er ständig, und nun entwickelt er den Mut weiterzuforschen. Er hat nie gewußt, daß solche Erfahrungen tatsächlich möglich sind, daß sie keine bloßen Phantasien sind.

Wenn wir wollen, daß Drogenabhängige von Drogen loskommen, dann ist Meditation der Weg. Ehe sie jedoch davon loskommen, können Drogen sehr wichtig sein und dazu benutzt werden, Menschen zur Meditation zu führen.

Die herrschende Paranoia wegen Drogen hilft der Menschheit nicht weiter. Man kann Drogen für illegal erklären, doch das ändert gar nichts. Tatsächlich werden sie so noch attraktiver, noch aufregender. Vor allem für die Jugend werden sie dadurch zur Herausforderung.

Ich frage mich manchmal, ob der Mensch je die Grundgesetze der menschlichen Psychologie lernen wird. Dieselbe Dummheit, die Gott schon mit Adam und Eva beging, geht immer weiter: das Verbieten. Von diesem Baum dürft ihr nicht essen! Aber genau das wird zur Einladung, das wird zur Herausforderung.

Jahrtausende sind vergangen, aber die Verantwortlichen verfahren immer noch nach derselben Devise: Nehmt keine Drogen, sonst kommt ihr ins Gefängnis! Fünf Jahre, sieben Jahre ... Und niemand stört es, daß man auch in den Gefängnissen Drogen bekommt. Man muß nur ein bißchen mehr dafür bezahlen.

Und die Menschen, die aus dem Gefängnis kommen, sind nicht geheilt. Sie werden wieder rückfällig, denn Drogen geben ihnen etwas, was ihnen eure Gesellschaft nicht gibt. Sie sind bereit, ihre Gesundheit, ihren Körper zu zerstören. Ihr ganzes Leben geht den Bach hinunter, aber dennoch: Die Droge gibt ihnen etwas, was eure Gesellschaft ihnen nicht geben kann.

Anstatt sie davon abzuhalten, schafft eine Gesellschaft, die etwas Besseres zu bieten hat. Eure Lebensweise gibt ihnen nichts. Der Alkohol erlaubt ihnen wenigstens, sich ein paar

Stunden zu entspannen, ein kleines Lied zu singen, ein bißchen herumzutanzen oder in der Kneipe einen Streit vom Zaun zu brechen. So sind sie ein paar Stunden lang dieser Welt enthoben. Diese Anziehungskraft ist der Beweis, daß eure Gesellschaft schlecht ist, nicht der Alkohol. Eure Gesellschaft sollte den Menschen helfen, zu tanzen, zu singen, zu lieben und sich zu freuen.

Ich bin gegen Drogen, weil sie süchtig machen und euch an eurem spirituellen Wachstum hindern. Ihr meint dann vielleicht, ihr hättet bekommen, was ihr gesucht habt, doch in Wirklichkeit sind eure Hände leer. Ihr träumt nur.

Auf der anderen Seite jedoch denke ich sehr wissenschaftlich. Ich möchte, daß Drogen genutzt werden, nicht verboten – genutzt unter sachkundiger Anleitung, als Sprungbrett für Meditation.

Die Regierungen sollten lieber daran arbeiten, Drogen zu verbessern, statt sie zu verbieten. Wenn es bessere Drogen gibt, werden die anderen automatisch vom Markt verschwinden. Es ist nicht nötig, irgend etwas in der Welt zu verbieten. Produziert einfach etwas Besseres – etwas Höherwertiges, Billigeres, Legales. Wen interessieren dann noch Marihuana, Haschisch, Heroin? Wozu auch? Es gibt keinen Grund mehr. In der Apotheke bekommst du etwas Besseres, ohne Rezept. Du kannst dir sogar einen Platz im Krankenhaus besorgen, so daß sich ein Arzt um dich kümmern kann, während du unter dem Einfluß der Droge stehst. Meditierende können dir helfen zu verstehen, was mit dir passiert ist und daß dasselbe durch Meditation sehr leicht zu erreichen ist.

Nur eine oder zwei Sitzungen unter Anleitung sind genug, um dich zur Meditation hinzuführen, und wenn du dich einmal in Richtung Meditation begibst, werden Drogen bedeutungslos.

Alle Bemühungen von Wissenschaftlern und Regierungen sollten dahin gehen, das Bedürfnis zu verstehen, das dahinter stecken muß, wenn eine Sache so anziehend ist, daß es keiner Regierung in der ganzen Geschichte der Menschheit gelungen ist, sie zu verhindern. Solange dieses Bedürfnis nicht auf andere Weise erfüllt wird, wird es Drogen auf der Welt geben. Und sie sind wirklich zerstörerisch.

Je mehr die Regierungen dagegen sind, um so zerstörerischer sind sie, denn niemand darf sie verbessern, niemand darf damit experimentieren; man darf noch nicht einmal sagen, was ich hier sage.

Aber ich kann es sagen, weil ich gegen Drogen bin. Doch wenn wir auf eine Zukunft ohne Drogen hoffen können, dann nur, wenn der Mensch auf natürliche Weise meditativ wird ... Und das ist durchaus möglich.

Wenn ein Kind sieht, daß Vater und Mutter meditieren, daß alle um es herum meditieren, dann wird es neugierig; es wird auch meditieren wollen. Und in diesem Alter ist Meditation etwas sehr Einfaches, weil das Kind noch nicht von der Gesellschaft korrumpiert ist. Noch ist es unschuldig. Eine meditative Atmosphäre an den Schulen, Hochschulen und Universitäten – wo man auch hingeht, fände man diese Atmosphäre vor, die einem hilft, die eigene Meditation zu stärken.

Ich würde es gerne sehen, daß in der Welt keine Drogen mehr gebraucht werden – nicht durch Verbote, sondern indem etwas Besseres geschaffen wird, etwas Reales. Dann werden Drogen zweifellos den kürzeren ziehen. Aber diese idiotischen Regierungen messen den Drogen weiterhin Bedeutung zu und zerstören so die Jugend auf der ganzen Welt.

Die kostbarste Zeit im Leben wird in Halluzinationen vergeudet, und wenn die Leute merken, was sie sich angetan haben, ist es vielleicht zu spät. Sie können nicht mehr zum Normalzustand zurückkehren. Ihr Körper hat sich daran gewöhnt, bestimmte Chemikalien in sich zu haben. Dann müssen sie sich sogar unfreiwillig weiter alle möglichen Gifte injizieren.

Selbst wenn ihr jemanden nehmt, der nicht auf harten Drogen war ... Wenn er zurückkommt, findet er das Leben sehr trübsinnig, trübsinniger, als ihr es findet, denn er hat etwas Schönes gesehen. Er wird immer vergleichen. Er hat unter Drogeneinfluß geliebt und sich dabei wie im Himmel gefühlt; und nun schläft er mit jemandem und erlebt nicht mehr, als wenn er niesen muß. Es fühlt sich gut an. Du niest, und es fühlt sich gut an, aber es ist nichts, wofür du lebst. Niemand wird sagen: »Ich lebe fürs Niesen.« *(89)*

Es ist kein Zufall, daß die jungen Leute im Westen sich für beides interessieren: für Drogen und für den Osten. Sie kommen in den Osten, weil sie auf der Suche nach einer Erfahrung sind, die über das Normale, Profane hinausgeht, das sie zur Genüge kennen. Sex hat an Reiz verloren, Alkohol ist uninteressant geworden, also kommen sie in den Osten, um Techniken zu finden, die eine andere Wirklichkeit erzeugen. Und in den meisten Ashrams werden sie auch solche Techniken finden, die ihre Imagination unterstützen. Aber auch das ist eine subtile Art von Droge. Doch ich sehe diese Dinge in einem anderen Licht. Ich betrachte es als den Anfang einer Suche nach etwas, das jenseits der Durchschnittswelt liegt – auch wenn sie in der falschen Richtung suchen.

Ich verstehe es als Symptom einer großen Suche, die wir willkommen heißen sollten. Man muß ihr nur die richtige Richtung geben, etwas, was die alten Religionen nicht können, wozu die alte Gesellschaft unfähig ist. Wir brauchen dringend die Geburt eines neuen Menschen; wir müssen all dieses Kranke und Häßliche beseitigen, das so viele, viele Menschen auf der Welt zerstört.

Jeder Mensch muß sich selbst kennen, er muß sein eigentliches Wesen kennen. Es ist gut, daß dieses Bedürfnis entstanden ist. Früher oder später wird es uns gelingen, unseren jungen Menschen die richtige Richtung zu geben. Keine Strafen, kein Gefängnis, einfach nur die richtige Richtung.

Und die Wirklichkeit ist so erfüllend, ist solch ein Segen, daß du gar nicht mehr erhoffen kannst. Die Existenz gibt dir einen Reichtum des Seins, der Liebe, des Friedens, der Wahrheit – und das alles in solchem Übermaß, mehr als du dir vorstellen kannst. *(90)*

10. KAPITEL

Institutionelle Erziehung

Was heißt Lernen?

Lernen hat nichts mit Wissen zu tun. Lernen ist viel zu sehr mit Wissen identifiziert worden. Es ist genau das Gegenteil von Wissen. Je gebildeter jemand ist, desto unfähiger ist er für wirkliches Lernen. Deshalb lernen Kinder leichter als Erwachsene. Wenn die Erwachsenen ebenfalls weiterlernen wollen, müssen sie immer wieder vergessen, was sie gelernt haben. Sie müssen all ihr erworbenes Wissen immer wieder über den Haufen werfen. Wenn ihr Wissen anhäuft, wird euer innerer Raum zu sehr mit Vergangenem befrachtet. Ihr häuft zu viel Müll an.

Lernen kann nur erfolgen, wenn Raum vorhanden ist. Das Kind besitzt diesen Raum, diese Unschuld. Das Schöne an Kindern ist, daß sie aus einem Zustand des Nichtwissens heraus funktionieren. Und das ist das elementare Geheimnis des Lernens – aus einem Zustand des Nichtwissens heraus zu funktionieren.

Beobachte, schaue gut hin, gib acht, aber ziehe keine Schlüsse daraus. Wenn du dir bereits sicher bist, hört das Lernen auf. Was kannst du noch lernen, wenn du schon Bescheid weißt?

Handle nie nach vorfabrizierten Antworten, die du aus den Schriften, von der Universität, von Lehrern und Eltern oder vielleicht sogar aus deiner eigenen Erfahrung übernommen hast. Alles, was du bereits weißt, mußt du um des Lernens willen über Bord werfen. Dann wirst du weiterwachsen, dann nimmt dein Wachstum kein Ende. Dann bleibst du bis zuletzt wie ein Kind, unschuldig, voller Staunen und Ehrfurcht. Selbst im Sterben lernst du weiter. Du lernst zu leben – du lernst zu sterben. Und wer zu leben und zu sterben gelernt hat, geht über beides hinaus. Er bewegt sich ins Transzendente.

Lernen ist Empfänglichkeit, Lernen ist Verletzbarkeit. Lernen ist Offenheit und Grenzenlosigkeit. *(91)*

Was ist Erziehung?

Der Mensch wird als Same geboren. Er kommt als ein Potential zur Welt, das sich noch nicht verwirklicht hat. Das ist etwas Besonderes, etwas Außergewöhnliches, denn in der ganzen Existenz wird nur der Mensch als Potential geboren. Jedes andere Tier hat sich bereits verwirklicht.

Ein Hund wird als Hund geboren; er bleibt sein Leben lang ein Hund. Ein Löwe wird als Löwe geboren. Der Mensch jedoch wird nicht als Mensch geboren, sondern bloß als ein Same. Vielleicht wird ein Mensch daraus, vielleicht auch nicht.

Der Mensch hat eine Zukunft. Kein anderes Tier hat eine Zukunft. Alle Tiere werden mit vollkommenen Instinkten geboren; der Mensch ist als einziges Tier unvollkommen. Deshalb ist Wachstum möglich, deshalb ist eine Evolution möglich.

Erziehung ist eine Brücke zwischen deinem Potential und seiner Verwirklichung. Erziehung hilft dir, das zu werden, was du vorerst nur in Form eines Samens bist.

Und genau das tue ich hier. Dies ist ein Ort der Erziehung. Was in den herkömmlichen Schulen und Universitäten vor sich geht, hat nichts mit Erziehung zu tun. Es bereitet dich nur auf einen guten Job und ein gutes Einkommen vor, es ist keine wirkliche Erziehung. Es gibt dir kein Leben. Vielleicht verhilft es dir zu einem höheren Lebensstandard, doch ein höherer Lebensstandard bedeutet noch längst nicht ein besseres Leben.

Die sogenannte Erziehung, die in der ganzen Welt praktiziert wird, bereitet dich nur darauf vor, dir dein Brot zu verdienen. Und Jesus sagt: »Der Mensch lebt nicht vom Brot allein.« Aber eure Universitäten lehren dich seit eh und je, wie du auf eine bessere, mühelosere und angenehmere Weise dein Brot verdienst, ohne dich groß anzustrengen. Das ist eine sehr primitive Form von Erziehung. Sie bereitet dich nicht aufs Leben vor.

Deshalb siehst du so viele Roboter herumlaufen. Sie sind perfekt funktionierende Buchhalter, Stationsvorsteher, Steuereinzieher. Sie funktionieren einwandfrei, sie sind qualifiziert, doch wenn du in ihr Innerstes hineinschaust, findest du nur Bettler und sonst gar nichts. Sie haben das Lebens noch nicht geschmeckt. Sie wissen nicht, was Leben ist, was Liebe ist, was Licht ist. Sie wissen nichts über das Göttliche, sie haben nichts vom Duft der Existenz gespürt, sie verstehen nicht zu singen, zu tanzen und das Leben zu feiern. Die Grammatik des Lebens ist ihnen fremd. Sie sind strohdumm. Gewiß, sie verdienen Geld, sie verdienen mehr als andere. Sie sind sehr geschickt und klettern Sprosse um Sprosse auf der Erfolgsleiter nach oben, doch innerlich bleiben sie leer und arm.

Erziehung soll dich innerlich reich machen. Sie ist nicht nur dazu da, dir mehr Informationen zu vermitteln – das wäre eine sehr primitive Vorstellung von Erziehung. Ich nenne sie primitiv, weil sie auf Angst beruht, auf der Vorstellung: Wenn ich nicht gut genug ausgebildet bin, kann ich nicht überleben. Primitiv auch deshalb, weil sie im Grunde sehr gewalttätig ist, weil sie das Ellbogenprinzip lehrt und dich ehrgeizig macht. Sie bereitet dich bloß auf einen mörderischen Konkurrenzkampf vor, wo jeder der Feind des andern ist.

So ist die Welt zum Irrenhaus geworden. Für Liebe ist da kein Platz. Wie könnte in solch einer gewalttätigen, ehrgeizigen und auf Wettbewerb ausgerichteten Welt, in der jeder dem anderen an die Gurgel fährt, Platz für Liebe sein? Doch dahinter steckt die elementare Angst, im Überlebenskampf nicht bestehen zu können, wenn man nicht genügend ausgebildet, nicht genügend gewappnet, nicht genügend informiert ist. Das Leben wird nur noch als Kampf betrachtet.

In meiner Vision von Erziehung ist das Leben nicht nur ein Kampf ums Überleben. Das Leben will gefeiert werden. Das

Leben darf nicht nur ein Wettstreit sein, es soll dir auch Freude bereiten. Singen, Tanzen, Poesie, Musik, Malerei – nimm alles, was die Welt dir bietet! Erziehung soll dich befähigen, mit allem mitzuschwingen und im Einklang zu sein mit den Bäumen, mit den Vögeln, mit dem Himmel, mit Sonne und Mond.

Und Erziehung soll dich befähigen, du selbst zu sein. Im Augenblick macht sie einen Nachahmer aus dir, sie lehrt dich, so zu sein wie die anderen. Das ist Verziehung, nicht Erziehung. Richtige Erziehung lehrt dich, wie du du selbst sein kannst, authentisch du selbst. Denn du bist einzigartig. Kein Mensch ist wie du, ist je wie du gewesen, wird je wie du sein. Damit zollt die Existenz dir großen Respekt. Einzigartig zu sein ist deine Schönheit. Werde also nicht zum Nachahmer, sei keine billige Kopie.

Doch genau das bewirkt eure sogenannte Erziehung: Sie stellt Kopien her, sie zerstört dein ursprüngliches Gesicht. Das Wort Erziehung hat zwei sehr schöne Bedeutungen. Die eine Bedeutung – etwas aus dir herausziehen – ist bekannt, obgleich sie in keiner Weise praktiziert wird. Erziehen bedeutet, das aus dir herauszuziehen, was in dir liegt, dein Potential zu verwirklichen, so wie du Wasser aus einem Ziehbrunnen schöpfst.

Aber das wird keineswegs so gehandhabt. Im Gegenteil, man trichtert euch etwas ein, statt etwas aus euch herauszuziehen. Unablässig stopft man euch voll, mit Geographie, mit Geschichte, mit Naturwissenschaften und Mathematik. Ihr werdet Papageien. Man behandelt euch wie Computer, man füttert euch, wie man Computer füttert. Eure Bildungsinstitutionen dienen nur dazu, euch den Kopf vollzustopfen.

Wahre Erziehung wird versuchen, ans Licht zu bringen, was in euch verborgen ist, was die Existenz als euren Schatz in euch hineingelegt hat. Sie wird es entdecken, es enthüllen und euch zu leuchtenden Wesen machen.

Und die zweite Bedeutung von Erziehung, die weit tiefer reicht als die erste, stammt ursprünglich von »educare« und bedeutet hinausführen, aus der Dunkelheit ins Licht hinausführen. Eine ungeheuer wichtige Bedeutung: aus dem Dunkeln ins Licht führen.

Der Mensch lebt im Dunkeln, in Unbewußtheit – und doch ist er fähig, voller Licht zu sein. Da ist eine Flamme in ihm, die zum Leuchten gebracht werden muß. Bewußtsein ist da, doch es muß erweckt werden. Es ist dir alles in die Wiege gelegt worden, du bist mit allem versehen. Aber die Vorstellung, daß du, nur weil du einen menschlichen Körper entwickelt hast, auch schon ein Mensch geworden bist, ist grundfalsch – und diese Vorstellung hat seit jeher ungemein viel Unheil angerichtet.

Der Mensch wird bloß als ein Potential, als eine Möglichkeit geboren. Nur sehr wenige verwirklichen sich – ein Jesus, ein Buddha, ein Mohammed, ein Bahaudin –, nur sehr wenige, hier und da einmal, werden wirklich Menschen, werden erfüllt von Licht, so daß alle Dunkelheit verschwunden ist. Dann lebt keine Unbewußtheit in irgendeinem Winkel deiner Seele fort, dann ist alles Licht, dann bist du reines Bewußtsein. Dann ist das Leben ein Segen.

Erziehung soll dich vom Dunkeln ins Licht bringen. Das ist es, was ich hier tue. Ich lehre euch, ihr selbst zu sein. Ich lehre euch, furchtlos zu sein. Ich lehre euch, dem sozialen Druck nicht nachzugeben. Ich lehre euch, keine Konformisten zu sein. Ich lehre euch, nicht nach Komfort und Bequemlichkeit zu streben, denn wenn ihr nach Komfort und Bequemlichkeit strebt, wird die Gesellschaft sie euch geben, doch das hat seinen Preis. Und dieser Preis ist hoch. Du erhältst Bequemlichkeit, doch du verlierst deine Bewußtheit; du erhältst Komfort, aber du verlierst deine Seele.

Du kannst dir Respektabilität verschaffen, doch dann bist du dir nicht selber treu, dann bist du ein pseudomenschliches Wesen, dann hast du die Existenz und dich selbst betrogen. Doch die Gesellschaft ist sehr darauf aus, daß du dich selbst betrügst. Die Gesellschaft möchte dich als eine Maschine, die Gesellschaft möchte, daß du tust, was man dir sagt. Sie kann kein intelligentes Wesen brauchen, denn ein intelligentes Wesen wird sich intelligent verhalten, und es wird Situationen geben, in denen es sagt: »Nein, das kann ich nicht tun.«

Wenn du wirklich intelligent und bewußt bist, kannst du beispielsweise niemals irgendeiner Armee angehören. Unmöglich! Die grundlegende Voraussetzung dafür ist Unintelligenz, deshalb zielt alles in der Armee darauf ab, deine Intelligenz zu zerstören. Es dauert Jahre, bis deine Intelligenz zerstört ist, man nennt das »militärische Ausbildung«. Tagein, tagaus, von morgens bis abends muß man stumpfsinnige Befehle ausführen: »Rechtsum kehrt!«, »Linksum kehrt!«, »Vorwärts marsch!«, »Zurück!« Langsam wird man dabei zum Roboter und beginnt wie eine Maschine zu funktionieren.

Eine Frau beklagte sich bei ihrem Psychoanalytiker: »Ich mache mir Sorgen, weil ich nicht mehr schlafen kann. Mein Mann ist Oberst bei der Armee. Jedesmal wenn er auf Urlaub nach Hause kommt, habe ich Alpträume. Er legt sich nachts auf die rechte Seite und schnarcht so laut, daß die ganze Nachbarschaft aufwacht. Was soll ich bloß tun?«

Der Psychoanalytiker dachte kurz nach und gab ihr folgenden Rat: »Wenn er anfängt zu schnarchen, dann sagen Sie ihm einfach: ›Linksum kehrt!‹ Vielleicht wirkt das.«

Sie konnte es kaum glauben, aber es klappte. Er schnarchte nur, wenn er auf der rechten Seite lag, und wenn sie ihm dann leise ins Ohr sagte: »Linksum kehrt!«, drehte er sich aus alter Gewohnheit auf die andere Seite und war still.

Die ganze Ausbildung im Militär zielt darauf ab, dein Bewußtsein zu zerstören und dich zu einer automatisch funktionierenden Maschine zu machen. Dann kannst du hingehen und töten. Ansonsten, wenn du dir noch ein bißchen Intelligenz bewahrt hast, wirst du erkennen, daß der Mensch, den du töten sollst, unschuldig ist, daß er weder dir noch sonst jemandem etwas zuleide getan hat. Und er hat sicher eine Frau zu Hause, die auf ihn wartet, und vielleicht hat er kleine Kinder, die nun zu Bettlern werden, und vielleicht muß er für eine alte Mutter oder einen alten Vater sorgen, die völlig verzweifelt sind. Und warum tötest du ihn? Nur weil ein Offizier »Feuer!« brüllt?

Ein intelligenter Mensch wird nicht abdrücken können. Ein intelligenter Mensch würde lieber sterben, als unschuldige Menschen zu töten. Weil irgendein verrückter Politiker einen Streit anzetteln will, ist ein Krieg ausgebrochen – nur weil irgendein Politiker seine Machtposition ausbauen will, weil irgendwelche Politiker idiotische Äußerungen gemacht haben. Ein intelligenter Mensch wird nicht töten!

Erziehung heißt für mich, die Menschen intelligenter zu machen. Genau das tue ich hier. Wenn dieses Feuer erst um sich greift, kann eure alte, verrottete Gesellschaft nicht länger bestehen. Sie überlebt nur dank eurer Unbewußtheit, sie nährt sich von eurer Unbewußtheit. *(92)*

Intelligenz ist etwas ganz Natürliches. Jedes Kind wird intelligent geboren. Doch nur wenige Menschen leben auch intelligent, und wenige sterben intelligent. Neunundneunzig Prozent der Menschen bleiben ihr ganzes Leben lang dumm – und sie waren anfangs gar nicht unintelligent. Wie kommt das? Sie gebrauchen ihre Intelligenz nie. Als Kinder vertrauten sie auf ihre Eltern und deren Führung. Und dann müssen sie den Lehrern in der Schule vertrauen, dann den Professoren an der Universität. Bis dahin ist schon ein Drittel ihres Lebens vergangen, und sie verlassen die Universität völlig beschränkt. Ein Drittel ihres Lebens hat man ihnen beigebracht, auf andere zu vertrauen. Auf diese Art wurde ihre Intelligenz an der Entfaltung gehindert. Schaut euch kleine Kinder an: wie intelligent sie sind, wie lebendig, wie frisch, wie unglaublich wißbegierig. Und schaut euch die älteren Leute an: wie stumpf, wie langweilig sie sind, nicht bereit, etwas Neues zu lernen. Seht, wie sie nur an dem festhalten, was sie kennen, und niemals bereit sind, ein Abenteuer zu wagen.

In einer besseren Welt würden die Kinder so früh wie möglich alleine zurechtkommen müssen. Die Eltern sollten in allem immer nur dafür sorgen, daß das Kind seine eigene Intelligenz einsetzt. Das einzige Ziel – wenn es die richtige Erziehung ist, wenn es ein Er-ziehen ist und kein Ver-ziehen – wird sein, das Kind immer wieder auf seine eigene Intelligenz zu verweisen, damit es eigenständig funktionieren kann, damit es seine Intelligenz einsetzen kann. Zu Beginn ist das Kind vielleicht nicht so effizient, das stimmt – der Lehrer kennt die richtige Antwort, und wenn der Schüler die Antwort selbst herausfinden muß, wird sie vielleicht nicht so richtig sein –, doch darum geht es überhaupt nicht. Die Antwort stimmt vielleicht nicht ganz, sie stimmt vielleicht nicht mit den Antworten in den Büchern überein, aber sie wird intelligent sein. Und das ist der springende Punkt.

Wenn du Kinder beobachtest, wirst du aus dem Staunen nicht herauskommen. Doch wir machen ihre Intelligenz kaputt, weil wir uns zu sehr um die richtige Antwort sorgen – nicht um die intelligente, sondern um die richtige Antwort. Das ist die falsche Richtung. Laß die Antwort ruhig ein bißchen intelligent sein, laß sie ruhig ein bißchen originell sein, laß die Antwort seine eigene sein. Kümmere dich nicht um die richtige Antwort, sei nicht so in Eile. Die richtige Antwort wird schon von alleine kommen. Laß das Kind danach suchen, laß es von alleine darauf kommen. Warum sind wir immer so in Eile?

Wir bremsen die Intelligenz des Kindes ganz einfach – wir haben die richtige Antwort schon parat. Wenn die Antwort schon von außen vorgegeben wird, muß sich die Intelligenz gar nicht erst entwickeln, weil Intelligenz nur dann wachsen kann, wenn sie selbst die Antwort finden muß. Aber wir sind ganz von der Vorstellung besessen, daß alles richtig sein muß. Es darf nie etwas falsch gemacht werden. Warum nicht? Und wer niemals etwas falsch macht, wächst nicht. Um wachsen zu können, ist es nötig, daß du manchmal auf Abwege gehst, daß du manchmal herumspielst, daß du auf originelle Ideen kommst – auch wenn sie falsch sind – und daß du durch dein eigenes Bemühen auf die richtige Antwort kommst. Das ist dann Intelligenz. *(93)*

Könntest du uns deine Vision von echter Erziehung darlegen?

Erziehung, wie sie bis jetzt existiert hat, ist nicht wirklich Erziehung. Sie hat nicht der Menschheit gedient, sie stand im Dienst der herrschenden Kreise. Sie hat der Vergangenheit gedient. Der Lehrer war ein Agent der Vergangenheit. Er funktionierte als Mittler, um der neuen Generation die Glaubenssätze, Orientierungen und Annahmen aus der Vergangenheit mitzugeben – um das neue Bewußtsein, das sich am Horizont abzeichnet, zu beschmutzen.

Dank dieser Art von Erziehung ist die menschliche Evolution nur sehr zufällig und im Zickzack verlaufen. Doch bis heute gab es keine Alternative, weil in der Vergangenheit das Wissen so langsam anwuchs, daß es über Jahrhunderte hinweg praktisch gleich blieb und der Lehrer seine Aufgabe sehr effizient erfüllen konnte. Das Wissen war beinahe statisch, es wuchs nur unmerklich an.

Aber jetzt findet eine regelrechte Wissensexplosion statt. Alles ändert sich so rasch, daß das ganze Erziehungssystem veraltet und überholt ist. Es muß verschwinden. Ein völlig neues Erziehungssystem muß an seine Stelle treten. Das ist erst seit kurzem möglich, vorher war es unmöglich.

Ihr müßt verstehen, was ich mit »Wissensexplosion« meine. Stellt euch ein Zifferblatt mit sechzig Minuten vor. Diese sechzig Minuten repräsentieren dreitausend Jahre menschlicher Geschichte – jede Minute fünfzig Jahre, jede Sekunde etwa ein Jahr. Auf dieser Skala gab es bis vor etwa neun Minuten keine nennenswerten Veränderungen in den Medien. Zu diesem Zeitpunkt wurde die Druckerpresse erfunden. Vor etwa drei Minuten erschienen die Telegrafie, die Fotografie und die Eisenbahn; vor zwei Minuten das Telefon, das Rotationsdruckverfahren, der Stummfilm, das Automobil, das Flugzeug und das Radio. Vor einer Minute der Tonfilm. Das Fernsehen ist in den letzten zehn Sekunden erschienen, der Computer in den letzten fünf, die Übertragungssatelliten in der letzten Sekunde. Der Laserstrahl ist erst Sekundenbruchteile alt.

Hoffentlich versteht ihr jetzt, was »Wissensexplosion« bedeutet. Veränderung ist an sich nichts Neues, doch das Ausmaß der Veränderung ist neu. Und das macht einen gewaltigen Unterschied, denn von einem gewissen Punkt an schlägt quantitative Veränderung in qualitative Veränderung um.

Wenn man Wasser erhitzt, bleibt es bis 99,9 Grad immer noch Wasser – zwar heiß, aber immer noch Wasser. Nur ein Zehntelgrad mehr ist nötig, dann beginnt das Wasser zu verdampfen, und es kommt zu einer qualitativen Veränderung. Wenige Sekunden vorher war das Wasser noch sichtbar, jetzt ist es unsichtbar. Wenige Sekunden vorher floß das Wasser nach unten, jetzt steigt es nach oben. Es hat die Anziehungskraft der Erde überwunden, es unterliegt nicht mehr dem Gesetz der Schwerkraft.

Vergeßt also nicht, daß ab einem gewissen Punkt die Veränderung der Menge zu einer Veränderung der Eigenschaften wird. Und an diesem Punkt befinden wir uns jetzt. Veränderung ist nichts Neues, sie macht keine Schlagzeilen, es gibt sie seit jeher, doch die Geschwindigkeit, mit der Veränderung jetzt vor sich geht, ist absolut neu. So etwas hat es noch nie gegeben.

Der Unterschied zwischen einer tödlichen und einer heilsamen Dosis Strychnin, sagt Norbert Wiener, liegt allein in der Höhe der Dosierung. In einer geringeren Dosis kann das Gift als Arznei wirken, aber wenn eine höhere Dosis gegeben wird, hat dieselbe Arznei eine tödliche Wirkung. Von einem gewissen Punkt an ist es keine Arznei mehr, sondern Gift.

Das Ausmaß der Veränderungen ist heute so ungeheuer groß, daß ein Lehrer seine Funktion nicht mehr im alten Stil erfüllen kann und die Erziehung nicht mehr im gleichen Trott weiterlaufen kann. Die alten Methoden halfen den Leuten, sich etwas ins Gedächtnis einzuprägen. Bis heute hat es keine Erziehung zur Intelligenz gegeben, sondern bloß Gedächtnisschulung, Faktenanhäufung. Die alte Generation übertrug ihr gesamtes Wissen auf die jüngere Generation, und die jüngere Generation mußte es im Gedächtnis behalten. Daher galten Menschen mit einem guten Gedächtnis als intelligent.

Das muß aber nicht notwendigerweise so sein. Es gibt Genies, deren Gedächtnis miserabel war. Albert Einstein hatte kein gutes Gedächtnis. Und es gibt Menschen mit einem phänomenalen Gedächtnis, die praktisch keine Intelligenz aufweisen.

Erinnerung ist ein mechanischer Vorgang im Gehirn, Intelligenz ist Bewußtsein. Intelligenz ist ein Teil deines Geistes, das Gedächtnis ein Teil deines Gehirns. Das Gedächtnis gehört zum Körper, die Intelligenz gehört zu dir.

Heutzutage muß Intelligenz gelehrt werden, weil sich alles so schnell ändert, daß das Gedächtnis nicht mehr mitkommt. Bis du dir etwas eingeprägt hast, ist es schon veraltet. Und genau das passiert heute. Die Erziehung versagt, die Universitäten versagen, weil sie noch immer an den alten Methoden festhalten. Sie kennen nur den alten Trick. Er funktioniert seit dreitausend Jahren und ist ihnen so sehr in Fleisch und Blut übergegangen, daß sie nicht wissen, wie es anders funktionieren könnte.

Heutzutage ist es gefährlich, Kindern lediglich altes Wissen zu vermitteln, das sie nicht auf ein Leben in der Zukunft vorbereitet, sondern sie in ihrem Wachstum behindert. Heutzutage benötigen sie Intelligenz, um mit den rapiden Veränderungen, die überall stattfinden, mithalten zu können.

Noch vor hundert Jahren gab es Millionen von Menschen, die nie über die Grenzen ihrer Heimatstadt hinausgekommen oder weiter als fünfzig Meilen gereist sind. Millionen lebten von der Geburt bis zum Tod an einem einzigen Ort. Jetzt ist alles anders. In Amerika lebt man im Durchschnitt nicht länger als drei Jahre am selben Ort, und genauso lang hält auch eine Durchschnittsehe – drei Jahre. Danach beginnt man die Stadt, den Job, die Ehefrau oder den Ehemann zu wechseln.

Ihr lebt in einer völlig neuen Welt. Eure Erziehung jedoch macht euch zu wandelnden Enzyklopädien – nur leider veraltet.

Veränderung an sich ist nicht neu, neu ist der Grad der Veränderung. Auf unserem Zifferblatt trat vor drei Minuten ein qualitativer Unterschied ein: Die Veränderung selbst veränderte sich.

Heute müssen wir Intelligenz lehren, damit wir die Kinder befähigen, mit all dem Neuen zu leben, das jeden Tag auf sie zukommt. Belastet sie nicht mit Dingen, die in der Zukunft völlig nutzlos sind. Die ältere Generation darf nicht weitergeben, was sie selbst einmal gelernt hat, sondern muß den Kindern ermöglichen, intelligenter zu werden, damit sie auf die neuen Gegebenheiten, mit denen sie konfrontiert werden, spontan reagieren können. Und wie diese neue Wirklichkeit aussehen wird, kann sich die ältere Generation nicht einmal im Traum vorstellen.

Eure Kinder werden vielleicht einmal auf dem Mond leben, unter völlig anderen atmosphärischen Bedingungen. Möglicherweise werden sie in der Luft leben, weil die Erde zu sehr bevölkert sein wird. Oder vielleicht müssen sie unter der Erde oder in den Ozeanen leben. Wer weiß, wie eure Kinder einmal leben werden. Vielleicht müssen sie sich nur von Tabletten und Vitaminpillen ernähren. Sie werden eine völlig andersartige Welt bewohnen. Deshalb ist es sinnlos, ihnen weiterhin Lexikonwissen aus der Vergangenheit zu vermitteln. Wir müssen sie darauf vorbereiten, sich mit neuen Realitäten auseinanderzusetzen.

Wir müssen die Kinder fördern, bewußt und meditativ zu sein. Erst das ist wahre Erziehung. Dann dient die Erziehung nicht bloß der toten Vergangenheit, dann dient sie der Zukunft, dem Leben.

In meiner Vision muß Erziehung subversiv und rebellisch sein, um wahr zu sein. Bis jetzt war sie orthodox, bis jetzt war sie ein Teil der herrschenden Verhältnisse. Wahre Erziehung muß Dinge vermitteln, die keine andere Institution lehren kann. Sie muß zur Gegenkraft der Entropie werden.

Der Staat, das Establishment und alle gesellschaftlichen Institutionen verhindern psychisches und geistiges Wachstum, vergeßt das nicht. Und weshalb tun sie das? Weil jedes Wachstum eine Herausforderung in sich birgt und sie bereits fest etabliert sind. Wer möchte schon in seiner Position aufgestört werden?

Die Leute, die an der Macht sind, möchten am liebsten, daß nichts Neues geschieht, denn sonst würden sich die Machtverhältnisse ändern. Die Machthabenden möchten am liebsten jegliche Neuerung im Keim ersticken, weil sonst andere Leute an die Macht kommen. Jedes neue Wissen setzt neue Kräfte in die Welt. Und die ältere Generation möchte ihre Machtpositionen und ihre Herrschaftsbereiche nicht aufgeben.

Erziehung muß der Rebellion dienen. Gewöhnlich dient sie der Regierung, dem Priester und der Kirche. Auf sehr subtile Art züchtet sie Sklaven heran – Sklaven für den Staat, Sklaven für die Kirche. Doch die wahre Aufgabe der Erziehung sollte darin bestehen, veraltete Einstellungen, Glaubenssätze und Verhaltensformen, die nicht mehr dem Menschen und seinem Wachstum dienen, sondern eindeutig schädlich und selbstmörderisch sind, zu untergraben.

Ein Interviewer fragte einmal Ernest Hemingway: »Können Sie mir eine wesentliche Eigenschaft nennen, die einen großen Schriftsteller ausmacht?«

Hemingway erwiderte: »Ja, es gibt eine. Um ein großer Schriftsteller zu sein, braucht man einen eingebauten, bruchsicheren Mistdetektor.«

Genau das ist meine Vorstellung von wahrer Erziehung: die Kinder systematisch dazu auszubilden, daß sie erkennen, was Mist ist. Ein wirklich intelligenter Mensch ist ein Mistdetektor. Wenn etwas gesagt wird, weiß er unmittelbar, ob es von Bedeutung ist oder bloß heiliger Kuhmist.

Die Entwicklungsgeschichte des menschlichen Bewußtseins ist die Geschichte eines langen Kampfes gegen die Verehrung von Mist. Die Menschen verneigen sich immer wieder vor dem größten Schwachsinn und verehren ihn. Neunundneunzig Prozent ihrer Glaubenssätze sind Lügen. Neunundneunzig Prozent ihrer Glaubenssätze sind unmenschlich und lebensfeindlich. Neunundneunzig Prozent ihrer Glaubenssätze sind derart primitiv, barbarisch und ignorant, daß es kaum zu fassen ist, wie Menschen weiterhin an sie glauben können.

Wahre Erziehung wird euch helfen, all diesem Unsinn ein Ende zu setzen, so altehrwürdig, respektabel und heilig er sich auch gibt. Wahre Erziehung lehrt dich das Wirkliche. Sie lehrt dich keinen Aberglauben, sondern lehrt dich, wie man ein freudiges Leben führt und wie man das Leben bejaht. Sie lehrt dich Achtung vor dem Leben und vor nichts anderem. Sie lehrt dich, das Dasein aus ganzem Herzen zu lieben. Wahre Erziehung wird nicht nur den Kopf ansprechen, sondern auch das Herz.

Außerdem wird sie dir dabei helfen, den Zustand jenseits von allem Denken kennenzulernen. Diese Dimension fehlt bisher in der Erziehung. Sie hat dir nur beigebracht, dich mehr und mehr in gedankliche Konzepte zu verstricken, dich im Denken zu verlieren. Der Kopf ist gut und etwas Nützliches, aber er macht nicht deine Ganzheit aus. Da ist auch noch dein Herz, das in Wirklichkeit viel wichtiger ist als der Kopf, denn der Kopf kann dir zwar zu einer besseren Technologie verhelfen, er kann bessere Maschinen, bessere Straßen, bessere Häuser bauen, aber er kann keinen besseren Menschen aus dir machen. Er kann dich nicht liebevoller machen, empfindsamer, anmutiger. Er kann dir keine Lebensfreude geben, keine Lust, das Leben zu feiern. Er kann dir nicht helfen, selbst ein Lied und ein Tanz zu werden.

Wahre Erziehung lehrt dich auch den Weg des Herzens. Und wahre Erziehung muß dich schließlich auch zum Transzendenten führen. Der Verstand ist für die Wissenschaft zuständig, das Herz für die Kunst, die Poesie und die Musik. Und dein Sinn für das Transzendente ist zuständig für die Religion. Nur wenn Erziehung all diese Gebiete umfaßt, ist sie wahre Erziehung. Und kein Erziehungssystem hat das bisher getan.

Es überrascht nicht, daß so viele junge Leute aus euren Schulen und Universitäten aussteigen. Sie können sehen, daß das alles bloß Mumpitz ist und nicht mehr sinnvoll.

Keine andere Institution kann diese Veränderungen bewirken, nur die Erziehung. Die Universitäten sollten den Grundstein zur Veränderung legen, denn auf der Erde muß ein neuer Mensch entstehen.

Die ersten Strahlen des neuen Bewußtseins zeigen sich bereits, der neue Mensch kommt mit jedem Tag näher. Wir müssen den Boden vorbereiten, damit er Einzug halten kann. Erziehung ist die einzige Möglichkeit, einen neuen Menschen, eine neue Welt zu schaffen. Wenn wir ihm nicht den Weg ebnen können, sind wir zum Untergang verurteilt.

Dieses Experiment, das hier geschieht, ist nichts anderes als das Bemühen, eine neue Art von Universität ins Leben zu rufen. Dieses Experiment ist dringend notwendig, und es muß überall in der Welt, in jedem Land, an den verschiedensten Orten stattfinden. Nur ein paar wenige Menschen werden die Herausforderung annehmen, aber diese wenigen werden die Vorboten eines neuen Zeitalters, eines neuen Menschen, einer neuen Menschheit sein.

Walt Whitman schrieb:

> Als ich den gelehrten Astronomen hörte,
> Als die Beweise, die Zahlen in Kolonnen vor mir
> ausgebreitet wurden,
> Als man mir die Kurven und Diagramme
> zum Ausmessen, Addieren und Dividieren vorlegte,
> Als ich dasaß und zuhörte, wie der Astronom
> unter Applaus im Hörsaal seine Vorlesung hielt,
> Wie unerklärlich schnell wurde ich da müde und
> angewidert.
> Bis ich mich schließlich erhob, mich davonstahl und
> ganz allein
> In der mystisch feuchten Nachtluft herumwanderte und
> von Zeit zu Zeit
> In vollkommener Stille zu den Sternen hinaufschaute.

Die neue Erziehung, die wahre Erziehung darf euch nicht nur Mathematik, Geschichte, Geographie und Naturwissenschaft lehren; sie muß euch ebenso Moral lehren – ästhetisches

Empfinden. Für mich ist ästhetisches Empfinden die wahre Moral: eine Sensibilität für das Schöne. Denn das Göttliche erscheint in Form von Schönheit – in einer Rose oder einer Lotosblüte, im Sonnenaufgang und im Sonnenuntergang, in den Sternen und im Vogelgesang am frühen Morgen, in einem Tautropfen, in einem Vogel im Flug ... Wahre Erziehung muß dich der Natur immer näher bringen, denn nur wenn du der Natur immer näher kommst, näherst du dich auch immer mehr dem Göttlichen. *(94)*

Wenn der Intellekt ein so großes Hindernis auf der Reise zur Selbstfindung ist, ist es dann nicht völlig unnütz, ihn zu üben und zu schärfen? Wäre es nicht besser, den Kindern mit ihrer Unschuld und ihrer Ausdruckskraft zu helfen, direkt in die Meditation zu gehen, ohne ihren Intellekt auf irgendeine Weise zu schulen?

Es lohnt sich, darüber nachzudenken, denn natürlich stellt sich die Frage, weshalb wir denn den Intellekt überhaupt trainieren, wenn er doch ein so großes Hindernis ist. Wieso machen wir die Kinder nicht nur mit Meditation vertraut, während sie noch unschuldig und einfach sind, statt sie auf die Universität zu schikken? Wieso tauchen wir sie nicht in ihrer Unschuld und Einfachheit in Meditation, statt ihre Logik und ihre Denkfähigkeit zu formen, statt sie zu erziehen? Wenn der Intellekt ein Hindernis ist, weshalb helfen wir ihm zu wachsen? Wieso entledigen wir uns seiner nicht von Anfang an?

Das wäre richtig, wenn der Intellekt ausschließlich ein Hindernis wäre. Ein Hindernis kann jedoch auch zu einem Sprungbrett werden. Du gehst einen Weg entlang, und da liegt auf einmal ein großer Felsen mitten im Weg. Er bildet ein Hindernis, und du denkst vielleicht, der Weg führt nicht weiter, und kehrst um. Doch wenn du auf den Felsen kletterst, siehst du, wie der Weg oben weiterführt, zu etwas ganz Neuem, auf einer höheren Ebene als zuvor. Eine neue Dimension hat sich vor dir aufgetan.

Wer unintelligent ist, kehrt zurück, weil er den Felsen als ein Hindernis betrachtet. Wer intelligent ist, benutzt den Felsen als eine Leiter. Intelligenz und Weisheit sind etwas ganz anderes als das, was wir als Intellekt bezeichnen.

Wenn wir den Intellekt nicht schulen, bleiben die Kinder Tiere. Sie werden nicht einfach weise, sondern bleiben wilde Tiere. Natürlich stände ihnen kein Hindernis im Weg, aber sie hätten auch nichts, woran sie hochklettern könnten. Weder ist der Felsen an sich ein Hindernis, noch ist die Leiter an sich ein Hilfsmittel.

Es ist also notwendig, daß jedes Kind ein intellektuelles Training durchläuft. Und je präziser und schärfer dieses Training ist, desto mächtiger, größer und breiter wird der Felsen des Intellektes. Und desto besser kann er dir dienen, denn je mehr er wächst, desto mehr hilft er dir, zu größeren Höhen aufzusteigen. Der Gelehrte wird unter diesem Felsen zermalmt, der Weise steht auf seiner Kuppe, und der Unwissende kommt dem Felsen aus lauter Angst nicht einmal nahe.

Der Intellekt des Unwissenden wurde nie geschult; der Intellekt des Gelehrten wurde zwar geschult, doch er konnte nicht über ihn hinausgehen; der Intellekt des Weisen jedoch wurde nicht nur geschult, es ist ihm auch gelungen, ihn zu transzendieren.

Ausweichen hilft nichts – du mußt da hindurch und den Felsen hinter dir lassen. Jede Erfahrung, durch die du hindurchgehst, stärkt dich und gibt dir eine gewisse Ausstrahlung.

Der Intellekt des Kindes muß also trainiert werden. Seine Logik muß geschliffen werden, damit sie scharf wird wie ein Schwert. Danach hängt alles von seiner Intelligenz ab, ob er sich mit diesem Schwert verletzt, damit Selbstmord begeht oder jemandem damit das Leben rettet.

Logik ist nur ein Hilfsmittel. Wir können sie gebrauchen, um Leben zu zerstören, dann ist sie destruktiv; wir können sie verwenden, um Leben zu erschaffen, dann ist sie kreativ. Doch eins ist sicher: Kinder vom Intellekt abzuhalten macht sie nicht intelligent. Sie wären unschuldig wie die Tiere, aber nicht meditativ wie die Weisen.

Es geschah oft, daß ein Kind von einem Wolf in den Wald verschleppt wurde. Vor etwa vierzig Jahren wurden zwei solche Mädchen in den Wäldern bei Kalkutta gefunden, und vor rund zehn Jahren entdeckte man in einem Wald in der Nähe von Lucknow ein weiteres Kind, das von Wölfen aufgezogen worden war. Dieser Junge war schon ziemlich groß, fast vierzehnjährig. Er hatte keinerlei menschliche Erziehung erhalten, nie eine Schule besucht und nie Umgang mit Menschen gehabt. Die Wölfe hatten ihn verschleppt, als er noch als Säugling in der Wiege lag, und so wuchs er bei ihnen auf. Er war nicht einmal fähig, auf zwei Beinen zu stehen, denn auch das ist ein Teil des menschlichen Trainings. Glaubt nicht, daß ihr von selber auf zwei Beinen steht – man hat es euch beigebracht.

Der menschliche Körper ist dazu gebaut, um auf allen vieren zu gehen. Kein Kind geht nach seiner Geburt auf zwei Beinen, es braucht alle vier dazu. Auf zwei Beinen zu gehen muß gelernt werden. Wenn man sich bei Wissenschaftlern, bei Physiologen erkundigt, bekommt man etwas Merkwürdiges zu hören. Sie sagen, der menschliche Körper könne nie so gesund sein wie der Körper eines Tieres, denn er sei dazu gemacht, auf vier Beinen zu gehen, und nun sei alles durcheinandergeraten. Weil der Mensch auf zwei Beinen gehe, sei das ganze System gestört. Es ist ähnlich wie bei einem Auto, das ja auch nicht entworfen wurde, um eine steile Bergwand hochzufahren. Die Schwerkraft wirkt anders auf den Körper ein. Wenn man auf allen vieren herumgeht, ist sie im Gleichgewicht, das Körpergewicht ist gleichmäßig auf alle vier Extremitäten verteilt, die ganze Wirbelsäule entlang wirkt eine gleich große Gravitationskraft. Doch wenn du dich erhebst und auf zwei Beinen stehst, kommst du in Schwierigkeiten. Das Blut muß aufwärts fließen, in die Gegenrichtung; die Lungen müssen unnötig Extraarbeit leisten; und die ganze Zeit mußt du gegen die Schwerkraft ankämpfen. Die Erde zieht dich nach unten. Es ist also nicht verwunderlich, daß die Menschen an Herzversagen sterben. Kein Tier stirbt an Herzversagen. Bei Tieren kann sich keine Herzschwäche entwickeln, beim Menschen dagegen ist sie praktisch unvermeidlich. Es ist ein Wunder, wenn man davon verschont bleibt, denn das Herz muß ständig Extraarbeit leisten und das Blut wieder hochpumpen, obwohl die Natur es nicht dafür konstruiert hat.

Dieser Junge konnte also nicht auf zwei Beinen gehen, er rannte stets auf allen vieren herum. Und er rannte auch nicht, wie Menschen rennen, er rannte wie ein Wolf. Er aß rohes Fleisch wie die Wölfe und war außerordentlich stark – sechs starke Männer konnten ihn nur mit Mühe festhalten und fesseln. Er war fast ein Wolf. Er konnte zubeißen und jemandem ein Stück Fleisch vom Leib reißen wie ein Raubtier. Er war kein meditativer Heiliger geworden, sondern ein wildes Tier. Ähnliches hat sich auch im Westen zugetragen, wo ebenfalls Kinder gefunden wurden, die von Tieren in Wäldern aufgezogen wurden und selbst wie Tiere waren.

Man bemühte sich, diesen Jungen zu erziehen. Sechs Monate lang erhielt er alle möglichen Massagen und elektrischen Behandlungen, danach konnte er sich mit Mühe auf den Beinen aufrichten, war aber nach kürzester Zeit wieder auf allen vieren, denn es ist sehr mühsam, nur auf zwei Beinen zu stehen. Ihr habt keine Ahnung mehr, wieviel Spaß es macht, auf vier Beinen zu stehen, ihr seid Zweibeiner geworden und leidet.

Der Junge erhielt auch einen Namen: Rama. Man wurde es bald leid, ihm etwas beizubringen. Das einzige Wort, das er lernte und aussprechen konnte, bevor er schließlich starb, war Rama. Er sagte einfach seinen Namen auf. Nach anderthalb Jahren starb er. Die Wissenschaftler, die den Jungen untersuchten, vermuteten, er sei an all dem Training gestorben, denn er war nicht viel mehr als ein Raubtierjunges.

Dies zeigt uns, wieviel vom Leben eines Kindes wir abtöten, wenn wir es zur Schule schicken. Wir töten seine Fröhlichkeit ab, wir töten seine Wildheit ab. Darin besteht das Hauptproblem mit den Schulen. Einem einzigen Lehrer vertrauen wir eine Klasse von dreißig Kindern an, von dreißig wilden Tieren. Wir haben ihm die Aufgabe übertragen, zivilisierte Wesen aus ihnen zu machen. Deshalb gibt es keinen trostloseren Beruf als den Lehrerberuf und niemanden, der mehr gestreßt wäre als ein Lehrer. Lehrer haben wirklich keinen leichten Job!

Aber Kinder müssen erzogen werden, sonst werden sie nicht zu Menschen. Sie werden unschuldig sein, doch diese Unschuld kommt aus Unwissenheit. Auch wer nichts weiß, ist unschuldig; doch erst wenn man wieder unschuldig wird, nachdem man gebildet war, erreicht man die Blüte des Lebens.

Den Intellekt zu üben ist eine Notwendigkeit, doch danach muß man ihn transzendieren. Aber wie kann man etwas loslassen, was man noch gar nicht besessen hat? Wie könnt ihr den Frieden erleben, den ein Einstein erlebt, wenn er seinen Intellekt transzendiert? Dieser Friede ist unvergleichlich, es ist wie die Ruhe nach dem Sturm. Euer Sturm hat noch gar nicht richtig angefangen.

Das Gefühl, das man hat, wenn man den Intellekt nach so viel intellektueller Gymnastik beiseite legt, ist wie das Gefühl von reinster Gesundheit, nachdem man von einer schweren Krankheit genesen ist. Je elender dir zumute war, als du im Intellekt gelebt hast, desto glücklicher fühlst du dich, wenn du ihn losläßt. Der Weg führt durch die Gegensätze. Durchleide das Elend des Intellekts, damit du zum Glück der Weisheit gelangen kannst. *(95)*

Die fünf Dimensionen der Erziehung

Erziehung war bis heute zielorientiert. Was du lernst, ist unwichtig, wichtig ist die Prüfung, die ein oder zwei Jahre später folgt. Damit wird die Zukunft wichtig, wichtiger als die Gegenwart. Die Gegenwart wird der Zukunft geopfert. Und das wird zu deiner Lebensweise: Du opferst ständig diesen Augenblick für etwas, das nicht gegenwärtig ist. Das erzeugt eine ungeheure Leere im Leben.

In der Kommune meiner Vision wird es eine fünfdimensionale Erziehung geben. Bevor ich jedoch auf diese fünf Dimensionen näher eingehe, müssen noch ein paar Dinge vorausgeschickt werden.

Erstens: In der Erziehung sollte es keine Prüfungen geben, sondern eine tägliche, eine stündliche Beobachtung durch die Lehrer. Ihre Anmerkungen über das ganze Jahr hinweg entscheiden, ob du weiterrückst oder noch etwas länger in der bisherigen Klasse bleibst.

Niemand fällt durch, niemand besteht – die einen sind nun einmal ein bißchen schneller, andere sind etwas fauler. Denn der Gedanke, versagt zu haben, erzeugt eine tiefe Wunde von Minderwertigkeit. Und der Gedanke, erfolgreich zu sein, führt zu einer anderen Art Krankheit, nämlich zu Überheblichkeit.

Niemand ist minderwertig, und niemand ist überlegen. Jeder ist einfach er selbst. Jeder ist unvergleichlich.

Für Prüfungen ist also kein Platz. Somit verlagert sich die ganze Blickrichtung von der Zukunft auf die Gegenwart. Entscheidend ist, was du jetzt, in diesem Augenblick machst, und nicht fünf Examensfragen am Ende von zwei Jahren. Von den tausend Dingen, denen du in diesen zwei Jahren begegnest, ist jedes einzelne entscheidend. Der Unterricht wird also nicht zielgerichtet sein.

Der Lehrer hat bisher eine außerordentlich wichtige Rolle gespielt, denn er wußte Bescheid: Er hat alle Examen bestanden, er hat sich viel Wissen angeeignet. Doch die Situation hat sich geändert. Und das ist eins der Hauptprobleme – daß Situationen sich ändern, unsere Reaktionen jedoch die alten bleiben. Heute ist die Wissensexplosion so unüberblickbar, so ungeheuer und so rasant geworden, daß kein größeres Werk über irgendein wissenschaftliches Gebiet mehr geschrieben werden kann, denn bis das Kompendium fertig ist, ist es bereits überholt. Neue Fakten, neue Entdeckungen haben es irrelevant gemacht. Daher ist die Wissenschaft heute auf Artikel in Fachzeitschriften angewiesen, nicht mehr auf Bücher.

Die Ausbildung des Lehrers liegt dreißig Jahre zurück. In

dreißig Jahren hat sich alles geändert, doch er wiederholt noch immer, was man ihm beigebracht hat. Er ist veraltet, und er läßt auch seine Studenten hinter der Gegenwart her hinken. In meiner Vision hat der Lehrer daher keinen Platz mehr. Anstelle von Lehrern wird es Berater geben. Das ist etwas ganz anderes: Der Berater wird dir sagen, wo du in der Bibliothek die neuesten Informationen zu einem Thema findest.

Und der Unterricht sollte nicht mehr nach der alten Methode erfolgen. Das Fernsehen kann diese Aufgabe viel besser erfüllen, es kann euch problemlos mit den aktuellsten Informationen versehen. Der Lehrer spricht die Ohren an, das Fernsehen wendet sich an die Augen, und diese Eindrücke gehen viel tiefer, denn durch die Augen erfaßt ihr achtzig Prozent eurer Lebenssituationen – sie sind der lebendigste Teil eures Körpers.

Was man durch Sehen aufnehmen kann, braucht man nicht zu lernen, aber was man durch Zuhören aufnimmt, muß man sich merken. Fast achtundneunzig Prozent des Unterrichts können vom Fernsehen übernommen werden, und die Fragen der Schüler kann ein Computer beantworten. Der Lehrer sollte nur ein Berater sein, der dir die richtige Quelle zeigt, der dir zeigt, wie man den Computer benutzt, wie man das neueste Buch findet. Seine Funktion wird sich völlig ändern. Er ist nicht mehr jemand, der Wissen vermittelt, sondern er macht dich auf den gegenwärtigen Wissensstand und die neuesten Forschungsergebnisse aufmerksam. Er ist nur ein Berater.

Unter diesen Gesichtspunkten teile ich die Erziehung in fünf Dimensionen ein.

Die erste Dimension ist informativ, wie Geschichte, Geographie und viele andere Fächer, die alle mittels Fernsehen und Computer unterrichtet werden können. Die zweite Dimension umfaßt die Naturwissenschaften. Auch sie können durch Fernsehen und Computer vermittelt werden, doch sie sind komplizierter, und der menschliche Berater wird hier nötiger sein.

Zur ersten Dimension zählen auch die Sprachen. Jeder Mensch sollte mindestens zwei Sprachen sprechen: seine Muttersprache sowie Englisch als internationales Kommunikationsmittel. Sprachen können ebenfalls exakter durch audiovisuelle Methoden gelehrt werden – der Akzent, die Grammatik und alles übrige lassen sich effizienter vermitteln.

Wir können in der Welt eine brüderliche Atmosphäre erschaffen. Sprache verbindet die Menschen, und Sprache trennt sie auch. Zur Zeit gibt es keine international verbindliche Sprache.

Englisch ist die am meisten verbreitete Sprache. Die Leute sollten ihre Vorurteile aufgeben und der Realität ins Auge sehen. Es hat viele Bemühungen gegeben, Kunstsprachen zu schaffen, um diese Vorurteile zu umgehen – die Spanier könnten beispielsweise anführen, Spanisch sollte die internationale Sprache werden, weil Spanisch von mehr Menschen gesprochen wird als die meisten anderen Sprachen. Um diese Vorurteile aus dem Weg zu räumen, wurden Sprachen wie Esperanto geschaffen, doch keine Kunstsprache fand richtig Anklang. Es gibt ein paar Dinge auf der Welt, die wachsen und nicht künstlich erzeugt werden können – eine Sprache ist etwas seit Jahrtausenden Gewachsenes. Esperanto klingt künstlich, und so haben alle diese Bemühungen versagt.

Doch es ist absolut notwendig, zwei Sprachen zu sprechen. Zuerst kommt die Muttersprache, denn es gibt Gefühlstöne und Nuancen, die sich nur in der Muttersprache ausdrücken lassen.

Einer meiner Professoren, ein weitgereister Mann, der in vielen Ländern Philosophie doziert hat, pflegte zu sagen, daß man in einer Fremdsprache so ziemlich alles ausdrücken könne, nur im Streit und in der Liebe merke man, daß man seine Gefühle nicht wirklich aufrichtig äußern könne. Dafür ist also die Muttersprache da, die man mit der Muttermilch aufsaugt und die einem in Fleisch und Blut übergeht. Doch das allein reicht nicht, das erzeugt kleine Gruppen von Menschen und macht die anderen zu Fremden.

Eine internationale Sprache ist absolut nötig als Grundlage

für eine geeinte Welt, für eine geeinte Menschheit. Zwei Sprachen sollten also für jedermann obligatorisch sein. Das fällt unter die erste Dimension.

Die zweite umfaßt, wie gesagt, das Studium wissenschaftlicher Gebiete. Das ist ungeheuer wichtig, denn es betrifft die eine Hälfte der Wirklichkeit, die äußere Wirklichkeit.

Und die dritte Dimension wird sich mit etwas befassen, das in der heutigen Erziehung ganz fehlt: mit der Lebenskunst. Die Menschen gehen immer davon aus, sie wüßten, was Liebe ist, aber sie wissen es nicht – und wenn sie es endlich wissen, ist es zu spät. Jedem Kind sollte gezeigt werden, wie es seine Wut, seinen Haß und seine Eifersucht in Liebe verwandeln kann.

Ein wichtiger Teil der dritten Dimension sollte auch der Sinn für Humor sein. Unsere sogenannte Erziehung macht die Menschen traurig und ernst. Und wenn ihr ein Drittel eures Lebens in den Schulen damit vergeudet, traurig und ernst zu sein, hinterläßt das seine Spuren. Ihr vergeßt die Sprache des Lachens – und wer die Sprache des Lachens vergißt, hat viel vom Leben vergessen.

Liebe und Lachen also, und eine Vertrautheit mit dem Leben und seinen Wundern, seinen Mysterien ... Diese Vögel in den Bäumen hier – sie sollten nicht ungehört ihr Lied singen; die Bäume und die Blumen und die Sterne sollten eine Verbindung zu deinem Herzen haben. Der Sonnenaufgang und der Sonnenuntergang werden dann nicht nur irgendwo da draußen stattfinden, sie werden auch etwas Inwendiges sein. Die Grundlage der dritten Dimension ist die Ehrfurcht vor dem Leben.

Die Menschen haben so wenig Achtung vor dem Leben. Noch immer jagen und töten sie Tiere zum Essen. Sie nennen es einen Sport, doch wenn ein Tier sie auffrißt, dann ist das ein tragischer Unfall. Merkwürdig! Bei einem Sport sollten beide Parteien die gleichen Chancen haben. Die Tiere sind unbewaffnet, ihr aber habt eure Maschinengewehre oder eure Pfeile.

Wir sollten unsere Kinder Hochachtung vor dem Leben

lehren, denn das Leben ist Gott, es gibt keinen anderen Gott als das Leben selbst – und Freude und Lachen und Humor, kurz: ein tanzendes Herz.

Die vierte Dimension betrifft Kunst und Kreativität: Malerei, Musik, Kunsthandwerk, Töpfern, Steinmetzarbeiten – alles, was kreativ ist. Alle schöpferischen Bereiche sollen einbezogen werden, und die Schüler können selbst wählen.

Nur ganz wenig sollte obligatorisch sein: Zum Beispiel sollte eine internationale Sprache Pflicht sein; eine gewisse Fähigkeit, sich den Lebensunterhalt zu verdienen, sollte Pflicht sein, und irgendeine schöpferische Kunst sollte Pflicht sein. Du kannst dabei aus der ganzen Palette der kreativen Künste auswählen, denn erst wenn ein Mensch lernt, etwas zu erschaffen, wird er zu einem Teil der Existenz, die unentwegt schöpferisch ist. Indem man schöpferisch ist, wird man göttlich. Kreativität ist das einzige Gebet.

Und die fünfte Dimension sollte die Kunst des Sterbens sein. Zu dieser Dimension zählen alle Meditationen, damit du die Erfahrung machen kannst, daß es keinen Tod gibt, damit dir bewußt werden kann, daß es in dir ein ewiges Leben gibt. Das sollte eine ganz wesentliche Rolle spielen, denn jeder Mensch muß sterben, keiner kann es umgehen. Und unter dem großen Dach der Meditation kannst du Zen, Tao, Yoga und Chassidismus kennenlernen, alle möglichen Arten zu meditieren, die es schon lange gibt, um die sich die Erziehung jedoch noch nie einen Deut gekümmert hat. In dieser fünften Dimension solltest du dich auch mit den asiatischen Kampfsportarten wie Aikido, Jiu-Jitsu und Judo vertraut machen, mit der Kunst, sich ohne Waffen zu verteidigen, die nicht nur der Selbstverteidigung dient, sondern zugleich auch eine Form von Meditation ist.

Die neue Kommune wird eine umfassende Erziehung, eine ganzheitliche Erziehung aufweisen. Alles Wesentliche sollte Pflicht sein, alles Unwesentliche freiwillig. Man kann unter vielen Möglichkeiten, die zur Wahl stehen, auswählen. Und wenn die Grundlagen geschaffen sind, mußt du etwas lernen, was dir Freude macht: Musik, Tanz, Malerei – etwas, womit du nach innen gehen und dich selbst kennenlernen kannst. All das läßt sich sehr leicht und mühelos einrichten.

Ich war selbst Universitätsprofessor, und meinen Rücktritt habe ich mit folgendem Kommentar eingereicht: »Das hier ist keine Erziehung, das ist schiere Dummheit. Ihr unterrichtet überhaupt nichts Wesentliches.«

Aber diese bedeutungslose Erziehung herrscht in der ganzen Welt vor, in der Sowjetunion genauso wie in Amerika. Nirgendwo bemüht man sich um eine ganzheitliche, umfassende Erziehung. In dieser Hinsicht ist fast jeder ungebildet. Selbst Leute mit imponierenden Titeln sind im umfassenderen Sinn ungebildet, die einen mehr, die anderen weniger, aber ungebildet sind alle. Es ist unmöglich, auch nur einen einzigen gebildeten Menschen zu finden, denn Erziehung als etwas Ganzheitliches existiert noch nirgendwo. *(96)*

Führt Erziehung zu Meditation?

Was landläufig Erziehung genannt wird, wendet sich eher gegen Meditation. Das muß nicht so sein, aber so ist es leider. In ihrer ursprünglichen Bedeutung richtet sich Erziehung nicht gegen Meditation. Erziehen heißt: ans Licht bringen, was in einem Individuum verborgen ist. Ein Mensch muß erblühen – das ist die ursprüngliche Bedeutung von Erziehung.

Darum geht es auch bei Meditation: in deinem eigenen Wesen zu erblühen. Du weißt nicht, was du sein wirst, du weißt nicht, welche Blumen in dir erblühen, welche Farbe sie haben, wie sie duften werden – du weißt es nicht. Du begibst dich ins Unbekannte. Du vertraust einfach der Lebensenergie. Sie hat dich geboren, sie ist deine Grundlage, sie ist dein Wesen. Du vertraust ihr. Du weißt, daß du ein Kind dieses Universums bist, und wenn dich dieses Universum geboren hat, wird es auch für dich sorgen.

Wenn du dir selbst vertraust, vertraust du auch dem ganzen Universum. Und dieses Universum ist wunderschön. Schau hin! So viele Blumen werden in diesem Universum geboren –

wie kannst du ihm da mißtrauen? So ungeheuer viel Schönheit überall – wie kannst du ihm da mißtrauen? So viel Großartigkeit, so viel Anmut, vom kleinsten Staubkorn bis zu den Sternen; eine solche Symmetrie, eine solche Harmonie – wie kannst du ihm da mißtrauen?

Basho hat gesagt: »Wenn Blumen aus diesem Universum geboren werden, dann vertraue ich ihm.« Das ist die richtige Logik, ein großartiges Argument: »Wenn dieses Universum so viele schöne Blumen erzeugen kann, wenn eine Rose möglich ist, dann vertraue ich ihm. Wenn eine Lotosblüte möglich ist, vertraue ich ihm.«

Erziehung heißt, dir selbst und der Existenz zu vertrauen und zu erlauben, daß sich alles in dir Verborgene entfaltet und alles Inwendige zum Ausdruck kommt. Aber niemand kümmert sich einen Deut um dein Wesen. Die Gesellschaft befaßt sich nur mit ihren eigenen Vorstellungen, Ideologien, Vorurteilen und Technologien und zwingt sie dir unablässig auf. Dein Verstand wird als Hohlraum angesehen, für den man das Mobiliar liefern muß.

Niemand schert sich um dich, niemand schert sich um deine Bestimmung. Man braucht mehr Ärzte, man braucht mehr Ingenieure, man braucht mehr Generäle, man braucht mehr Techniker, Klempner, Elektriker. Und weil man sie braucht, zwingt man dich, Klempner zu werden oder Arzt oder eben Ingenieur.

Ich sage damit nicht, daß es falsch sei, Ingenieur oder Arzt zu werden, aber es ist sicher verkehrt, wenn es von außen aufgezwungen wird. Wenn jemand zum Arzt erblüht, wirst du sehen, wie um ihn herum Heilung geschieht. Er wird der geborene Heiler sein, ein wirklicher Arzt, dessen Berührung Segen bringt. Er ist dazu geboren.

Wenn es einem jedoch von außen aufgezwungen wird oder man es als einen Job ansieht, weil man ja schließlich leben und etwas lernen und sich sein Brot verdienen muß, dann bleibt dieser Beruf etwas Äußerliches. Dann wird man von der Last erdrückt, man schleppt sich durchs Leben, und eines Tages stirbt man. Solch ein Mensch hat das Leben keinen

Moment gefeiert. Natürlich hinterläßt er seinen Kindern viel Geld, damit sie ihrerseits Medizin studieren können, an derselben Universität, an der sein Leben zerstört wurde. Und seine Kinder werden dasselbe mit ihren Kindern machen, und so wird sich das von einer Generation auf die andere übertragen.

Nein, das nenne ich nicht Erziehung, das ist ein Verbrechen! Es ist ein wahres Wunder, daß trotz dieser Erziehung zuweilen in der Welt ein Buddha aufblüht. Das ist ein Wunder! Es ist einfach unglaublich, wie jemand dieser Mühle entrinnen kann, dieser Methode, dein Leben systematisch abzuwürgen. Die kleinen Kinder verfangen sich in diesem Mechanismus, ohne zu wissen, wohin das führt, ohne zu wissen, was ihnen da angetan wird. Wenn sie sich dessen endlich bewußt werden, sind sie schon völlig korrumpiert und kaputtgemacht. Wenn sie endlich darüber nachdenken können, was sie mit ihrem Leben anfangen wollen, sind sie praktisch unfähig geworden, einen neuen Kurs einzuschlagen.

Mit fünfundzwanzig oder dreißig Jahren ist schon beinahe die Hälfte des Lebens vorüber. Sich jetzt noch groß zu verändern erscheint zu riskant. Du bist Arzt geworden, deine Praxis läuft gut, doch auf einmal erkennst du, daß du für etwas anderes geschaffen bist, daß dies nicht das Richtige für dich ist. Was jetzt? Weiter so tun, als wäre man Arzt? Wenn ein Arzt nicht glücklich ist mit seinem Beruf, wird er keinem seiner Patienten helfen. Er mag ihm Tabletten verabreichen und Rezepte ausstellen, doch er wird keine Heilkraft ausstrahlen. Wenn ein Arzt wirklich Arzt ist, der geborene Arzt ... und jeder ist ein geborener Irgendetwas. Aber vielleicht verpaßt du es, vielleicht weißt du nicht einmal, wozu du geboren bist. Jemand ist der geborene Dichter – einen Dichter kann man nicht erzwingen. Es gibt keine Methode, einen Dichter zu fabrizieren. Oder jemand ist der geborene Maler – auch Maler lassen sich nicht fabrizieren.

Alles geht drunter und drüber. Der Maler arbeitet als Arzt, der Arzt als Maler. Der Politiker wäre vermutlich ein guter Klempner geworden, aber nein, er wurde Premierminister oder Präsident. Und wer der geeignete Premierminister gewesen wäre, ist jetzt Klempner. Aus diesem Grund herrscht so viel Chaos in der Welt. Jeder ist am falschen Ort, niemand ist genau dort, wo er wirklich sein sollte.

Richtige Erziehung führt auf direktem Weg zu Meditation. Falsche Erziehung ist ein Hindernis auf dem Weg zur Meditation, denn sie lehrt dich Dinge, die nicht zu dir passen. Und solange etwas nicht zu dir paßt und du nicht zu ihm, kannst du nie gesund und ganz sein. Du wirst darunter leiden.

Wenn also ein gebildeter Mensch sich für Meditation zu interessieren beginnt, muß er alles verlernen, was er gelernt hat. Er muß wieder zu seiner Kindheit zurückkehren und ganz neu anfangen, beim Abc. Deshalb lege ich so viel Gewicht auf bestimmte Meditationstechniken, wo du wieder ein Kind werden kannst. Wenn du tanzt, bist du eher wie ein Kind als wie ein Erwachsener.

Angesehene Menschen werden sehr gehemmt, weil sie sich nicht das geringste erlauben dürfen, sonst würden sie ihr Ansehen aufs Spiel setzen. Sie haben Angst. Sie sind nicht glücklich, sie wissen nicht, was Glückseligkeit ist, sie wissen nicht genau, was es eigentlich heißt, lebendig zu sein – aber dafür sind sie respektabel. Also klammern sie sich an ihre Respektabilität, bis sie eines Tages sterben. Sie haben nie richtig gelebt. Sie sterben, bevor sie zu leben beginnen. Es gibt viele Leute, die sterben, ohne je gelebt zu haben.

Meine Meditationen sollen euch zu eurer Kindheit zurückbringen, als ihr noch nicht respektabel wart, als ihr noch unsinnige Dinge tun konntet, als ihr unschuldig und noch nicht von der Gesellschaft korrumpiert wart, als ihr noch keine faulen Tricks gelernt hattet, als ihr der Welt noch nicht verfallen, als ihr noch nicht von dieser Welt wart. Ich möchte, daß ihr zu diesem Punkt zurückkehrt und von dort neu anfangt. Es ist euer Leben! Ansehen und Geld sind nur Trostpreise, es sind keine echten Belohnungen. Laßt euch von ihnen nicht blenden!

Ihr könnt euer Ansehen nicht essen, genausowenig wie euer Geld. Es sind bloß Spielchen, sinnlose, dumme, mittelmäßige Spielchen. Wenn du intelligent genug bist, wirst du verstehen, daß du dein eigenes Leben leben mußt und dich nicht um andere Dinge kümmern sollst. Alle anderen Erwägungen sind unbedeutend – es geht um dein Leben! Du mußt es authentisch leben, liebevoll, leidenschaftlich, mit viel Mitgefühl, mit viel Energie. Werde zu einer Flut von Glückseligkeit! Was immer dazu nötig ist, das tue.

Es wird nötig sein, Gelerntes wieder zu verlernen. Verlernen bedeutet, nicht mehr diese falschen Pfade zu gehen, diese falschen Wege weiterzuverfolgen, zu denen dich die Gesellschaft gezwungen, überredet und verführt hat. Du übernimmst die Führung deines Lebens, du wirst dein eigener Meister.

Das ist die Bedeutung von Sannyas: Ein wirklicher Sannyasin ist jemand, der sich nicht um die Meinung der anderen schert, der sich entschlossen hat, sein Leben so zu leben, wie er möchte. Damit meine ich nicht, daß ihr verantwortungslos sein sollt. Sobald du beginnst, dein Leben selbstverantwortlich zu leben, kümmerst du dich nicht nur um dich selbst, sondern auch um andere, aber auf ganz andere Art und Weise. Jetzt wirst du sorgfältig darauf achten, dich nicht ins Leben von jemand anderem einzumischen – das ist mit Verantwortung gemeint. Du erlaubst niemand anderem, sich in dein Leben einzumischen, und wirst dich deshalb natürlich auch nicht ins Leben anderer einmischen. Du möchtest nicht, daß jemand dich am Gängelband führt, dein Leben soll keine geführte Tour sein. Eine Besichtigungstour ist kein Abenteuer. Du willst selber auf Erkundung ausgehen. Du willst dich ohne Landkarte in den Urwald wagen, damit du ebenfalls zum Entdecker wirst, damit auch du auf ein paar unbegangene Flecken stoßen kannst.

Wenn du eine Karte mit dir herumträgst, findest du immer nur Stellen, wo schon viele vor dir gewesen sind. Sie sind nie neu, nie original, nie jungfräulich; sie sind schon ausgetreten. Viele sind schon dort gewesen, es existiert sogar eine Karte davon.

Als ich noch ein Kind war, sah ich zu meiner Verblüffung

im Tempel, zu dem meine Eltern immer gingen, Landkarten von Himmel und Hölle und *Moksha*, dem Zustand höchster Freiheit. Eines Tages sagte ich zu meinem Vater: »Wenn es Landkarten von *Moksha* gibt, bin ich nicht mehr daran interessiert.«

»Warum denn nicht?« fragte er.

Ich sagte: »Wenn es eine Karte davon gibt, ist es bereits verdorben. Viele Leute sind dorthin gelangt, sogar Kartographen. Alles ist genau vermessen, sie kennen jeden Winkel, alles ist benannt und etikettiert. Das scheint bloß eine Erweiterung der bekannten alten Welt zu sein. Es ist nichts Neues. Ich möchte mich in einer Welt bewegen, von der es noch keine Karte gibt. Ich möchte ein Entdecker werden.« An dem Tag hörte ich auf, den Tempel zu besuchen.

Mein Vater fragte mich: »Wieso kommst du nicht mehr mit?«

Ich sagte: »Schmeiß die Karten weg! Ich kann sie nicht ausstehen. Sie sind eine Beleidigung. Denke doch mal darüber nach. Sogar *Moksha* ist ausgemessen? Gibt es denn nichts Unermeßliches mehr?«

Alle Buddhas haben gesagt, die Wahrheit sei unermeßlich. Alle Buddhas haben gesagt, die Wahrheit sei nicht nur unbekannt, sie sei auch nicht erkennbar. Sie ist ein unermeßlicher Ozean. Du besteigst dein kleines Boot und fährst ins Unermeßliche hinaus. Du gehst dieses Abenteuer ein. Es ist gefährlich, es ist riskant. Doch in Gefahr und Risiko erblüht deine Seele, wird sie integriert.

Für mich ist Erziehung, wenn sie diesen Namen verdient, mit Meditation verbunden, sie zielt ab auf Meditation. Wahre Erziehung wird dazu führen, daß Universitäten nicht mehr gegen das Universum sind, sondern Übungsplätze, Sprungbretter ins Universum. Richtige Erziehung wird sich um eure Glückseligkeit kümmern, um eure Freude, um Musik, Liebe, Poesie und Tanz. Sie wird euch lehren, euch zu entfalten. Sie wird euch helfen, aus euch selbst herauszukommen, zu erblühen, zu wachsen, euch auszubreiten und auszudehnen.

Erziehung ist religiös, wenn sie euch ermutigt, euch anzunehmen, wie ihr seid, euer Leben zu leben und euch auf eure eigene Weise der Existenz zum Geschenk darzubieten. *(97)*

Wenn ich die Vögel höre, erinnere ich mich ... Vor meinem Klassenzimmer in der High-School standen wunderschöne Mangobäume. Und in den Mangobäumen baut sich der Kuckuck sein Nest. Horcht, das ist der Kuckuck, der da ruft. Es gibt nichts Süßeres als den Ruf des Kuckucks.

Ich setzte mich also ans Fenster und schaute den Vögeln draußen zu und den Bäumen, und mein Lehrer ärgerte sich: »Schau gefälligst auf die Wandtafel!« sagte er.

Ich sagte: »Das ist mein Leben, und ich habe das Recht, zu schauen, wohin ich will. Draußen ist es so schön. Die Vögel singen, und die Blumen und die Bäume, und die Sonne scheint durch die Bäume. Ich glaube nicht, daß Ihre Wandtafel da mithalten kann.«

Wütend fuhr er mich an: »Raus mit dir! Du kannst draußen vor dem Fenster stehen, bis du wieder auf die Wandtafel schauen willst. Wir haben hier Mathematikstunde, und du schaust einfach nur die Bäume und die Vögel an!«

Ich sagte: »Das ist eine Belohnung, keine Strafe für mich«, und schickte mich an zu gehen.

»Wie meinst du das?« fragte er.

Ich sagte: »Ich werde nicht mehr hereinkommen. Ich werde jetzt jeden Tag draußen vor dem Fenster stehen.«

»Du mußt verrückt sein«, meinte er. »Ich werde es deinem Vater sagen und deiner Familie: ›Ihr bezahlt teures Geld für ihn, und er steht draußen herum.‹«

Ich sagte: »Machen Sie, was Sie wollen. Ich weiß, wie ich mit meinem Vater umgehen muß. Und er weiß ganz genau, daß ich vor dem Fenster stehenbleiben werde, wenn ich es mir einmal in den Kopf gesetzt habe. Da ist nichts zu machen.«

Der Rektor sah mich täglich, wenn er seine Runde machte, draußen vor dem Fenster stehen. Er wunderte sich, was ich jeden Tag dort zu tun hatte. Am dritten oder vierten Tag kam er zu mir herüber und fragte mich: »Was tust du da? Wieso stehst du immer hier draußen?«

Ich sagte: »Ich bin belohnt worden.«

»Belohnt?« fragte er. »Wofür denn?«

»Stellen Sie sich einmal neben mich, und hören Sie dem Gesang der Vögel zu. Und wie schön die Bäume sind! Glauben Sie denn, auf die Wandtafel zu schauen und auf diesen dummen Lehrer ... nur dumme Leute, die keine andere Beschäftigung finden können, werden Lehrer. Meist sind sie gerade noch durch die Prüfung gerutscht. Ich will weder diesen Lehrer noch die Wandtafel anschauen müssen. Und was die Mathematik angeht, da brauchen Sie sich keine Sorgen zu machen, ich schaffe das schon. Aber diese Schönheit hier möchte ich nicht missen.«

Er stand neben mir, und nach einer Weile sagte er: »Du hast recht, es ist schön hier. Ich bin seit zwanzig Jahren Rektor an dieser Schule, aber ich bin noch nie hierhergekommen. Das ist eine Belohnung, da bin ich mit dir einig. Und was die Mathematik betrifft: Ich bin Doktor der Mathematik. Du kannst jederzeit zu mir nach Hause kommen, und ich werde dir Mathematik beibringen. Bleibe ruhig weiter hier draußen.«

Ich bekam also im Rektor einen besseren Mathematiker als Lehrer. Mein Mathematiklehrer war sehr verwirrt. Er hatte sich ausgerechnet, daß ich es nach ein paar Tagen leid werden würde, doch ein ganzer Monat verstrich. Dann kam er zu mir heraus und sagte: »Es tut mir leid, aber jedesmal, wenn ich vor der Klasse stehe, schmerzt es mich, daß ich dich gezwungen habe, hier draußen zu sein. Du hast ja nichts Schlimmes getan. Du kannst dich drinnen hinsetzen und schauen, wohin du willst.«

Ich sagte: »Dazu ist es jetzt zu spät.«

»Wie meinst du das?« fragte er.

»Inzwischen genieße ich es, hier draußen zu sein. Wenn ich hinter dem Fenster sitze, kann ich nur einen sehr kleinen Teil der Bäume und der Vögel sehen. Aber hier warten tausend Mangobäume auf mich. Und was die Mathematik betrifft, so unterrichtet mich der Rektor höchstpersönlich. Ich gehe jeden Abend zu ihm hin.«

»Was?« sagte er.

»Ja, denn er war der gleichen Meinung wie ich, daß dies eine Belohnung sei.«

Er ging schnurstracks zum Rektor: »Das ist nicht recht. Ich habe ihn bestraft, und Sie belohnen ihn.«

Der Rektor meinte: »Vergessen Sie Bestrafung und Belohnung – Sie sollten auch hin und wieder dort draußen sein. Jetzt kann ich es kaum erwarten. Bis jetzt habe ich stets routinemäßig meine Runde gedreht, doch nun kann ich es kaum erwarten. Ich muß als erstes meine Runde machen und bei diesem Jungen stehenbleiben und mir die Bäume anschauen. Zum ersten Mal habe ich gemerkt, daß es etwas Besseres gibt als Mathematik – den Gesang der Vögel, die Blumen, die grünen Bäume, die Sonnenstrahlen, die durchs Laub fallen, der Wind, der weht und sein Lied in den Bäumen singt. Ab und zu sollten Sie auch hingehen und ihm Gesellschaft leisten.«

Er kam sehr bedrückt zurück: »Der Rektor hat mir erzählt, was vorgefallen ist. Was soll ich jetzt tun? Soll ich etwa mit der ganzen Klasse nach draußen kommen?«

Ich sagte: »Das wäre Spitze. Wir können hier unter den Bäumen sitzen, und Sie können weiter Ihre Mathematik unterrichten. Aber ich werde nicht ins Klassenzimmer zurückkommen, nicht einmal, wenn Sie mich durchfallen lassen. Und das können Sie sowieso nicht, weil ich inzwischen mehr von Mathematik verstehe als alle anderen Schüler in der Klasse.«

Ein paar Tage dachte er darüber nach, und eines Morgens, als ich kam, sah ich die ganze Klasse dort unter den Bäumen sitzen. Ich sagte zu ihm: »Ihr Herz ist noch immer lebendig, die Mathematik hat es noch nicht verdorben.« *(98)*

Ich möchte euch etwas von dem Elefantentor erzählen, das vor meiner Schule stand.

Eines Tages – es muß in der letzten, der vierten Klasse gewesen sein – wandte ich mich einfach so an den Maharadscha von Cheechli, einem Nachbarort, und fragte ihn: »Ich möchte mir deinen Elefanten mal für eine Stunde ausleihen.«

Er sagte: »Was? Was hast du mit meinem Elefanten vor?«

Ich erwiderte: »Mir liegt nichts an dem Elefanten, ich möchte nur dem Tor eine Freude machen. Du hast das Tor sicher schon gesehen, vielleicht bist du ja selbst dort zur Schule gegangen?«

Er sagte: »Ja. Zu meiner Zeit war es die einzige Grundschule; heute gibt es vier.«

Ich sagte: »Ich möchte diesem Tor eine Freude machen, wenigstens einmal. Es heißt ›Elefantentor‹, aber nicht einmal ein Esel gibt ihm jemals die Ehre.«

Er meinte: »Du bist ein seltsamer Junge – aber die Idee gefällt mir.«

Sein Sekretär sagte: »Was soll das heißen, die Idee gefällt Euch? Er ist verrückt.«

Ich sagte: »Ihr habt beide recht, aber ob verrückt oder nicht, ich bin gekommen, mir deinen Elefanten nur für eine Stunde auszuleihen. Ich möchte auf ihm zur Schule reiten.«

Ihm gefiel diese Idee so gut, daß er sagte: »Du reitest auf dem Elefanten, und ich komme in meinem alten Ford hinterher.«

Er besaß einen uralten Ford, ich glaube, es war das älteste Modell überhaupt. Er wollte mitkommen, nur um zu sehen, was passieren würde.

Natürlich staunte die ganze Stadt, als ich mit dem Elefanten ankam, und die Leute liefen zusammen und sagten: »Was ist los, und wie kommt der Junge zu dem Elefanten?«

Als ich bei der Schule ankam, erwartete mich bereits eine große Menschenmenge. Selbst der Elefant kam vor lauter Menschen kaum in den Schulhof hinein. Und die Kinder hüpften vor Freude – wißt ihr, wo? – auf dem Dach der Schule!

Sie brüllten: »Da ist er! Wir wußten, er hatte was vor, aber wir wußten nicht, daß es so dick kommen würde!«

Der Schuldirektor mußte dem Hausmeister befehlen, die Glocke zu läuten und das Zeichen zu geben, daß die Schule geschlossen sei, damit die Menge nicht den Garten zertrampelte oder das Dach einstürzte mit all den Kindern drauf. Sogar meine eigenen Lehrer waren auf dem Dach! Und das Ulkigste ist, daß sogar ich, völlig idiotisch, den Drang verspürte, auch aufs Dach zu steigen, um zu sehen, was los war.

Die Schule war geschlossen. Der Elefant hatte das Tor passiert, und ich hatte damit den Namen des Tores gerechtfertigt. Von jetzt an konnte das Tor zu allen andern Toren sagen: »Einst ist ein Junge auf einem Elefanten unter mir durchgeritten, und eine riesige Menschenmenge hat zugeschaut.«

Der Rajah war auch da. Als er die Menge sah, konnte er es nicht glauben. Er fragte mich: »Wo hast du nur so schnell so viele Leute aufgetrieben?«

Ich sagte: »Ich habe nichts getan. Es genügte einfach, daß ich zur Schule kam. Glaube ja nicht, daß es an deinem Elefanten lag. Wenn du das glaubst, dann komm morgen selber auf dem Elefanten her, und ich werde zusehen, daß keine Menschenseele da ist.«

Er sagte: »Ich will mich nicht zum Narren machen. Ob sie kommen oder nicht, es sähe idiotisch aus, wenn ich ohne jeden Grund auf meinem Elefanten vor einer Schule sitze. Du gehörst wenigstens zur Schule. Ich weiß Bescheid über dich. Ich habe schon viele Geschichten gehört. Willst du dir vielleicht als nächstes meinen Ford ausleihen?«

Ich sagte: »Alles zu seiner Zeit.«

Ich bin nie hingegangen, obwohl er die Einladung ernst gemeint hatte. Und es wäre ein großes Ereignis gewesen, denn in der ganzen Stadt gab es sonst kein anderes Auto. Aber sein Auto war zu ... wie soll man sagen? Alle zwanzig Meter mußte man aussteigen und schieben. Das ist der Grund, warum ich nie hingegangen bin. *(99)*

Müssen wir alle unsere bisherigen Vorstellungen von Religion über Bord werfen? Kannst du etwas über religiöse Erziehung sagen?

Jedes Kind wird zu einer bestimmten Religion erzogen und konditioniert. Das ist eines der schlimmsten Verbrechen gegen die Menschheit. Nichts kann schlimmer sein, als den Geist eines unschuldigen Kindes mit Vorstellungen zu befrachten, die ihm zum Hindernis bei seiner Entdeckung des Lebens werden.

Wer etwas entdecken will, muß absolut vorurteilslos sein. Ihr könnt Religion nicht als Muslim, als Christ oder als Hindu ergründen; das sind vielmehr Wege, die euch geradezu daran hindern, Religion zu entdecken.

Bis jetzt hat noch jede Gesellschaft versucht, ihre Kinder zu indoktrinieren. Bevor das Kind Fragen stellen kann, gibt man ihm schon fertige Antworten. Seht ihr, wie idiotisch das ist?

Das Kind hat noch gar keine Frage gestellt, und schon liefert ihr ihm eine Antwort. In Wirklichkeit eliminiert ihr damit die Möglichkeit, daß eine Frage entstehen kann. Ihr habt seinen Geist mit der Antwort zugestopft. Und wenn es keine eigenen Fragen hat, wie kann es da eigene Antworten finden? Die Suche muß aufrichtig seine eigene sein, Antworten können weder geliehen noch geerbt werden.

Doch dieser Unsinn geschieht schon seit Jahrhunderten. Dem Priester ist daran gelegen, dem Politiker ist daran gelegen, den Eltern ist daran gelegen, etwas aus euch zu machen, bevor ihr entdecken könnt, wer ihr seid. Sie befürchten, daß ihr rebellisch werdet und die Interessen der maßgeblichen Kreise gefährdet, wenn ihr herausfindet, wer ihr seid. Dann wärt ihr ein Individuum, das sich sein Leben selbst gestaltet, das kein geborgtes Leben führt.

Sie haben solche Angst davor, daß sie den Geist des Kindes mit allem möglichen Unsinn vollstopfen, bevor es in der Lage ist, zu fragen und nachzuforschen. Das Kind ist hilflos. Es glaubt natürlich der Mutter, es glaubt dem Vater, und selbstverständlich glaubt es auch dem Priester, dem Vater und

Mutter ja so sehr vertrauen. Das wichtige Phänomen des Zweifels ist noch nicht entstanden. Und dabei ist Zweifel eines der kostbarsten Dinge im Leben, denn ohne zu zweifeln könnt ihr nichts entdecken.

Ihr müßt eure Kräfte des Zweifelns schärfen, damit ihr all den Müll mit einem Hieb durchtrennen und Fragen stellen könnt, auf die niemand Antwort geben kann. Nur euer eigenes Suchen und Nachforschen wird euch helfen, die Antworten zu finden.

Religiöse Fragen können nicht von einem anderen beantwortet werden. Es kann auch kein anderer an deiner Stelle lieben. Kein anderer kann an deiner Stelle leben.

Du mußt dein Leben selbst leben und nach den grundlegenden Fragen des Lebens suchen und forschen. Und solange du dich nicht selbst entdeckst, gibt es keine Freude, keine Ekstase. Wenn Gott dir tellerfertig vorgesetzt wird, ist er nichts wert, ist er wertlos. Aber genau so wird es gemacht.

Was ihr religiöses Gedankengut nennt, hat nichts mit Religiosität zu tun; es ist seit Jahrhunderten verbreiteter Aberglaube. Er existiert schon so lange, daß allein schon sein Alter ihm den Anschein von Wahrheit gibt.

Ein Kind kann unmöglich daran zweifeln. Wie sollten sich all die vielen Leute irren können? Und sie sind nicht die einzigen, die daran glauben. Ihre Eltern und auch deren Eltern haben seit Tausenden von Jahren an diese Wahrheiten geglaubt. Sie alle können doch nicht unrecht haben! »Und ich kleines Kind soll mich gegen die ganze Menschheit stellen?« Es bringt den Mut dazu nicht auf. Es beginnt, jeden Anflug von Zweifel zu unterdrücken, und alle helfen munter mit, ja keinen Zweifel aufkommen zu lassen. »Zweifel ist des Teufels. Zweifel ist eine große, vielleicht sogar die allergrößte Sünde. Glaube ist eine Tugend. Glaube, und du wirst finden. Zweifle, und du irrst schon beim ersten Schritt vom Weg ab!«

In Wahrheit ist genau das Gegenteil der Fall: »Glaube, und du wirst nie finden. Was immer du auch findest, wird nichts als eine Projektion deines eigenen Glaubens sein. Es wird nie die Wahrheit sein.«

Was hat Wahrheit schon mit deinem Glauben zu tun?

Zweifle! Und zweifle total, denn Zweifel ist ein Reinigungsprozeß. Er kehrt allen Müll aus deinem Kopf.

Er macht dich wieder unschuldig, er macht dich wieder zu jenem Kind, das von den Eltern, den Priestern, den Politikern und den Pädagogen zerstört wurde. Du mußt dieses Kind wiederentdecken. Du mußt an diesem Punkt neu anfangen.

Ich wurde in eine Jainafamilie geboren. Im Jainismus glaubt man nicht an Gott, es gibt keinen Schöpfergott. Weil die Konditionierung des Jainismus Kindern kein Konzept von Gott aufzwingt, fragt kein Jainakind und auch kein alter Jaina: »Wer hat die Welt erschaffen?«, denn sie sind seit jeher konditioniert worden, daß die Welt von Ewigkeit zu Ewigkeit existiert. Da ist niemand, der ein Schöpfer wäre, es ist auch gar keiner nötig. Deshalb stellt sich diese Frage nicht.

Ein Buddhist fragt nie: »Was ist Gott? Wo ist Gott?«, denn auch der Buddhismus glaubt nicht an einen Gott, und das Kind wird dementsprechend konditioniert. Aber wenn du nach Gott fragst, glaubst du, die Frage käme aus dir. Das tut sie nicht. Vielleicht bist du in eine Hindufamilie oder in eine Familie von Christen oder von Juden geboren worden, wo man dein Denken dahingehend konditioniert hat, daß es einen Gott gibt. Man hat dir ein gewisses Bild von Gott mitgegeben, gewisse Vorstellungen über Gott. Und man hat dir ungeheure Angst eingeflößt, daß Zweifel gefährlich sei.

Einem kleinen, winzigen Kind jagt man Angst vor der ewigen Verdammnis ein – daß es bei lebendigem Leib ins Höllenfeuer geworfen wird, wo es in alle Ewigkeit schmoren muß. Natürlich erscheint ihm da der Zweifel nicht so wichtig, daß es ein solches Risiko eingehen würde. Und man motiviert euch ja auch, daß alle Annehmlichkeiten und Freuden des Lebens euer seien, wenn ihr glaubt, wenn ihr einfach nur glaubt. Glaube, und du stehst auf seiten Gottes; zweifle, und du stehst auf seiten des Teufels!

Ein kleines Kind kauft dir notgedrungen den größten Mist ab, den du ihm auftischst.

Es hat Angst. Es hat Angst, nachts allein zu sein, ganz allein im Haus, und du sprichst von der ewigen Verdammnis: »Du fällst immer tiefer in den Schlund der Dunkelheit, sie nimmt kein Ende, und du kannst ihr nie mehr entrinnen.« Natürlich schreckt das Kind vor dem Zweifel zurück. Aus lauter Angst, daß Zweifeln zu riskant ist, beginnt es zu glauben. Und Glauben ist ja so einfach. Man erwartet nichts von dir. Du mußt nur an Gott glauben, den Sohn, den Heiligen Geist; du mußt nur daran glauben, daß Jesus Gottes Sohn und der Messias ist, daß er gekommen ist, um die ganze Menschheit zu erlösen, und daß er auch dich erlösen wird. Weshalb denn nicht auf so billige Art erlöst werden? Man verlangt nicht viel von dir. Glaube einfach, und alles wird sich zu deinem Besten wenden!

Weshalb solltest du also den Zweifel wählen? Es ist ganz natürlich, den Glauben zu wählen. Und all das geschieht in einem so zarten Alter. Dann wächst du heran, und dein Glaube, deine Konditionierung, deine Vorstellungen und deine Weltanschauung decken dich derartig zu, daß es äußerst schwierig wird, nachzugraben und zu entdecken, daß es einmal eine Zeit gab, als du noch voller Zweifel warst. Doch der Zweifel wurde ausradiert und außer Sichtweite gerückt. Es gab eine Zeit, wo du dich sträubtest, blind zu glauben, doch man hat dich dazu überredet, man hat dir alle Arten von Belohnungen vorgesetzt.

Ein kleines Kind kann man schon allein mit einem Spielzeug überreden – und ihr habt ihm das ganze Paradies versprochen. Es ist euch gelungen, es zum Glauben zu überreden, doch damit habt ihr kein großes Wunder vollbracht. Das ist nackte Ausbeutung. Vielleicht tut ihr es unbewußt, weil ihr ja demselben Prozeß unterzogen worden seid. Und wenn ihr einmal die Türen des Zweifels versperrt habt, habt ihr euch auch die Türen der Vernunft, der Logik, des Fragens und des Nachforschens versperrt. Ihr seid keine vollwertigen Menschen mehr.

Wer die Türen des Zweifels versperrt hat, ist nur noch ein Zombie. Er ist hypnotisiert. Aus Angst oder aus Gier ist er überredet worden, Dinge zu glauben, die kein normales Kind je glauben würde, wenn das nicht alles so sorgfältig inszeniert worden wäre.

Und wenn du einmal aufhörst, zu zweifeln und nachzudenken, glaubst du alles und jedes. Dann stellst du keine Fragen mehr.

Nur aus der Unschuld deiner Kindheit heraus beginnt ein echtes Erkunden der Wahrheit. Nur von hier aus ist Religion möglich. *(100)*

Ein kleiner Junge gibt folgende Zusammenfassung seiner Religionsstunde:

»Da waren also diese Juden, die aus einem Gefangenenlager in Ägypten ausgebrochen waren. Sie rannten und rannten, bis sie an einen riesigen See kamen. Die Gefängniswärter kamen immer näher, also sprangen die Juden ins Wasser und schwammen zu ein paar Booten hinaus, die auf sie warteten. Die Wächter bestiegen U-Boote und versuchten die Boote mit ihren Torpedos zu versenken, doch die Juden warfen Bomben und sprengten alle U-Boote in die Luft und gelangten sicher ans andere Ufer. Und alle riefen den Admiral bei seinem Vornamen, Moses.«

»Bist du sicher, mein Sohn, daß die Lehrerin euch das genau so erzählt hat?« fragt der Vater.

»Paps«, sagt der Junge, »wenn du mir meine Geschichte nicht abnimmst, würdest du die Version, die uns die Lehrerin erzählt hat, noch viel weniger glauben.«

Wenn du Kindern idiotische Geschichten erzählst, hilfst du ihnen nicht, religiös zu werden, ganz im Gegenteil: Du hilfst ihnen, antireligiös zu werden. Wenn sie heranwachsen, merken sie, daß alle religiösen Lehrmeinungen nur Ammenmärchen sind.

Euer Gott, euer Jesus Christus wird später in der Vorstellung des Kindes dasselbe Schicksal erleiden wie der Nikolaus – alles nur Täuschung, alles erdichtet, um die Kinder bei der Stange zu halten. Und sobald ein Kind einmal weiß, daß alles, was du ihm als absolute Wahrheit vorgesetzt hast, nur Lüge ist, hast du etwas sehr Wertvolles in seinem Wesen zerstört. Es wird sich nie wieder für Religion interessieren. Ich habe die Beobachtung gemacht, daß die Welt durch den Religionsunterricht immer unreligiöser wird.

Wie viel von dem, was euch beigebracht wurde, wißt ihr noch? Niemand erinnert sich auch nur daran – nicht einmal das! Alles ist auf dem Müll gelandet.

Unterrichtet ruhig weiter, es hört sowieso keiner zu. Kinder sind machtlos. Sie müssen zur Sonntagsschule gehen, also gehen sie. Sie müssen zuhören, also hören sie zu, aber sie sind nicht bei der Sache. Und später sagen sie, sie hätten schon immer gewußt, daß alles nur Unsinn sei. Wenn du heute einem Kind sagst, daß Gott die Welt exakt viertausendundvier Jahre vor Christi Geburt erschuf, wird es nur müde lächeln, denn es weiß, daß du es entweder zum Narren hältst oder keinen blassen Schimmer hast. Die Welt existiert seit Jahrmillionen.

In Wahrheit hat es nie einen Anfang gegeben. Gott ist in Wahrheit nicht der Schöpfer, Gott ist Kreativität. Einem Kind weiszumachen, Gott habe die Welt in sechs Tagen erschaffen und sich am siebten ausgeruht, weil er müde war, heißt nichts anderes, als daß er sich seither keinen Deut um uns gekümmert hat.

Ein Mann ging zu seinem Schneider. »Wie lange dauert es eigentlich noch, bis mein Anzug fertig ist? Sie haben ihn mir schon vor sechs Wochen versprochen, und jedesmal sagen Sie, in ein paar Tagen sei er bereit. Gott hat die Welt in sechs Tagen erschaffen, und Sie bringen in sechs Wochen nicht einmal einen Anzug fertig!«

Und weißt du, was der Schneider darauf antwortete? Er sagte: »Ja, ja, ich weiß. Aber schauen Sie sich doch mal die Welt an, und vergleichen Sie sie mit meinem Anzug, dann merken Sie den Unterschied. Die Welt ist ein Scherbenhaufen! So kommt es, wenn man etwas in sechs Tagen erschafft.« *(101)*

Die Eisenbergs sind nach Rom umgezogen. Nach seinem ersten Schultag kommt der kleine David in Tränen aufgelöst nach Hause. Er erklärt seiner Mutter, die Nonnen hätten ständig solche katholischen Fragen gestellt, und wie soll ein braver jüdischer Junge die Antwort darauf wissen?

Frau Eisenbergs Herz fließt vor mütterlichen Gefühlen über. »David«, sagt sie, »ich werde dir die Antworten innen in dein Hemd einsticken, und wenn die Nonnen dich das nächste Mal aufrufen, schaust du einfach an dir runter und liest sie ab.«

»Danke, Mami«, sagt David, und als am nächsten Tag Schwester Michaela ihn fragt: »Wer ist die berühmteste Jungfrau der Welt?«, antwortet er ohne mit der Wimper zu zucken: »Maria.«

»Sehr gut«, sagt die Nonne. »Und wer war ihr Mann?«

»Josef«, antwortet der Junge.

»Ich sehe, du hast fleißig gelernt. Kannst du mir denn auch den Namen ihres Sohnes sagen?«

»Sicher«, sagt David. »Calvin Klein!«

Klein-Ernie wird die Predigt in der Kirche zu langweilig. In lautem Flüsterton fragt er seine Mutter: »Wenn wir ihm das Geld jetzt schon geben, meinst du, er läßt uns dann gehen?« *(102)*

Mein kleiner Sohn ist nie getauft worden. Ist das von Bedeutung?

Es ist sehr wichtig! Es ist gut, daß er nie getauft wurde, denn die Taufe ist etwas sehr Bedeutsames und kann niemandem aufgezwungen werden. Wenn du ein Kind dazu zwingst, erzeugst du in ihm eine künstliche Religion, und wenn es diese künstliche Religion beibehält, vergißt es die wahre Religion vielleicht ganz. Es wird vielleicht ein Christ, und es verpaßt Christus.

Dein Kind hat Glück gehabt. Gesegnet ist, wer von seinen Eltern nicht getauft wurde. Er ist offen, rein und klar. Sobald er reif genug ist, sobald er bewußt wird, kann er sich seine Religion selbst auswählen.

Laßt die Kinder in Frieden. Zwingt ihnen nie eine Religion auf, sondern laßt sie selbst nachforschen. Helft ihnen dabei, aber gebt ihnen keine fertigen Antworten. Helft ihnen, damit ihre Fragen eindringlich werden, helft ihnen, intensiv zu fragen, helft ihnen, damit sie eines Tages so intensiv fragen können, daß diese Intensität zu einer Transformation führt. Aber setzt ihnen nie fertige Antworten vor. Fertige Antworten sind sehr trügerisch.

Religion muß gelebt werden, Religion muß gewählt werden. Sie ist ein Engagement. Wie kannst du dich anstelle deines Kindes engagieren? Wer bist du, daß du dir das anmaßt? Hilf deinem Kind beim Aufwachsen, liebe es von Herzen, und gib ihm keine Antworten, die du selbst gar nicht kennst. Wenn es dich fragt, ob es einen Gott gibt, so sage ihm die Wahrheit – daß du es nicht weißt, daß du selber auf der Suche bist. Sage ihm die Wahrheit – daß es selbst suchen muß –, und bitte es, dir Bescheid zu sagen, falls es Gott eines Tages findet. Sei bescheiden. Die Versuchung ist groß, vor dem Kind so zu tun, als wüßten die Eltern alles. Das ist töricht. Du weißt nichts von Gott, und trotzdem lehrst du dein Kind, was es glauben soll, und konditionierst sein Denken. Konditioniere nie jemandes Denken. Laß dein Kind in Frieden – unversehrt, unberührt, jungfräulich. Eines Tages ...

Denn Religion ist ein so tiefes Bedürfnis, daß sie nicht gelehrt werden muß. Durch Lehren wird dieses Bedürfnis korrumpiert. Laß dein Kind es selbst sein, liebe es. Dank deiner Liebe wird es ihm möglich werden, eines Tages zu verstehen, was Beten ist. Liebe es, und dank deiner Liebe wird es verstehen, daß die Existenz ihm eine Mutter ist, ein Vater ist. Sprich nicht vom Vater im Himmel, sei selbst ein Vater für dein Kind. Das wird ihm den ersten Einblick geben, daß die Existenz nichts Fremdes ist, daß jemand sich kümmert, daß jemand es liebt. Liebe es! Sei ihm eine Mutter, damit es das Gefühl erhält, die Existenz sei eine Mutter. Mache ihm durch deine Fürsorge, durch deine Liebe, durch deine Obhut gewisse Eigenschaften der Existenz bewußt. Gib keine theologischen Weisheiten von dir, sie taugen nichts. Doch wenn du eines Tages nach dem Meditieren die Augen öffnest, wirst du plötzlich merken, daß dein Kind neben dir sitzt, in sich versunken, entrückt, mit geschlossenen Augen. Es kennt die Worte dafür nicht, aber jetzt versteht es dieses Gefühl, und das ist die wahre Taufe.

Zwinge es nicht, in die Kirche zu gehen, denn die Kirche wird es korrumpieren, und es wird denken, Religion sei nichts als ein Geschäft. Langsam wird es zur Einsicht kommen, daß Religion nichts anderes als Politik ist.

Bringe deinem Kind nicht die Politik der Religion bei. Laß es unversehrt, laß es allein. Aber schaffe eine Gelegenheit, ein Milieu, eine Atmosphäre, ein Klima, wo es mit dem, was Religion ist, in Berührung kommen kann. Dann wird es religiös sein.

Wenn du dein Kind wirklich liebst, wie kannst du dir da wünschen, daß es ein Christ ist oder ein Hindu oder ein Muslim? Was hat das Christentum der Welt nicht alles angetan! Es ist eine häßliche Krankheit. Genausowenig möchtest du, daß es ein Muslim wird – was hat der Islam der Welt nicht alles angetan – die nackte Gewalt! Und du willst auch keinen Hindu aus ihm machen, denn was ist der Hinduismus anderes als ein totes Fossil, seit Jahrhunderten am Verwesen?

Bleibe frei, bleibe liebevoll! Mache dich auf die Suche und finde deinen Gott. Der Gott, den du findest, ist der einzige Gott. Der Gott, der gelehrt wird, ist nicht Gott, es ist nur ein Wort. Und wenn du deine Religion gefunden hast, ist sie nicht vom Leben getrennt. Sie ist eins mit ihm. Sie ist das Leben selbst.

Und vergiß eines nicht: Wenn ich sage, das Leben ist Gott, meine ich damit nicht ein höheres Leben. Das ganz gewöhnliche Leben ist Gott!

Vor ein paar Tagen wurde Jean-Paul Sartre von einem Journalisten gefragt: »Was ist heute das Wichtigste in Ihrem Leben geworden?« Sartre erwiderte: »Ich weiß nicht. Alles. Leben, Lieben, Rauchen.« Das ist eine Zen-Antwort. Sartre ist kein religiöser Mensch, aber seine Antwort ist sehr religiös. Er hat nie einer Kirche angehört, er glaubt nicht an Gott, doch seine Antwort ist religiös. »Ich weiß nicht« ist ihre erste religiöse Qualität. Nur törichte Theologen geben vor zu wissen. Ein religiöser Mensch ist sich einer ungeheuren Unwissenheit bewußt. Das Leben ist ein Wunder – wie könntest du es kennen? Er weiß nur eins: daß er es nicht kennt. »Ich weiß nicht« – kein Priester kann das von sich sagen. Er wird sogleich seine Bibel aufschlagen und dir verkünden: »Hier ist die Antwort. Ich weiß.« Dabei wiederholt er nur geborgtes Wissen. Er ist ein Papagei.

Lehre also dein Kind weder Christentum noch Hinduismus noch Jainismus. Wenn du es liebst, dann schaffe ihm höchstens eine Atmosphäre, in der es eine Sensibilität dafür entwickeln kann, was Religion ihrem Wesen nach ist. Belehre das Kind nicht über die vielen Blüten, sondern lasse es ein Gespür für ihren Duft entwickeln, das ist genug. Das ist seine Taufe. *(103)*

Wie können wir Kinder Moral und Religiosität lehren?

Intelligenz ist die Quelle aller Religiosität und aller Moral, und Kinder sind intelligenter als ihr. Lernt von ihnen, anstatt zu versuchen, ihnen etwas beizubringen. Schlage dir diesen dummen Gedanken aus dem Kopf, du müßtest ihnen etwas beibringen. Schaue ihnen gut zu, nimm ihre Authentizität wahr, nimm ihre Spontaneität wahr, ihre Aufmerksamkeit. Nimm wahr, wie aufgeweckt sie sind, voller Energie und Lebensfreude, wie fröhlich, voller Staunen und Ehrfurcht.

Religion entsteht in Staunen und Ehrfurcht. Wenn du staunen kannst, wenn du Ehrfurcht verspüren kannst, bist du religiös. Nicht wenn du die Bibel liest oder die Bhagavadgita oder den Koran – nein, wenn du Ehrfurcht verspürst. Spürst du, wie dein Herz hüpft, wenn du den Nachthimmel voller Sterne erblickst? Merkst du, wie tief in dir drin ein Lied aufsteigen will? Fühlst du einen Einklang mit den Sternen?

Dann bist du religiös. Du bist nicht deshalb religiös, weil du in die Kirche gehst oder in den Tempel und geborgte Gebete aufsagst, die nichts mit deinem Herzen zu tun haben, die bloß Kopfgeburten sind.

Religion ist ein Liebesabenteuer – ein Liebesabenteuer mit der Existenz. Und Kinder sind schon mittendrin. Alles, was von deiner Seite nötig ist, ist, ihnen das nicht zu zerstören. Hilf ihnen, ihr Staunen lebendig zu erhalten, hilf ihnen, aufrichtig, authentisch und intelligent zu bleiben. Aber du zerstörst sie. Und das möchtest du im Grunde genommen auch mit deiner Frage: *»Wie kann man ihnen Religiosität und Moral beibringen?«*

Religiosität kann nicht gelehrt werden, sie kann nur ansteckend wirken. Bist du religiös? Umgibt dich eine Schwingung von Religiosität? Dann würdest du keine so dumme Frage stellen. Dann lernen es deine Kinder durch ihr Zusammensein mit dir. Wenn sie sehen, wie du mit Freudentränen in den Augen einem Sonnenuntergang zuschaust, berührt sie das unmittelbar, und sie werden ganz still. Du brauchst sie nicht zu bitten, still zu sein. Sie sehen deine Tränen und verstehen ihre Sprache.

Beobachte, wie intelligent Kinder sind. Und wann immer du Intelligenz entdeckst, freue dich darüber. Hilf ihnen und ermutige sie, ihren Weg weiterzugehen.

Papa hatte einiges an der Predigt auszusetzen, Mama fand, der Organist habe zu oft danebengegriffen, der Tochter gefiel der Chorgesang nicht, doch sie mußten ihr Urteil revidieren, als der junge Sohn lossprudelte: »Für zwanzig Pfennig war das doch eigentlich gar keine so schlechte Vorstellung!«

Der Besitzer einer Geflügelfarm will seinem Sohn besseres Benehmen beibringen, daher sucht er nach einem anschaulichen Beispiel.

»Siehst du nun, mein Junge? Die bösen Hühner hat alle der Fuchs gefressen.«

»Na und?« meint der Sohn. »Wenn sie gut gewesen wären, hätten wir sie gegessen.«

Zwei Sechsjährige mustern ein abstraktes Bild in einem Geschenkladen, auf dem ein Farbklecks zu sehen ist.

»Nichts wie weg!« meint der eine, »bevor sie auf die Idee kommen, wir seien es gewesen.«

Ein Vater kehrt abends von der Arbeit zurück und findet seinen kleinen Jungen mit kläglicher Miene auf der Treppe zur Haustür sitzen.

»Was ist denn, mein Junge?« fragt er ihn.

»Wenn du es unbedingt wissen willst«, erwidert der Kleine, »ich komme mit deiner Frau einfach nicht klar!«

Ein Vater nimmt seinen jungen Sprößling das erste Mal in die Oper mit. Der Dirigent hebt den Taktstock, und die Sopranistin beginnt ihre Arie zu singen. Nach einer Weile fragt der Junge: »Weshalb haut er sie denn eigentlich mit seinem Stock?«

»Er haut sie doch gar nicht«, meint der Vater, »er wedelt nur in der Luft herum.«

»Aber warum schreit sie dann so?«

Johnny kommt soeben von seinem ersten Schultag nach Hause.

»Na, mein Schatz«, fragt seine Mutter. »Was hat man dir denn beigebracht?«

»Nicht viel«, meint der Kleine. »Ich muß noch mal hin.«

Wenn du kleinen Kindern zuschaust, wenn du ihre Erfindungsgabe wahrnimmst, ihre Intelligenz, ihre fortwährende Reise ins Unbekannte, ihre Neugier, ihren Forschungsdrang, dann merkst du, daß du ihnen keine Glaubenssätze beizubringen brauchst.

Hilf ihnen zu verstehen und sage ihnen, daß sie ihre Religion selber finden müssen.

Ihr enthaltet den Kindern das Wahlrecht vor. In politischen Belangen müssen sie einundzwanzig Jahre warten, erst dann haltet ihr sie für reif genug, wählen zu gehen. Und in religiösen Belangen sollen sie mit vier oder fünf Jahren bereits reif sein? Glaubt ihr denn, Religionsunterricht sei eine Stufe tiefer als Sozialkunde? Glaubt ihr, einer politischen Partei anzugehören erfordert mehr Intelligenz und mehr Reife, als einer Religion anzugehören? Wenn einundzwanzig Jahre das richtige Alter für politische Reife ist, sollten zweiundvierzig Jahre das Minimum für religiöse Reife sein! Vor zweiundvierzig sollte niemand eine Religion auswählen. Mache dich auf die Suche, forsche überall nach, in allen Richtungen. Und wenn du dich aus freien Stücken für eine Religion entscheidest, dann hat das etwas zu bedeuten, aber wenn sie dir aufgezwungen wird, versklavt sie dich nur. Wenn du sie selbst wählst, dann ist es ein Engagement, eine Betroffenheit.

Moral ist eine Begleiterscheinung von Religion. Wenn man Religiosität im Herzen aufsteigen fühlt, wenn eine Beziehung, eine tiefe Verbundenheit mit der Existenz besteht, lebt man Moral. Es ist keine Frage von Geboten, es ist keine Frage von »Du sollst!« oder »Du sollst nicht!« Es ist eine Frage von Liebe, von Mitgefühl.

Wenn du still bist, steigt tiefes Mitgefühl für die gesamte Existenz auf, und aus diesem Mitgefühl heraus lebt man moralisch. Man kann nicht grausam sein, man kann nicht töten, man kann nicht zerstören. Wenn du still und glückselig bist, wirst du allen anderen zum Segen. Dieses Phänomen, für andere zum Segen zu werden, ist wahre Moral.

Moral hat nichts mit sogenannten Moralprinzipien zu tun. Diese sogenannten Moralprinzipien erzeugen nur Heuchler, sie erzeugen nur Scheinheilige, nur gespaltene Persönlichkeiten. Dank dieser Tausende von Priestern, sogenannten Heiligen und Mahatmas und ihren Lehren, die dir pausenlos einhämmern, was du tun sollst und was nicht, ist eine schizophrene Menschheit entstanden. Man hilft dir nicht, bewußt zu werden und zu sehen, was richtig und was falsch ist. Man öffnet dir nicht die Augen, man gibt dir lediglich Anweisungen.

Mir geht es darum, dir zu helfen, die Augen zu öffnen, deine Augen freizulegen und alle Arten von Schleiern vor ihnen wegzuziehen, damit du sehen kannst, was richtig ist. Und sobald du siehst, was richtig ist, tust du es einfach, du kannst gar nicht anders. Wenn du siehst, was falsch ist, kannst du es nicht tun, es ist unmöglich.

Religion bringt Klarheit. Und Klarheit transformiert deinen Charakter. *(104)*

Du sagst uns oft, wir sollten uns und andere nicht beurteilen. Ich bin Lehrer und muß in meinem Beruf die Schüler beurteilen. Nun mache ich mir Gedanken, wie ich mich verhalten soll. Kannst du mir helfen?

Wenn ich sage, daß ihr nicht urteilen sollt, heißt das nicht, daß du als Lehrer nicht zu einem Schüler sagen kannst: »Deine Antwort ist falsch.« Damit beurteilst du nicht die Person, du beurteilst die Handlung. Ich sage nicht, daß ihr Handlungen nicht beurteilen sollt. Das ist etwas völlig anderes.

Nimm beispielsweise einen Dieb. Du kannst Stehlen als etwas Schlechtes verurteilen; aber verurteile nicht den Menschen, denn ein Mensch ist etwas sehr viel Umfassenderes. Seine Handlung ist ein so kleiner Teil, und dieser Bruchteil sollte nicht zu einem Urteil über die gesamte Person führen. Ein Dieb kann viele gute Seiten haben; er mag wahrhaftig sein, er mag aufrichtig sein, er mag ein liebevoller Mensch sein.

Aber meistens geschieht genau das Gegenteil, meistens verurteilt man eher den Menschen als seine Handlung. Hier geht es aber darum, Handlungen zu korrigieren. Und speziell als Lehrer mußt du oft korrigieren. Du kannst nicht zulassen, daß deine Schüler immer weiter Fehler machen. Das wäre sehr hart und gefühllos.

Aber richte dich beim Korrigieren nicht nach Traditionen, nicht nach Konventionen, nicht nach der sogenannten Moral und auch nicht nach deinen Vorurteilen. Sei jedesmal, wenn du jemanden berichtigst, sehr meditativ, sehr still. Prüfe den Sachverhalt aus jedem Blickwinkel. Vielleicht ist das, was deine Schüler tun, genau richtig, und dein Eingreifen wäre genau falsch.

Wenn ich also sage, daß ihr nicht urteilen sollt, dann meine ich damit, daß keine Handlung dir das Recht gibt, einen Menschen zu verurteilen. Wenn das, was er tut, nicht richtig ist, dann hilf ihm zu verstehen, warum er falsch handelt. Es geht nicht darum, ein Urteil über ihn zu fällen. Nimm diesem Menschen nicht seine Würde, demütige ihn nicht, mache ihm keine Schuldgefühle. Das meine ich, wenn ich sage: »Urteilt nicht!«

Aber was das Korrigieren angeht: Wenn du ohne Vorurteile, aus deiner Stille und deiner Bewußtheit heraus erkennst, daß etwas verkehrt läuft und die Intelligenz eines Menschen zerstören könnte oder ihn auf Abwege bringen könnte, dann hilf ihm.

Die Aufgabe des Lehrers besteht nicht darin, unnütze Dinge zu unterrichten – Geographie, Geschichte und allen möglichen anderen Unsinn. Seine grundlegende Funktion ist vielmehr, den Schülern zu gesteigerter Aufmerksamkeit, zu einem höheren Bewußtsein zu verhelfen. Darin sollten sich deine Liebe und dein Mitgefühl ausdrücken, und dies sollte auch der einzige Maßstab sein, nach dem du eine Handlung als richtig oder falsch beurteilst.

Aber gib nie jemandem auch nur einen einzigen Moment lang das Gefühl, verurteilt zu werden. Laß ihn im Gegenteil spüren, daß er geliebt wird – daß du aus Liebe versucht hast, ihn zu korrigieren.

Ein Mann wacht im Krankenhaus aus der Narkose auf und findet den Arzt an seinem Bett.

»Ich habe eine gute und eine schlechte Nachricht für Sie«, sagt der Arzt. »Möchten Sie zuerst die gute oder die schlechte hören?«

»Autsch!« stöhnt der Mann. »Sagen Sie mir die schlechte zuerst.«

»Also gut«, sagt der Arzt. »Wir mußten Ihnen leider beide Beine oberhalb der Knie amputieren.«

»Aaach«, röchelt der Kranke, »das ist ja schrecklich!« Nachdem er sich etwas vom Schock erholt hat, fragt er: »Und was ist die gute Nachricht?«

»Der Patient im Bett nebenan möchte gerne Ihre Pantoffeln kaufen.«

Nimm nicht alles so ernst! Denke nicht, daß du als Lehrer eine sehr ernsthafte Aufgabe hast. Schaue das Leben mit verspielteren Augen an, es ist wirklich urkomisch! Es gibt nichts zu verurteilen, jeder tut sein Bestes. Wenn dich jemand aus der Ruhe bringt, ist das dein Problem, nicht seins. Korrigiere dich selbst zuerst! *(105)*

Ich werde oft wütend auf meine Schüler. Kannst du mir helfen?

Das Problem sind nicht deine Schüler – es liegt an dir. Es sind deine Erwartungen, die dir Schwierigkeiten machen. Seit jeher haben die Lehrer ihren Schülern immer alles aufgezwungen, und jetzt können sie das nicht mehr. Laß diese Erwartungen sein!

Kinder sind Kinder – sie sind nicht tot, sie sind die lebendigsten Menschen, die es gibt. Früher oder später werden wir sie zugrunde richten; all diese Lehrer werden sie zugrunde richten. Kinder wurden mehr unterdrückt als irgendeine andere Gesellschaftsschicht, weil sie so hilflos sind; sie können nicht einmal rebellieren.

Ich war selbst jahrelang Lehrer ... aber eine andere Art von Lehrer. Meinen Kindern stand es völlig frei, zu tun und zu lassen, was sie wollten. Wenn sie schreien wollten, schrie ich mit ihnen! Warum sollte ich nur danebenstehen? Und dann wurden sie still, weil das etwas ist ... weil sie nicht glauben konnten, was passierte! Wenn sie lachten, lachte ich auch. Ich erzählte ihnen so viele Witze, daß sie sagten: »Bitte aufhören, Sir. Uns platzt der Bauch vor Lachen! Sie bringen uns so zum Lachen, daß uns die Tränen kommen!«

Aus einem College wurde ich rausgeworfen, weil so viele

Schüler in meinen Unterricht kamen, die gar nicht meine Schüler waren ... aber meine Türen waren offen. Die Klasse war schon ganz voll, und dann kamen noch Schüler aus anderen Klassen dazu. Der Schulleiter war natürlich wütend, und die anderen Professoren waren auch wütend. Sie sagten: »Das ist nicht recht. Unsere Klassen sind leer, und alle Schüler sind hier und machen so viel Lärm! Es ist ein richtiges Fest – was ist los hier? Und warum lassen Sie Leute zu, die gar nicht Ihre Schüler sind?«

Schau dir deine Probleme einmal an, schau dir deine Erwartungen an, deine Ego-Trips, deine Zwänge, all die Ideen, die man dir eingeflößt hat, mit denen man dich erzogen hat.

Wenn du das alles einmal losgeworden bist, kannst du keine bessere Arbeit finden als den Lehrerberuf. Ansonsten wird es jedoch zu etwas sehr Häßlichem: Wenn du diese Dinge also nicht loswerden kannst, rate ich dir, den Beruf aufzugeben und etwas anderes zu tun, was dir gefällt und was dich nicht wütend macht. Doch versuche es zuerst einmal! Wenn du diese Dinge aufgeben kannst ... und man kann sie aufgeben. Ich kann sehen, daß du ein gewissenhafter Mensch bist: Du siehst die Dinge ganz klar. Du hattest bisher bloß nicht den Mut, sie aufzugeben.

Wenn du einmal verstehst, daß die Kinder die Opfer der Gesellschaft, der Familie, der Lehrer sind, wirst du sie lieben. Du wirst viel Mitgefühl für sie haben. Du wirst dich für sie einsetzen und für sie da sein! Du wirst einer von ihnen werden, und wenn du einmal zu ihnen gehörst, wirst du sehen, wie sehr sie dich lieben können. Bisher hatten sie niemanden, dem sie wirklich ihre Liebe und ihre Anerkennung zeigen konnten, und sie haben eine so große Bereitschaft in ihrem Denken, in ihren Herzen, jemanden zu schätzen und anzuerkennen – doch keiner scheint es zu verdienen.

Dein alter Lehrer in dir muß gehen. Dieser alte Lehrer ist nicht gut – er bringt dich nur durcheinander, und auch den Kindern bereitet er Kummer. Denn wenn ein Lehrer wütend ist, können sich die Schüler nicht wohl fühlen. Sie fühlen sich schuldig, daß sie dich wütend machen, daß sie etwas falsch machen, daß sie so etwas nicht tun sollten. Du machst ihnen Schuldgefühle. Du wirst wütend, und sie fühlen sich schuldig – auf diese Art entstehen alle Neurosen. Unsere Schulen, unsere Universitäten sind der Nährboden für Neurosen. Aber ich werde einen ganz anderen Lehrer aus dir machen. *(106)*

Wenn du mit Menschen arbeitest, kannst du es aus Pflichterfüllung tun, oder du arbeitest mit ihnen aus Liebe. Zwischen beiden bestehen große Unterschiede. Pflicht ist lauwarm, Liebe ist leidenschaftlich. Pflicht kann helfen, aber Liebe kann verwandeln. Die Pflicht kann nur die Oberfläche des anderen Menschen berühren, denn sie kommt aus deinem Kopf. Liebe kann verwandeln, denn sie kommt aus deinem Herzen.

Wann immer du mit Menschen arbeitest, bedenke, daß jeder einzigartig ist. Nie wieder wirst du so einen Menschen finden; er kommt nur einmal vor. Fange an sie gern zu haben – das ist der Unterschied.

Jeder einzelne Mensch repräsentiert das Göttliche. Liebe ihn, verehre ihn, respektiere ihn. Dann wird dir mehr geholfen, als du selber hilfst. Dann wirst du mehr wachsen als derjenige, der durch deine Hilfe wächst.

Und es gibt auf der ganzen Welt keinen anderen Weg, etwas zu lernen, als selbst ein Lehrer zu werden. Doch sieh es als eine geheiligte Sache an. Sei wirklich aufrichtig und authentisch. Ich sage nicht, du sollst ernst sein. Ich sage, sei aufrichtig, denn wenn du ernst bist, hast du anderen Menschen nichts zu geben. Sei aufrichtig, aber nicht ernst, sei spielerisch. Nimm es als ein Vergnügen – aber laß es dir heilig sein. Wenn beides sich in dir trifft, entsteht ein Zustand in dir, der anderen helfen kann. *(107)*

Ich bin Kindergärtnerin und unterrichte vier- bis fünfjährige Kinder.

Mit Kindern zu sein ist eine der schönsten Beschäftigungen. Aber es will gelernt sein, sonst hat man es sehr bald satt. Man muß es lieben, sonst ist es bald nicht mehr zum Aushalten. Es kann dich zum Wahnsinn treiben, du kannst einen Nervenzusammenbruch kriegen, denn Kinder sind so laut, so unzivilisiert, so ungesittet wie junge Tiere. Sie können jeden Erwachsenen auf die Palme bringen. Schon ein einzelnes Kind schafft das spielend, geschweige denn eine ganze Horde. Eine Klasse voller Kinder ist wirklich ein harter Brocken, aber wenn du sie liebst, ist es eine phantastische Übung.

Bringe ihnen also nicht nur etwas bei, sondern lerne auch von ihnen, denn sie haben sich etwas bewahrt, was du verloren hast und was auch sie früher oder später verlieren werden. Bevor das geschieht, lerne von ihnen. Sie sind noch spontan, sie sind noch furchtlos. Sie sind noch unschuldig. Sie verlieren es immer schneller. Je mehr die Zivilisation um sich greift, desto früher endet die Kindheit. Früher hörte sie irgendwann mit vierzehn, fünfzehn oder sechzehn Jahren auf, heute ist schon ein siebenjähriges Kind kein Kind mehr. Es wird reif. Die Reife tritt früher ein, denn wir kennen heute bessere Methoden, um die Kinder zu konditionieren und in feste Strukturen zu zwängen.

Es ist daher gut, mit Vier- bis Fünfjährigen wieder selbst zu einem vier- oder fünfjährigen Kind zu werden. Und glaube nicht, daß du viel weißt und sie nichts. Höre ihnen zu! Sie wissen etwas. Sie wissen intuitiver. Sie sind nicht so gescheit wie du, aber sie haben einen klaren Blick, eine sehr klare Sicht der Dinge. Ihre Augen sind noch nicht umwölkt, ihre Herzen sind noch im Fluß. Sie sind noch unverdorben. Das Gift hat noch nicht gewirkt. Sie sind noch natürlich.

Lasse sie nicht ständig spüren, wieviel du weißt. Sei keine Lehrerin für sie, sei eine Freundin. Schließe Freundschaft mit ihnen und halte Ausschau nach Anzeichen von Unschuld, von Spontaneität und von Intelligenz. Das wird dir ungemein viel helfen und deine Meditation vertiefen. *(108)*

Ich arbeite mit behinderten Kindern und möchte gerne wissen, wie ich das tun kann, ohne meine Energie zu verlieren. Ich neige dazu, mich zu sehr einzulassen und mich zu verlieren.

Diese Arbeit kann gut für dich sein, sie kann als Meditation benutzt werden, denn es gehört Mitgefühl dazu. Du mußt einfach nur deinen Blickwinkel ändern. Fasse es nicht als Arbeit auf, sondern als einen Dienst am Nächsten. Denke an die behinderten Kinder, nicht an dein Gehalt. Denke nicht an deine Verpflichtungen, denke nur an diese kleinen leidenden Kinder. Du kannst ihnen ein wenig helfen, du kannst ihr Leben etwas verschönern. Fasse deine Arbeit als eine Andacht auf, und ihre Qualität wird sich unmittelbar verändern. Du wirst offener sein, du wirst anfangen, sie zu genießen. Sie wird etwas Aufregendes für dich werden.

Manchmal muß man nur ein wenig zurücktreten und die Dinge aus einem anderen Blickwinkel betrachten, und schon sieht alles ganz anders aus. Von deinem Gesichtspunkt aus tust du einfach deine Arbeit, du kriegst dafür ein Gehalt samt Zulagen, und damit hat es sich. Dann werden dir diese behinderten Kinder wie Feinde vorkommen. Dann wirst du dir oft denken: »Warum hat die Existenz eigentlich behinderte Kinder geschaffen? Wenn es diese Kinder nicht gäbe, wäre ich nie Lehrerin geworden. Warum muß es Behinderte geben? Und wie kann man in einem solchen Haufen Elend glücklich sein?« Das macht dich traurig und bedrückt. Du siehst, wie ungerecht es ist, und beginnst an der Existenz zu zweifeln. Das ist der eine Standpunkt, der negative, der gewöhnliche.

Es gibt aber noch einen anderen Standpunkt, den positiven, den außergewöhnlichen. Aus dieser Sicht ist deine Arbeit für dich eine Gelegenheit zum Wachsen, weil du Mitgefühl zeigen kannst. Wenn du bei behinderten Kindern kein Mitgefühl aufbringst, wo denn sonst? Wenn dein Herz nicht für diese Kinder zu schlagen beginnt, wo denn sonst? In dieser Situation, in der du dich befindest, ist vieles möglich. Wenn du voller Mitgefühl sein kannst, ist deine Arbeit keine Arbeit mehr – sie wird dein Weg zum Göttlichen.

Fange an, diese behinderten Kindern nicht als deine Feinde, sondern als deine Freunde anzusehen. Fange an, ihnen in die Augen zu schauen, ihre Hände zu halten, sie zu knuddeln und das Göttliche in ihnen zu spüren.

Und wenn es dich glücklich macht, ihnen zu dienen, kannst du nirgendwo anders mehr unglücklich sein. Das wird zu einer starken Grundlage für dein ganzes Leben.

Es gibt nur zwei bedeutsame Dinge: Das eine ist Meditation, das andere Liebe. Entweder du meditierst, damit Liebe in deinem Leben wachsen kann, oder du liebst, damit Meditation in deinem Leben wachsen kann. Es funktioniert auf beide Arten.

Dies hier ist eine Liebesaffäre. Liebe diese Kinder! Sei ihnen eine Mutter, nicht nur eine Lehrerin. Nimm diese Kinder wie deine eigenen Kinder an.

Gehe mit dieser neuen Perspektive, mit dieser neuen Vision an die Arbeit. Laß es eine Entdeckungsreise ins Mitgefühl, in die Liebe, ins Dienen werden. Wenn du zu Hause bist, meditiere, und wenn du in der Schule bist, habe Mitgefühl. *(109)*

Was heißt es, Lehrer für die Kinder in der Kommune zu sein?

Du brauchst nur eine Atmosphäre der Fürsorglichkeit um sie herum zu schaffen, damit hilfst du ihnen, alles, was sie tun möchten, auf eine bessere Art und Weise zu tun. Hilf ihnen einfach, es besser zu tun.

Unsere Kinder sind nicht in Machtspiele verstrickt, sie sind nicht ehrgeizig. Wir versuchen hier nicht, sie in ihrem Leben mächtig zu machen, berühmt, reich oder was weiß ich. Wir bemühen uns nur, ihnen zu helfen, lebendig, authentisch, liebevoll und offen zu sein, dann sorgt das Leben selbst für sie. Vertrauen ins Leben – das müssen sie spüren, dann wissen sie, daß sie nicht kämpfen brauchen, sondern sich entspannen können.

Und was die Erziehung betrifft, so hilf ihnen, kreativer zu

werden. Malen ist gut. Sie sollten zu malen anfangen oder irgend etwas gestalten, jedenfalls sollte es etwas Kreatives sein. Laß sie selbständig arbeiten, und miß sie nicht mit deinen eigenen Maßstäben.

Wenn ein Kind malt, so miß es nicht an Erwachsenenmaßstäben. Sage nicht, das sei nun wirklich kein Picasso. Wenn das Kind Freude am Malen hat und dabei völlig absorbiert war, ist das genug, sein Bild ist schön. Nicht auf Grund irgendeines objektiven Kriteriums – vielleicht ist es Unsinn, vielleicht sind es nur Farbkleckse, nur so hingeschmiert, doch das muß so sein, denn ein Kind ist ein Kind und sieht die Dinge anders als du.

Wenn ein Kind beispielsweise ein menschliches Gesicht zeichnet, hat es eine ganz andere Sicht. Es malt die Augen riesengroß, dafür ist die Nase sehr klein. Die Ohren fehlen vielleicht – es hat nie darauf geschaut –, aber die Augen sind ihm sehr wichtig. Wenn es einen Menschen malt, malt es Kopf, Hände und Beine, aber der Rumpf fehlt – das ist seine Sichtweise. Für dich ist es falsch, doch aus seinem Blickwinkel sieht ein Mensch genau so aus: Hände, Beine und Kopf.

Es geht also nicht darum, zu beurteilen, ob ein Bild gut oder schlecht ist. Wir beurteilen überhaupt nicht. Das Kind soll sich deswegen weder gut noch schlecht fühlen. Wenn es beim Malen völlig absorbiert ist, reicht das schon. Es ist tief in Meditation, es geht völlig im Bild auf, es hat sich darin verloren. Das Bild ist gut, weil sich der Maler darin verloren hat.

Hilf dem Kind, sich völlig in etwas zu verlieren. Wenn ein Kind von sich aus malt, verliert es sich dabei; wenn du es jedoch dazu zwingst, ist es abgelenkt. Lasse die Kinder also tun, was immer sie tun möchten, und hilf ihnen dabei. Du kannst ihnen mancherlei technische Hilfe anbieten. Du kannst ihnen zeigen, wie man Farben mischt, wie man die Leinwand befestigt, wie man den Pinsel führt. Dabei kannst du ihnen helfen. Sei ihnen eine Hilfe, anstatt sie bloß zu führen.

Genauso hilft ein Gärtner einem Baum beim Wachsen. Du kannst nicht an einem Baum zerren, du kannst Wachstum nicht erzwingen. Du pflanzt den Samen, begießt ihn, gibst Dünger, und dann wartest du ab. Es wird von selbst ein Baum daraus. Wenn es ein Baum geworden ist, schützt du ihn, damit ihn keiner verletzt oder ihm Schaden zufügt. Das ist die Funktion eines Lehrers: Der Lehrer muß ein Gärtner sein. Du brauchst ein Kind nicht erschaffen, es entsteht von selbst. Die Existenz ist der Schöpfer.

Genau das meint Sokrates, wenn er sagt: »Ich bin eine Hebamme.« Eine Hebamme erschafft keine Kinder. Das Kind ist schon da, es ist bereit, herauszukommen, und die Hebamme hilft ihm dabei.

Hilf den Kindern also, kreativ zu sein, hilf ihnen, fröhlich zu sein, denn das ist aus den Schulen verschwunden. Die Kinder sind sehr traurig, und traurige Kinder schaffen eine traurige Welt. Sie sind es, die diese Erde bewohnen werden, und wir zerstören ihre Freude. Hilf ihrer Freude, hilf ihnen zu feiern und immer fröhlicher zu werden. Nichts ist wertvoller als das.

Die Menschheit kann nur gerettet werden, wenn die Gesellschaft entschult wird oder wenn völlig neuartige Schulen entwickelt werden, die eigentlich gar nicht mehr Schulen genannt werden können.

Es darf also absolut keinen Ehrgeiz mehr geben, kein Vergleichen. Vergleiche nie ein Kind mit einem anderen. Sage nie: »Schau, dieses Kind hat ein schöneres Bild gemalt als du.« Das wäre häßlich, gewaltsam und destruktiv. Du schadest beiden Kindern zugleich: Das Kind, dessen Bild du höher bewertet hast, bläht sein Ego auf und fühlt sich überlegen, das andere wird sich minderwertig fühlen. Da liegt das Übel – in Überheblichkeit und Minderwertigkeit. Vergleiche also nie.

Es wird schwierig für dich und die anderen Lehrer sein, denn das Vergleichen steckt tief in uns. Vergleiche nie! Jedes Kind muß respektiert werden, wie es ist – als etwas ganz Einzigartiges. *(110)*

Eine Sufi-Geschichte

Eine Frau war sehr beeindruckt von einem Sufi-Mystiker. Sie hatte einen einzigen Sohn, um den sie sich große Sorgen machte. Sein Vater war gestorben, und sie lebte nur für ihn. Der Junge war ihr ganzes Leben, und sie wollte, daß einmal etwas Rechtes aus ihm würde.

Der Junge aß schrecklich gern Süßigkeiten und lauter ungesundes Zeug. Sie hatte schon alles versucht; alle hatten es versucht: die Lehrer, die Priester, alle. Aber der Junge stellte sich völlig taub gegen ihre Ratschläge und aß weiterhin seine Süßigkeiten.

Weil er ihr einziger Sohn war, gab die Frau schließlich nach und ließ ihm seinen Willen. Denn lieber hungerte er, als etwas zu essen, was er nicht essen wollte. Er aß nur, was ihm schmeckte, und das waren lauter ungesunde Dinge, die nicht nahrhaft waren und ihm später im Leben zum Problem werden konnten.

Nun war also dieser Sufi-Mystiker ins Dorf gekommen, und die Frau dachte: »Das ist eine gute Gelegenheit. Der Mann hat eine so ungemein starke Ausstrahlung, daß er vielleicht an der Einstellung dieses dummen Jungen etwas ändern kann.« Sie brachte den Jungen zu ihm, so wie sie ihn schon zu jedem gebracht hatte, von dem man sich Hilfe versprechen konnte. Es war ihr schon fast zu einer Routine geworden. Der Junge sträubte sich und ging nur sehr ungern mit, so als stünde seine Selbstachtung auf dem Spiel.

Als die Frau dem Sufi-Meister die Situation schilderte, antwortete dieser: »Du mußt mir verzeihen. Im Moment kann ich diesem prächtigen Jungen noch nichts sagen. Ich bin alt, ich bin schon siebzig Jahre alt. Ich brauche mindestens zwei Wochen, bis ich ihm eine Antwort geben kann.«

Die Frau glaubte sich verhört zu haben. Jeder Dummkopf gab bereitwillig Ratschläge, und ein so großer Mystiker mit so vielen Anhängern sagte zu ihrem Jungen: »Du mußt mir verzeihen. Du hast den weiten Weg hierher gemacht, und ich kann dir nicht gleich einen Rat geben. Lasse mir mindestens zwei Wochen Zeit.«

Da gab der Junge zum ersten Mal seinen Widerwillen und seinen Widerstand auf. Zum ersten Mal wurde er respektiert, zum ersten Mal nahm man ihn für voll, zum ersten Mal wurde er nicht von vornherein verurteilt. Dem alten Mann ging es wirklich um ihn. Er wollte ihm einen wichtigen Rat geben, und dazu brauchte er wenigstens zwei Wochen Zeit.

Aber die Mutter war völlig schockiert. Sie konnte nicht glauben, daß ein so großer Mystiker einem kleinen Jungen in einer so alltäglichen Angelegenheit nicht sofort einen Rat geben konnte. Aber da war nichts zu machen. Sie mußten sich zwei Wochen lang gedulden.

Der Junge konnte es kaum erwarten und zählte die Tage, denn er wollte den alten Mann unbedingt wiedersehen: »Er ist ganz anders als alle die anderen Leute, zu denen du mich bisher gebracht hast«, meinte er zu seiner Mutter. Die zwei Wochen kamen ihm wie zwei Jahre vor.

Schließlich war der Tag da. In aller Frühe nahm der Junge ein Bad, zog sich an und war bereit. Die Mutter fragte: »Wozu diese Eile?«

Er sagte: »Ich will unbedingt zu dem alten Mann. Er ist der einzige Mensch, bei dem ich gespürt habe, daß er andere respektiert.« Gewöhnlich ist es ein wenig erniedrigend, anderen einen Rat zu erteilen, denn eigentlich bringt man damit zum Ausdruck: »Ich weiß Bescheid und du nicht. Ich bin der Führer, du bist der Geführte. Ich bin der Lehrer, du bist der Belehrte.« Auf Kosten der Würde des anderen spielt man eine gewisse Überlegenheit aus.

Als sie ankamen, sagte die Frau zu dem Mystiker: »Ehe wir über den Jungen reden, möchte ich gerne wissen, warum du zwei Wochen dafür gebraucht hast. Ist das denn ein so großes philosophisches Problem?«

Der Mystiker sagte: »Wenn es ein philosophisches Problem wäre, hätte ich dir sofort antworten können. Aber es ist ein existentielles Problem. Ich bin siebzig Jahre alt, und er ist gerade sieben geworden. Ich habe zehnmal länger gelebt als dein Junge und esse immer noch gern Süßigkeiten. Solange ich selber Süßigkeiten esse, kann ich dazu nichts sagen. Diese zwei Wochen habe ich versucht, auf alle Süßigkeiten zu verzichten und zu schauen, was passiert. Mein Rat beruht also auf eigener Erfahrung, nicht nur auf der allgemeinen Meinung, daß Süßigkeiten schädlich seien. Vielleicht sind sie es wirklich. Aber wenn ich mit meinen siebzig Jahren nicht darauf verzichten kann, wie kann man es dann von einem kleinen Jungen erwarten? Einen solchen Rat kann ich nicht geben.«

Der Junge war tief beeindruckt. Ein alter Mann machte sich seinetwegen zwei Wochen lang solche Mühe!

»Mein Sohn«, fuhr der Alte fort, »es ist sehr schwer. Es ist mir zwar gelungen, die Süßigkeiten aufzugeben, und ich bin jetzt für den Rest meines Lebens davon kuriert. Aber ich weiß nicht so recht, was ich dir raten soll. Du bist noch so jung. Wenn du Süßigkeiten liebst, wird es dir schwerfallen, sie aufzugeben. Das von dir zu verlangen wäre schon fast brutal und ein Eingriff in deine persönlichen Rechte. Ich kann also nur eins sagen: Es wäre sicher gut für deine Gesundheit, aber es ist sehr schwer. Es ist eine echte Herausforderung. Du kannst selbst entscheiden, ob du sie annehmen willst. Ich bin für den Rest meines Lebens damit fertig, und das gibt mir die Berechtigung zu sagen, daß auch du es schaffen kannst. Aber es wird nicht leicht sein. Bist du bereit für eine solche Herausforderung, für ein solches Abenteuer?«

Der Junge erwiderte: »Ich höre jetzt gleich damit auf, und zwar für immer. Wenn du das kannst, warum soll ich es nicht können? Du bist schon alt, ich bin noch jung. Du wirst schwächer, ich werde immer stärker. Ich bin der Herausforderung gewachsen. Mache dir keine Sorgen!«

Die Mutter konnte es nicht fassen: »Ein Wunder ist geschehen! Mein Junge beschwichtigt den alten Mann und sagt ihm, er werde es schon schaffen.«

Der alte Mann meinte: »Vielleicht solltest du es dir zuerst zwei Wochen lang überlegen so wie ich und es ausprobieren«, doch der Junge erwiderte: »Nein, ich höre jetzt gleich damit auf, hier vor deinen Augen und mit deinem Segen.« *(111)*

11. KAPITEL

Die Heilung des inneren Kindes

Die meiste Zeit meiner Kindheit habe ich damit verbracht, mich gegen Strafen unempfindlich zu machen. Diese Tage sind zwar längst vorbei, aber ich habe immer noch Angst und wage nicht, in mich hineinzuschauen.

Du bist ein verschlossener Mensch geworden, dem es schwerfällt zu lieben. So ergeht es vielen Menschen – in Wahrheit mehr oder weniger allen.

Ein Kind muß lieblos und unspontan werden, es muß seine Sensibilität abtöten, um zu überleben – und zwar mehr oder weniger jedes Kind. Die Unterschiede sind nur graduell. Das Kind muß Tricks lernen, wie man überlebt. Und der Haupttrick ist: Sei niemals spontan. Halte dich an die Umgangsformen, sei niemals natürlich, denn deine Spontaneität wird bestraft und deine Wohlerzogenheit gelobt und belohnt.

Die Eltern wenden eine subtile Strategie dabei an: Sie machen dem Kind Angst, die Wahrheit zu sagen. Niemand will, daß es die Wahrheit sagt. Aber das Kind kann noch nicht lügen. Doch das muß es lernen.

Kinder sind aufmerksame Beobachter, sie passen auf, was um sie herum vorgeht. Und natürlich sind ihre Sinne frisch und ungetrübt. Sie erfassen die Wahrheit sofort. Kinder kannst du nicht täuschen. Sie durchschauen dich sofort, ganz intuitiv. Und sie sind so unschuldig, daß sie sich unmöglich an Umgangsformen halten können. Aber um zu überleben, müssen sie das.

Sie beobachten alles. Doch früher oder später lernen sie, daß sie diplomatisch sein müssen. Mit den Erwachsenen kann man nicht ehrlich und aufrichtig sein.

Drei französische Jungen verbringen den Sommer auf dem Land. Eines Nachmittags streifen sie durch ein Feld, als sie ein eng umschlungenes Paar unter einem Baum entdecken.

»Mon Dieu!« ruft der Jüngste, der erst sechs ist. »Die zwei haben einen fürchterlichen Streit.«

»Aber nein, Kleiner«, meint der etwas erfahrenere Neunjährige. »Die beiden machen Liebe.«

»Richtig«, bestätigt der Älteste, ein Bursche von elf Jahren. »Aber was für Amateure!«

Doch vor ihren Eltern können Kinder solche Dinge nicht sagen. Sie wissen viel mehr, als du ahnst. Sie sind so aufmerksam, so offen und so empfänglich für das Leben, daß sie jede Empfindung in ihr Wesen eindringen lassen. Aber früher oder später stumpfen sie ab und werden steif und verschlossen. Dabei lernen sie eins: Wenn sie ihren Eltern, ihren Priestern und Politikern nicht gehorchen, müssen sie dafür bezahlen. Anerkennung gibt es nur für die Gehorsamen.

Aber mache dir klar, daß du jetzt keine Angst mehr zu haben brauchst. Du kannst es sein lassen, es ist nur eine alte Gewohnheit. Ein wenig Intelligenz ... und so viel Intelligenz hat jeder! Wenn du Intelligenz genug besessen hast, um dich in der Kindheit unempfindlich zu machen, um zu überleben, dann bist du ein intelligenter Mensch.

Aber jetzt gibt es die Eltern nicht mehr. Niemand zwingt dich mehr, niemand bestraft dich. Es ist nur eine alte Angst, eine Erinnerung. Du kannst es sein lassen!

Alles, was du dazu brauchst, ist Meditation. Meditation bedeutet zu sehen, dir bewußt zu werden, daß diese Tage vorüber sind. Ein intelligenter Mensch kann sehen, daß die Nacht vorüber ist; es ist Tag. Und Meditation schärft die Intelligenz. Sehen ist genug; Sehen bewirkt die Transformation.

Das ist unsere Erfahrung in der östlichen Welt. Alle Buddhas des Ostens haben den Leuten nur eine einzige Meditation gegeben: Gewahrsein, Bewußtheit.

Jetzt weißt du, jetzt ist dir bewußt, wie diese Angst entstanden ist: aus dreißig Jahren ständiger Furcht vor Bestrafung. Du bist verschlossen, abgekapselt und immer auf der Hut. Du kannst dich nicht entspannen, du kannst nicht echt sein, du kannst nicht aufrichtig sein. Du kannst nicht sagen, was du möchtest, und nicht tun, was du gerne tust. Doch jetzt verstehst du alles – jetzt ist es vorbei, und du bist damit fertig. Schlüpfe aus dieser alten Haut heraus und fange an, wieder lebendig und sensibel zu werden, so wie du es in deiner Kindheit warst. Es ist deine Natur, deshalb kannst du es leicht zurückfordern. Was du gelernt hast, ist nicht deine Natur, deshalb kannst du es sehr leicht wieder verlernen. *(112)*

Ich habe das Gefühl, daß mich keiner liebt und daß ich es nicht wert bin, geliebt zu werden.

Du hast eine falsche Vorstellung: daß man sich Liebe verdienen muß. Das ist völlig absurd. Dann könnte niemand lieben, und niemand hätte je das Gefühl, der Liebe wert zu sein.

So funktioniert Liebe nicht. Sie verlangt nichts von dir; Wert spielt keine Rolle. In der Liebe geht es nicht darum, ob du sie verdienst oder nicht. Du kannst geliebt werden, wie du bist. Aber du bist von Kindheit an falsch konditioniert worden. Jedes Kind wird falsch konditioniert, weil die Eltern sich dieses Bedürfnis zunutze machen – das Bedürfnis, geliebt zu werden, umarmt zu werden, sich zu kuscheln. Sie benutzen es als eine Methode, um das Kind zu erziehen. Sie nutzen dieses Bedürfnis aus. Sie wissen nicht, wie sie es sonst anstellen sollen, das Kind zu erziehen, deshalb machen sie einen Handel mit ihm.

Sie sagen: Wenn du tust, was wir möchten, dann lieben wir dich. Aber du mußt es dir verdienen. Wenn du gut bist in der Schule, wenn du dich zu Hause, bei den Nachbarn, bei den Gästen, bei Vater und Mutter gut benimmst, dann wirst du von uns geliebt. Wenn du nicht gut bist, wenn du es nicht verdienst, dann lassen wir dich hungern. Dann werden wir dich nicht lieben, sondern uns von dir zurückziehen.

Und das Kind hat ein so großes Bedürfnis nach Liebe; es ist genauso wie mit der Nahrung. Ohne Nahrung kann es nicht überleben, und genausowenig ohne Liebe. Tatsächlich reicht das Bedürfnis nach Liebe sogar noch tiefer als das nach Nahrung, denn ohne Nahrung verkümmert nur sein Körper, ohne Liebe jedoch seine Seele.

Das Kind muß also einen Kompromiß schließen. Es kann nicht sagen: »Liebt mich doch so, wie ich bin.« Das kann es nicht fordern, und selbst wenn es das täte, würde niemand die Forderung erfüllen. Nach und nach muß sich das Kind zwingen, Dinge zu tun, die es niemals tun wollte und die es gar nicht mag, denn da ist dieser Köder – daß es Liebe bekommt. Und so strengt es sich in der Schule und überall an und versucht, den Erwartungen zu entsprechen. Es versucht, ein bißchen mehr Liebe zu ergattern, und lernt dabei etwas sehr Gefährliches: daß man nur geliebt wird, wenn man es verdient hat.

Das ist völlig absurd. Es ist so, als würde jemand behaupten, daß du nur atmen kannst, wenn du es verdient hast. Das ist ebenso unsinnig. Du atmest, ob du es verdient hast oder nicht, ob du ein Heiliger oder ein Sünder bist. Siehst du nicht, wie das Leben sich jedem schenkt, ohne Bedingungen zu stellen? Die Sonne scheint für den Heiligen ebenso wie für den Sünder, sie macht keinen Unterschied. Die Wolken kommen und regnen auf jeden von uns, ohne Unterschied. Das Leben ist für jeden da, du brauchst es dir nicht zu verdienen. Es ist eine Gnade, ein Geschenk. Liebe ist ein Geschenk.

Aber seit Jahrhunderten sind Kinder von Eltern korrumpiert worden. Doch es ist nicht deren Schuld, auch sie wurden von ihren Eltern korrumpiert. Und wenn du die ganze lange Reihe zurückverfolgst, kommst du bei Gott als dem eigentlich Schuldigen an, dem ersten Vater. Er hat Adam und Eva gedroht: »Wenn ihr mir nicht gehorcht, verstoße ich euch aus eurem Glück, aus dem Himmel, aus dem Paradies. Seid gehorsam. Seid dessen würdig. Nur dann dürft ihr hier leben!« Und seitdem machen es alle Eltern genauso. Und jedes Kind fürchtet, sein Paradies könnte verlorengehen.

Aber jetzt bist du erwachsen. Du kannst auf all das zurückschauen und es überdenken. Du brauchst dich von dieser Konditionierung nicht mehr einschränken zu lassen. Indem du dir ihrer bewußt wirst, wirst du frei davon. Mehr ist nicht nötig, denn es ist eine völlig falsche Vorstellung.

Alle diese unbewußten Konditionierungen existieren nur, weil du dir ihrer nicht bewußt bist. Versuche also bei jedem Problem dir des ganzen Vorgangs von Anfang an bis zum jetzigen Zeitpunkt bewußt zu sein.

Man braucht sich Liebe nicht zu verdienen. In Wirklichkeit ist es genau umgekehrt. Je mehr du liebst und je mehr du geliebt wirst, desto mehr bist du dessen würdig. Liebe macht dich würdig. Sobald dich jemand liebt, beginnt er dich zu verwandeln. Allein der Blick zweier liebender Augen, und auf einmal bist du nicht mehr der gleiche. Du beginnst dich zu öffnen, zu fließen ... du bist in Hochstimmung, du bist ekstatisch. Auf einmal fühlst du dich lebendig und fängst an, Dinge zu tun, die du noch nie gemacht hast.

Liebe macht die Menschen würdig – das ist meine Einstellung. Ich sage nicht zu euch, daß ihr euch die Liebe erst verdienen müßt. Es ist kein Geschäft. Liebt einfach!

Und als zweites: Erwarte nie, daß andere dich lieben sollten. Auch das ist eine falsche Einstellung, die in der Kindheit verwurzelt ist. Ein Kind wartet darauf, daß es geliebt wird. Und das ist nur natürlich, denn wie kann ein Kind lieben? Ein Kind, das gerade einen Tag alt ist – wie kann es lieben? Es kann nicht einmal die Hand der Mutter halten, es kann nicht einmal seine Augen auf sie fixieren. Alles ist verschwommen, es weiß nicht, wer die Mutter ist, wer wer ist. Wie kannst du von ihm erwarten, daß es liebt? Es bekommt Liebe.

So lernt das Kind allmählich, daß andere es lieben müssen. Das ist falsch. Während der Kindheit traf es zu, aber man muß dieses Muster hinter sich lassen, nur dann wird man erwachsen. Ein Mensch wird an dem Tag erwachsen, an dem er merkt, daß er lieben muß, daß es nicht mehr darum geht, von anderen geliebt zu werden.

Warum also ein Bettler sein? Du bist kein Kind mehr. Doch

du verhältst dich immer noch nach einem kindlichen Schema. Fange an zu lieben! Stehe der Liebe nicht im Weg. Und je mehr du liebst, desto mehr Menschen werden kommen und dich lieben. Denn Liebe zieht Liebe an, genauso wie Haß mehr Haß anzieht. Kümmere dich nicht darum, ob andere dich lieben oder nicht. Liebe einfach! Und zu lieben ist solch eine Freude – wen kümmert's, ob etwas zurückkommt oder nicht? Es ist genau wie Singen. Du singst und hast deine Freude daran. Wenn jemand klatscht, gut. Wenn niemand klatscht, ist das seine Sache. Dir hat es trotzdem Spaß gemacht.

Fange an zu lieben, und Liebe wird zu dir zurückkommen. Sie ist ein Geschenk. Die ganze Existenz ist voller Liebe.

Die Wolken regnen nicht auf die Erde herab, weil sie es wert ist. Sie regnen, weil sie zu voll sind. Wo sollen sie hin damit? Ja, nach dem Regen wird die Erde es wert. Neues Leben sprießt hervor. Neue Bäume wachsen, neue Blumen blühen – aber als Folge des Regens. Die Erde hat die Wolken nicht verdient. Die Wolken waren da, und sie waren zu voll. Sie müssen ihre Last loswerden.

Die Existenz ist aus dem Stoff gemacht, den wir Liebe nennen. Sie umgibt dich wie die Luft, du atmest sie einfach ein, und so geht es weiter. Denke also nicht mehr an Wertsein. Fange an zu lieben, und du wirst sehen, daß Liebe zu dir kommt, daß sie fließt. Sie kommt tausendfach zurück. Teile sie einfach, und fahre fort zu meditieren. *(113)*

Ich fühle mich wie ein kleines Kind.

Das ist gut. Es ist sehr gut, in deine Kindheit zurückzugehen, denn das ist die Zeit – mit etwa fünf Jahren –, in der dein Leben sich gabelte. Ab da hast du dein wirkliches Leben versäumt und bist unecht geworden. Von da an bist du in die falsche Richtung gegangen. Sobald du echt und authentisch wirst, gehst du wieder zu dieser Gabelung zurück. Aber man darf dort nicht stehenbleiben, sondern muß an diesem Punkt weiterwachsen. Es ist gut, zurückzugehen, doch das ist erst die halbe Reise. Die andere Hälfte hast du noch vor dir. Es ist so, wie wenn du Auto fährst und dich verfahren hast. Plötzlich merkst du, daß du den falschen Weg eingeschlagen hast. Du fährst zur Kreuzung zurück und nimmst den richtigen Weg.

Von da an wächst du ohne Gebote und fremde Ziele. Erlaube deiner Bestimmung, von dir Besitz zu ergreifen. Bewege dich von jetzt an spontan und natürlich.

Lebe dieses Mal ohne Eltern. Mache niemanden zu deinem Papi oder zu deiner Mami, sonst wird diese Projektion dich verkrüppeln.

Lebe diesmal, als wärst du eine Waise – niemand, zu dem du aufschaust, niemand, der dich führt. Alle Führer sind falsch.

Höre diesmal auf dein eigenes Herz. Worauf solltest du sonst hören? Bald wirst du merken, daß du von selbst wächst. Und das ist wirkliches Wachstum. Es ist schwierig und strengt an, aber die Wirklichkeit ist nun einmal so – man muß dafür bezahlen. Und Fehler zu begehen schadet nichts; das ist der einzige Weg, wie man lernt. Der Mensch lernt nur durch Erfolg und Mißerfolg. Weil wir es in der Vergangenheit vermieden haben, durch Erfolg und Mißerfolg zu lernen, sind Autoritäten wie Eltern, Politiker und Priester so wichtig geworden. Und dabei lenken sie jeden von sich selbst ab.

Ich will euch helfen, euch selbständig zu bewegen. Ich will euch helfen, von allen Autoritäten frei zu werden. Ich leite euch an, ohne Anleitung zu leben.

(Sie fragt nach:) Kann ich deine Autorität annehmen?

Nein, nein, nimm meine Autorität nicht an. Versuche zu verstehen, was ich sage. Wenn du es ohne eigenes Verständnis akzeptierst, dann bin ich wieder dein Papi. Sobald du ohne eigenes Verständnis jemandes Autorität akzeptierst, bist du von der richtigen Spur abgekommen. Jetzt ersparst du dir, Fehler zu machen und deinen eigenen Weg zu suchen. Du willst den bequemen, vorgegebenen Weg gehen.

Erlaube keiner Autorität, auch meiner nicht, dich abzulenken. Gehe deinen eigenen Weg. Wenn du, während du deinen eigenen Weg gehst, merkst, daß jemand dir helfen kann, und du seine Hilfe in Anspruch nimmst, dann geschieht das allein auf Grund deines Verständnisses. Dein Verständnis macht sie wahr. Dein Verständnis ist der einzige Beweis. Nicht nötig, irgend jemand zu Papi oder Mami zu machen.

Jeder muß an diesen Punkt kommen, wo er vollkommen frei wird von seinen Eltern. Nutze also diese Einsicht, und sei auf dich selbst gestellt.

Und das braucht nicht mehrere Jahre zu dauern. Du verfügst über alle Mechanismen, die Erfahrung, das Wissen eines Erwachsenen. Körperlich bist du erwachsen, seelisch bist du ein Kind. Dieses Kind wird also nicht viele Jahre brauchen, um heranzuwachsen. Innerhalb von wenigen Wochen wirst du sehen, wie es wächst.

Eines Tages merkst du plötzlich, daß dein seelisches Alter mit deinem körperlichen Alter übereinstimmt. Es kann sogar in Sekundenschnelle geschehen, je nachdem, wie intensiv du diesen Zusammenhang verstehst. Es kann augenblicklich geschehen, hier und jetzt. Eine blitzartige Einsicht – und im Nu ist eine Brücke geschlagen, sind Vergangenheit und Gegenwart überbrückt. Doch es gibt keinen Grund zur Eile. Selbst wenn es Wochen dauern sollte, braucht man es nicht eilig zu haben. *(114)*

Warum handle ich immer aus Angst?

Die Angst ist sehr tief in dich hineingepflanzt worden, man hat dich in einen sehr ängstlichen Bewußtseinszustand versetzt.

Ein Kind kommt hilflos zur Welt, aber es ist nicht ängstlich, denke daran. Es ist hilflos, aber nicht ängstlich. Es kann mit einer Schlange spielen und könnte auf einem Löwen reiten. Das Kind ist nicht ängstlich. Es ist hilflos, das ist wahr. Es ist empfindlich, verletzlich, es braucht deine Hilfe zum Wachsen. Aber du nutzt seine Hilflosigkeit aus; du veränderst die Tönung seiner Hilflosigkeit, du verwandelst sie in Angst, du reduzierst sie zu Angst. Und das ist sehr einfach. Du kannst zu ihm sagen: »Wir geben dir heute nichts zu essen«, oder »Wir schließen dich im Badezimmer ein«, oder »Wenn du das tust, wirst du Schläge kriegen.« Oder die Mutter kann drohen: »Ich gehe fort«, oder »Ich lasse dich allein.« Oder der Vater kann sagen: »Ich werde nie mehr nach Hause kommen, wenn du das noch einmal tust.« Du kannst dem Kind große Angst machen; es ist so hilflos, ohne dich kann es nicht überleben.

Deshalb kannst du das Kind ausnutzen. Über ein ängstliches Kind hast du Macht, du kennst seine Reaktionen, du kannst es dazu bringen, alles zu tun und zu lassen, was du willst. Dann kannst du ihm deine Ideen, deine Religion, deine Ideologien, deine Muster aufzwingen.

Wenn du dein Kind wirklich liebst, wirst du eines nie tun: Du wirst es niemals so machen wollen, wie du selbst bist. Aber jeder Vater und jede Mutter wollen, daß ihr Kind genauso wird wie sie. Das macht die Leute sehr glücklich.

Einmal wurde einer meiner Kollegen an der Universität Vater. Er lud mich ein, sein Kind zu sehen. Er war begeistert. Unterwegs meinte er: »Jemand hat gesagt, das Kind sieht mir ähnlich. Viele Leute sagen, es sieht genauso aus wie ich.«

Als ich sein Kind sah, sagte ich zu ihm: »Der Junge sieht wirklich so aus wie du. Aber bitte paß auf, daß er nicht so wird wie du.« Er antwortete: »Was sagst du da? Was denn sonst? Mein Kind soll so werden wie ich.«

Nun, dieser Vater ist auf einem Egotrip – alle Väter sind das. Warum soll das Kind so werden wie du? Vielleicht gleicht sein Gesicht deinem, das ist gut. Doch es geht nicht um das Gesicht, es geht um seinen Geist. Das Kind hat seinen eigenen Geist. Wenn du den so machen willst wie deinen, dann ist das der reinste Egotrip. Die Leute versuchen auf diese Weise unsterblich zu werden. Sie sterben, aber das Kind wird leben – und es wird genauso sein wie sie, genauso verkorkst, genauso unglücklich, genauso neurotisch wie sie.

Ich antwortete dem Vater: »Soviel ich weiß, bist du seit vielen Jahren immer wieder zu mir gekommen, weil du unglücklich bist. Und du willst, daß dein Kind genauso wird wie du?«

Wenn du dein Kind wirklich liebst, dann mache es dir zur Verpflichtung, dein Kind nicht so werden zu lassen, wie du bist.

Du fragst mich: *Warum handle ich immer aus Angst?*

Weil du immer noch nicht frei bist von deinen Eltern. Alle Angst stammt von den Eltern. Du magst an Jahren gewachsen sein, aber du bist nicht an Bewußtsein gewachsen. Laß deine Eltern los. Laß die Konditionierung los, die sie dir unwissenderweise eingepflanzt haben. Mache dich frei von ihnen. *(115)*

Ich spüre, daß ich nicht tief atmen kann; ich halte eine Menge im Bauch fest.

Atmen ist eines der wichtigsten Dinge, worauf man achten muß. Wenn du nicht voll atmest, kannst du nicht voll leben. Dann hältst du dich in allem zurück, selbst in der Liebe. Selbst beim Sprechen hältst du dich zurück. Du kannst dich nie vollständig mitteilen, irgend etwas bleibt immer unvollständig.

Wenn deine Atmung vollkommen frei fließt, kommt auch alles andere in Ordnung. Atmen ist Leben. Aber die Leute achten nicht auf ihre Atmung, sie schenken ihr keine Beachtung. Dabei wird jede Veränderung, die in dir geschieht, durch deinen Atem hervorgerufen.

Wenn du jahrelang falsch geatmet hast, nur ganz flach geatmet hast, dann wird die Muskulatur um die Atemwege herum unbeweglich – dann ist es nicht mehr nur eine Frage des Willens. Es würde viele Jahre dauern, diese Muskulatur durch eigene Anstrengung zu verändern – das wäre Zeitverschwendung. Durch tiefe Massage, besonders durch Rebalancing, entspannen sich diese Muskeln, und du kannst wieder neu beginnen. Aber achte darauf, daß du danach nicht in deine alte Gewohnheit zurückfällst.

Jeder von uns atmet falsch, weil die ganze Gesellschaft auf falschen Ansichten und Haltungen beruht. Wenn zum Beispiel ein kleines Kind weint, befiehlt ihm die Mutter, damit aufzuhören. Was soll das Kind tun? Die Tränen kommen, aber die Mutter verbietet ihm zu weinen. Das Kind hält seinen Atem an, denn das ist die einzige Möglichkeit, um das Weinen zu stoppen. Wenn du deinen Atem anhältst, stoppt alles – das Weinen, die Tränen, alles. Nach und nach wird daraus ein festes Schema: »Sei nicht wütend! Weine nicht! Tue das nicht, tue jenes nicht!«

Das Kind lernt, daß es durch flache Atmung die Kontrolle behält. Wenn es gelöst und tief atmet, so wie jedes Kind von Natur aus atmet, dann ist es wild und ungehemmt. Also verkrüppelt es sich.

Jedes Kind, ob Junge oder Mädchen, spielt mit seinen Genitalien, weil es ein angenehmes Gefühl hervorruft. Als Kind hast du keine Ahnung von dem sozialen Tabu und dem ganzen Unsinn, doch wenn Mutter, Vater oder sonst jemand sehen, daß du mit deinen Genitalien spielst, verlangen sie sofort, daß du damit aufhörst. Und in ihren Augen liegt eine solche Verurteilung, daß es dir einen Schreck einjagt und du Angst hast, tief zu atmen, denn durch die tiefe Atmung werden die Genitalien von innen her massiert. Das bringt dich in Schwierigkeiten, also atmest du nicht tief, sondern nur flach, damit du von den Genitalien abgeschnitten bleibst.

Alle sexuell repressiven Gesellschaften sind zwangsläufig flach atmende Gesellschaften. Nur primitive Menschen, die dem Sex gegenüber keine repressive Einstellung haben, atmen ungehindert. Sie haben eine sehr schöne Atmung, sie ist vollkommen und tief. Sie atmen wie Tiere, sie atmen wie Kinder.

Es spielen also hier viele Dinge hinein. Mache zuerst Rebalancing, dann sehen wir weiter. *(116)*

Ich spüre seit einigen Jahren, daß in meinem Hals und Nacken viel Energie blockiert ist. Was soll ich tun?

Das hast du sicher schon seit deiner Kindheit, aber es ist dir erst jetzt bewußt geworden. Deine Ausdrucksfähigkeit konnte sich von Kindheit an nicht so entfalten, wie sie wollte. Du hast dich von allen Seiten behindert gefühlt. Du hast nicht sagen können, was du sagen wolltest, und nicht tun können, was du tun wolltest. Alles ist nur lauwarm gewesen, nichts konntest du total machen.

Diese unausgedrückte Energie sitzt im Hals. Der Hals ist das Ausdruckszentrum. Er ist nicht nur das Schluckzentrum, sondern auch das Zentrum, um dich auszudrücken. Doch viele Menschen gebrauchen den Hals nur, um etwas zu schlucken; die andere Funktion, die wichtigere, bleibt unterentwickelt.

Du kannst einiges dafür tun. Es geht dabei nicht speziell um deinen Hals, sondern um deine ganze Persönlichkeit. Beharre also nicht auf der Vorstellung, daß die Energie im Hals steckt und du etwas mit dem Hals machen sollst. Das ist nur ein Anzeichen, eine Botschaft deines Unterbewußten, daß du dich mehr ausdrücken mußt.

Wenn du eine Frau liebst, dann sage ihr alles, was du sagen möchtest, selbst wenn es töricht wirkt. Es ist manchmal gut, töricht zu sein. Sage spontan, was in dir hochkommt, halte nichts zurück, bleibe nicht beherrscht. Wenn du wütend bist und etwas sagen willst, dann sage es wirklich feurig. Nur kalte Wut ist schlecht, heiße nie ... kalte Wut ist wirklich gefährlich. Aber so hat man es dir beigebracht: Bleibe kalt, selbst wenn du wütend bist. Doch dann bleibt das Gift in deinem System. Manchmal ist es wichtig, alle Emotionen hinauszuschreien.

Mein Gefühl ist, daß du dich ständig zurückhältst. Wenn du jemandes Hand halten willst, denkst du erst dreimal nach, doch dann ist der Moment schon vorbei. Du denkst zuviel. Und wenn Leute zuviel denken, sind sie nicht fähig, sich auszudrücken, und dadurch entstehen die Beschwerden im Hals.

Versuche einmal folgendes: Jeden Abend, wenn du auf deinem Bett sitzt, fange an, dich hin und her zu wiegen, und zwar so, daß nur die eine Pobacke das Bett oder den Boden berührt, wenn du dich zur einen Seite neigst. Sitze auf etwas Hartem. Und wenn du dich zur anderen Seite lehnst, dann berührt die andere Pobacke den Boden. Es sollte immer nur eine den Boden berühren, nicht beide gleichzeitig. Das ist eine ganz alte Methode, um der Energie am Ende der Wirbelsäule einen Stoß zu geben.

Du hast ein bestimmtes Maß an Energie im Hals, und es ist dir gelungen, sie zu kontrollieren. Du brauchst jetzt eine ganze Flut von Energie, mehr, als du kontrollieren kannst, damit der Damm bricht.

Mache also diese Übung fünfzehn bis zwanzig Minuten lang und summe gleichzeitig. Das wird deine Energie in Bewegung bringen, und sie wird zunehmen.

Zu Anfang wirst du dich etwas unbehaglich fühlen, weil dadurch noch mehr Energie in den Hals gelangt. Der Hals wird sich noch mehr gepreßt fühlen, aber mache dir keine Sorgen. Du hast dich an diese geringe Menge von Energie gewöhnt, weil du sie kontrollieren kannst, aber jetzt brauchst du mehr Energie.

Und rufe nach zehn Minuten Hin-und-her-Wiegen jedesmal »Jaa-Huu!«, wenn du von einer Seite zur andern schwingst. Allmählich wird das »Jaa-Huu!« immer lauter. Nach zehn Minuten wirst du es fast herausschreien, und die Energie wird sich richtig aufheizen. Du wirst es genießen. Wenn du es genießt, kannst du die Übung auch zweimal am Tag machen, zwanzig Minuten am Morgen und zwanzig Minuten am Abend.

Es geht darum, mehr Energie zu erzeugen – mehr als du kontrollieren kannst. *(117)*

Warum kann ich nicht aufhören zu essen? Ich habe das Gefühl, da steckt noch etwas anderes dahinter. Es kommt mir so lächerlich vor.

Nein, beurteile es nicht. Wenn du es lächerlich nennst, dann hast du es schon verurteilt, und das kann ein Teil des Problems sein. So kann man ein Problem nicht lösen. Rede nicht abfällig darüber, sondern versuche zu verstehen.

Wenn jemand zuviel ißt, dann ist das ein Symptom für

etwas anderes. Essen ist immer ein Ersatz für Liebe. Menschen, die nicht lieben, die ein Leben ohne Liebe leben, fangen an, mehr zu essen – es ist ein Liebesersatz.

Für einen Säugling sind die erste Liebe und die erste Nahrung dasselbe – nämlich seine Mutter. Es besteht also eine tiefgehende Verbindung zwischen Nahrung und Liebe. Dabei ist Nahrung wichtiger, Liebe folgt an zweiter Stelle. Zuerst ißt das Kind die Mutter, aber mit der Zeit merkt es, daß die Mutter nicht nur Nahrung ist – sie gibt ihm auch Liebe. Aber dazu muß das Kind schon etwas größer sein. Am ersten Tag versteht das Kind nicht, was Liebe ist. Es versteht nur die Sprache der Nahrung, die natürliche, primitive Sprache aller Tiere. Das Kind ist hungrig, wenn es zur Welt kommt; es braucht sofort etwas zu essen. Liebe braucht es erst viel später, sie ist nicht so dringlich.

Das Kind spürt also, daß eine Verbindung zwischen Essen und Liebe besteht, weil seine Mutter die Brust ganz anders gibt, wenn sie liebevoll ist. Wenn sie ärgerlich oder traurig ist, dann gibt sie die Brust widerwillig oder überhaupt nicht. Das Baby spürt, daß es geliebt wird, wenn es genügend zu essen bekommt, und daß es nicht geliebt wird, wenn es nicht genug bekommt. Diese Erfahrung prägt sich ihm unbewußt ein.

Du vermißt Liebe in deinem Leben, deshalb ißt du zuviel. Das ist ein Ersatz. Du stopfst dich mit Essen voll und läßt keinen freien Raum übrig. Das Thema Liebe kommt nicht auf, weil kein Platz dafür da ist. Und mit Essen ist die Sache einfach, weil es etwas Totes ist. Du kannst beliebig viel essen – das Essen kann nicht nein sagen. Wenn du aufhörst zu essen, kann das Essen nicht beleidigt sein. Mit Essen bleibt man immer Herr der Situation.

Aber in der Liebe bist du nicht mehr der Herr. Ein anderer Mensch tritt in dein Leben, und mit ihm eine Abhängigkeit. Du bist nicht mehr unabhängig, und davor hast du Angst. Das Ego will unabhängig sein, und es erlaubt dir nicht, dich zu verlieben; es erlaubt dir nur, mehr zu essen. Wenn du lieben willst, mußt du dein Ego aufgeben.

Es geht also nicht ums Essen – das viele Essen ist nur

symptomatisch. Deshalb rede ich nicht über Essen, über Diät oder irgendwelche Maßnahmen, weil dir damit nicht geholfen ist, das bringt gar nichts. Du kannst alles mögliche versuchen, aber das hilft nichts. Es ist besser, wenn du das Problem mit dem Essen vergißt und soviel ißt, wie du möchtest.

Bringe Liebe in dein Leben. Verliebe dich, finde jemanden, den du lieben kannst, und du wirst sofort merken, daß du weniger ißt. Hast du folgendes schon beobachtet? Wenn du glücklich bist, ißt du weniger. Wenn du traurig bist, ißt du zuviel. Ein glücklicher Mensch ist so ausgefüllt, daß er keine Leere in sich spürt. Nur ein unglücklicher Mensch füllt sich mit Essen voll.

Sobald du eine Beziehung eingehst, eine richtige Beziehung, in der Liebe fließt, wird dein Eßproblem verschwinden. Es ist nur ein Symptom. *(118)*

Ich habe Schwierigkeiten, meine alten Gewohnheiten wie Nervosität und Nägelkauen loszuwerden.

Das ist nicht wirklich Nervosität. Du hast deine Energie unterdrückt, sie läuft über und fühlt sich dann wie Nervosität an. Du hast sicher von Kindheit an den Trick gelernt, sie zu unterdrücken. Wahrscheinlich bist du ein sehr energievolles Kind gewesen. So ergeht es allen Kindern, die viel Energie haben. Die Eltern und die Gesellschaft mögen sie nicht, weil sie solche Quälgeister sind. Je mehr Energie ein Kind besitzt, um so lästiger ist es im Haus, in der Schule und überall. Diese Gesellschaft ist für die energieloseren Kinder, auf energievolle Kinder ist sie nicht eingestellt. Sie existiert auf dem niedrigsten Energieniveau und erlaubt niemandem, auf dem höchsten Niveau zu leben. Deshalb meinen Millionen von Menschen, sie seien nervös, was gar nicht stimmt; sie haben einfach so viel Energie, daß sie nicht wissen, wohin damit.

Dann fängt man an, an den Nägeln zu kauen oder Zigaretten zu rauchen. Zigarettenrauchen und Nägelkauen ist dasselbe. Man tut irgend etwas, nur um beschäftigt zu sein, sonst ist die viele Energie schwer zu ertragen. Und wenn man sie als Nervosität bezeichnet, dann wird sie nur noch mehr unterdrückt. Du darfst jetzt nicht einmal an deinen Nägeln kauen, obwohl es schließlich deine eigenen Nägel sind. Und so erfinden die Leute Tricks wie Kaugummi zu kauen. Das ist subtiler, und niemand wird viel dagegen haben. Auch gegen das Zigarettenrauchen hat niemand etwas einzuwenden.

Nägelkauen schadet jedoch weniger, es ist völlig unschädlich – ein harmloses Vergnügen. Es sieht ein bißchen häßlich aus, ein bißchen kindisch, das ist alles. Also versuchst du, es zu unterdrücken.

Deshalb sagst du: *»Es fällt mir schwer, meine alten Gewohnheiten loszuwerden.«*

Du hast die Ursache nicht verstanden und versuchst die Symptome zu ändern. Du kannst dich dazu zwingen, aber dann fängst du mit etwas anderem an, denn wo soll die Energie hin?

Du mußt lernen, energievoller zu leben, das ist alles. Dann werden all diese Dinge verschwinden. Tanze mehr, singe mehr, schwimme mehr, mache lange Spaziergänge. Mache kreativen Gebrauch von deiner Energie. Lebe nicht auf dem Minimum, lebe das Maximum. Lebe intensiver! Wenn du liebst, dann liebe wild. Nicht wie eine Dame. Eine ›Dame‹ ist eine Frau, die auf dem Minimum lebt, die eigentlich gar nicht lebt und nur so tut.

Sei wild! Und jetzt bist du kein Kind mehr. In deinem eigenen Haus darfst du ein Quälgeist sein. Springe und singe und renne! Probiere das einige Wochen lang aus, und du wirst überrascht sein. Das Nägelkauen wird von selbst verschwinden. Jetzt hast du viel interessantere Dinge zu tun – wer denkt da an Fingernägel?

Suche bei so etwas immer nach der Ursache, kümmere dich nicht zu sehr um die Symptome. *(119)*

Ich bin Linkshänder und kann auf dem linken Ohr nicht hören. Ich wurde gezwungen, mit der rechten Hand zu schreiben.

Ja, da ist ein Problem. Es war nicht nötig, von der linken zur rechten Hand zu wechseln, aber so ergeht es jedem Kind, das als Linkshänder geboren wird. Linkshänder sind eine der Minderheiten, die durch die Jahrhunderte hindurch unterdrückt wurden. Viele Minderheiten sind unterdrückt und ausgenutzt worden; dies ist eine von ihnen – und keine geringe. Fast zehn Prozent der Menschen werden als Linkshänder geboren. Einer von zehn ist Linkshänder, daran ist also nichts falsch. Das Problem ist lediglich, daß die Gesellschaft auf die rechte Hand fixiert ist, deshalb zwingen Eltern und Lehrer das Kind, Rechtshänder zu werden.

Und die Hände sind nicht nur Hände, sie sagen auch etwas über das Gehirn aus. Ein Kind, das Linkshänder ist, sagt damit, daß die Hemisphären seines Gehirns umgekehrt funktionieren. Die Funktionen seiner linken Hemisphäre liegen auf der rechten Seite, und die der rechten Hemisphäre liegen auf der linken Seite. Wenn das Kind gezwungen wird, sich umzustellen, wird das ganze System gestört. So ist es dir ergangen.

Wenn du etwas mehr mit der linken Hand arbeiten kannst, dann wird alles gut werden, und deine Fähigkeiten, deine Intelligenz werden in jeder Beziehung besser. Fange wieder an, mit links zu schreiben; niemand hindert dich daran. Arbeite mehr mit der linken Hand.

Akzeptiere deine Linkshändigkeit und freue dich daran! Vergiß den ganzen Unsinn, den man dir eingetrichtert hat, weil alle sagen: »Die rechte Hand ist die richtige, und die linke ist die falsche.« Nichts ist richtig, und nichts ist falsch; alles, was sich für dich natürlich anfühlt, ist richtig. Du kannst sogar eine Sprache lernen, die von links geschrieben wird; du wirst es herrlich finden, eine solche Sprache zu schreiben. Oder du kannst deine eigene Kalligraphie erfinden! Mache irgend etwas in dieser Richtung, und das ganze innere System deines Gehirns wird sich entspannen.

Sobald du dich mehr zur linken Seite verlagerst, wirst du entspannter, gelassener, stiller und ruhiger sein. Andernfalls wird das Problem weiterbestehen und im Laufe der Zeit zu immer neuen Schwierigkeiten führen. Es ist fast, wie wenn du versuchst, ein linksgesteuertes Auto rechts zu fahren. Der Mechanismus dafür fehlt einfach, und dir bleibt nichts anderes übrig, als es zu schieben.

Akzeptiere deine Linkshändigkeit, sie ist völlig in Ordnung. *(120)*

Ich leide stark unter Stottern. Kannst du mir aus der Klemme helfen?

Stottern – ich habe es bei vielen Menschen beobachtet – kommt aus einem Zustand von Streß, Verspannung.

Als ich Student an der Universität war, hatte ich einen Kommilitonen – ein wunderbarer Mensch, gesund, in jeder Hinsicht intelligent –, den ich nie stottern sah, bis er einmal Besuch von seinen Eltern bekam. Plötzlich fing er vor seinen Eltern zu stottern an. Ich traute meinen Ohren nicht. Sobald sie abgereist waren, war er wieder vollkommen in Ordnung. Ich sprach ihn darauf an. Er sagte: »Das ist mein Problem. Wenn ich nach Hause komme zu meinem Vater und meiner Mutter, kann ich nichts gegen mein Stottern machen. Es kommt einfach ... Je mehr ich mich anstrenge, nicht zu stottern, desto stärker wird es. Schon wenn nur ein Brief von meinem Vater kommt und ich anfange, ihn zu lesen, fühle ich plötzlich, wie ich zittere. Ich kann die Briefe meines Vaters nicht lesen, ohne zu stottern. Ansonsten fehlt mir nichts.«

Ich sagte daher zu ihm: »Also hat es nichts mit Stottern zu tun, sondern mit Streß, mit Verspannung. Dein Vater lastet schwer auf dir und bringt dich immer wieder in deine Kindheit zurück, in deine alten Ängste, und diese Ängste überwältigen deine Intelligenz.« Ich riet ihm: »Mach doch eines: Das nächste Mal, wenn dein Vater kommt, probiere mit jedem Wort zu stottern!«

Er fragte: »Wie soll das helfen?« Ich sagte: »Probier es. Gib dir keine Mühe, nicht zu stottern, im Gegenteil, streng dich an zu stottern. Gib dir alle Mühe, damit du kein einziges Wort sagst, ohne zu stottern!« Er sagte: »Ein merkwürdiger Vorschlag. Ich habe immer genau das Gegenteil gemacht, und es hat überhaupt nichts genutzt. Dein Vorschlag wird mich zwangsläufig in noch größere Schwierigkeiten bringen.« Ich sagte: »Einen Versuch ist es wert.« Und der Vater kam. Ich war mit dabei, und er probierte es, aber er konnte nicht stottern!

Es gibt Dinge, die geschehen nur, wenn du dich anstrengst. Und es gibt ein paar andere Dinge, die geschehen nur, wenn du dich nicht anstrengst, denn die Anstrengung kommt aus der Angst, und wenn Angst die Ursache ist, dann kann Anstrengung nicht helfen. Die Hypnotherapeuten nennen das »das Gesetz des gegenteiligen Effektes«.

Mein Vorschlag ist: Stottere so schön du kannst – mache Stotterlieder! Dir wird es Spaß machen, anderen wird es Spaß machen, und darum sind wir schließlich hier. Stottere mit Genuß, freue dich daran, und dann besteht die Chance, daß das Stottern aufhört. Aber paß auf! Wenn du nicht damit aufhören möchtest, dann höre nicht auf mich. Strenge dich nur weiter an, nicht zu stottern.

Mein Vorschlag ist: Stottere, und nicht zu knapp! Laß keine Gelegenheit aus. Stottere sogar bei den Wörtern, die du gut aussprechen kannst – sprich selbst die nicht klar aus, stottere sie. Und sobald du gelöster bist und es dir Spaß zu machen beginnt, sobald die Spannung sich löst, wirst du vielleicht überrascht feststellen, daß dein Stottern verschwindet. Wenn es weggeht, gut, wenn es nicht weggeht, auch gut. Es schadet niemandem. Es ist harmlos.

Sobald du ein Problem nicht mehr ernst nimmst, hast du es auch schon beseitigt, denn alles ist dadurch entstanden, daß das Problem schwer auf dir lastete. Es hat dir große Schwierigkeiten bereitet. Aber jetzt hast du deinen Spaß daran, deshalb sind die Schwierigkeiten verschwunden. Du hast dem Problem seinen eigentlichen Boden entzogen, und jetzt hängt es in der Luft. Es wird von selbst abfallen. *(121)*

Ich hatte einmal einen Freund, mit dem ich sechs Monate zusammengewohnt hatte, und er hatte während dieser Zeit nicht ein einziges Mal gestottert.

Eines Tages kam sein Vater zu Besuch, und er fing sofort an zu stottern. Ich war sehr erstaunt. Als sein Vater gegangen war, fragte ich ihn: »Was war los mit dir?« Er erklärte mir: »Es ist ein altes Problem. Mein Vater hat von Kindheit an so stark auf Disziplin geachtet, er war so ein Perfektionist, daß er nur Furcht in mir hervorrief und nie Liebe. Und weil wir in einem sehr kleinen Dorf lebten, in dem es keine Schule gab, war er zugleich auch mein erster Lehrer, und diese Furcht vor ihm hat mein ganzes Leben überschattet. In dieser Atmosphäre von Angst lernte ich sprechen, lernte ich die Sprache zu gebrauchen, und er fand an allem etwas auszusetzen, weil nichts perfekt war.«

Von einem kleinen Kind kann man nicht erwarten, daß es perfekt ist. Es braucht alle mögliche Hilfe. Aber statt ihm zu helfen, wurde er geschlagen, und das Stottern wurde zu einem bleibenden Leiden, nicht nur gegenüber seinem Vater, sondern gegenüber jeder Vaterfigur. Auch in der Kirche, weil Gott Vater genannt wird, konnte er nicht beten, ohne zu stottern. Sobald ihm das Wort Vater in den Sinn kam und die ganzen Assoziationen von Furcht, von Geschlagenwerden ...

Ich sagte zu ihm: »Mach doch einfach folgendes, sage von jetzt an zu mir ›Vater‹.« »Was?« fragte er. Ich sagte: »Ich will dir bloß helfen. Ich bin mit Sicherheit weder dein Vater noch Gottvater, der die Welt erschaffen hat, ich bin einfach dein Schulkamerad. Sage Vater zu mir, und laß uns sehen, wie lange die alte Assoziation anhält.«

Er antwortete: »Das ist doch absurd, daß ich zu dir Vater sage, du bist jünger als ich.« Ich sagte: »Das ist egal.« »Aber die Idee gefällt mit«, meinte er. Und er probierte es aus.

Zu Anfang stotterte er, aber nach und nach – denn schließlich wußte er, daß ich nicht sein Vater war und es einfach ein Spaß war, mich Vater zu nennen – verschwand allmählich sein Stottern. Ich war nicht sein Vater, und das Ganze war nur ein sehr willkürliches Hilfsmittel, es war überhaupt nicht wahr – aber es half. Als sein Vater das nächste Mal kam, sah er mich an. Ich gab ihm ein Zeichen. »Fang an.«

Sein Vater war perplex. Er sagte: »Was ist mit dir geschehen? Du stotterst gar nicht mehr?« Er antwortete: »Nicht mal mehr in der Kirche stottere ich, nicht mal vor Gottvater, warum sollte ich dann vor dir stottern? Aber mein richtiger Vater sitzt hier. Es ist alles sein Verdienst. Er hat vier Monate lang mein Stottern ertragen und mich immer ermutigt: ›Mach dir keine Sorgen, es sind nur noch 99%, nur noch 98%.‹ Und allmählich ist das Stottern ganz verschwunden.« *(122)*

Ich habe immer Angst vor der Dunkelheit gehabt, Angst, allein in einem Zimmer zu schlafen.

Das hat lediglich mit einer falschen Assoziation aus deiner Kindheit zu tun. Es geht vielen Kindern so. Die Eltern waren nicht bewußt genug, deshalb leiden Kinder ihr ganzes Leben lang darunter. Manchmal machen ihnen die Eltern sogar absichtlich Angst vor dem Dunkeln. Sie benutzen es als eine Methode, um dem Kind Angst einzuflößen, denn ein ängstliches Kind kann man kontrollieren. Aber daraus können schwerwiegende Probleme entstehen.

Dunkelheit ist eines der schönsten Dinge auf der Welt, damit entgeht dir viel. Und allein zu sein ist etwas Wunderbares, auch das entgeht dir. Denn wenn du Angst vor der Dunkelheit hast, hast du auch Angst vor dem Alleinsein. Die Dunkelheit ist sehr still; sie hat nichts Furchterregendes an sich. Das ist nur eine falsche Assoziation aus deiner Kindheit. Alleinsein ist etwas sehr Reines. Die stärkste Erfahrung des Lebens geschieht im Alleinsein und in der Dunkelheit.

Diese Angst mußt du loslassen, denn sonst entgeht dir viel. Angst bewirkt, daß du nicht lieben kannst – es sind verwandte Probleme. Wenn zu viel Angst da ist, dann nimmt sie deine ganze Energie in Anspruch. Und Liebe ist das Gegenteil von Angst. Wenn also Angst da ist, kannst du nicht lieben. Sobald sie verschwindet, wirst du lieben können.

Sie wird vergehen, mache dir keine Sorgen. Wir werden schon Wege finden. *(123)*

Ich habe ein Problem mit dem Rauchen, seit ich als Vierzehnjähriger mit dem Daumenlutschen aufgehört habe.

Du mußt folgendes verstehen: Als du mit dem Daumenlutschen aufgehört hast, hast du als Ersatz dafür zu rauchen angefangen. Rauchen ist nicht das eigentliche Problem, deshalb kannst du nichts dagegen tun. Du kannst dich noch so sehr anstrengen, es wird vergeblich sein, denn das Grundproblem liegt anderswo.

Ich schlage dir vor, nicht mehr gegen das Rauchen anzukämpfen, sondern am Daumen zu lutschen. Und sei unbesorgt, es ist etwas Schönes. Nichts ist falsch daran, denn es ist unschädlich. Fange an, am Daumen zu lutschen, und das Rauchen wird verschwinden. Wenn das Rauchen aufhört, sind wir auf der richtigen Spur. Lutsche ein paar Monate lang am Daumen, damit diese jahrelange Angewohnheit des Rauchens aufhört. Lutsche vier bis sechs Monate lang am Daumen und schäme dich nicht – es ist nichts Falsches.

Rauchen hat grundsätzlich mit Daumenlutschen und mit ungenügendem Stillen zu tun. Wenn ein Kind zu früh von der Brust entwöhnt wird und noch nicht dazu bereit ist, dann fängt es mit Daumenlutschen an. Das ist ein Ersatz. Was soll es sonst tun?

Später wirkt Daumenlutschen so häßlich und kindisch, daß man einen anderen Ersatz findet: Kaugummi kauen oder rauchen, irgend etwas findet man schon. Und natürlich sieht Rauchen besser aus als Daumenlutschen. Es erinnert auch mehr an die Brust als der Daumen. Der Rauch ist warm und gibt dir wieder das gleiche Gefühl von Wärme.

Höre also zuerst mit dem Rauchen auf und lutsche statt dessen am Daumen. Gehe zurück, regrediere. Wenn nach vier bis sechs Monaten das Rauchen völlig aufgehört hat, dann ersetze auch das Daumenlutschen und fange an, jeden Abend aus einer Babyflasche Milch zu trinken. Genieße es wie eine Brust, und habe keine Hemmungen dabei. Genieße es jeden Abend regelmäßig fünfzehn Minuten lang, und du wirst danach sehr tief schlafen können. Schlafe mit der Flasche ein. Und morgens, wenn du aufwachst, findest du die Flasche wieder und kannst ein wenig warme Milch saugen. Ebenso tagsüber – zwei, drei Mal. Nicht viel Milch, immer nur ein wenig.

Zuerst muß also die Zigarette aufhören, dann der Daumen, und dann bist du wieder bei der Brust angelangt – diesmal einer künstlichen –, und von da an wird sich das Bedürfnis auflösen. Nach ein paar Tagen wirst du sehen, daß das Bedürfnis verschwunden ist. Zuerst wirst du vier-, fünf-, sechsmal am Tag trinken, dann nur noch dreimal, zweimal, einmal. Und eines Tages merkst du, daß es nicht mehr nötig ist. Das ist der Weg, wie das Problem verschwindet.

Wenn du gegen das Rauchen ankämpfst, wirst du nie Erfolg haben. Millionen von Menschen kämpfen vergeblich gegen das Rauchen an, weil sie nie die ganze Prozedur rückwärts verfolgt haben. Man muß einen wissenschaftlichen Weg wählen und das Grundübel angehen. Und das Grundübel ist: Du hast die Mutterbrust vermißt, du hast nicht so viel bekommen, wie du brauchtest. Dieses Verlangen ist noch immer da, es schlummert immer noch etwas von dem unbefriedigten Kind in dir.

Sobald dieses Kind mit seinem Verlangen nach der Mutterbrust verschwindet, wirst du auf einmal ein Aufwallen von Energie spüren; etwas, was eingesperrt war, ist befreit worden. Du bist erwachsen geworden.

Ein Mensch, der raucht, ist nicht erwachsen und wird niemals erwachsen werden. Aber Rauchen ist nicht das eigentliche Problem, deshalb rate ich nie, mit dem Rauchen aufzuhören, denn es ist ein Ersatz für viele frühere Probleme; es ist der Schatten eines Schattens eines Schattens. Und mit Schatten kann man nicht kämpfen, man kann sie nie besiegen.

Wir hätten eine bessere Welt, wenn alle Raucher am Daumen lutschten – im Zug, im Bus, unterwegs in der Stadt. Es wäre unschuldiger und harmloser. Und schließlich ist es dein Daumen! Du lutschst nicht an anderer Leute Daumen. Falls zwei Leute beschließen, sich gegenseitig am Daumen zu lutschen, ist das ihre Sache – sollen sie doch! Da ist nichts falsch daran, es ist eine liebevolle Geste.

Doch Rauchen ist eine ausgemachte Dummheit. Keine Sünde – einfach Dummheit!

Aber gehe langsam vor, sei nicht in Eile, das Rauchen aufzugeben. Innerhalb eines Jahres wird es schrittweise verschwinden. Und nicht nur das Rauchen verschwindet, sondern du wirst dadurch auch völlig transformiert werden. Etwas sehr Fundamentales in dir, was dich bremst, wird verschwinden. Dein Körper wird gesünder werden, dein Verstand wird schärfer und intelligenter. Du wirst in jeder Beziehung erwachsener werden. Dieses kleine Problem bindet dich. Eine alte Geschichte hält dich gefangen, so daß du nicht unbehindert in die Zukunft wachsen kannst. *(124)*

Ich habe das Gefühl, ich hänge noch immer an der Nabelschnur meiner Mutter und kann nicht ich selbst sein.

Primärtherapie wird dir guttun. Es hat bei dir etwas mit dem primären Schmerz zu tun, mit dem Geburtstrauma. Das muß wieder erlebt werden. Sobald du es wieder erlebt hast, wirst du davon frei sein; ansonsten wird es weiterbestehen. Im Augenblick kannst du dagegen nichts tun. Du wirst in die Vergangenheit zurückgehen und diesen Moment wieder erleben müssen – nur dann kann der Schmerz sich auflösen.

Wenn ein Kind auf die Welt kommt, passiert vieles. Das Kind spürt ganz instinktiv, wenn es nicht willkommen ist, wenn es ein Versehen war, das man hätte vermeiden können. Das fühlt das Kind unmittelbar. Nicht, daß es darüber nachdenkt, es fühlt es einfach. Und das hat eine anhaltende

Wirkung, es ist eine Prägung, die im Unterbewußtsein weiterwirkt.

Dann wächst du auf, und dreißig Jahre sind vergangen. Jetzt ist diese Erfahrung unter den Erfahrungen von dreißig Jahren begraben, deshalb ist sie sehr schwer zugänglich. Sie ist fast unerreichbar. Du mußt durch diese dreißigjährigen Erfahrungen hindurch bis zu dem Punkt, wo du deine Geburt wieder erleben kannst – und diesmal akzeptiere die Tatsache!

Es hat nichts mehr mit deinen Eltern zu tun, es hat etwas mit dir zu tun, damit, wie du die Tatsache akzeptierst. Sobald du das Problem akzeptierst, verschwindet es, und du wirst wieder offen sein. Ansonsten bleibt deine Energie blockiert. Und der Nabel ist ein so wichtiges Zentrum. Wenn er blockiert ist, wird vieles blockiert sein, weil alle Energie durch das Nabelzentrum fließt; es ist die Lebensquelle.

Wenn du durch die Primärtherapie hindurchgegangen bist, wirst du vollständig verjüngt und frisch sein und deinen Eltern vergeben können. Und sage dem Therapeuten vor der Gruppe Bescheid. Vielleicht muß die Nabelschnur noch einmal durchtrennt werden – sie ist noch da. *(125)*

Ich kann nicht mit meiner Schwester kommunizieren. Ich habe das Gefühl, daß sie auf mich eifersüchtig ist, aus Gründen, die ich nicht verstehe.

Das kann viele verborgene Ursachen haben, und sicher spielt Eifersucht aus der Kindheit dabei eine Rolle. Du hast diese Eifersucht unterdrückt, und deine Schwester auch, weil man euch beigebracht hat, nett zueinander zu sein, und das ist etwas sehr Gefährliches: Man muß nett sein zu seiner Schwester, zu seinem Bruder. Die Emotionen werden unterdrückt, und man ist nicht aufrichtig zu ihnen.

Jetzt, wo du meditierst, kommen diese Gefühle wieder zum Vorschein, und sie werden auch in deiner Schwester zum Vorschein kommen. Das ist natürlich, denn du durchlebst eine Zeitspanne deiner Kindheit, die du versäumt hast. Alles

Unterdrückte und Verbotene kommt jetzt an die Oberfläche. Deshalb kann die Kommunikation gestört sein.

Im Grunde hat sie nie stattgefunden. Höflich zu sein ist keine Kommunikation. Nett zu sein reicht nicht für Kommunikation, denn wenn du etwas unterdrückst, bleibt die Kommunikation oberflächlich, rein verbal. Und deine Schwester versucht ebenfalls, nett zu sein; dabei hat sie genausoviel Angst wie du. Das mag dann zwar so aussehen wie Kommunikation, ist aber keine. Wenn es welche gäbe, dann hätte die Meditation sie noch vertieft. Durch Meditation wird alles, was unecht ist, beseitigt, und alles, was echt ist, wird verstärkt, denn Meditation ist ein Bemühen, wahrhaftig und authentisch zu sein.

Eigentlich ist es besser so, denn du bist dir einer Situation bewußt geworden, die du dein Leben lang vermieden hast. Geschwister sind nur scheinbar nett zueinander. Im Grunde sind sie Feinde, weil sie die ersten Rivalen sind.

Wenn das erste Kind geboren wird, ist dieses Kind das ein und alles in der Familie. Dann kommt das nächste Kind. Natürlich entsteht eine Konkurrenz. Das zweite Kind braucht mehr Aufmerksamkeit, und das erste fühlt sich durch die Anwesenheit des zweiten verletzt. Es hat das Gefühl, sein Monopol sei gebrochen. Und natürlich schenkt die Mutter dem Neugeborenen mehr Aufmerksamkeit, es braucht einfach mehr. Dadurch entsteht Eifersucht.

Wo mehrere Kinder sind, bekommt zwangsläufig ein Kind mehr Aufmerksamkeit als die anderen. Es entsteht eine Hierarchie; so funktioniert der Verstand nun einmal. Vielleicht liebt die Mutter das eine Kind etwas mehr, das andere etwas weniger. Es gibt Lieblingskinder, denn die Mutter ist auch nur ein Mensch. Du kannst nicht verlangen, daß sie alle genau gleich liebt, das ist unmöglich. Sie mag so tun und sich alle Mühe geben, aber Kinder sind sehr feinfühlig. Sie spüren sofort, wenn jemand mehr und jemand weniger geliebt wird und daß dieses So-tun-Als-ob Humbug ist. Dann kommt es zu einem inneren Konflikt, zu Streit und Ehrgeiz.

Alle Kinder sind verschieden. Das eine ist sehr begabt, das

andere nicht. Eins hat eine musikalische Begabung oder eine mathematische, ein anderes nicht. Eins hat einen schöneren Körper als das andere oder eine gewisse Ausstrahlung, die das andere nicht hat. So entstehen mehr und mehr Probleme. Doch man hat uns beigebracht, nett zu sein und niemals wahrhaftig.

Wenn Kinder zur Aufrichtigkeit erzogen werden, können sie die Situation ausfechten und auf ihre Art erledigen. Sie werden wütend sein, sich streiten und sich anbrüllen, und dann ist die Sache erledigt, denn Kinder werden mit solchen Angelegenheiten leicht fertig. Wenn sie wütend sind, sind sie echt wütend und feurig wie ein Vulkan, doch im nächsten Augenblick halten sie sich schon wieder bei der Hand, und alles ist vergessen. Sie funktionieren sehr einfach, nur erlauben wir es ihnen nicht. Wir verlangen, daß sie nett zueinander sind – gleichgültig, um welchen Preis. Wir hindern sie daran, aufeinander wütend zu sein: »Sie ist doch deine Schwester, er ist doch dein Bruder! Wie kannst du nur wütend sein?«

Diese Wut, diese Eifersucht, tausenderlei Wunden und Narben sammeln sich an. Und irgendwann in deinem Leben, wenn dir so etwas wie Meditation begegnet, dann sprudelt alles hoch. Das passiert dir gerade. Aber unterdrücke sie dieses Mal nicht mehr. Stelle dich jetzt der Situation. Wenn ihr wütend aufeinander seid, dann seid echt wütend, fechtet es aus, bis ihr damit fertig seid. Sagt euch alles, was ihr euch schon immer sagen wolltet, aber nie gesagt habt, weil ihr immer »Seid-nett-zueinander« gespielt habt. Laßt diesen Unsinn. Dann wirst du sehen: Wenn ihr euch eure echte Wut und Eifersucht zeigen könnt, wird gleich darauf im Gefolge tiefe Liebe und Mitgefühl erwachsen.

Dies ist also eine gute Gelegenheit. Wenn du mit deiner Schwester im reinen bist, dann wird dir eine Last vom Herzen fallen. Und gleichzeitig verbessert sich auch dein Umgang mit anderen Menschen, denn deine gesamte Kommunikation war gestört.

Sei nie unehrlich. Lege alle Karten auf den Tisch. Bringe dein ganzes Unbewußtes zum Vorschein und verlange dasselbe von ihr. Laßt dieses Mal die Wahrheit siegen und nicht die Etikette, die Förmlichkeit. Öffne dein Herz und erlaube ihr ebenfalls, ihr Herz zu öffnen. Und danach entsteht eine große Stille, wie die Stille nach dem Sturm, und diese Stille wird dich kommunikativ machen und eine neue, tiefe Verbindung zwischen euch entstehen lassen. *(126)*

Ich habe große Angst vor dem Tod.

Wenn wir wirklich die Angst vor dem Tod überwinden wollen, müssen wir zur Geburt zurückgehen. Beides ist miteinander verknüpft. Wenn das Geburtstrauma bewältigt ist, ist auch das Problem des Todes bewältigt. Die Angst vor dem Tod entsteht genau in dem Augenblick, wo das Kind den Geburtskanal durchquert und den Mutterleib verläßt – dort nimmt sie ihren Anfang. Denn das Kind lebt neun Monate lang in einer wunderbaren Welt, einem Paradies – ohne Angst, ohne Pflichten, ohne irgend etwas zu tun, nur Freude, nur Sein, und dann wird es plötzlich eines Tages aus seinem Zuhause verstoßen. Sein Zuhause war so wunderschön; es wird nie wieder ein so schönes, so komfortables, warmes Zuhause finden, nie wieder wird es so sorglos sein. Bis zu seiner Erleuchtung wird es nie mehr so sorglos sein. Sein Verstand wird sich nie mehr in einem solchen Ruhezustand befinden, seine Freude wird nie mehr so rein sein. Natürlich hat das Kind große Angst – und mit dieser Angst beginnt die Angst vor dem Tod.

Das Kind fühlt sich, als müsse es sterben. Ich meine nicht, daß es tatsächlich in diesen Begriffen denkt, das kann es nicht; aber auch ein Baum zittert, wenn er entwurzelt wird: Tod!

Das Kind fühlt es in seinen Eingeweiden, bis ins Innerste. Es kann fühlen, daß es entwurzelt wird. Es ist kein Gedanke, sondern ein Gefühl, daß es hinausgeworfen wird, vertrieben wird. So ein Geburtskanal ist sehr eng, und das Kind bekommt Erstickungsgefühle. Es wird in einen dunklen Tunnel gestoßen, und tausend Ängste entstehen in ihm – unbekannte Ängste, die es nicht einmal benennen kann, die es nie zuvor gekannt hat. Dann wird es plötzlich aus dem Mutterleib in eine sehr fremdartige Welt hinausgestoßen.

Als der Mensch den Mond betrat, betrat er eine weniger fremdartige Welt, denn der Mond ist letztendlich nicht so verschieden von der Erde. Es mag dort keine Bäume geben, keine Seen, es ist eine Wüste. Aber auf der Erde kannst du viele Plätze finden, die so aussehen wie der Mond, das ist nichts Unbekanntes, nichts Befremdliches.

Doch wenn ein Kind aus dem Mutterleib herauskommt, wenn es zum ersten Mal seine Augen öffnet und die Lichter und Farben sieht, die Geräusche hört ... und seine Sinne sind so empfindlich, so lebendig, daß ihm alles wie Wahnsinn vorkommt! Das ist der Anfang der Welt, das, was im Zen »der Anfang der tausend Dinge« genannt wird. Das Kind kann sich keinen Reim darauf machen. Es kann noch nicht einmal atmen, weil es neun Monate lang nicht selbständig, sondern mit Hilfe der Mutter geatmet hat. Jetzt muß es selbst atmen – die Angst beginnt, ob es das schaffen wird oder nicht. Einige Augenblicke lang schwebt es zwischen Leben und Tod. Diese Kluft ist die erste Todeserfahrung. Und von daher findet die Furcht Eingang ins Nervensystem und sammelt sich dort an.

Primärtherapie kann in deinem Fall besonders hilfreich sein. *(127)*

Ich habe sehr unter dem Verlust meiner Mutter gelitten.

Es ist für ein Kind sehr schwierig, ohne die Mutter wirklich glücklich zu sein. Wenn ein Kind in frühen Jahren die Mutter verliert, ist es fast so, als ob sein Lebenssaft versiegt. Es vertrocknet.

Die Mutter ist nicht nur eine Pflegeperson. Sie gibt dir nicht nur Nahrung, sondern auch Lebensenergie. Ihre Liebe überströmt dich ständig. Ihre Zuneigung gibt dir das Gefühl, daß du geliebt und gebraucht wirst, daß du wertvoll bist, daß ohne dich jemand sehr unglücklich wäre. Dein Lächeln hat einen Sinn, es bewirkt ein Lächeln in anderen.

Wenn die Mutter nicht mehr da ist, ist das Kind von der Existenz abgeschnitten. Andere werden dich zwar versorgen, für dein Essen und alles Notwendige wird gesorgt, aber es gibt niemanden mehr, der überglücklich ist, nur weil du da bist. Allein deine Gegenwart macht jemanden so glücklich. Das Kind bekommt das Gefühl, eine Art Last zu sein. Die Leute versorgen es zwar, aber es fühlt sich nicht gebraucht. Es wäre besser, wenn es gar nicht da wäre.

Solche sehr indirekten, subtilen Gefühle bedrücken sein Herz und machen es unlebendig. Und genau das ist mit dir geschehen. Aber eigentlich ist es einfach zu lösen, denn sobald du all dies wieder erlebst, wirst du deine Lebendigkeit zurückgewinnen. Indem du siehst: »Das ist also mit mir geschehen«, wird die ganze Last verschwinden.

Du mußt deinem Leben eine Bedeutung geben. Wenn die Mutter fehlt, fehlt die Bedeutung. Sobald du die Bedeutung wiedergewinnst, entdeckst du, daß die ganze Existenz zu deiner Mutter geworden ist.

Gerade neulich las ich einen Satz von Jean-Paul Sartre. Er nennt den Menschen eine sinnlose Leidenschaft. Sein Scheitern sei gewiß. Es gebe keinen Sinn. Das Leben sei etwas Zufälliges und führe nirgendwo hin. Er sagt: Das Leben ist wie ein Kind, das in einem Zug eingeschlafen ist und vom Schaffner geweckt wird, der den Fahrschein sehen will. Aber das Kind hat weder einen Fahrschein noch Geld zum Bezahlen. Es weiß noch nicht einmal, wo es hinfährt, was sein Bestimmungsort ist und warum es in diesem Zug sitzt, und das nicht zuletzt deshalb, weil es sich von Anfang an gar nicht entschieden hat, mit dem Zug zu fahren. Warum ist es hier?

Diese Vorstellung breitet sich immer mehr im Denken des modernen Menschen aus, denn er ist irgendwie entwurzelt, der Lebenssinn fehlt ihm. Man denkt sich: »Wozu das alles? Wohin gehe ich eigentlich?« Du weißt nicht, wohin du gehst, und du weißt nicht, warum du im Zug sitzt. Alles erscheint dir chaotisch, zum Verrücktwerden.

Die Ursache ist, daß die Menschen nicht mehr in der Liebe verwurzelt sind. Aber es ergeht nicht nur dir so. Selbst Kinder, deren Mütter noch leben, befinden sich in der gleichen Situation – manchmal sogar in einer noch schlimmeren. Die Mütterlichkeit ist ausgestorben. Es geht nicht nur darum, daß eine Mutter gestorben ist. Die Mütterlichkeit ist verschwunden. Die Liebe ist verschwunden. Die Menschen leben ein liebloses Leben, sie schleppen sich so dahin. Was kann man da machen?

Werde bewußter und sieh dir dein bisheriges Leben sehr genau an, ohne irgend etwas zu rechtfertigen oder zu rationalisieren – nur die reinen Tatsachen. Laß den Film deines bisherigen Lebens immer wieder vor deinen Augen ablaufen.

Nimm dir jeden Abend vor dem Schlafengehen eine halbe Stunde Zeit und beginne am Anfang. Gehe nicht rückwärts, fange beim Anfang an. Fange mit der ersten Erinnerung in deinem Leben an und komme zu dem Punkt, wo du jetzt bist. Du wirst überrascht sein, wie viel anderes noch auftaucht. Mit der Zeit wirst du dich immer weiter zurückerinnern können.

Eines Tages wirst du dich an den Tag deiner Geburt aus dem Mutterleib erinnern können. Wenn diese Erinnerung hochkommt und du durch die Qual und die Schmerzen hindurchgehst, erfolgt der Urschrei. Das Ziel ist, diesen Urschrei auszulösen, denn die Qual war so ungeheuer groß, daß der Verstand das Geschehene unterdrückt hat. Es liegt im tiefsten Keller des Verstandes. Wenn sich diese Verdrängung aufgelöst hat, hast du ein vollständig neues Denken und Fühlen, eine neue, frische Orientierung.

Sobald du von der Vergangenheit und ihrer Dürre frei bist, fühlst du dich wieder im Fluß, wieder lebendig, wieder ein Kind, dessen Leben voller Staunen und Überraschungen ist, voller Sinn und Poesie. *(128)*

Als ich sechs Jahre alt war, ist mein Vater von zu Hause fortgegangen. Es war ein Schock für mich, denn ich hatte keine Ahnung, daß er fortgehen wollte.

Die einzige Möglichkeit, alte Wunden zu heilen, besteht darin, sich ihrer bewußt zu werden. Wenn sie dir bewußt werden, können sie sich auflösen. Ansonsten bleiben sie verborgen und beeinflussen ständig dein Leben, auch wenn du es nicht merkst.

Wenn du deinen Vater geliebt hast, bleibt eine tiefe Wunde zurück. Das ist natürlich und muß so sein, denn ein Kind, insbesondere ein Mädchen, vermißt den Vater sehr tief.

Wenn Eltern sich trennen, ist das für sie selbst nicht so schwierig, sondern vielleicht sogar gut. Es gibt Zeiten von Konflikten, von Aggressionen, und die beiden mögen übereinkommen, daß es keinen Sinn hat zusammenzuleben, wenn sie sich gegenseitig verletzen. Für sie ist es wahrscheinlich eine Erleichterung. Aber niemand denkt an das Kind.

Das Kind ist beides, Vater und Mutter. Die eine Hälfte des Kindes stammt von der Mutter, die andere vom Vater. Das Kind ist eine Synthese der männlich-weiblichen Polarität. Wenn Vater und Mutter sich trennen und das Kind noch nicht erwachsen ist, entsteht eine Spaltung im Kind. Es ist nicht nur eine Scheidung zwischen Vater und Mutter, sondern auch zwischen dem männlichen und dem weiblichen Element im Kind, und daraus entsteht die Wunde.

Wenn ein Kind schon erwachsen ist – und damit meine ich, wenn ein Mädchen sich in einen Mann verliebt hat –, dann gibt es kein Problem. In diesem Mann hat es eine neue Synthese von Mann und Frau gefunden. Wenn Vater und Mutter sich jetzt trennen, entsteht keine so tiefe Wunde. Aber ein kleines Mädchen ist hilflos, und die Wunde geht tief. Es verbirgt sie immer wieder, so lange, bis es sie allmählich vergißt. Um leben zu können, muß man viele Wunden vergessen, aber im Innern bleiben sie bestehen. Sie agieren ständig hinter der Bühne und soufflieren deinem Verstand.

Du liebst einen Mann, aber dein Vater hat dich verlassen, als du noch sehr klein warst. Jetzt kannst du keinem Mann mehr vertrauen, weil der erste Mann, dem du vertraut hast, dich verlassen hat. An der Oberfläche glaubst du, du traust ihm, aber dahinter sitzt ein tiefes Mißtrauen. Es redet dir ständig ein, dich in acht zu nehmen und dich nicht wieder täuschen zu lassen.

Diese unbewußten Einstellungen beeinflussen dich. Du kannst nicht vollständig vertrauen. Du kannst dich nicht total auf jemanden einlassen – du bist halbherzig, immer bereit, einen Rückzieher zu machen, immer ängstlich und zweigeteilt.

Diese tiefen Wunden müssen durchlebt werden, sie sind der Grund deiner Traurigkeit. Versuche nicht, sie zu unterdrücken. Sei traurig, so traurig wie möglich. Sei bewußt traurig. Gehe in deiner Phantasie hinter die Bühne, dann kennst du die Gründe und kannst etwas unternehmen, weil es kein wirkliches Problem mehr ist. Die Vergangenheit ist vergangen, man kann sie nicht ungeschehen machen, aber deine Wunde kann zum Verschwinden gebracht werden. Dein Vater und deine Mutter können nicht zusammenkommen, aber das Männliche und das Weibliche in dir können zusammenkommen, und die Kluft kann geschlossen werden. *(129)*

Warum fällt es mir so schwer, mich zu öffnen, offen zu sein?

Es fällt dir schwer, dich zu öffnen? Das wird kommen. Es ist natürlich. Niemandem fällt es leicht, sich zu öffnen, weil jeder darauf konditioniert wurde, verschlossen zu sein.

Die Gesellschaft und die Familie helfen dir, daß du verschlossen bleibst. So bist du einerseits geschützt, aber andererseits ist dir vieles in deinem Leben verbaut. Jetzt gibt es eine bestimmte Grenze, die du nicht überschreiten wirst – die Grenze deiner Eltern.

Du warst deiner Mutter, deinem Vater, deiner Familie gegenüber offen; das ist die Grenze. Mehr wirst du dich niemals öffnen. Sobald du diese Grenze erreichst, verschließt du dich ganz automatisch. Bei deinem jetzigen Bewußtseinszustand hast du so gut wie keinen Einfluß darauf. Du kannst nichts dagegen tun, es sei denn, du wirst bewußter. Mit mehr Bewußtheit kannst du die Grenze ein wenig weiter hinausschieben, ansonsten funktioniert alles automatisch. Sobald die Grenze näher kommt, beginnt dein ganzer Mechanismus dichtzumachen. Er funktioniert wie ein Thermostat; er hält dich innerhalb bestimmter Grenzen. Deshalb liebt ein Mann keine Frau mehr, als er seine Mutter geliebt hat, und eine Frau liebt keinen Mann mehr als ihren Vater. Doch das sind nicht die Grenzen des menschlichen Potentials; darüber hinaus gibt es unendlich viel mehr. Du lebst nur in deinem kleinen Haus, während die ganze Welt darauf wartet, daß du hinauskommst, um mit den Bäumen, den Bergen, dem Mond und der Sonne zu feiern. Du bist in ein kleines, dunkles Verließ eingesperrt, aber vor lauter Angst kommst du nicht heraus.

Sieh dir einfach alles an. Mache Meditationen, mache ein paar Gruppen. In dem Moment, in dem dein Bewußtsein sich erweitert, wird dir ein Durchbruch gelingen. Und wenn du nur einen Schritt über die elterliche Grenze hinausgehen kannst, gibt es keine Begrenzung mehr; du kannst so weit gehen, wie du willst. Das Problem ist der erste Schritt. Danach kannst du so viele Schritte tun wie du willst, weil die Automatik nicht mehr funktioniert; du hast sie transzendiert. *(130)*

Ich fühle eine Negativität in mir. Sie hat mit einem tiefen Neid auf Menschen zu tun, die lieben können. Ich war früher immer neidisch auf Babys und habe mir vorgestellt, an der Mutterbrust zu liegen.

Irgend etwas ist falsch gelaufen mit deiner Mutter, die Beziehung mit ihr hat versagt. Du sehnst dich innerlich nach einer Mutter, aber weil deine Mutter dich frustriert hat, haßt du Frauen. Das ist eine zweischneidige Situation – das Verlangen, bemuttert zu werden, und der Haß auf Frauen, weil die Mutter dich frustriert hat. Deshalb dieser Widerspruch in deiner Energie. Du möchtest einer Frau nahekommen, aber die Angst, daß du aufs neue frustriert wirst, macht dich verschlossen. Diese Angst mußt du aufgeben. Es wird nicht einfach für dich sein, aber in einer Therapiegruppe wird es dir leichter fallen. Eine Gruppe bietet eine spezielle Situation, die im normalen Leben nicht möglich ist. Am Anfang mag es etwas schwierig sein, die ersten ein, zwei Tage könnten hart für dich werden. Aber wenn du durch diese ersten Tage hindurch bist, wirst du aufblühen. Am Ende wirst du fähig sein, eine Verbindung mit einigen Frauen in der Gruppe herzustellen. Womöglich findest du eine Mutter in der Gruppe.

Sobald eine Frau dich im Arm hält und du dich wieder wie ein kleines Baby fühlen kannst und ihr vertraust, wird die gestörte Beziehung zu deiner Mutter ausgelöscht werden. Diese Wunde wird heilen. Sobald sie geheilt ist, wirst du dich Frauen gegenüber öffnen können, und Frauen werden sich dir öffnen können, und das Problem wird verschwinden.

Dein Körper ist erwachsen, und es ist lediglich diese Wunde aus deiner Kindheit, die deinem Verstand nicht erlaubt, mit dem Körper mitzugehen, mitzufließen. Sie befinden sich in verschiedenen Stadien; sie sind nicht auf der gleichen Ebene. Aber man kann den Verstand erziehen, er kann wachsen. Manchmal wächst er in einem einzigen Augenblick der Bewußtheit. In einem einzigen Augenblick des Verstehens kann er einen Sprung von Jahren tun. Und dein Verstand ist reif dafür.

Jeden Abend, ehe du schlafen gehst, nimm eine Flasche, eine Milchflasche für Kinder, und sauge daran. Rolle dich wie ein kleines Kind zusammen und sauge an der Brust. Und morgens wieder als erstes vier oder fünf Minuten lang. Nimm warme Milch dazu.

Etwas in deinem tiefsten Innern wird zur Ruhe kommen.

(131)

Ich habe ein Problem mit Eifersucht und Besitzgier in meiner Beziehung. Es scheint mit einem alten Muster von Festhalten verbunden zu sein. Mein Verstand scheint die ganze Zeit an etwas festhalten zu wollen.

Das sind kindliche Muster, die sich in unserem Verstand festsetzen. Nur sehr selten wird ein Mensch wirklich reif. In jedem von uns steckt noch das Kind. Aber um reif zu werden, muß man dem Kind ade sagen.

Dafür gibt es einen Grund: Jedes Kind lernt in der Kindheit, daß es nur zu fordern braucht, und alle seine Wünsche werden erfüllt. Und sie müssen erfüllt werden, sonst könnte es nicht überleben. Das Kind ist nicht verpflichtet, irgend etwas zu geben – es bekommt nur, und daraus entwickelt sich ein hartnäckiges Muster. Das Kind wird sehr manipulativ, es wird sehr politisch. Es weiß genau, wie es Vater und Mutter und die ganze Familie manipulieren kann.

Wenn es nötig ist, schreit es, bekommt einen Wutanfall und macht ihnen derart die Hölle heiß, daß sie nachgeben müssen. Oder es lächelt auch, wenn das etwas nützt. Aber das sind alles Strategien, politische Spielchen. Die ganze Absicht besteht darin, zu dominieren, zu besitzen. Jedes Kind möchte diktatorisch sein. Wenn es die Mutter braucht, soll sie sofort gelaufen kommen, keine Minute darf verlorengehen, sein Wunsch muß auf der Stelle erfüllt werden. Es kann nicht warten. Und das alles nur, weil das Kind hilflos ist. Diese Hilflosigkeit wird zu seiner Strategie, und es lernt niemals zu geben.

Nur Menschen, die zu geben verstehen, sind nicht besitzergreifend. Denke daran. Menschen, die nur wissen, wie man nimmt, sind zwangsläufig besitzergreifend, denn wer weiß? Wenn jemand anders die Mutter in Besitz nimmt, was dann? Deshalb mag es kein Kind, wenn ein Geschwister geboren wird. Es haßt den Neuankömmling, denn das bedeutet teilen, das bedeutet, daß es die Mutter nicht mehr ganz für sich allein hat. Jedes Kind möchte das neue Kind am liebsten umbringen. Und dieses Kind steckt immer noch in uns.

Wir werden zwar körperlich reif, psychologisch jedoch bleiben wir unreif. Nach außen geben wir vor, erwachsen zu sein, aber niemand ist wirklich erwachsen. Das ist eines der grundlegenden Probleme, daß jeder so tut, als sei er erwachsen, aber niemand es wirklich ist. Es ist nur ein Anstrich, nur eine Fassade. Kratze ein bißchen daran, und schon kommt das Kind mit seinem Wutanfall zum Vorschein. Dieses Kind möchte besitzen und dominieren und hat ständig Angst, daß jemand anders ihm seine Frau oder seinen Mann wegnimmt – und was dann? Du bist doch hungrig und habgierig.

Deshalb mußt du ganz sicher sein, daß deine Frau mit niemand anderem spricht, mit niemand anderem lacht und niemand anderen liebt. Du baust ein Gefängnis um sie herum, ein unsichtbares Gefängnis, und bist ständig auf der Hut. Wie ist unter diesen Umständen Liebe möglich? Du beobachtest sie, sie beobachtet dich. Beide seid ihr gegeneinander – ängstlich und unsicher. Wie kann Liebe in einer Atmosphäre von Argwohn und Zweifel gedeihen? Jeder wird zum Polizisten des anderen, jedes Detail muß er wissen – was du gemacht hat, wo du warst, mit wem, worüber ihr gesprochen habt. Wie ist da Liebe möglich?

Liebe ist ein zerbrechliches Phänomen. Sie kann auf einem so harten Boden nicht gedeihen, und sie gedeiht auch nicht. Und deshalb bist du um so hungriger danach. Je hungriger du bist, desto besitzergreifender wirst du. Du kennst nur diesen einen Weg. Deshalb sagst du, du liebst diese Frau, aber das sind nur Worte. Wenn du erfährst, daß sie mit jemand anderem gelacht hat und glücklicher gewesen ist als mit dir, könntest du sie umbringen. Aber du sagst, du liebst sie!

Deine Liebe kann jeden Augenblick in Haß umschlagen. Sie ist nur oberflächlich Liebe, tief drinnen ist sie Haß. Alle eure sogenannten Liebespaare hassen einander, aber weil sie einander brauchen, tun sie so als ob. Sie haben Angst – wenn die Frau sie verläßt, sind sie einsam. Und diese Einsamkeit macht ihnen Angst. Du wirst deine Identität verlieren – wer bist du dann? Was wirst du machen? Du wirst dich beinahe wie ein kleines Kind fühlen, das sich im Supermarkt verirrt hat und die Mutter nicht findet. Oder wie ein Hund, der sich in der Stadt verlaufen hat und überall herumläuft und sein Herrchen sucht und nicht weiß, wohin. Wer wird ihn zu sich nehmen?

Solange du diese bedürftige Liebe nicht losläßt und eine völlig neue Liebe in dir entsteht – eine Liebe, die zu geben versteht, eine Liebe, die sich freut zu geben, solange wirst du besitzergreifend bleiben. Du wirst den anderen zu einer Sache reduzieren, und wenn du ihn reduzierst, reduziert der andere dich ebenfalls. Diese sogenannten Liebesaffären sind beinahe Feindschaften – nicht Liebe, nicht Freundschaft, in keiner Weise. Jeder versucht den anderen auszunutzen. Es ist eine Übereinkunft zur gegenseitigen Ausnutzung: »Ich nutze dich aus, daher muß ich zulassen, daß du auch mich ausnutzt.«

Wenn du wirklich deine Besitzgier aufgeben willst, dann mußt du verstehen, daß dieses Kind noch immer da ist und du psychisch nicht gereift bist. Du mußt dir dieses Kind zu Bewußtsein bringen, denn es wirkt aus deinem Unterbewußtsein. Du mußt es ans volle Licht des Bewußtseins bringen, damit du siehst, wie häßlich es ist. In dieser absoluten Klarheit kannst du dem Kind ade sagen. Es ist sein Problem.

Innerlich sind die Leute kindisch, auch wenn sie nach außen mutig und tapfer sind und den Helden spielen. Aber das ganze Macho-Getue ist nur Oberfläche. Gleich dahinter verbirgt sich ein kleines Kind, dessen Bettchen naß ist. Die Mutter ist nicht verfügbar, und es fühlt sich hilflos. Oder ein hungriges Kind, das die Brust haben möchte und sie nicht bekommt.

Du mußt diesen Zustand deines Geistes ans Licht bringen. Gewahrsein transformiert. Schaue es dir an, bringe es ans Licht und meditiere darüber.

Ein reifer Mensch ist niemals eifersüchtig – unmöglich! Warum auch? Niemand ist verpflichtet, dich zu lieben. Niemand ist verpflichtet, dich glücklich zu machen. Soviel versteht ein reifer Mensch – die einfachsten Tatsachen, die einfachsten Grundlagen: Niemand ist dafür verantwortlich, mich glücklich zu machen, es ist meine Sache, ob ich glücklich oder unglücklich bin. Niemand kann mich unglücklich oder glücklich machen, und niemand anders ist dafür verantwortlich. Wie kann ich also eifersüchtig sein? Weswegen? Wie könnte ich jemand anderen dafür verantwortlich machen oder ihm die Schuld geben? Der andere ist frei.

Wenn der andere sich aus seiner Freiheit heraus entscheidet, bei dir zu sein und dich zu lieben, dann sei dankbar. Und wenn er oder sie gehen will, ist das völlig in Ordnung. Wenn du deswegen traurig bist, so ist das deine Angelegenheit, es ist nicht ihre Schuld. Wir begegnen uns in Freiheit, und in Freiheit sollten wir zusammensein. Und wenn es aus Freiheit heraus zur Trennung kommt, dann ist es so; es muß akzeptiert werden. Ein reifer Mensch akzeptiert das Leben mit all seinen Dornen und all seinen Blüten.

Werde dir also des Kindes in dir mehr bewußt. Meditiere mehr darüber. Setze dich jeden Tag mindestens eine Stunde hin und beobachte das Kind, wie es funktioniert, seine Methoden. Und urteile nicht, verdamme es nicht, denn das hilft nichts. Das wäre wieder kindisch. Beobachte einfach nur, ohne zu urteilen, ohne jede Bewertung. Laß das Kind das Sagen haben; sieh dir an, wie dieser Mechanismus in dir funktioniert hat. Und du wirst überrascht sein: Allein durch Beobachten fangen die Dinge an, sich zu verändern. Sobald man den Unsinn erkennt, beginnt man sich zu verändern.

Darin besteht meine ganze Arbeit – dich reif zu machen, so reif, daß du keine Liebe brauchst, sondern Liebe gibst. Und wenn sie zurückkommt, ist das eine andere Sache, aber das war nicht dein Motiv. Liebe um der Liebe willen zu geben, das ist Reife. Viel wird zu dir zurückkommen; tausendfach wird die Liebe zurückkommen, aber das ist etwas ganz anderes. *(132)*

Ich habe eine Menge Angst in mir erfahren und glaube, es kommt daher, daß ich mich selbst nicht leiden kann. Ich beurteile mich ständig mit den Augen der anderen und bin unzufrieden mit mir.

Was kannst du tun? Du bist du selbst, ob du es willst oder nicht. Du wirst niemand anders werden, du bleibst, der du bist, es ist also einfach dumm, absurd. Ob du dich magst oder nicht, darauf kommt es nicht an; niemand fragt dich danach. Darum bleibst du also du selber; es gibt keinen Weg, da herauszukommen. Man muß es akzeptieren.

Und es ist nichts Verkehrtes daran, man selbst zu sein. Das Problem kommt daher, daß du ständig Vergleiche ziehst. Was sollen diese Vergleiche? Jedes Individuum ist so einzigartig, daß Vergleiche einfach bedeutungslos sind. Vergleich ist nur dann möglich, wenn jeder jedem gleicht. Du vergleichst keine Rose mit einem Lotos, das ist sinnlos – eine Rose ist eine Rose, ein Lotos ist ein Lotos. Jedes menschliche Wesen erblüht anders, und du kannst mit niemandem verglichen werden. Hör also mit dem Vergleichen auf und freue dich, solange du hier bist. Warum Zeit verschwenden!

Und laß die Furcht ruhig da sein. Nach und nach wird sie verschwinden. Wenn du versuchst, dagegen anzugehen, braucht sie länger, um vorbeizugehen. Furcht ist in gewissem Sinn natürlich, denn der Mensch wird sterben, und bevor du nicht etwas in dir erkannt hast, das unsterblich ist, bevor du nicht dem Unsterblichen begegnet bist, wird dir die Angst wie ein Schatten folgen. Nimm es einfach hin; es ist ein Teil des Menschseins.

Anstatt die Zeit mit diesen fruchtlosen Problemen zu verschwenden, fange lieber an zu leben. Sei mit Leuten zusammen und fange an, die kleinen Dinge des Lebens zu genießen, denn das ist der Weg, wie man anfängt, sich zu mögen. Wenn du dich ablehnst, versperrst du dir die Freude, und weil du dich nicht freuen kannst, magst du dich noch weniger. Dann wird daraus ein Teufelskreis.

Steige aus! Es hat nichts zu bedeuten. In einem einzigen Augenblick, mit Hilfe einer einzigen Entscheidung, kann ein Mensch verwandelt werden – sofort. Es handelt sich nicht um einen allmählichen Prozeß. In diesem Augenblick, wenn du willst ... Und darauf kommt es an. Wenn du herauskommen willst, kannst du es noch in diesem Augenblick, denn das Elend wird von dir geschaffen und ist absolut unecht.

Das elende Befinden kommt daher, daß du dich selbst nicht magst. Jemand muß dir das eingeredet haben – deine Mutter, dein Vater, deine Familie –, daß du wertlos seiest, und du hast ihre Meinung übernommen.

Wer sind sie, daß sie darüber entscheiden könnten? Niemand außer dir kann für dich entscheiden, wer du bist. Alle Urteile über dich sind einfach dumm, oberflächlich. Niemand kann in dich hineinsehen. Sie sehen alle nur die Oberfläche, und dann fällen sie ein Urteil – und du akzeptierst das Urteil! Dann fängst du an, dich zu mögen oder dich abzulehnen. Beides ist unsinnig. Das Leben ist dazu da, daß du dich freust. Und die Leute machen nichts als Pläne, wie sie eines Tages das Leben genießen wollen, und sie verschwenden es. Versuche es! *(133)*

Warum kann ich nicht vertrauen?

Menschen, die Vertrauen in sich selbst haben, vertrauen auch anderen. Menschen, die sich selbst nicht vertrauen, können niemandem vertrauen. Aus Selbstvertrauen entsteht Vertrauen. Wenn du dir selbst mißtraust, dann kannst du mir nicht vertrauen – du kannst niemandem vertrauen.

Die Psychologen sagen, daß ein Mensch, der kein Selbstvertrauen besitzt, ein tiefgehendes Problem mit der Mutter hat. Die Mutter-Kind-Beziehung ist nicht so gelaufen, wie sie sollte. Wenn die Mutter dem Kind vertraut, wenn die Mutter das Kind liebt, dann lernt das Kind die Mutter zu lieben und ihr zu vertrauen; sie ist die erste Person in der Erfahrungswelt des Kindes. Durch die Mutter wird sich das Kind der Welt bewußt. Die Mutter ist die Tür, durch die es die Existenz betritt. Und nach und nach, wenn zwischen Mutter und Kind eine schöne Beziehung besteht, eine gegenseitige Offenheit und Sensibilität, ein tiefer Transfer von Energien, dann beginnt das Kind auch anderen Menschen zu vertrauen. Weil die erste Erfahrung schön war, hat es keinen Grund zu glauben, daß die zweite nicht auch schön wird. Es hat allen Grund zu glauben, daß die ganze Welt schön ist.

Wenn dich in deiner Kindheit eine Atmosphäre von tiefer Liebe umgeben hat, dann wirst du vertrauen. Vertrauen wird eine natürliche Eigenschaft für dich werden. Du wirst normalerweise niemandem mißtrauen, es sei denn, jemand gibt sich wirklich Mühe, dein Vertrauen zu enttäuschen. Aber Mißtrauen wird die Ausnahme sein. Doch wenn dieses Grundvertrauen fehlt, wenn zwischen dir und deiner Mutter etwas schiefgegangen ist, dann wird Mißtrauen zu deiner Grundeinstellung. Dann bist du grundsätzlich und von Natur aus mißtrauisch. Dann bedarf es keiner besonderen Gründe. Und wenn jemand dein Vertrauen gewinnen möchte, muß er hart dafür arbeiten. Doch auch dann reicht dieses Vertrauen nicht weit, es ist auf diese eine Person begrenzt. Das ist das Problem.

Früher waren die Menschen sehr vertrauensvoll. Vertrauen war eine simple Eigenschaft, die man nicht zu üben brauchte. Nur wer ein großer Skeptiker werden wollte, ein Zweifler, mußte viel üben und sich dazu erziehen. Die Leute waren vertrauensvoll, weil ihre Liebesbeziehungen sehr tief gingen. Aber in der modernen Welt ist Liebe fast verschwunden, und Vertrauen ist nichts anderes als der Höhepunkt der Liebe, der Zuckerguß der Liebe. Liebe ist verschwunden. Die Kinder werden in Familien geboren, wo Vater und Mutter sich nicht lieben. Die Mutter kümmert sich nicht um sie, es ist ihr gleichgültig, was mit ihnen geschieht. Im Grunde ist sie ärgerlich, weil die Kinder ihr zur Last fallen und ihr Leben stören. Frauen vermeiden es, Kinder zu bekommen, und wenn sie doch eins haben, empfinden sie es eher als Unglück. Sie haben eine tief negative Einstellung zum Kind, und die überträgt sich und vergiftet das Kind schon sehr früh. Es kann der Mutter nicht vertrauen.

Ich habe mich oft gewundert, warum noch niemand eine psychoanalytische Studie von Charles Darwin angefertigt hat. Noch niemand hat diesen Versuch unternommen. Zwischen ihm und seiner Mutter ist mit Sicherheit etwas schiefgelaufen – daher seine Hypothese vom Überleben der Tüchtigsten. Genauso könnte man eine psychoanalytische Studie von Prinz Kropotkin anfertigen. Zwischen ihm und seiner Mutter muß es eine tiefe, liebevolle Beziehung gegeben haben, so tief, daß er Charles Darwin widersprach und dessen Theorie durch die Theorie von der Kooperation zu ersetzen versuchte. Er sagte: »Das Leben wird nicht von Konflikt bestimmt, sondern von Kooperation.«

Wenn du einen Apfel vom Baum pflückst und ihn ißt, muß

es eine Zusammenarbeit geben; zwischen dir und dem Apfel muß eine tiefe Kooperation bestehen, ansonsten würde dir der Apfel in deinem Körper Schwierigkeiten bereiten. Wenn es einen Konflikt gäbe, würde er gegen dich kämpfen. Er würde sich nicht von deinem Körper absorbieren lassen, sondern bliebe dir feindlich gesinnt. Doch er löst sich einfach in dir auf, er wird zu deinem Blut, zu deinen Knochen, zu deinem Fleisch. Kropotkin sagt: »Im Leben herrscht eine ungeheure Kooperation.«

Eine Philosophie kommt nicht aus heiterem Himmel. Sie erwächst aus deiner eigenen Existenz, deiner eigenen gelebten Erfahrung.

Ohne Vertrauen bleibst du hungrig, du verhungerst. Vertrauen ist die subtilste Lebensnahrung. Wenn du nicht vertraust, kannst du nicht richtig leben. Du bist immer ängstlich; du bist vom Tod umgeben, nicht vom Leben. Mit einem Gefühl von Vertrauen im Innern ändert sich deine ganze Perspektive. Dann bist du zu Hause, und es gibt keinen Konflikt. Dann bist du kein Fremder in dieser Welt; dann bist du kein Außenseiter. Du gehörst zur Welt, und die Welt gehört zu dir. Die Welt ist froh, daß es dich gibt – die Welt beschützt dich. Dieses Gefühl, vollkommen beschützt zu sein, gibt dir Mut, unbekannte Wege zu gehen.

Wenn die Mutter im Haus ist, ist das Kind mutig. Es geht auf die Straße, es geht in den Garten und unternimmt tausenderlei Dinge. Doch wenn die Mutter nicht da ist, sitzt es nur im Haus herum. Es hat Angst. Es kann nicht hinausgehen, denn der Schutz fehlt, die beschützende Aura ist nicht da. Die Atmosphäre ist ihm vollständig fremd.

Wenn du deine Kindheit in einer Atmosphäre von Liebe und Vertrauen verbracht hast, dann entsteht ein positives Selbstbild in dir. Aber wenn die Liebe fehlt, wird das Kind niemals ein gutes Selbstbild haben.

Wenn du kein Selbstvertrauen hast, dann versuchst du ständig zu beweisen, daß du recht hast. Solche Leute werden argumentativ. Alle argumentativen Leute sind grundsätzlich Menschen, die kein gutes Bild von sich haben. Sie sind sehr defensiv, sehr empfindlich. Wenn du zu so jemandem sagst: »Das hast du falsch gemacht«, dann wird er sehr wütend und springt dir sofort an die Gurgel. Er kann nicht einmal eine kleine, freundliche Kritik vertragen. Aber wenn er ein gutes Bild von sich hat, dann ist er bereit, zuzuhören, zu lernen und die Meinung anderer zu respektieren. Vielleicht haben sie ja recht, und er hat unrecht, doch das macht ihm nichts aus. In seinen eigenen Augen bleibt er gut.

Wenn es dir also schwerfällt zu vertrauen, dann mußt du zurückgehen; du mußt tief in deine Erinnerungen eintauchen. Du mußt in deine Vergangenheit zurückgehen und deine Psyche von den alten Eindrücken reinigen. Du schleppst sicher einen großen Haufen Müll aus der Vergangenheit mit dir herum. Befreie dich davon.

Und das ist der Schlüssel: Gehe zurück in die Kindheit, aber nicht in Form von Erinnerungen, sondern indem du sie wieder erlebst. Laß es zu einer Meditation werden. Gehe jeden Abend eine Stunde lang zurück. Versuche alles herauszufinden, was sich in deiner Kindheit ereignet hat. Je tiefer du gehen kannst, um so besser – denn wir verbergen so viele Geschehnisse und erlauben ihnen nicht, ins Bewußtsein vorzudringen. Gehe jeden Abend tiefer und tiefer hinein und komme wieder zurück. Dieser Prozeß wird mindestens drei Monate dauern. Du wirst merken, wie du dich jeden Tag mehr erleichtert fühlst, und gleichzeitig wird Vertrauen in dir wachsen.

Sobald die Vergangenheit bereinigt ist und du alles gesehen hast, was geschah, bist du frei davon. Bewußtheit befreit, Unbewußtheit schafft eine Fessel.

So wird Vertrauen möglich. *(134)*

Was ist dieses Bestreben nach Perfektion?

Das Bestreben nach Perfektion ist das Verlangen nach dem verlorenen Mutterleib, nach dem verlorenen Paradies. Das Kind im Mutterleib ist vollkommen glücklich, und diese

Erinnerung bleibt erhalten. Sie bleibt nicht nur im Gehirn erhalten, sondern auch in jeder Zelle, jeder Faser deines Körpers. Sie steckt überall in dir drin.

Die Erinnerung bleibt bestehen, denn diese neun Monate waren eine ewige Freude, ein solch entspannter und losgelöster Zustand, daß du ihn nicht so leicht vergessen kannst. Obwohl er deinem Bewußtsein nicht mehr zugänglich ist – denn das Geburtstrauma bewirkt, daß du keinen bewußten Zugang mehr dazu hast –, sehnt sich doch dein Unterbewußtsein immer noch danach. Es versucht auf alle mögliche Weise, in dieses verlorene Paradies zurückzukehren.

Auf dieser Suche beruht die gesamte Religion, auf dieser Suche beruht die gesamte Wissenschaft. Die Wissenschaft bemüht sich darum, den Mutterleib in der äußeren Umgebung herzustellen – sie erfindet Zentralheizung, Klimaanlage, bessere Kleidung, bessere Technologie – alles dient dazu, einen äußeren Mutterleib zu schaffen.

Und die Religion versucht, diesen Mutterleib im Innern zu schaffen – durch Gebet, durch bestimmte Meditationstechniken, durch Liebe, durch Gott. Aber das Bemühen ist das gleiche: Wie lassen sich jene wunderbaren Tage wiederbringen? Dieser verlorene Mutterleib ist der Ursprung der Parabel von Adam und Eva und dem Garten Eden.

Du fragst: *Was ist dieses Bestreben nach Perfektion?*

Das Bestreben nach Perfektion bedeutet: Alles, was du bist und erfährst, wird deinen Maßstäben nicht gerecht. Es ist niemals so, wie es sein sollte, es bleibt immer ein Abstand. Man hört nicht auf, sich nach diesen besseren Möglichkeiten zu sehnen.

Du kannst diese Suche nach Perfektion nur loswerden, indem du noch einmal durch das Geburtstrauma hindurchgehst. Wenn du es bewußt erlebst und diese Tage im Mutterleib bewußt erinnern kannst, wird das Verlangen nach Perfektion verschwinden, es wird sich auflösen. Und das Verschwinden dieses Verlangens bringt eine große Erleichterung mit sich, denn erst jetzt kannst du anfangen, von Augenblick zu Augenblick zu leben. Wie kann man mit diesem Verlangen nach Perfektion leben? Es ist die Quelle aller Neurosen.

Ein Mensch, der perfekt werden will, muß zwangsläufig neurotisch werden, weil er nicht richtig hier sein kann. Er befindet sich in der Zukunft, die es noch nicht gibt. Er kann diesen Augenblick nicht genießen, er kann ihn nur verwerfen. Er kann diese Frau nicht lieben, weil er die Vorstellung von einer perfekten Frau mit sich herumträgt. Er kann diesen Mann nicht schätzen, weil dieser Mann nicht perfekt ist. Er kann sich über dieses Essen, über dieses Frühstück, über diesen Morgen nicht freuen, er hat niemals das Gefühl, erfüllt zu sein. Immer ist diese Erwartung da, und ständig vergleicht er, und immer fehlt etwas.

Ein Mensch, der mit dem Verlangen nach Perfektion lebt, ist sein Leben lang zum Unglücklichsein verurteilt. Und die Gesellschaft trägt ihren Teil dazu bei. Die Eltern, die Schulen, die Universitäten, die Priester, die Politiker, sie alle helfen mit, dich neurotisch zu machen.

Von frühester Kindheit an hat man dich nicht so akzeptiert, wie du bist. Man hat von dir verlangt: »So mußt du sein und nicht anders, sonst können wir dich nicht akzeptieren.« Wenn du leben willst, wie es dir entspricht, wird dich jeder verurteilen, und jeder wird gegen dich sein. Sie müssen dich nach ihren eigenen Wünschen formen, kneten und manipulieren.

Warum? Was macht ihnen solche Schwierigkeiten? Sie leiden genauso unter dem Geburtstrauma. Sie haben ihr ganzes Leben lang versucht, perfekt zu werden, und sind gescheitert. Niemandem kann es jemals gelingen. Das Bemühen um Perfektion ist etwas, was zwangsläufig scheitern muß. Sein Scheitern ist unvermeidlich, denn selbst wenn du erfolgreich bist, wird deine Vorstellung von Perfektion doch immer anspruchsvoller. Mit dem Erfolg wird die Vorstellung immer weiter in die Zukunft hinausgeschoben. Sie wird noch ausgefeilter, und neue Erwartungen kommen hinzu.

Die Distanz zwischen dir und dem, was du dir unter Perfektion vorstellst, bleibt die gleiche. Wenn du zehntausend Mark hast, brauchst du hunderttausend Mark, um glücklich zu sein. Wenn du hunderttausend hast, ist dein Verlangen schon wieder größer geworden; jetzt ist auch das nicht gut genug. Und so geht es mit allem.

Die Eltern leben in ihren eigenen Traumata. Die Eltern haben sich ihr Leben lang angestrengt und haben versagt; jetzt wollen sie durch ihre Kinder leben, jetzt richten sie ihre Kinder ab. Deshalb wird aus jedem Kind ein neurotisches Menschenwesen. Sie führen ein Leben aus zweiter Hand. Sie haben versagt; jetzt wissen sie, daß der Tod naht, daß ihre Tage vorüber sind, jetzt schwinden ihre Hoffnungen. Doch eine neue Hoffnung taucht auf, sie können durch ihre Kinder weiterleben. Wenn es ihnen selbst nicht gelungen ist, perfekt zu sein, dann können wenigstens ihre Kinder perfekt sein. Und es heißt, daß man die Bäume an ihren Früchten erkennt. Wenn also die Kinder perfekt sind, müssen die Eltern auch perfekt gewesen sein.

So setzt sich diese ganze Neurose ständig von einer Generation zur andern fort. Die Eltern versuchen in allem, ihre Kinder besser zu machen. Und alles, was sie damit erreichen, ist, daß sich das Kind so, wie es ist, abgelehnt fühlt. Sie machen es dem Kind unmöglich, sich selbst zu lieben und zu respektieren. Und wenn man einmal die Liebe und den Respekt vor sich selbst verloren hat, dann ist man verloren.

Es gibt soviel Leiden auf der Welt – Wahnsinn und alle möglichen Arten von geistigen und körperlichen Krankheiten –, doch die Ursache all dieser geistig-seelischen Probleme besteht zu neunundneunzig Prozent darin, daß das Kind perfekt sein mußte.

Eine Familie nimmt in einem Restaurant Platz. Die Kellnerin notiert die Bestellung der Erwachsenen und wendet sich dann dem jüngsten Sohn zu.

»Und was darf's für dich sein, Kleiner?« fragt sie.

»Ich möchte ein Hot dog«, kommt schüchtern die Antwort.

Noch ehe die Kellnerin es aufschreiben kann, unterbricht die Mutter: »Nein, nein, kein Hot dog, bringen Sie ihm Kartoffeln, Braten und etwas Möhrengemüse.«

Aber die Kellnerin nimmt überhaupt keine Notiz von der Mutter. »Möchtest du Ketchup oder Senf zu deinem Hot dog haben?« fragt sie den Jungen.

»Ketchup«, antwortet er und strahlt über das ganze Gesicht.

»Kommt sofort«, sagt sie und geht zur Küche.

Als sie fort ist, herrscht betretenes Schweigen am Tisch. Endlich schaut der Junge seine Eltern an und sagt: »Seht ihr, sie denkt, ich bin echt.«

Da liegt das Problem begraben: Ihr erlaubt euren Kindern nicht, echt zu sein. Ihr gebt ihnen das Gefühl, unecht, abgelehnt und wertlos zu sein. Und sobald sich ihnen dieser Eindruck einmal eingeprägt hat, daß sie so, wie sie sind, ohne Wert sind, dann entwickeln sie natürlich ein großes Bedürfnis, perfekt zu sein. Und daraus entstehen alle möglichen Neurosen.

Mein ganzes Bemühen besteht darin, euch zu helfen, nicht perfekt zu sein, und diesen ganzen Unsinn loszuwerden. Wenn ihr ihn loswerdet, seid ihr zum ersten Mal wirklich echt.

Denkt daran, die Wirklichkeit ist niemals perfekt. Die Wirklichkeit ist immer im Wachstum begriffen – wie kann sie da perfekt sein? Sobald etwas perfekt ist, ist kein Wachstum mehr möglich. Nur das Unvollkommene kennt die Freude zu wachsen.

Willst du eine Blume bleiben, wachsen und dich öffnen? Oder willst du nur ein toter Stein werden – perfekt, ohne dich zu öffnen, ohne zu wachsen, ohne dich zu verändern? Bleibe unvollkommen und respektiere deine Unvollkommenheit, dann wirst du fähig sein, dich zu freuen und zu feiern. Du wirst heil und ganz sein können. Und du wirst zu keinem Psychiater oder Psychoanalytiker gehen und auf einer Couch liegen müssen, wo du fünf Jahre lang nur dummes Zeug redest. Du wirst auch keine Schocktherapie benötigen. Ganz im Gegenteil: Wenn der geistige Streß verschwindet, wird sich dein Körper augenblicklich befreit fühlen.

Wenn diese dumme Idee von der Perfektion verschwindet, werden ganz von selbst auch viele Krankheiten von der Welt verschwinden. Die Dinge sind nun einmal unvollkommen. Unvollkommenheit ist etwas Schönes, denn sie enthält die Möglichkeit zu wachsen und zu fließen. Perfektion ist einfach nur tot und sonst nichts. Das Leben ist unvollkommen, und das Leben freut sich an seiner Unvollkommenheit.

Ich lehre euch Totalität, nicht Perfektion. Das sind zwei ganz verschiedene Dinge. Perfektion ist ein neurotisches Ziel, Totalität ist etwas Gesundes. Perfektion liegt in der Zukunft, Totalität ist hier und jetzt. Jetzt in diesem Augenblick kannst du total sein. Du kannst in deiner Wut total sein, du kannst in deinem Sex total sein, du kannst in allem, was du tust, total sein – beim Putzen oder Kochen oder Gedichteschreiben. Du kannst in diesem Augenblick total sein! Es bedarf keiner Vorbereitung, es bedarf keiner Übung.

Dann siehst du zum ersten Mal mit offenen Augen die Schönheit dieser Welt. Die Weide ist grün, und die Rose ist rot. Und zum ersten Mal erkennst du, daß der Mutterleib zwar gut war, aber nicht die Erfüllung des Lebens ist. Der Mutterleib war zwar bequem, aber er diente nur der Vorbereitung. Er war nicht das wirkliche Leben, sondern ein Schmarotzerdasein. Es war reine Ausbeutung, es war ein Leben der Abhängigkeit, ohne jede Spur von Freiheit – wie kann ein solches Leben schön sein? Es war sicherlich bequem und behaglich, aber du hast bloß vor dich hin vegetiert, ohne wirklich lebendig zu sein. Du warst wie ein zufriedenes Schweinchen. Diese Art von Dasein hatte keinen Wert an sich.

Dann siehst du, daß das Leben Schönheiten hat, die dir kein Mutterleib geben kann. Jeder Mutterleib begrenzt dich. Deshalb muß das Kind unbedingt nach neun Monaten geboren werden. Jeder Mutterleib ist ein Gefängnis – warm und komfortabel, aber ein Gefängnis bleibt ein Gefängnis. Selbst wenn es komfortabel ist, selbst wenn es warm ist, das ändert nichts an der Tatsache, daß es ein Gefängnis ist.

Wenn du aus dem Mutterleib herauskommst, gelangst du in die Freiheit. Der ganze Himmel und die Sonne, der Mond, die Bäume und die Sterne, alles öffnet sich vor dir – all das gab es vorher für dich nicht. Die Lieder der Vögel und die

Musik und alle Liebe und Poesie – all das gab es vorher für dich nicht. Es war nicht sehr paradiesisch in deinem Paradies, es war einfach ein stumpfsinniges Paradies.

Sobald du einmal erkannt hast, daß es nicht von Bedeutung war ... es war wichtig, solange du noch ein zarter und schutzbedürftiger Embryo warst. Aber wenn das Kind einmal neun Monate alt ist, will es heraus, will es frei sein vom Mutterleib. Jetzt ist es bereit, in die Welt hinauszugehen und die Freuden und Leiden der Welt zu entdecken. Jetzt ist es bereit, sich tief auf die Erfahrungen des Lebens einzulassen.

Wenn du das Geburtstrauma bewußt durchlebt hast und die Erinnerung an den Schmerz ausgelöscht ist, wirst du überrascht sein, daß sich so etwas wie ein Schleier von deinen Augen hebt und die Welt ganz anders aussehen wird. *(135)*

Ich habe mir nie erlaubt, so glücklich zu sein, wie ich eigentlich sein könnte. Ich habe das Gefühl, ich verdiene es nicht.

Du verdienst es!

Die Leute haben seltsame Ideen. Sie sind ihnen eingeimpft worden. Irgendwie fühlt man sich schuldig, wenn man glücklich ist – als ob Glück etwas wäre, was man nicht genießen dürfte. Die ganze Welt ist so unglücklich, daß Glücklichsein sich fast so anfühlt, als wäre es gegen die Welt gerichtet. Die Menschen leben ein so unglückliches Leben, daß allein die Vorstellung, glücklich zu sein, unmenschlich erscheint. Wir sind dazu erzogen worden, nicht glücklich zu sein. Das Glück wurde immer auf die Zukunft verschoben – in einer anderen Welt, im Himmel, aber nicht hier. Hier ist Unglück. Der Himmel ist woanders. Und man hat uns beigebracht, daß man sich das Glück verdienen muß. Das ist eine der dümmsten Vorstellungen, die man haben kann – aber man hat sie.

Das hat seinen Grund. Kinder sind von Natur aus glücklich, aber die Eltern können ihr ganz natürliches Glücklichsein nicht zulassen, denn Eltern kennen nur einen Weg, Kindern etwas beizubringen, nämlich durch Belohnung und Bestrafung. Wenn sie aber schon glücklich sind, kann man sie nicht belohnen, dann bricht das ganze System der Belohnung zusammen. Man muß sie also unglücklich machen und zwingen, sich ihr Glück zu verdienen. Wenn sie sich benehmen, wenn sie brave Kinder sind, dann kannst du ihnen erlauben, glücklich zu sein. Wenn sie sich nicht benehmen, nicht gehorchen, dann zwingst du sie, unglücklich zu sein. Du bestrafst sie. Das ist der einzige Trick, den die Menschheit gelernt hat – zu konditionieren.

Vom ersten bis zum letzten Tag werden wir belohnt oder bestraft – von den Eltern, von der Gesellschaft, vom Staat, von diesem und jenem –, werden wir überall zwischen Belohnung und Bestrafung hin und her gestoßen. Daraus entsteht natürlich die Idee, daß man sich das Glück verdienen muß. Unverdientes Glück erzeugt Schuldgefühle.

Mein ganzer Ansatz ist, daß Glück sich nicht verdienen läßt. Du kannst nur entweder glücklich sein oder nicht – du hast die Wahl, nimm es oder laß es, aber verdienen kannst du es nicht.

Glücklichsein ist etwas Natürliches. Es hat nichts mit deinen Handlungen zu tun. Aber das können die Eltern nicht zulassen, die Priester können es nicht zulassen, weil ihr ganzes Imperium darauf basiert. Wenn du gut und moralisch und rechtschaffen bist, kommst du in den Himmel, ansonsten endest du in der Hölle.

Ich sage dir, es gibt keine Hölle, es gibt nur den Himmel. Und wo immer du auch bist, kannst du im Himmel sein, denn Sein ist himmlisch. Sein heißt glücklich sein. Beides ist gleichbedeutend.

Diese ganze Existenz besteht aus Intelligenz, aus Glück. Wir müssen nur verstehen, mit der Existenz mitzuschwingen, mitzutanzen. Wenn wir mit der ganzen Existenz tanzen können, dann steht uns auf einmal alles offen. Es ist nur eine Frage des richtigen Einstimmens. Im Einklang bist du ein König; im Zwiespalt bist du ein Bettler. Es geht nur darum zu lernen, wie man in Einklang ist, wie man in Harmonie ist. *(136)*

Ich empfinde zur Zeit eine Menge Furcht und weiß nicht, warum.

Du hast noch nie etwas Gutes über dich selbst gesagt. Hast du Spaß an all dem? Du solltest endlich lernen, diese negativen Zustände loszulassen; sie sind so sinnlos! Aber ich habe das Gefühl, du schilderst sie nur, um Aufmerksamkeit zu bekommen, mehr nicht. Sie sind nicht real.

Du hast in der Kindheit eine ganz falsche Technik gelernt: durch Negatives Aufmerksamkeit zu bekommen. Vielleicht hat man dir nur Aufmerksamkeit geschenkt, wenn du krank oder lästig warst, jedenfalls wenn irgend etwas mit dir nicht stimmte. Und das geht vielen Kindern so. Die Eltern schenken ihnen nur Aufmerksamkeit, wenn sie Störenfriede sind. Wenn alles gut läuft, neigen sie dazu, sie zu vergessen.

Ihr müßt euch diesen Mechanismus bewußtmachen und euch davon lösen, denn ich glaube nicht, daß ihr so viel Negatives in euch habt, wie ihr vorbringt. Mit so viel Negativem kann man gar nicht weiterleben, das kann nicht alles wahr sein. Ihr übertreibt; ihr habt eine Art Vergrößerungsglas für das Negative. Immer wenn etwas Negatives geschieht, vergrößert ihr es und fühlt euch gut dabei: Da passiert endlich was! Und mit euren positiven Gefühlen macht ihr es genau umgekehrt. Sie sind genauso da, aber ihr schaut sie nicht einmal an. Ihr zählt nur die Dornen und seht nie die Blüten. In eurem Wesen blühen wunderschöne Blumen, aber ihr überseht sie. Euer Interesse gilt den Dornen, dem, was schmerzt. Ihr müßt lernen, daß ihr durch diese Einstellung immer unglücklicher werdet. Hört auf, das Negative zu vergrößern, und achtet mehr auf das Positive. Selbst neunundneunzig Dornen sind nicht so wichtig wie eine einzige Blüte. Eine Blüte ist so wichtig, daß man ihretwillen neunundneunzig Dornen in Kauf nehmen kann.

Bringe die nächsten sechs Monate nichts Negatives zu mir, bringe nur das Positive. Finde etwas! Das ist jetzt sechs Monate lang deine Aufgabe. Suche nach dem Positiven. Schreibe alles Positive, das dir begegnet ist, in ein Tagebuch – jede Blume, die erblüht, jeden Duft, der deines Weges kommt, jeden

Lichtstrahl, der in dich hineinscheint, jeden Ruf des Göttlichen, der dich erreicht. Es mag nur ein Flüstern sein, und vielleicht verstehst du seine wahre Bedeutung nicht, aber schreibe es auf.

Sammle jetzt die positiven Kiesel am Ufer der Zeit. Und jedesmal, wenn du zu mir kommst, erzähle mir von dem Positiven, das du in dir gefunden hast. Dann werden diese sechs Monate für dich zu einer Transformation. Ich werde nicht mehr über deine Ängste, deine Traurigkeit und Verzweiflung sprechen. Genug ist genug! *(137)*

12. KAPITEL

Meditation und Therapie

Du hast öfter über das Nicht-Vorhandensein unserer Probleme gesprochen. Ich wurde in einer repressiven katholischen Familie erzogen und verbrachte einundzwanzig Jahre in einem ebenso wahnsinnigen Erziehungssystem. Willst du nun sagen, daß all diese Panzer, all diese Konditionierungen und Verdrängungen nicht existieren und ohne weiteres fallengelassen werden können? Was ist mit den Spuren, die im Gehirn und in der Muskulatur des Körpers hinterlassen wurden?

Das ist eine sehr wichtige Frage, weil sich an ihr zwei gegensätzliche Einstellungen zur inneren Wirklichkeit des Menschen aufzeigen lassen.

Der westliche Ansatz ist der, über ein Problem nachzudenken, seine Gründe herauszufinden und seine Geschichte aufzudecken, bis zu den allerersten Keimen zurückzugehen, um die Psyche zu dekonditionieren oder sie neu zu konditionieren, um den Körper neu zu konditionieren, um alle Spuren zu tilgen, die im Hirn hinterlassen wurden – das ist der westliche Ansatz. Psychoanalyse dringt in die Erinnerung ein; das ist ihr Gebiet. Sie geht in deine Kindheit zurück, in deine Vergangenheit. Sie geht rückwärts. Sie findet heraus, wo das Problem beginnt. Vielleicht entstand es vor fünfzig Jahren, in der Beziehung zu deiner Mutter, dann geht die Psychoanalyse dorthin zurück.

Fünfzig Jahre Geschichte! Das kann lange dauern. Und selbst dann hilft es nicht viel, denn es gibt Tausende von Problemen. Es geht ja nicht nur um ein Problem. Du kannst also der Geschichte eines einzelnen Problems nachgehen, du kannst in deine Lebensgeschichte einsteigen und die Ursache suchen. So kannst du vielleicht ein Problem loswerden, aber tausend andere warten schon. Wenn du in jedes Problem einsteigen wolltest, bräuchtest du viele Leben, nur um die Probleme eines Lebens zu lösen. Das ist wohl kaum zu schaffen, es geht nicht. Und von all den vielen Leben, die man braucht, um ein Leben aufzuarbeiten, bringt jedes wieder seine eigenen Probleme mit sich ... und so weiter und so fort. Man verstrickt sich immer tiefer in Probleme. Das ist wirklich absurd!

Neuerdings wird auch der Körper psychoanalytisch angegangen: Rolfing, Bioenergetik und andere Methoden, mit denen man die Spuren im Körper, in der Muskulatur zu beseitigen versucht. Auch hier muß man in die Geschichte des Körpers einsteigen. Aber eins ist sicher: Beide Methoden basieren auf dem gleichen logischen Grundgedanken, daß das Problem, weil es aus der Vergangenheit kommt, auch von der Vergangenheit her gelöst werden müsse.

Das menschliche Denken hat seit jeher etwas Unmögliches versucht: die Vergangenheit zu bewältigen. Die Vergangenheit ist geschehen. Man kann nicht wirklich in die Vergangenheit zurück. Wenn ihr glaubt, in die Vergangenheit zu gehen, geht ihr allenfalls in die Erinnerung. Die Vergangenheit ist nicht mehr da, ihr könnt an ihr also nichts mehr verbessern.

Ihr könnt euch höchstens den gegenwärtigen Augenblick verderben – den einzigen Augenblick, den es gibt, den einzig wirklichen.

Der Westen hat nie etwas anderes getan, als immer nur Probleme analysiert, um sie zu lösen. Der Westen nimmt Probleme sehr ernst. Und wenn man sich mal auf eine bestimmte Logik einläßt und bestimmte Voraussetzungen als gegeben hinnimmt, dann scheint diese Logik unbestechlich.

Sobald man anfängt, menschliche Probleme sehr ernst zu nehmen, sobald man anfängt, den Menschen zum Problem zu machen, ist der erste falsche Schritt getan. Jetzt kann man in dieser Richtung weitergehen, immer weiter. Welch eine Flut von Literatur über psychische Phänomene und Psychoanalyse gibt es heute! Tausende von Abhandlungen und Büchern werden am laufenden Band produziert. Seit Freud die Tür zu einer ganz bestimmten Logik aufgestoßen hat, beherrscht diese Logik das ganze Jahrhundert.

Der Osten hat seit jeher eine völlig andere Einstellung. Erstens ist ihm kein Problem wirklich ernst. Sobald man sagt, daß ein Problem nicht ernst ist, ist das Problem schon zu neunundneunzig Prozent gestorben. Du siehst es plötzlich mit ganz anderen Augen. Und zweitens sagt der Osten: Ein Problem gibt es nur deswegen, weil du damit identifiziert bist. Es hat nichts mit der Vergangenheit zu tun, nichts mit seiner Geschichte. Du bist damit identifiziert – das ist das Wichtige. Und mit diesem Schlüssel lassen sich alle Probleme lösen.

Zum Beispiel: Du bist ein wütender Mensch. Wenn du damit zum Psychiater gehst, sagt der: »Erinnere dich ... wie ist diese Wut entstanden? In welchen Situationen hat sie sich gebildet, wie hat sie sich in dir immer mehr festgesetzt? Alle diese Spuren müssen wir auslöschen. Wir müssen deine Vergangenheit restlos bereinigen.«

Gehst du aber zum östlichen Mystiker, sagt er: »Du hältst dich für die Wut selbst, du hast dich mit ihr identifiziert – das ist der wunde Punkt. Wenn du das nächste Mal einen Wutanfall bekommst, beobachte einfach genau, bleibe Zeuge des Geschehens. Identifiziere dich nicht mit der Wut. Rede dir nicht ein: ›Ich bin wütend‹, sondern schaue dem Ganzen nur zu, so als wäre es ein Film. Sieh dir selbst zu, als wärst du ein anderer.«

Du bist reines Bewußtsein. Wenn dich die Wut wie eine Wolke einhüllt, dann beobachte sie nur und passe gut auf, daß du dich nicht damit identifizierst. Das ist das ganze Geheimnis: sich nicht mit den Problemen zu identifizieren. Wenn du das erst einmal raus hast ... und dann ist auch nicht mehr entscheidend, wie viele Probleme es gibt, denn dieser Schlüssel, dieser eine Schlüssel, öffnet alle Schlösser. Was für die Wut gilt, gilt auch für Gier, für Sex, für alles andere, wozu der psychische Apparat fähig ist.

Der Osten sagt: Identifiziere dich nicht. Buddha hat es so ausgedrückt: »Sei dir bewußt, daß eine Wolke vorbeizieht.« Mag sein, daß die Wolke aus der Vergangenheit kommt, aber was hat das schon zu sagen? Natürlich muß sie eine gewisse Vergangenheit haben, sie kommt nicht aus heiterem Himmel. Sie muß aus einer bestimmten Sequenz von Ereignissen kommen – aber das ist bedeutungslos. Wozu sich erst damit befassen? Jetzt in diesem Augenblick kannst du Abstand von ihr nehmen, kannst du dich von ihr lösen. Die Brücke kann in diesem Augenblick abgebrochen werden – und sie kann nur im Jetzt abgebrochen werden. In diesem Augenblick kannst du dich freimachen. Und dann hat die ganze alte Kette von Wutanfällen nichts mehr mit dir zu tun.

Deine Frage ist wichtig. Du fragst: *»Du hast öfter über das Nicht-Vorhandensein unserer Probleme gesprochen. Ich wurde in einer repressiven katholischen Familie erzogen ...«* Du kannst jetzt sofort ein Nicht-Katholik werden. Jetzt, sage ich. Du brauchst nicht erst noch einmal alles durchzukauen, was immer dir deine Eltern und deine Gesellschaft und der Priester und die Kirche angetan haben. Das wäre reine Vergeudung der kostbaren Gegenwart. Erstens hat dir das alles schon genug Jahre geraubt; und jetzt willst du dir auch noch die Gegenwart damit zerstören? Du kannst einfach aussteigen aus dem Ganzen, so wie eine Schlange aus der alten Haut schlüpft.

»Ich wurde in einer repressiven katholischen Familie erzogen und verbrachte einundzwanzig Jahre in einem ebenso wahnsinnigen Erziehungssystem. Willst du nun sagen, daß all diese Panzer, all diese Konditionierungen und Verdrängungen nicht existieren ...?«

Nein – sie existieren durchaus. Aber sie existieren nur im Körper oder im Hirn. Sie existieren nicht in deinem Bewußtsein, denn das Bewußtsein kann nicht konditioniert werden. Das Bewußtsein ist und bleibt frei! Freiheit ist seine innerste Eigenschaft, Freiheit ist seine Natur. Indem du diese Frage stellst, beweist du diese Freiheit.

In dem Augenblick, in dem du diese Frage stellst, bist du nicht identifiziert. Du kannst sehen: soundso viele Jahre katholischer Repression, soundso viele Jahre einer bestimmten Erziehung. In dem Augenblick, in dem du das siehst, ist dein Bewußtsein nicht mehr katholisch; wer sonst soll sich dieser Tatsache bewußt sein? Wenn es nicht so wäre, gäbe es keine Möglichkeit, es zu bemerken.

Wenn du sagen kannst: *»Einundzwanzig Jahre in einem ebenso wahnsinnigen Erziehungssystem«,* dann ist eines gewiß: daß du noch nicht wahnsinnig bist. Das System ist gescheitert. Es hat nicht geklappt, du bist nicht wahnsinnig, und darum kannst du das ganze System als wahnsinnig erkennen. Nur ein gesunder Mensch kann sehen, daß es sich um Wahnsinn handelt. Diese einundzwanzig Jahre in einem Wahnsinnssystem hatten keinen Erfolg. Es kann nur in dem Maße Erfolg haben, wie es dich zur Identifikation verleiten kann. Du kannst jederzeit Abstand nehmen ... es ist zwar da – ich behaupte nicht, daß es nicht da wäre –, aber es ist nicht mehr Teil deines Bewußtseins.

Das ist das Schöne an der Bewußtheit: Bewußtheit kann aus allem herausschlüpfen. Sie kennt keine Schranke und keine Grenze. Eben noch warst du Engländer – einen Moment später erkennst du den Unfug des Nationalismus und bist plötzlich kein Engländer mehr. Nicht, daß du in diesem Moment die englische Sprache vergißt – keineswegs. Du wirst sie nicht aus dem Gedächtnis verlieren, aber dein Bewußtsein ist hinausgeschlüpft, dein Bewußtsein steht auf einem Hügel und blickt ins Tal hinunter. Jetzt liegt der Engländer im Tal, und du stehst auf dem Berg, weit entfernt, ungebunden, unberührt.

Die gesamte östliche Methodik läßt sich auf ein einziges Wort reduzieren: zuschauen. Und die gesamte westliche Methodologie auf ein anderes Wort: analysieren. Wer analysiert, geht immer im Kreis herum. Wer zuschaut, steigt aus dem Kreis aus.

Durch Analyse kommt es zu keiner Veränderung, zu keiner radikalen Transformation.

Als Zeuge zuzuschauen ist Revolution. Es ist eine radikale Veränderung – bis in die Wurzeln. So kommt ein vollkommen neuer Mensch zum Vorschein, denn so wird allen Konditionierungen, die du hast, die Energie deines Bewußtseins entzogen. All diese Konditionierungen gibt es, sie stecken im

Körper, im Denkapparat, aber deine Bewußtheit bleibt immer unkonditioniert. Sie ist rein, immer und ewig rein, unberührt. Ihre Jungfräulichkeit kann nicht verletzt werden.

Der Weg des Ostens ist es, dich auf diese unberührte Bewußtheit zu stoßen, auf diese Reinheit, diese Unschuld. Wir legen den Akzent auf Himmel, der Westen legt den Akzent auf Wolken. Wolken haben eine Herkunft, und wenn man ihre Genese entschlüsselt hat, stößt man auf den Ozean, auf die Sonneneinstrahlung, auf die Verdunstung des Wassers und die Wolkenbildung ... und so kann man immer weitermachen, aber es kommt ein Kreis heraus: Die Wolken bilden sich und kommen von neuem, verlieben sich in die Bäume und gießen ihr Wasser zur Erde, werden Flüsse, gehen zum Meer, fangen an zu verdunsten, steigen auf den Sonnenstrahlen zum Himmel, werden Wolken und fallen wieder zur Erde nieder ... So geht es ewig weiter, rund herum im Kreis. Es ist ein Rad. Wo will man da aussteigen? Eines führt ewig zum anderen, und das Rad entläßt dich nicht.

Der Himmel hat keine Genese. Der Himmel ist ungeschaffen. Er wurde durch nichts erzeugt, es hat ihn immer gegeben.

Der östliche Ansatz macht euch also auf den Himmel aufmerksam. Der westliche Ansatz macht euch die Wolken immer bewußter, was euch ein bißchen hilft, aber euch nicht zu eurer innersten Natur führt. Das ist nur durch Zuschauen möglich.

Durch Zuschauen änderst du nichts an deiner Konditionierung, nichts an deiner Muskulatur. Aber durch Zuschauen machst du die Erfahrung, daß du jenseits von aller Muskulatur und aller Konditionierung bist. In diesem Moment des Darüberhinausgehens existiert kein Problem mehr – nicht für dich. Jetzt kommt es auf dich an: Wenn du dich nach deinem Problem sehnst, kannst du in dein Körper-Geist-System einsteigen und dein Problem wiederhaben und es genießen. Wenn du es nicht haben willst, kannst du draußen bleiben. Das Problem wird als Spur in deinem Körper-Geist-System bleiben, aber du bist fernab und nicht betroffen.

Auf diese Art lebt ein Buddha. Ihr benutzt euer Gedächtnis – ein Buddha tut das auch; nur ist er nicht mehr damit identifiziert. Er benutzt das Gedächtnis wie eine Maschine. Ich zum Beispiel benutze Sprache. Wenn ich mich der Sprache bedienen muß, benutze ich meinen Verstand mit all seinen Prägungen, aber ich bin während der ganzen Zeit nicht mit diesem Verstand identifiziert – dessen bin ich mir dauernd bewußt. Ich bleibe also der Herr im Haus, und mein Verstand bleibt mein Diener. Wenn ich den Verstand rufe, kommt er. Seine Nützlichkeit bleibt erhalten, aber er kann mich nicht mehr beherrschen.

Die Menschen der Zukunft werden sich entscheiden müssen, ob sie dem Weg der Analyse oder dem Weg des Zuschauens folgen wollen.

Ich benutze beide Methoden. Ich benutze Analyse, vor allem für Sucher aus dem Westen. Sie nehmen an Gruppen teil, die analytischer Natur sind, eine Weiterentwicklung der Psychoanalyse. Sie müssen mit Dingen anfangen, die ihnen leichtfallen, und dann verschiebe ich allmählich den Akzent. *(138)*

Worin unterscheiden sich deine Therapeuten von anderen Therapeuten?

Andere Therapeuten sind nur Therapeuten, sie sind keine Meditierenden. Meine Therapeuten dagegen meditieren auch.

Therapie ist etwas Oberflächliches. Sie kann helfen, den Boden zu säubern, aber ein ordentlicher Boden ist noch kein Garten. Dazu braucht es noch mehr. Therapie hat eine negative Funktion; sie entfernt lediglich das Unkraut aus dem Boden, beseitigt die Steine und bereitet die Erde im Garten vor. Doch da endet ihre Arbeit.

Die westliche Therapie befindet sich noch in ihrem Anfangsstadium. Sie hat noch einen weiten Weg vor sich. Und solange sie sich nicht mit Meditation verbindet, mag sie oberflächlich ein wenig helfen, aber sie kann die Menschen nicht wirklich in ihrem Wachstum unterstützen.

Und Therapie dauert lange. Es gibt Leute, die seit zehn, zwölf Jahren in Analyse oder in einer anderen therapeutischen Behandlung sind. Sie sind von einem Therapeuten zum anderen gegangen, aber ihr Problem ist das gleiche geblieben. Sie haben tief in ihren Träumen nachgegraben, haben alle Methoden der Analyse ausprobiert – von Freud über Jung und Adler bis zu Assagioli –, und deren Erklärungen schienen einen Moment lang von Bedeutung zu sein. Aber im Grunde verändert sich dadurch nichts. Im Gegenteil, die Leute werden lediglich therapieabhängig.

Im Westen ist es zum Luxus geworden. So wie die Frauen früher über ihre Kleider, ihren Schmuck und die Wohnungseinrichtung sprachen und wieviel alles gekostet hat, so reden sie heute darüber, wer ihr Psychoanalytiker ist und wieviel eine Sitzung kostet. Es ist zu einer Frage des Prestiges geworden, daß man den besten und teuersten Psychoanalytiker hat, und das schon seit zehn Jahren.

Und du mußt dir eins vor Augen halten: Die Menschen, die in der Psychoanalyse und in anderen Therapieberufen arbeiten, sind selbst nicht gesund. Sie kennen sich wohl mit der Technik aus, sie haben die Methode gelernt, aber sie selbst sind keine gesunden Menschen – gesund in dem Sinne, daß sie Integrität besitzen. Unter Therapeuten werden doppelt so viele Leute wahnsinnig wie in anderen Berufen, und doppelt so viele begehen Selbstmord.

Das ist sehr seltsam. Gerade diese Leute sollten doch nicht wahnsinnig werden oder Selbstmord begehen. Wie wären sie sonst in der Lage, anderen zu helfen?

Seit Jahrtausenden hat kein einziger Meditierender jemals Selbstmord begangen. Es ist einfach unvorstellbar, daß ein Gautama Buddha Selbstmord begehen würde oder daß ein Bodhidharma wahnsinnig würde. Den Therapeuten muß also etwas sehr Grundsätzliches fehlen. Wenn du dir ihr Leben anschaust, wirst du staunen und bestätigt finden, was ich sage.

Meine Therapeuten sind besser als Freud, Jung und Adler, weil sie nicht nur Therapeuten sind, sondern auch Meditierende. Sie haben nicht solche Flausen, solche verrückten Ideen im Kopf. Dafür sorgen schon die Meditationen, die ich eingeführt habe: In der Katharsis werden sie alle diese Ideen los. Hätte zum Beispiel Sigmund Freud die Dynamische Meditation gemacht, ich garantiere euch, seine Gespenster hätten keine Macht über ihn gehabt.

Es wird euch erstaunen, daß er sich niemals selbst einer Psychoanalyse unterzogen hat. Seine Schüler haben ihn gedrängt: »Sie sollten selbst eine Psychoanalyse machen. Wir sind dazu ausgebildet, Sie selbst haben uns ausgebildet. Sie können jemanden wählen, den Sie mögen, und sich von ihm analysieren lassen.« Er hat es strikt abgelehnt. Warum diese Angst? Und wenn der Begründer selbst Angst hat, dann hat das etwas zu bedeuten. Er wußte, daß in seinen Träumen die gleichen Dinge vorkommen, die er bei anderen Menschen verurteilt. Seine Träume zeigen, daß auch er die Sexualität unterdrückt. Er, der Erfinder der Psychoanalyse, ist nie analysiert worden. Das ist schon seltsam. Es ist so, als hätte Gautama Buddha, der Begründer der Vipassana-Meditation, niemals selbst Vipassana gemacht. Und wenn er nie Vipassana gemacht hätte, mit welchem Recht könnte er dann zu den anderen sagen: »Mach mal diese Meditation, sie ist gut für dich.« Der Therapeut muß zuerst an sich selbst arbeiten, und nur wenn die Methode ihn selbst zum Guten verändert hat, hat er das Recht zu sagen: »Mach das mal.«

Jeder westliche Therapeut muß sich, wenn er ein wirklicher Therapeut werden will, mit Meditation beschäftigen und eine Synthese zwischen Meditation und Therapie herstellen. Nur dann ist er ein guter Therapeut, ansonsten leistet er nur halbe Arbeit – und das ist sehr gefährlich.

Es ist so, als würde man einen Patienten nur halb operieren und mit offener Wunde liegen lassen. Das schafft eine sehr gefährliche Situation; sein Leid wird größer sein als zuvor. Es wäre besser gewesen, man hätte ihn gar nicht angefaßt. Doch so geschieht es im Westen: Psychoanalytiker und andere

Therapeuten öffnen die Wunden der Menschen und können sie dann nicht zu Ende behandeln.

Die Zeit ist reif, daß sich Psychotherapie und meditative Methoden miteinander verbinden. Ost und West werden beide so lange unvollständig bleiben, bis sie sich begegnen und miteinander verschmelzen. Zusammen sind sie ein vollständiges Ganzes – und alles Vollständige hat seine eigene Schönheit.

Mitten im dichtesten New Yorker Verkehr rammt ein Taxifahrer das Auto des Psychiaters Dr. Kendall. Er springt aus seinem Wagen und ruft mit erhobener Faust dem Taxifahrer zu: »Verdammt noch mal, kannst du nicht aufpassen, wo du hinfährst, du Idiot?«

Dann erinnert er sich plötzlich an seinen Beruf. Er wirft einen gütigen Blick auf den Taxifahrer und sagt mit sanfter Stimme: »Lassen Sie es mich anders formulieren: Warum hassen Sie Ihre Mutter?« *(139)*

Im Osten hat es nie so etwas wie einen Psychotherapeuten gegeben, denn der Meister war mehr als genug. Was immer die Psychologie heute weiß, das weiß der Osten schon seit Jahrhunderten. Es ist nichts Neues. Statt des Berufsstands des Psychoanalytikers haben wir im Osten den Meister hervorgebracht, und statt Patienten Schüler.

Schau dir den Unterschied an. Wenn du als Patient zu mir kommst, bringst du einen sehr begrenzten, negativen Verstand mit; wenn du als Schüler zu mir kommst, bringst du einen aufgeschlossenen, positiven Verstand mit. Wenn ich dich mit den Augen eines Therapeuten ansehe, wirst du allein dadurch zu einem Gegenstand reduziert. Doch wenn ich dich als Meister anschaue, dann hebt dich dieser Blick zu den Höhen deines inneren Seins empor. Im Osten haben wir den Meister nie einen Therapeuten genannt, obwohl er der größte Therapeut ist, den es auf der Welt gibt! Einfach nur an der

Seite eines Buddhas zu sitzen hat unzählige Menschen geheilt. Überall, wohin er kam, geschah Heilung. Aber es wurde nie über Heilung gesprochen; sie geschah einfach, man brauchte gar nicht darüber zu reden. Nur schon die Präsenz eines Buddhas und der liebevolle Blick des Meisters und die Bereitschaft des Schülers, ihn in sich aufzunehmen ... *(140)*

Der Therapeut ist ein Experte, er weiß mehr als der Patient. Er *ist* nicht mehr, aber er *weiß* mehr. Er kann hilfreich sein.

Er ist wie ein Klempner. Der Klempner weiß über dein Badezimmer besser Bescheid als du, aber das heißt nicht, daß er mehr ist als du. Der Therapeut ist ein Klempner für den Verstand. Wenn etwas blockiert ist, dann weiß er Rat.

Ein Meister ist kein Klempner. Ein Meister ist nicht quantitativ anders als du, sondern qualitativ anders. Der Meister hat Sein, er ist angekommen. Er hat keine Probleme; seine Probleme sind verschwunden. Weil er selbst verschwunden ist, ist das Grundproblem verschwunden. Der Problememacher ist verschwunden. Wenn du zu einem Meister kommst, kommst du zu einem Menschen, der keine Probleme hat. Er ist vollkommen still. Da ist nur reine Stille. Keine Frage, kein Problem, nichts zu lösen, nirgends hinzugehen, nichts zu tun ... Der Meister *ist* einfach. Er ist reines Sein, reine Existenz.

Ein Meister will deinen Verstand nicht neu anpassen, sondern löst ihn auf. Es geht ihm nicht darum, dich wieder in die Gesellschaft einzufügen, dich bestimmten Normen, Standards und Prinzipien anzupassen. Er will dich überhaupt nicht anpassen, denn diese Gesellschaft ist krank, sie ist neurotisch. Und alle eure Psychotherapien stehen im Dienst dieser neurotischen Gesellschaft. Sobald jemand über die Grenzen der allgemein akzeptierten Neurose hinausgeht, tritt der Therapeut auf den Plan: »Das geht zu weit. Komm zurück!« Er hilft dir, wieder in die akzeptierten Grenzen zurückzufinden. Er macht dich normal anormal, das ist alles. Er steht im Dienste der Gesellschaft.

Deshalb ist Psychotherapie sehr antirevolutionär. In einer kapitalistischen Gesellschaft paßt dich der Therapeut den kapitalistischen Normen an. Lebst du in Amerika, dann paßt er dich der amerikanischen Gesellschaft an, dem amerikanischen Lebensstil. Lebst du in Rußland, dann paßt er dich den kommunistischen Normen, dem kommunistischen Lebensstil an. Der Therapeut dient dem Status quo, er steht immer im Dienst der jeweiligen Macht.

Ein Meister dient keiner Macht. Ein Meister dient keiner Gesellschaft, er ist grundsätzlich rebellisch. Rebellion ist sein Aroma. Er dient keiner Konditionierung, keinem Zwang. Er macht dich einfach frei – frei von allen Konditionierungen, von allen Gesellschaften, frei von allen von Menschen gemachten Gesetzen und Disziplinen. Er gibt dir Freiheit. *(141)*

Eine schöne junge Frau geht zur ersten Sitzung bei ihrem Psychiater. Der Psychiater sagt zu ihr: »Kommen Sie bitte näher.«

Als die Frau sich ihm nähert, springt er sie an, umarmt und küßt sie. Sie ist schockiert.

Und dann sagt er: »Jetzt nehmen Sie bitte Platz. Für mein Problem ist gesorgt, nun erzählen Sie mir Ihres.«

Menschen, die noch ihre eigenen Probleme haben, können keine große Hilfe sein. Nur jemand, der keine Probleme mit sich hat, kann dir helfen. Nur dann ist genügend Klarheit da, um zu sehen, um dich zu durchschauen.

Ein Mensch, der keine eigenen Probleme hat, kann dich sehen, du wirst durchsichtig. Ein Mensch, der keine eigenen Probleme hat, kann sich selbst durchschauen; deshalb ist er auch fähig, andere zu durchschauen. *(142)*

Wann ist es ratsam, in die Probleme aus der Vergangenheit zurückzugehen?

Wenn du meditierst, lösen sich die Probleme von selbst. Aber wenn du Schwierigkeiten beim Meditieren hast, dann kann es sehr hilfreich sein, in die Vergangenheit zurückzugehen. Versuche es zuerst mit Meditation, und wenn sie hilft, dann vergiß die Vergangenheit. Aber wenn du merkst, daß du beim Meditieren Schwierigkeiten hast, daß immer wieder das gleiche Problem auftaucht, wenn du dich wie in einer Sackgasse fühlst, eine Blockierung auftaucht und du nicht von der Stelle kommst, dann heißt das, daß die Vergangenheit dich schwer belastet. Dann kann »*Prati-prasav*« eine wunderbare Hilfe sein. *Prati-prasav* ist ein sehr schönes Wort. *Prasav* heißt Geburt. Wenn ein Kind geboren wird, ist das *Prasav. Prati-prasav* heißt, daß du in der Erinnerung noch einmal geboren wirst. Du gehst bis ganz zur Geburt zurück, bis zum Geburtstrauma, und erlebst es noch einmal.

Und darin besteht die ganze Methode von *Prati-prasav:* Wie gelangt man von der Wirkung zur Ursache? Wie geht man zurück und findet die Ursache eines Problems?

Immer wenn ein Gefühl in dir auftaucht, zum Beispiel Traurigkeit, dann schließe die Augen und beobachte diese Traurigkeit. Sieh, wohin sie führt, gehe tief in sie hinein, und bald wirst du bei der Ursache ankommen. Du wirst viele schmerzhafte Wunden in dir entdecken. Sie sind es, die dich traurig machen. Diese Wunden sind noch nicht verheilt, sie arbeiten noch in dir.

Wie heilt *Prati-prasav?* Was kommt da zur Anwendung? Wenn du in deine Vergangenheit zurückgehst, hörst du als erstes damit auf, die Verantwortung auf andere zu schieben, denn sobald du die Verantwortung auf andere schiebst, gehst du von dir selbst weg. Du versuchst die Ursache bei anderen Menschen zu finden. »Warum ist meine Frau so gehässig?« Jetzt suchst du die Ursache im Verhalten deiner Frau. Du hast den ersten Schritt verpaßt, und dadurch läuft der ganze Prozeß falsch.

Frage dich: »Warum bin ich unglücklich? Warum bin ich wütend?« Schließe die Augen und mache daraus eine tiefe Meditation. Lege dich hin, schließe die Augen, entspanne den Körper und fühle, warum du wütend bist. Vergiß deine Frau, sie ist nur eine Ausrede. Gehe tief in dich selbst hinein, durchdringe diese Wut. Benutze sie wie einen Fluß. Du fließt mit der Wut, und sie trägt dich nach innen. Du wirst subtile Wunden in dir finden. Deine Frau schien dir gehässig, weil sie eine Wunde in dir berührt hat, etwas, was dir weh getan hat. Schließe deine Augen, fühle die Wut und lasse sie vollständig hochkommen, damit du sie in ihrem ganzen Ausmaß sehen kannst. Irgendwo in deiner Erinnerung muß eine Wunde sein. Gehe zurück. Vielleicht gibt es nicht nur eine, sondern viele Wunden – kleine, große. Gehe tiefer und finde die erste Wunde, die ursprüngliche Quelle aller Wut. Wenn du es versuchst, wirst du sie finden können, sie ist da. Deine ganze Vergangenheit ist noch da. Sie liegt in dir wie ein aufgerollter Film. Du rollst ihn auf und schaust den Film an. Das ist der Prozeß von *Prati-prasav*. Und das ist die Schönheit dieses Prozesses: Wenn du bewußt zurückgehen kannst, wenn du eine Wunde bewußt fühlen kannst, heilt sie sofort.

Warum heilt sie? Weil die Wunde durch Unbewußtheit entstanden ist. Eine Wunde ist Teil deiner Unwissenheit, deines Schlafes. Sie entstand, als du unbewußt warst. Wenn du jetzt mit vollem Bewußtsein zurückgehst und sie anschaust, dann wirkt deine Bewußtheit als heilende Kraft. Alles, was du dir zu Bewußtsein bringst, wird heilen und dir nicht mehr weh tun.

Schließe die Vergangenheit ab! Solange die Vergangenheit nicht abgeschlossen ist, lebst du ein Schattenleben. Dein Leben ist nicht authentisch, nicht existentiell; die Vergangenheit lebt in dir, das Tote verfolgt dich noch immer.

Immer wenn sich die Gelegenheit bietet, immer wenn etwas in dir hochkommt – Glück, Unglück, Traurigkeit, Wut, Eifersucht –, dann schließe die Augen und gehe zurück und schaue einfach. Beobachte! Gib der Wunde deine beobachtende Aufmerksamkeit. Schau sie an, ohne sie zu beurteilen, denn wenn du beurteilst, wenn du sagst: »Das ist schlecht, das sollte nicht sein«, dann wird sie sich wieder schließen, dann muß sie sich wieder verstecken. Immer wenn du etwas verurteilst, versucht der Verstand, es zu verstecken.

Verurteile nicht und lobe nicht; sei einfach ein Zeuge, ein unbeteiligter Beobachter. Laß Mitgefühl in deinem Blick sein, und Heilung wird geschehen.

Frage mich nicht, warum das so ist. Es ist ein natürliches Phänomen. Es ist wie mit Wasser, das bei hundert Grad verdunstet. Dasselbe gilt für die innere Natur. Wenn ein unbeteiligtes, mitfühlendes Bewußtsein eine Wunde berührt, dann verschwindet sie, sie löst sich auf. *(143)*

Was ist Meditation?

Meditation ist der einzige Beitrag des Ostens an die Entwicklung der Menschheit. Der Westen hat viele Beiträge geleistet. Tausende von wissenschaftlichen Erfindungen, immense Fortschritte in der Medizin, unglaubliche Entdeckungen in allen Bereichen des Lebens. Aber dennoch ist dieser eine Beitrag des Ostens weit wertvoller als alle Beiträge des Westens.

Der Westen ist reich geworden; er hat die gesamte Technologie, die man braucht, um reich zu werden. Der Osten ist arm geworden, sehr arm, denn er hat sein ganzes Augenmerk nur auf eins gerichtet: das innerste Wesen des Menschen. Sein Reichtum ist etwas, was man nicht sehen kann, aber er hat die höchsten Gipfel der Seligkeit und die tiefsten Tiefen der Stille kennengelernt. Er hat die Unvergänglichkeit des Lebens kennengelernt, er hat die allerschönsten Blüten der Liebe, des Mitgefühls und der Freude erfahren. Der gesamte Genius des Ostens hat sich nur einer einzigen Suche gewidmet – man kann es die Suche nach Ekstase nennen.

Meditation ist nichts anderes als eine Technik, um zur Ekstase zu gelangen.

Meditation beginnt damit, vom Denken getrennt zu sein, ein Zeuge zu sein. Das ist die einzige Methode, von irgend etwas Abstand zu bekommen. Wenn du ins Licht schaust, dann steht eines fest: Du bist nicht das Licht, du bist derjenige, der es sieht. Wenn du Blumen betrachtest, dann ist eines sicher: Du bist nicht die Blume, du bist der Beobachter. Beobachten ist der Schlüssel zur Meditation.

Beobachte deinen Verstand. Tue nichts, weder ein Mantra aufsagen noch den Namen Gottes herbeten. Beobachte einfach alles, was der Verstand macht. Störe ihn nicht, hindere ihn nicht, verdränge ihn nicht, tue überhaupt nichts von deiner Seite aus. Sei lediglich ein Beobachter. Und das Wunder des Beobachtens ist Meditation. Während du beobachtest, wird der Verstand nach und nach leer von Gedanken. Doch du schläfst nicht etwa ein, sondern wirst wacher und bewußter.

Sobald dein Verstand vollkommen leer ist, wird deine ganze Energie zu einer Flamme der Bewußtheit. Diese Flamme ist das Ergebnis der Meditation. Meditation ist also gewissermaßen ein anderes Wort für Beobachten, Zeuge sein, Zuschauen – ohne jede Beurteilung, ohne jede Bewertung. Durch einfaches Beobachten kommst du sofort aus dem Verstand heraus.

Sobald dein Verstand absolut still ist, ist er dir nicht mehr im Weg, und du wirst dir zum ersten Mal deiner selbst bewußt. Denn die gleiche Energie, die mit Denken beschäftigt war, wendet sich nun, da es nichts mehr zu denken gibt, sich selbst zu. Denk daran, daß Energie eine ständige Bewegung ist.

Wir bezeichnen Dinge als »Gegenstände«, und du hast vielleicht noch nie darüber nachgedacht, warum. Sie sind Gegenstände, weil sie deine Energie, dein Bewußtsein, hindern. Sie stehen ihnen entgegen, sie sind Hindernisse. Aber wenn kein Gegenstand da ist – alle Gedanken, Gefühle, Stimmungen, alles ist verschwunden –, befindest du dich in vollkommener Stille. Dann wendet sich die ganze Energie sich selbst zu. Diese Energie, die zur Quelle zurückkehrt, bringt unermeßliches Entzücken. Und dieses Entzücken ist in seinem höchsten Stadium Erleuchtung.

Alles, was dir hilft, durch diesen Prozeß der Meditation zu

gehen, ist Disziplin – vielleicht, daß du ein schönes Bad nimmst, dich sauber und frisch fühlst, entspannt dasitzt, mit geschlossenen Augen, weder hungrig noch zu satt bist. Du sitzt in der Stellung, die dich am meisten entspannt, und spürst den ganzen Körper, jeden Teil, und schaust, ob es irgendwo Spannungen gibt. Ist irgendwo etwas verspannt, dann ändere die Stellung und bringe den Körper in einen entspannten Zustand.

Und dann beobachte einfach deine Gedanken, als ob sie nichts anderes wären als der Straßenverkehr oder ein Film, der über den Bildschirm läuft. Du bist ein neutraler Beobachter. Durch Beobachten verschwindet der Verstand, verschwinden die Gedanken. Und das ist der gesegnetste Augenblick, wenn du vollkommen wach bist und kein einziger Gedanken, da ist, nur ein stiller Himmel deines inneren Seins. Dies ist der Moment, in dem die Energie sich nach innen wendet. Das Nach-innen-Wenden ist plötzlich, abrupt. Und sobald sich die Energie nach innen wendet, bringt sie unendliche Freude, orgiastisches Entzücken. Plötzlich wird deine Bewußtheit so reich, denn Energie ist Nahrung für deine Bewußtheit. Diese Energie, die zurückkehrt, macht aus deinem Sein beinahe eine Flamme. Du siehst ringsherum reines Licht ... Stille, vollkommene Stille und eine ungeheure Zentrierung. Du bist jetzt genau in deinem Zentrum. Und im richtigen Augenblick, wenn du genau in deinem Zentrum bist – die Explosion! Diese Explosion nennen wir Erleuchtung. Diese Erleuchtung bringt dir alle Schätze der inneren Welt, die ganze Herrlichkeit.

Das ist das einzige Wunder auf der Welt – dich selbst zu kennen, du selbst zu sein und zu wissen, daß wir unsterblich sind. Wir sind jenseits des Körpers, jenseits des Verstandes. Wir sind nur reines Bewußtsein.

Aber deine Frage wird so lange ungelöst bleiben, bis du dich ein bißchen auf den Weg machst. Daß ich es dir erkläre, das reicht nicht. Du mußt dich auf den Weg machen. *(144)*

Meditation ist ein natürlicher Zustand, den wir verloren haben. Sie ist ein verlorenes Paradies, ein Paradies jedoch, das sich wiedergewinnen läßt. Schau in die Augen eines Kindes ... schau, und du findest tiefe Stille und Unschuld. Jedes Kind kommt in einem meditativen Zustand auf die Welt, doch dann muß es in die Wege der Gesellschaft eingeführt werden. Es muß lernen, wie man denkt, rechnet, wie man argumentiert. Es muß Wörter und Konzepte lernen. Und darüber verliert es allmählich die Verbindung mit seiner eigenen Unschuld.

Es geht einzig darum, jenen ursprünglichen Zustand wiederzugewinnen. Du hast ihn einmal gekannt, deshalb wirst du erstaunt sein, wenn du zum ersten Mal in Meditation bist, denn in dir wird ein starkes Gefühl entstehen, daß du sie bereits kennst. Und dieses Gefühl trügt nicht. Du kennst sie bereits. Du hast sie nur vergessen. Der Diamant ist unter einem Haufen Abfall verlorengegangen. Doch wenn du nachgräbst, wirst du den Diamanten wiederfinden – er gehört dir.

Er kann nicht wirklich verlorengehen, er kann höchstens in Vergessenheit geraten. Wir werden als Meditierende geboren, doch dann lernen wir die Wege des Verstandes. Aber irgendwo tief drinnen verbirgt sich unsere wahre Natur wie ein unterirdischer Strom. Du brauchst nur ein bißchen zu graben, und schon findest du die sprudelnde Quelle, die Quelle frischen Wassers. Und sie zu finden ist die größte Freude im Leben. *(145)*

Mit Meditation muß man sehr spielerisch umgehen, man muß lernen, Spaß daran zu haben. Man darf keine ernste Angelegenheit daraus machen. Sobald du ernst bist, hast du sie schon verpaßt. Man muß sich sehr spielerisch darauf einlassen. Und man muß sich bewußt sein, daß Meditation bedeutet, daß man immer mehr zur Ruhe kommt.

Meditation ist nicht Konzentration, im Gegenteil, sie ist Entspannung. Wenn du völlig entspannt bist, beginnst du zum ersten Mal deine Realität zu fühlen und kommst in unmittelbaren Kontakt mit deinem Sein. Wenn du einer Tätigkeit nachgehst, bist du damit so sehr beschäftigt, daß du dich selbst nicht sehen kannst. Aktivität erzeugt viel Rauch um dich herum, sie hüllt dich in Staub; deshalb ist es notwendig, zumindest für ein paar Stunden am Tag alles Tun einzustellen.

Das gilt jedoch nur für den Anfang. Später, wenn du die Kunst gelernt hast, ruhig und gelassen zu sein, kannst du beides zugleich sein – aktiv und ruhig. Du weißt jetzt, daß Ruhe etwas so Inwendiges ist, daß sie durch nichts Äußeres gestört werden kann. An der Peripherie geht die Aktivität weiter, und im Zentrum bleibst du ruhig. Es ist also nur am Anfang nötig, täglich einige Stunden lang alles Tun einzustellen. Sobald man die Kunst erlernt hat, stellt sich das Problem nicht mehr. Dann kann man vierundzwanzig Stunden am Tag meditativ sein und gleichzeitig mit allen Tätigkeiten des normalen Lebens fortfahren.

Denke daran: Das Schlüsselwort ist Ruhe, Entspannung. Tue nichts, was der inneren Ruhe und Entspannung zuwiderläuft. Richte dein Leben entsprechend ein, gib alle sinnlosen Aktivitäten auf, denn neunzig Prozent davon sind sinnlos, sie dienen nur dazu, die Zeit totzuschlagen und sich beschäftigt zu halten. Tue nur das Wesentliche, und widme deine Energie immer mehr der inneren Reise. Dann geschieht jenes Wunder, daß du gleichzeitig ruhig und tätig bleiben kannst. Das ist die Begegnung von Diesseits und Jenseits, die Begegnung von Materialismus und Spiritualität. *(146)*

Wenn du die geeignete Meditationstechnik gefunden hast, rastet sie sofort ein. Die richtige Methode macht einfach »klick«, sobald du zufällig darauf stößt. Irgend etwas explodiert in dir, und du weißt: »Das ist die richtige Methode für mich.« Aber du mußt dir erst einmal die Mühe machen, und dann wirst du eines Tages überrascht feststellen, daß dich plötzlich eine Methode gepackt hat.

Ich habe herausgefunden, daß der Geist offener ist, wenn man spielt. Wenn du ernst bist, ist dein Geist nicht so offen, ist er verschlossen. Spiele also nur. Sei nicht so tierisch ernst, spiele einfach!

Und diese Methoden sind unkompliziert. Es ist leicht, mit ihnen einfach nur zu spielen.

Nimm dir irgendeine Methode und spiele mit ihr mindestens drei Tage lang. Wenn du eine innere Beziehung dazu hast, wenn sie dir ein Gefühl gibt, daß das jetzt genau das Richtige für dich ist, dann nimm dich beim Wort. Dann vergiß die anderen, spiele nicht mehr mit anderen Methoden. Halte dich mindestens drei Monate lang an diese Methode. Wunder sind möglich. Wichtig ist nur, daß die Technik genau das Richtige für dich ist. Wenn die Technik nicht das Richtige für dich ist, dann passiert nichts. Dann kannst du dein Leben lang damit weitermachen, ohne daß etwas passiert. Wenn die Methode das Richtige für dich ist, dann sind manchmal schon drei Minuten genug. *(147)*

Ist es ratsam, von Anfang an stille Meditationen zu machen?

Ich empfehle den Leuten nie, sofort mit bloßem Sitzen anzufangen. Beginne da, wo der Anfang leicht ist, sonst wirst du dir bald unnötigerweise Dinge einbilden, die gar nicht da sind. Wenn du gleich mit dem Sitzen anfängst, wirst du innerlich sehr unruhig werden. Je mehr du versuchst, einfach nur dazusitzen, desto mehr Unruhe wirst du spüren. Du nimmst lediglich deinen unruhigen Kopf wahr und sonst gar nichts. Statt dich glücklich zu fühlen, wirst du dich frustriert fühlen. Eine Meditationstechnik, die mit Aktivität beginnt, hilft dir in vieler Hinsicht. Sie wird zur Katharsis. Wenn du nur dasitzt, bist du frustriert: Dein Geist will wandern, und du sitzt da. Jeder Muskel windet sich, jeder Nerv windet sich. Du versuchst, dich zu etwas zu zwingen, das für dich nicht natürlich ist. Das, was du da unterdrückst, muß hinausgeworfen und nicht unterdrückt werden. Es hat sich in dir angehäuft, weil du es ständig unterdrückt hast. Die ganze Erziehung, die Zivilisation, das Bildungswesen sind repressiv. So vieles, was du bei einer anderen Erziehung, bei wacheren Eltern hättest rauswerfen können, hast du unterdrückt. Wäre sich unsere Kultur mehr im klaren über die inneren Mechanismen der Psyche, hätte sie dir gestattet, viele Dinge auszumisten.

Wenn zum Beispiel ein Kind wütend ist, sagen wir ihm: »Sei nicht wütend!« Also fängt es an, seine Wut zu unterdrücken. Was anfangs nur eine momentane Regung war, wird nach und nach dauerhaft. Jetzt wird das Kind nicht mehr wütend handeln, sondern wird wütend bleiben. Wir haben aus Situationen, die alle nur momentan waren, eine Menge Wut angesammelt. Niemand kann ständig wütend sein, es sei denn, die Wut ist verdrängt worden.

Wut ist etwas Momentanes, das kommt und geht. Wird sie ausgedrückt, so hörst du auf, wütend zu sein. Bei mir würde ein Kind also mehr Freiheit haben, authentisch wütend zu sein. »Sei wütend, sei total wütend. Unterdrücke es nicht!«

Natürlich gibt das Probleme. Wenn wir dir sagen: »Sei ruhig wütend!«, dann willst du auf irgend jemand Bestimmten wütend sein. Aber ein Kind läßt sich formen. Man kann ihm ein Kissen geben und sagen: »Laß deine Wut am Kissen aus. Verhau das Kissen!« Von Anfang an kann man ein Kind dazu erziehen, seine Wut einfach umzuleiten. Man kann ihm irgendeinen Gegenstand geben, den kann es herumschmeißen, bis seine Wut weg ist. Binnen Minuten, binnen Sekunden wird die Wut verraucht sein. So wird sich keine Wut ansammeln.

Du hast Wut, Sex, Gewalt, Gier und alles mögliche in dir angehäuft. Jetzt macht dich dieser Wust innerlich halb wahnsinnig. Er ist da – in dir drin! Wenn du mit irgendeiner kontrollierenden Meditation anfängst – zum Beispiel einfach mit Sitzen –, dann unterdrückst du das alles, dann läßt du das alles nicht aus dir herauskommen.

Zuerst wirf heraus, was du verdrängt hast. Und wenn du deine Wut hinauswerfen kannst, bist du reifer geworden. Binnen Sekunden kannst du dich von deinem ganzen Leben entlasten. Wenn du bereit bist, alles hinauszuwerfen, wenn du den ganzen Wahnsinn rauslassen kannst, findet in wenigen Sekunden ein großes Reinemachen statt. Jetzt bist du aufgeräumt, frisch und unschuldig. Du bist wieder ein Kind. Jetzt, in deiner Unschuld, kannst du mit dem Meditieren im Sitzen beginnen, kannst dich einfach hinsetzen oder hinlegen oder was auch immer, denn jetzt ist da drinnen nichts mehr, was dir dauernd dazwischenfunkt.

Fange mit Katharsis an, und dann kann etwas Gutes in dir aufblühen, etwas von ganz anderer Qualität, von ganz anderer Schönheit, etwas absolut anderes. Es wird authentisch sein. Wenn dann die Stille zu dir kommt, wenn sie dich überkommt, ist sie nichts Aufgesetztes. Du hast sie nicht gezüchtet. Sie kommt zu dir, sie widerfährt dir. Nur dann geschieht Transformation. *(148)*

Ich hatte immer eine große Liebe zu Gärten und habe überall, wo ich gelebt habe, herrliche Gärten und große Rasen um mich herum angelegt. Meine Vorträge hielt ich meistens auf dem Rasen, und es entging meiner Aufmerksamkeit nicht, daß die Leute in ihrer Unrast immer das Gras herausrupften, während ich sprach. Sie hatten nichts zu tun, und deshalb rupften sie einfach das Gras heraus. Schließlich mußte ich ihnen sagen: »Wenn ihr so weitermacht, dann müßt ihr drinnen sitzen. Ich kann nicht zulassen, daß ihr meinen Rasen zerstört.«

Eine Weile konnten sie sich zurückhalten, aber sobald sie wieder still zuhörten, begannen ihre Hände unbewußt, aufs neue das Gras herauszurupfen. Stillsitzen und Nichtstun sind nicht immer wirklich Stillsitzen und Nichtstun. Manchmal ist es Rasenpflege.

Solange du nicht alles Tun einstellst, können die Dinge nicht gedeihen. Du wirst sie stören.

Kathartische Methoden sind also für den westlichen Verstand eine absolute Notwendigkeit. Ich bezeichne sie als vorbereitende Methoden. Sie sollen alles beseitigen, was dich daran hindert, in stille Meditation zu gehen. Wenn die Dynamische oder die Kundalini-Meditation erfolgreich war, dann bist du gereinigt. Du hast dich von deinen Repressionen befreit, du hast deine Hast, deine Unruhe, deine Ungeduld abgelegt. Jetzt kannst du in den Tempel eintreten.

Ich habe diese Methoden in den letzten zwanzig Jahren mit ungeheurem Erfolg angewandt. Sie haben den Leuten geholfen, ihr Wesen zu reinigen, und sie darauf vorbereitet, in den Tempel der Meditation einzutreten. *(149)*

Ist Meditation nicht etwas für Mystiker? Warum empfiehlst du sie auch normalen Menschen und ihren Kindern?

Sie ist etwas für Mystiker, das stimmt. Aber jeder ist ein geborener Mystiker, denn jeder trägt ein großes Mysterium in sich, das es zu erkennen gilt. Jeder besitzt ein großes Potential, das es in die Realität umzusetzen gilt. Jeder wird mit einer Zukunft geboren. Jeder hat Hoffnung.

Was verstehst du unter einem Mystiker? Ein Mystiker ist jemand, der versucht, das Mysterium des Lebens zu verwirklichen, der sich ins Unbekannte, ins Unerforschte begibt und dessen Leben ein Leben des Abenteuers und der Entdeckung ist.

Und genauso fängt jedes Kind an: mit Ehrfurcht, mit Staunen, mit einem großen Suchen im Herzen.

Jedes Kind ist ein Mystiker.

Irgendwann auf dem Weg eures sogenannten Erwachsenwerdens verliert ihr den Kontakt zu eurer inneren Fähigkeit, ein Mystiker zu sein, und ihr werdet Geschäftsmann oder Angestellter oder Beamter oder Minister. Ihr werdet etwas anderes und meint, daß ihr das seid. Und wenn ihr das glaubt, dann ist es auch so.

Ich bemühe mich hier, eure falschen Vorstellungen über euch selbst zu zerstören und den Mystiker in euch wieder zu befreien. Meditation ist ein Mittel, die Mystik freizusetzen, und sie ist für jeden da, ohne Ausnahme. Meditation kennt keine Ausnahme.

Du fragst: *»Ist Meditation nicht etwas für Mystiker? Warum empfiehlst du sie auch normalen Menschen und ihren Kindern?«*

Kinder sind am ehesten dazu fähig; sie sind von Natur aus Mystiker. Und man sollte ihnen helfen, einen Geschmack von Meditation zu bekommen, bevor sie von der Gesellschaft kaputtgemacht werden, bevor sie von anderen Robotern, von anderen zerstörten Menschen kaputtgemacht werden.

Meditation ist keine Konditionierung, weil sie keine Indoktrinierung ist. Meditation zwingt den Kindern keinen Glauben auf. Wenn ihr einem Kind beibringt, ein Christ zu werden, müßt ihr ihm eine Doktrin vermitteln; ihr müßt es zwingen, an Dinge zu glauben, die für natürliche Ohren absurd klingen. Aber wenn ihr einem Kind Meditation beibringt, indoktriniert ihr es nicht. Ihr sagt ihm nicht, daß es an irgend etwas zu glauben hat. Ihr ladet es einfach zu einem Experiment im Nichtdenken ein. Frei zu sein von Gedanken ist keine Doktrin, sondern eine Erfahrung. Und Kinder sind sehr, sehr fähig dazu, weil sie sehr nahe am Ursprung sind. Sie erinnern sich noch ein wenig an jenes Mysterium. Sie sind gerade erst aus der anderen Welt gekommen; sie haben es noch nicht völlig vergessen. Früher oder später werden sie es vergessen, aber noch ist dieser Duft um sie herum. Aus diesem Grund sehen alle Kinder so schön und anmutig aus. Habt ihr jemals ein häßliches Kind gesehen?

Was wird später aus all diesen schönen Kindern? Wohin verschwinden sie? Später im Leben findet man nur sehr selten schöne Menschen. Was also wird aus all diesen schönen Kindern? Warum verwandeln sie sich in häßliche Menschen? Welcher Unfall, welches Unglück passiert auf dem Weg?

Sie verlieren ihre Anmut an dem Tag, an dem sie ihre Intelligenz einbüßen. Sie verlieren ihren natürlichen Rhythmus und ihre natürliche Eleganz und eignen sich statt dessen unechte Verhaltensweisen an. Sie können nicht mehr spontan lachen, spontan weinen, spontan tanzen. Ihr habt sie in einen Käfig, in eine Zwangsjacke gezwängt. Ihr habt sie eingesperrt.

Die Ketten sind sehr subtil. Sie sind kaum sichtbar. Die

Ketten bestehen aus Gedanken – christlichen, hinduistischen, mohammedanischen. Sein ganzes Leben lang wird das Kind darunter leiden. Es ist solch ein Gefängnis! Nicht, daß man einen Menschen ins Gefängnis wirft – man baut ein Gefängnis um ihn herum, so daß es ihn immer umgibt, wohin er auch geht. Er kann in den Himalaja gehen und sich in eine Höhle setzen, trotzdem wird er Hindu oder Christ bleiben – seine Gedanken werden ihn begleiten.

Meditation ist ein Weg, der dich in dein Inneres führt, hinunter in jene Tiefe, in der es keine Gedanken mehr gibt; also ist es keine Indoktrination. Es wird dir nichts beigebracht. Im Gegenteil – du wirst durch Meditation auf die Fähigkeit aufmerksam gemacht, ohne Gedanken, ohne das Denken zu sein. Und die beste Zeit dafür ist die, wenn das Kind noch nicht korrumpiert ist. *(150)*

Als kleines Mädchen von elf oder zwölf Jahren machte ich eine seltsame Erfahrung. Während einer Schulpause ging ich zur Toilette und schaute in den Spiegel, um zu sehen, ob ich ordentlich aussah. Plötzlich merkte ich, daß ich in der Mitte zwischen meinem Körper und dem Spiegel stand und mein Spiegelbild beobachtete. Amüsiert betrachtete ich die drei Ichs und dachte, es sei ein Trick, den man lernen kann. Ich wollte ihn meiner Freundin zeigen und versuchte es selber noch einmal – aber ohne Erfolg. Es fühlte sich an, als sei mein Selbst aus meiner körperlichen Form herausgetreten. Ist es von Bedeutung, daß ich verstehe, was diesem kleinen Mädchen widerfahren ist?

Das ist eine Erfahrung, die viele Kinder machen; aber weil das gesellschaftliche Klima Bewußtheit nicht unterstützt, werden diese Erfahrungen von den Eltern, der Schule, den Freunden und Lehrern nicht gefördert. Wenn du so etwas erzählst, lachen die Leute, und auch du selbst wirst denken, daß mit dir etwas nicht stimmt.

Kinder aller Kulturen wirbeln zum Beispiel gerne im Kreis herum. Und alle Eltern hindern sie daran und sagen: »Du wirst hinfallen.« Das stimmt, sie können dabei hinfallen, aber das wird ihnen nicht viel schaden.

Warum wirbeln Kinder so gerne? Weil sie beim Wirbeln zusehen können, wie der Körper wirbelt. Sie können sich nicht mehr mit dem Körper identifizieren, weil es eine so neue Erfahrung ist. Mit allem sind sie sonst identifiziert – mit dem Gehen, mit dem Essen, mit allem, was sie tun, sind sie normalerweise identifiziert. Aber dieses Wirbeln – was für eine Erfahrung! Je schneller der Körper sich dreht und herumwirbelt, desto geringer ist die Möglichkeit, damit identifiziert zu bleiben.

Bald kommen sie nicht mehr mit. Der Körper dreht sich, aber ihr inneres Sein kann sich nicht drehen. Ab einem gewissen Punkt hält ihr Inneres an und beginnt seinen eigenen Körper wirbeln zu sehen. Manchmal kann es dabei sogar den Körper verlassen. Wenn das Kind nicht auf der Stelle wirbelt, sondern durch den ganzen Raum wirbelt, dann kann sein Selbst den Körper verlassen und ihn beobachten.

Solche Aktivitäten sollte man unterstützen und nähren. Fragt das Kind: »Was erlebst du dabei?« und sagt ihm: »Das ist eine der wichtigsten Erfahrungen im Leben. Vergiß sie nicht. Selbst wenn du hinfällst, ist das nicht schlimm, es kann dir nicht viel dabei passieren. Aber was du dadurch gewinnst, ist unschätzbar.« Doch man hält die Kinder von dieser und vielen ähnlichen Erfahrungen ab.

Ich weiß es aus meiner eigenen Erfahrung ... Der Fluß in meiner Stadt war oft überflutet. Niemand schwamm zum anderen Ufer, wenn er überflutet war. Es war ein gewaltiger Fluß. Normalerweise war er schmal, aber in der Regenzeit war er mindestens eine Meile breit, und die Strömung war so stark, daß man nicht stehen konnte. Und das Wasser war tief, es war unmöglich, darin zu stehen.

Ich liebte es! Ich wartete auf die Regenzeit, weil mir das half ... Beim Schwimmen kam ein Augenblick, wo ich das Gefühl hatte, ich würde sterben, weil ich so erschöpft war und das andere Ufer nicht sehen konnte. Die Wellen waren hoch, und die Strömung war stark, aber zurückzuschwimmen war unmöglich. Ich war etwa in der Mitte, beide Ufer waren jetzt gleich weit entfernt. Ich war völlig erschöpft, und das Wasser zog mich mit solcher Gewalt nach unten, daß ein Moment kam, wo ich merkte: »Jetzt kann ich nicht mehr weiterleben.« Und genau in diesem Augenblick sah ich mich selbst plötzlich über dem Wasser und meinen Körper im Wasser. Als das zum ersten Mal passierte, war es eine sehr beängstigende Erfahrung. Ich dachte, ich sei gestorben. Ich hatte gehört, daß die Seele den Körper verläßt, wenn man stirbt: »Jetzt habe ich also den Körper verlassen und bin tot.« Aber ich konnte sehen, wie mein Körper immer noch versuchte, das andere Ufer zu erreichen, also folgte ich ihm.

Das war das erste Mal, daß mir die Verbindung zwischen dem essentiellen Sein und dem Körper bewußt wurde. Sie sind direkt unterhalb des Nabels, drei Zentimeter unterhalb des Nabels, durch eine Art Silberschnur miteinander verbunden. Sie besteht nicht aus Materie, aber sie glänzt wie Silber. Jedesmal, wenn ich das andere Ufer erreichte, trat mein Sein wieder in den Körper ein. Beim ersten Mal war es beängstigend, aber dann wurde es zu einem herrlichen Vergnügen.

Als ich meinen Eltern davon erzählte, schimpften sie mich aus: »Eines Tages wirst du noch im Fluß sterben, das ist sicher ein Vorzeichen. Hör auf, im Fluß zu schwimmen, wenn er überflutet ist.«

Aber ich sagte: »Es macht mir solche Freude! Diese Freiheit. Keine Schwerkraft. Und den eigenen Körper völlig losgelöst zu sehen!«

Was dir passiert ist, war zufällig. Wenn du damit fortgefahren wärst, hätte es sich wiederholt. Es war gut. Das passiert vielen Kindern, aber niemand arbeitet daran weiter. Und dann vergißt man die Angelegenheit oder denkt, es sei wohl nur eine Einbildung, nur ein Traum gewesen. Aber es ist Wirklichkeit. Du warst aus dir herausgetreten, und was du gesehen hast, ist eine Art körperloses Bewußtsein. *(151)*

Was ist ein einfacher Weg für Kinder, um mit Meditation zu beginnen?

Kinder können sehr leicht in Meditation gehen – man muß nur wissen, wie man ihnen dabei helfen kann. Sie können nicht dazu gezwungen werden, das ist unmöglich. Niemand kann jemals zu Meditation gezwungen werden! Wie könnte man Meditation erzwingen? Sie kommt, wenn sie kommt. Aber man kann Kinder davon überzeugen. Du kannst das Kind voller Respekt dazu einladen. Tanze mit ihm, singe mit ihm, sitze mit ihm still da. Nach und nach wird es Meditation in sich aufnehmen. Nach und nach wird es das Spielerische daran lieben. Für ein Kind ist Meditation keine Arbeit, sie kann keine ernste Angelegenheit sein – das sollte es für niemanden sein. Sie kann nur ein Spiel sein. Hilf ihm also, Meditation zu spielen. Mache ein Spiel daraus, und das Kind wird es lieben! Es wird dich fragen: »Wann spielen wir wieder Meditation?« Und wenn es einmal gelernt hat, still zu sein, dann tut Meditation von selbst ihre Wirkung, und eines Tages wirst du sehen, daß es tiefer in Meditation ist, als du dir je vorgestellt hast. Du mußt nur eine meditative Atmosphäre schaffen.

Ich habe die Beobachtung gemacht, daß Kinder diese Atmosphäre sehr leicht in sich aufnehmen, wenn die Erwachsenen ein wenig meditativer sind. Kinder sind so sensibel. Was in der Atmosphäre um sie herum vorgeht, das lernen sie. Sie lernen die Schwingung. Sie kümmern sich nicht groß darum, was du sagst, aber was du bist, das respektieren sie immer. Und Kinder haben ein sehr gutes Wahrnehmungsvermögen, eine Klarheit, eine Intuition.

Liebe das Kind und erlaube ihm, ein wenig meditativ zu sein. Vieles wird dadurch möglich werden. *(152)*

Wenn kleine Kinder in Meditation eingeführt würden, könnte die Gesellschaft vollständig verwandelt werden. Kinder sind nicht ernst, deshalb sind sie sofort bereit zu meditieren. Sie sind fröhlich, sie sind verspielt, für sie ist alles ein Spaß. Manchmal, wenn ich einem Kind sage: »Schließe die Augen«, dann schließt es die Augen und genießt es wie kein anderer. Allein schon die Tatsache, daß es so ernst genommen wird, gefällt ihm. Es sitzt still da. Die Erwachsenen sehe ich manchmal gucken, sie blinzeln ein wenig, um zu sehen, was da vor sich geht; aber kleine Kinder – wenn die ihre Augen schließen, dann schließen sie sie wirklich. Sie kneifen sie ganz fest zu, weil sie fürchten, daß die Augen von selbst aufgehen, wenn man sie nicht zukneift. Sie wissen, wenn sie nicht total dabei sind, dann gehen die Augen auf und schauen, was passiert, was da los ist. Nein, sie schließen ihre Augen wirklich! Und ein Kind still in Meditation sitzen zu sehen ist eines der schönsten Dinge, die einem begegnen können.

Kindern fällt Meditation leichter, weil sie noch unverdorben sind. Wenn du erst verdorben bist, dann ist harte Arbeit nötig, um das Gelernte wieder loszuwerden.

Ich habe gehört, daß, wenn jemand zu dem großen Komponisten und Musiker Mozart kam, dieser fragte: »Hast du schon anderswo Musik gelernt?« Und wenn die Antwort ja war, verlangte er das doppelte Honorar. Wenn jemand noch nie Musik gelernt hatte, sagte Mozart: »Gut! Dann reicht das halbe Honorar.«

Die Leute wunderten sich sehr, denn es erschien ihnen höchst unlogisch: »Wenn jemand kommt, der noch nichts von Musik weiß, verlangst du das halbe Honorar, und wenn jemand schon zehn Jahre gearbeitet hat, verlangst du das Doppelte!«

Mozart erwiderte: »Das hat seinen Grund. Ich muß zuerst reinen Tisch machen, das ist viel härtere Arbeit. Alles zu beseitigen, was der Mann mit sich herumträgt, ist schwieriger, als ihn zu lehren.«

Lehren ist eine sehr einfache Sache, wenn jemand aufnahmebereit ist. Ein offenes Herz macht das Lehren sehr einfach – und ein Kind hat ein offenes Herz. *(153)*

Ich bin zwölf Jahre alt. Kann ich anfangen zu meditieren?

Das ist das richtige Alter, um mit Meditation zu beginnen – wenn du dich dem vierzehnten Lebensjahr näherst. Du bist zwölf; die nächsten zwei Jahre werden sehr wertvolle Jahre für dich sein. Alle sieben Jahre verändert sich die menschliche Psyche. Das vierzehnte Lebensjahr ist ein Jahr großer Veränderung. Und wenn man bereit ist, kann viel Neues geschehen; wenn man nicht bereit ist, dann verpaßt man diese Gelegenheit. Alles, was wertvoll ist, geschieht immer in einer solchen Periode der Veränderung. Fange also an zu meditieren. Und mit Meditieren meine ich, daß du immer, wenn du still dasitzt, anfängst, dich zu wiegen, genau wie du es jetzt gerade tust. Fühle dich wie ein Baum und wiege dich hin und her. Während du dich wiegst und dich wie ein Baum fühlst, wirst du als menschliches Wesen verschwinden, und in diesem Verschwinden entsteht Meditation. Du kannst auf tausend Arten verschwinden. Ich zeige dir den einfachsten Weg, den du sehr leicht praktizieren kannst. Tanze und verschwinde im Tanz; wirble im Kreis herum und verschwinde im Wirbeln. Laufe, jogge und verliere dich darin. Laß nur das Laufen da sein und vergiß dich selbst. Diese Selbstvergessenheit ist Meditation. Und in diesem Alter ist das möglich.

Später im Leben gibt es noch andere Türen zur Meditation, aber für ein Kind ist Selbstvergessenheit die richtige Meditation. Also vergiß dich selbst in irgend etwas, und du wirst sehen, wie Meditation deines Weges kommt. *(154)*

Für Kinder ist es sehr einfach, durch Tanzen in Meditation zu gehen, weil Tanzen nichts Unnatürliches oder Künstliches ist. Der Mensch wird mit der Fähigkeit zu tanzen geboren. Weil wir aufgehört haben, auf natürliche Weise zu tanzen, leidet unser Körper sehr. Es gibt ein paar Dinge, die nur durch Tanzen möglich sind: Fließen ist nur durch Tanzen möglich.

Hilf deinem Kind also, an Tanzmeditationen teilzunehmen. Wenn es anfangen kann zu tanzen, wird Meditation von selbst geschehen. *(155)*

Meine Schulkinder machen manchmal gerne Krach und rennen herum. Ich möchte sie nicht mehr zwingen, an ihrem Platz sitzenzubleiben und ruhig zu sein.

Mach folgendes: Gib ihnen jeden Tag zweimal fünfzehn oder zwanzig Minuten lang Gelegenheit, wild zu werden, völlig verrückt zu spielen und alles zu tun, was sie tun wollen – herumspringen, schreien, brüllen – zwanzig Minuten morgens, ehe du mit dem Unterricht beginnst. Und mach du auch mit. Schreie und springe auch herum und beteilige dich, dann werden sie viel Spaß daran haben. Sobald sie sehen, daß ihr Lehrer mit von der Partie ist, genießen sie das doppelt. Fünfzehn Minuten sind genug. Sag ihnen, sie sollen so laut sein, wie sie nur können, und alles tun, was sie gerne möchten. Danach laß sie damit aufhören und fünf Minuten lang vollkommen still sein. Das ist eine phantastische Meditation für sie.

Und wenn du merkst, daß es funktioniert, dann wiederhole das Ganze noch einmal, irgendwann am Nachmittag, ehe sie nach Hause gehen. Und innerhalb von zwei, drei Monaten wirst du eine unwahrscheinliche Veränderung in den Kindern beobachten.

Man muß ihre aufgestaute Energie freisetzen. Sie haben diese Riesenenergie, und wir zwingen sie, ruhig dazusitzen – das können sie nicht, deshalb sind sie am Kochen! Bei jeder kleinsten Gelegenheit machen sie Unfug. Gib ihnen eine Gelegenheit, Dampf abzulassen. Das wird ihnen sehr helfen, und du wirst sehen, wie ihre Intelligenz und ihre Konzentrationsfähigkeit zunehmen, wie sie besser zuhören und besser verstehen können, weil sie jetzt unbelastet sind. Ihre Liebe und ihr Respekt vor dir werden ungeheuer wachsen, und sie werden auf dich hören. Es ist nicht mehr nötig, sie zu etwas zu zwingen. Es genügt, wenn du etwas sagst.

Du kannst ihnen sagen: »Wartet! Bald kommt eure Zeit zum Toben. Wartet noch eine Stunde!« Sie werden verstehen, daß du es ihnen nicht grundsätzlich verbietest. Sie werden die Regel bald lernen – daß es Zeiten gibt, in denen sie Unsinn machen, laut sein und alles tun können, was ihnen in den Sinn kommt, und daß es natürlich auch eine Zeit zum Lesen und Studieren gibt.

Wenn Probleme mit der Schulleitung oder den Kollegen entstehen, dann sprich mit ihnen und erkläre ihnen alles. Sie können davon genauso profitieren, und ebenso können andere Klassen davon profitieren. Sage einfach, das sei ein Experiment, und man möge dir sechs Monate Zeit lassen. Danach können sie kommen und sehen, wie es sich auf die Kinder ausgewirkt hat – ob ihre Zeugnisse besser sind, ob ihre Intelligenz zugenommen hat, ob ihr Verständnis tiefer geworden ist. Bitte sie, den Versuch zu beobachten. Und wenn sie das Gefühl haben, daß er erfolgreich ist, kann das zum Modell für die ganze Schule werden. Die ganze Schule kann zweimal am Tag zwanzig Minuten lang zusammenkommen, und das wird ein Riesenspaß sein. *(156)*

Ich wüßte gerne, ob man mit sechzehnjährigen Schülern die Dynamische und die Kundalini-Meditation machen kann?

Ja, das ist ausgezeichnet. Sie werden es ungemein genießen. Tatsächlich ist vierzehn das beste Alter, um mit Meditation zu beginnen. Das ist das Alter, wenn die Sexualität heranreift und die Jugendlichen sich in einer sehr kritischen Phase befinden. Sie verfügen über viel Energie, und das Mädchen oder der Junge wissen nicht, was sie damit anfangen sollen. So wird Sexualität zum einzigen natürlichen Ventil.

Das ist der richtige Augenblick, um Meditation einzuführen, weil ihnen damit sofort eine andere Dimension zur Verfügung steht. Jetzt kann ihre Energie höher steigen, in höhere Chakren und Zentren. Ihre Sexualität wird ihnen nicht mehr zum Problem, und sie verschwenden ihre sexuelle

Energie nicht. Sie sind weniger sexuelle und dafür liebevollere Menschen.

Das ist also genau der richtige Zeitpunkt, um Meditation einzuführen. Die Jugendlichen reiten auf einer großen Welle von Energie, die man für alles nutzen kann. Sie werden nie wieder so energiegeladen sein wie in dieser Zeit. Je später du Meditation einführst, desto weniger Energie wird dafür zur Verfügung stehen. Die Leute haben eine sehr merkwürdige Vorstellung von Religion – als sei es nur etwas für alte Leute, als müsse man beten oder zur Kirche gehen oder so etwas, als sei es nichts für die Jungen.

Religion ist ganz besonders für junge Leute, denn sie ist so ein großes Abenteuer und verlangt so viel Energie. Wenn du erst einmal verbraucht bist, kommst du nicht mehr weit damit. Es wird viel schwieriger.

Kinder, die zu sexuellen Wesen heranreifen, stehen an einem Scheideweg. Ungeheure Möglichkeiten eröffnen sich ihnen. Mache sie also mit allen Meditationen vertraut, und sie werden damit sehr glücklich sein. *(157)*

*Anleitungen zur Meditation**

Dynamische Meditation

Die Dynamische Meditation wird bei Sonnenaufgang gemacht. Sie dauert eine Stunde und hat fünf Phasen. Man kann sie alleine machen, aber die Energie wird viel stärker, wenn du sie mit einer Gruppe von Leuten machst. Es ist eine ganz persönliche Erfahrung, deshalb solltest du während der ganzen Meditation alle anderen um dich herum völlig vergessen und deine Augen geschlossen halten, am besten mit einer Augenbinde. Mache die Dynamische Meditation mit nüchternem Magen und trage dabei bequeme, weite Kleidung.

---

* Die Anleitungen zu Oshos wichtigsten Meditationen sind kursiv gedruckt. Musik auf MC oder CD siehe Quellennachweis auf Seite 503.

Erste Phase: 10 Minuten
Atme schnell und chaotisch durch die Nase ein und aus. Konzentriere dich dabei immer ganz aufs Ausatmen, für die Einatmung sorgt der Körper von selbst. Die Atmung muß tief in die Lungen gehen. Atme, so schnell du nur kannst, und achte darauf, daß der Atem tief bleibt. Mach das so total, wie du nur irgend kannst, ohne deinen Körper zu verspannen. Achte darauf, daß Nacken und Schultern entspannt bleiben. Mach weiter so, bis du buchstäblich zum Atmen geworden bist, und laß den Atem chaotisch, d. h. ungleichmäßig sein. Sobald deine Energie ins Fließen kommt, wird sie sich in Bewegung umsetzen. Laß die Körperbewegungen von selbst geschehen und nutze sie dazu, deine Energie zu steigern. Wenn du Arme und Körper auf natürliche Weise bewegst, hilft es deiner Energie aufzusteigen. Spüre, wie sich deine Energie aufbaut, aber erlaube ihr nicht, sich schon in der ersten Phase auszutoben.

Zweite Phase: 10 Minuten
Explodiere! Laß den Körper machen. Laß alles heraus, was ausbrechen will. Werde total verrückt, schreie, kreische, weine, hüpfe, schüttle dich, tanze, singe, lache, kicke und tobe herum. Halte nichts zurück, halte deinen ganzen Körper in Bewegung. Ein bißchen Schauspielerei kann dir oft helfen, auf Touren zu kommen. Erlaube deinem Verstand auf keinen Fall, sich in das Geschehen einzumischen. Sei total!

Dritte Phase: 10 Minuten
Springe mit erhobenen Armen auf und ab und rufe dabei das Mantra Huu! Huu! Huu! so tief wie möglich aus dem Bauch heraus. Jedesmal, wenn du auf deinen Füßen aufsetzt, und zwar mit der ganzen Sohle, laß diesen Ton in dein Sexzentrum hineinhämmern. Gib alles, was du hast, bis zur Erschöpfung.

Vierte Phase: 15 Minuten
STOP! Erstarre so, wie du bist – haargenau in der Position, in der du dich gerade befindest. Mache keinerlei Körperkorrekturen. Jedes Husten, jede kleinste Bewegung würde den Energiestrom unterbrechen, und alle Mühe war umsonst. Sei Zeuge von allem, was mit dir geschieht.

Fünfte Phase: 15 Minuten
Feiere! Gehe mit der Musik, tanze, drücke deinen Dank an die Schöpfung aus und nimm deine Lebendigkeit und Freude mit in den Tag.

Dies ist eine Meditation, in der du ständig wach, bewußt und aufmerksam bleiben mußt, bei allem, was du tust. Bleibe Zeuge. Verliere dich nicht. Man kann sich leicht verlieren. Während der Atemphase kann es dir leicht passieren, daß du dich vergißt. Du kannst so sehr eins werden mit dem Atem, daß du vergißt, Zeuge zu bleiben. Aber damit entgeht dir das Wesentliche. Atme so schnell und so tief wie möglich, lege dich total ins Zeug, bleibe aber dennoch Beobachter.

Beobachte, was geschieht, als wärst du nur ein Zuschauer, als würde das alles einem anderen passieren, als würde das alles nur im Körper stattfinden, und dein Bewußtsein schaut zu und bleibt zentriert. Während aller drei Phasen mußt du Zeuge bleiben. Und wenn alles plötzlich stillsteht und du in der vierten Phase völlig regungslos erstarrst, dann erreicht diese Wachheit ihren Höhepunkt.

Wenn du dort, wo du meditierst, keinen Lärm machen darfst, gibt es noch eine stille Version der Dynamischen Meditation: Statt die Emotionen hinauszuschreien, lasse in der zweiten Phase die Katharsis allein durch die Bewegungen deines Körpers geschehen. In der dritten Phase kannst du den Ton »Huu!« lautlos nach innen hämmern. *(158)*

Kundalini-Meditation

Dies ist die Sonnenuntergangs-Meditation. Sie besteht aus vier Phasen von je 15 Minuten.

Erste Phase: 15 Minuten
Sei locker und laß deinen ganzen Körper sich schütteln. Spüre, wie die Energie von deinen Füßen hochsteigt. Laß überall los und werde

zum Schütteln. Deine Augen können dabei offen oder geschlossen sein.

Zweite Phase: 15 Minuten
Tanze, so wie du dich gerade fühlst, und laß den ganzen Körper sich bewegen, wie er will.

Dritte Phase: 15 Minuten
Schließe die Augen und sei still, entweder im Sitzen oder im Stehen. Beobachte, was innen und was außen geschieht.

Vierte Phase: 15 Minuten
Lege dich mit geschlossenen Augen hin und sei still.

Wenn du die Kundalini-Meditation machst, dann laß das Schütteln von selbst geschehen, mache es nicht. Stelle dich still hin, fühle es kommen, und wenn dein Körper anfängt, ein wenig zu zittern, dann hilf nach, aber mache es nicht. Genieße es, erfreue dich daran, laß es kommen, sei offen dafür. Heiße es willkommen, aber mache es nicht willentlich.

Wenn du es herbeizwingst, wird es zu einer Übung, einer Körpergymnastik. Dann wird das Schütteln zwar da sein, aber nur an der Oberfläche; es durchdringt dich nicht. Im Innern bleibst du hart wie ein Stein, wie ein Felsblock; du bleibst der Macher, und der Körper gehorcht dir nur. Aber um den Körper geht es nicht – es geht um dich.

Wenn ich sage: »Schüttle dich«, so meine ich deine Härte, so meine ich, daß dein ganzes Wesen bis in die Grundfesten erschüttert werden muß, damit es flüssig wird, fließend wird, damit es schmilzt und strömt. Und wenn dein erstarrtes Wesen fließend wird, wird dein Körper nachfolgen. Dann gibt es niemand mehr, der sich schüttelt, sondern nur noch das Schütteln. Niemand macht es, es geschieht einfach. Der Macher existiert nicht. *(159)*

Nataraj-Meditation

Nataraj ist totales Tanzen als Meditation. Diese Meditation hat drei Phasen und dauert insgesamt 65 Minuten.

Erste Phase: 40 Minuten
Tanze mit geschlossenen Augen wie besessen. Laß dich völlig vom Unbewußten leiten. Suche deine Bewegungen auf keine Weise zu kontrollieren, und sei auch kein Beobachter des Geschehens. Geh einfach total im Tanzen auf.

Zweite Phase: 20 Minuten
Lege dich sofort hin. Bleibe still und bewege dich nicht; die Augen bleiben geschlossen.

Dritte Phase: 5 Minuten
Tanze. Genieße und feiere den Tanz.

Vergiß den Tänzer, den Mittelpunkt des Egos; werde zum Tanz – darin besteht die Meditation. Tanze so tief versunken, daß du völlig vergißt, daß *du* tanzt, und fühle immer stärker, daß du der Tanz bist. Die Trennung muß verschwinden, dann wird es zur Meditation. Solange die Trennung da ist, ist es eine Übung – gut, gesund, aber nicht spirituell zu nennen. Dann ist es einfach ein gewöhnlicher Tanz. Tanzen an sich ist etwas Gutes, hinterher fühlst du dich frisch und jung. Aber das ist noch keine Meditation.

Der Tänzer muß verschwinden, so daß nur noch der Tanz übrigbleibt.

Sei total in deinem Tanzen, denn die Trennung kann nur bestehen, solange du nicht total im Tanzen aufgehst. Wenn du daneben stehst und dir zuschaust, wie du tanzt, bleibt die Trennung bestehen: Du bist der Tänzer, und du tanzt. Dieses Tanzen ist nur ein Akt, etwas, was du tust, nicht etwas, was du bist. Gehe also total darin auf; verschmilz darin. Stehe nicht daneben, sei kein Beobachter. Wirf dich hinein!

Laß dem Tanz seinen freien Lauf, erzwinge nichts. Im

Gegenteil, folge ihm, laß das Tanzen geschehen. Es ist kein Tun, es ist ein Geschehen, ein Happening. Und bleibe in festlicher Stimmung, denn du erfüllst ja keine Pflicht; du spielst nur, spielst mit deiner Lebensenergie, spielst mit deiner Bioenergie und läßt ihr freien Lauf. So wie der Wind weht und der Fluß fließt, so fließt und wehst du mit. Fühle es!

Und sei spielerisch. Merke dir dieses Wort »spielerisch«. Für mich ist dies das Allerwichtigste. In Indien nennen wir die Schöpfung »Leela« – das Spiel Gottes. Die Welt ist nicht Gottes Schöpfung – sie ist sein Spiel! *(160)*

Whirling-Meditation

Wirble mit offenen Augen herum, so wie kleine Kinder im Kreis herumwirbeln; so, als ob dein inneres Sein der Drehpunkt geworden wäre und dein Körper ein kreisendes Rad ist, eine rotierende Töpferscheibe. Du bist der ruhende Mittelpunkt, und dein ganzer Körper dreht sich.

Drei Stunden vor der Whirling-Meditation solltest du nicht mehr essen oder trinken. Am besten machst du sie barfuß und in lockerer Kleidung. Die Meditation hat zwei Phasen: Wirbeln und Ruhen. Für das Wirbeln gibt es keine festgelegte Dauer, man kann es stundenlang machen. Ich empfehle dir aber, mindestens eine Stunde lang zu wirbeln, bis du dich wie ein Energiestrudel fühlst.

Du wirbelst auf der Stelle, gegen den Uhrzeigersinn – den rechten Arm erhoben, die Handfläche nach oben gekehrt, und den linken Arm nach unten, die Handfläche nach unten gekehrt. Wenn dir beim Wirbeln gegen den Uhrzeigersinn unwohl wird, kannst du im Uhrzeigersinn wirbeln. Laß deinen Körper ganz locker sein und halte die Augen offen, halte aber deinen Blick an nichts fest, so daß die Bilder verschwommen und fließend sind. Ruhe in dir.

Erste Phase: 45 Minuten
Drehe dich in den ersten 15 Minuten langsam. Werde dann während der nächsten 30 Minuten immer schneller, bis sich das Wirbeln

verselbständigt hat und du zu einem Strudel von Energie wirst – an der Peripherie ein Sturm der Bewegung, aber in der Mitte ein unbeteiligter Beobachter, ruhig und still.

Wenn du so schnell wirbelst, daß du dich nicht mehr aufrecht halten kannst, wird dein Körper von selbst fallen. Mach das Fallen nicht zum bewußten Entschluß und plane die Landung nicht im voraus. Wenn dein Körper locker ist, wirst du sanft landen, und die Erde wird deine Energie aufnehmen.

Zweite Phase: 15 Minuten

Wenn du hingefallen bist, beginnt der zweite Teil der Meditation. Rolle dich sofort nach dem Fall in die Bauchlage und lasse den nackten Bauchnabel den Boden berühren. Wer diese Lage als unangenehm empfindet, sollte sich auf den Rücken legen. Fühle, wie dein Körper mit der Erde verschmilzt, wie ein kleines Kind, das sich an die Brust der Mutter schmiegt. Schließe die Augen und sei mindestens 15 Minuten lang reglos und still.

Sei nach der Meditation so still und inaktiv wie möglich.

Es kann vorkommen, daß es dem einen oder anderen beim Whirling übel wird, aber diese Übelkeit sollte normalerweise nach zwei oder drei Tagen verschwinden. Wenn sie nicht verschwindet, höre mit dieser Meditation auf.

Das von den Sufis überlieferte Whirling ist eine der ältesten Techniken, und auch eine der stärksten. Sie geht so tief, daß dich schon eine einzige Erfahrung mit dieser Meditation völlig verändern kann. *(161)*

Brabbel-Meditation

Dies ist eine kathartische Technik, die zu starken Körperbewegungen anregt. Diese Meditation kann entweder allein oder in einer Gruppe gemacht werden. Schließe die Augen und fange an, irgendwelche unsinnigen Laute von dir zu geben – einfach Gebrabbel. Vertiefe dich 15 Minuten lang total ins Brabbeln. Erlaube dir, alles auszudrücken, was aus dir heraus will. Wirf alles hinaus. Der Verstand denkt immer in Form von Worten – das Brabbeln hilft dabei, dieses ständige Verbalisieren zu durchbrechen. Du brauchst deine Gedanken nicht zu unterdrücken, du kannst sie hinauswerfen – in Form von Kauderwelsch, in irgendeiner Sprache, die es nicht gibt. Und laß auch deinen Körper sich ausdrücken.

Danach lege dich 15 Minuten lang auf den Bauch, mit dem Gefühl, als würdest du mit Mutter Erde verschmelzen. Fühle, wie du bei jedem Ausatmen mit dem Boden unter dir verschmilzt. *(162)*

Mystic-Rose-Meditation

Für diejenigen, die tiefer gehen wollen, habe ich eine neue meditative Therapie geschaffen. Der erste Teil ist Lachen – drei Stunden lang werden die Leute einfach nur lachen, ohne jeden Grund. Und jedesmal, wenn ihr Lachen abflaut, rufen sie wieder »*Jaa-Huu!*«, und es geht wieder los. Wenn du drei Stunden in dir nachgräbst, wirst du überrascht feststellen, wie viele Staubschichten sich über dein Wesen gelegt haben. Das wird sie auf einen Schlag durchhauen. Sieben Tage nacheinander, drei Stunden am Tag ... du kannst dir nicht vorstellen, wie sehr dein Wesen transformiert werden kann.

Und der zweite Teil: Tränen. Der erste Teil entfernt alles, was dein Lachen hindert – alle übernommenen Hemmungen, alle Verdrängungen ... er fegt sie einfach weg. Er schafft neuen Raum in deinem Innern. Aber du wirst noch ein paar weitere Schritte tun müssen, bis du zum Tempel deines Wesens kommst, denn du hast auch so viel Traurigkeit unterdrückt, so viel Verzweiflung, so viel Angst, so viele Tränen – das alles ist da, deckt dich zu und macht deine Schönheit, deine Anmut, deine Freude zunichte.

In der alten Mongolei herrschte die Vorstellung, daß alles Leid, das du Leben für Leben unterdrückst ... und das Leid wird unterdrückt, weil niemand es will. Man will keinen Schmerz haben, also unterdrückt man ihn, meidet man ihn, sieht man weg. Aber er bleibt. Die mongolische Vorstellung war – und ich gebe ihr recht –, daß sich dies alles über ganze

Leben hinweg in dir ansammelt. Daraus wird ein regelrechter harter Leidenspanzer.

Wenn du in dich gehst, wirst du beides finden: das Lachen und die Tränen. Daher passiert es manchmal, daß dir plötzlich auch die Tränen kommen, wenn du lachst – sehr verwirrend, weil wir normalerweise glauben, das seien Gegensätze. Wenn die Tränen fließen, kann man doch nicht gleichzeitig lachen, oder wenn du lachst, ist das doch kein Grund für Tränen! Aber die Existenz pfeift auf eure Begriffe und Ideologien. Die Existenz übersteigt all eure Begriffe, die dualistisch sind, die auf Dualität beruhen. Tag und Nacht, Lachen und Weinen, Schmerz und Glück – das eine geht immer mit dem anderen einher. Wenn ein Mensch in den Kern seines Wesens dringt, wird er finden, daß die erste Schicht aus Lachen besteht und die zweite Schicht aus Schmerz und Tränen.

Sieben Tage lang also mußt du dich weinen und schluchzen lassen, ohne jeden Grund. Die Tränen wollen kommen. Du drängst sie immer zurück – laß das sein. Und immer wenn du das Gefühl hast, daß sie nicht kommen, sage einfach: *»Jaa-Buu!«* Das sind nur Töne, die als Technik dienen, um all dein Lachen und all deine Tränen hervorzulocken und dich völlig zu reinigen, damit du ein unschuldiges Kind werden kannst.

Der dritte Teil schließlich ist unbeteiligtes Zuschauen – »der Wächter auf dem Berge«. Nach dem Lachen und den Tränen bleibt nur noch stilles Zuschauen. Zuschauen an sich wirkt hemmend. Das Weinen hört sofort auf, wenn du ihm unbeteiligt zuschaust, es zieht sich zurück, wird latent. Aber diese Meditation wirft alles Lachen und Weinen vorher raus, so daß es nichts mehr zu unterdrücken gibt, wenn du jetzt unbeteiligt zuschaust. Jetzt öffnet dir dieses Zuschauen einen reinen Himmel. Sieben Tage lang machst du also einfach nur die Erfahrung von Klarheit.

Dies ist absolut meine Meditation! Du wirst überrascht sein, daß keine Meditation dir so viel geben kann wie diese kleine Methode. Ich habe aus vielen Meditationen die Erfahrung gezogen, daß es nötig ist, zwei innere Schichten zu durchbrechen. Dein Lachen ist unterdrückt worden. Man hat dir vorgeschrieben: »Lache nicht, dies ist eine ernste Angelegenheit.« Du darfst in einer Kirche oder in einer akademischen Vorlesung nicht lachen.

Die erste Schicht besteht also aus Lachen. Aber sobald das Lachen vorüber ist, wirst du dich plötzlich von Tränen, von Schmerz überflutet fühlen. Auch damit lädst du eine große Last ab. Viele Leben voller Schmerzen und Qualen werden sich in Luft auflösen. Wenn du dich dieser beiden Schichten entledigen kannst, hast du dich selbst gefunden.

Die Wörter »Jaa-Huu« und »Jaa-Buu« haben keinerlei Sinn. Es sind nur Hilfsmittel, Töne, die dir helfen sollen, besser in dein Innerstes vorzudringen.

Ich habe viele Meditationen erfunden, aber vielleicht wird diese die wesentlichste und grundlegendste werden. Sie kann die ganze Welt erobern.

Jede Gesellschaft hat ungeheuer viel Schaden angerichtet, als sie eure Freude und eure Tränen unterdrückte.

Heute kommen die Wissenschaftler dahinter, daß Weinen und Lachen ungeheuer gesundheitsfördernd sind, nicht nur körperlich, sondern auch seelisch.

Diese Dinge vermögen viel, um dich geistig klar werden zu lassen. Die gesamte Menschheit ist nicht mehr ganz richtig im Kopf, aus dem einfachen Grund, weil niemand aus vollem Halse lacht, denn überall gibt es Leute, die sagen: »Was soll das? Bist du ein Kind? – in deinem Alter? Was sollen deine Kinder denken? Reiß dich zusammen!« Wenn ihr ohne jeden Grund losheult und losweint, einfach als Übung, als Meditation ... kein Mensch wird es glauben! Tränen haben noch nie als Meditation gegolten.

Und ich sage euch, sie sind nicht nur Meditation, sie sind auch Medizin. Ihr werdet besser sehen können, und ihr werdet auch besser nach innen sehen können. Ich gebe euch hier eine ganz fundamentale Technik – nagelneu und unbenutzt. Und sie wird um die ganze Welt gehen, denn ihre Auswirkungen werden jedem beweisen, daß der Mensch dadurch jünger wird, daß er liebevoller wird, daß er anmutig wird. Er ist flexibler geworden, weniger fanatisch, lebensfroher – jemand, der feiert. *(163)*

Diese dreiteilige Meditation dauert 21 Tage und kann allein oder in einer Gruppe gemacht werden. In der folgenden Fassung dauert jede Sitzung 60 Minuten.

Erste Woche: je 1 Stunde täglich
Beginne jedesmal damit, ein paarmal »Jaa-Huu!« zu rufen, und dann lache los, ohne jeden Grund, 45 Minuten lang. Du kannst dich setzen oder hinlegen. Manchen hilft das Hinlegen, die Bauchmuskeln zu entspannen und die Energie leichter fließen zu lassen. Es geht darum, dein inneres Lachen zu finden, das Lachen ohne jeden Grund. Also sind deine Augen im allgemeinen geschlossen. Allerdings kann auch der Augenkontakt mit Freunden plötzliches Lachen auslösen. Laß dich am Boden rollen, leicht und spielerisch, mit der Unschuld deines inneren Kindes, und erlaube dir aus vollem Halse zu lachen.

Falls du auf Blockierungen stößt, die dich am Lachen hindern, dann rufe »Jaa-Huu!« oder gehe in sinnloses Gebrabbel über, bis das Lachen wieder hochkommt.

Am Ende dieser Phase bleibe mit geschlossenen Augen ein paar Minuten völlig still sitzen. Der Körper ist still wie eine Statue und lenkt alle Energie nach innen. Nun läßt du los: Entspanne deinen Körper vollständig und laß ihn ohne jede Anstrengung oder Kontrolle fallen.

Sobald du dich danach fühlst, richte dich wieder auf. Bleibe schweigend sitzen und schaue dir innerlich zu.

Zweite Woche: 1 Stunde
In der zweiten Woche beginnst du damit, leise ein paarmal vor dich hin »Jaa-Buu!« zu sagen, und erlaubst dir dann, 45 Minuten lang zu weinen. Du kannst dich setzen oder hinlegen. Schließe die Augen und geh tief in alle Gefühle hinein, die dich zum Weinen bringen. Laß dich wirklich tief weinen; das reinigt und entlädt das Herz. Spüre, wie der Damm all deiner aufgestauten Verletzungen und Leiden aufbricht.

Wenn du dich nach einigem Weinen blockiert oder schläfrig fühlst, mache Brabbel-Geräusche. Wiege deinen Körper ein wenig vor und zurück, oder sag noch ein paarmal »Jaa-Buu« vor dich hin. Die Tränen sind da, du darfst sie nur nicht zurückhalten.

Am Ende dieser Phase setze dich ein paar Minuten lang mit geschlossenen Augen völlig still hin, und laß dich dann fallen, genau wie du es beim Lachen gemacht hast.

Wenn du dich danach fühlst, richte dich auf, bleibe still sitzen und sei der Beobachter.

Halte dich während dieser Woche der Tränen offen für alles, was dich plötzlich zum Weinen bringen könnte. Erlaube dir, verletzlich zu sein.

Dritte Woche: 1 Stunde
In der dritten Woche setzt du dich schweigend hin – 45 Minuten lang. Dein Kopf und Rücken sollten aufrecht sein. Halte die Augen geschlossen und atme natürlich.

Entspanne dich, sei wach, werde wie ein Wächter auf dem Berge, der einfach registriert, was vorbeizieht. Dieses wache Zuschauen ist das, was Meditation eigentlich ausmacht. Was du siehst, ist nicht wichtig. Merke dir nur, dich nicht mit dem zu identifizieren, was vorbeizieht – Gedanken, Gefühle, Körperempfindungen, Urteile – dich nicht darin zu verlieren.

Dann lege eine sanfte, schöne Musik auf und tanze 15 Minuten lang. Laß den Körper seine eigenen Bewegungen finden, und schau weiter zu, während du dich bewegst. Verliere dich nicht in der Musik.

Während des ganzen Zeitraums von 21 Tagen verzichtest du am besten auf jede andere Form von kathartischer Meditation oder Therapiesitzungen.

Wenn du die Mystic-Rose-Meditation mit Freunden machst, dann redet während der Meditation nicht miteinander.

Viele stoßen in der ersten oder in der zweiten Woche auf eine Schicht von Wut. Man braucht nicht darin steckenzubleiben: Bringe die Wut durch Gebrabbel und Körperbewegungen zum Ausdruck und fange dann wieder mit dem Lachen oder Weinen an.

Feiere dein Lachen, feiere deine Tränen, feiere deine Momente stillen Zuschauens! *(164)*

Born-Again-Meditation

Diese Meditation dauert zwei Stunden und erstreckt sich über sieben Tage. Sie kann allein oder in der Gruppe gemacht werden.

Seid spielerisch. Das wird nicht einfach sein, weil ihr so stark strukturiert seid. Ihr habt euch mit einem Panzer umgeben, und es ist schwierig, ihn zu lockern und zu lösen.

Lege dein Wissen beiseite, lege deinen Ernst beiseite, und sei in diesen Tagen ganz und gar spielerisch. Du hast nichts zu verlieren. Selbst wenn du nichts gewinnst, hast du auch nichts verloren. Was hast du zu verlieren, wenn du spielerisch bist? Und ich sage dir: Du wirst nicht mehr derselbe sein.

In diesen Tagen möchte ich euch an den Punkt zurückwerfen, an dem ihr angefangen habt, »gut« zu sein, anstatt natürlich zu sein. Seid spielerisch, damit ihr eure Kindheit wiedergewinnt. Es wird schwierig sein, denn du mußt deine verschiedenen Masken und Gesichter beiseite legen; du mußt deine Persönlichkeit beiseite legen, denn diese Persönlichkeit ist zu einem Gefängnis geworden. Gewinne deine Kindheit zurück! Jedermann sehnt sich danach! Die Leute sagen immer, die Kindheit sei das Paradies gewesen, und die Dichter schreiben Gedichte über die Schönheit der Kindheit. Aber wer hindert euch daran, sie wiederzugewinnen? Ich gebe euch die Gelegenheit dazu. *(165)*

Erster Teil: 1 Stunde
Während der ersten Stunde verhältst du dich wie ein Kind. Gehe einfach in deine Kindheit zurück. Was immer du in diesem Zustand tun möchtest, tu es. Nichts ist verboten, außer andere Leute zu berühren. Du sollst niemanden in der Gruppe berühren oder verletzen.

Zweiter Teil: 1 Stunde
Sitze still in Meditation. Du wirst frischer und unschuldiger sein, und Meditation wird dir leichter fallen.

Meditation für Kinder bis zwölf Jahre

Das ist eine Meditation, die Kinder und Lehrer gemeinsam am Anfang jedes Schultages machen können. Sie sollte jedoch nicht zur Pflicht gemacht werden.

Erste Phase
Fünf Minuten Brabbeln. Die Kinder sollen völlige Freiheit haben zu rufen, zu schreien und ihren Gefühlen freien Lauf zu lassen.

Zweite Phase
Fünf Minuten Lachen. Sie sollen völlig ungehemmt lachen können. So wird ihr Geist frisch und klar werden.

Dritte Phase
Nach dem Brabbeln und Lachen sollen sie sich fünf Minuten hinlegen, still und ruhig, als ob sie tot wären. Nur der Atem kommt und geht. *(166)*

Meditation für Kinder über zwölf Jahre

Später hat Osho einen weiteren Schritt für Teenager hinzugefügt: eine fünf Minuten lange Phase des Weinens nach dem Lachen und vor der Stille. Also:

5 Minuten brabbeln
5 Minuten lachen
5 Minuten weinen
5 Minuten wie tot daliegen *(167)*

Kehre zurück in den Mutterleib

Setze dich vor dem Schlafengehen ganz entspannt auf dein Bett und schließe die Augen. Fühle, wie sich dein Körper entspannt. Wenn er sich nach vorne beugt, laß es zu; er darf es. Es kann sein, daß er die Stellung eines Fötus im Mutterleib annehmen möchte – so wie ein Kind in der Gebärmutter liegt. Wenn du dich danach fühlst, dann nimm einfach diese Stellung ein; werde zu einem kleinen Kind im Mutterleib.

Und dann höre auf deinen Atem; tu sonst nichts. Höre ihm einfach zu. Der Atem strömt ein, der Atem strömt aus. Das heißt nicht, daß du es mitsagen sollst – fühle einfach, wie er einströmt, und wenn er ausströmt, fühle, wie er ausströmt.

Fühle es einfach, und du wirst merken, wie sich eine unwahrscheinlich tiefe Stille und Klarheit in dir ausbreiten.

10 bis 20 Minuten genügen schon – mindestens 10, höchstens 20 Minuten. Dann lege dich schlafen. *(168)*

Fühle die Stille des Mutterleibs

Laß Stille zu deiner Meditation werden. Wann immer du Zeit hast, laß dich in die Stille hineinfallen – und ich meine genau das: Laß dich fallen, wie ein kleines Kind in den Schoß der Mutter. Sitze genau in dieser Stellung, und du wirst nach und nach das Gefühl bekommen, daß du deinen Kopf auf den Boden legen möchtest. Folge diesem Gefühl und lege deinen Kopf auf den Boden. Rolle dich wie das Kind im Mutterleib zusammen, und du wirst sofort die Stille fühlen, dieselbe Stille, die im Mutterleib war. Wenn du auf deinem Bett sitzt, krieche unter eine Decke, kauere dich zusammen und bleibe ganz still, tue nichts.

Von Zeit zu Zeit werden ein paar Gedanken aufkommen. Laß sie vorbeiziehen, bleibe gleichgültig, kümmere dich nicht um sie. Wenn Gedanken kommen, gut; wenn nicht, gut. Kämpfe nicht, schiebe sie nicht weg. Wenn du kämpfst, störst du; wenn du sie wegschiebst, kommst du nicht mehr davon los; wenn du sie nicht willst, werden sie störrisch dableiben. Bleibe einfach unbeteiligt, lasse sie draußen an der Peripherie, als wären sie Verkehrslärm. Und sie sind wirklich Verkehrslärm – der Gehirnverkehr von Millionen Zellen, die miteinander kommunizieren. Energie bewegt sich, und Elektrizität springt über, von einer Zelle zur anderen. Es ist das Summen einer Riesenmaschine; laß sie einfach brummen.

Du ignorierst diese Maschine. Sie geht dich nichts an, sie ist nicht dein Problem – vielleicht das Problem eines anderen, aber nicht deins. Was hast du damit zu tun? Und du wirst überrascht sein: Es werden Augenblicke kommen, in denen der Lärm verschwindet, völlig verschwindet, und in dir ist Ruhe. *(169)*

Gehe in deine Leere

Mache es dir zur Gewohnheit, jeden Abend vor dem Schlafengehen die Augen zu schließen und für 20 Minuten in deine Leere einzutauchen. Akzeptiere sie, laß sie sein, wo sie ist. Angst kommt hoch – laß auch sie zu. Zittere vor Angst, aber weiche dieser Situation nicht aus, die in dir Gestalt annimmt. Schon nach zwei oder drei Wochen wird es dir schön vorkommen, wirst du es als Segen empfinden. Wenn du einmal diesen Segen gespürt hast, verschwindet deine Angst ganz von selbst. Du darfst nicht mit ihr kämpfen. Du wirst dich nach drei Wochen auf einmal so glücklich, so energiegeladen, so froh fühlen, als wäre die Nacht vorüber und die Sonne am Horizont aufgegangen. *(170)*

Lasse dich auf deine Angst ein

Wenn du Angst hast, frage nicht warum. Schaue sie dir nur genau an, tauche in die Angst ein, beobachte sie. Sei nicht in Eile, irgend etwas zu analysieren, zu erklären, denn dadurch geht die Reinheit der Angst verloren. Sie wird nicht mehr das natürliche, wilde Phänomen sein, das sie ursprünglich war. Gehe mitten in die Angst hinein, mit großer Liebe zu dieser Erfahrung. Wenn du anfängst zu zittern, zittere; wenn du erschüttert bist, dann sei erschüttert. Du brauchst es nicht zu verstecken. Verurteile dich nicht, daß du ein Feigling bist, das gehört zu den Tricks, die der Verstand dir spielt. Angst ist genauso menschlich wie Liebe, wie Wut. Laß sie geschehen. Zittere freudig, genieße diese Schwingung, tauche total in sie hinein, kooperiere mit ihr. Werde zu diesem Zittern ... und eine große Einsicht wird sich einstellen. Das Zittern hört auf, und du wirst in einem solchen Frieden, in solch großer Stille zurückbleiben, wie man sie nach einem Sturm empfindet.

Nutze die Angst also als eine wichtige Erfahrung. Lasse dich liebevoll, meditativ, aufmerksam und beobachtend auf sie ein. *(171)*

Gehe vom Negativen zum Positiven

Negativität ist sehr verbreitet. Es sollte nicht so sein, aber es ist so, denn jedes Kind geht durch viele negative Augenblicke.

Jeder sagt ihm, was es tun und was es lassen soll, als ob es selbst ein Niemand wäre. Es ist ein kleiner, winziger Schwächling in einer Welt der Riesen, und jeder will es manipulieren. In seinem Innersten sagt es ständig: »Nein, nein, nein!« Und nach draußen muß es immer »ja, ja, ja!« sagen. Es wird zum Heuchler.

Versuche jeden Abend 60 Minuten lang die folgende Methode. Werde zuerst 40 Minuten lang negativ – so negativ, wie du nur kannst.

Mache die Türen zu, lege überall im Zimmer Kissen aus. Stelle das Telefon ab und sage jedem, daß du nicht gestört werden willst. Dämpfe das Licht und lege eine trübsinnige Musik auf.

Sitze da und sei negativ. Wiederhole »nein!« als dein Mantra. Rufe dir traurige Szenen aus der Vergangenheit ins Gedächtnis: Du warst schwerfällig und leblos, und dein Leben war ohne Feuer. Übertreibe das alles. Rufe dir die ganze Situation zurück. Wenn dein Verstand dich davon abhalten will, höre nicht auf ihn. Sei ganz gewissenhaft negativ. Weine, winsle, rufe, schreie, fluche – was immer du gerade fühlst, aber vergiß dabei eins nicht: Werde nicht glücklich, laß es nicht zu, daß Glücksgefühle in dir aufkommen. Wenn du dich dabei erwischst, gib dir sofort eine Ohrfeige. Gehe zurück in die Negativität, schlage auf die Kissen ein, kämpfe mit ihnen, stürze dich auf sie.

Du wirst große Schwierigkeiten haben, 40 Minuten lang negativ zu bleiben.

Dies ist eine der grundlegenden Gesetzmäßigkeiten des Verstandes: Vieles kannst du nicht tun, wenn du dabei bewußt bist. Tue es aber trotzdem – und wenn du es bewußt tust, empfindest du einen Abstand. Du tust es zwar, aber du bist ein Beobachter, du verlierst dich nicht darin. Es entsteht so etwas wie ein Abstand, und dieser Abstand ist ungeheuer schön. Aber ich sage nicht, du sollst den Abstand herstellen. Er ist eine Begleiterscheinung, du brauchst dich nicht darum zu bemühen.

Nach diesen 40 Minuten wirf plötzlich alle Negativität ab. Wirf alle Kissen weg, schalte die Lichter an, lege schöne Musik auf und tanze 20 Minuten lang. Sage immer wieder: »Ja, ja, ja!« – das ist jetzt dein Mantra. Und dann nimm genüßlich eine Dusche.

Das wird dich von aller Negativität reinigen und dir einen Einblick in ein neues »Ja« geben. Wenn diese Felsblöcke der Negativität einmal entfernt worden sind, wird deine Energie wunderbar fließen. Wer nicht vorher tief ins Nein hineingegangen ist, kann nicht zum Höhepunkt des Ja kommen. *(172)*

Lachmeditation

Mache folgende Meditation 10 bis 40 Minuten lang am Abend vor dem Schlafengehen und am Morgen.

Sitze ruhig da und lasse in deinem Innern ein Kichern entstehen, so als ob der ganze Körper kichert und lacht. Fange an, dich beim Lachen hin- und herzuwiegen, laß es bis in deine Hände und deine Füße kommen. Wenn es lebhaft kommt, laß es zu; wenn es ruhig kommt, laß es zu. Laß deinen ganzen Körper daran beteiligt sein, nicht nur die Lippen und den Hals, sondern laß es von den Fußsohlen bis in den Bauch hochsteigen.

Stell dir vor, daß du ein kleines Kind bist, und wenn du magst, rolle auf dem Boden herum, wie ein Kind. Bleibe nicht steif, entspanne dich, geh total rein, selbst wenn du am Anfang ein bißchen übertreiben mußt.

Danach lege dich mit dem Gesicht nach unten auf den Boden oder auf die Erde. Nimm Kontakt mit der Erde auf und fühle, daß die Erde deine Mutter ist und du ihr Kind bist – verliere dich in diesem Gefühl. Atme mit der Erde, fühle dich eins mit der Erde. Wir kommen von der Erde, und eines Tages gehen wir zur Erde zurück. Nach diesem Kontakt mit der Erde wird dein Tanz eine andere Qualität haben.

Tanze 20 Minuten lang – lege Musik auf und tanze. Wenn es warm genug ist, tanze im Freien.

Das Lachen am Abend wird deinen Schlaf beeinflussen, deine Träume werden fröhlicher, lebhafter, und sie werden der Hintergrund für dein morgendliches Lachen, sie werden es unterstützen. Und das Lachen am Morgen gibt die Richtung für den ganzen Tag an. Tagsüber lache, so oft sich eine Gelegenheit dazu bietet. *(173)*

Lachen ist eines der Dinge, die die Gesellschaft auf der ganzen Welt seit jeher am meisten unterdrückt hat. Die Gesellschaft will, daß du ernst bist. Eltern wollen, daß ihre Kinder ernst sind, Lehrer wollen, daß ihre Schüler ernst sind, Chefs wollen, daß ihre Angestellten ernst sind, Kommandanten wollen, daß ihre Armeen ernst sind. Von jedem wird verlangt, daß er ernst ist. Lachen ist gefährlich und rebellisch.

Wenn dir der Lehrer etwas beibringt, und du fängst zu lachen an, wird er das als Beleidigung ansehen. Deine Eltern sagen etwas zu dir, und du fängst zu lachen an – sie werden es als Beleidigung ansehen.

Ernst zu sein gilt als Zeichen von Ehrerbietung, von Respekt.

Deshalb wurde Lachen immer so unterdrückt. Und obwohl das Leben an allen Ecken und Enden lachhaft ist, lacht keiner. Wenn dein Lachen von seinen Fesseln befreit ist, wirst du staunen: Auf Schritt und Tritt passiert etwas Komisches. Das Leben ist nicht ernst. Nur Friedhöfe sind ernst, der Tod ist ernst.

Leben ist Liebe, Leben ist Lachen, Leben ist Tanzen, Gesang.

Doch wir werden dem Leben eine neue Richtung geben müssen. Die Vergangenheit hat das Leben ganz arg verunstaltet, sie hat euch fürs Lachen fast blind gemacht, so wie es Leute gibt, die farbenblind sind. Zehn Prozent der Menschen sind farbenblind – das ist ein großer Prozentsatz, doch es ist ihnen gar nicht bewußt, daß sie farbenblind sind.

Das ständige Unterdrücken des Lachens hat euch »lachblind« gemacht. Ständig gibt es irgendwo eine komische Situation, doch du kannst nicht darüber lachen. Wenn dein Lachen von seinen Fesseln befreit wird, wird die ganze Welt voller Lachen sein. Sie hat es nötig. Und dadurch wird sich das Leben der Menschen praktisch völlig verändern. Du wirst nicht so leiden, wie du jetzt leidest. Eigentlich geht es dir gar nicht so schlecht, wie du dreinschaust – es ist Leid plus Ernst, was dich so elend aussehen läßt. Nimm Leiden plus Lachen, und schon wirst du nicht mehr so elend dreinschauen!

Lachen will wirklich gelernt sein, und Lachen ist eine großartige Medizin. Es kann viele deiner Spannungen, Ängste und Sorgen heilen. Die ganze Energie kann in Lachen einfließen. Und dafür muß es nicht erst einen Grund geben.

In meinen Meditationscamps hatte ich immer auch eine Lachmeditation: Die Leute saßen einfach da und fingen an, völlig grundlos zu lachen. Zunächst kamen sie sich dabei etwas seltsam vor, weil sie ja gar keinen Grund hatten – doch wenn es alle tun … dann machten sie auch mit. Und bald hielten sich alle vor Lachen die Bäuche und rollten auf dem Boden. Sie lachten schon allein darüber, daß so viele Leute völlig grundlos lachten. Da gab es nichts, nicht einmal ein Witz war erzählt worden. Und es ging in Wellen auf und ab.

Es tut keinem weh. Selbst wenn du nur in deinem Zimmer

sitzt, hinter verschlossenen Türen, und eine Stunde lang einfach lachst, über dich selbst lachst.

Lerne zu lachen. Ernstsein ist eine Sünde, und es ist eine Krankheit. Lachen hat etwas Wunderschönes an sich, eine Leichtigkeit. Es wird dich leicht machen und dir Flügel verleihen.

Und das Leben steckt voller Möglichkeiten. Du mußt nur sensibel genug sein. Und gib auch anderen Leuten Gelegenheit zu lachen. Lachen sollte eine der meistgeschätzten, geachtetsten menschlichen Eigenschaften sein. Denn nur der Mensch kann lachen, kein Tier kann das. Und weil es menschlich ist, muß es von höchstem Rang sein. *(174)*

Spannungen im Gesicht lösen

Setze dich jeden Abend vor dem Schlafengehen auf dein Bett und fange an, Grimassen zu schneiden, so wie kleine Kinder es tun. Schneide alle möglichen Grimassen – gute, schlechte, häßliche, schöne, damit das ganze Gesicht und die ganze Muskulatur sich bewegen. Mache Geräusche, Unsinnsgeräusche, und wiege dich hin und her. Nach etwa 10 bis 15 Minuten legst du dich schlafen.

Stelle dich morgens vor dem Duschen vor den Spiegel und schneide wieder 10 Minuten lang Grimassen. Vor dem Spiegel zu stehen ist noch besser: Du kannst dich sehen und mit deinen Grimassen spielen.

Du hast dein Gesicht in deiner Kindheit zu sehr kontrolliert, du hast alle möglichen Emotionen unterdrückt. Du hast deinem Gesicht die Ausdrucksfähigkeit genommen, niemand kann an deinem Gesicht erkennen, wie du dich fühlst.

Schneide also abends 10 Minuten lang Grimassen, mache Geräusche und habe Spaß dabei wie ein kleines Kind. Und morgens das gleiche vor dem Spiegel. Du wirst ein Spezialist dafür werden. Nach zwei, drei Wochen wirst du die Veränderung spüren. *(175)*

Den Panzer ablegen

Tue drei Dinge. Zum ersten: Atme im Gehen oder im Sitzen oder immer, wenn du nichts tust, ganz tief aus. Die Betonung sollte auf der Ausatmung liegen, nicht auf dem Einatmen. Atme also ganz tief aus, so viel Luft, wie du hergeben kannst. Stoße sie durch den Mund aus, aber tue es langsam, damit du viel Zeit brauchst. Je länger es dauert, um so besser, denn dann geht es tiefer. Wenn alle Luft aus dem Körper herausgeatmet ist, atmet der Körper ein. Nicht daß du einatmest! Die Ausatmung sollte langsam und tief sein, die Einatmung schnell. Das wird deine Panzerung um deine Brust und auch um deine Kehle verändern.

Zum zweiten: Fange an, ein bißchen zu rennen, das wird dir guttun. Nicht viele Kilometer, einer reicht. Stelle dir einfach vor, daß eine Last von den Beinen weicht, daß sie von dir abfällt. Wenn deine Freiheit zu sehr eingeschränkt worden ist, wenn man dir befohlen hat, dies zu tun und jenes nicht, so zu sein und nicht anders, hierhin zu gehen und nicht dorthin, tragen die Beine eine Panzerung. Du fängst also einfach an zu rennen. Und während du rennst, achte ebenfalls mehr auf die Ausatmung. Wenn deine Beine erst einmal ihre Beweglichkeit wiedergewinnen, wirst du über einen starken Energiefluß verfügen.

Zum dritten: Wenn du dich nachts schlafen legst und deine Kleider ausziehst, stell dir vor, daß du nicht nur die Kleider loswirst, sondern auch deine Panzerung. Mache es wirklich. Lege sie ab und hole tief Luft dabei. Und dann gehe schlafen, als seist du unbewaffnet, mit nichts am Körper, ohne alle Beschränkungen. *(176)*

Vom Kopf zum Herzen

Wechsle vom Denken zum Fühlen. Die beste Methode ist, vom Herzen aus zu atmen. Sooft du tagsüber daran denkst, nimm einen tiefen Atemzug und spüre, wie er genau die Mitte der

Brust trifft. Fühle dich so, als würde die ganze Existenz in dich hineinströmen, in dein Herz, genau in der Mitte – nicht rechts oder links davon, sondern genau in die Mitte. Das ist die Stelle, wo sich dein Herzzentrum befindet. Es hat nichts mit deinem körperlichen Herzen zu tun. Es ist etwas ganz anderes; es gehört dem feinstofflichen Körper an.

Atme also mindestens fünf Mal tief ein und fülle dein Herz damit. Spüre es genau in der Mitte. Spüre, wie die Existenz in dein Herz strömt: Vitalität, Leben, Göttlichkeit, Natur, alles strömt herein.

Und dann atme wieder tief aus, atme wieder vom Herzen aus, und fühle, wie du der Existenz alles zurückgibst, was sie dir gegeben hat. Mache das ein paarmal am Tag.

Du wirst allmählich sensibler werden und viele Dinge bewußter wahrnehmen. Du wirst mehr riechen, mehr schmecken, mehr fühlen, mehr sehen und mehr hören; alles wird intensiver werden. Du wirst merken, wie das Leben richtig in dir pulsiert. *(177)*

Fühlen lernen

Du solltest die Dimension des Fühlens stärker entwickeln. Du kannst eines tun. Wenn du ein kleines Kind in deinem Haus hast, folge dem Kind jeden Tag eine Stunde lang überall hin. Laß das Kind auf allen vieren kriechen, und du kriechst auch auf allen vieren. Folge dem Kind auf allen vieren, und du wirst zum ersten Mal spüren, wie eine neue Lebenskraft in dich strömt. Du wirst wieder zum Kind werden. Sieh dir das Kind an und tu es ihm gleich. Es wird in jeden Winkel des Hauses gehen, es wird alles anfassen – nicht nur anfassen, es wird auch alles schmecken, es wird alles beriechen. Mache es ihm einfach nach, tue alles, was es auch tut.

Auch du warst einmal ein Kind und hast es genauso gemacht. Das Kind fühlt alles. Es nimmt nichts intellektuell wahr, es denkt nicht. Es nimmt einen Geruch wahr, also begibt es sich in die Ecke, aus der der Geruch herkommt. Es sieht einen Apfel, also kostet es ihn. Koste die Dinge wie ein Kind. Beobachte das Kind, wenn es den Apfel ißt, schau ihm zu: Es geht ganz darin auf. Die ganze Welt ist vergessen, die Welt existiert nicht mehr – nur der Apfel. Nicht einmal der Apfel existiert, nicht einmal das Kind existiert – nur das Essen selbst. Folge einem Kleinkind für eine Stunde. Diese Stunde wird dich sehr bereichern, du wirst wieder zu einem Kind werden.

Deine Verteidigungsmechanismen werden von dir abfallen, dein Panzer wird von dir abfallen, du wirst die Welt wieder mit den Augen eines Kindes sehen, vom Gefühl her. Wenn du merkst, daß du jetzt fühlen kannst, statt nur zu denken, dann wirst du voll Genuß das Gewebe des Teppichs spüren, auf dem du herumkriechst, du wirst dein Gewicht darauf spüren, die Wärme – alles nur, weil du ganz unschuldig einem Kind folgst. Die Menschen können viel von Kindern lernen, und früher oder später wird plötzlich die wahre Unschuld bei dir zum Vorschein kommen. Schließlich warst du selbst einmal ein Kind und weißt, was es bedeutet, ein Kind zu sein. Du hast es bloß vergessen.

Schließe die Augen und höre dem Verkehrslärm zu oder dem Ticken der Uhr oder sonst einem Geräusch. Höre es einfach nur. Ordne es nicht ein, sage gar nichts. Schalte nicht deinen Verstand ein. Lebe nur in der Wahrnehmung. Morgens beim Aufwachen, in diesen ersten Momenten, während der Schlaf weicht und du spürst, daß du wach wirst, denke nichts. Einen Moment lang kannst du wieder ein Kind sein – unschuldig, frisch. Fange gar nicht erst an zu denken. Denke nicht darüber nach, was du gleich tun wirst und wann du ins Büro mußt und welchen Zug du erreichen mußt. Denke erst einmal gar nichts. Später hast du noch genug Zeit für all diesen Unsinn. Warte einfach. Höre einen Moment lang nur die Geräusche. Ein Vogel zwitschert, oder der Wind fährt durch die Bäume, oder ein Kind weint, oder der Milchmann ist gekommen und klappert mit den Milchkannen. Egal was passiert, fühle es. Sei empfänglich dafür, sei offen dafür. Laß es mit dir geschehen, und deine Sensibilität wird zunehmen.

Wenn du dich duschst, spüre es am ganzen Körper – spüre

jeden Tropfen Wasser, der dich berührt. Spüre diese Berührung, die Kühle oder die Wärme! Probiere dies den ganzen Tag über aus, wann immer du Gelegenheit dazu hast, und Gelegenheiten bieten sich überall! Wenn du atmest, spüre einfach den Atem – das Einatmen und das Ausströmen –, spüre es einfach! Spüre deinen eigenen Körper. Du hast ihn noch nie richtig gespürt.

Wir haben solche Angst vor unserem eigenen Körper. Niemand berührt seinen eigenen Körper liebevoll. Warst du je liebevoll zu deinem eigenen Körper? Die ganze Zivilisation hat Angst davor, daß jemand sich selbst berührt, weil uns das Berühren von Kindheit an verboten wurde. Es scheint eine Art Masturbation zu sein, wenn man sich selbst liebevoll berührt. Doch wenn du dich selbst nicht liebevoll berühren kannst, wird dein Körper abgestumpft und unlebendig werden. Er ist es schon.

Berühre deine Augen mit deinen Handflächen. Spüre die Berührung, und deine Augen werden sich sofort frisch und lebendig anfühlen. Spüre deinen Körper überall. Spüre den Körper deines Geliebten, deiner Geliebten, den Körper deines Freundes. Massage ist gut. Zwei Freunde können einander massieren und ihre Körper fühlen. Das wird euch sensibler machen. *(178)*

Entspanne dich

Die Menschen haben die Sprache der Entspannung völlig verlernt.

Jedes Kind wird mit der natürlichen Fähigkeit dazu geboren. Einem Kind braucht man nicht beizubringen, wie man sich entspannt. Schau mal einem Kind zu, wie entspannt es ist, wie gelöst!

Und es bedarf keiner großen Weisheit, um sich zu entspannen. Es ist eine einfache Kunst. Es ist so einfach, weil du es schon wußtest, als du geboren wurdest. Es ist schon vorhanden; es muß nur wieder aus dem Schlummer geweckt werden, es muß wieder aktiviert werden.

Sämtliche Meditationstechniken sind nichts anderes als Methoden, um dir zu helfen, dich wieder an die Kunst des Loslassens zu erinnern. Ich sage »erinnern«, weil du es schon einmal gewußt hast. Und du weißt es noch immer, aber dieses Wissen ist von der Gesellschaft unterdrückt worden.

Ein paar einfache Prinzipien sind zu beachten: Fange mit dem Körper an. Wenn du im Bett liegst – und das tust du ja jeden Tag, dazu ist nichts Besonderes nötig –, wenn du vor dem Einschlafen im Bett liegst, schließe die Augen und fange an, deine Energie zu beobachten, von den Füßen aufwärts. Fange unten an und beobachte einfach: Gibt es irgendwo eine Verspannung in dir? In den Beinen? In den Schenkeln? Im Bauch? Ist irgendwo Anspannung, Verspanntheit? Und wenn du irgendwo Spannung findest, versuche, sie loszulassen, und verlasse diese Stelle nicht eher, als bis du fühlst, daß die Entspannung eingetreten ist.

Gehe dann zu den Händen über, denn deine Hände sind dein Verstand; sie stehen mit dem Gehirn in Verbindung. Wenn die rechte Hand verspannt ist, wird auch die linke Gehirnhälfte verspannt sein. Ist die linke Hand verspannt, dann wird die rechte Gehirnhälfte verspannt sein. Gehe also zuerst mit der Aufmerksamkeit in die Hände – sie sind fast wie Verzweigungen deines Gehirns –, und erst dann kommst du schließlich zum Verstand.

Wenn der ganze Körper entspannt ist, hat auch der Verstand bereits zu neunzig Prozent losgelassen. Der Körper ist nur eine Verlängerung des Verstandes. Die zehn Prozent Anspannung, die noch in deinem Verstand sind ... beobachte sie einfach. Durch das bloße Betrachten lösen sich die Wolken auf. Es wird ein paar Tage dauern, bis du es raus hast. Aber es wird die Erfahrung deiner Kindheit wieder in dir beleben – die Zeit, als du vollkommen entspannt warst.

Fange also jede Nacht im Bett damit an, und nach ein paar Tagen wirst du den Dreh raus haben. Wenn du erst einmal das Geheimnis kennst – und niemand kann es dir beibringen, du mußt in deinem eigenen Körper danach forschen –, dann kannst du dich sogar bei Tag jederzeit entspannen.

Ein Meister im Entspannen zu sein ist eine der schönsten Erfahrungen im Leben. Es ist der Beginn einer wunderbaren Reise zur Spiritualität, denn wenn du in einem Zustand des vollständigen Loslassens bist, bist du nicht mehr dein Körper.

Ist dir schon einmal aufgefallen, daß du deinen Körper nur dann spürst, wenn irgendeine Verspannung, ein Druck, ein Schmerz da ist? Hast du jemals deinen Kopf gespürt, ohne Kopfweh zu haben? Wenn dein ganzer Körper entspannt ist, vergißt du, daß du einen Körper hast. Und mit diesem Vergessen deines Körpers beginnt das Gewahrwerden eines neuen Phänomens, das sich in deinem Körper verbirgt, deines spirituellen Wesens.

Loslassen ist der Weg, um zu erkennen, daß du nicht dein Körper bist, sondern etwas Ewiges, Unsterbliches.

Die Kunst des Loslassens ist gleichbedeutend mit der Erfahrung des Nichtmateriellen, des Nichtmeßbaren, gleichbedeutend mit der Erfahrung deines authentischen Wesens.

Es gibt Momente, in denen du unwissentlich in einem Zustand des Loslassens bist. Zum Beispiel, wenn du richtig lachst, so richtig aus dem Bauch heraus, nicht nur vom Kopf, sondern vom Bauch. Dann bist du entspannt, und ohne es zu merken, in einem Zustand des Loslassens. Darum ist Lachen so gesund. Es gibt keine bessere Medizin für das Wohlbefinden.

Schaue dir dein Leben an und finde heraus, wie du auf natürliche Weise die Erfahrung des Loslassens machen kannst. Beim Schwimmen gibt es beispielsweise Augenblicke von Loslassen. Wenn du ein guter Schwimmer bist, kannst du dich einfach treiben lassen, ohne zu schwimmen. Dann wirst du ein tiefes Loslassen erleben, ein Mitgehen mit dem Fluß, ohne eine einzige Bewegung gegen den Strom zu machen. Du wirst Teil der Strömung.

Du mußt in verschiedenen Situationen Erfahrungen des Loslassens sammeln, dann wirst du bald das ganze Geheimnis in der Hand haben. *(179)*

13. KAPITEL

Das wiedergewonnene Paradies

Von den drei Verwandlungen

In Nietzsches Buch »Also sprach Zarathustra« unterteilt Zarathustra die Evolution des Geistes in drei Symbole: das Kamel, den Löwen und das Kind.

Das Kamel ist ein Lasttier, bereit, sich unterjochen zu lassen, nie rebellisch. Es kann nicht einmal nein sagen. Es ist ein Gläubiger, ein Gefolgsmensch, ein treuer Knecht. Das ist die unterste Schicht im menschlichen Bewußtsein.

Der Löwe ist eine Revolution. Der Beginn der Revolution ist ein heiliges Nein. Im Bewußtsein des Kamels herrscht ständig ein Bedürfnis nach jemandem, der führt, nach jemandem, der zu ihm sagt: »Das sollst du tun.« Es braucht die Zehn Gebote. Es braucht all die Religionen, all die Priester und all die heiligen Schriften, weil es kein Vertrauen in sich selbst haben kann. Es hat keinen Mut und keine Seele und keine Sehnsucht nach Freiheit. Es ist Gehorsam.

Der Löwe ist eine Sehnsucht nach Freiheit, ein Verlangen, alle Gefängnisse einzureißen. Der Löwe braucht keinen Anführer, er ist sich selbst genug. Er wird sich von keinem anderen etwas sagen lassen: »Du sollst.« Das ist beleidigend für seinen Stolz. Er kann nur sagen: »Ich will.« Der Löwe ist Verantwortung und eine ungeheure Anstrengung, um alle Ketten zu sprengen. Aber selbst der Löwe ist nicht der höchste Gipfel menschlichen Wachstums. Der höchste Gipfel ist, wenn der Löwe seinerseits durch eine Metamorphose hindurchgeht und zum Kind wird. Das Kind ist Unschuld. Es ist nicht Gehorsam, es ist nicht Ungehorsam; es ist nicht Glaube, es ist nicht Unglaube, sondern reines Vertrauen. Es ist ein heiliges Ja zur Schöpfung und zum Leben und zu allem, was es birgt.

Das Kind ist der letzte Gipfel der Reinheit, Aufrichtigkeit, Authentizität, Empfänglichkeit und Offenheit gegenüber der Schöpfung. Diese Symbole sind sehr schön.

Zarathustra ist absolut für einen starken Geist. Er ist gegen das Ego, aber er ist nicht gegen den Stolz. Stolz ist die Würde des Menschen. Ego ist eine falsche Größe, und man darf das eine nie mit dem anderen verwechseln. Das Ego ist etwas, das dich deiner Würde, deines Stolzes beraubt; denn das Ego stützt sich auf andere, auf die Meinung anderer, auf das, was die Leute sagen. Das Ego ist sehr gebrechlich. Die Meinung der Leute kann sich ändern, und dann fällt das Ego in sich zusammen.

Dazu fällt mir ein großer Denker ein, Voltaire. Zur Zeit von Voltaire war es in Frankreich Sitte – eine alte Tradition –, daß jeder, der sich von einem Genie irgend etwas aneignen kann, und sei es nur ein Stück Stoff, seine eigenen Talente leichter entdeckt oder gar selbst zum Genie wird.

Voltaire war als großer Denker und Philosoph so geachtet und geehrt, daß er sogar bei seinem Morgenspaziergang den Schutz von Polizisten brauchte. Auch wenn er verreisen wollte und zur Postkutsche ging, war Polizeischutz nötig. Der Polizeischutz war nötig, weil sich die Leute immer um ihn drängten und anfingen, an seinen Kleidern zu zerren. Es gab Zeiten, wo er fast nackt nach Hause kam und am ganzen Körper zerkratzt war. Sein Ruhm und sein großer Name machten ihm sehr zu schaffen.

Er schrieb in sein Tagebuch: »Früher dachte ich immer, es sei etwas Großartiges, berühmt zu sein. Jetzt weiß ich, daß es ein Fluch ist. Und in gewisser Weise möchte ich wieder gewöhnlich sein, anonym, damit mich niemand erkennt, damit ich vorbeigehen kann, ohne daß jemand Notiz von mir nimmt. Ich habe es satt, berühmt zu sein, ein gefeierter Mann zu sein. Ich bin ein Gefangener in meinem eigenen Haus. Ich kann nicht einmal einen Spaziergang machen, wenn der Himmel vor lauter Farben glüht und die Sonne so schön untergeht. Ich habe Angst vor der Masse.«

Und die gleiche Masse hat ihn zum großen Mann gemacht.

Zehn Jahre später schreibt er deprimiert und tieftraurig in sein Tagebuch: »Ich ahnte ja nicht, daß meine Gebete erhört werden würden.« Denn Moden ändern sich, die Meinungen der Leute ändern sich. Heute ist jemand berühmt, morgen erinnert sich niemand mehr an ihn. Heute ist jemand kaum bekannt, und morgen steht er plötzlich auf dem Gipfel des Ruhms. Und genau das war mit Voltaire passiert.

Ganz allmählich tauchten neue Denker, neue Philosophen am Horizont auf. Vor allem Rousseau nahm den Platz ein, den Voltaire vorher innehatte. Das Gedächtnis der Leute ist nicht sehr verläßlich.

Meinungen ändern sich, genau wie Moden. Einst war er in Mode, jetzt war ein anderer in Mode. Rousseau war gegen alle Ideen Voltaires. Sein Ruhm vernichtete Voltaire; er wurde anonym. Jetzt war kein Polizeischutz mehr nötig. Jetzt sagte ihm niemand mehr auch nur »Guten Tag«. Die Leute hatten ihn völlig vergessen. Und jetzt erkannte er: »Ein Gefangener zu sein war besser. Jetzt kann ich überall frei herumlaufen, aber es tut weh. Die Wunde wird ständig größer – ich lebe noch, und die Leute glauben anscheinend, Voltaire sei tot.« Und als er starb, folgten ihm nur dreieinhalb Leute zum Friedhof. Ihr werdet überrascht fragen: Warum dreieinhalb? Drei waren Menschen, und sein Hund zählt nur als halbe Portion. Der Hund führte den Leichenzug an.

Das Ego ist ein Abfallprodukt der allgemeinen Meinung. Die anderen geben es dir; sie können es dir wieder nehmen.

Stolz ist etwas völlig anderes. Der Löwe hat Stolz. Das Wild im Wald – seht es euch an – hat seinen Stolz, seine Würde, seine Anmut. Ein tanzender Pfau oder ein Adler, der hoch oben am Himmel fliegt – sie haben kein Ego. Sie sind nicht auf eure Meinung angewiesen – sie sind einfach würdevoll, so wie sie sind. Ihre Würde kommt aus ihrem eigenen Sein.

Das muß verstanden werden, denn alle Religionen haben die Menschen gelehrt, nicht stolz zu sein: Seid demütig! Und sie haben ein Mißverständnis über die ganze Welt verbreitet, nämlich, daß stolz zu sein und ein Egoist zu sein das gleiche sei.

Zarathustra macht es absolut klar, daß er für den starken Menschen ist, für den mutigen Menschen, für den Abenteurer, der sich auf unbetretenen Pfaden den Weg ins Unbekannte bahnt, ohne jede Angst. Er ist für Angstlosigkeit.

Und das Wunder ist, wie ein Mensch mit Stolz – und nur ein Mensch mit Stolz – zum Kind werden kann.

Die sogenannte christliche Demut ist nur ein auf den Kopf gestelltes Ego. Das Ego hat sich umgestülpt, aber es ist da, und ihr seht es den Heiligen an, daß sie egoistischer sind als die gewöhnlichen Leute. Sie pochen egoistisch auf ihre Frömmigkeit, ihre Entsagungen, ihre Spiritualität, ihre Heiligkeit, ja sogar ihre Demut. Niemand ist demütiger als sie.

Das Ego hat eine sehr subtile Art, durch das Hintertürchen zurückzukommen. Ihr könnt es zur Vordertür hinauswerfen; es weiß, daß es auch eine Hintertür gibt.

Ich habe von einem Mann gehört, der eines Abends in einer Kneipe zuviel getrunken hatte und herumkrakeelte, mit Sachen um sich warf, Leute verdrosch, brüllte, schimpfte und immer mehr zu trinken verlangte. Schließlich sagte der Kneipenbesitzer zu ihm: »So, jetzt reicht's. Keinen Schluck mehr für heute.« Und er ließ ihn von seinen Angestellten vor die Tür setzen. Obwohl er völlig betrunken war, konnte er sich an eine Hintertür erinnern. Durch die Dunkelheit tappend, kam er durch die Hintertür und verlangte ein Bier.

Der Besitzer sagte: »Was, schon wieder? Hab' ich dir nicht gesagt, daß du heute keinen Schluck mehr bekommst?« Der Mann sagte: »Komisch – gehören dir denn alle Kneipen in der Stadt?«

Das Ego kennt nicht nur die Hintertür – es kann sogar durch die Fenster kommen. Es kann sogar einfach nur dadurch hineinkommen, daß es einen kleinen Ziegel vom Dach entfernt. Du bist dem Ego ziemlich schutzlos ausgeliefert.

Zarathustra ist kein Lehrer der Demut, denn alle Demutslehren sind gescheitert. Er lehrt die Würde des Menschen. Er lehrt den Stolz des Menschen. Und er lehrt den starken Menschen, nicht den schwachen, armen und bescheidenen Menschen. Solche Lehren haben mitgeholfen, die Menschheit im Stadium des Kamels zu halten. Zarathustra möchte, daß ihr durch eine Metamorphose geht. Das Kamel muß sich in einen Löwen verwandeln, und er hat schöne Symbole gewählt, sehr sinnvolle und bedeutsame Symbole.

Das Kamel ist wohl das häßlichste Tier in der ganzen Schöpfung. Seine Häßlichkeit ist nicht zu übertreffen. Was ließe sich noch hinzufügen? Es ist eine solche Karikatur! Es scheint direkt aus der Hölle zu kommen. Das Kamel für die unterste Bewußtseinsstufe zu wählen ist völlig richtig. Das unterste Bewußtsein im Menschen ist verkrüppelt – es will unterjocht werden. Es hat Angst vor der Freiheit, weil es Angst vor der Verantwortung hat. Es ist bereit, sich soviel Lasten aufladen zu lassen wie nur möglich. Es freut sich, wenn es beladen wird.

Genauso verhält es sich mit dem untersten Bewußtsein, wenn es mit Wissen beladen wird, das geborgt ist; denn kein Mensch von Würde läßt sich mit geborgtem Wissen beladen. Es läßt sich mit einer Moral belasten, die von den Toten an die Lebenden weitergereicht wurde, was die Herrschaft der Toten über die Lebenden bedeutet. Kein Mensch von Würde räumt den Toten die Herrschaft über sich ein.

Das unterste Bewußtsein des Menschen verharrt unwissend und unbewußt in einem bewußtlosen Tiefschlaf – weil ihm ständig das Gift des Glaubens eingeflößt wird, das Gift der Gläubigkeit, des Niemals-Zweifelns, des Niemals-nein-Sagens.

Und ein Mensch, der nicht nein sagen kann, hat seine Würde verloren. Und ein Mensch, der nicht nein sagen kann, dessen Ja hat keine Bedeutung.

Seht ihr, was ich damit sagen will? Das Ja ist erst dann sinnvoll, wenn du fähig bist, nein zu sagen. Wenn du unfähig bist, nein zu sagen, ist dein Ja impotent, bedeutet es nichts. Daher muß sich das Kamel in einen herrlichen Löwen verwandeln, der wohl bereit ist zu sterben, aber nicht bereit, unterjocht zu werden. Ihr könnt aus einem Löwen kein Lasttier machen. Und ein Löwe hat eine Würde, auf die kein anderes Tier Anspruch erheben kann. Er hat keine Schätze, keine Königreiche. Seine Würde liegt einfach im Stil seines Wesens: angstlos, ohne Furcht vor dem Unbekannten, bereit, nein zu sagen, selbst auf die Gefahr hin, daß es den Tod bedeutet.

Diese Bereitschaft, nein zu sagen, dieses Rebellische reinigt ihn von all dem Schmutz, den das Kamel hinterlassen hat – all die Spuren und Fußstapfen, die das Kamel hinterlassen hat. Und nur nach dem Löwen, nach dem großen Nein, ist das heilige Ja eines Kindes möglich. Das Kind sagt nicht deshalb ja, weil es Angst hat. Es sagt ja, weil es liebt, weil es vertraut. Es sagt ja, weil es unschuldig ist. Es kann sich nicht vorstellen, daß es getäuscht werden kann. Sein Ja ist ein ungeheures Vertrauen. Es kommt nicht aus der Angst. Es kommt aus tiefer Unschuld. Nur dieses Ja kann es zum höchsten Gipfel des Bewußtseins führen – und den nenne ich Göttlichkeit.

Die Suche des Löwen gilt seiner letztendlichen Göttlichkeit. Jeder andere Gott wird für ihn zum Feind. Er wird sich vor keinem anderen Gott mehr verneigen, er wird sein eigener Herr sein. Das ist der Geist des Löwen. Absolute Freiheit bedeutet mit Sicherheit die Freiheit von Gott, die Freiheit von sogenannten Geboten, die Freiheit von Schriften und von jeglicher von anderen aufgezwungener Moral. Ganz gewiß ergibt sich daraus eine Ethik, aber es wird eine Ethik sein, die aus deiner eigenen Stimme kommt, still und leise.

Deine Freiheit bringt Verantwortung mit sich, aber diese Verantwortung wird dir nicht von einem anderen aufgezwungen. Jetzt ist es ausgeschlossen, daß dir ein anderer befiehlt. Selbst Gott würdest du nicht mehr gehorchen. An irgendeiner Stelle spricht Zarathustra ein großes Wort aus: »Gott ist tot, und der Mensch ist zum ersten Mal frei.«

Solange Gott da ist, kann der Mensch niemals frei sein. Er kann politisch frei sein, er kann ökonomisch frei sein, er kann gesellschaftlich frei sein, aber spirituell, geistig, bleibt er ein Sklave und wird einfach nur eine Marionette sein.

Alle religiösen Schriften sagen, du sollst dieses tun und jenes nicht tun ... Du hast nicht die Freiheit zu entscheiden, was richtig ist. Das haben bereits Leute entschieden, die seit Jahrtausenden tot sind. Sie haben für alle Zukunft bestimmt, was richtig und was falsch ist.

Ein Mensch mit einem rebellischen Geist muß sagen: »Nein, ich will. Ich werde tun, was immer sich für mein Bewußtsein richtig anfühlt, und ich werde all das nicht tun, was sich für mein Bewußtsein falsch anfühlt. Es gibt keinen anderen Wegweiser für mich als mein eigenes Sein. Ich glaube keinen Augen außer meinen eigenen Augen. Ich bin nicht blind, und ich bin kein Idiot. Ich kann sehen. Ich kann denken. Ich kann meditieren, und ich kann für mich herausfinden, was richtig ist und was falsch. Meine Moral wird einfach nur der Schatten meines Bewußtseins sein.«

Der Löwe kann nicht selbst neue Werte schaffen, aber er kann die Freiheit, die Gelegenheit schaffen, in der neue Werte entstehen können. Und welches sind diese neuen Werte?

Zum Beispiel kann der neue Mensch keine Art von Diskriminierung unter Menschen dulden. Das wird ein neuer Wert sein: daß alle Menschen eins sind, trotz ihrer geographischen Unterschiede, trotz ihrer historischen Unterschiede. Einfach Mensch zu sein genügt.

Der neue Wert sollte sein: Es darf erst gar keine Nationen geben, denn sie waren die Ursache für alle Kriege.

Es darf keine organisierten Religionen geben, denn sie haben jegliche individuelle Suche verhindert. Sie geben den Menschen nur ihre fix-und-fertigen Wahrheiten weiter; und die Wahrheit ist kein Spielzeug, man kann sie nicht fertig bekommen. Es gibt keine Fabrik, die sie anfertigt, und es gibt keinen Markt, wo sie angeboten wird.

Du wirst in der tiefsten Stille deines Herzens nach ihr suchen müssen. Und außer dir kommt niemand dorthin.

Religion ist etwas Individuelles. Das ist ein neuer Wert.

Nationen sind etwas Häßliches, religiöse Organisationen sind Gotteslästerung, Kirchen und Tempel und Synagogen und Gurudwaras sind einfach lächerlich. Die gesamte Schöpfung ist heilig. Die gesamte Schöpfung ist ein Tempel. Und wo immer du still dasitzt, voller Meditation und Liebe, schaffst du einen Tempel des Bewußtseins um dich herum. Du brauchst nirgendwo hinzugehen, um zu beten, denn es gibt niemanden, der über deinem Bewußtsein steht, niemanden, dem du Gottesdienst schuldest.

Dir ist ständig erzählt worden, Pflicht sei ein großer Wert. In Wirklichkeit ist es Schmutz, ein Schimpfwort. Wenn du deine Frau liebst, weil es deine Pflicht ist, dann liebst du nicht, dann liebst du nur deine Pflicht und nicht deine Frau. Wenn du deine Mutter liebst, weil es deine Pflicht ist, liebst du deine Mutter nicht. Pflicht zerstört alles, was schön ist im Menschen: Liebe, Mitgefühl, Freude. Die Leute lachen sogar aus Pflicht!

Lehrer wollen, daß Schüler sie aus Pflicht achten.

Ich war Professor, und die Erziehungskommission Indiens lud eine Reihe von Professoren aus ganz Indien nach Neu-Delhi zu einer Konferenz, um einige wichtige Probleme zu diskutieren, mit denen damals fast jedes Erziehungsinstitut Schwierigkeiten hatte.

Das erste Problem war, daß die Studenten keinen Respekt vor den Professoren haben. Viele Professoren äußerten sich hierzu und sagten: »Es muß dringend etwas geschehen. Denn wenn kein Respekt herrscht, bricht das ganze Erziehungswesen zusammen.«

Mir war unverständlich, was diese Diskussion sollte. Denn kein einziger hatte die Frage selbst in Frage gestellt oder gegen sie Einspruch erhoben. Ich war der Jüngste und war deshalb berufen worden, weil der Vorsitzende der Erziehungskommission mich beim Besuch einer bestimmten Universität sprechen gehört hatte. Er war einer der angesehensten Wissenschaftler Indiens.

Ich war noch sehr jung, und es war eine Konferenz von alten Professoren. Ich sagte: »Es scheint, daß ich mich zu diesem Thema äußern muß, denn alle diese Professoren bestehen nur auf einem Punkt: Jeder Student hätte die Pflicht, dem Lehrer Respekt zu erweisen. Aber keiner von ihnen hat gesagt, daß der Lehrer sich seinen Respekt erst verdienen muß. Meine eigene Universitätserfahrung ist, daß kein einziger Professor irgendwelchen Respekt verdient. Und wenn

Studenten nicht respektvoll sind, wäre es äußerst häßlich und faschistisch, es zur Pflicht zu machen. Ich bin dagegen. Ich würde es begrüßen, wenn die Kommission beschließen würde, daß die Lehrer es erst wert sein müssen, sich den Respekt erst verdienen sollten. Dann wird er automatisch folgen.

Sobald ein Mensch schön ist, erkennen die Augen der anderen Menschen die Schönheit sofort. Sobald jemand Charakter hat, eine gewisse Würde hat, achten ihn die anderen Menschen ganz einfach. Es ist also nicht so, daß man es zur Forderung oder zur Vorschrift machen könnte, daß jeder Student Respekt haben soll.

Die Universität ist nicht eine von euren Armeen. Die Universität sollte jeden Studenten lehren, frei zu sein, wach zu sein, bewußt zu sein. Und die ganze Verantwortung liegt bei den Professoren – sie sollten sich dessen erst würdig erweisen.«

Alle waren empört über mich. Der Vorsitzende der Kommission erzählte mir nach der Konferenz: »Sie waren bitterböse auf dich, und sie haben mich gefragt: ›Warum haben Sie ihn überhaupt eingeladen, wo Sie doch genau wissen, daß der Mann mit niemandem und nichts einverstanden ist? Und außerdem ist er ein so junger Kollege, und dies ist eine Konferenz von Würdenträgern.‹«

Ich sagte zu ihm: »Es sind Würdenträger, aber kein einziger von ihnen war in der Lage, die Frage, die ich aufgeworfen habe, zu beantworten, nämlich warum sie so auf Respekt aus sind. Gerade die Leute nämlich, die keinen Respekt verdienen, sind es, die Respekt verlangen. Leute, die Respekt verdienen, bekommen ihn auch. Es ist einfach natürlich.«

Das Kind ist der höchste Gipfel der Evolution, was Bewußtsein anbelangt. Aber das Kind ist nur ein Symbol; es bedeutet nicht, daß die Kinder im höchsten Seinszustand sind. Ein Kind, das heißt im symbolischen Sinne, daß es nicht gelehrt ist – es ist unschuldig. Und weil es unschuldig ist, ist es voller Staunen. Und weil seine Augen voller Staunen sind, hat seine Seele Sehnsucht nach dem Geheimnisvollen. Ein Kind, das ist ein Anfang, ein Spiel – und das Leben sollte immer ein Anfang und etwas Spielerisches sein. Immer ein Lachen und nie etwas Ernstes.

Ja, ein heiliges Ja ist nötig. Aber das heilige Ja kann erst nach einem heiligen Nein kommen. Das Kamel sagt ebenfalls ja, aber es ist das Ja eines Sklaven. Es kann nicht nein sagen. Sein Ja ist bedeutungslos.

Der Löwe sagt nein. Aber er kann nicht ja sagen. Es geht ihm gegen seine innerste Natur. Es erinnert ihn an das Kamel. Irgendwie hat er sich vom Kamel befreit, und alles natürliche Jasagen erinnert ihn nur wieder an das Ja des Kamels und die Unterjochung. Nein, das Tier im Kamel ist unfähig, nein zu sagen. Im Löwen ist es fähig, nein zu sagen, aber auch unfähig, ja zu sagen.

Das Kind weiß nichts vom Kamel, es weiß nichts vom Löwen. Genau das sagt Zarathustra: Ein Kind, das heißt Unschuld und Vergessen. Sein Ja ist rein, und es hat jede Möglichkeit, nein zu sagen. Wenn es nicht nein sagt, dann nur deswegen, weil es vertraut, nicht weil es Angst hat – nicht aus Angst, sondern aus Vertrauen. Und wenn das Ja aus dem Vertrauen kommt, ist es die größte Metamorphose, die größte Transformation, die man sich erhoffen kann.

Diese drei Symbole sind wunderbar – man muß sie sich merken. Denkt daran, daß ihr da steht, wo das Kamel ist, und denkt daran, daß ihr nicht beim Löwen stehenbleiben dürft. Ihr müßt sogar noch weiter gehen, zu einem neuen Anfang, zur Unschuld und zu einem heiligen Ja, hin zu einem Kind.

Der wahre Weise wird wieder zum Kind.

Der Kreis ist geschlossen – vom Kind wieder zurück zum Kind. Aber der Unterschied ist groß. Das Kind als solches ist unwissend. Es wird seinen Weg durch das Kamel nehmen müssen, dann durch den Löwen und wieder zum Kind zurück. Und dieses Kind ist nicht einfach das frühere Kind, denn jetzt ist es nicht mehr unwissend. Es ist durch alle Erfahrungen des Lebens gegangen: Unterjochung, Freiheit, ein impotentes Ja, ein wildwütiges Nein – und trotzdem hat es das alles jetzt vergessen.

Es ist nicht Unwissenheit, sondern Unschuld. Das erste

Kind war der Beginn einer Reise. Die letzte Kindheit ist die Vollendung der Reise. Die erste Geburt ist die des Körpers und die zweite Geburt die des Bewußtseins. Die erste Geburt macht dich zum Menschen, die zweite macht dich zum Gott. *(180)*

In deiner Gegenwart überwältigt mich oft ein sehr kindliches Gefühl. Es scheint so vertraut und doch von so weit her zu kommen. Ist das von Bedeutung?

Dieses große Experiment, auf das ihr euch hier einlaßt, dient im Grunde dazu, eure verlorene Kindheit wiederzugewinnen.

Mit »verlorener Kindheit« meine ich eure Unschuld, eure staunenden Augen – nichts zu wissen, nichts zu haben und euch doch auf dem Gipfel der Welt zu fühlen. Diese goldenen Augenblicke des Staunens und der Freude, frei von Spannungen, frei von Sorgen und Ängsten, gilt es wiederzugewinnen, gilt es wiederzuentdecken.

Natürlich ist die zweite Kindheit viel wertvoller und bedeutungsvoller als die erste. Die Unschuld der ersten Kindheit beruhte auf Unwissenheit, sie war also nicht rein und klar und wirklich in deinem Besitz; sie war etwas Natürliches, das jedes Kind mitbringt. Die zweite Kindheit ist dein größtes Verdienst, etwas, das nicht jedem zuteil wird. Die zweite Kindheit gibt dir Unschuld ohne Unwissenheit, die zweite Kindheit ist reif, zentriert.

Du kannst dich glücklich schätzen, daß es dir so ergeht. Die zweite Kindheit entspricht genau der eigentlichen Bedeutung von Meditation, und von dort beginnt die Rückkehr nach Hause, von wo du nie wirklich fortgegangen bist und von wo man nie wirklich fortgehen kann, denn es ist dein eigenes Wesen. Wo immer du auch hingehst, triffst du auf dich selbst.

Es gibt ein wesentliches Sein in dir, das überall bei dir ist, unabhängig von äußeren Bedingungen. Selbst wenn du in der Hölle bist, macht das nichts; es wird bei dir sein; auch wenn du im Himmel bist, macht das nichts; es wird bei dir sein.

Diesen inneren Kern deines Seins zu finden bedeutet höchste Unschuld und zugleich die größte Weisheit, die es je auf der Welt gegeben hat.

Dein Körper mag alt werden, aber wenn du lernst, wie man still und friedlich wird, wie man meditativ und liebevoll wird, dann wirst du nicht alt. Du wirst genauso jung und frisch bleiben wie Tautropfen, die frühmorgens im Sonnenaufgang schimmern, kostbarer als Perlen.

Du solltest glücklich darüber sein und dich an deiner Kindheit freuen. Genau das meint Jesus, wenn er immer wieder sagt: »Nur wenn du wiedergeboren wirst ...« Nicht einmal die Christen haben die Bedeutung dieser Worte verstanden. Sie nehmen sie wörtlich und meinen, »nur wenn du wiedergeboren wirst« bedeutet: Du mußt zuerst sterben, dann wirst du noch einmal geboren, und am Jüngsten Tag nimmt Jesus dich mit ins Paradies. Aber so meint er das nicht.

Er will damit sagen: Nur wenn du hier als die alte Persönlichkeit stirbst und als ein unschuldiges Individuum wiederersteht, unversehrt, unverdorben durch die Gesellschaft – das ist deine neue Geburt, das ist Wiederauferstehung.

»Ich will nicht, daß Ihr Sohn noch mal in unserem Pool schwimmt«, sagt Frau Meyer zu ihrer Nachbarin, Frau Schmitz.

»Aber was hat mein armer kleiner Ernie denn getan?« fragt Frau Schmitz.

»Er pinkelt ständig in den Swimmingpool«, erwidert Frau Meyer ärgerlich.

»Seien Sie doch nicht so hart mit ihm«, sagt Frau Schmitz. »Das tun doch alle Kinder in diesem Alter!«

»Mag sein«, antwortet Frau Meyer, »aber nicht vom Sprungbrett aus.«

Die Kindheit hat ihre Schönheit, denn sie kennt keine Etikette, kein Benehmen, nichts von all dem Unsinn. Sie ist so einfach, so unschuldig und so spontan.

Ein Mann kommt in eine Bar und sieht erstaunt, wie ein Hund mit drei Männern am Tisch sitzt und Poker spielt. Der Mann geht hinüber und fragt: »Kann der Hund wirklich seine Karten lesen?«

»Klar kann er das«, antwortet einer der Männer. »Aber er ist kein guter Spieler. Immer wenn er eine gute Hand hat, wedelt er mit dem Schwanz!«

Das ist absolut unschuldig ... der arme Hund kann seine Freude nicht verbergen.

Zwei Kakerlaken sitzen auf einem Abfallhaufen und mampfen Delikatessen, als die eine anfängt, von den neuen Mietern im benachbarten Apartment zu erzählen.

»Ich hab' gehört, ihre Kühlschränke sind blitzsauber, die Fußböden glänzen, und in der ganzen Wohnung gibt es kein einziges Stäubchen.«

»Bitte«, sagt die andere Kakerlake, »nicht beim Essen!«

So eine schlechte Nachricht ...!

Es ist eine ungeheure Revolution, wenn wir die Sprache der Vögel, der Bienen, der Kakerlaken verstehen lernen. Sie alle haben ihre eigene Sprache. Aber dann wird uns wohl etwas traurig ums Herz werden, weil wir noch nicht einmal gelernt haben, mit menschlichen Wesen zu kommunizieren, obwohl wir schließlich seit Millionen von Jahren auf dieser Welt sind. Was für eine Dummheit, nicht zu begreifen, daß die ganze Menschheit zu uns gehört und wir zu ihr! Alles, was der Mensch bisher getan hat, ist schlachten, morden und Krieg führen. Mit der gleichen Energie, dem gleichen Aufwand hätten wir diese Erde zum größten Wunder des Kosmos machen können.

Aber wir verstehen einander nicht. Selbst wenn wir die gleiche Sprache sprechen, erwarten wir nicht unbedingt, verstanden zu werden. Im Gegenteil, wir erwarten, mißverstanden zu werden. Deshalb verstecken sich die Leute voreinander, sie verstecken ihr Kindsein und schützen sich voreinander mit Abwehrmechanismen. Andernfalls würde man alle Kinder, junge und alte, in diesem Garten der Erde spielen, sich freuen, lachen und kichern sehen. Warum dieser Ernst? Der Mensch hat durch diesen Ernst nichts gewonnen, sondern alles verloren, aber er bleibt weiterhin ernst.

Ich bin absolut gegen Ernst. Ich bezeichne ihn als seelische Krankheit.

Nur eine spielerische, kindliche, unschuldige Lebensweise ist die richtige, ist das, was ich ein tugendhaftes, religiöses, spirituelles Leben nennen möchte – nicht nur menschlich, sondern göttlich.

Wenn du wieder so unschuldig bist wie ein Kind, dann hast du das Menschsein transzendiert, dann bist du in die Welt des Göttlichen eingetreten. *(181)*

Was bedeutet Reife?

Reife bedeutet, deine verlorene Unschuld wiederzugewinnen, dein Paradies zurückzufordern, wieder wie ein Kind zu werden. Natürlich hat es jetzt eine andere Qualität, denn ein normales Kind kann verdorben werden, doch wenn du deine Kindheit zurückgewinnst, kann dich niemand mehr verderben. Niemand kann dich von dir ablenken, dazu bist du zu intelligent geworden. Jetzt begreifst du, was die Gesellschaft mit dir gemacht hat, und du bist wach und bewußt genug, um nicht zuzulassen, daß es noch einmal geschieht.

Reife ist eine Wiedergeburt, eine spirituelle Geburt. Du bist neugeboren, du bist wieder zum Kind geworden. Mit frischen Augen schaust du in die Welt. Mit einem liebevollen Herzen begegnest du dem Leben. Mit Stille und Unschuld versenkst du dich in dein innerstes Wesen. Du bist nicht mehr nur der Kopf. Jetzt gebrauchst du wohl den Kopf, aber er ist dein Diener. Zuerst wirst du also ein Mensch des Herzens, und später transzendierst du sogar dein Herz. Über die Gedanken und die Gefühle hinauszugehen und reines Sein zu werden ist Reife. Reife ist das höchste Erblühen der Meditation.

Jeder Adam und jede Eva muß aus dem Paradies vertrieben werden, sie müssen in die Irre gehen. Das ist der einzige Weg, wirkliches Kindsein zu gewinnen. Zuerst mußt du es verlieren. Es ist seltsam, aber so ist nun einmal das Leben. Es ist ein Paradox, aber das Leben ist paradox. Um die wirkliche Schönheit deiner Kindheit zu verstehen, mußt du sie zuerst verlieren.

Ein Fisch hat keine Ahnung, was der Ozean ist – erst wenn du ihn herausholst und in den Sand in die heiße Sonne wirfst, weiß er, was der Ozean bedeutet. Jetzt sehnt er sich danach, er zappelt und macht alles, um ins Meer zurückzukommen, er springt in den Ozean hinein. Es ist derselbe Fisch und doch nicht mehr derselbe. Es ist derselbe Ozean und doch nicht mehr derselbe, denn der Fisch hat eine neue Lektion gelernt. Jetzt ist er bewußt, jetzt hat er verstanden: »Das ist der Ozean, und er bedeutet mein Leben. Ohne ihn kann ich nicht sein. Ich bin Teil von ihm.«

Jedes Kind muß seine Unschuld verlieren und sie dann zurückgewinnen. Sie zu verlieren ist nur der halbe Weg. Viele Menschen haben sie verloren, aber nur wenige haben sie wiedergewonnen. Das ist schade, sehr schade. Nur hin und wieder gewinnt ein Buddha, ein Zarathustra, ein Krischna, ein Jesus das Kindsein wieder. Jesus ist niemand anders als der nach Hause zurückgekehrte Adam. Magdalena ist niemand anders als Eva, die nach Hause zurückgefunden hat. Sie haben den Ozean verlassen und haben die Absurdität und den Schmerz gespürt. Sie haben erfahren, wie unglücklich es sie macht, vom Ozean getrennt zu sein.

An dem Tag, an dem dir bewußt wird, daß Teil irgendeiner Gesellschaft, Religion oder Kultur zu sein Unglück und Gefangenschaft bedeutet, beginnst du, deine Ketten fallen zu lassen. Dann entsteht Reife. Du gewinnst aufs neue deine Unschuld. *(182)*

Die erste Geburt ist nur die Geburt des Physiologischen, des Körperlichen. Glaube nicht, daß das alles ist, woraus das Leben besteht. Die Geburt aus dem Mutterleib ist lediglich eine Gelegenheit für eine zweite, die eigentliche Geburt. An dem Tag, an dem du den Schoß deiner Psychologie verläßt, bist du wirklich geboren.

In Indien haben wir diese Menschen, die die Erfahrung der Wahrheit gemacht haben, zweimal Geborene, *»Dwija«*, genannt. Und nur ein Mensch, der zum zweiten Mal geboren wird, hat nicht umsonst gelebt.

Man muß das Leben als ein Sprungbrett zum Jenseitigen nutzen. Das Leben ist eine ungeheure Chance, aber nur sehr wenige Menschen haben bisher davon Gebrauch gemacht. Nur ab und zu haben einige wenige Menschen dieses Leben dazu benutzt, um zu einer höheren Ebene zu gelangen, zu einer anderen Art von Leben.

Dazu bedarf es nur, daß du die Vergangenheit losläßt; nur dann kannst du neu geboren werden. Wenn das Kind den Mutterleib verläßt, begibt es sich auf eine Reise ins Unbekannte. Es hat keine Ahnung, was auf es zukommt. Es hat keine Vorstellung, keine Karte, keinen Wegweiser; es betritt eine Welt des Abenteuers. Aber das ist nichts im Vergleich zur zweiten Geburt, wenn du deine Denkmuster aufgibst, denn Gedanken bedeuten Vergangenheit – alles, was du in der Vergangenheit angesammelt hast. Der Verstand ist nichts anderes als ein Gedächtnisapparat. Wenn du die Vergangenheit losläßt, begibst du dich ins größte Abenteuer, das es gibt: Du wirst wiedergeboren. Das ist echte Auferstehung, und sie geschieht durch Meditation.

Mache dich jeden Augenblick frei von der Vergangenheit. Warum sie mit dir herumschleppen? Sei jeden Augenblick damit fertig, damit du frisch und neu und im Einklang mit der Existenz bist. Dann hinkst du nie hinter der Gegenwart her. Und wenn man ihr nicht hinterherhinkt, ist das Leben ein Fest. Du tanzt mit der Existenz in tiefer Harmonie, in einer Art Einssein. Auf diese Weise wird das Leben zum Festival, zu Liebe, zu einem Lachen, einem Lied, zu einer Feier!

Mein Sannyas ist nicht für die Traurigen und die Toten. Es ist für diejenigen, die das Leben lieben, die Lachen lieben, die lieben. Es ist für diejenigen, die frisch, jung und ganz und gar lebendig sein wollen. *(183)*

Erst wenn ein Mensch neu geboren wird, versteht er die Schönheit und Großartigkeit der Kindheit. Ein Kind weiß nichts; darum kann es die unglaubliche Unschuld, die es umgibt, nicht verstehen. Wenn das Kind sich erst einmal der eigenen Unschuld bewußt wird, gibt es keinen Unterschied mehr zwischen dem Kind und einem Weisen. Der Weise steht nicht höher, das Kind nicht niedriger. Der einzige Unterschied ist, daß das Kind nicht weiß, wer es ist, während der Weise es weiß.

Das erinnert mich an Sokrates. In den letzten Augenblicken seines Lebens sagte er zu seinen Schülern: »Als ich jung war, dachte ich immer, ich wüßte viel. Als ich älter und erfahrener wurde, geschah etwas Seltsames: Je mehr mein Wissen zunahm, desto mehr wurde ich mir meiner Unwissenheit bewußt.«

Und als das Orakel von Delphi Sokrates schließlich zum weisesten Mann der Welt erklärte, waren die Leute von Athen sehr glücklich und suchten ihn auf. Aber Sokrates sagte: »Geht zum Orakel zurück und sagt ihm, daß es sich zumindest diesmal in seiner Prophezeiung geirrt hat. Sokrates weiß nichts.«

Die Leute waren schockiert. Sie gingen zurück zum Orakel, doch das Orakel lachte und antwortete: »Genau aus diesem Grund habe ich ihn zum weisesten Mann der Welt erklärt! Nur unwissende Leute glauben, sie wüßten etwas.«

Je einsichtiger du wirst, um so unschuldiger wirst du.

Sokrates unterschied zwei Arten von Menschen: die unwissenden Weisen und die wissenden Dummen. Die Welt wird von der zweiten Kategorie beherrscht. Das sind eure Priester und Professoren, das sind eure Führer, das sind eure Heiligen, das sind eure Messiasgestalten, eure Heilande und Propheten – sie alle behaupten zu wissen. Aber genau dieser Anspruch zerstört die tiefe Einfachheit und Unschuld, die dem Kindsein eigen ist.

Denk daran: Sobald du anfängst, etwas zu wissen, bist du kein Kind mehr, sondern gehörst nun zur Erwachsenenwelt. Die Gesellschaft hat deinen Zivilisationsprozeß in Gang gesetzt; sie hat dich von deiner wahren Natur abgelenkt.

Wenn das Kind ganz vom Mysterium umgeben ist, wenn alles ein Geheimnis ohne Antwort, ohne Frage ist, dann ist es genau an dem Punkt, den schließlich auch der Weise erreicht. Deshalb wird Kindlichkeit immer wieder mit Meditation verglichen. Meditation wäre nicht nötig, wenn die Menschen ihre ursprüngliche Kindlichkeit bewahrt hätten.

Kennt ihr die Wurzel des Wortes »Meditation«? Es hat denselben Ursprung wie »Medizin«. Es ist eine Medizin. Aber man braucht Medizin nur, wenn man krank ist. Meditation ist nötig, wenn man spirituell krank ist. Kindlichkeit ist deine spirituelle Gesundheit, deine spirituelle Ganzheit, in der du keine Meditation brauchst.

Der kleine August wünscht sich ein Fahrrad, aber seine Mutter sagt ihm, daß er nur eins bekommt, wenn er schön brav ist. Das verspricht er; aber nachdem er es eine Woche lang versucht hat, merkt er, daß es unmöglich ist.

»Vielleicht fällt es dir leichter, wenn du einen Brief an Jesus schreibst«, schlägt seine Mutter vor.

Klein August rennt nach oben, setzt sich aufs Bett und schreibt: »Lieber Jesus, wenn du mir ein Fahrrad gibst, verspreche ich, für den Rest meines Lebens brav zu sein.«

Als ihm klar wird, daß er das nie schaffen wird, fängt er noch mal an: »Lieber Jesus, wenn du mir ein Fahrrad gibst, verspreche ich, einen Monat lang brav zu sein.«

Doch auch das erscheint ihm unmöglich. Da hat er plötzlich eine Idee. Er läuft ins Zimmer seiner Mutter, nimmt die kleine Statue der Jungfrau Maria, packt sie in einen Schuhkarton und versteckt sie unterm Bett. Dann fängt er an zu schreiben:

»Lieber Jesus, wenn du deine Mutter jemals wiedersehen willst …«

Aus absolut irrationalen Gründen hat man den Menschen in eine übertriebene Ernsthaftigkeit hineingezogen. Alle Religionen haben ihre Rolle bei der Vergiftung des Menschen gespielt. Leute, die auf Macht aus sind, ganz gleich welcher Art, zerstören unweigerlich das Lachen des Menschen, seine unschuldigen, staunenden Augen, seine Kindlichkeit. Das Kichern eines Kindes scheint für solche Leute bedrohlicher zu sein als Atombomben. Und sie haben im Grunde recht: Wenn die ganze Welt ein wenig mehr zu lachen anfängt, wird es weniger Kriege geben. Wenn die Menschen anfangen, ihre Unschuld zu lieben, ohne sich um Wissen zu kümmern, dann wird das Leben eine Schönheit und einen Segen entfalten, die wir schon völlig vergessen haben. *(184)*

Ich war als Kind niemals wirklich Kind, doch seit ein paar Tagen fühle ich mich oft so.

Das ist wahrhaftig ein Wunder! Sich wieder wie ein Kind zu fühlen ist eine große Verwandlung. Laß es zu, habe keine Hemmungen. Lege dein Alter und deinen Verstand beiseite. Wenn dir das gelingt, dann spürst du, wie plötzlich neue Energie in deinem Körper fließt. Dein Alter verringert sich mindestens um zwanzig Jahre. Du kannst augenblicklich jünger werden und kannst länger leben. Laß es also zu, es ist etwas Wunderschönes.

Man muß wieder zum Kind werden, nur dann ist das Leben vollständig. Kindsein ist unser Anfang, und Kindsein ist unser Ende. Wenn ein Mensch stirbt, ohne wieder zum Kind zu werden, dann ist der Kreis seines Lebens unvollständig geblieben. Er muß noch einmal geboren werden. Genau darin besteht die östliche Idee von der Wiedergeburt.

Doch wenn du in diesem Leben neu geboren werden kannst, dann brauchst du nicht noch einmal auf die Welt zu kommen. Wenn du in diesem Körper wirklich zum Kind werden kannst, dann brauchst du nicht noch einmal geboren zu werden. Du kannst im Herzen der Existenz leben. Du brauchst nicht mehr zurückzukommen, denn du hast die Lektion gelernt, und der Kreis hat sich geschlossen.

Mein ganzes Bemühen besteht darin, dir zu helfen, wieder ein Kind zu werden. Es ist schwierig, sehr schwierig, weil deine ganze Erfahrung, deine Verhaltensmuster, dein Charakter Widerstand leisten und sagen: »Was tust du da? Das sieht töricht aus!« Aber sei ruhig töricht und laß dem inneren Kind Raum, sich zu behaupten. Du wirst dich so erleichtert, so frisch fühlen. Laß es zu. Dies ist etwas sehr Bedeutungsvolles. Doch es kann verlorengehen. Wenn du es nicht unterstützt, kann es leicht wieder verlorengehen, weil deine ganze Persönlichkeit sich dagegen sträubt. Du wirst ihm bewußt den Weg bahnen und es zulassen müssen. Deine ganze Vergangenheit stellt sich ihm entgegen wie ein Felsen. Dieses neue Phänomen dagegen ist wie tröpfelndes Wasser, wie ein schmaler Bach, der zum Fluß werden kann, wenn du ihm hilfst; ansonsten ist der Fels zu mächtig. Doch wenn du es unterstützt, ist das Weiche und Wasserähnliche letztlich stärker. Auf lange Sicht wird der Felsen immer vom Wasser besiegt. Der alte Mann wird immer vom Kind besiegt. Der Tod wird immer vom Leben besiegt. Daran sollte man sich erinnern und immer dem Sanfteren, Jüngeren, Frischeren helfen.

Freunde dich mit Kindern an und begleite sie. Tue alles, was sie auch tun. Sie werden es genießen und dich nicht ablehnen. Sie werden sofort verstehen, daß du zwar alt aussiehst, aber nicht alt bist. Mische dich unter Kinder und vergiß die großen Leute. *(185)*

Es ist immer schön, mit einem drei- oder vierjährigen Kind spazierenzugehen und mit ihm Zwiesprache zu halten – was es macht, wie es sich bewegt, wie es sich für alles interessiert. Ein Schmetterling, eine Blume, ein bellender

Hund, und das Kind ist von jedem Augenblick vollkommen eingenommen. Nur ein Kind versteht zu leben, nur wer aufs neue zum Kind wird, versteht zu leben. Dazwischen gibt es nur Unglück und Leid.

Behalte dieses Gefühl, ein Kind zu sein. Mache es zu deiner Wirklichkeit, und laß dein chronologisches Alter lediglich ein soziales Phänomen, eine Fassade sein. Von außen gesehen bist du erwachsen; innen bleibe ein Kind. Und wenn du alleine bist, dann lasse alles Erwachsensein fallen; es wird nicht mehr gebraucht. Sei wie ein Kind und spiele mit kleinen Kindern.

Nimm sie manchmal mit zu einem Spaziergang an den Strand oder sonstwohin, in einen Park, und benimm dich genau wie sie; verlange nicht, daß sie sich so benehmen wie du. Gehe einfach mit ihnen mit, und du wirst sehen, wie sich dir neue Einsichten öffnen.

Manchmal wird es dir angst machen, dich wie ein Kind zu fühlen, denn du bist so verletzlich, so offen, und jeder kann dir weh tun. Du wirst wieder hilflos; aber diese Hilflosigkeit ist etwas sehr Schönes. Es ist schön, verwundbar zu sein; es ist schön, hin und wieder einmal verletzt zu sein. Nur um diese Verletzungen zu vermeiden, machen wir uns hart, legen uns eine stahlharte Kruste, einen Panzer zu. Das ist zwar sicher, aber tödlich.

Wann immer sich die Gelegenheit bietet, werde wieder zum Kind. In deinem Badezimmer, wenn du in der Badewanne sitzt, sei wieder ein Kind, mit all deinen Spielsachen um dich herum! *(186)*

Seit ich genauer in mich hineinschaue, fühle ich mich kindlicher. Das wirkt sich auch auf meine Beziehung zu meiner Freundin aus.

Wenn du beginnst, dich selbst wirklich zu spüren, kommen viele Dinge zum Vorschein. Zum Beispiel wirst du dich kindlicher fühlen, denn als Kind warst du du selbst. Immer wenn du dich also selber spürst – in Liebe, in Meditation –, fühlst du dich wieder wie ein Kind, denn dies sind die einzigen Situationen, in denen du dich selbst gekannt hast. Ansonsten warst du immer jemand anderes.

Fast immer werden Liebende zu Kindern, denn Liebe nimmt dich an. Sie stellt keine Forderungen an dich. So wie du bist, bist du schön. Du läßt auf einmal deine Ideale, die Forderungen, die Persönlichkeit fallen. Du streifst deine alte Haut ab und wirst wieder ein Kind. Liebe macht die Menschen jung.

Je mehr du liebst, um so jünger bleibst du. Wenn du nicht mehr liebst, dann wirst du alt, denn wenn du nicht liebst, verlierst du den Kontakt mit dir selbst. Liebe ist nichts anderes, als durch den anderen mit dir selbst in Kontakt zu kommen, durch jemand, der dich annimmt, der dich spiegelt, so wie du bist. Akzeptiere also deine Situation. Dieses Kind ist sehr schön – akzeptiere es und freue dich daran. Fordere deine Kindheit zurück. Das bist du. Das ist dein wirkliches Gesicht!

Liebe schafft die richtige Situation, um alle Konditionierungen aufzugeben. Liebe ist eine Entkonditionierung. Sie nimmt die alten Muster weg, ohne dir ein neues zu geben.

Du mußt zu dir selbst stehen. Das ist deine oberste Verantwortung, das hat den Vorrang. Entspanne dich einfach und sei ein Kind. *(187)*

Hat die Kindlichkeit der Senilität irgend etwas mit Bewußtheit zu tun? Ist Senilität nur eine Krankheit des Westens? Was ist Senilität, und was ist Reife?

Es hat nichts mit Ost oder West zu tun. Ost und West mögen äußerlich verschieden sein, im Innern jedoch gibt es keinen Unterschied. Mensch ist Mensch. Vielleicht ein paar unterschiedliche Muster im Osten und im Westen, aber nur an der Oberfläche. Kratze ein wenig daran, und Ost und West verschwinden. Tief im Innern ist die Menschheit eins.

Diese Frage »*Was ist Senilität?*« ist bedeutungsvoll. Senilität bedeutet alt zu werden, ohne reif zu werden. Senilität bedeutet alt zu werden, ohne aufzuwachsen. Im Endeffekt wird der senile Mensch sehr kindisch, weil sein Kind niemals erwachsen geworden ist, denn er hielt es immer in sich versteckt. Er war mit tausenderlei weltlichen Dingen beschäftigt, und das Kind hat gewartet und gewartet. Jetzt hat er sich zur Ruhe gesetzt, mit all diesen Beschäftigungen ist es nun vorbei. Auch seine Energie läßt nach, und damit verschwinden alle Kontrollmechanismen. Denn du brauchst eine Menge Energie dazu, um dich zu kontrollieren, um etwas vorzutäuschen, was du nicht bist, und um das, was du bist, zu verbergen. Es ist natürlich, daß ein alter Mensch Energie verliert und damit auch die Kontrolle. Er kann sich nicht mehr kontrollieren. Daher gelangt das, was er bisher verborgen hat, an die Oberfläche: Er wird kindisch.

Aber denke daran, daß kindisch zu sein nichts mit Kindlichkeit zu tun hat. Kindlichkeit entsteht erst, wenn ein Mensch nicht nur an Alter zunimmt, sondern auch an Reife, wenn er innerlich einheitlich wird. Nicht nur sein Körper ist sechzig Jahre alt, er ist auch psychologisch und spirituell ein erwachsener, reifer Mensch geworden.

Kindisch zu sein ist kein Wert, sondern ein Mangel. Kindlichkeit ist ein großer Wert. Kindlich zu sein bedeutet, daß der Kreis sich geschlossen hat: Ein Mensch hat das Leben gelebt, er hat gelebt und geliebt, er hat das Leben völlig ausgeschöpft und ist zu dem Schluß gekommen, daß es nichts Wertvolleres gibt als Unschuld. Er hat seine Erfahrungen gemacht; er weiß, daß sein Wissen ihm nichts gebracht hat, darum hat er es fallengelassen. Er hat all die trickreichen Wege der Welt kennengelernt. Er hat andere getäuscht und betrogen und ist selbst getäuscht und betrogen worden. Er kennt dies alles. Aber inzwischen ist er gereift und zu dem Schluß gekommen, daß das alles sinnlos ist und keine Bedeutung hat. Täuschen und getäuscht werden ist ein Spiel, ein Traum, es führt nirgendwohin. Er hat all diese Spiele aufgegeben.

Ein wirklich reifer Mensch ist jemand, der nicht mehr von irgendwelchen Egospielen besessen ist. Er lebt einfach, ohne jemandem etwas vorzumachen, ohne irgendwelche Masken.

Doch nur an Jahren alt zu werden bedeutet, senil und häßlich zu werden, zu verfallen. Dann kommt eines Tages, wenn deine Energie verschwunden ist, das Kindische zum Vorschein, und der alte Mensch benimmt sich sehr närrisch.

Närrisch zu sein ist eine Sache, unschuldig zu sein eine ganz andere. Beide mögen manchmal ähnlich aussehen, sind es aber nicht. Kindlichkeit ist das Aufblühen der Unschuld. *(188)*

Kürzlich hatte ich während einer Meditation einige Augenblicke lang das Gefühl, als ob mein Gesicht verschwinden würde. Es war eine sehr angenehme Empfindung, und gleichzeitig stieg ein Gefühl des Staunens und der Überraschung auf. Kannst du bitte etwas dazu sagen?

Es war nicht dein ursprüngliches Gesicht, das verschwand. Was verschwand, war deine Maske. Nur die Maske kann verschwinden. Das ursprüngliche Gesicht kann verdeckt sein, aber es kann durch nichts zum Verschwinden gebracht werden. Die Maske verdeckt normalerweise dein Gesicht. Und wir haben viele Masken und wechseln sie je nach Situation aus. Wenn du deinen Angestellten siehst, hast du eine bestimmte Maske. Du bist der Chef. Wenn du vor deinem Chef stehst, hast du eine andere Maske. Selbst wenn er dich beleidigt, wirst du noch lächeln. Das ursprüngliche Gesicht kann nicht lächeln; es ist also nur eine Maske. Tief im Innern fluchst du, aber du mußt lächeln, weil sonst deine Stelle in Gefahr ist.

Ich habe von einem Büro gehört, in dem der Chef immer nur für eine Stunde kam. Dann versammelte er immer das ganze Büro, alle Angestellten und Schreibkräfte um sich und erzählte Witze. Er kannte nur drei Witze. Es war eine seltsame Situation: Die Leute hatten seine Witze schon tausendmal gehört, doch jedesmal, wenn er sie erzählte, pflegten sie trotzdem laut zu lachen und in die Hände zu klatschen, als ob sie es zum ersten Mal hörten.

Sogar der Chef dachte manchmal: »Komisch! Vergessen diese Leute alles wieder?«

Doch eines Tages flog der Schwindel auf. Ein Tippfräulein lachte nicht mit. Alle schauten sie an. Was war los mit ihr? Sie hatte immer am lautesten von allen gelacht.

Der Chef war beleidigt. Er hatte einen Witz erzählt, und sie saß einfach da, ohne eine Miene zu verziehen. Er sagte: »Was ist los mit Ihnen?«

Sie antwortete: »Nichts ist los mit mir. Ich habe nur einen anderen Job angenommen. Jetzt werde ich dort lachen, nicht hier. Diese Dummköpfe sollen ruhig weiterlachen. Wegen Ihrer Witze werde ich den Job wechseln. Ich habe es satt. Sie haben diese Witze so oft erzählt, daß ich mich manchmal dabei ertappe, wie ich sie mir selbst erzähle. Es ist schon so schlimm geworden, daß ich mir manchmal sogar nachts im Schlaf die Witze erzähle und davon schweißgebadet aufwache. Diese drei Witze sind ein Alptraum für mich geworden. Ich kündige! Und heute bin ich zum letzten Mal da, um zu sehen, wie es sich anfühlt, wenn ich nicht mitlache. Es fühlt sich großartig an, denn zum ersten Mal zeige ich Ihnen mein wahres Gesicht. Ansonsten tragen alle, die hier lachen und von Ohr zu Ohr grinsen, nur eine Maske. Innerlich verflucht man Sie und möchte Sie am liebsten umbringen. Wenn Sie weg sind, wird über Sie geredet. Ich habe es gehört: ›Wie könnte man diesen Kerl umbringen? Wenn wir ihn nicht umbringen, bringt er uns noch um!‹ Ihre drei Witze könnten jeden umbringen. Sie sind uns schon so in Fleisch und Blut übergegangen, daß wir sogar beim Tippen alles vergessen und anfangen, einen Witz zu tippen.«

Wenn man jahrelang immer das gleiche hört und trotzdem so tun muß …

Was du da erlebst, ist zweifellos eine schöne Erfahrung. Mein einziger Wunsch ist, euch alle mit eurem ursprünglichen Gesicht zu sehen.

Laß die Masken verschwinden. Werde du selbst. Dann wirst du dich ganz leicht fühlen, und du wirst es genießen. Beim ersten Mal bist du vielleicht noch erstaunt, aber wenn es immer wieder passiert, wird das Staunen sich legen und das angenehme Gefühl tiefer werden.

Irgendwann kommt der Moment, in dem ein Mensch absolut echt wird. Von da an ist sein ganzes Leben voller Glückseligkeit.

Man hat dich gezwungen, Masken zu tragen, weil man von dir erwartet, daß du dich auf eine bestimmte Art und Weise benimmst, dich auf eine bestimmte Art und Weise äußerst, dich auf eine bestimmte Art und Weise kleidest. Man läßt dir keine Freiheit. Die Gesellschaft zwingt dir von allen Ecken und Enden ein komplettes Gefängnis auf. Darin besteht deine Sklaverei und dein Unglück, darin besteht dein Schmerz und deine Hölle.

Tritt heraus aus dieser ganzen Falschheit und werde einfach – so einfach wie die Vögel, die singen, so einfach wie die Bäume, die die Sonne genießen, so einfach wie die kleinen Kinder.

Hänschen wird zu einer Séance mitgenommen. Dort fragt ihn das Medium, ob es jemanden gibt, mit dem er gerne Kontakt aufnehmen und reden möchte.

»Ich möchte mit meiner Omi reden«, erwidert Hänschen.

»So sei es, mein Liebling«, sagt das Medium und fällt in tiefe Trance. Dann fängt sie an zu murmeln und mit einer fremden Stimme zu sprechen: »Hier spricht deine Omi im Himmel ... Ein herrlicher Platz in den Wolken ... Möchtest du mich etwas fragen, Hänschen?«

»Ja, Omi«, sagt Hänschen, »was machst du im Himmel, wenn du noch gar nicht tot bist?«

Die Unschuld eines Kindes!

Der kleine Max wird langsam älter.

»Du, Mama«, fragt er eines Tages, »wo kommen die Babys her?«

»Weißt du, der Storch bringt sie«, sagt die Mutter.

»Aber Mama«, fragt Max, »wer vögelt den Storch?« *(189)*

Wie kann ich das Leben jeden Tag neu und frisch erleben?

Das Leben ist frisch, du aber bist verbraucht; und du bist verbraucht, weil du ständig all dein Gestern mit dir herumschleppst. Die Vergangenheit wirkt als Barriere zwischen dir und dem Leben. Wenn du total in der Gegenwart lebst, kannst du das Leben so frisch fühlen und erleben, wie es tatsächlich ist.

Das Leben ist niemals alt; es erneuert sich jeden Augenblick und bildet sich neu. Es ist ewig frisch. Aber der Verstand, das Denken kann nicht frisch sein. Der Mechanismus des Denkens verhindert, daß es frisch sein kann. Es muß alt sein, es muß tot sein. In dem Augenblick, da etwas zum Gedanken wird, ist es schon vergangen. Kaum gedacht, ist es bereits tot. Ein Vogel singt im Baum – in dem Augenblick, in dem dein Kopf »Wunderbar!« sagt, ist es schon alt. In dem Augenblick, da du zu jemandem sagst: »Ich liebe dich«, ist es schon vergangen. Kaum greift der Kopf etwas auf, stirbt es auch schon.

Frisch zu sein bedeutet, ohne Gedanken zu sein. Höre den Vögeln zu, ohne daß die Gedanken dazwischentreten. Schau dir die Bäume an, ohne die Gedanken sich einmischen zu lassen. Du mußt lernen, ohne Verbalisierung auszukommen. Dort liegt die Wurzel des ganzen Übels.

Du siehst eine Rose, und sofort fangen die Gedanken an zu kreisen: »Eine wunderbare Rose! Ich habe noch nie eine so schöne Rose gesehen.« Nun siehst du die Rose schon nicht mehr. Du bist in die Vergangenheit gegangen. Du vergleichst sie mit anderen Rosen. Und wenn du sie mit anderen Rosen vergleichst, hast du die Rose, um die es geht, völlig vergessen.

Sieh dir das Leben an, und laß keine Worte dazwischenkommen. Sieh ohne Worte. Schau, ohne zu denken, dann ist plötzlich alles frisch, dann ist plötzlich alles so neu, wie es nur sein kann. Das gilt es zu lernen.

Jedes Kind kann das. Es ist eine Fähigkeit, die du von Geburt an hast, es ist etwas Angeborenes.

Beobachte einmal kleine Kinder, die jünger als vier Jahre alt sind, und du wirst feststellen, daß sie von frischer Energie nur so übersprudeln. Beobachte sie und schaue zu, wie sie mit allem umgehen, und du wirst jedesmal feststellen, daß sie originell, offen, frisch und einzigartig sind.

Du fragst mich, wie du das Leben immer wieder neu erleben kannst. Werde einfach wieder zum Kind – verlerne alles, was du gelernt hast. Höre auf zu verbalisieren. Lausche diesen Vögeln, ohne irgendwelche Worte in dir aufsteigen zu lassen. Plötzlich durchflutet dich eine Woge der Frische, du spürst eine Energie, die nicht alt ist. Dieser Vogel war noch nie zuvor da, und er ist sich der Vergangenheit in keiner Weise bewußt. Er hat noch nie so gesungen. Das Heute ist für ihn ganz neu. Er ist vollkommen und total hier und jetzt. Wenn du ihm ohne Worte zuhören kannst, ist dir plötzlich, als würde ein Messer dein Wesen durchdringen, als würde die Frische des Lebens den in dir angesammelten Staub durchdringen, wie ein Lichtstrahl die Dunkelheit durchdringt.

Überall um dich herum ist alles unberührt und frisch, nur die Menschen nicht. Berühre den Baum. Sprich ein wenig mit dem Fluß. Schau in den Himmel, beobachte die Sterne. Lege dich auf die Erde, entspanne dich. Gehe ans Meer und beobachte, wie die Wellen endlos kommen und kommen und kommen, ohne Absicht, ein Tanz der Energie – und mit der Zeit wirst du bemerken, daß der Staub verschwindet und der Spiegel deines Geistes gereinigt wird.

Das Leben ist frisch. Der Verstand kann niemals frisch sein. Laß den Verstand beiseite. Ich sage nicht, daß du ganz auf den Verstand verzichten sollst. Er ist nützlich. Benutze ihn. Er ist ein biologischer Computer. Benutze ihn, aber laß dich nicht von ihm benutzen. Benutze ihn, wenn er dir nützt. Es gibt viele Situationen, in denen du ihn brauchst. Du mußt rechnen, du mußt dich an den Weg zum Bahnhof erinnern – dazu brauchst du ihn. Du mußt dich an vieles erinnern, und dazu brauchst du ihn. Benutze ihn also, wann immer es notwendig ist. Wenn er nicht notwendig ist, laß ihn beiseite, laß ihn ruhen.

Wenn du nach Hause kommst, dann lege den Verstand ab. Im Büro ist er notwendig, bei deinen Kindern brauchst du ihn nicht. Spiele mit ihnen. Bei ihnen brauchst du kein Erwachsener zu sein. Werde zum Menschen. Bei einem Freund brauchst du kein Ingenieur zu sein, brauchst du kein Geschäftsmann zu sein. Du brauchst niemand zu sein. Du kannst ganz einfach du selbst sein ... wieder ein Kind, das am Strand spielt und Muscheln sammelt, ohne jede Absicht.

Diese absichtslosen Augenblicke werden es dir ermöglichen, frisch zu bleiben. *(190)*

Worte sind ihrer innersten Natur nach so leblos, daß sie nichts Lebendiges vermitteln können. Das lehrt uns schon das ganz gewöhnliche Leben. Schon wenn du unter ganz gewöhnlichen Umständen irgendeinen Höhepunkt erlebst, einen ekstatischen Augenblick, in dem du wirklich etwas fühlst, in dem du wie umgewandelt bist, dann ist es unmöglich, das in Worten auszudrücken.

In meiner Kindheit ging ich oft frühmorgens zum Fluß. Es ist ein kleines Dorf. Der Fluß ist sehr, sehr träge, als ob er überhaupt nicht fließen würde. Und am frühen Morgen, wenn die Sonne noch nicht aufgegangen ist, kann man nicht erkennen, ob er überhaupt fließt, so träge und still ist er. Am Morgen, wenn niemand da ist, wenn noch kein Mensch zum Baden gekommen ist, ist es wunderbar still. Selbst die Vögel singen noch nicht – in der Frühe, kein Laut, nur Lautlosigkeit ... Und der Duft der Mangobäume hängt über dem ganzen Fluß.

Ich ging oft dorthin – an die entfernteste Biegung des Flusses, nur um dort zu sitzen, nur um dort zu sein. Es gab nichts zu tun, nur da zu sein war genug. Es war eine wunderschöne Erfahrung. Ich badete im Fluß, ich schwamm, und wenn die Sonne aufging, stieg ich ans andere Ufer, legte mich auf den breiten Sandstrand und ließ mich dort von der Sonne trocknen. Dann blieb ich dort liegen und schlief manchmal sogar ein.

Wenn ich zurückkam, fragte meine Mutter jedesmal: »Was hast du den ganzen Morgen gemacht?« Und ich antwortete: »Nichts«, denn in Wirklichkeit hatte ich nichts getan.

Und sie sagte dann: »Wie ist es möglich, daß du den ganzen Morgen nichts getan hast? Irgend etwas mußt du doch getan haben.« Und natürlich hatte sie recht, aber ich hatte auch nicht unrecht.

Ich hatte überhaupt nichts getan. Ich war einfach da beim Fluß, ohne etwas zu tun, und hatte die Dinge geschehen lassen. Wenn es sich nach Schwimmen anfühlte – wohlgemerkt, wenn es sich danach anfühlte, dann schwamm ich, aber das war kein Tun meinerseits, ich forcierte nichts. Wenn mir nach Schlafen zumute war, schlief ich. So vieles passierte einfach, aber ich war nicht der, der es tat. Und meine erste Erfahrung von *satori* geschah an diesem Fluß. Ohne daß ich etwas tat, nur indem ich da war, passierte unendlich vieles.

Aber meine Mutter ließ nicht locker: »Du mußt doch etwas gemacht haben.«

So sagte ich schließlich: »Okay, ich war baden und hinterher habe ich mich in der Sonne trocknen lassen.« Und damit war sie zufrieden. Aber ich war es nicht, denn was da am Fluß geschehen war, ließ sich nicht mit Worten ausdrücken. »Ich war baden« machte es so armselig und blaß. Mit dem Wasser zu spielen, im Fluß zu treiben, im Fluß zu schwimmen war eine so tiefe Erfahrung gewesen. Einfach zu sagen: »Ich war baden«, bedeutete gar nichts. Nur zu sagen: »Ich bin zum Fluß gegangen, bin dort spazierengegangen und habe am Ufer gesessen«, drückt nichts aus.

Erst wenn etwas geschieht, das sich nicht in Worte fassen läßt, erst dann hat sich das Leben bemerkbar gemacht, erst dann hat das Leben an deine Tür geklopft. *(191)*

Ich wage wieder zu lieben, zu lachen und zu tanzen. Du hast mir die Augen für die Schönheit und die Poesie des Lebens geöffnet. Ich fühle mich jünger, fast wie ein Kind, bezaubert von der Schönheit, die alles durchdringt – ein junger Wilder, der vergnügt umherstreift, vom Saft des Lebens schlürft und jeden Tropfen davon genießt. Ist das unmoralisch?

Nein, es ist äußerst moralisch. Das ist die einzige Moral, die es gibt – wild zu sein, jeden Tropfen Lebenssaft aus dem Augenblick herauszupressen, ein unschuldiges Kind zu sein, wieder den Schmetterlingen nachzulaufen, Muscheln am Strand zu sammeln ... und die Schönheit der Existenz um dich herum zu sehen, dir zu gestatten, zu lieben und geliebt zu werden.

Liebe ist der Anfang, und Liebe ist auch das Ende von Religion.

Ein religiöser Mensch ist immer jung. Selbst im Sterben ist er noch jung. Selbst wenn er stirbt, ist er voller Freude.

Ich lehre euch, wild zu sein, und ich lehre euch, unschuldig zu sein wie Kinder. Ich lehre euch, das Wunderbare und Geheimnisvolle der Existenz zu erfahren – nicht zu analysieren, sondern zu genießen, keine Theorie daraus zu machen, sondern einen Tanz.

Die ganze Existenz tanzt, nur der Mensch nicht. Die Menschheit ist ein großer Friedhof geworden.

Ich rufe euch zu, aus euren Gräbern herauszukommen.

Nein, es ist nicht unmoralisch. Aber alle Religionen sagen, daß es das sei. Doch sie haben alle unrecht. Wer sagt, es sei unmoralisch, ist gegen die Menschheit, gegen die Existenz, gegen Freude, gegen Seligkeit, gegen alles, was zum Göttlichen führt.

Ich bin total dafür. *(192)*

In einer von Haß und Feindseligkeit, Traurigkeit und Sorge heimgesuchten Welt scheinst du der einzige Sänger der Liebe und des Lachens zu sein. Ist das nicht zum Lachen?

Allerdings. Es ist zum Lachen, aber irgendwer muß ja anfangen. Wir wollen, daß die Welt weniger ernst und mehr sensibel wird – zwar aufrichtig, aber niemals ernst.

Wir wollen, daß die Welt erfährt, daß der Sinn für Humor eine der wesentlichen Eigenschaften eines religiösen Menschen ist.

Wenn du nicht lachen kannst, werden dir viele Dinge im Leben entgehen, werden dir viele Mysterien entgehen.

Dein Lachen macht dich zum kleinen, unschuldigen Kind, dein Lachen verbindet dich mit der Existenz – mit dem tosenden Meer, mit den Sternen und ihrer Stille.

Dein Lachen läßt dich dem einzigen Teil der Existenz angehören, der intelligent geworden ist, denn nur intelligente Menschen können lachen. Deshalb können Tiere es sich nicht leisten zu lachen – sie haben nicht genug Intelligenz.

Doch weil allen immer beigebracht worden ist, daß Ernst für das Ansehen praktisch unerläßlich ist, sind alle ernst geworden. Es ist nicht so, daß sie aus bestimmten Gründen ernst wären, sondern weil es ihnen jetzt zur zweiten Natur geworden ist.

Sie haben völlig vergessen, daß Ernsthaftigkeit eine Krankheit ist, die anzeigt, daß der Sinn für Humor in ihnen abgetötet worden ist. Denn sonst ... das ganze Leben um euch herum ist so voller lächerlicher Dinge! Wenn du einen Sinn für Humor besitzt, wirst du überrascht sein, daß du gar keine Zeit hast, um traurig zu sein. Jeden Augenblick passiert irgendwo etwas.

Es ist in der Tat meine Aufgabe, der gesamten Menschheit das Lachen beizubringen – sie hat es vergessen. Und wenn ihr das Lachen vergeßt, vergeßt ihr auch den Gesang, vergeßt ihr die Liebe, vergeßt ihr das Tanzen – es bleibt nicht dabei, daß ihr das Lachen vergeßt. Das Lachen bringt seine eigene Kombination von Eigenschaften mit sich, genau wie der Ernst seine eigene Kombination von Eigenschaften hat.

Vergeßt das Lachen, und ihr werdet die Liebe vergessen. Wie wollt ihr mit trauriger Miene zu einer Frau sagen: »Ich liebe dich«? Ein bißchen wirst du schon lächeln müssen. Mit erster Miene kannst du gar nichts ausrichten.

Die Leute nehmen alles so ernst, daß es ihnen schließlich zur Last wird.

Lernt, mehr zu lachen. Mir ist das Lachen so heilig wie das Beten. *(193)*

Das Leben sollte keine ernste Angelegenheit sein. Es sollte spielerisch sein – Spaß machen. Und jeder Mensch sollte völlige Freiheit haben, er selbst zu sein. Die einzige Einschränkung sollte sein, daß du nicht in die persönliche Sphäre eines anderen eingreifst – und sei es deine Frau oder dein Mann oder dein Kind. Tiefer Respekt vor dem anderen Menschen ist der Kern echter Religiosität. Sei du selbst und laß auch die anderen sie selbst sein. Dann wird dieses Leben, diese Erde hier und jetzt zum Lotosparadies.

Aber zuerst muß etwas geschehen, und es muß bald geschehen. Denn alle diese Idioten bereiten den globalen Selbstmord vor. Wenn ihr nicht gegen die Vergangenheit und gegen das ganze Erbe der Vergangenheit angeht, könnt ihr die Menschheit nicht mehr retten, und mit ihr diese herrlichen Bäume, die singenden Vögel – diesen kleinen Planeten, der sich gerade bis zur Schwelle der Bewußtwerdung entwickelt hat.

Die Wissenschaftler vermuten, daß es noch viele andere solcher Planeten in diesem Universum gibt. Aber dafür gibt es nicht den geringsten Beweis. Nur von dieser kleinen Erde weiß man, daß sie dieses Bewußtseinsstadium der Liebe, der Stille, der kosmischen Erfahrung erreicht hat. Diese Erde und die Menschen auf dieser Erde müssen um jeden Preis vor dem Unheil bewahrt werden, das eure Vergangenheit heraufbeschworen hat. Ein völliger Bruch mit der Vergangenheit ist nötig. Das ganze Erziehungssystem sollte von spielerischer Leichtigkeit, Liebe, Freiheit, Bewußtsein und einem tiefen Respekt für alles Lebendige bestimmt sein. Dies ist meine Vision.

Wir haben nicht mehr viel Zeit. Diese Idioten sind seit Tausenden von Jahren zu Gange, und sie haben jetzt den Punkt erreicht, an dem sie genug Zerstörungskräfte angesammelt haben, um die ganze Erde siebenmal zu vernichten. Und wenn jetzt nicht einige Menschen den Mut aufbringen, gegen alles Vergangene zu revoltieren … Ich sage nicht, daß ihr wählen sollt – das Gute wählen und das Schlechte weglassen. Beides ist nicht zu trennen, denn beides gehört zusammen.

Die Vergangenheit muß einfach gelöscht werden, so als seien wir zum ersten Mal auf dieser Erde und als habe es nie eine Geschichte gegeben. Nur so können wir eine Welt der Schönheit erschaffen – voller Liebe, voller Duft, voll tiefem Respekt füreinander. Die Vergangenheit war nur von Haß bestimmt. Die Zukunft kann nur leben, wenn sie von Liebe bestimmt ist. Die Vergangenheit war unbewußt. Die Zukunft kann nur bewußt sein.

Vielen mag dies wie ein unmöglicher Traum erscheinen. Aber vergeßt nicht: Wenn ihr überhaupt etwas seid, dann verdankt ihr das nicht den Politikern, nicht den Priestern. Was ihr seid – wenn ihr noch einen lebendigen Funken in euch habt –, das verdankt ihr den Dichtern, den Träumern, den Mystikern.

Wir können entweder mit der Vergangenheit sterben, oder wir können mit einer neuen Zukunft wiedergeboren werden. Reinigt euch und werdet wieder Adam und Eva. Seid noch einmal ungehorsam gegen Gott. Nur dann besteht eine Möglichkeit, daß diese Vision Wirklichkeit wird.

Ich bin für das Individuum und seine Würde. Nichts steht höher als das Individuum. Wir müssen diesen gewaltigen Quantensprung schaffen – vom organisierten Leben zum individuellen Aufblühen. Er ist möglich. Wenn es für mich möglich ist – denn ich gehöre zu keiner Religion, ich gehöre zu keiner Nation, ich gehöre zu keinerlei Organisation –, dann ist es auch für euch möglich. Und wenn dieses Feuer der Individualität sich ausbreitet, kann es zum Steppenbrand werden. Denn tief drinnen leidet jeder einzelne. Er möchte gegen all diese Unterdrückung, all dies Aufgezwungene revoltieren.

Und einen günstigeren Augenblick werdet ihr nicht finden. Dieses Jahrhundert geht dem Ende zu, und eines ist sicher: Die alte Welt kann nicht weiterleben. Alle Propheten haben das Ende der Welt für das Jahr 2000 vorausgesagt. Niemand hat ein einziges Wort darüber gesagt, was nach diesem Jahrhundert sein wird.

Ich möchte, daß ihr versteht, daß die alte Welt nicht gleichbedeutend ist mit diesem Planeten. Die alte Welt bedeutet: die alte Struktur der Menschheit. Sie wird sterben. Doch wenn wir einige Menschen retten können, steht ein Neubeginn unmittelbar bevor. Anstatt euch um das Alte zu sorgen, freut euch über das Neue. *(194)*

Erkläre uns bitte die Kunst zu leben.

Der Mensch ist geboren, um das Leben zu verwirklichen, doch es kommt ganz auf ihn an. Er kann es auch verfehlen. Er kann immer weiter atmen, er kann immer weiter essen, er kann immer älter werden und sich immer mehr dem Grab nähern, aber das ist kein Leben, sondern ein langsamer Tod, von der Wiege bis zur Bahre, ein siebzig Jahre währender langsamer Tod. Und weil du von Millionen von Menschen umgeben bist, die alle diesen allmählichen Tod sterben, fängst du an, es genauso zu machen. Kinder imitieren immer ihre Umgebung, und wir sind von Toten umgeben.

Als erstes müssen wir also verstehen, was ich mit »Leben« meine.

Es darf nicht nur ein Älterwerden bedeuten. Es muß ein Erwachsenwerden sein. Und das sind zwei sehr verschiedene Dinge. Jedes Tier kann älter werden, doch erwachsen zu werden ist dem Menschen vorbehalten. Aber nur wenige nehmen dieses Recht für sich in Anspruch.

Erwachsen zu werden bedeutet, sich jeden Augenblick tiefer auf das Prinzip des Lebens einzulassen; es bedeutet, sich immer weiter vom Tod zu entfernen, statt sich ihm zu nähern. Je tiefer du dich auf das Leben einläßt, desto mehr verstehst du die Unsterblichkeit in dir. Du entfernst dich immer weiter vom Tod, und es kommt ein Augenblick, in dem du sehen kannst, daß der Tod nichts anderes ist, als die Kleider zu wechseln oder das Haus zu wechseln, die Form zu wechseln. Nichts stirbt, nichts kann je sterben. Der Tod ist die größte Illusion, die es gibt.

Erwachsenwerden ist wie das Wachsen eines Baumes. Je

mehr er in die Höhe wächst, desto tiefer wachsen seine Wurzeln nach unten. Es besteht ein Gleichgewicht: Je höher der Baum reicht, desto tiefer gehen seine Wurzeln. Ein fünfzig Meter hoher Baum kann keine kurzen Wurzeln haben. Sie könnten einen so riesigen Baum nicht halten.

Auch im Leben bedeutet Wachstum, daß du in deine Tiefe wächst. Dort nämlich sind deine Wurzeln.

Für mich ist das oberste Lebensprinzip Meditation. Alles andere ist zweitrangig. Und die Kindheit ist die beste Zeit dafür. Je älter man wird, desto näher kommt man dem Tod und desto schwieriger wird es, in Meditation zu gehen.

Meditation bedeutet, in deine Unsterblichkeit zu gehen, in deine Ewigkeit, in deine Göttlichkeit. Ein Kind ist dazu am besten in der Lage, weil es noch unbelastet ist von Wissen, unbelastet von Religion, unbelastet von Schulbildung, unbelastet von allem möglichen Schrott. Es ist unschuldig.

Aber unglückseligerweise wird seine Unschuld als Unwissenheit abgetan. Unschuld und Unwissenheit haben eine gewisse Ähnlichkeit, sind jedoch nicht dasselbe. Unwissenheit ist ebenfalls ein Zustand des Nichtwissens, genau wie Unschuld, aber es gibt auch einen großen Unterschied, der bis heute nie richtig erkannt wurde.

Unschuld bedeutet, nichts zu wissen und auch gar nicht den Wunsch zu haben, etwas zu wissen. Unschuld ist völlig zufrieden und erfüllt.

Ein kleines Kind hat keinen Ehrgeiz, es hat keine Wünsche, es geht völlig im Augenblick auf. Ein Vogel im Flug schlägt es in seinen Bann. Ein Schmetterling in schillernden Farben – und schon ist es verzaubert. Ein Regenbogen am Himmel – und es kann sich nicht vorstellen, daß es irgend etwas Wichtigeres, etwas Reicheres geben könnte als diesen Regenbogen. Und die Nacht voller Sterne, Sterne über Sterne …

Unschuld ist reich, sie ist voll, sie ist rein.

Unwissenheit ist arm, sie ist wie ein Bettler. Sie will dies, sie will das, sie will gebildet sein, sie will anerkannt sein, sie will reich sein, sie will mächtig sein.

Unwissenheit geht den Weg des Begehrens. Unschuld ist ein Zustand der Wunschlosigkeit.

Aber da beide unwissend sind, ist uns bis heute der Unterschied nicht klar. Wir nehmen nach wie vor als gegeben hin, daß beide dasselbe sind.

Der erste Schritt in der Kunst zu leben besteht darin, eine Trennlinie zwischen Unwissenheit und Unschuld zu ziehen. Unschuld braucht Unterstützung und Schutz, denn das Kind bringt den höchsten Schatz mit, jenen Schatz, den die Weisen nur nach größter Mühe wiederfinden. Weise haben von sich gesagt, daß sie wieder zu Kindern geworden sind, daß sie neugeboren sind.

Sobald ihr begreift, daß ihr am Leben vorbeigelebt habt, müßt ihr als erstes eure Unschuld wiedergewinnen. Laßt all euer Wissen fallen, vergeßt eure Schriften, vergeßt eure Religionen, eure Theologien, eure Philosophien. Werdet neugeboren, werdet wieder unschuldig. Ihr habt es selbst in der Hand. Befreit euren Geist von allem, was ihr nicht selbst erfahren habt, von allem fremden Wissen, von aller Tradition, aller Konvention, von allem, was euch von anderen eingeflößt wurde – von Eltern, Lehrern, Universitäten. Werdet es los.

Seid wieder einfach, seid wieder Kinder! Und dieses Wunder wird durch Meditation möglich.

Meditation ist im Grunde nur eine operative Methode, die dich von allem, was nicht dein Eigenes ist, lostrennt und nur dein authentisches Sein übrig läßt. Sie verbrennt alles andere und läßt dich nackt zurück. Du stehst allein unter der Sonne und im Wind, so als wärest du der erste Mensch auf Erden, einer, der nichts weiß und alles neu entdecken muß, der sich auf die Suche machen und eine Pilgerreise antreten muß.

Das zweite Prinzip ist die Pilgerreise. Das Leben muß zu einer Suche werden – kein Wünschen, sondern ein Suchen; kein ehrgeiziger Wunsch, dies oder jenes zu werden – Präsident oder Premierminister eines Landes –, sondern eine Suche, um herauszufinden: »Wer bin ich?« Es ist schon merkwürdig, daß Menschen, die nicht wissen, wer sie sind, sich bemühen, jemand zu werden. Sie wissen nicht einmal, wer sie im Augenblick sind. Ihr Sein ist ihnen unbekannt, aber sie wollen unbedingt etwas werden. Das Werden ist eine Krankheit der Seele. Das Sein – das bist du. Und die Entdeckung deines Seins ist der Anfang des Lebens. Dann wird jeder Augenblick zu einer neuen Entdeckung, dann bringt jeder Augenblick eine neue Freude. Ein neues Mysterium öffnet seine Türen, eine neue Liebe erwacht in dir – ein neues Mitgefühl, das du nie zuvor gespürt hast, eine neue Sensibilität für das Schöne und das Gute.

Du bist so sensibel, daß selbst der kleinste Grashalm eine ungeheure Bedeutung für dich gewinnt. Deine Sensibilität zeigt dir, daß dieser kleine Grashalm für die Existenz ebenso wichtig ist wie der größte Stern. Ohne diesen Grashalm wäre die Existenz weniger, als sie ist. Dieser kleine Grashalm ist einzigartig, ist unersetzlich, hat seine eigene Individualität.

Und diese Empfänglichkeit wird dir neue Freundschaften erschließen – Freundschaften mit Bäumen, mit Tieren, mit Flüssen, mit Ozeanen, mit Sternen. Im gleichen Maße, wie deine Liebe wächst, wie deine Freundschaft wächst, wird auch das Leben reicher.

Aus dem Leben des Franz von Assisi wird folgende schöne Anekdote berichtet: Franziskus liegt im Sterben. Er war immer auf einem Esel herumgezogen, von einem Ort zum anderen, und hatte seine Erfahrungen mit anderen geteilt. Alle seine Jünger haben sich jetzt versammelt, um seinen letzten Worten zu lauschen. Die letzten Worte eines solchen Menschen sind immer das Bedeutsamste, was er je gesagt hat, denn sie fassen die Erfahrung seines ganzen Lebens zusammen. Aber was mußten seine staunenden Jünger hören?

Franziskus wandte sich nicht an die Jünger, sondern an seinen Esel. Er sagte: »Bruder, ich bin dir ungeheuer viel schuldig. Du hast mich von einem Ort zum anderen getragen, ohne zu klagen, ohne je zu murren. Bevor ich diese Welt verlasse, habe ich nur noch einen Wunsch: Vergib mir! Ich bin nicht menschlich zu dir gewesen.«

Das waren die letzten Worte des Franz von Assisi. Was für

eine Einfühlung – den Esel mit »Bruder Esel« anzureden und um Vergebung zu bitten!

Je feinfühliger du wirst, desto größer wird das Leben. Es hört auf, ein kleiner Teich zu sein, es wird zum Ozean. Es ist nicht mehr begrenzt auf dich, deine Frau und deine Kinder – es ist überhaupt nicht begrenzt. Diese ganze Existenz wird zu deiner Familie.

Und erst wenn die ganze Existenz zu deiner Familie geworden ist, weißt du, was Leben ist, denn kein Mensch ist eine Insel, wir sind alle miteinander verbunden. Wir sind ein riesiger Kontinent, auf millionenfache Weise verbunden. Und wenn unsere Herzen nicht voller Liebe für das Ganze sind, ist unser Leben beschnitten.

Meditation gibt dir Feinfühligkeit – das großartige Gefühl, der ganzen Welt anzugehören. Es ist unsere Welt. Die Sterne sind unser, und wir sind hier keine Fremden. Wir gehören unserem innersten Wesen nach zur Existenz. Wir sind ein Teil von ihr, wir sind in ihrem Herzen.

Darüber hinaus wird dir Meditation eine große Stille bringen, denn das ganze Wissensgerümpel ist weg. Eine ungeheure Stille ... Und du staunst: Diese Stille ist die einzige Musik, die es gibt.

Alle Musik ist nur ein Bemühen, diese Stille zum Ausdruck zu bringen. Die Seher des alten Orients heben nachdrücklich hervor, daß alle großen Künste – Musik, Dichtung, Tanz, Malerei, Bildhauerei – aus Meditation geboren sind. Es sind Bemühungen, das Unbekannte auf irgendeine Art und Weise in die Welt des Bekannten hereinzuholen, für die Menschen, die sich nicht auf die Suche begeben wollen – einfach als Geschenk für die, die nicht bereit sind, selbst auf die Pilgerreise zu gehen.

Vielleicht ist es ein Lied, das den Wunsch auslöst, auf die Suche nach der Quelle zu gehen, oder vielleicht eine Statue. Wenn du das nächste Mal einen Tempel von Gautama Buddha oder Mahavira betrittst, setze dich einfach still hin und betrachte die Statue, denn die Statue ist so gestaltet, ist so proportioniert, daß du beim Betrachten still wirst. Die Statue ist ein Abbild von Meditation, sie hat nichts mit Gautama Buddha oder Mahavira zu tun.

Das Leben sollte ein ununterbrochenes Feiern werden, das ganze Jahr ein Lichterfest. Nur dann kannst du wachsen, kannst du aufblühen. Mache aus kleinen Dingen ein Fest.

In Japan zum Beispiel gibt es die Teezeremonie. Jedes Zen-Kloster und jedes Haus, das es sich leisten kann, hat einen kleinen Tempel für das Teetrinken. Jetzt ist Tee keine gewöhnliche, profane Sache mehr – man hat ein Fest daraus gemacht.

Der Tee-Tempel ist auf eine ganz bestimmte Art gestaltet, in einem schönen Garten mit einem schönen Teich mit Schwänen darauf, und überall Blumen ... Gäste kommen. Sie müssen ihre Schuhe draußen lassen – es ist ein Tempel! Und beim Betreten des Tempels spricht man nicht, man läßt seinen Verstand, seine Gedanken und sein Gerede draußen bei den Schuhen.

Man nimmt in einer meditativen Haltung Platz. Und die Gastgeberin, die den Tee zubereitet ... ihre Bewegungen sind so graziös, als würde sie tanzen, während sie alles vorbereitet und die Teetassen und Untertassen mit so viel Ehrfurcht vor die Gäste hinstellt, als seien sie Götter. Sie wird sich verneigen, und die Gäste werden dies mit der gleichen Ehrfurcht erwidern.

Der Tee wird in einem besonderen Samowar zubereitet, der wunderschön summt – eine ganz eigene Musik. Es gehört zur Teezeremonie, daß jeder zuerst der Musik des Tees zuhört. So ist jeder still und lauscht. Vögel zwitschern draußen im Garten, und dann der Samowar ... der Tee erfindet sein eigenes Lied, ein Friede liegt über allem.

Wenn der Tee fertig und in jede Tasse eingeschenkt worden ist, trinkt man ihn nicht so wie üblich. Zuerst nimmt man das Aroma des Tees auf. Man trinkt den Tee Schluck für Schluck, als wäre er ein Geschenk des Jenseits. Man läßt sich Zeit – es gibt keine Eile. Vielleicht spielt jemand auf der Flöte oder der Sitar.

Aus einer ganz gewöhnlichen Sache wie Teetrinken ist ein wunderschönes Fest worden, und jeder geht innerlich genährt und erfrischt daraus hervor, fühlt sich jünger, fühlt sich kräftiger.

Und was mit Tee möglich ist, ist mit allem möglich – mit eurer Kleidung, mit eurem Essen. Die Menschen leben wie im Tiefschlaf, sonst müßten sie sehen, daß jeder Stoff, jedes Kleidungsstück seine eigene Schönheit hat, sich besonders anfühlt. Wenn du feinfühlig bist, dann benutzt du deine Kleidung nicht nur, um den Körper zu bedecken; dann ist sie etwas, das deine Individualität ausdrückt, deinen Geschmack, dein Wesen.

Alles, was du tust, sollte ein Ausdruck deiner selbst sein, sollte deine Signatur tragen. Dann wird das Leben zu einem immerwährenden Fest.

Sogar wenn du krank wirst und im Bett liegst, wirst du diese Zeit im Bett in Momente der Schönheit und Freude, der Entspannung und Ruhe, in Momente der Meditation verwandeln; du wirst Musik hören, Gedichte lesen ... Du brauchst nicht traurig zu sein, weil du krank bist. Du solltest dich freuen, daß alle anderen im Büro sind und du wie ein König in deinem Bett liegst und dich entspannst. Jemand macht dir Tee, der Wasserkessel singt ein Lied, ein Freund ist gekommen, um dir auf der Flöte vorzuspielen. Solche Dinge sind wichtiger als jede Medizin.

Wenn du krank bist, rufe den Arzt – aber noch wichtiger: Rufe die, die dich lieben, denn es gibt keine bessere Medizin als die Liebe. Rufe die, die Schönheit, Musik und Poesie um dich verbreiten können, denn nichts ist heilsamer als eine Stimmung des Feierns.

Medikamente sind die niedrigste Form der Behandlung. Aber anscheinend haben wir das alles vergessen, so daß uns nur Medikamente bleiben und wir mißmutig und traurig sind – als ob es ein solcher Verlust wäre, einmal nicht im Büro zu sitzen! Du warst unglücklich im Büro, jetzt hast du einen freien Tag, und schon hängst du an deinem Unglück und kannst es nicht loslassen.

Seid in allem kreativ. Macht aus dem Schlimmsten das Beste – das nenne ich »Lebenskunst«. Und wenn ein Mensch sein ganzes Leben so gelebt hat, daß er jeden Augenblick und jede Phase seines Lebens zu etwas Schönem, etwas Liebevollem, etwas Freudigem gemacht hat, dann wird sein Tod zum absoluten Höhepunkt seines ganzen Lebensweges werden, zum Tüpfelchen auf dem i.

Sein Tod wird nicht so häßlich sein, wie es normalerweise der Fall ist. Wenn dein Tod häßlich ist, bedeutet es, daß du dein ganzes Leben verschwendet hast.

Der Tod sollte ein friedliches Akzeptieren sein, ein liebevolles Eintreten ins Unbekannte, ein freudiges Abschiednehmen von alten Freunden, von der alten Welt. Er sollte ohne alle Tragik sein.

Ein Zen-Meister, Lin Chi, lag im Sterben. Tausende seiner Schüler hatten sich versammelt, um seinen letzten Worten zu lauschen, aber Lin Chi lag ganz einfach da – lächelte vergnügt und sagte kein einziges Wort. Als allen klar war, daß er sterben wollte, ohne ein Wort gesagt zu haben, trat ein Mann zu Lin Chi, ein alter Freund, der selber ein Meister und kein Schüler Lin Chis war und sich deshalb nicht scheute zu sagen: »Lin Chi, hast du vergessen, deine letzten Worte zu sprechen? Ich habe schon immer gesagt, daß dein Gedächtnis nicht ganz in Ordnung ist. Du liegst im Sterben – hast du das vergessen?«

Lin Chi sagte: »Hört doch nur!« Denn auf dem Dach rannten zwei Eichhörnchen herum und quietschten.

Er sagte: »Wie schön!« und starb.

Jeder erwartete großartige Worte, aber da waren nur zwei Eichhörnchen, die sich jagten und quietschten und auf dem Dach herumtobten. Lin Chi lächelte und starb.

Aber genau das war seine letzte Botschaft: Unterteilt nicht alles in Groß oder Klein, Wichtig oder Trivial. Alles ist wichtig. Jetzt im Moment ist Lin Chis Tod genauso wichtig wie die zwei kleinen Eichhörnchen, die auf dem Dach herumlaufen. Da gibt es keinen Unterschied. In der Existenz ist alles gleich.

Das war seine ganze Philosophie, seine ganze Lebenslehre – daß es nichts gibt, was klein ist, und daß es nichts gibt, was groß ist – daß es ganz allein auf dich ankommt, was du daraus machst.

Beginne zu meditieren, dann wird vieles in dir wachsen: Stille, Gelassenheit, Seligkeit, Feinfühligkeit. Und versuche alles, was die Meditation dir bringt, in deinem Leben zum Ausdruck zu bringen. Teile es mit anderen, denn alles, was man teilt, wächst schnell.

Dann wirst du an der Schwelle des Todes wissen, daß es keinen Tod gibt. Du kannst Abschied nehmen, und es wird nicht nötig sein, Tränen der Traurigkeit zu vergießen – höchstens Tränen der Freude, aber nicht der Traurigkeit. Doch zuallererst mußt du anfangen, unschuldig zu werden. *(195)*

Über Osho

In der Regel leben wir alle in der Welt der Zeit – Vergangenes zurückrufend, Zukünftiges vorausnehmend; nur in seltenen Augenblicken rühren wir an die zeitlose Dimension der Gegenwart: in Momenten von großer Schönheit oder plötzlicher Gefahr, in Begegnungen mit geliebten Menschen oder wenn das Unverhoffte an unsere Tür klopft.

Nur sehr wenige Menschen treten aus der Zeit und dem Reich unserer Vorstellungen heraus und beginnen ein Leben in der Welt des Zeitlosen. Und von diesen wenigen haben nur die wenigsten versucht, uns ihre Erfahrungen mitzuteilen; Menschen wie Laotse, Buddha, Bodhidharma – oder in unserem Jahrhundert Gurdjieff, Ramana Maharshi und J. Krishnamurti. Regelmäßig werden sie von ihren Zeitgenossen für verrückt erklärt, als Exzentriker oder arme Irre verschrien. Nach ihrem Tode avancieren sie dann zu »Philosophen«, werden zur Legende, blutlos abstrakten Wesen, allenfalls tauglich als Archetypen für unsere kollektive Sehnsucht, über all das Kleinlich-Platte und Sinnlose unseres Alltags hinauszuwachsen.

Osho ist einer, dem es gelungen ist, für sich die Tür zu einem Leben in der zeitlosen Dimension der Gegenwart zu öffnen. Er hat sich einmal einen »wahren Existentialisten« genannt, und er hat sein Leben der Aufgabe gewidmet, auch andere Menschen zu der Suche nach dieser Tür zu motivieren, damit auch sie aus der Welt von Vergangenheit und Zukunft heraustreten und die Welt der ewigen Gegenwart entdecken können.

Osho wurde am 11. Dezember 1931 im indischen Bundesstaat Madhya Pradesh geboren. Von frühester Kindheit an bewies er einen rebellischen, unabhängigen Geist und erforschte seine eigene Wahrheit, statt sich von dem Wissen und Glauben anderer Leute beeinflussen zu lassen.

Nach seiner Erleuchtung im Alter von einundzwanzig Jahren schloß Osho sein Universitätsstudium ab und lehrte danach mehrere Jahre lang Philosophie an der Universität von Jabalpur.

Zwischendurch bereiste er ganz Indien, sprach zu riesigen Menschenmengen, traf sich mit Vertretern der gebildeten Schichten und forderte das gesamte religiöse und politische Establishment seines Landes in öffentlichen Debatten heraus, wobei er die traditionellen Glaubenswerte der indischen Kultur angriff. Er las unersättlich alles, was ihm Aufschluß über die Glaubenssysteme und die Psychologie des modernen Menschen geben konnte.

Ende der sechziger Jahre entwickelte Osho seine einzigartigen Meditationstechniken. Der heutige Mensch, sagt er, ist so befrachtet mit längst überholten Weltbildern und Traditionen und so belastet durch die Ängste des modernen Lebens, daß er einen tiefen Reinigungsprozeß durchmachen muß, ehe er in den Zustand der völlig entspannten, von allen Gedanken befreiten Meditation gelangen kann.

Mit den Jahren hat Osho praktisch jeden einzelnen Aspekt der Entwicklungsgeschichte des menschlichen Bewußtseins durchleuchtet. Er hat für den zeitgenössischen Menschen das Wesentliche herausgeschält, auf das es bei der spirituellen Suche ankommt – nicht aus der Warte des spekulierenden Intellektuellen, sondern aus seiner ureigenen existentiellen Erfahrung.

Er gehört keiner Tradition an. »Ich bin der Anfang eines vollkommen neuen religiösen Bewußtseins«, sagt er. »Bitte bringt mich nicht mit der Vergangenheit in Verbindung – sie ist es nicht einmal wert, erinnert zu werden.«

Seine »Talks« zu Schülern und Suchern aus aller Welt füllen über sechshundert Bücher, die in über dreißig Sprachen übersetzt wurden. Er sagt über sein Gesamtwerk: »Meine Botschaft ist keine Doktrin, keine Philosophie. Meine Botschaft ist ein bestimmter alchimistischer Vorgang, eine Wissenschaft der Transformation. Nur wer bereit ist, sich als das aufzulösen, was er ist, um in etwas Neues hineingeboren zu werden – so neu, daß es zunächst nicht einmal vorstellbar ist ... nur diese wenigen Mutigen werden bereit sein, mir zuzuhören; denn schon das Zuhören wird riskant sein. Indem ihr zuhört, habt ihr schon den ersten Schritt getan, um neu geboren zu werden. Es ist also keine Philosophie, aus der ihr euch einfach ein Mäntelchen machen könnt, mit dem ihr herumstolziert. Es ist keine Doktrin, in der ihr Trost für quälende Fragen finden könnt. Nein, meine Botschaft ist nicht irgendeine verbale Mitteilung. Sie ist weitaus riskanter. Sie ist nichts Geringeres als Tod und Wiedergeburt.«

Osho verließ am 19. Januar 1990 seinen Körper. Seine Kommune in Indien ist nach wie vor das größte spirituelle Wachstumszentrum der Welt, das Tausende von Besuchern aus fast jedem Land der Erde anzieht, Besucher, die an Meditationen, Therapie, Körperarbeit und an Kreativangeboten teilnehmen oder nur erfahren wollen, was es heißt, in einem Buddhafeld zu sein.

Die Osho Commune International

Die von der Vision des erleuchteten Meisters Osho getragene Osho Commune International in Pune, Indien, läßt sich als eine Art Labor oder Experimentierfeld beschreiben. Hier ist Raum für den »Neuen Menschen«, der mit sich und seiner Umgebung in Harmonie lebt, frei von all den Ideologien und Glaubenssystemen, die heute die Menschheit zerreißen.

Die Osho Multiversity der Kommune bietet im Rahmen von neun verschiedenen Fakultäten Hunderte von Workshops, Gruppen und Trainings an:

Osho School for Centering and Zen Martial Arts
Osho School of Creative Arts
Osho International Academy of Healing Arts
Osho Meditation Academy
Osho Institute for Love and Consciousness
Osho School of Mysticism
Osho Institute of Tibetan Pulsing Healing
Osho Center for Transformation
Osho Club Meditation: Creative Leisure

All diese Programme sind dazu da, jedem auf seine Art die Chance zu bieten, das Aha-Erlebnis der Meditation zu erfahren.

Anders als in alten östlichen Traditionen ist Meditation in Oshos Kommune keine isolierte Disziplin, sondern untrennbar mit dem Alltag verbunden – Teil der Arbeit, des Umgangs mit anderen, der Lebensprozesse schlechthin. Die Folge davon ist, daß die Menschen hier sich nicht von der Welt abkehren, sondern vielmehr ihren Geist der Wachheit und des Feierns in sie hinaustragen, in tiefer Achtung vor dem Leben.

Der Höhepunkt des Tages ist die Osho White Robe Brotherhood Meditation. Diese zweistündige Feier mit Musik, Tanz, Stille und einem Osho-Diskurs ist einzigartig – eine in sich geschlossene Meditation, bei der Tausende von Suchern sich »in einem Meer von Bewußtheit auflösen«, wie Osho es ausdrückt.

Weitere Informationen:

Osho Commune International
17, Koregaon Park
Pune 411001 MS, Indien
Tel.: 00 91-2 12-62 85 61/62
Fax: 00 91-2 12-62 41 81
World Wide Web: http://www.osho.org

Osho Uta Institut
Venloer Str. 5–7
D-50672 Köln
Tel.: 00 49-2 21-5 74 07 30
Fax: 00 49-2 21-52 39 30
E-Mail: OSHOUta@aol.com

Osho Tao Zentrum
Klenzestr. 41
D-80469 München
Tel.: 00 49-89-20 24 09-0
Fax: 00 49-89-20 24 09-18
E-Mail: 101666.2712
@compuserve.com

Ko Hsuan School
Chawleigh, Chulmleigh
Devon EX18 7EX (UK)
Tel: 00 44-17 69-58 08 96
Fax: 00 44-1769-58 08 95
E-Mail: school@okh.zynet.uk

Quellennachweis

Die Quellenangaben beziehen sich auf die Titel der Originalvortragsserien, die fast alle in Englisch als Buch erschienen sind. Soweit eine deutsche Ausgabe vorliegt, sind Titel und Verlag auch in Deutsch angegeben.

Ein Verzeichnis der deutschen und englischen Bücher sowie der Originalmusik auf MC und CD zu den Meditationen von Osho ist erhältlich bei:

Osho Verlag, Venloer Str. 5–7
D-50672 Köln, Tel.: 02 21-5 74 07 43

1. Kapitel: Qualitäten des Kindes

1 Satyam-Shivam-Sunderam, 1. Kapitel
2 The Rebellious Spirit, 17. Kapitel
3 Tao: The Golden Gate, 1. Band, 7. Kapitel
4 Sufis: The People of the Path, 1. Band, 8. Kapitel
5 Sufis: The People of the Path, 1. Band, 14. Kapitel
6 Zen: Zest, Zip, Zap and Zing, 1. Kapitel
7 Wisdom of the Sands, 2. Band, 9. Kapitel
8 From Darkness to Light, 2. Kapitel

2. Kapitel: Konditionierung

9 Zen: Zest, Zip, Zap and Zing, 14. Kapitel
10 Zen: The Path of Paradox, 1. Band, 6. Kapitel
11 Socrates Poisoned Again After 25 Centuries, 28. Kapitel
12 Beyond Psychology, 8. Kapitel; Jenseits von Psychologie, Osho Verlag
13 The Fish in the Sea is Not Thirsty, 3. Kapitel
14 The Great Pilgrimage: From Here To Here, 16. Kapitel
15 The Book of Wisdom, 1. Kapitel

3. Kapitel: Eltern für das Neue Kind

16 The Messiah, 1. Band, 9. Kapitel; Sprich uns von der Liebe, Osho Verlag
17 From Darkness to Light, 6. Kapitel
18 Beyond Psychology, 23. Kapitel; Jenseits von Psychologie, Osho Verlag
19 Walk Without Feet, Fly Without Wings, Think Without Mind, 2. Kapitel
20 From Darkness to Light, 3. Kapitel
21 Beyond Psychology, 15. Kapitel; Jenseits von Psychologie, Osho Verlag
22 Beyond Psychology, 41. Kapitel; Jenseits von Psychologie, Osho Verlag

4. Kapitel: Familie und Kommune

23 Sufis: The People of the Path, 2. Band, 12. Kapitel
24 Socrates Poisoned Again After 25 Centuries, 19. Kapitel
25 The Great Pilgrimage: From Here To Here, 5. Kapitel
26 Socrates Poisoned Again After 25 Centuries, 5. Kapitel

5. Kapitel: Versöhnung

27 The Path of the Mystic, 1. Kapitel
28 I Am That, 1. Kapitel
29 The Tongue Tip Taste of Tao, 1. Kapitel
30 The Messiah, 2. Band, 10. Kapitel
31 The Passion for the Impossible, 16. Kapitel
32 The No Book, 20. Kapitel
33 The Great Nothing, 1. Kapitel
34 The Buddha Disease, 22. Kapitel
35 The Guest, 8. Kapitel

6. Kapitel: Schwangerschaft, Geburt und erste Schritte

36 Yoga: The Alpha and the Omega, 10. Band, 1. Kapitel
37 Believing the Impossible Before Breakfast, 1. Kapitel
38 A Rose is a Rose is a Rose, 1. Kapitel
39 Hammer on the Rock, 21. Kapitel; Sprengt den Fels des Unbewußten, Osho Verlag

40 God's Got A Thing About You, 7. Kapitel
41 The Shadow of the Whip, 6. Kapitel
42 From Unconsciousness to Consciousness, 25. Kapitel
43 The Path of the Mystic, 3. Kapitel
44 The Mustard Seed, 14. Kapitel
45 Zen: The Special Transmission, 8. Kapitel
46 A Bird On The Wing, 6. Kapitel
47 Death Is Divine, 4. Kapitel
48 Wisdom of the Sands, 2. Band, 3. Kapitel
49 Tantric Transformation, 8. Kapitel; Tantrische Transformation, Osho Verlag
50 Tantra: The Supreme Understanding, 5. Kapitel; Tantra – die höchste Einsicht, Osho Verlag
51 Vigyan Bhairav Tantra, 1. Band, 40. Kapitel
52 The Tantra Vision, 8. Kapitel
53 The Mustard Seed, 14. Kapitel
54 Returning to the Source, 5. Kapitel
55 Nowhere to Go But In, 3. Kapitel
56 The Secret of Secrets, 2. Band, 15. Kapitel

7. Kapitel: Elternfragen

57 My Way: The Way of the White Clouds, 14. Kapitel; Mein Weg, der Weg der weißen Wolke, Osho Verlag
58 What Is, Is, What Ain't, Ain't, 1. Kapitel
59 Blessed Are the Ignorant, 1. Kapitel
60 God's Got A Thing About You, 5. Kapitel
61 The Zero Experience, 15. Kapitel
62 Get Out of Your Own Way, 1. Kapitel
63 Hallelujah!, 1. Kapitel
64 A Rose is a Rose is a Rose, 1. Kapitel
65 The No Book, 26. Kapitel
66 The Open Door, 26. Kapitel
67 Don't Bite My Finger, Look Where I Am Pointing, 14. Kapitel
68 Dance Your Way to God, 22. Kapitel
69 The Sun Behind The Sun Behind The Sun, 1. Kapitel
70 Don't Just Do Something, Sit There, 1. Kapitel
71 Let Go!, 3. Kapitel
72 Don't Bite My Finger, Look Where I Am Pointing, 14. Kapitel
73 Dance Your Way to God, 23. Kapitel
74 Let Go!, 1. Kapitel

75 The Shadow of the Whip, 1. Kapitel
76 The Guest, 1. Kapitel
77 Om Mani Padme Hum, 8. Kapitel

8. Kapitel: Teenager

78 Don't Bite My Finger, Look Where I Am Pointing!, 23. Kapitel
79 The Fish in the Sea is Not Thirsty, 11. Kapitel
80 The Great Pilgrimage: From Here To Here, 7. Kapitel
81 Socrates Poisoned Again After 25 Centuries, 23. Kapitel
82 Socrates Poisoned Again After 25 Centuries, 1. Kapitel
83 The Last Testament, 1. Band, 6. Kapitel

9. Kapitel: Fernsehen und Drogen

84 I Celebrate Myself, 6. Kapitel
85 Ecstasy: The Forgotten Language, 9. Kapitel; Ekstase, die vergessene Sprache, Ki-Buch Verlag
86 The Tantric Experience, 4. Kapitel; Tantrische Transformation, Osho Verlag
87 Om Mani Padme Hum, 9. Kapitel
88 Don't Just Do Something, Sit There! 27. Kapitel
89 The Last Testament, 4. Band, 6. Kapitel (unveröffentlicht)
90 The Rebel, 35. Kapitel

10. Kapitel: Institutionelle Erziehung

91 The Guest, 5. Kapitel
92 The Secret, 2. Kapitel
93 The Secret, 10. Kapitel
94 Philosophia Perennis, 10. Kapitel
95 Nowhere To Go But In, 9. Kapitel
96 The Golden Future, 23. Kapitel
97 The Discipline of Transcendence, 4. Band, 6. Kapitel
98 The Razor's Edge, 8. Kapitel
99 Glimpses of a Golden Childhood, 48. Kapitel; Goldene Augenblicke, Osho Verlag
100 From Unconsciousness to Consciousness, 13. Kapitel
101 The Fish in the Sea is Not Thirsty, 1. Kapitel
102 The Golden Future, 2. Kapitel
103 Come Follow To You, 4. Band, 2. Kapitel

104 Zen: The Special Transmission, 6. Kapitel
105 The Invitation, 25. Kapitel
106 Beyond the Stars, 26. Kapitel
107 Hammer on the Rock, 14. Kapitel
108 The Passion for the Impossible, 1. Kapitel
109 The No Book, 1. Kapitel
110 Don't Just Do Something, Sit There!, 1. Kapitel
111 The Invitation, 12. Kapitel

11. Kapitel: Die Heilung des inneren Kindes

112 Ah, This!, 4. Kapitel
113 The Passion for the Impossible, 1. Kapitel
114 Nothing to Lose But Your Head, 15. Kapitel
115 Sufis: The People of the Path, 2. Band, 1. Kapitel
116 Above All Don't Wobble, 12. Kapitel
117 Far Beyond the Stars, 21. Kapitel
118 Above All Don't Wobble, 1. Kapitel
119 The 99 Names of Nothingness, 1. Kapitel
120 The Madman's Guide to Enlightenment, 1. Kapitel
121 The Messiah, 2. Band, 11. Kapitel
122 The Goose is Out, 3. Kapitel
123 The Cypress in the Courtyard, 6. Kapitel
124 Blessed are the Ignorant, 1. Kapitel
125 Be Realistic: Plan For A Miracle, 9. Kapitel
126 A Rose is a Rose is a Rose, 3. Kapitel
127 The No Book, 2. Kapitel
128 A Rose is a Rose is a Rose, 1. Kapitel
129 Hammer on the Rock, 1. Kapitel; Sprengt den Fels der Unbewußtheit, Osho Verlag
130 The Sun Behind the Sun Behind the Sun, 1. Kapitel
131 Get Out of Your Own Way, 9. Kapitel
132 Don't Look Before You Leap, 1. Kapitel
133 Hammer on the Rock, 10. Kapitel; Sprengt den Fels der Unbewußtheit, Osho Verlag
134 The Beloved, 2. Band, 4. Kapitel
135 Take it Easy, 2. Band, 2. Kapitel
136 The Passion for the Impossible, 1. Kapitel
137 Only Losers Can Win in This Game, 1. Kapitel

12. Kapitel: Meditation und Therapie

138 The Tantric Experience, 6. Kapitel, Tantrische Vision, Osho Verlag
139 Light on the Path, 16. Kapitel
140 Come Follow to You, 4. Band, 4. Kapitel
141 Sufis: The People of the Path, 1. Band, 4. Kapitel
142 Returning to the Source, 5. Kapitel
143 Yoga: The Alpha and the Omega, 4. Band, 7. Kapitel
144 The Invitation, 21. Kapitel
145 Philosophia Perennis, 2. Band, 5. Kapitel
146 The Golden Wind, 15. Kapitel
147 Vigyan Bhairav Tantra, 1. Band, 1. Kapitel
148 Meditation: The Art of Ecstasy, 4. Kapitel, Meditation – die Kunst der Ekstase, Osho Verlag
149 Light on the Path, 16. Kapitel
150 Sufis: The People of the Path, 1. Band, 10. Kapitel
151 The Transmission of the Lamp, 3. Kapitel
152 The Passion for the Impossible, 20. Kapitel
153 Tao: The Pathless Path, 2. Band, 12. Kapitel
154 Believing The Impossible Before Breakfast, 11. Kapitel
155 Don't Bite My Finger, Look Where I Am Pointing!, 5. Kapitel
156 For Madmen Only, 18. Kapitel
157 The Cypress in the Courtyard, 19. Kapitel
158 Meditation: The First and Last Freedom; Meditation – die erste und letzte Freiheit, Osho Verlag
159 Ebd.
160 Ebd.
161 Ebd.
162 The Orange Book; Das Orangene Buch, Osho Verlag
163 YAA-HOO! The Mystic Rose, 30. Kapitel
164 Meditation: The First and Last Freedom; Meditation – die erste und letzte Freiheit, Osho Verlag
165 The Supreme Doctrine, 1. Kapitel
166 Meditation: The First and Last Freedom; Meditation – die erste und letzte Freiheit, Osho Verlag
167 Anleitung der Osho Multiversity
168 God Is Not For Sale, 12. Kapitel
169 The Orange Book; Das Orangene Buch, Osho Verlag
170 Ebd.
171 The Tongue Tip Taste of Tao, 1. Kapitel

172 Be Realistic: Plan for a Miracle, 7. Kapitel
173 The Great Nothing, 19. Kapitel
174 Beyond Enlightenment, 27. Kapitel
175 Hallelujah!, 14. Kapitel
176 Hammer on the Rock, 1. Kapitel; Sprengt den Fels der Unbewußtheit, Osho Verlag
177 The Zero Experience, 4. Kapitel
178 Vigyan Bhairav Tantra, 2. Band, 7. Kapitel
179 Satyam-Shivam-Sunderam, 5. Kapitel

13. Kapitel: Das wiedergewonnene Paradies

180 Zarathustra: A God that Can Dance, 7. Kapitel; Zarathustra – Ein Gott, der tanzen kann, Osho Verlag
181 The Great Pilgrimage: From Here To Here, 16. Kapitel
182 The Dhammapaddha: The Way of the Buddha, 12. Band, 4. Kapitel
183 The Old Pond ... Plop, 17. Kapitel
184 Om Mani Padme Hum, 3. Kapitel
185 A Rose is a Rose is a Rose, 1. Kapitel
186 Don't Just Do Something, Sit There!, 1. Kapitel
187 A Rose is a Rose is a Rose, 18. Kapitel
188 Tao: The Pathless Path, 1. Band, 8. Kapitel
189 Satyam-Shivam-Sunderam, 29. Kapitel
190 Nirvana: The Last Nightmare, 8. Kapitel
191 Tantra: The Supreme Understanding, 1. Kapitel; Tantra – die höchste Einsicht, Osho Verlag
192 The Sword and the Lotus, 19. Kapitel
193 Sermons in Stones, 5. Kapitel
194 Om Mani Padme Hum, 10. Kapitel
195 Beyond Enlightenment, 28. Kapitel

Stichwortverzeichnis

B

G

H

I

J

K

L

M

T

Y

Z